2003 年世界投资报告

促进发展的外国直接投资政策：国家与国际展望

联合国贸易与发展会议

中国财政经济出版社

World Investment Report 2003: FDI Policies for Development: National and International Perspectives

ISBN 92 - 1 - 112580 - 4

合同登记号　图字 01 - 2006 - 0541

图书在版编目（CIP）数据

2003年世界投资报告：促进发展的外国直接投资政策：国家与国际展望/联合国贸易与发展会议编；冼国明译.—北京：中国财政经济出版社，2006.2

书名原文：World Investment Report 2003

ISBN 7 - 5005 - 8885 - 2

Ⅰ.2…　Ⅱ.①联…　②冼…　Ⅲ.对外投资 - 概况 - 世界 - 2003　Ⅳ.F831.6

中国版本图书馆 CIP 数据核字(2006)第 000446 号

中国财政经济出版社出版

URL: http: //www. cfeph. cn

E - mail: cfeph@ cfeph. cn

社址：北京海淀区阜成路甲 28 号　邮政编码：100036

发行处电话：88190406　财经书店电话：64033436

北京财经印刷厂印刷　各地新华书店经销

880×1230 毫米　16 开　19 印张　565 000 字

2005 年12月第 1 版　2005 年12月北京第 1 次印刷

定价：60.00 元

ISBN 7 - 5005 - 8885 - 2/F · 7730

（图书出现印装问题，本社负责调换）

译者的话

各国间相互直接投资即外国直接投资已有长期发展的历史。二战后，尤其是20世纪50年代末和60年代初以来更呈迅猛发展之势。发达国家之间双向的直接投资使它们互为母国和东道国，美国、欧洲和日本三足鼎立或三位一体的格局，形成发达国家对外直接投资的主渠道。近20多年来，流向发展中国家的外国直接投资持续增长，其中那些经济增长较快、对外国直接投资采取开放政策的新兴工业化国家和地区，在吸收外国直接投资过程中更占有举足轻重的地位。中国也吸收了大量的外国直接投资，从吸收外国直接投资的规模及其流量来看，中国近几年在世界上是位居第二的东道国。作为外国直接投资载体的跨国公司迅速发展及其全球经营战略的变化，对国际经济和中国经济，对国际政治和各国社会，都产生日益强烈、广泛和深刻的影响。传统上以商品贸易为主的国际经济关系格局被打破，国际分工深入到企业内部生产，无论是在发达国家还是在发展中国家，跨国公司对经济发展的作用都不能等闲视之。

人们迫切需要了解跨国公司，了解整个世界因跨国公司活动所致的发展变化，了解发展中国家与跨国公司打交道的经验。有鉴于此，联合国从1973年发表《世界发展中的多国公司》长篇报告开始，先后出版了四部有关跨国公司与经济发展关系的多年度研究报告。1991年伊始，联合国贸发会议一改原先的多年度报告为年度性报告，并定名为《世界投资报告》。《2003年世界投资报告》则是本系列年度报告的第十三辑，是世界上数十名专家各自研究和集体协作的结果。

本辑《报告》专门研究有关国际投资协定的问题。报告首先概述了当前各个层面上国际投资协定的进展情况，讨论了不同层面的国际投资协定的特征。然后重点讨论了投资定义、国民待遇、国有化和征用、争端解决、业绩要求、投资激励、技术转移以及竞争政策等当前国际投资协定中争议比较大的问题，并提出了在未来的国际投资协定谈判中解决这些问题的基本思路。此外，《报告》还专门讨论了以前较少关注的母国和投资者的关系问题。本《报告》资料翔实、分析精辟、推理缜密，结论力求公允，是目前国际上最新、最具权威性的阐述跨国公司和外国直接投资问题的研究报告。书中所述内容、观点和结论，对于中国进一步对外开放、积极有效地利用外资、引进跨国公司的技术和资金、促进我国企业跨国经营的发展以及有关政策的研究来讲，均有宝贵的参考价值。

《2003年世界投资报告》全书由正文和附录两部分构成。本《报告》的前言和概述由冼国明翻译，第一章和第二章由丁祥生翻译；第三章由葛顺奇翻译；第四章由方友林翻译；第五章由葛顺奇翻译；第六章由方友林翻译。丁祥生负责本《报告》附录的翻译和全部图表制作。全书由冼国明审校定稿。囿于译者的学识和水平，译文中的错误或不够妥当之处在所难免，尚祈读者批评指正。

冼国明

于南开大学跨国公司研究中心

国际经济研究所

2004年5月

英文版说明

联合国贸易与发展会议（UNCTAD）现在是联合国秘书处负责处理所有与外国直接投资和跨国公司有关事务的中心。过去，跨国公司项目由联合国跨国公司中心（1975—1992 年）和联合国经济与社会发展部下属的跨国公司与管理司（1992—1993 年）执行。1993 年该项目转交给 UNCTAD。UNCTAD 致力于进一步理解跨国公司的性质及其对发展的贡献，并致力于创造一个适于国际投资和企业发展的有利环境。UNCTAD 的工作是通过政府间协调、技术援助活动、研讨会、交流会及正式大会来完成的。

本项研究中所用“国家”一词在适当的场合也可用来指某些领土或者地区；所用的名称及陈述的材料并不代表联合国秘书处对任何国家、领土、城市或者区域或其当局之法律地位的意见，也不代表联合国秘书处对这些国家、领土、城市或者区域之边界或国界划定的意见。另外，所使用的国家集团的名称仅出于统计或者分析的方便，并不一定表示对某个国家或地区在发展进程中所处发展阶段的判断。所提及的公司及其活动不应该被理解为 UNCTAD 对该公司或者其活动的认可。

本出版物所用地图中显示的边界和名称并不意味着联合国的官方认可或者接受。

表格中使用了以下符号：

两点（..）表示数据无法获得或者不能单独列出。当表中某行所有项目的数据都无法获得时，省略该行；

短线（–）表示该项为零或者其数值可忽略不计；

除非另有说明，表中空白表示该项不适用；日期间斜线（/）表示年度，例如 1994/1995 年表示一个财政年度；日期连字符（—）代表几个年份，例如 1994—1995 年表示包括开始年份和结束年份在内的整个时期；

除非另有说明，“dollar”（$）系指美元；

除非另有说明，年增长率或者变化率系指年度复合比率。

由于四舍五入，表中各项及其百分比之和不一定等于总数。

在适当承认本文的著作权利后，可以免费引用本研究中所含资料。

前　言

由于外国直接投资（FDI）在创造就业、提高生产率、促进出口和技术转移等方面拥有极其巨大的潜力，因而是全世界发展中国家长期经济发展至关重要的一个因素。然而，近年来，全球投资流入量急剧减少，从2000年的1.4万亿美元骤减至2002年的6500亿美元，这引起了人们对于“千年发展目标”前景的强烈关注。

《2003年世界投资报告》（WIR03）详细考察了造成衰退的原因，各个地区和国家的FDI状况以及全球和地区层面上FDI流动恢复和增长的机会。

《报告》还对各国和国际FDI政策的相互作用及其对于发展的意义进行了评价。随着对外国直接投资竞争的加剧，针对跨国公司的政策也正发生着变化。尽管就吸引此类投资并从中获得更大收益来讲，国内政策是最重要的考虑因素，但国内政策越来越多地受到国际层面规则制定的影响。其挑战在于找到一个以发展为导向的平衡。

为此，《报告》着重从发展角度讨论了投资协定中必须考虑的一些关键问题。当然，各国政府是否进行投资协定谈判，在何时、何地进行谈判等都由其自主决定。但如果进行此类协定的谈判，减少贫困和促进发展的目标应该被置于中心地位，以作为进行此类谈判的指导原则。惟有如此，我们才能说投资能够真正实现其目标。

联合国秘书长
科菲·A. 安南
纽约，2003年7月

鸣　谢

《2003年世界投资报告》是在Karl P. Sauvant的全面指导下，由Americo Beviglia Zampetti、Persephone Economou、Kumi Endo、Torbjörn Fredriksson、Masataka Fujita、Kálmán Kalotay、Michael Lim、Padma Mallampally、Abraham Negash、Hilary Nwokeabia、Ludger Odenthal、Miguel Pérez-Ludeña、Kee Hwee Wee、Katja Weigl和Zbigniew Zimny组成的小组准备的。Rory Allan、Victoria Aranda、Douglas van den Berghe、Sirn Byung Kim、Anh-Nga Tran-Nguyen、Jörg Simon、詹晓宁和张勇提供了具体资料。

Mohamed Chiraz Baly、Bradley Boicourt、John Bolmer、Lizanne Martinez和Tadelle Taye提供了主要的研究助理工作。Eva Oskam和Jeroen Dickhof作为实习人员协助了《报告》各阶段的工作。本《报告》由Christopher Corbet、Lilian Mercado、Lynda Piscopo、Chantal Rakotondrainibe和Esther Valdivia-Fyfe制作。图表由Diego Oyarzun-Reyes制作。《报告》的排版制作由Teresita Sabico进行。编辑人员是Bruce Ross-Larson和Meta de Coquereaumont。

Sanjaya Lall和Peter Muchlinski担任主要顾问。

《报告》得益于2003年5月在日内瓦召开的全球研讨会的参与者提供的资料，该研讨会是与德国培训与发展协会（InWent）发展政策论坛合作组织的，专门讨论《报告》的主题。与会者包括Florian Alburo、Sanchita Chatterjee、Benno Ferrarini、Susan Hayter、Yao-Su Hu、Datin Kaziah Abdul Kadir、Nagesh Kumar、Mariano Laplane、Howard Mann、Richard Newfarmer、Farooq Sobhan、M. Sornarajah和Miklos Szanyi。

提供资料的还有Stanimir A. Alexandrov、Lorraine Eden、David Frans、Xing Houyuan、Mark Koulen、Julia Mikerova、Lilach Nachum、Roger Nellist、Assad Omer、Pedro Roffe、Pierre Sauvé、Frank Roger、Len Trevino和Rob van Tulder。

在报告的各个准备阶段，许多专家提供了评论和反馈意见，这些专家是Robert Anderson、Audo Araújo Faleiro、Yoko Asuyama、Vudayagiri Balasubramanyam、Maria Borga、Peter Brimble、Philip Brusick、Peter Buckley、José Durán、Richard Eglin、Roderick Floud、Rainer Geiger、Andrea Goldstein、Kathryn Gordon、Charles Gore、Jim Gunderson、Jeffery Heinrich、Barry Herman、Pinfang Hong、Marie-France Houde、Anna Joubin-Bret、Joachim Karl、John Kline、Jesse Kreier、Tatjana Krylova、Sam Laird、Martha Lara、Don Lecraw、Robert Lipsey、Henry Loewendahl、Mina Mashayekhi、Raymond J. Mataloni、Anne Miroux、Hafiz Mirza、Juan Carlos Moreno-Brid、Michael Mortimore、Peter Nunnenkamp、Herbert Oberhänsli、Sheila Page、Antonio Parra、Carlo Pettinato、Craig Parsons、Sol Picciotto、Gwenael Quere、Prasada Reddy、Lorraine Ruffing、Hassan Qaqaya、Maryse Roberts、Patrick Robinson、Rodrigo Sabbatini、Nicolo Gligo Saenz、A. Edward Safarian、Magdolna Sass、Christoph H. Schreuer、Prakash Sethi、Angelika Sitz、Marjan Svetlicic、Taffere Tesfachew、Peter Utting、Thomas Wälde、Jörg Weber、Louis Wells、Gerald West和Christopher Wilkie。参加WTO贸易与投资关系工作组会议的代表也提供了宝贵意见。

各国中央银行、统计机构、投资促进机构以及其他政府部门的许多官员，国际组织和非政府组织的官员以及许多公司的经理人员，也为本报告提供了很多帮助，尤其是在数据和其他信息的提供方面。尤其值得一提的是南非BusinessMap、由Thomas Wälde领导的OGEMID网络的参与者以及UNCTAD国际投资协定专家网络。

本报告得益于高级经济顾问约翰·H. 邓宁先生的全面指导。

衷心感谢德国、挪威、瑞典和英国政府的财政支持。

目　　录

专 栏

图

表

专栏图

专栏表

附录表 A. 正文附加表

附录表 B：统计附表

附录表

概　述
外国直接投资再次不均衡地下降

由于经济形势低迷，2002年全球外国直接投资流量再次下降

2002年全球外国直接投资流入流量连续第二年减少，减少了1/5，降到6510亿美元，是1998年以来的最低点。在195个国家和地区中，有108个国家和地区的流量减少了。下降背后的主要因素是世界大多数地区经济增长放慢以及至少在短期内复苏前景暗淡。股票市场价值下跌、公司利润率下降、某些产业公司重组步伐放慢以及一些国家私有化的完成等也是重要因素。在总体下降中，跨国并购价值的大幅减少特别突出。并购数从2000年的7894起减少到2002年的4493起，其平均价值也从2000年的1.45亿美元减少到2002年的0.82亿美元。价值10亿美元以上的并购从2000年的175起减少到2002年的81起，也为1998年以来的最低。

对世界最大的跨国公司而言，说明其国外经营规模的大多数指标在2001年，即外国直接投资开始减少的一年（是可获得数据的最近一年）也都略有下降。尽管信息和通信技术市场的泡沫破灭了，外国直接投资的产业结构并未发生很大变化——世界最大的100家跨国公司、发展中国家最大50家跨国公司以及中东欧最大25家跨国公司的排名也没有发生很大变化。

2002年外国直接投资的减少在各个国家和地区之间不均衡。在各个部门之间也不均衡：流入制造业和服务业的流量减少了，而流入第一产业的流量则增加了。在外国直接投资的构成中，股权投资和公司内部贷款下降的幅度要高于利润再投资。以并购方式进入东道国的外国直接投资比以新建项目方式的减少得更多。

从地理分布上来讲，流入发达国家和发展中国家的流量分别减少了22%（分别减到4600亿美元和1620亿美元）。在流入量减少的国家中，美国和英国两国占到了减少量的一半。在发展中地区，拉丁美洲和加勒比地区受到沉重打击，该地区吸收的外国直接投资连续第三年减少，2002年减少了33%。非洲减少了41%，但是对非洲2001年异常高的流入量进行调整之后，其流入量并未减少。由于中国创记录的530亿美元的流入量，亚太地区成为发展中国家和地区外国直接投资下降最少的地区，而中国也成为世界最大的东道国。中东欧在所有地区中是表现最好的，其外国直接投资流入量增至创记录的290亿美元。

按地区来讲，主要变化有：

- 发达国家的外国直接投资流入量大规模减少，同时伴随着公司投资持续减少，股票价格下跌，以及某些产业经营活动整顿的放慢——所有这一切都受到经济形势疲软的影响。在一些国家中，公司内部贷款的偿还导致外国直接投资流量减少。例如，在美国流量的减少中，大部分是由于外国子公司向母公司偿还贷款，这可能是为了利用美国较低的利率以及出于其他原因（例如改善母公司的债务—股权比率）。在发达国家外国直接投资的下降中，最值得注意的特征是跨国并购的骤减，特别是在美国和英国。总的来讲，在26个发达国家中，有16个国家的外国直接投资流入量减少了。澳大利亚、德国、芬兰和日本是2002年流入量增加的发达国家。

  2002年发达国家的外国直接投资流出量减至6000亿美元，其中法国、荷兰和英国是减少最多的国家。奥地利、芬兰、希腊、挪威、瑞典和美国的流出量增加了。卢森堡在流入量和流出量方面都是最多的（有特殊原因）。2003年的前景取决于经济复苏的力度、投资者信心和跨国并购的回升。由于许多跨国公司继续采取谨慎的增长和整顿战略，并购仍未显示出太大的活力。作为一个整体，2003年发达国家的外国直接投资业绩不太可能得到改善。
- 非洲的外国直接投资流入量大幅减少——从2001年的190亿美元减少到2002年的110亿美元，这主要是因为2001年的流入量高得异

常（当年南非和摩洛哥有两起并购，而在2002年没有）。在非洲 53 个国家中，有 23 个国家的流入量减少了。石油行业的外国直接投资仍然占主导地位。安哥拉、阿尔及利亚、乍得、尼日利亚和突尼斯占 2002 年非洲流入量的一半以上。只有南非企业在国外进行了大量投资。主要跨国公司在一些盛产石油的国家进行的石油开采活动使得对 2003 年外国直接投资流入量的展望比较乐观。

- 在 2002 年全球外国直接投资流入量的下降中，亚太地区也未能幸免。该地区的外国直接投资流入量连续第二年减少——从 2001 年的 1070 亿美元减少到 950 亿美元，但在各次区域、各个国家和地区以及各个产业之间并不平衡。除了中亚和南亚之外，其他各次区域所吸收的外国直接投资流入量都少于 2001 年。在该地区的 57 个国家和地区中，有 31 个国家和地区的流入量减少了。然而，有几个国家吸收的流量显著增加了。区域内部，尤其是在东南亚和东北亚内的投资流量仍然强劲，这部分是由于生产活动的重新选址、区域生产网络的扩张以及坚持不懈的区域一体化的努力。由于该地区生产活动的合理化和对全球需求减弱所做的调整，电子工业的外国直接投资继续减少。尽管从长期来看，该地区外国直接投资流入量增长的前景依然乐观，但在短期内则是不确定的。
- 在拉丁美洲和加勒比地区，外国直接投资流量连续第三年下降，从 2001 年的 840 亿美元减少到 560 亿美元，而且该地区的所有次区域和 40 个国家中的 28 个都受到影响。其减少是由于该地区特定的因素，尤其是阿根廷剧烈的经济危机和其他一些国家经济和政治的不确定所造成的。服务业部门受投资减少的影响最为严重。尽管来自该地区主要出口目的地美国的投资增长放缓，并且越来越多的劳动密集型活动重新投向亚洲，但制造业的外国直接投资已被证明是相当具有弹性的，几乎没有变化。预计 2003 年外国直接投资仍将保持相同的水平，其后将开始增长。
- 中东欧再次逆全球趋势而行，该地区的外国直接投资流入量达到 290 亿美元的新高，而 2001 年只有 250 亿美元。然而，这一增长却掩盖了其中不同的趋势，该地区有 10 个国家的外国直接投资流量减少，9 个增加。各产业的外国直接投资流量也有差异，其中汽车工业相当好，电子工业则面临着问题。在一些中东欧国家，尤其是在那些宣布加入欧盟的国家中企业（其中包括外国子公司）也出现了摆脱以非熟练劳动力为基础的活动，转而利用当地劳动力教育水平的优势向较高附加值的经营活动发展的趋势。受流向俄罗斯的投资高潮的引导和欧盟扩张势头的推动，2003 年该地区的外国直接投资流入量有可能会进一步增加。在决定这一趋势的上述两个因素中，从中长期来看，与欧盟扩张的鼓动相比，俄罗斯外国直接投资流入量的高涨似乎是比较脆弱的。但在短期内，这两个因素都有利于克服在某些重要的中东欧国家中因私有化的完成和 GDP 增长放慢所造成的影响。

联合国贸易与发展会议（UNCTAD）的吸引外国直接投资业绩指数以各国所吸收的外国直接投资相对于这些国家的经济规模来对各国的业绩进行排序，其计算方法是计算一个国家在全球外国直接投资流入量中所占份额与该国在全球 GDP 中所占份额的比率。1999—2001 年的该指数显示，比利时和卢森堡的业绩是最高的。在业绩最好的 20 个国家和地区中，有 6 个工业化国家，2 个成熟的东亚小虎，3 个转型经济国家和地区，其余 9 个是发展中国家和地区，其中有 3 个来自撒哈拉以南非洲地区。UNCTAD 的吸引外国直接投资潜力指数以结构变量为基础，测算各国在吸引外国直接投资方面的潜力，1999—2001 年的该指数显示，在领先的 20 个国家和地区中，有 16 个是发达国家，4 个是成熟的东亚小虎。

许多工业化国家、新兴工业化国家和地区以及发达的转型国家处于领先的类别（高潜力和高业绩），而绝大多数贫穷（或不稳定）国家和地区处于业绩低下的类别（吸引外国直接投资的潜力和业绩都很低）。在业绩高于潜力的类别（吸引外国直接投资的潜力低，但吸引外国直接投资的业绩高）的国家中包括巴西、哈萨克斯坦和越南。在业绩低于潜力类别（吸引外国直接投资的潜力高，但吸引外国直接投资的业绩低）的国家和地区中包括澳大利亚、意大利、日本、韩国、中国台湾和美国。

2003 年的前景依旧不容乐观，但随后应有改善

总的来讲，UNCTAD 预计，2003 年外国直接

投资流量将保持稳定。流入发展中国家和发达国家的外国直接投资可能会保持与2002年相当的水平，而流入中东欧国家的外国直接投资可能会继续增加。从2004年开始，在较长的时期内，全球流量应会反弹并恢复增长的趋势。未来增长的前景取决于宏观、微观和制度层面的因素。

推动外国直接投资增长的基本经济力量在很大程度上没有发生变化。激烈的竞争仍在促使跨国公司到新的市场投资，寻找低成本的资源和生产要素。这些因素是否能够在中期导致外国直接投资出现很大的增长，要取决于世界经济能否恢复增长，股市能否反弹，以及是否会出现新一轮的跨国并购。私有化可能也是其中一个因素。各国的外国直接投资政策会更加优惠，新的双边和地区性协定也会为跨国投资提供一个更好的有效框架。

UNCTAD和其他一些组织所做的关于跨国公司和投资促进机构的调查结果得出了有关中期前景的乐观预测。发展中国家的投资促进机构要远比发达国家的同行更加自信。预期发展中国家在对外直接投资方面将更为活跃。投资促进机构希望新建投资能够成为更重要的进入方式，尤其在发展中国家和中东欧国家更是如此。旅游业和电信业预期会引导复苏开始。

政府政策正变得更加开放，制订了更多的鼓励措施和具有针对性的投资促进战略……

面对外国直接投资流入量的减少，许多国家政府都加快了外国直接投资管理体制自由化的进程，2002年在70个国家所进行的248项改革中，有236项是有利于外国直接投资的。亚洲是自由化进程最快的东道地区之一。越来越多的国家，其中包括拉丁美洲和加勒比地区的国家，已经不仅限于对外国投资实行开放，而是采取了目标更确定的和更有选择性的目标定位和投资促进战略。

随着竞争加剧，为了争取大型外国直接投资项目而开展的金融鼓励和竞价大战已经加剧。近些年来发展迅速的投资促进机构正以更多的资源锁定绿地投资者，并为现有投资者提供越来越周到的投资后续服务。

……并正在加入更多的投资和贸易协定

作为一个更长期趋势的一部分，而不仅仅是对外国直接投资减少所做出的反应，更多的国家正在签署双边投资协定和避免双重征税协定。2002年共有76个国家签订了82个双边投资协定，64个国家签订了68个避免双重征税协定。为了促进区域内部外国直接投资的增长，许多国家与区域内其他国家签订了双边投资协定。例如，亚太地区国家共签订了45个双边投资协定，其中有10个协定是在该地区内部国家之间签订的。

贸易和投资协定的数量也在增加。许多新近签订的贸易协定直接涉及到投资，或者间接涉及到投资，这个趋势与早先的区域和双边贸易协定是显著不同的。在发达国家中，签订协定最多的是欧盟，这些协定主要是与中东欧国家和地中海沿岸国家签订的。2004年又将有10个国家加入欧盟，并且《非加太—欧盟经济伙伴关系协定》的谈判即将开始，这也可能对这几个地区的外国直接投资产生影响。

在亚太地区，为了提高竞争力、吸引更多的外国直接投资和更好地迎接激烈竞争所带来的挑战,此类协定的数量也在迅速增加。东盟走在前列。在拉丁美洲和加勒比地区，北美自由贸易区（NAFTA）做出了最好的表率，特别导致进入那些面向美国市场出口的制成品组装行业的外国直接投资增加。正在谈判的美洲自由贸易区可能会扩大市场准入的范围，从而促进寻求效率型的外国直接投资。非洲虽然签订了一些主要是次区域层面上的协定，但建立功能性的自由贸易和投资区的进展一直很缓慢。《非洲增长与机会法案》（不是一个自由贸易协定，而是一个单边优惠计划）使该地区贸易和投资的增长有了一些希望。

对于那些加入欧盟的中东欧国家来讲，政策挑战是使其外国直接投资管理体制与欧盟的法规相一致，实现双重目标，即遵守欧盟的管制，并利用欧盟的工具，例如地区发展基金等，以获得最大的潜在收益。这些国家能否成功调整以成为欧盟的成员国，也将取决于它们能否建立和发展所必需的制度框架，以管理和适当引导从欧共体渠道获得的用来援助经济发展的各种资金。那些没有加入欧盟的国家所面临的挑战是更新其外国直接投资促进活动，并使之现代化，通过吸引那些希望转向中东欧内部低成本区位的企业，成为寻求效率型外国直接投资的“新前沿”，从而使其潜在收益最优化。

外国直接投资联系的模式趋同，并且投资和贸易协定正在催生巨型集团

2002年由64000家跨国公司及其870000家国外分支机构所控制的全球外国直接投资存量增长了10%，达到7万亿美元以上。尽管主要发生在跨国公司内部的技术使用费几乎占外国直接投资流量的一半，但这与2001年相比并未发生很大变化。2002年国外分支机构的增加值（3.4万亿美元）估计占世界GDP的1/10。在向国外输出商品和服务方面，外国直接投资仍然比贸易更加重要：2002年跨国公司的全球销售额达18万亿美元，而全球出口总额为8万亿美元。跨国公司在国外雇用了5300万以上的员工。

在所有权和选址方面，发达国家均占全球外国直接投资存量的2/3。2002年欧盟企业的外国直接投资流出存量大约为3.4万亿美元，是美国（1.5万亿美元）的两倍多，成为外国直接投资流出存量的最大所有者。2001年，发展中国家的外国直接投资流入存量占GDP的将近1/3，高于1980年的13%。发展中国家的外国直接投资流出存量增长得更快，从1980年占GDP的3%增至2002年的13%。

随着时间的推移，外国直接投资流入和流出存量集中在三极（欧盟、日本和美国）的格局依然保持相当稳定。到2002年为止，避免双重征税协定的格局与外国直接投资流量的三极格局十分相似，而双边投资协定的格局则不太相似。不论是双边投资协定还是避免双重征税协定，三极的联系伙伴国家（即那些其外国直接投资的30%都来自三极某个成员国家或者地区的国家）比非联系伙伴国家的得分要高。这表明三极成员及其发展中联系伙伴国家的“经济空间”正在从国家范围扩大到区域范围，并且各种条约正在使投资集团更为强大。相互促进的贸易与投资协定正在形成中的关系可能会为处于此类巨型集团内的发展中国家带来利益。

在国际投资协定中更多地关注发展问题

各国寻求外国直接投资以帮助其经济的增长和发展。对于吸引外国直接投资并增加其收益来讲，各国的国家政策是关键所在。

为了有助于吸引外国直接投资，各国越来越多地缔结国际投资协定……

出于各种原因，各国在双边、地区和多边层面上缔结国际投资协定。对于大多数东道国来讲，这主要是为了帮助吸引外国直接投资。对于大多数母国来讲，主要是使东道国的外国直接投资管制框架更加透明、稳定、更可预见并且更加可靠，并减少未来外国直接投资流动的障碍。不论是在东道国还是在母国，不管在哪个层面上，外国直接投资的管制框架最好都能有效发挥作用。在现实中外国直接投资流动主要取决于经济决定因素。

国际投资协定，尤其是双边和地区层面协定的数量在过去10年中有了很大增长，这反映了外国直接投资在世界经济中的重要性（见本《报告》第一部分）。

在双边层面上，最重要的工具是双边投资协定和避免双重征税协定，截至2002年年底，已签订了2181个双边投资协定和2256个避免双重征税协定。尽管近年来少数国家签订的双边投资协定也产生了更多的自由化效果（在发达国家之间没有缔结这种协定），但这类协定主要还是保护投资者的工具。这些协定覆盖了全球外国直接投资存量的大约7%，发展中国家和中东欧国家外国直接投资存量的22%。避免双重征税协定主要是处理应纳税收入分配的工具，其中包括减少双重征税的几率。这些协定覆盖了全球外国直接投资的大约87%，发展中国家和中东欧国家外国直接投资的大约57%。

尽管有几个地区性协定专门处理投资问题，但是迄今为止的趋势一直是在贸易协定中处理这类问题（这也同样适用于双边贸易协定）。实际上，目前的自由贸易协定常常也是自由投资协定。

在多边层面上，只有少数几个现有协定是处理与投资有关的具体问题的（例如与贸易有关的投资措施、保险、争端解决、社会政策问题），或者是部门性的（例如《服务贸易总协定》）。并不存在全面的多边投资协定，尽管WTO目前正在讨论有关此类设想的一些议题。

总之，国际投资协定数量的增长及其性质反

映了以下事实，即在过去10年中，国家政策已变得更加欢迎外国直接投资。在1991—2002年期间，在1641项外国直接投资政策变动中，有95%具有这种效果。

因此，与国际投资协定有关的议题正走向国际经济外交的前台。只不过因为目前正在双边和地区层面上发生的事态，因此对于在多边层面上将会发生或者不会发生什么并没有受到关注。但是，如果谈判在多边层面上进行，这些议题就会变得更加重要。各国政府是否就国际投资协定进行谈判，在哪一层面上以及出于什么目的进行谈判，均由其自主决定。本《报告》的目的只是阐明在进行国际投资协定谈判时所需考虑问题的范围，以期从发展的视角来澄清这些问题（而不管正在进行的有关多边投资讨论的结果如何）。

顾名思义，视其实际内容而言，国际投资协定都会或多或少影响到外国直接投资的管制框架。作为一项规则，国际投资协定通常会使管制框架更加透明、稳定和更可预见，从而使经济决定因素本身发挥其作用。期望是，如果经济决定因素是适当的，外国直接投资将会增加。就此而言，当国际投资协定影响到外国直接投资的决定因素时，因而就能够影响外国直接投资的流动。

……这在本质上会使国家政策空间受到损失

经验表明，吸引外国直接投资并从中获取更多收益的最佳途径并不仅仅是消极的自由化。自由化能够帮助获得更多的外国直接投资。但若要从中获取最大的收益，这肯定是不够的。吸引能使东道国获得收益的具有更大潜力的外国直接投资（例如高技术外国直接投资或者出口导向型外国直接投资），较之仅仅使外国直接投资的进入和经营自由化，是一项要求更高的任务。而且，一旦成功地吸引了外国投资者，国家政策对于确保外国直接投资带来更多的收益是至关重要的。政策能够诱导更快地提升技术和技能、增加当地采购、促进更多的利润再投资、好地保护环境和消费者等。政策还能抵消与外国直接投资有关的潜在危险。例如，政策可以包含反竞争做法，防止外国子公司排挤有生存能力的本地企业，或者采取激发当地敏感性的行动。但一旦达成国际投资协定，为使这些政策到位所必需的工具往往是有限的，或者全然被排斥。

发展中国家面临的挑战是找到以发展为导向的均衡……

问题是什么？

对于发展中国家来讲，在未来的国际投资协定中最重要的挑战是在这类协定对于增加外国直接投资流量的潜在贡献和保留实施以发展为导向的外国直接投资政策的能力，亦即为了公共利益而进行管制的权利之间达到某种平衡。这类政策使得发展中国家能够从外国直接投资获得更多的收益。这就要求保持足够的政策空间，使各国政府拥有在它们参与的国际投资协定所确立的义务框架中利用这些政策的灵活性。由此而造成的矛盾是非常明显的。过多的政策空间将损害国际义务的价值。过于严格的义务又会严重限制各国的政策空间。就国际投资协定的目标、结构、实施和内容而言，找到以发展为导向的均衡不失为挑战。

……在对国际投资协定的目标、结构和实施进行谈判时……

许多国际投资协定在其基本目标或者原则中都包括了发展目标，这些目标或者作为序言的一部分，或者在阐述基本原则时作为特别声明条款。这些条文的主要优点是有助于解释实质性义务，同时允许做出最有利于发展的解释。通过确保在所有的义务和例外中均体现发展目标，并且提供根据某个协定来评价政府行为合法性的标准，这将促进灵活性以及进行管制的权利。

通过为发展中国家参与方提供特殊和差别待遇，协定的结构可能会反映出对于发展的关注。这要求发达国家和发展中国家参与方的义务范围是有差别的，对于后者，其义务不管是临时性的还是永久性的，都不应太重，也不应是互惠性的。特别重要的是确定承诺范围的方法。

- 根据“否定列表”方法，各国就一系列一般性承诺达成一致，然后一一列举这些承诺不适用的所有领域。这种方法倾向于产生非一致措施的目录清单。由于该方法锁定了现状，也就提高了可预见性。
- 根据（GATS类型的）“肯定列表”方法，各国列出它们同意做出的承诺以及附加条件。这种方法的优点是各国可以根据自己的步骤来做出承诺并决定做出承诺的条件。因此，相对于否定列表法来讲，肯定列表法被普遍认为对发展是更有利的。

在理论上，在缔结协定时，如果各国有能力对自己的行为——或者更广泛地说对承诺——做出正确的判断，上述两种方法所得到的结果应当是相同的。但在实际上，发展中国家在缔结协定时不太可能获得为做出必要判断所必需的所有信息。其结果是，否定列表法所涉及的自由化可能会大于那些自行承诺开始谈判的国家所希望的。但是即使肯定列表法也会导致很高程度的自由化，因为在实际上，谈判所产生的压力要求各国做出更多和更广泛的承诺。并且一旦做出承诺，就很难再反悔。

国际投资协定实施的设计可以将发展的灵活性作为组织原则。在此方面有两种方法是特别重要的：其一是一项协定的法律特征、机制和效果；其二是促进措施和技术援助。

- 一项协定是具有法律约束力的还是自愿的，这会影响到具体义务的力度。实际上，一项协定可能既包括具有约束力的承诺，也包括非约束性的"最佳努力"条款。所以，以发展为导向的条款既可以具有法律约束力，也可以是劝导性的，这取决于参与方在多大程度上愿意履行承诺。
- 国际投资协定中发达国家与发展中国家参与方之间的不对称可以通过发达国家承诺向发展中国家，尤其向最不发达国家提供援助来解决。《与贸易有关的知识产权协定》就是一个例子，在该协定中，发达国家承诺促进对最不发达国家的技术转让。在此方面同样重要的一个比较广泛的问题是，母国承诺推动外国直接投资向发展中国家流动，这也许需要通过有关国际组织的技术援助条款来加以补充。由于这一主题非常复杂，并且许多发展中国家，尤其是最不发达国家的能力有限，因此重要的是资助与外国直接投资有关的政策分析以及人力和制度开发。制度开发也涉及到帮助发展中国家吸引外国直接投资并从中获得更多的收益。

……尤其是其内容……

在就国际投资协定内容进行谈判时，要求有利于发展的平衡是最重要的。在此方面，重要的是各国实施以发展为导向的外国直接投资政策的能力特别重要，尤其是那些在国际投资谈判中特别敏感的外国直接投资政策，因为各国对这些问题持有不同的看法。

从发展的角度来讲，这些问题包括：

- 投资的定义，因为投资定义决定了一项协定中实质性条款的范围和影响。
- 国民待遇的范围（尤其当涉及到开业权时），因为这决定了可以在多大程度上和用何种方式向国内企业提供优惠。
- 政府政策应被视为管制征用的情况，因为这涉及到检验实施管制的合法权利和私人财产所有者权利之间的界线。
- 争端解决的范围，因为这提出了有关非国家参与人的参与以及投资争端的裁决在多大程度上是自行解决的问题。
- 使用业绩要求、鼓励措施、技术转让政策和竞争政策，因为这些措施可以促进发展目标。

国际投资协定的谈判还包括其他重要问题，尤其是最惠国待遇、公正和公平待遇以及透明度问题。但是这些问题看来较少具有争议。

对于上述每一个问题，都存在着有利于和不利于发展的解决方案。从许多发展中国家的角度来讲，更可取的方法是广义的GATS式的肯定列表方法，这种方法允许每个国家自主决定在什么条件下以及采取什么速度来对国际投资协定中的上述问题中的哪一个问题做出承诺，以便与各自的需要和情况相一致。

而且，为了达到全面的平衡，未来的国际投资协定需要更加关注母国所承担的义务。所有发达国家（主要的母国）已经采取各种措施促进外国直接投资流向发展中国家。大量的双边和地区协定中也都包括了这样的承诺。在未来的国际投资协定中，发展中国家将会受益于母国更加透明、稳定和可预见的政策措施。

跨国公司，作为好公司公民责任的一部分，无论是通过自愿行动还是通过更具有法律约束力的方式，都可以改善其在发展中国家的投资对发展的影响，进而做出更多的贡献。从发展的角度来讲，尤为重要的领域包括对东道国的公共收入做出充分的贡献、建立和提升与当地企业的关联、创造就业机会、提高当地技能水平和进行技术转让。

……通过使发展目标成为国际投资协定的一个组成部分

这些问题都非常复杂。因为对国际投资协定中一些条款的潜在含义并非充分了解，因此单个国家不容易做出正确的选择。地区层面上的《北美自由贸易协定》、地区间层面上的《多边投资协定》谈判和多边层面上的《服务贸易总协定》和《与贸易有关的投资措施协议》的经验等都说明了这种复杂性和敏感性。由于国际投资协定的性质不断变化，在实施和解释协定时往往又会出现了其他复杂的问题。事实上，在这些进程中可能会出现争端，并且其结果通常无法预见。

这就是各国政府需要确保最大限度减少这些困难的原因。怎么做呢？通过在一开始就包括适当的保障条款，以澄清那些发展中国家可能会感兴趣的特殊和有差别的权利和义务的范围。此外，在国际层面上做出新承诺所产生的行政负担，对于发展中国家，特别是最不发达国家来讲可能过于沉重，因为这些国家常常缺乏实施协定所需要的人力和财政资源。这就强调了能力建设技术合作的重要性，以帮助发展中国家在加入新协定和兑现所做承诺之前对各种政策选择更好地进行评估。

不管在何种层面上，在何种背景下，对各国最重要的挑战是在对未来国际投资协定的目标、内容、结构和实施进行谈判时找到以发展为导向的平衡。简而言之，发展维度必须是国际投资协定的一个组成部分，以支持那些为吸引更多外国直接投资并从外国直接投资中获得更多收益而制定的政策。

第一部分

外国直接投资再次不均衡地下降

第一章

全球外国直接投资减少了 21%

2001 年全球外国直接投资流入流量减少了 41%，2002 年又减少了 1/5，减至 6510 亿美元，仅为 2000 年高峰期的一半（表 1.1）。这是 30 年来最严重的衰退，其背后的推动力量有经济增长乏力、证券市场崩溃（导致跨国并购锐减）以及某些国家私有化进程放慢等制度性因素。在流入流量减少的国家中，美英两国就占了 54%。在 2002 年，各类国家和地区的情况如下：

- 发达国家的流入流量减少了 22%，其中流入流量增加的国家有 9 个，减少的国家有 16 个。在流入流量减少的国家中，仅美国就占减少量的一半以上；
- 整个发展中世界的流入流量减少了 23%，其中

表 1.1　1982—2002 年外国直接投资（FDI）和国际产量的若干指标

（10 亿美元；百分比）

项　目	以当前价格计算的价值（10 亿美元）			年增长率（百分比）						
	1982	1990	2002	1986—1990	1991—1995	1996—2000	1999	2000	2001	2002
FDI 流入流量	59	209	651	23.1	21.1	40.2	57.3	29.1	-40.9	-21.0
FDI 流出流量	28	242	647	25.7	16.5	35.7	60.5	9.5	-40.8	-9.0
FDI 流入存量	802	1 954	7 123	14.7	9.3	17.2	19.4	18.9	7.5	7.8
FDI 流出存量	595	1 763	6 866	18.0	10.6	16.8	18.2	19.8	5.5	8.7
跨国并购[a]	..	151	370	25.9[b]	24.0	51.5	44.1	49.3	-48.1	-37.7
国外分支机构的销售额	2 737	5 675	17 685[c]	16.0	10.1	10.9	13.3	19.6	9.2[c]	7.4[c]
国外分支机构的总产品	640	1 458	3 437[d]	17.3	6.7	7.9	12.8	16.2	14.7[d]	6.7[d]
国外分支机构的总资产	2 091	5 899	26 543[e]	18.8	13.9	19.2	20.7	27.4	4.5[e]	8.3[e]
国外分支机构的出口	722	1 197	2 613[f]	13.5	7.6	9.6	3.3	11.4	-3.3[f]	4.2[f]
国外分支机构的雇员（千人）	19 375	24 262	53 094[g]	5.5	2.9	14.2	15.4	16.5	-1.5[g]	5.7[g]
GDP（当前价格）	10 805	21 672	32 227[h]	10.8	5.6	1.3	3.5	2.6	-0.5	3.4[h]
固定资本形成总额	2 286	4 819	6 422[i]	13.4	4.2	1.0	3.5	2.8	-3.9	1.3[i]
特许权与许可证费收入	9	30	72[j]	21.3	14.3	6.2	5.7	8.2	-3.1	..
产品出口和非要素服务	2 053	4 300	7 838[k]	15.6	5.4	3.4	3.3	11.4	-3.3	4.2[k]

资料来源：UNCTAD，根据其 FDI/TNC 数据库及 UNCTAD 的估算。

a. 仅有 1987 年以来的数据。

b. 仅为 1987—1990 年的数据。

c. 根据 1980—2000 年间的销售额对 FDI 流入存量（100 万美元）的以下回归结果计算：
销售额 = 934.0435 + 2.351837 × FDI 流入存量。

d. 根据 1982—2000 年间的总产值对 FDI 流入存量（100 万美元）的以下回归结果计算：
总产值 = 436.3332 + 0.421268 × FDI 流入存量。

e. 根据 1980—2000 年期间的资产对 FDI 流入存量（100 万美元）的以下回归结果计算：
资产 = -1 443.239 + 3.929293 × FDI 流入存量。

f. 对于 1995—1998 年，根据 1982—1994 年期间国外分支机构的出口对 FDI 流入存量（100 万美元）的回归结果计算：
出口 = 291.5394 + 0.453183 × FDI 流入存量。对于 1999—2002 年，运用了 1998 年国外分支机构的出口在世界出口中所占的比重（33.3%）。

g. 根据 1982—1999 年期间的雇员数（以 1000 人为单位）对 FDI 流入存量的回归结果计算：
就业 = 13 865.43 + 5.507718 × FDI 流入存量。

h. 根据国际货币基金组织《国际金融统计》（2003 年 6 月）和《世界经济展望》（2003 年 4 月）的数据。

i. 2002 年的数据是运用各个国家和地区 2002 年资本形成总额在 2001 年的世界资本形成总额中的比重来推算的。

j. 2001 年。

k. 根据国际货币基金组织《世界经济展望》，2003 年 4 月。

注：本表未包括通过非股权关系与母公司相联系的国外分支机构的全球销售额及其母公司本身的销售额。国外分支机构的全球销售额、总产值、总资产、出口和雇员人数是根据一些国家跨国公司国外分支机构的全球数据，并以这些国家在世界 FDI 流出存量中所占比重为基础推算出来的。其中雇员人数是根据奥地利、芬兰、法国、德国、意大利、日本、葡萄牙、瑞典、瑞士和美国的跨国公司外国分支机构的数据计算，销售额是根据奥地利、芬兰、法国、德国、意大利、日本、葡萄牙和美国的跨国公司外国分支机构的数据计算，出口是根据日本和美国跨国公司国外分支机构的数据计算，总产值根据美国跨国公司国外分支机构的数据计算，资产根据奥地利、德国和美国跨国公司国外分支机构的数据计算。

非洲降幅最大（41%），其次是拉丁美洲和加勒比地区（33%）；该地区其他外部私人资本流入的降幅更大。由于中国外国直接投资流入流量的增加，人口最多的亚太地区的流入流量仅略有减少；

- 中东欧顶住了全球范围内的衰退，其外国直接投资流入流量增加了 15%，不过该地区有 10 个国家的流量减少了；
- 虽然制造业和服务业均受到沉重打击，但流入第一产业的外国直接投资增加了。

所有这一切都减少了发展中国家从外国直接投资中获益的机会。然而，外国直接投资存量决定了国际生产的结构，并且其存量由三极（欧盟、日本和美国）占主导地位的特征并未因流量变化而发生很大变化，该事实不会因流量减少而被掩盖。

2003 年的复苏前景也是不确定的。初步数据并未显示出反弹的迹象。这在很大程度上取决于总体经济形势，尤其是主要母国的经济形势。

A. 流量减少的国家

在经过了数年的稳步增长——其间经历了 20 世纪 90 年代初的低谷和 1999—2000 年的急剧增长——之后，在 2001—2002 年外国直接投资流量下降了，并且其下降幅度要远高于 GDP、出口和国内投资（表 1.1）。外国直接投资仍然是流向发展中国家的净资金中最大的组成部分，并且如果以相对变化来衡量，其波动幅度也要小于证券资本流动和商业银行贷款（图 1.1）。[1] 自 1990 年以来，外国直接投资一直是发展中国家总投资中日益增长的组成部分（图 1.2）。

外国直接投资流量的急剧减少放慢了国际生产扩张的步伐。与 1996—2000 年相比，2002 年国外分支机构的销售额、增加值、资产、出口额和雇员数的增长都减缓了(但某些指标要高于2001 年）（表 1.1）。在外国直接投资开始减少的 2001 年，世界最大跨国公司国外经营的大多数指标都略有下降（专栏 1.1）。

2001—2002 年跨国公司国外经营活动增长减速可以由东道国活动跨国化比率的降低予以解释。在2000 年，作为外国直接投资高潮的反映，跨国程度指数继续上升（图 1.3），比前一年大幅度提高。[2]

图 1.1　1990—2002 年按流量类型统计的发展中国家[b] 的资金流入总量[a]

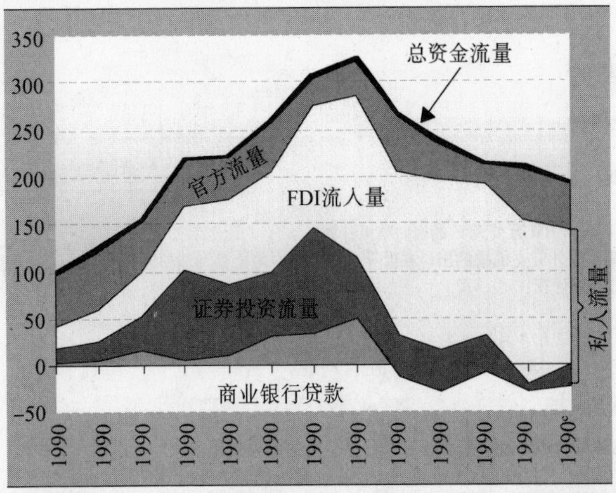

资料来源：UNCTAD，根据世界银行，2003 年。

a　定义为净负债交易或者原始到期期限超过一年以上的交易。

b　世界银行对发展中国家的分类与 UNCTAD 不同。前者包括中东欧国家。

c　初步数据。

图 1.2　1990—2000 年期间发展中国家和中东欧国家的外国直接投资流入流量、国内私人投资和公共投资[a]

（10 亿美元）

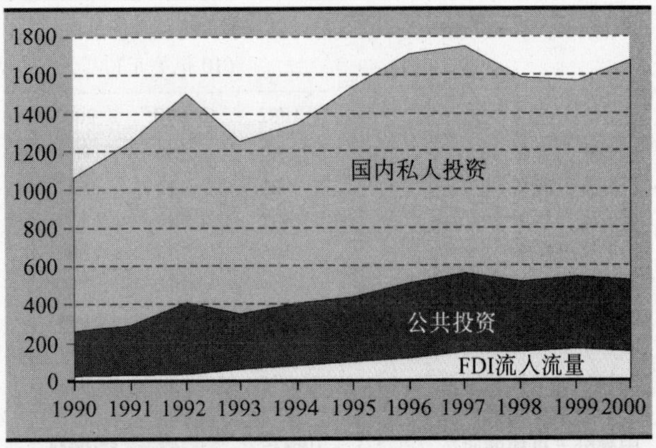

资料来源：UNCTAD，FDI/TNC 数据库；以及 Everhart 和 Sumlinski，2001。

a. 本图数据包括以下国家：阿根廷、阿塞拜疆、孟加拉、巴巴多斯、伯利兹、贝宁、玻利维亚、巴西、保加利亚、柬埔寨、智利、中国、哥伦比亚、科摩罗、哥斯达黎加、科特迪瓦、多米尼克、多米尼加共和国、厄瓜多尔、埃及、萨尔瓦多、爱沙尼亚、格林纳达、危地马拉、几内亚—比绍、圭亚那、海地、印度、印度尼西亚、伊朗、哈萨克斯坦、肯尼亚、韩国、立陶宛、马达加斯加、马拉维、马来西亚、毛里塔尼亚、毛里求斯、墨西哥、摩洛哥、纳米比亚、尼加拉瓜、巴基斯坦、巴拿马、巴布亚新几内亚、巴拉圭、秘鲁、菲律宾、波兰、罗马尼亚、塞舌尔、南非、圣卢西亚、圣文森特和格瑞纳丁斯、塞尔维亚和黑山、泰国、特立尼达和多巴哥、突尼斯、土耳其、乌克兰、乌兹别克斯坦及其委内瑞拉。

专栏 1.1 最大的跨国公司

2001 年（可获得数据的最近一年），在经过数年扩张之后，以国外资产、销售额和雇员数衡量的世界最大 100 家跨国公司的国外经营开始停滞（专栏表 1.1.1）。尽管信息和通信技术的泡沫破灭了，最大 100 家跨国公司的产业构成却并未发生太大变化（附表 A.1.1）。石油和汽车公司的排名依然靠前，排名第一的仍是沃达丰（Vodafne）——一家电信公司。

发展中国家和地区最大 50 家跨国公司的情况较为复杂（附表 A.1.2）。由于经济衰退，2001 年它们的销售额（包括总销售额和国外销售额）减少了。总资产和雇员人数也同样减少了。与世界最大 100 家跨国公司中的许多公司一样，这些公司也不得不进行重组，以便在严酷的经济形势下保持竞争力。然而，正如国外资产和雇员人数增加所表明的那样，这些跨国公司继续扩大其国外生产能力（专栏表 1.1.1），排名仍旧保持稳定。和记黄埔（Hutchison Whampoa）巩固了其榜首地位。新加坡电信（Singtel）排名第二，主要利益在于电信业的另两家公司也排在前十位。石油和电气与电子设备产业的表现也非常突出。与前几年一样，在最大 50 家公司中，绝大多数公司的总部设在亚洲。除了 5 家南非公司外，其余都来自拉丁美洲。

中东欧最大的 25 家非金融跨国公司中有很多是以自然资源和交通运输为基础，这些公司受全球衰退的影响甚微（附表 A.1.3）。公司经营活动在地理上的集中也起到了保护作用。相对于其他国家的公司，俄罗斯跨国公司的规模仍然较大，其分布也更为全球化。俄罗斯最大的跨国公司鲁克石油公司的国外资产超过 50 亿美元，可以与发展中国家最大 10 家跨国公司相媲美。2001 年匈牙利 Tiszai Vegyi Kombinát 和波兰 KGHM Polska Miedz 的国外经营缩减了。捷克斯科达集团公司经历了破产，其国内和国外资产都缩小了。取而代之的是那些迅速进行国外扩张的企业，例如匈牙利制药业跨国公司 Richter Gedeon 等。

资料来源：UNCTAD。

专栏表 1.1.1 世界最大的 100 家、发展中国家和地区最大的 50 家和中东欧最大的 25 家跨国公司一览

（10 亿美元、雇员人数和百分比）

(a) 世界最大的 100 家跨国公司

变量	2001	2000	与 2000 年相比 2001 年的变化率[a]
资产			
国外	2 934	3 113	-5.8
总计	5 914	6 184	-4.4
销售			
国外	2 235	2 356	-5.2
总计	4 352	4 748	-8.3
雇员			
国外	6 890 178	6 791 647	1.5
总计	13 383 852	14 197 264	-5.7
平均跨国程度指数	59.4	55.7	3.7

资料来源：UNCTAD/Erasmus 大学数据库。

a. 2000 年和 2001 年间的变化用% 表示。

(b) 发展中国家和地区最大的 50 家跨国公司

变量	2001	2000	与 2000 年相比 2001 年的变化率[a]
资产			
国外	183	155	17.6
总计	515	541	-4.9
销售			
国外	143	186	-22.9
总计	355	393	-9.7
雇员			
国外	501 936	403 000	24.5
总计	1 159 476	1 321 449	-12.3
平均 TNI	45.7	35.3	10.4

资料来源：UNCTAD，FDI/TNC 数据库。

a. 2000 年和 2001 年间的变化用% 表示。

(c) 中东欧最大的 25 家跨国公司

变量	2001	2000	与 2000 年相比 2001 年的变化率[a]
资产			
国外	9.3	8.1	15.2
总计	33.8	30.8	9.7
销售			
国外	13.1	12.1	8.8
总计	30.2	29.8	1.6
雇员			
国外	30 053	32 203	-6.7
总计	335 236	353 983	-5.3
平均 TNI	30.3	32.2	-1.9

资料来源：UNCTAD 对于中东欧最大的跨国公司的调查。

a. 2000 年和 2001 年间的变化用% 表示。

B. 不均衡地减少

2001 和 2002 年外国直接投资流入流量的减少是不均衡的，这种不均衡表现在四个方面：

- *地理方面*。各地区的情况不同，少数国家占到了全世界流量减少中的大部分。
- *部门方面*。进入制造业和服务业的流量减少了，但第一部门的流量并非如此。金融、运输、仓储和通信受到了严重影响，其他行业的

图 1.3　2000 年东道国经济体[a] 的跨国程度指数[b]

（百分比）

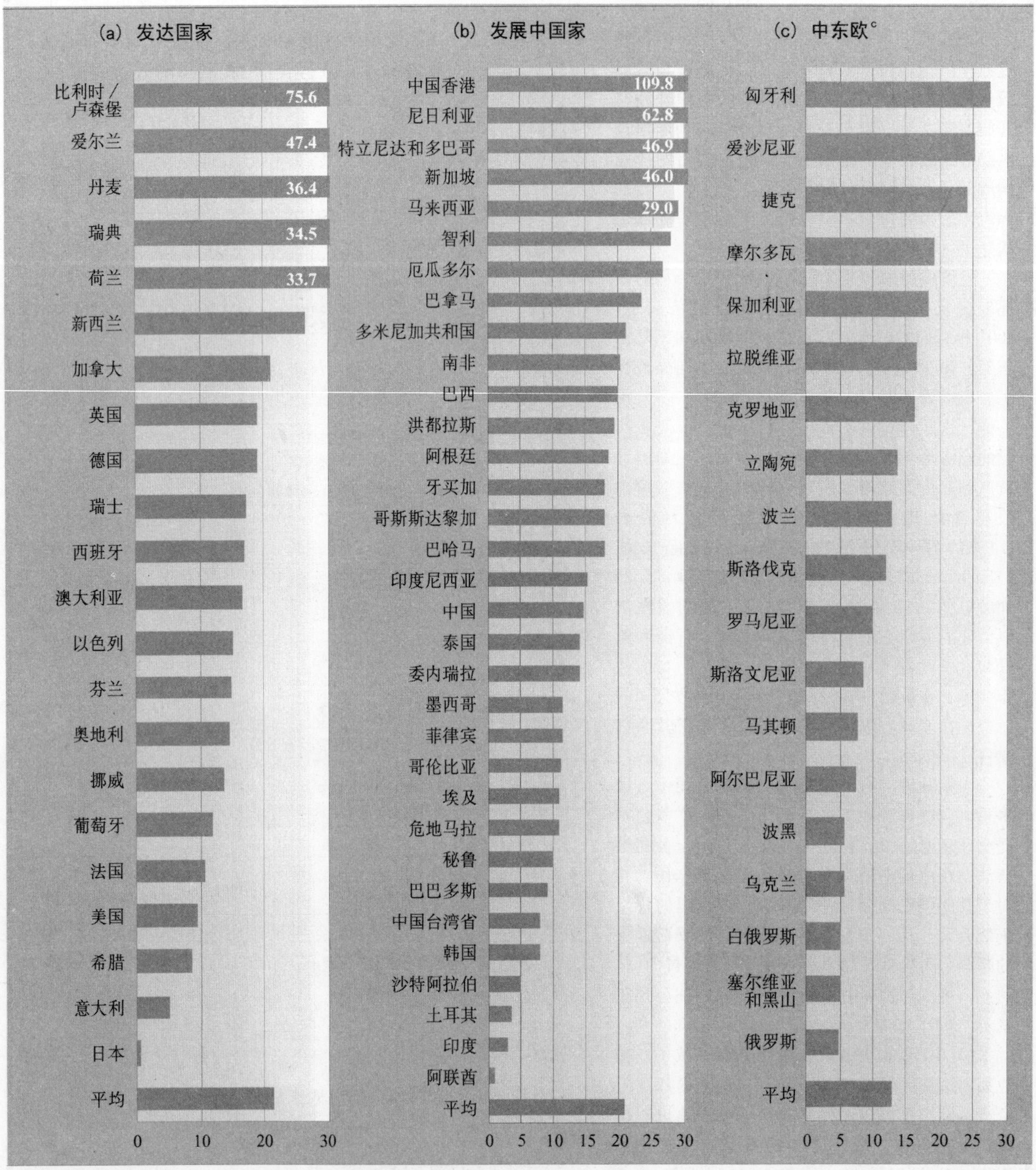

资料来源：UNCTAD 的估计。

a. 仅选择了拥有 4 种比重数据的国家和地区。仅有下列国家和地区拥有增加值数据：芬兰（1999）、法国（1998）、意大利（1997）、日本（1999）、荷兰（1996）、挪威（1998）、葡萄牙、瑞典、英国（1997）、美国、中国（1997）、印度（1995）、马来西亚（1995）、新加坡和中国台湾（1994）。其他国家和地区的数据是用美国子公司的增加值对美国 FDI 流出存量的比率与该国 FDI 流入存量的比率估算出来的。仅有以下国家和地区拥有雇员人数的数据：奥地利、丹麦（1996）、芬兰（1999）、法国（1998）、德国、爱尔兰、意大利（1999）、日本（1999）、荷兰（1996）、挪威（1996）、葡萄牙、瑞典、英国（1997）、美国、中国香港（1997）、印度尼西亚（1996）和新加坡（1999）。其他国家的数据是用芬兰、德国、日本、瑞典、瑞士和美国子公司的数据估算的。

b. 以下四种比重的平均数：1998—2000 年外国直接投资流入流量占固定资本形成总额的百分比；2000 年外国直接投资流入存量占 GDP 的百分比；2000 年国外分支机构的增加值占 GDP 的百分比及 2000 年国外分支机构的雇员数占总雇员数的百分比。

c. 对于阿尔巴尼亚、波黑、保加利亚、克罗地亚、爱沙尼亚、立陶宛、罗马尼亚、塞尔维亚和黑山、斯洛伐克、马其顿及乌克兰的外国分支机构的影响，则是根据其人均 FDI 流入存量来估算的。相应的雇员比率是 1999 年的数据。除了白俄罗斯、捷克、匈牙利、波兰和斯洛伐克之外，外国人拥有的企业的增加值是根据人均年外国直接投资流入存量估算的。相应的增加值的比率是 1999 年的。

外国直接投资实际上没有变化（卫生和社会服务），或者有所增加（矿业、采石和石油）。

- 融资方面。公司内部贷款的减少超过了股权流动（2001 年外国直接投资的所有资金构成都减少了大约一半）。
- 进入方式。跨国并购的减少超过了新建外国直接投资。

流出流量的减少也不均衡。

地理

2002 年在发达国家所减少的流入流量中，仅美国就占到了将近 90%（与 2001 年一样）（表 1.2；第二章）。在发展中地区，非洲减少得最多（41%），这是在2001年由两个国家引起的特大流量之后回归常态后的结果（第二章）。拉丁美洲和加勒比地区的流入流量连续第三年减少，这一次减少了 1/3。流向亚太地区（包括西亚）的流量下降幅度很小（11%）。中东欧的流入流量则增加了 15%。

表 1.2　2001 年和 2002 年主要国家和地区的外国直接投资流入流量

（10 亿美元）

东道地区/国家	2001	2002
世界	**823.8**	**651.2**
发达国家	**589.4**	**460.3**
欧盟	**389.4**	**374.4**
法国	55.2	51.5
德国	33.9	38.0
卢森堡	..	125.6
英国	62.0	24.9
美国	144.0	30.0
发展中国家	**209.4**	**162.1**
非洲	**18.8**	**11.0**
阿尔及利亚	1.2	1.1
安哥拉	2.1	1.3
尼日利亚	1.1	1.3
南非	6.8	0.8
拉丁美洲和加勒比地区	**83.7**	**56.0**
阿根廷	3.2	1.0
巴西	22.5	16.6
墨西哥	25.3	13.6
亚太地区	**106.9**	**95.1**
中国	46.8	52.7
中国香港	23.8	13.7
印度	3.4	3.4
韩国	3.5	2.0
马来西亚	0.6	3.2
菲律宾	1.0	1.1
新加坡	10.9	7.7
中国台湾	4.1	1.4
泰国	3.8	1.1
中东欧	**25.0**	**28.7**
捷克	5.6	9.3
波兰	5.7	4.1
俄罗斯	2.5	2.4

资料来源：UNCTAD，FDI/TNC 数据库。

尽管在地理上高度集中，但流入流量的减少仍是世界性的，2002 年在总共 195 个东道国家和地区中，流入流量少于 2001 年的有 108 个。中国以 530 亿美元的流入流量——平均每天流入 1.44 亿美元——取代美国成为世界上第二大受资国（位于卢森堡之后），并因此提高了该国在世界制成品出口中的地位（第二章）。印度和马来西亚也吸收了更多的外国直接投资流量（见第二章），而拉丁美洲的主要东道国（阿根廷、巴西、智利、墨西哥和委内瑞拉）的流入流量减少了。在非洲，2001 年两个最大受资国摩洛哥和南非的流入流量出现大幅下降。在中东欧，捷克的流入流量迅猛增长，超过了 90 亿美元，这是由于该国的 Transgas 公司以 40 亿美元出售给了德国的 RWE。

部门

50 个国家的外国直接投资流入流量占总流入流量的大约 90%，与 1999—2000 年相比，2001 年这 50 个国家制造业和服务业的流入流量减少了 45% 以上。但是初级产业部门增长了 70%，其中发展中国家减少了，而在发达国家却显著增长（图 1.4；附录表 A.1.4）。服务部门是外国直接投资流入最多的部门。在 1999—2000 年高峰期，大多数跨国并购发生在服务业（尤其是电信业），2001—2002 年仍然保持了这一局面，但是其规模要小得多。

融资

在 2002 年（及其前一年）减少的流量中，外国直接投资的三种融资方式（股权投资、公司内部贷款和利润再投资）所起的作用也不一样。在可获得数据的 30 个国家（这 30 个国家占外国直接投资流量的 2/3）中，2002 年公司内部贷款减少的幅度（77%）要远远高于股权投资（12%）（图 1.5）。2002 年美国的外国直接投资流入流量减少了 79%，其中新建股权投资减少了 500 亿美元，公司内部贷款减少了 800 亿美元；但是利润再投资增加了 300 亿美元。公司内部贷款的减少是由在美国的外国子公司大量偿还母公

图 1.4　1999—2000 年及 2001 年按部门统计外国直接投资的流入流量

（百分比）

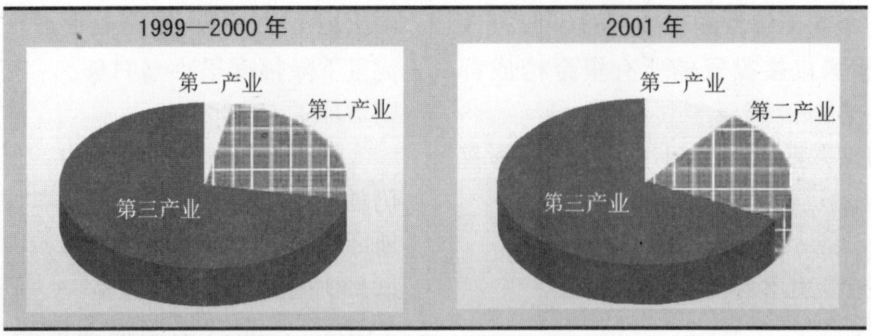

资料来源：UNCTAD，FDI 数据库及附录表 A. 1. 4。

注：数据涵盖在 1999 年、2000 年和 2001 年有可用数据的国家。这些国家在 1999—2000 年及其 2001 年分别占世界总流入量的 94%、89%；如果缺乏实际数据，则使用了在某些国家得到承认的数据。

图 1.5　1990—2002 年按融资类型统计的外国直接投资流入流量

（百分比）

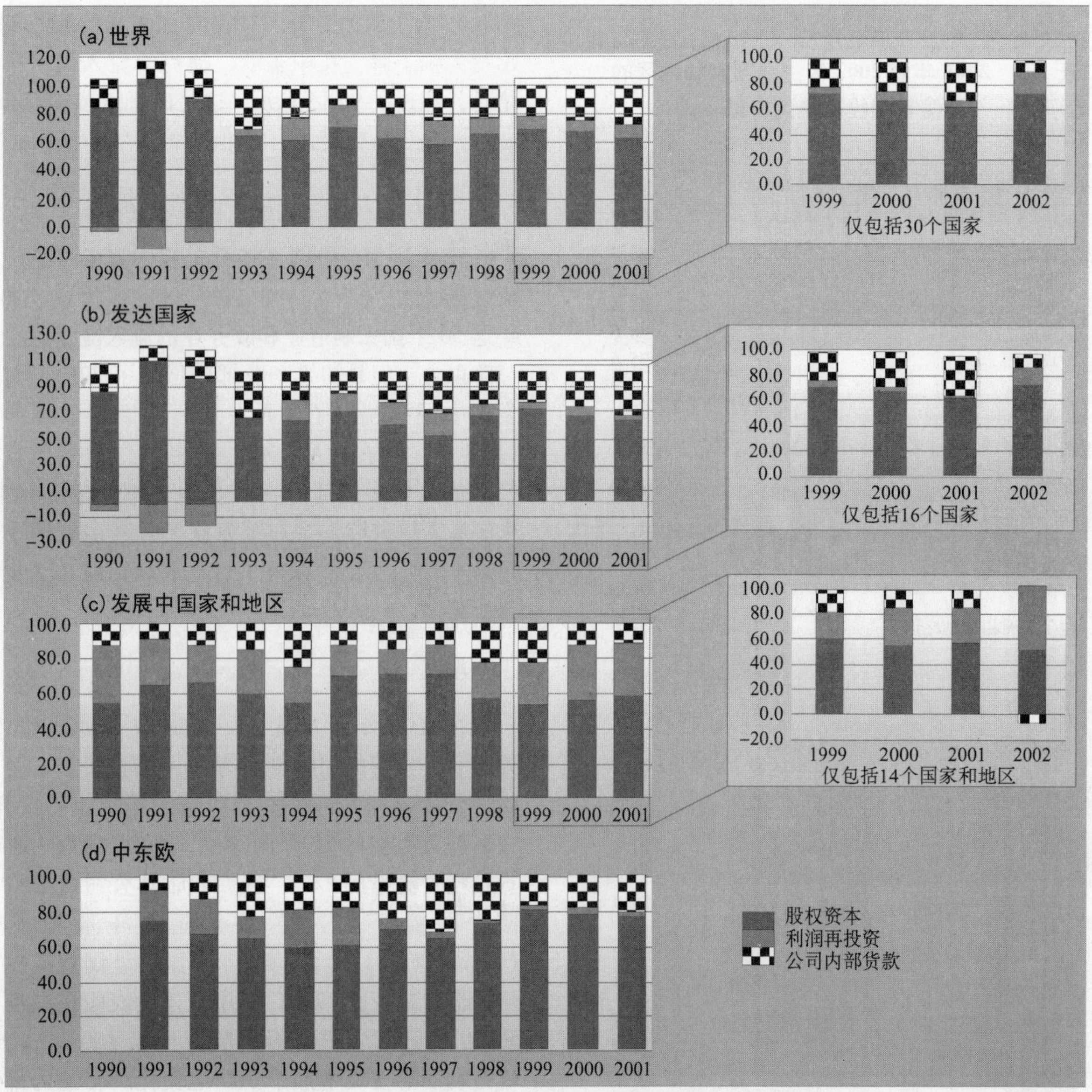

资料来源：UNCTAD，根据 IMF，《国际金融统计》，2003 年 4 月，光盘数据库；以及 UNCTAD 的 FDI/TNC 数据库。

司的贷款造成的。美国的利率低于其他地区，尤其是欧盟。[3] 母公司因此减少了对其子公司的贷款，欧盟在美国的子公司尤其如此，因为以在美国进行并购为目的的融资的必要性降低了（见第二章）。[4]

进入方式

与新建投资项目相比，并购减少了。2001 年跨国并购减少了 48%，2002 年又减少了 38%。跨国并购交易在外国直接投资总流量中所占的份额从 2001 年的 80% 降至 2002 年的 55%。[5]

流出流量

2002 年美国的流出流量（1200 亿美元）增加了 15%（第二章）。欧盟的流出流量（3940 亿美元）减少了 13%，日本减少了 18%。2001 年，发达国家所减少的外国直接投资流出流量主要集中在其他发达国家（表 1.3）。而在 2002 年减少的数量预计会小一点。发展中国家流出的外国直接投资（430 亿美元）也减少了，但它们在世界流出流量中所占份额几乎保持不变，在 1999—2000 年、2001 年以及 2002 年都为 7%（附录表 B.2）。中东欧的流出流量（40 亿美元）增加了，该地区的最大投资者俄罗斯占其中的大部分。在过去几年中该地区在世界总流出流量中所占的份额也上升了，并且在 2002 年达到了 0.6%。

表 1.3 1999—2001 年以地理目标划分的外国直接投资流出量[a]

（10 亿美元；百分比）

地区/经济体	10 亿美元 平均 1999—2000	10 亿美元 2001	百分比分布 平均 1999—2000	百分比分布 2001
发达国家	924.2	470.1	83.7	74.6
西欧	640.9	259.7	58.0	41.2
欧盟	589.4	236.6	53.4	37.5
西欧其他国家	50.9	24.1	4.6	3.8
未指明的西欧国家	0.6	-1.0	0.1	-0.2
北美	256.2	197.3	23.2	31.3
其他发达国家	25.0	9.1	2.3	1.4
未指明的发达国家	2.2	3.9	0.2	0.6
发展中国家	129.2	115.2	11.7	18.3
非洲	6.8	8.5	0.6	1.3
北美	0.5	1.8	0.0	0.3
非洲其他国家	5.0	6.3	0.5	1.0
未指明的非洲国家	1.3	0.4	0.1	0.1
拉丁美洲和加勒比地区	84.7	69.1	7.7	11.0
南美	39.5	20.3	3.6	3.2
拉丁美洲和加勒比地区其他国家	36.4	38.0	3.3	6.0
未指明的拉丁美洲和加勒比地区国家	8.8	10.9	0.8	1.7
亚洲	33.9	36.5	3.1	5.8
西亚	0.8	2.8	0.1	0.4
中亚	1.0	0.1	0.1	0.0
南亚、东亚和东南亚	31.0	32.8	2.8	5.2
未指明的亚洲国家	1.1	0.8	0.1	0.1
太平洋地区	1.5	0.8	0.1	0.1
未指明的发展中国家	2.4	0.3	0.2	0.1
中东欧	18.0	18.6	1.6	3.0
未指名	32.7	26.3	3.0	4.2
世界合计	1 104.1	630.3	100.0	100.0

资料来源：UNCTAD，FDI 数据库。

a. 总量是根据以下国家的数据计算的：澳大利亚、奥地利、比利时和卢森堡、加拿大、丹麦、芬兰、法国、德国、冰岛、爱尔兰、日本、荷兰、新西兰、挪威、葡萄牙、西班牙、瑞典、瑞士、英国和美国。

C. 业绩指数说明流量减少是不均衡的[6]

UNCTAD 发布了第三组吸引外国直接投资业绩与潜力指标（继《2001 年世界投资报告》和《2002 年世界投资报告》之后），以各国在吸引外国直接投资流入方面的业绩和潜力为标准对各国进行了排名。这种对外国直接投资区位决定因素的分析并不是很成熟，其目的只是想为许多国家的政策制定者提供可以量化的有关变量的数据。

吸引外国直接投资业绩指数以各国所吸收的外国直接投资相对于其经济规模为标准对各国进行排名，该指标是以一国在全球外国直接投资流入流量中所占份额相对该国在全球 GDP 中所占份额的比率计算出来的。一国的指数值大于 1 表明，相对于其经济规模而言，该国吸收了较多的外国直接投资。小于 1 就说明吸收的外国直接投资较少（如果指数值为负，就意味着外国投资者在此期间撤出了投资）。因此，该指数反映了除市场规模以外的其他因素对外国直接投资的影响，即假定其他条件相同，市场规模是吸引投资的“基线”。其他因素很多，既包括商业环境、经济和政治稳定性、自然资源禀赋、基础设施、技能与技术等，也包括参与私有化的机会或者外国直接投资促进的效率。

随着时间的推移，排名会有很大变化，因为分子（外国直接投资份额）和分母（GDP 份额）在各个年份之间都会有很大变化。那些在全球所占份额极小的国家和地区的变化可能会特别大，对这些国家和地区的少量大额投资（例如并购、私有化或者资源开采）就能使其排名发生很大变化。因此，在这种情况下，很高的吸引外国直接投资业绩指数可能只是一个暂时现象，记住这一点很重要。当然，鉴于变量的性质，这种变化无常是可以预料的。如果使用不同的分母，譬如人口，排名就会稳定得多，但这也就不能反映一个国家或者地区对外国直接投资的吸引力。

吸引外国直接投资潜力指数反映了预期会影响一个国家或者地区对外国投资者吸引力的一些因素（市场规模除外）。由于该指数依赖的是那些能够利用可获得数据进行量化计算的变量，因而也就不包括可能会影响外国直接投资，但不能在各国之间进行比较的社会、治理和制度等因素。指数也不包括在理论上可度量但其数据却不可获得的因素，例如对外国直接投资的税收激励、技术工人的数量和质量、当地供应商及其效率或者基础设施服务的成本等。

业绩指数

1999—2001 年业绩指数领先的国家比利时和卢森堡保持了它们在早些时候（1998—2000 年）的排名。[7] 在业绩最好的 20 个国家和地区中，有 6 个工业化国家，2 个成熟的东亚国家和地区，3 个转型国家，其余 9 个是发展中国家和地区，其中包括3个撒哈拉以南非洲国家（表1.4）。1999—

表 1.4　1999—2001 年 UNCTAD 吸引外国直接投资业绩指数排名

排名	国家和地区	排名	国家和地区	排名	国家和地区	排名	国家和地区
1	比利时和卢森堡	36	瑞士	71	委内瑞拉	106	埃塞俄比亚
2	安哥拉	37	巴西	72	墨西哥	107	吉尔吉斯斯坦
3	中国香港	38	亚美尼亚	73	哥斯达黎加	108	俄罗斯
4	爱尔兰	39	德国	74	奥地利	109	意大利
5	马尔他	40	坦桑尼亚	75	罗马尼亚	110	埃及
6	新加坡	41	西班牙	76	突尼斯	111	斯里兰卡
7	瑞典	42	阿根廷	77	加纳	112	土耳其
8	荷兰	43	巴布亚新几内亚	78	秘鲁	113	希腊
9	丹麦	44	新西兰	79	美国	114	几内亚
10	文莱	45	多哥	80	哥伦比亚	115	博茨瓦纳
11	捷克	46	摩洛哥	81	南非	116	巴基斯坦
12	冈比亚	47	波兰	82	贝宁	117	塞拉利昂
13	尼加拉瓜	48	蒙古	83	尼日利亚	118	肯尼亚
14	玻利维亚	49	芬兰	84	乌兹别克斯坦	119	布基纳法索
15	哈萨克斯坦	50	越南	85	缅甸	120	印度
16	刚果	51	拉脱维亚	86	科特迪瓦	121	尼日尔
17	圭亚那	52	葡萄牙	87	白俄罗斯	122	喀麦隆
18	摩尔多瓦	53	匈牙利	88	乌克兰	123	海地
19	智利	54	约旦	89	马达加斯加	124	津巴布韦
20	塞浦路斯	55	洪都拉斯	90	菲律宾	125	孟加拉国
21	爱沙尼亚	56	巴林	91	澳大利亚	126	卢旺达
22	克罗地亚	57	苏丹	92	韩国	127	刚果（金）
23	牙买加	58	乌干达	93	塔吉克斯坦	128	日本
24	莫桑比克	59	中国	94	塞内加尔	129	阿曼
25	保加利亚	60	立陶宛	95	萨尔瓦多	130	尼泊尔
26	斯洛文尼亚	61	泰国	96	黎巴嫩	131	伊朗
27	特立尼达和多巴哥	62	法国	97	冰岛	132	科威特
28	英国	63	格鲁吉亚	98	卡塔尔	133	马拉维
29	马其顿	64	赞比亚	99	危地马拉	134	利比亚
30	加拿大	65	以色列	100	乌拉圭	135	沙特阿拉伯
31	多米尼加共和国	66	巴哈马	101	阿尔及利亚	136	阿联酋
32	巴拿马	67	阿尔巴尼亚	102	中国台湾	137	也门
33	阿塞拜疆	68	马里	103	叙利亚	138	印度尼西亚
34	纳米比亚	69	挪威	104	巴拉圭	139	加蓬
35	厄瓜多尔	70	马来西亚	105	斯洛文尼亚	140	苏里南

资料来源：UNCTAD。

2001年排名最低的两个国家是苏里南和加蓬，排在其后的是深受1997年金融危机影响的印度尼西亚。排名落后国家中还包括西亚和北非地区的一些产油国。

当然，指数排名与外国直接投资流入流量的排名完全不同。例如，2001年世界吸收外国直接投资最多的国家，即美国的业绩指数排名为第79位。作为发展中国家中最大的受资国，中国也仅名列第59位。同样，业绩排名靠前的安哥拉所吸收的外国直接投资绝对量相对而言却很少。

1999—2001年的吸引外国直接投资业绩指数排名与1998—2000年的排名很相似（相关系数为0.95）。前5位排名与前一时期相同（附录表A.1.5）。（图1.6显示了其中最大的10个赢家和输家）变动最大的是相对较小的国家和地区，但是南非（赢家）和马来西亚（输家）等大国的变动也很大，这反映了并购活动的波动或者宏观经济危机的影响。

不同地区的业绩指数发生了什么变化？在工业化国家中，西欧的业绩最好，其指数值在最近两个时期都提高了（图1.7；附录表A.1.6）。北美的指数自20世纪90年代初以来就保持稳定(但是小于1)。在发展中国家和地区中，拉丁美洲和加勒比地区在20世纪90年代保持了最好的业绩，并且其业绩在最近一个时期有所提高。北非和非洲其他地区的业绩得到改善，但是其指数值仍然小于1；值得注意的是，非洲其他地区（即撒哈拉以南非洲地区）的业绩要好于西亚和南亚。东亚和东南亚的指数值仍然大于1，但是还未恢复到金融危机前的水平。在转型国家中，中亚的业绩非常好，是最近一段时期该地区指数值最高的。中东欧的指数值降低了，从大于1变为小于1。

图1.6 1998—2000年及其1999—2001年吸引外国直接投资业绩排名中的主要赢家和输家

（排名变化）

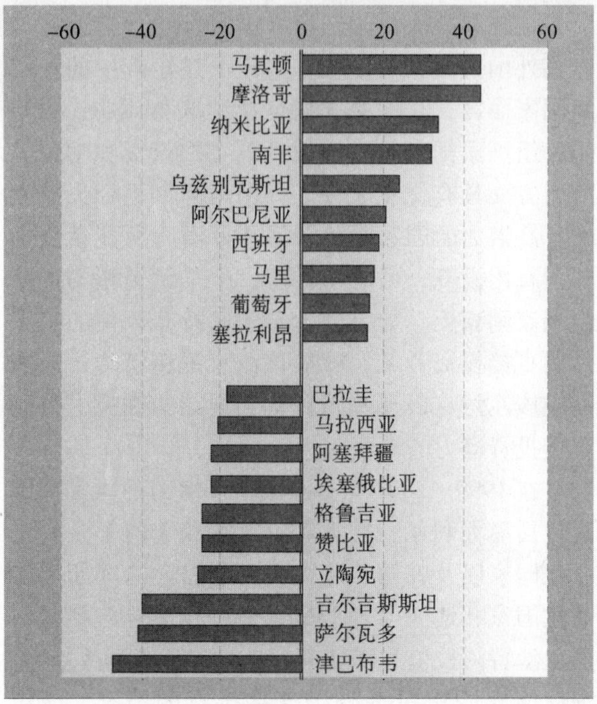

资料来源：UNCTAD。

前一节说明了最近外国直接投资减少的不均衡状况。如果2000年（外国直接投资最多的一年）和2001年（目前外国直接投资减少时期的第一年）的业绩指数是分别计算的，也同样会出现不均衡的现象。尽管有人认为这两年的排名完全相似，但实际上仍然有相当多的变化。这两年排名的变动要大于1998—2000年到1999—2001年。[8] 有24个国家的排名前移了20位或者以上，另有25个国家的排名后移了20位或者以上。由于宏观经济和政治危机，阿根廷成了大输家。排名下降比较多的国家还包括巴林、约旦、德国和马来西亚，这些国家的经济衰退影响了流入流量。

潜力指数

吸引外国直接投资潜力指数主要以结构变量为基础（原始数据见附录表A.1.7），该指数比业绩指数稳定得多。在1988—1990期间潜力指数的排名与12年以后1999—2001年的排名十分相似（相关系数为0.92）。最近几年与最近一年的相关系数更高，在最近一年以前的1998—2000年期间达到了0.99。正如人们所认为的，潜力排名与收入有关，因此美国在每个三年期的排名中都是最高的（附录表A.1.8）。但是收入并不完全反映潜力，例如，日本、德国和瑞典的排名就低于新加坡和英国。处于指数排名末尾的是非常贫穷的国家，例如刚果（金）和塞拉利昂等，但是排名倒数第四的津巴布韦就比许多排名靠前的国家富裕。

在前20名中，除了4个东亚国家和地区外，其余都是发达国家。12个时期中最大的赢家是圭亚那（39位）、黎巴嫩（27）、萨尔瓦多（26）、也门（22）和科威特（18）。发达国家中主要的赢家是爱尔兰（13），新兴工业化国家中的大赢家是菲律宾（10）。最大的输家是津巴布韦（后移了55位）、印度尼西亚（50）、肯尼亚（43）、巴基斯坦（37）和巴拉圭（37）。发达国家排名下降最多的是意大利（8）、法国（7）和澳大利亚（7）。

图 1.7　1988—1990 年、1993—1995 年、1998—2000 年及其 1999—2001 年主要地区吸引外国直接投资业绩指数排名

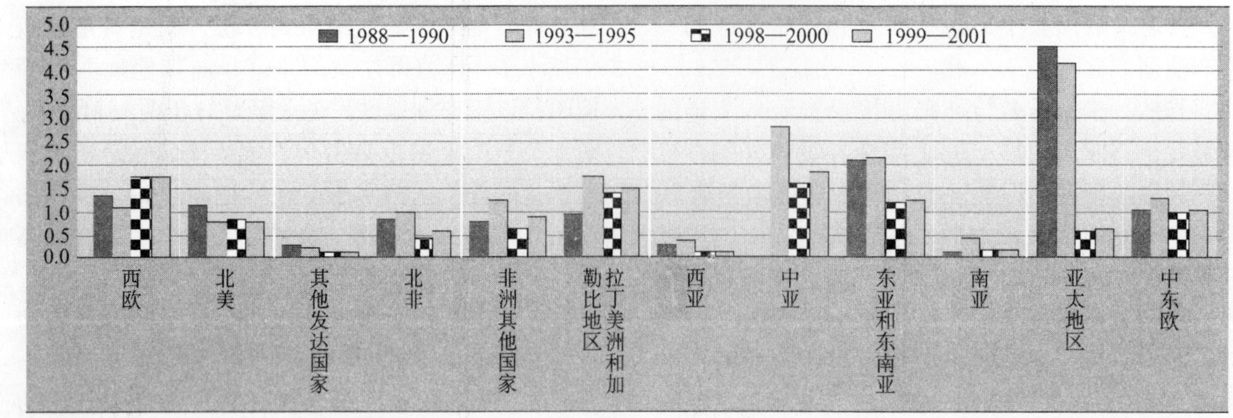

资料来源：UNCTAD。

由于缺少早些年份的数据，也就无法比较大多数中东欧国家的排名。但是其排名看起来是可信而且令人感兴趣的。排名第一的是斯洛文尼亚，随后是俄罗斯和捷克。

业绩与潜力的比较

令人惊奇的是，在两类指数之间有相当程度的重合。共有 7 个国家两类指数的排名都在前 20 位，另有 7 个国家都在后 20 位（表 1.5）。安哥拉和文莱等国家是例外，由于近年来以资源为基础的外国直接投资的大量流入，这些国家的业绩排名大幅提升。只有日本是个例外，由于众所周知的原因，日本潜力指数排名领先而业绩指数排名靠后。

利用吸引外国直接投资业绩和潜力的四维矩阵，探讨导致两类指数排名出现差异的因素，以此来对这两类指数进行比较，可以得到一些启示：

- 领先国家：吸引外国直接投资业绩和潜力指数都很高的国家。
- 高于潜力的国家：吸引外国直接投资潜力很低而业绩很高的国家。
- 低于潜力的国家：吸引外国直接投资潜力很高而业绩很低的国家。
- 表现差的国家：吸引外国直接投资潜力和业绩都很低的国家。[9]

第一组和最后一组都不会引起太大的争议：前者包括许多工业化国家、新兴工业化国家和地区以及发达的转型国家，后者主要是贫穷（或者不稳定的）国家和地区。矩阵中各个国家和地区的位置随着时间推移而发生的变化可能会令人感兴趣。现在列举一些业绩下降的例子。在 1988—1990 年期间，美国和中国台湾是领先者，随着时间推移，其排名后移。在这 12 年中，菲律宾从高潜力的国家变成了低潜力的国家，尼日利亚从高潜力的国家变为表现差的国家等等（表 1.6）。相比之下，以色列从低潜力的国家变为领先国家等等。探讨变化背后的原因及其政策含义超出了本文的范围，但对于指数包括和遗漏了哪些方面，显然还有许多问题需要探讨。

在政策方面，假定所有国家都想保持或者改善其外国直接投资地位，对于上述矩阵中的第一组国家而言，它们必须保证持续取得成功，而最后一组国家则必须在吸引外国直接投资和增强其潜力方面具有优良表现。另两组国家更令人感兴趣。高潜力的国家吸引了多于其潜力所能承受的外国直接投资，可谓“不堪重负”，而低潜力的一组国家则相反。如果前者希望保持其以往的吸引外国直接投资业绩，就应该注意提高潜力，后者则应该注意克服那些阻碍其实现结构性吸引外国直接投资潜力的缺陷。

在 1999—2001 年，业绩低于潜力的国家和地区包括澳大利亚、意大利、日本和美国等主要工业化国家以及韩国、菲律宾和中国台湾等新兴工业化国家和地区（表 1.6）。这一组别还包括俄罗斯、沙特阿拉伯和阿联酋等具有丰富的资源基础，理应能够吸引更多外国直接投资的国家。该组还有一些国家在前一时期属于领先国家组，即澳

表 1.5 若干年份吸引外国直接投资业绩和潜力指数领先和落后的 20 个国家和地区

	吸引外国直接投资业绩排名				吸引外国直接投资潜力排名			
排名	国家和地区	1988—1990	1993—1995	1999—2001	国家和地区	1988—1990	1993—1995	1999—2001
	领先的 20 个国家和地区							
1	比利时和卢森堡	8	24	1	美国	1	1	1
2	安哥拉	106	7	2	新加坡	13	4	2
3	中国香港	3	14	3	挪威	5	5	3
4	爱尔兰	59	51	4	英国	3	6	4
5	马耳他	21	22	5	加拿大	2	2	5
6	新加坡	1	2	6	德国	4	3	6
7	瑞典	50	25	7	瑞典	6	9	7
8	荷兰	13	41	8	比利时和卢森堡	10	11	8
9	丹麦	53	43	9	荷兰	8	10	9
10	文莱	103	18	10	芬兰	9	15	10
11	捷克	..	30	11	爱尔兰	24	22	11
12	冈比亚	9	32	12	日本	12	8	12
13	尼加拉瓜	96	37	13	中国香港	17	13	13
14	玻利维亚	46	27	14	法国	7	7	14
15	哈萨克斯坦	..	17	15	瑞士	11	14	15
16	刚果	84	6	16	丹麦	16	16	16
17	圭亚那	58	1	17	冰岛	15	19	17
18	摩尔多瓦	..	35	18	韩国	20	17	18
19	智利	10	21	19	中国台湾	21	21	19
20	塞浦路斯	27	79	20	卡塔尔	22	20	20
	落后的 20 个国家和地区							
121	尼日尔	56	118	121	孟加拉国	105	118	121
122	喀麦隆	114	127	122	多哥	90	124	122
123	海地	81	135	123	苏丹	116	137	123
124	津巴布韦	113	83	124	埃塞俄比亚	114	125	124
125	孟加拉国	104	126	125	布基纳法索	94	121	125
126	卢旺达	61	117	126	尼日尔	108	128	126
127	刚果（金）	111	133	127	肯尼亚	84	101	127
128	日本	105	128	128	吉尔吉斯斯坦	..	134	128
129	阿曼	32	94	129	巴基斯坦	92	113	129
130	尼泊尔	97	122	130	坦桑尼亚	98	114	130
131	伊朗	112	123	131	格鲁吉亚	..	133	131
132	科威特	102	125	132	贝宁	111	135	132
133	马拉维	41	129	133	尼泊尔	109	132	133
134	利比亚	69	136	134	赞比亚	100	117	134
135	沙特阿拉伯	83	131	135	海地	115	136	135
136	阿联酋	92	92	136	塔吉克斯坦	..	103	136
137	也门	115	13	137	津巴布韦	82	102	137
138	印度尼西亚	54	57	138	卢旺达	113	140	138
139	加蓬	33	139	139	刚果（金）	103	139	139
140	苏里南	117	140	140	塞拉利昂	107	138	140

资料来源：UNCTAD。

大利亚、哥斯达黎加和墨西哥。

高潜力的国家包括巴西，巴西最近在增长、出口份额和技能创造方面得分很低。表现差的一组国家包括所有南亚国家和地区以及许多贫穷的最不发达国家，土耳其也在此列，这一组国家在风险和外国直接投资存量方面得分很低。领先国家包括法国、德国、瑞典和瑞士等许多发达国家及其亚洲新兴工业化国家和地区。

表 1.6　若干年份吸引外国直接投资业绩和潜力矩阵

	高吸引外国直接投资业绩	低吸引外国直接投资业绩
	1999—2001	
	领先国家	低于潜力的国家
高吸引外国直接投资潜力	阿根廷、巴哈马、巴林、比利时和卢森堡、文莱、保加利亚、加拿大、智利、中国、克罗地亚、塞浦路斯、捷克、丹麦、多米尼加共和国、爱沙尼亚、芬兰、法国、德国、圭亚那、中国香港、匈牙利、爱尔兰、以色列、约旦、拉脱维亚、立陶宛、马来西亚、马耳他、蒙古、荷兰、新西兰、挪威、巴拿马、波兰、葡萄牙、新加坡、斯洛伐克、西班牙、瑞典、瑞士、泰国、特立尼达和多巴哥和英国	澳大利亚、奥地利、白俄罗斯、博茨瓦纳、哥斯达黎加、埃及、萨尔瓦多、希腊、冰岛、意大利、日本、科威特、黎巴嫩、利比亚、墨西哥、阿曼、菲律宾、卡塔尔、韩国、俄罗斯、沙特阿拉伯、斯洛文尼亚、中国台湾、阿联酋、美国、乌拉圭和委内瑞拉
	高于潜力的国家	表现差的国家
低吸引外国直接投资潜力	阿尔巴尼亚、安哥拉、亚美尼亚、阿塞拜疆、玻利维亚、巴西、厄瓜多尔、冈比亚、格鲁吉亚、洪都拉斯、牙买加、哈萨克斯坦、马里、摩洛哥、莫桑比克、纳米比亚、尼加拉瓜、巴布亚新几内亚、刚果、摩尔多瓦、苏丹、马其顿、多哥、乌干达、坦桑尼亚、越南和赞比亚	阿尔及利亚、孟加拉国、贝宁、布基纳法索、喀麦隆、哥伦比亚、科特迪瓦、刚果（金）、埃塞俄比亚、加蓬、加纳、危地马拉、几内亚、海地、印度、印度尼西亚、伊朗、肯尼亚、吉尔吉斯斯坦、马达加斯加、马拉维、缅甸、尼泊尔、尼日尔、尼日利亚、巴基斯坦、巴拉圭、秘鲁、罗马尼亚、卢旺达、塞内加尔、塞拉利昂、南非、斯里兰卡、苏里南、叙利亚、塔吉克斯坦、突尼斯、土耳其、乌克兰、乌兹别克斯坦、也门和津巴布韦
	1993—1995	
	领先国家	低于潜力的国家
高吸引外国直接投资潜力	阿根廷、澳大利亚、巴哈马、巴林、比利时和卢森堡、文莱、智利、中国、哥斯达黎加、捷克、丹麦、多米尼加共和国、爱沙尼亚、法国、圭亚那、中国香港、匈牙利、印度尼西亚、爱尔兰、牙买加、马来西亚、马耳他、墨西哥、荷兰、新西兰、挪威、巴拿马、巴布亚新几内亚、菲律宾、波兰、卡塔尔、摩尔多瓦、新加坡、斯洛伐克、西班牙、瑞典和英国	奥地利、博茨瓦纳、保加利亚、加拿大、塞浦路斯、萨尔瓦多、芬兰、德国、希腊、冰岛、伊朗、以色列、意大利、日本、约旦、科威特、利比亚、阿曼、葡萄牙、韩国、俄罗斯、沙特阿拉伯、斯洛文尼亚、南非、苏里南、瑞士、中国台湾、泰国、乌克兰、阿联酋、美国、乌拉圭和委内瑞拉
	高于潜力的国家	表现差的国家
低吸引外国直接投资潜力	阿尔巴尼亚、安哥拉、阿塞拜疆、玻利维亚、哥伦比亚、科特迪瓦、厄瓜多尔、埃及、拉脱维亚、马里、摩洛哥、莫桑比克、缅甸、纳米比亚、尼加拉瓜、尼日利亚、巴拉圭、秘鲁、刚果、塔吉克斯坦、多哥、特立尼达和多巴哥、突尼斯、乌干达、坦桑尼亚、越南、也门和赞比亚	阿尔及利亚、亚美尼亚、孟加拉国、白俄罗斯、贝宁、巴西、布基纳法索、喀麦隆、克罗地亚、刚果（金）、埃塞俄比亚、加蓬、格鲁吉亚、危地马拉、几内亚、海地、印度、肯尼亚、黎巴嫩、立陶宛、马达加斯加、马拉维、蒙古、尼泊尔、尼日尔、巴基斯坦、罗马尼亚、卢旺达、塞内加尔、塞拉利昂、斯里兰卡、苏丹、叙利亚、马其顿、土耳其、乌兹别克斯坦和津巴布韦
	1988—1990	
	领先国家	低于潜力的国家
高吸引外国直接投资潜力	阿根廷、澳大利亚、巴林、比利时和卢森堡、博茨瓦纳、加拿大、智利、中国、哥伦比亚、哥斯达黎加、塞浦路斯、丹麦、法国、希腊、中国香港、印度尼西亚、爱尔兰、马来西亚、马耳他、墨西哥、荷兰、新西兰、挪威、阿曼、葡萄牙、新加坡、西班牙、瑞典、瑞士、中国台湾、泰国、特立尼达和多巴哥、英国、美国和委内瑞拉	阿尔及利亚、奥大利、巴哈马、巴西、文莱、芬兰、德国、匈牙利、冰岛、伊朗、以色列、意大利、日本、科威特、利比亚、牙买加、巴拿马、波兰、卡塔尔、韩国、沙特阿拉伯、南非、苏里南、阿联酋和乌拉圭
	高于潜力的国家	表现差的国家
低吸引外国直接投资潜力	贝宁、玻利维亚、多米尼加共和国、厄瓜多尔、埃及、加蓬、冈比亚、危地马拉、圭亚那、洪都拉斯、牙买加、马拉维、缅甸、尼日尔、尼日利亚、巴布亚新几内亚、巴拉圭、菲律宾、塞拉利昂、叙利亚、多哥、突尼斯、越南和赞比亚	安哥拉、孟加拉国、布基纳法索、喀麦隆、科特迪瓦、刚果（金）、萨尔瓦多、埃塞俄比亚、加纳、几内亚、海地、印度、约旦、肯尼亚、黎巴嫩、马达加斯加、马里、摩洛哥、莫桑比克、纳米比亚、尼泊尔、尼加拉瓜、巴基斯坦、秘鲁、刚果、卢旺达、塞内加尔、斯里兰卡、苏丹、土耳其、乌干达、坦桑尼亚、也门和津巴布韦

资料来源：UNCTAD。

D. 为什么会减少？

2001—2002 年外国直接投资的减少是宏观、微观以及制度层面上各种因素相互作用的结果。全球经济从衰退中的缓慢复苏对发达国家吸收外国直接投资的打击最为沉重，其中尤以金融服务和电信业为甚。外国直接投资的减少大部分是由跨国并购的急剧减少所引起的。此外，随着盈利能力下降，撤资增加了。公司内部贷款的信心不足和公司重组步伐的放慢也加重了对外国直接投资的影响。进一步促使外国直接投资减少的因素还有私有化进程的暂时中止、由公司丑闻频发和一些大公司破产所引起的信心丧失等。

1. 宏观经济因素

导致外国直接投资减少的最重要的宏观经济因素包括在世界大部分地区，特别在主要的母国和东道国（美国和欧盟）发生的与经济周期相联系的经济增长减速、甚至衰退，以及股票市场价值下跌，后者则反映了交易减少以及对前几年证券市场活动过于高涨所导致的纠正。这两个因素都导致跨国并购急剧减少，特别在发达国家。经济增长减速也影响了新建外国直接投资。

据估计，世界实际 GDP 增长率从 2000 年的 4.7%（在 2002 年增长到 3.0% 以前）降到了 2001 年的 2.3%（IMF 2003a）。美国证券市场被高估、储蓄率低、私人部门债务水平高、公司利润低、巨额对外赤字——这些都被地缘政治的不确定性所加剧了（UNAESA 和 UNCTAD 2003）。日本仍未摆脱至今长达十年的衰退，最近几年大多数欧盟国家也未能成功推动其经济增长。对于整个发展中国家而言，金融危机（尤其对阿根廷的影响）、主要出口市场的衰退以及商品价格下降都减缓了它们的增长步伐。

外国直接投资的主要母国和东道国的增长落后于其他发达国家，也远远落后于发展中国家和转型国家，这使得后者对投资者更有吸引力。证券市场价值的下跌通过负的“财富效应”加剧了衰退对于外国直接投资减少及其不均衡的影响。

经济周期影响了外国直接投资流动（专栏 1.2 和《1993 年世界投资报告》），尽管对于发达国家和发展中国家而言，其影响途径是不同的（《1993 年世界投资报告》）。在高速增长和扩张时期，企业在国内外投资都能获得更高的收益。在周期上升时期，随着国内投资增加，对外直接投资因此也增加，显示出与国内投资相同的与周期相符的行为（Angell 1941；Gordon 1955；Dunning 1998）。反之，经济增长加速给对外（和国内）投资带来负面影响。

例如，2001 年美国对外直接投资减少了 27%，但是 2002 年却增加了 15%，国内私人总投资每年减少 3%。但在 1999 年和 2000 年两者都大幅度增长。外国直接投资的减少反映了近年来作为外国直接投资主要进入方式的跨国并购的减少，特别在发达国家。然而，国内并购的减少并未反映出国内投资的减少，因为各国的国内并购仅仅反映了现有公司所有权的变化，并不代表国内投资（或者资本存量增加）。作为对经济周期的反应，2002 年法国、德国和英国的对外直接投资和国内投资都出现了和美国相同方向的变化，亦即都减少了（欧盟 2003）。

与前一年一样，2002 年外国直接投资的减少主要反映为跨国并购的减少，跨国并购减少了 38%，减至 3700 亿美元（附录表 B.8—B.10）。在 2001 年下降 16% 之后，2002 年全球 49 个证券市场的证券交易减少了 15%，减至 22 万亿美元，并购金额同样也减少了。[10] 股票价格的下跌限制了公司利用股票方式进行收购。通过互换股票进行的跨国并购的比重从跨国并购的高峰年份 2000 年的 44% 下降到 2002 年的 11%。跨国并购减少的原因还包括全球范围内公司重组与合并的骤减。在过去 15 年中，跨国并购一直占全部并购的 25%—30%。

跨国并购交易的数量从 2000 年的 7894 起减至 2001 年的 6034 起和 2002 年的 4493 起。每笔交易的平均价值从 2000 年的 1.45 亿美元减至 2001 年的 0.98 亿美元和 2002 年的 0.82 亿美元，巨额交易（每笔价值超过 10 亿美元）的数量也从 2000 年的 175 起减至 2001 年的 113 起，而到 2002 年又减至 81 起，是 1998 年以来最少的（表 1.7；附录表 A.1.9）。

专栏 1.2　1970 年以来外国直接投资的高涨与衰退

自 1970 年以来外国直接投资流入流量经历了四个衰退时期（专栏图 1.2.1）：1976 年（减少了 21%）、1982—1983 年（平均每年减少 14%）、1991 年（减少 24%）以及 2001—2002 年（平均每年减少 31%）。外国直接投资的每一次减少都与世界经济，尤其是主要母国和东道国的衰退或者增长减速有关。在世界经济增长停滞与外国直接投资流量减少之间通常有一至两年的滞后（专栏图 1.2.1）。外国直接投资的后两次大衰退也以跨国并购活动的骤减为特征。

专栏图 1.2.1　1980—2002 年世界外国直接投资流量和 GDP 增长率

（百分比）

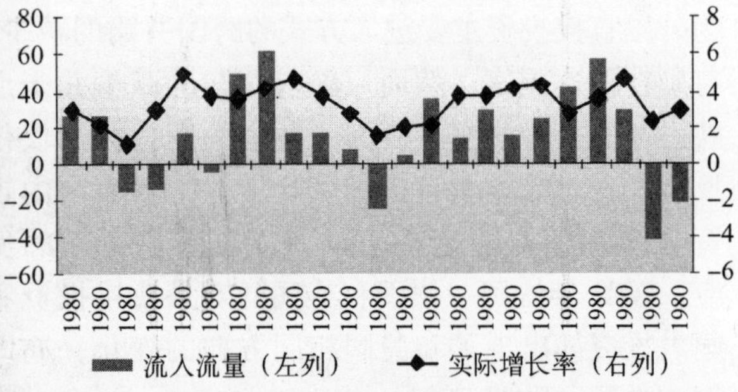

资料来源：UNCTAD，FDI/TNC 数据库及引自国际货币基金组织《2003 年世界经济展望》的数据。

得多（Evenett 2002）。然而，与国内证券市场的资本化相比，在最近这一次浪潮中外国企业对国内企业的收购较少。在 2000 年高峰期，跨国并购在世界证券市场资本化中所占的比重仅为 3.7%，2002 年则降到 1.7%（专栏图 1.2.2）。

专栏图 1.2.2　跨国并购的规模有多大？1990—2002 年跨国并购在世界证券交易市场的市场资本化中所占比重

（10 亿美元；百分比）

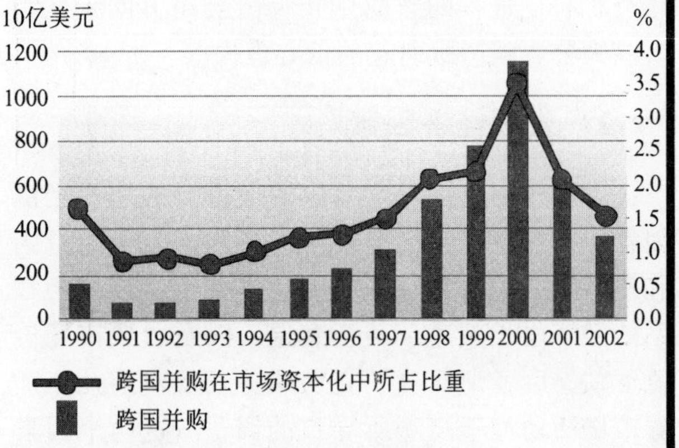

资料来源：UNCTAD。

a. 包括 44 个国家中的 49 个证券交易市场。

发达国家外国直接投资的高涨与低落与全世界几乎是同步的。但对于发展中国家而言，外国直接投资衰退的数量和时间和其他地区并不一致。发达国家与发展中国家的这种不均衡发展解释了发展中国家在世界外国直接投资中所占份额在某些年份中提高，然后又下降的原因。中东欧地区迄今为止尚未出现投资高涨，随着大量私有化或者大型投资项目的完成，该地区外国直接投资流入流量在某些年份中略有减少。

始于 2001 年的外国直接投资衰退到目前为止最为剧烈，并且由于并购的高潮主要集中在发达国家，因而在发达国家和发展中国家之间造成的差异也是最大的。发生在 20 世纪 90 年代初的衰退也是以前一次跨国并购高潮的结束为特征。但是 20 世纪 90 年代末的跨国并购浪潮至少是前一次的五倍（以实际价值衡量），并且涉及到更多的工业化国家企业，在服务业进行的交易也要多

美国在这一次全球性外国直接投资衰退中占 38%，这并非史无前例。在 1982—1983 年的衰退中，美国一国就占减少量的 76%；在 1991 年的衰退中也占到 51%。而在 1976 年的衰退中，外国直接投资流入流量减少最多的国家——例如荷兰（减少了 53%）和意大利（83%）——仅占全球减少量的不足 5%。近些年来全球外国直接投资的状况看来取决于美国这个直到 2001 年前全球吸收外国直接投资最多的国家。

一般而言，在衰退之后，外国直接投资流量会迅速恢复，并重新获得动力而达到新的高度。目前应该关心的不仅仅是衰退的严重程度，还应该关心其持续的时间。此前只有一次衰退（1982—1983 年）持续了两年。正如 2003 年[a] 前几个月有关外国直接投资的初步数据和 UNCTAD 投资促进机构所做的一项调查所表明的，本次衰退估计会超过两年（专栏 1.5）。

资料来源：UNCTAD，根据从美国商务部经济分析局获得的数据（http：//www.bea.gov/）；Evenett（2002）。

a. 例如，数据见第二章注释 57。

图 1.8 1987—2002 年跨国并购在全世界并购总量中所占的比重

（百分比）

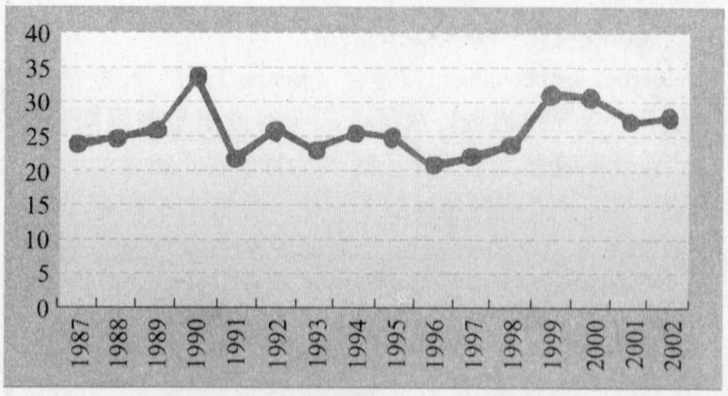

资料来源：UNCTAD，跨国并购数据库。

表 1.7 1987—2002 年超过 10 亿美元的跨国并购

年份	交易数量	占总数的百分比	交易额（10 亿美元）	占总数的百分比
1987	14	1.6	30.0	40.3
1988	22	1.5	49.6	42.9
1989	26	1.2	59.5	42.4
1990	33	1.3	60.9	40.4
1991	7	0.2	20.4	25.2
1992	10	0.4	21.3	26.8
1993	14	0.5	23.5	28.3
1994	24	0.7	50.9	40.1
1995	36	0.8	80.4	43.1
1996	43	0.9	94.0	41.4
1997	64	1.3	129.2	42.4
1998	86	1.5	329.7	62.0
1999	114	1.6	522.0	68.1
2000	175	2.2	866.2	75.7
2001	113	1.9	378.1	63.7
2002	81	1.8	213.9	58.1

资料来源：UNCTAD，跨国并购数据库。

2. 微观因素

公司利润的减少、跨国公司不再有能力和意愿通过公司内部贷款为外国直接投资融资以及公司重组步伐的放慢等都导致了外国直接投资的减少。在 2000 年以前公司的盈利能力很强，但是在 2001 年和 2002 年下降了，从而减少了外国直接投资的机会和资金。在 UNCTAD 确定的最大 100 家跨国公司中，1/3 公司的利润率（资产回报率[11]）从 20 世纪 90 年代末的 7% 降至 2002 年的 2%（图 1.9）。跨国公司在拉丁美洲受到的打击特别严重，尤其在阿根廷和在金融服务业（ECLAC，2003）。外国直接投资的回报率从 2000 年的 6.3% 下降到 2001 年的 4.8%，这是自 20 世纪 90 年代初以来最低的。[12]自 20 世纪 90 年代初以来，发展中国家的回报率（5.8%）一直高于发达国家（4.4%）和中东欧国家（3.9%）。

图 1.9 1990—2002 年最大的 99 家非金融跨国公司的盈利能力

（百分比）

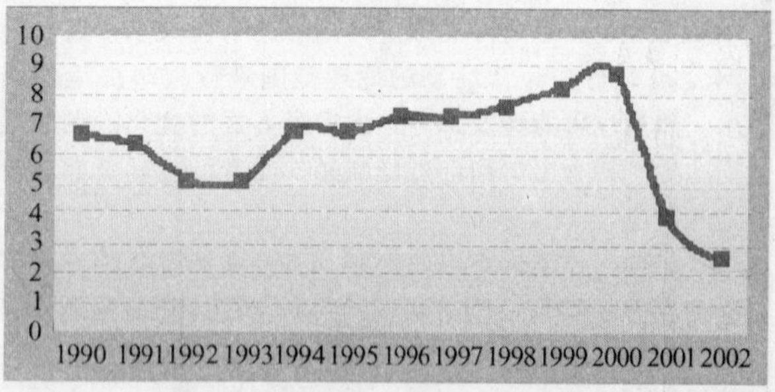

资料来源：UNCTAD，根据汤姆森金融公司提供的信息。

a. 根据资产回报率定义：优先股分红之前的净收入 +（（债务利息资本化的利息支出）×（1 - 税率））/上一年度总资产 ×100。

2001 年，作为外国直接投资的三个构成之一的，所有国外分支机构的利润再投资都减少了一半，并且在 2002 年可能仅占外国直接投资流量的 1/5（图 1.5）。利润减少也可能导致撤资，但是没有可供利用的数据来评估其影响程度（专栏 1.3）。

大量偿还公司内部贷款是导致许多国家，尤其是美国外国直接投资净流量减少的主要因素。在报告了 2002 年外国直接投资流入流量构成数据的 30 个国家中，11 个国家的公司内部贷款是负数。[13]

1996—2000 年期间美国证券市场的高涨使公司能够支撑很高的债务，同时能够保持合理的权益负债率。但在 2000—2002 年市场回落以后，这些企业及其国外分支机构的负债率就变得太高了。因此，为了使母公司的权益负债率回到适当的水平，或者可能是为了提高母公司的每股收益，国外分支机构可能不得不偿还母公司的债务。而且，正如上文（B 节）提到的，美国与欧盟利率的差异、以及美国市场并购减少使得欧盟子公司为此进行融资的贷款需求下降等，这些都是公司内部贷款减少——这类贷款只有很少几笔——背后其他可能存在的因素。

一些产业（例如电信）公司扩张步伐的放慢主要是由于并购交易和私有化的减少，以及外国直接投资的衰减。在电信业中，公司重组是出于对供给和需求变化、技术进步以及供应商数量增加的反应。但生产能力过剩、欧洲企业 3G 许可证的高成本等都导致了利润的下降，几乎使进一步的扩张停滞不前。

专栏1.3 撤资：因素与证据

新的投资是不是减少了，现有投资存量的撤出[a]是不是增加了？撤资可能减少跨国界的股权关系，这是跨国公司对有关经营活动的地理范围进行战略决策的结果。撤资也可能涉及服务外国市场方式的变化，例如从当地生产转为出口和许可证交易，或者可能是全部从东道国撤出。

尽管很难测算撤资的规模，但是撤资对某些国家可能是非常重要的。在1989—1998年期间，葡萄牙的外国工厂每年平均关闭5.9%（Mata 和 Portugal 2000）。从开始投资时算起，10年之后可能会撤资30%—60%（Larimo 2000）。在调查中发现，挪威公司的国外分支机构中有一半以上在10年内撤资（Benito 1997）。在最近几年中，主要母国的撤资数量也很大（附录表A.1.10）。

由于日本的经济形势比较严峻，日本对外投资企业必须对其国际业务进行重组，因此最近许多日本金融服务业子公司不得不关闭。在2000—2002年期间，日本企业关闭了61家子公司而没有建立一家分公司或者子公司，这使得日本银行的国外资产急剧减少，仅有1998年高峰时期的1/3。[b]

经济发展进程以及由此引起的区位优势转移也可能引起撤资，但这一点更多地反映为新的外国直接投资流量的转移。随着当地技术与人力资源的提升以及工资的提高，劳动密集型生产的区位优势可能会消失，这将导致工厂关闭。最近投资从发达国家和中东欧国家向中国转移就是一例。

经济环境中产业特定的变化，如与产业生命周期（Belderbos forthcoming）或整合（Benito 1997）相联系的变化等也会导致撤资。从某个产业的撤出呈现周期性，当产业成熟或整合时，离开该产业的企业是最多的。这可能导致各产业撤资格局的不均衡。最近汽车产业（福特于2000年从葡萄牙撤资）和高技术产业出现的企业关闭就归因于这些产业所进行的合理化和重组。

以下战略考虑也会导致撤资：

- 将注意力集中于核心业务的决策将导致外购。以美国为基地的网关公司决定于2002年从爱尔兰和英国撤出，部分就是因为用外购替代了国外生产设施（Fried 2002）。
- 当跨国公司合并时，会关闭一些外国子公司（专栏表1.3.1）。
- 服务国外市场的方式从外国直接投资转向出口或许可证交易。为了削减成本，马尔克斯－斯宾塞公司于2001年利用特许经营方式将其在香港的10家店铺转让出去，这一措施在其他30个国家被证明是成功的（Marks & Spencer 2001）。
- 子公司的业绩很差。一项对大约1000家日本已经或即将关闭的外国子公司的调查显示，有40%以上是因为业绩不好而被关闭的（日本METI 2002）。

专栏表1.3.1 合并后的撤资：若干案例中国外分支机构[a]和东道国数量的变化

合并案例（伙伴名称）	合并年份	国外分支机构和东道国的数量：合并时	国外分支机构和东道国的数量：2002
Vivendi Universal (Vivendi-Seagram)	2000	904家国外子公司 52个东道国[b]	744家国外分支机构 50个东道国
BHP Billiton (BHP-Billiton)	2001	184家国外分支机构 30个东道国[b]	60家国外分支机构 20个东道国
Unilever (Unilever-Bestfoods)	2000	275家国外分支机构 50个东道国[b]	242家国外分支机构 44个东道国
Nestlé (Nestlé-Ralston Purina)	2001	428家国外分支机构 63个东道国[b]	398家国外分支机构 86个东道国

资料来源：UNCTAD。

a. 仅包括多数股权的国外分支机构。

b. 仅包括不同的东道国，即如果一个国家内两家公司（合并前）都拥有一家分支机构，就算一个国家。

资料来源：UNCTAD。

a. 由于以国际收支为基础的统计是以净值报告的，因此并未明确报告一国的撤资量。此外，如果外国子公司转移到其他东道国，全球外国直接投资并未减少。

b. 《日本产经新闻》2003年2月19日和28日。

3. 制度因素

一些重要的制度因素也导致外国直接投资的衰退，其中包括私有化的结束。在2001年，通过私有化等私人参与的基础设施投资为570亿美元，与1995年持平（世界银行2002）。主要是因为没有大型私有化交易，所以通过私有化而成为吸收外国直接投资领先国家的巴西、匈牙利和波兰等的外国直接投资流入流量在2002年都减少了。私有化之后的投资不可能与初始投资相同。

由于公司丑闻、大公司破产以及与此联系的信心的失去，使得在20世纪90年代末成为外国直接投资高潮组成部分的某些产业(能源、电信和信息产业）受到沉重打击。这也抑制了企业进行投资和承担新的风险的意愿。

E. 减轻影响

外国直接投资的减少自然就减少了由外国直接投资的资本存量增量以及伴随着国际生产的技术和其他因素所带来的潜在利益。但是，即使是外国直接投资流量的少量增长也会增加外国直接投资的存量，并在很大程度上使投资存量产生收益的能力不受影响。2001年，在外国直接投资流量甚至减少了一半的情况下，技术使用费（主要是企业内部的）几乎仍保持不变（专栏1.4)。

专栏1.4 发展中国家的技术支付与外国直接投资的减少

在外国直接投资流入和对外支付特许费与许可费之间存在密切的联系。跨国公司是内部（对子公司）和外部（对其他公司）等各种形式的国际技术转让的主要来源。尽管在跨国公司的内部技术转让中有一部分并未单独收取费用，但跨国公司的特许费和技术使用费收入大部分来自子公司（《1999年世界投资报告》)。在国外获得的大约76%的特许费和许可费是来自企业内部的（根据德国、日本和美国的数据），并且其比重在稳步增长（附录表A.1.11和A.1.12)。这种增长反映了：

- 创新成本和风险的提高使所有权技术的内部转移成为优先选择，同时利用与子公司的合同安排以保证获得最低限度的创新收益。
- 技术密集型外国直接投资的增长。
- 技术政策的自由化。
- 国外高技术活动的重新选址（《2002年世界投资报告》)。

专栏图1.4.1 1990—2001年按地区统计及世界外国直接投资流入流量及版权与许可权费支付

(1990 = 100)

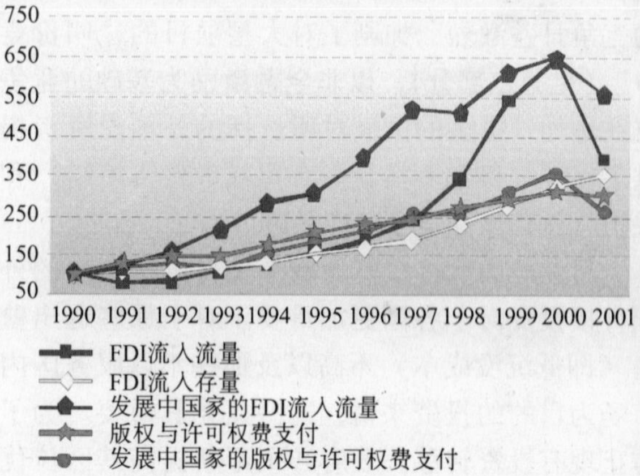

资料来源：UNCTAD，FDI/TNC数据库及IMF《国际收支统计》2003年光盘数据库。

最近外国直接投资的衰退在多大程度上影响了技术支付？不太大。2001年全球外国直接投资虽然减少了一半，但国外技术支付仅仅降低了4%。由于技术支付并不被认为与当前投资流动相联系，而是与经济活动水平和现有投资存量相联系，因此二者之间存在差异也就不足为奇，尤其是特许费率一般是与销售额紧密联系的。因此，技术支付的减少可能反映了经济状况而不是外国直接投资流量的减少。

但是，在发达国家与发展中国家之间存在着显著差异。发达国家流入的外国直接投资减少了47%，而技术支付保持不变。发展中国家的外国直接投资减少了15%，但是技术支付却减少了26%（专栏图1.4.1)。对于发达国家而言，使当前技术支付增加的外国直接投资存量和生产活动可能并未受到并购的影响。但是在发展中国家和地区，技术支付为什么下降得如此严重？

一种可能是，衰退对发展中国家基于许可的生产活动的影响要大于发达国家，例如出口导向型电子产品生产。2001年，世界电子产品出口减少了8.5%，发展中国家减少了12%，工业化国家只减少了6%。但是如果将中国排除在外，东亚地区就减少了18%。该地区占发展中世界电子产品出口的大约90%，发展中国家技术支付的77%（UNIDO 2002)。

20世纪80年代以来，发展中国家的技术支付稳步增长。在1981—1985年期间，尽管外国直接投资流入流量每年减少12%，但是技术支付却每年增长4%；在1991—1995年期间每年增长13%，并且在20世纪90年代后半期继续增长。在20世纪90年代后半期发展中国家的外国直接投资增长了15%。

2001年的突然减少显然背离了长期趋势。它可能并不直接与外国直接投资的减少有关，而可能是反映了发展中国家制约跨国公司国际技术转让的形势和条件发生了变化。有可能是由于外国子公司的外国所有权提高了，因此可能正在发生的转变是降低对直接或者单独的技术支付的依赖。

资料来源：UNCTAD。

2002 年发展中国家的外国直接投资流入流量占这些国家净资本流量的 74%，外国直接投资流入量的减少使得当年发展中国家净资本流量减少了 9%，从而减少了发展所需的外部私人资源（图 1.1；世界银行 2003a）。外国直接投资的减少对那些其国际收支严重依赖外国直接投资流量的国家影响更大。在金融项目方面（假定其他项目不变），外国直接投资流入的减少可能会增加国际收支赤字。但是收入流出量的减少，再加上外国直接投资流入更大幅度的减少，可能会产生相反的影响。出口和（出口导向型）外国直接投资的减少可能会导致经常项目赤字，除非进口同时减少。

目前国家级投资促进机构激增至 160 多家，这进一步加剧了原本非常激烈的对外国直接投资的竞争。如果再加上地方的投资促进机构，其数量在 2003 年初已超过 400 家。以金融激励为基础的竞争日益激烈，加剧了对大型项目的“叫价竞争”（见第二部分）。以非金融激励为基础的竞争也在增加，更多的国家对所选择的外国投资者提供了保证（例如不实行国有化或者价格控制）和保护（例如禁止竞争性产品进口）。

目前外国直接投资的减少使得维持现有的外国直接投资对于各国更加重要。对于那些退出壁垒（即低沉没成本）不高以及那些不以服务国内市场为目的的投资来讲，这一点尤其重要。为了防止现有投资转移，政府必须不断提高其区位优势，尽管有时由于比较优势发生变化而不得不让一些投资离开并寻找新领域中的外国直接投资。如果撤资是由于经济衰退导致世界范围内投资机会减少造成的，因而跨国公司自身也常常面临着财务困难，一些东道国就有机会向跨国公司提供激励，在本国投资设厂。

提升竞争力也表明，为吸引目标投资者或者其他外国直接投资各国要付出更大的努力（印度尼西亚宣布将 2003 年作为投资年就是证明）。为了吸引更多的后续投资，将目标锁定高附加值产业和活动（例如公司总部）中外国投资者的做法已日益普遍，对现有外国投资者提供更好的服务也是如此（泰国就是一例）。各国也在努力使外资的来源国家多样化（参阅第二章）。

外国直接投资的衰退使外国直接投资政策和管制更加自由化。有利于外国直接投资的国内立法数量在 2001 年创造纪录之后，在 2002 年又创下了新的记录：立法变动的数量为 248 件，其中有 236 件是有利于外国直接投资的（表 1.8），有 1/3 与促进措施有关（图 1.10）。这些政策变化使得衰退期间外国直接投资能够持续流向发展中国家。据考察，在 1991—2002 年期间，在 165 个国家外国直接投资法的 1641 项变化中，有 1551 项（95%）是向更加自由化的方向发展的（表 1.8）。

图 1.10 2002 年 FDI 法律和规章的变化[a]

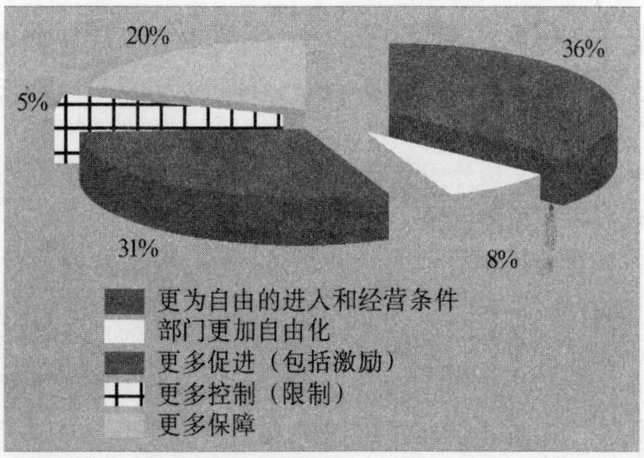

资料来源：UNCTAD，根据各国来源渠道。

a. 根据 248 个变化。

表 1.8 1991—2002 年国内外国直接投资管制的变化

项 目	1991	1992	1993	1994	1995	1996	1997	1998	1999	2000	2001	2002
投资体制发生变化的国家的数量	35	43	57	49	64	65	76	60	63	69	71	70
管制变化的数量	82	79	102	110	112	114	151	145	140	150	208	248
其中：												
有利于 FDI[a]	80	79	101	108	106	98	135	136	131	147	194	236
不利于 FDI[b]	2	–	1	2	6	16	16	9	9	3	14	12

资料来源：UNCTAD，根据各国来源。

a. 包括自由化或者以加强市场功能和加强激励为目标的变化。

b. 包括以增加控制和减少激励为目标的变化。

2002年还有许多国家参加了双边投资协定和避免双重征税协定：76个国家签署了82个双边投资协定[14]，64个国家签署了68个避免双重征税协定。[15]签署此类协定的倾向存在很大差异（图1.12和图1.13）。在发展中国家和转型国家中，签署双边投资协定最多的国家是中国（107），而印度则是签署避免双重征税协定最多的国家（81）。太平洋地区许多国家尚未签署过避免双重征税协定，安哥拉、柬埔寨和尼加拉瓜没有签署过避免双重征税协定。

越来越多的其他双边和地区协定涉及外国直接投资问题（附录表A.1.13和附录表A.1.14）。此类协定可以减轻外国直接投资衰退对一些国家的影响。由于投资协定数量迅速增加，本报告第二部分将集中关注外国直接投资政策和国际投资协定。

图1.11　1990—2002年签订的避免双重征税协定和双边投资协定

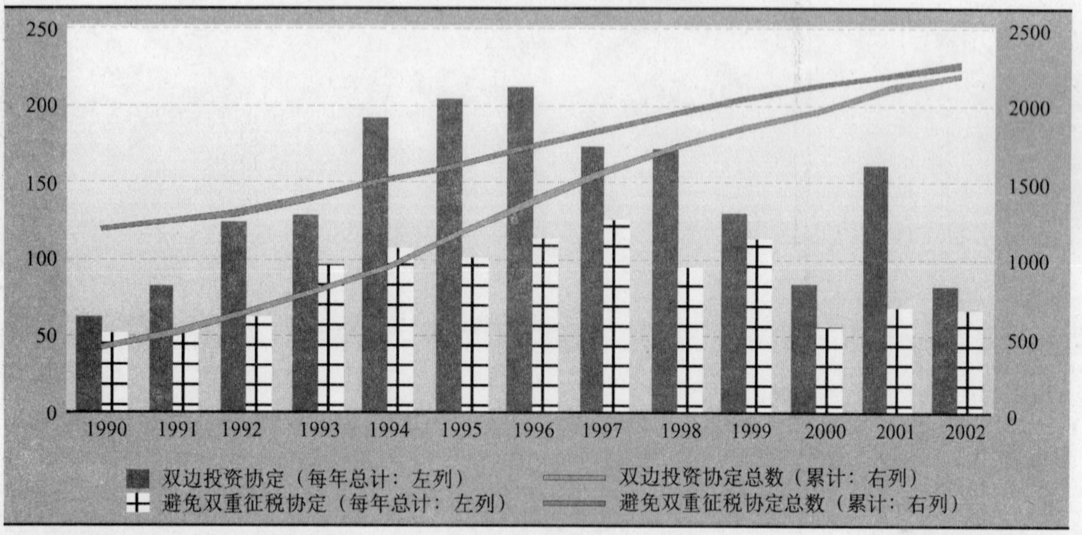

资料来源：UNCTAD，双边投资协定和避免双重征税协定数据库。

图1.12　2003年1月1日全世界双边投资协定密度分布图

（每个国家签订的双边投资协定总数）

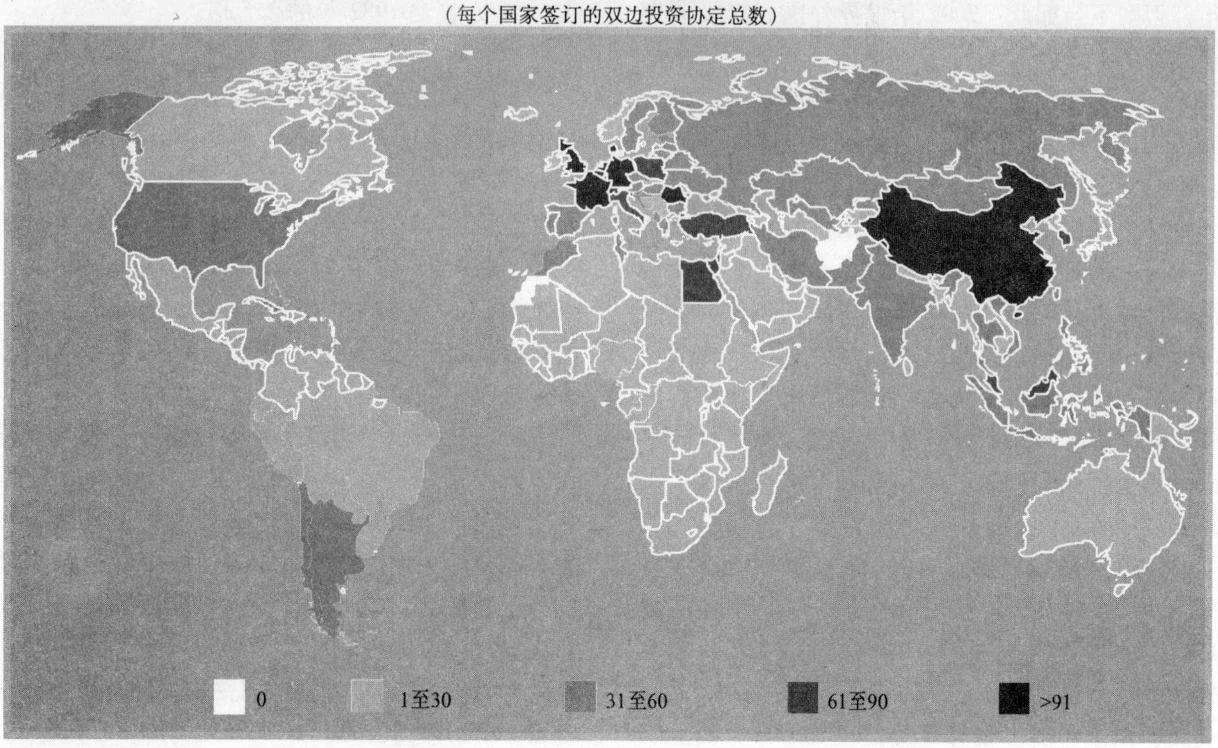

资料来源：UNCTAD，双边投资协定数据库。

图1.13 2003年1月1日全世界避免双重征税协定密度分布图

（每个国家签订的避免双重征税协定总数）

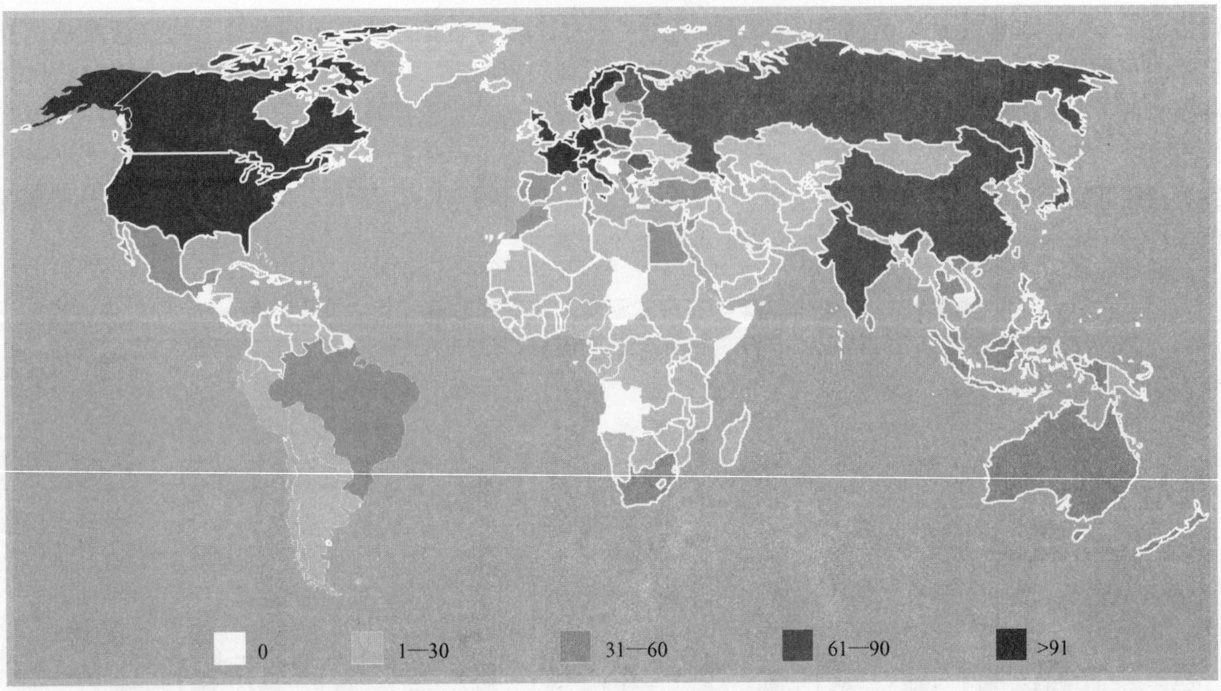

资料来源：UNCTAD，避免双重征税协定数据库。

F. 走向大的集团？

外国直接投资衰退并未改变它在全球一体化生产活动中的重要地位，并且，除非衰退持续多年，否则不会如此。2002年世界外国直接投资存量达到7.1万亿美元，自1980年以来增长了9倍以上。外国直接投资存量是控制870000家国外分支机构的大约64000家跨国公司进行国际生产的基础（附录表A.1.1）。外国直接投资每年的波动和流动尽管很重要，但是只要是正值，就会增加外国直接投资存量。因此，对于全球专业化结构而言，对于利用生产网络加深全球一体化，以及对于获得与外国直接投资和国际生产相联系的利益而言，外国直接投资的存量比流量更重要。此外，对于通过利润再投资和后续投资所进行的新的外国直接投资而言，外国直接投资存量也至关重要。

2002年外国分支机构的增加值估计为3.4万亿美元，大约占世界GDP的1/10，该比值是1982年的2倍（表1.1）。通过外国子公司，世界外国直接投资存量所产生的销售额估计为18万亿美元，而世界出口仅为8万亿美元。世界商品和非要素服务出口中有将近1/3是在外国分支机构的网络内部进行的，这一点自1982年以来并未有太大变化。2002年外国分支机构的雇员人数估计达5300万，是1982年的2.5倍。

发达国家吸引了世界外国直接投资存量的2/3，占流出存量的9/10。最引人注目的变化是欧盟成为最大的来源地区。1980年欧盟和美国的流出存量将近达2150亿美元。但到2002年为止，欧盟的存量（包括欧盟内部的存量）达3.4万亿美元，是美国（1.5万亿美元）的两倍多。其差距开始于20世纪80年代，并且在20世纪90年代开始扩大。与此同时，相对于欧盟，日本的流出存量保持稳定，大约为欧盟的1/10。

2002年发展中国家的外国直接投资流入存量约为其GDP的1/3，几乎是发达国家19%的两倍。而在20世纪80年代这两个比率分别为13%和5%，因此这两组国家外国直接投资存量的增长都超过了GDP的增长。发展中国家外国直接投资流出存量的变化更大，从1980年占GDP的3%提高到2002年的13%，这主要是因为发展中国家出现了新的跨国公司。

1980年，来自发展中国家的外国直接投资存量（650亿美元）占全球外国直接投资流出存量的11%，到2002年，这一比重为12%。在发展中国家和地区的外国直接投资流出存量中，南亚、东亚和东南亚是最重要的，其流出存量在1997年首次超过了日本，到2002年几乎是日本的两倍。在1980—2002年期间，拉丁美洲和加勒比地区的外国直接投资流出存量增长了2倍。

在1985—2002年期间，在“三极”（欧盟、日本和美国）内部外国直接投资的集中程度相当高（占世界流出存量的大约80%，世界流入存量的50%—60%）。非“三极”国家与每个“三极”成员在外国直接投资方面都有很强的联系（图1.14）。但是非“三极”东道国伙伴的构成发生了一些变化，尤其是美国和欧盟的伙伴。1985年美国的伙伴是23个国家，在15年过后的2001年有10个国家（5个来自亚洲发展中国家和地区，3个来自拉丁美洲和加勒比地区，两个发达国家）不再是美国的伙伴[16]，但是美国又有了6个新的伙伴（阿塞拜疆、萨尔瓦多、以色列、俄罗斯、沙特阿拉伯和瑞士）（图1.14）。欧盟有4个伙伴离开（印度、新加坡、越南和津巴布韦），但在同一时期又有9个新的加入。至于日本，2001年新加坡成为其新的联系伙伴（总共为4个），而印度尼西亚、伊朗和阿联酋则不再是联系成员。

这一格局表明外国直接投资集团正在产生，每个集团由一个“三极”成员和一些联系伙伴国构成。这些集团在某种程度上与贸易集团重合，因为贸易集团也是由一个“三极”成员和一些具有很强贸易联系的贸易伙伴国构成。[17]

外国直接投资集团的格局大致上也由国际投资协定——即至少部分涉及到外国直接投资问题的协定——反映出来，并受到国际投资协定的支持（图1.5）。为了改善伙伴国家的投资环境，伙伴国家和“三极”成员签订避免双重征税协定和双边投资协定。2001年避免双重征税协定的分布格局与“三极”外国直接投资存量的分布存在很强的相似性：每个“三极”成员的外国直接投资流出存量分布与其避免双重征税协定分布之间的相似性指数值都很大（表1.9）。[18]然而，相应的双边投资协定的指数值却很小，这表明双边投资协定的分布与“三极”的外国直接投资流出存量分布之间的相似性很低。[19]但是，如果将单个“三极”成员与伙伴国家签订避免双重征税协定和双边投资协定的倾向与它们与非伙伴国家签订协定的倾向进行比较，前者在避免双重征税协定和双边投资协定上的指数值都更高。换句话说，“三极”成员更愿意与属于其各自集团的国家签订此类国际投资协定（表1.10）。

这种相似性的产生存在种种原因。“三极”成员希望与其重要的伙伴国家签订双边贸易协定以保护其投资；而伙伴国家希望与“三极”成员签订协定，是因为“三极”是其外国直接投资的主要来源。贸易与外国直接投资的这种互补性（《1996年世界投资报告》）强化了这种关系。实际上，双边和地区贸易协定也是投资协定，因为这些贸易协定都包含了投资条款。因此，协定对贸易和投资的影响方向趋于一致。此外，双边和地区贸易协定为地区内部的外国直接投资铺平了道路，强化了“三极”成员与其联系伙伴之间的外国直接投资关系。

“三极”的外国直接投资和双边投资协定/避免双重征税协定（就此而言是地区协定）格局之间的相似性具有多重意义。首先，“三极”成员及其伙伴的经济空间从国家扩大到地区层面。其次，可能会出现“三极”与联系伙伴的投资集团，因为它们的投资地位得到了双边协定和双边与地区贸易协定中投资条款的支持。这两种格局相互补充：避免双重征税协定、双边投资协定和地区协定可能会有助于产生更多的外国直接投资，而已经发生的外国直接投资也可能会促进双边投资协定和避免双重征税协定，并通过外国直接投资推动更深层次的一体化。对于发展中国家而言，由于“巨型”外国直接投资和贸易集团已经出现，并且被双边和地区协定所加强，因此成为投资集团局内人（“三极”成员和集团其他成员）所获得的利益可能要大于局外人，但是这个问题留待进一步讨论。

总之，虽然自2001年以来全球外国直接投资存量的增长率很低，但是将继续增长。在所有权和区位方面，尽管发展中国家在奋起直追，但是发达国家仍占据主导地位，而最不发达国家仍然是微不足道的。三极的格局持续存在，其中包括通过投资集团所起到的作用。双边和地区协定反映了外国直接投资格局，并且它们也在巨型经济集团中得到强化。

图 1.14　1985 年和 2001 年三极以及来自三极的外国直接投资占主导地位的国家和地区的外国直接投资的存量

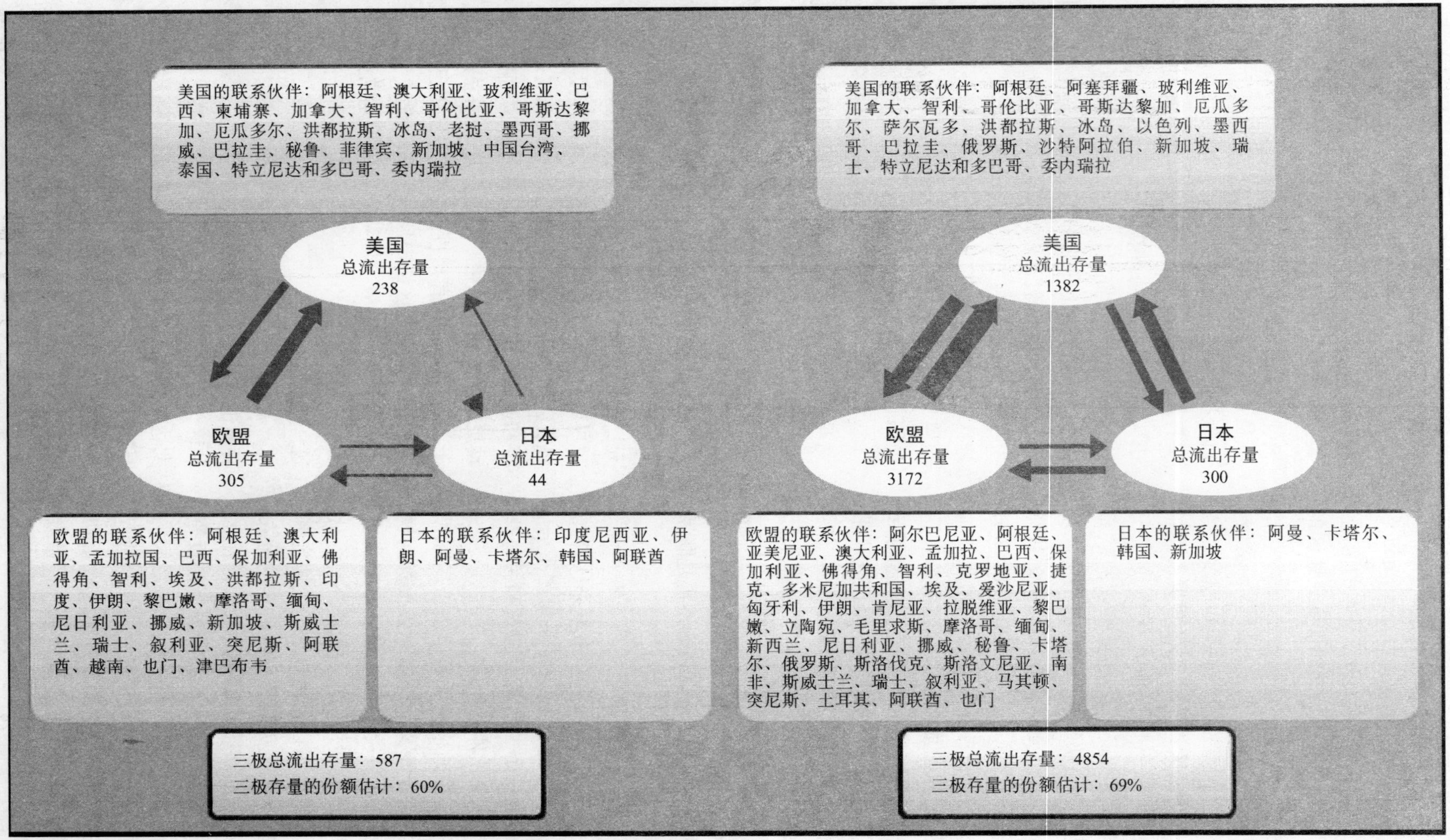

资料来源：UNCTAD，FDI/TNC 数据库。

注：联系伙伴是指来自三极成员的外国直接投资至少占其外国直接投资总流入存量或者每三年平均外国直接投资总流入流量 30% 的那些国家和地区。下列国家和地区的数据得到了认可：孟加拉、埃及、肯尼亚、以色列、中国台湾和津巴布韦。每个国家和地区并不一定都有 1985 年和 2001 年的数据。欧盟包括奥地利（以 1990 年的数据代替 1985 年的数据、2000 年的数据代替 2001 年的数据）、丹麦（1991 年代替 1985 年）、芬兰（1991 年代替 1985 年、2000 年代替 2001 年）、法国（1989 年代替 1985 年、1999 年代替 2001 年）、德国（2000 年代替 2001 年）、意大利（1994 年代替 1985 年、1998 年代替 2001 年）、荷兰、葡萄牙（2000 年代替 2001 年）、瑞典（1986 年代替 1985 年）和英国（1987 年代替 1985 年、2000 年代替 2001 年），这些国家占 2001 年欧盟流出存量的 80%。日本的流出存量是根据 1968 年以来以国际收支为基础的流量累加的。

a. 或者是可用数据的最近一年。

图 1.15 2002 年三极之间签订的双边投资协定（BITs）及其避免双重征税协定（DTTs）的数量与地理分布

（数量及总量分布的百分比）

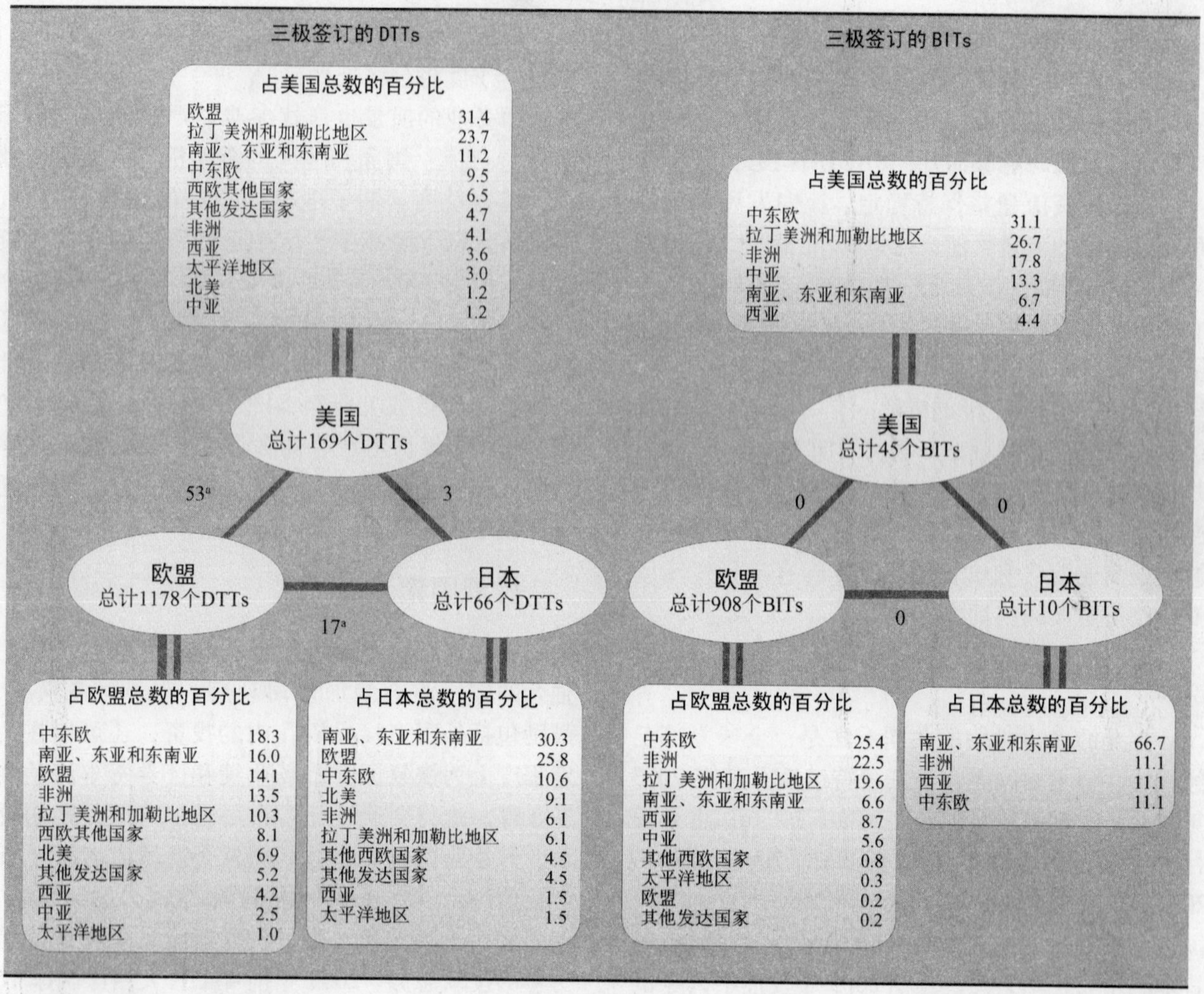

资料来源：UNCTAD，BITs 及 DTTs 数据库。

a. 与欧盟各国签订的协定数量。

表 1.9 2001 年双边投资协定和避免双重征税协定的地理分布与美国、欧盟和日本的外国直接投资流出存量之间的相似指数

（百分比）

双边协定	美国	欧盟	日本	三极合计
双边投资协定	29	13	18	20
避免双重征税协定	73	40	60	51

资料来源：UNCTAD。

注：根据 11 个地区分类（欧盟、其他西欧国家、北美、其他发达国家、非洲、拉丁美洲和加勒比地区、西亚、中亚、南亚、东亚和东南亚、太平洋地区以及中东欧）。

表 1.10 与三极国家的联系伙伴及其非联系伙伴签订双边投资协定和避免双重征税协定的倾向

（百分比）

协定	联系伙伴 [a]	非联系伙伴 [b]
双边投资协定		
日本	0.25	0.05[c]
欧盟	3.57	3.5[c]
美国	0.39	0.24[c]
避免双重征税协定		
日本	0.5	0.26
欧盟[d]	9.1	6.41
美国	0.79	0.43

资料来源：UNCTAD。

a. 与一个三极成员签订了双边投资协定或者避免双重征税协定的联系伙伴的数量与联系伙伴总数的比率。

b. 与一个三极成员签订了双边投资协定或者避免双重征税协定的非联系伙伴的数量与非联系伙伴总数的比率。

c. 由于发达国家之间并未签订双边投资协定，因此签订双边投资协定的仅包括发展中国家和中东欧国家。（但避免双重征税协定却包括所有国家，因为任何国家之间都签订了该类协定）。

d. 一个国家可以与多个欧盟国家签订双边协定。因此其比率大于 1。

注：根据 UNCTAD 的 FDI/TNC 数据库所包括的 183 个国家。

G. 前 景

20 世纪 90 年代外国直接投资的高潮是否与跨国并购的高潮一样是短期因素的结果？外国直接投资流量何时能够回升？UNCTAD 预计 2003 年外国直接投资流量将保持稳定。流向发展中国家和发达国家的流量可能会与 2002 年持平，而流向中东欧的投资则可能会进一步增长（不同发展中地区的前景将在第二章讨论）。在长期中，全球流量可能会从 2004 年起开始回升并恢复上升趋势。与 2001—2002 年下降的情形一样，未来上升的前景取决于宏观、微观亦即制度层面上的许多因素，并且也取决于某些近期事件对投资者的计划可能产生的影响。此外，只要 WTO 坎昆部长级会议能够增强商业信心和增长预期，外国直接投资流动就会获得更大的推动力。

宏观因素

主要的多边机构的共同看法是，全球复苏已经开始，但主要问题在于其可持续性及其在 2003 年和更长时期内的复苏速度（IMF 2003a；世界银行 2003b；UNDESA 和 UNCTAD 2003；OECD 2003a）。在 2003—2004 年，美国和欧洲这两个外国直接投资主要来源的经济增长将会加速，但是日本的增长仍然乏力。预期 2003 年发展中国家的增长将会达到 5%，比发达国家（1.9%）高出 3 个百分点。但是由于非典对东亚经济的负面影响，对 2003 年的预测，尤其对东亚地区已经下调（IMF 2003a）。预计中国和印度这两个人口最多的国家今后两年的增长率将为 7.5% 和 5.1%（IMF 2003a）。中东欧预计也将出现强劲的经济增长。但是不能排除主要国家出现通货紧缩的危险，因为这会使经济活动出现螺旋式下降。

发达国家工业生产指数从 2000 年的 121.2 降至 2002 年的 118.1，但是该指数在 2003 年出现反弹的迹象（OECD 2003a）。不同产业的前景差异很大，消费类医药、电子和半导体工业前景光明，而汽车、金属与机械以及航空工业的前景比较暗淡。[20]需求的急剧下降也降低了对某些高技术产业的预期，尤其是美国。自 1999 年以来，美国企业的债务开始增加，日本和德国企业破产开始增多。即使如此，2002 年 12 月美国制造商联盟的商业展望指数还是提高了 67%，为 5 年来的季度最高纪录（指数在 50% 或者以上表明制造业生产在未来一个季度将会增长）。

服务业的前景也喜忧参半。严重缺陷削弱了所有"三极"国家和地区的金融机构。尤其在欧洲，能力过剩抑制了电信企业新的国内外投资。需求的急剧下降减少了空中运输和旅游业的投资项目。但自 2002 年 2 月以来，美国的服务业每个月都在增长——但是 2003 年 3 月除外。[21]根据美国供应管理研究所的统计，2003 年 5 月非制造业部门经营活动指数上升至 54.5（超过 50 意味着扩张）。2003 年房地产、商业服务、金融服务和零售贸易等行业预期会增长[22]，保险、旅游和交通等产业不会好转。[23]

微观因素

在微观层面上，经济增长的恢复和各产业更强劲的需求将会增加公司利润、改善财务状况、鼓励包括外国直接投资在内的投资，还可以在一定程度上为恢复证券市场业绩和证券资本流动创造条件。这将会通过证券市场增加跨国并购的价值，并使跨国公司能够利用发行新股或者基于资产价值进行贷款等手段增强其筹资能力。

然而，2003 年全世界的并购活动仍将继续前一年的疲软态势。2003 年前 4 个月大西洋两岸 10 亿美元以下的并购交易继续减少（Baird 2003）。其形势在 2002 年要好于全球市场。这一趋势说明，今年跨国并购可能不会出现反弹。实际上，2003 年前 6 个月完成的跨国并购为 2000 起，比 2002 年同期 2500 起减少了 1/5。并购价值减少了 1/3，降至 1400 亿美元。[24]在 2003 年，市场不稳定可能会阻碍并购交易，但市场条件的改善将会为来年增长趋势打下良好基础。

良好的市场条件和利润预期将会增加很多国家的寻求市场型外国直接投资，扩大跨国公司在衰退期间不断寻找的寻求效率型投资的范围。面对经济衰退，不断加剧的竞争迫使跨国公司寻找新的、繁荣的市场，或者在这些市场中进行扩张。中国就是最好的案例，尽管中国存在诸多障碍，但是跨国公司仍然认为它们应当到中国投资。正如地区性倡议行动的吸引力所表明的，市场不一定就是一个国家的国内市场。

贸易壁垒的拆除[25]使得跨国公司能够追求国际一体化生产战略和结构，这促使公司在任何时候都去获取区位资产组合。跨国公司正在加速将劳动密集型和一些技能密集型生产活动转移到拥有交通和通讯基础的低成本区位。2002 年 IBM 关闭了在匈牙利的工厂并将其转移至中国（EIRO 2002；Horvath 2002）。中小企业也面临着压力，去获得业务外包的削减成本和提高效率的好处。在过去 20 年中国际外包迅速增加，美国的主要企业都在从事离岸业务。[26]

制度因素

就制度因素而言，尽管私有化计划开始减少，但是在某些国家和产业还有私有化的可能。2002 年下半年，中国允许私人和外国投资者购买包括国有企业在内的国内上市公司的法人股（UNCTAD 2002a）。印度也很有可能将国有企业私有化。[27]

在中东欧一些国家，如果政府的声明可以实现，可能会开始新的私有化。2003 年 2 月，俄罗斯联邦政府批准了一项计划，准备将 3000 多家国有企业私有化，其资产估计达 22 亿美元。[28]东欧最大的石油公司罗马尼亚石油公司将于今年实现私有化，而且外资可以参与。波兰大型钢铁公司 Polskie Huty Stali 和俄罗斯的一些石油公司也是如此。塞尔维亚和黑山的法律规定，到 2005 年所有国有企业必须私有化，但是迄今为止进展缓慢。

国家层面上的外国直接投资自由化在衰退期间加速发展（表 1.8）。双边和地区协定可能会在未来几年中推动外国直接投资（第二章）。在预定于 2005 年 1 月完成的新一轮 WTO《服务贸易总协定》谈判中，要求各成员在 2003 年 3 月底以前提交初始市场开放条件。谈判正在涉及服务业中许多隐藏的限制。服务业的自由化应该能够促进外国直接投资流动，并加强国际生产一体化。

现有的外国直接投资存量形成的两个趋势在某种程度上一直在支持外国直接投资流量。首先，现有存量产生了收益和利润，其中一部分可以用于再投资（图 1.16）。其次，现有存量要求追加资本投资以补偿折旧和保证现有资产能够正常运转。

在投资衰退期间，对安全的高度关注使得某些跨国公司采取"观望"态度，尽管只有少数跨国公司取消了计划投资（《2002 世界投资报告》；UNCTAD 2003a；MIGA 2002）。最近发生的包括伊拉克战争在内的一些事件也加强了安全考虑，这将对外国直接投资的扩张产生长期的影响。

正如 UNCTAD 在 2003 年第一季度所做的一项调查所显示的，投资促进机构对前景持乐观态度（专栏 1.5）。在其他一些预测中，有些认为外国直接投资将于 2004 年开始复苏，有些认为外国直接投资不会很快回升（专栏 1.6）。UNCTAD 预期，2003 年外国直接投资仍将停滞不前；如果不出现意外，外国直接投资将于 2004 年开始恢复。

图 1.16　1990—2001 年按地区统计的利润再投资占 FDI 流入流量的百分比

（百分比）

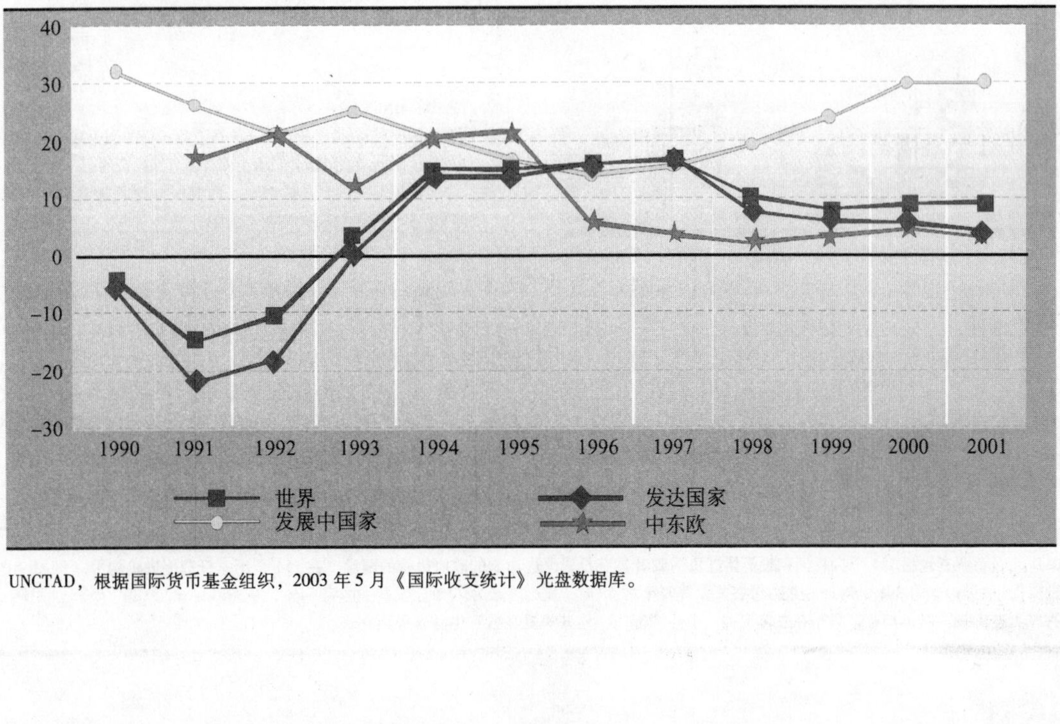

资料来源：UNCTAD，根据国际货币基金组织，2003 年 5 月《国际收支统计》光盘数据库。

专栏 1.5　UNCTAD 对投资促进机构的调查

UNCTAD 对全世界 106 个国家的投资促进机构进行了一项调查，该调查于 2003 年 3 月完成[a]，根据该调查，全球外国直接投资流动在短期内将继续萧条，在中期内将恢复活力。调查同时表明，作为一种进入方式，新建投资的重要性将会提高。在各产业中，在复苏中起带头作用的将是旅游和电信业。发展中国家在对外直接投资方面将会更为活跃。

尽管各地区存在差异，但是相当多的投资促进机构表示了对短期的关注，而大多数机构对中期前景持乐观态度（专栏 1.5.1）。40% 以上的答复者预期在 2003—2004 年本国的外国直接投资前景将保持不变或者更差。但是对于 2004—2005 年前景的预期，该数字下降到 16%，其余 84% 的答复者预期形势将会改善。发展中国家的投资促进机构远比发达国家乐观（专栏图 1.5.2）。非洲和亚洲的答复者几乎确信本国在 2004—2005 年将能吸引更多的外国直接投资。

专栏图 1.5.1　投资促进机构认为本国 FDI 前景将会得到改善[a]

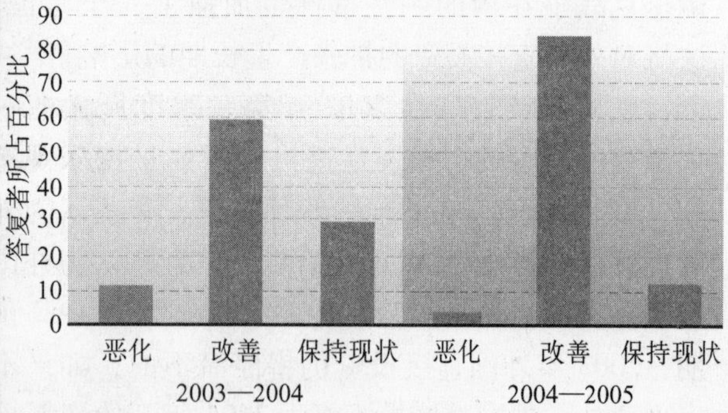

资料来源：UNCTAD。

a. 所调查的问题是："与前两年（2001—2002 年）相比，您认为在中短期内贵国 FDI 流入流量的前景如何？"

专栏图 1.5.2　各地区对 FDI 前景的不同看法[a]

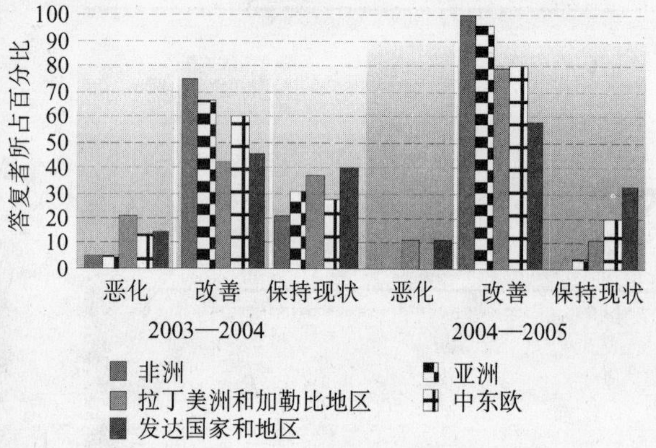

资料来源：UNCTAD。

a. 所调查的问题是："与前两年（2001—2002 年）相比，您认为在中短期内贵国 FDI 流入流量的前景如何？"

在投资战略方面，似乎出现了从并购向新建投资项目转变的势头。60% 以上的答复者认为，在 2003—2005 年期间新建投资将是进入它们国家的理想方式，而在 2001—2002 年期间，持这一看法的比例是 56%。发展中国家和地区（亚洲除外）和中东欧地区持这一观点的比例更高，分别为 68% 和 57%。外国直接投资的产业结构也可能发生变化。[b] 大多数投资促进机构认为，在 2003—2005 年期间旅游业和电信业将是吸收外国直接投资最重要的行业（专栏图 1.5.3）。农业、石油、制药和化学工业紧随其后。许多国家电气与电子、纺织和服装以及金属与金属制品工业的外国直接投资也可能会增加。

专栏图 1.5.3　FDI 产业结构预计会发生的变化[a]

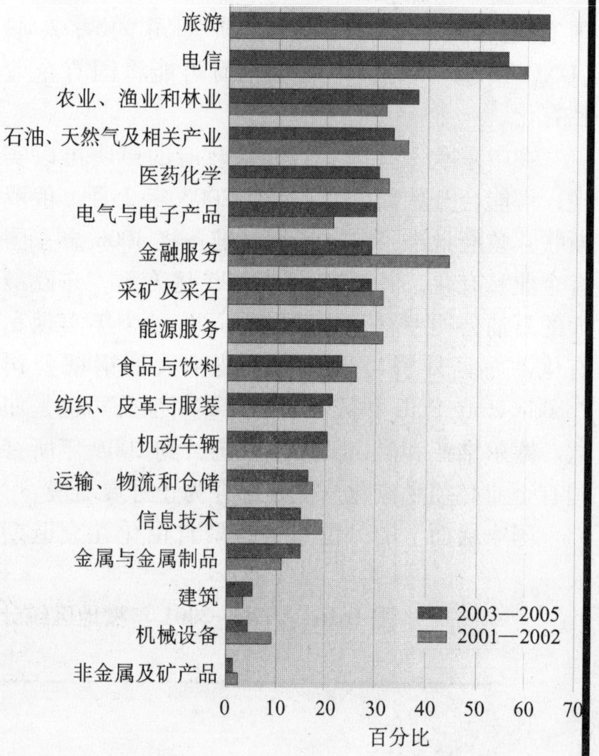

资料来源：UNCTAD。

a. 所调查的问题是："您预计贵国外国直接投资的产业结构会发生变化吗？请列表说明已经或可能会吸引更多外国直接投资的三个产业。"

注：许多答复并未提到具体产业，而仅仅提到了通常意义上的经济部门。这些答复并未反映在本图中。

发展中国家在对外直接投资方面也日益重要。尽管美国、英国和德国仍然是外国直接投资的主要来源，但中国、印度和沙特阿拉伯正在成为重要的投资者，它们在发展中国家投资的势头强劲。在吸引外国直接投资方面，一些公司职能部门被作为引资目标的重要性在提高；答复者指出，公司总部和研发外包是它们国家吸引外国直接投资的另一个动机。

资料来源：UNCTAD。

a. UNCTAD 的问卷调查包括 154 个拥有国家投资促进机构或者具有投资促进功能的政府机构的国家。在 154 个国家投资促进机构中（即每个国家一个国家投资促进机构），有 106 个对问卷进行了答复，答复率为 69%（发达国家为 72%，发展中国家 64%，中东欧国家 79%）。

b. 许多答复者并未提及具体产业，只是在总体上提到了经济部门。这些答复在数字中并未得到反映。

专栏 1.6 外国直接投资流动是否正在恢复

最近的一些调查和出版物对中短期外国直接投资的前景进行了评估。主要结果如下：

- 日本国际合作银行于 2002 年 7 月和 8 月对日本制造业外国直接投资的前景进行了调查，调查结果表明，在 508 家做出答复的跨国公司中，有 80% 的公司将在未来 3 年中加强和扩大其国外经营，这一比例高于 2001 年的 72%。
- 日本对外贸易组织与通产省合作，对在该地区经营的日本公司就亚洲的商业前景进行了月度调查。2003 年 5 月公布的最近一次调查显示，在今后两个、三个月内，亚洲的外国直接投资总体上将会减少，其中包括中国，特别是中国华东地区（由于非典的影响）；自 2002 年 7 月该调查开始以来，这是第一次出现这种情况。
- 国际商会和 IFO 研究所对来自 80 多个国家的 1000 多名企业主管、经济学家和分析家进行了名为《世界经济展望》的季度问卷调查，2002 年 12 月出版的最近一次调查结果表明，对今后 6 个月的经济预期总体上不抱信心，对今后前景的预期也仅略有改善。而对于今后 3—5 年的展望比较乐观，预期经济增长态势将会改善。
- 2002 年 10 月至 2003 年 1 月，普华永道对来自 30 多个国家的 1100 多名企业主管进行了第五次"全球 CEO"调查。调查发现企业总体上并未减少那些符合其长期战略目标的扩张项目。企业还将更多的经营过程外包，尤其是企业的非核心业务。
- KPMG 和 Ipsos-Reid 在 2002 年 8 月至 11 月期间对 314 家加拿大公司的 CEO 进行了一项调查，调查发现，86% 的 CEO 对全球市场竞争持乐观态度，但是只有 40% 计划于 2003 年在新的市场扩张。
- 根据由经济学家智囊团出版的《2003 年世界投资展望》，2003 年外国直接投资流量将再次减少，但是在 2004 年将出现反弹，并在此后 4 年中强劲增长。预计美国将会夺回世界第一受资国的地位。跨国并购预计也会出现高潮。下一轮外国直接投资增长的推动力量包括改善经营环境、技术变革、放松管制、产业整合、全球竞争加剧、单一欧洲金融市场的建立以及新兴市场良好的投资机会。
- 国际金融研究所在 2003 年 5 月的报告《流向新兴市场经济的资本》中预测，在 2002 年经过连续第二年下降之后，2003 年流向 29 个新兴市场（发展中国家和中东欧国家）的私人资本将会增长。据估计，由于跨国公司对在当前经济形势下进行投资持谨慎态度，并且许多国家结构改革和私有化步伐放慢，流向新兴市场的外国直接投资将会略有下降，其流量约为 1090 亿美元，为 1996 年以来的最低。流向亚太地区新兴市场的外国直接投资预计将会从 2002 年的 550 亿美元增至 2003 年的 600 亿美元，非洲和中东地区的流量将会从 30 亿美元增至 40 亿美元。
- 在《2003 年世界经济展望》中，国际货币基金组织预测，2003 年流向新兴市场的外国直接投资将略有增长，将会从 2002 年的 1390 亿美元增至 2003 年的 1480 亿美元；但是在 2004 年又会轻微减少。世界银行在《2003 年全球发展融资》中预计，2003 年流向发展中国家的外国直接投资实际上不会发生变化，其流量将为 1450 亿美元（专栏表 1.6.1）。

专栏表 1.6.1 世界银行对 2002—2004 年发展中国家外国直接投资流入流量的估计

（10 亿美元）

地区	2002	2003	2004
合计	143	145	159
东亚和太平洋地区	57	61	69
欧洲和中亚地区	29	30	32
拉丁美洲和加勒比地区	42	38	39
中东和北非地区	3	3	4
南亚	5	6	7
非洲撒哈拉以南地区	7	7	8

资料来源：世界银行，2003a。

注：该表对发展中国家的地理划分与本报告所用标准不同。

资料来源：UNCTAD，根据经济学家智囊团（2003）；国际金融研究所（2003）；国际商会/IFO 研究所（2003）；国际货币基金组织（2003a）；日本国际合作银行（2003）；JETRO（2003a）；普华永道（2003a）；KPMG（2003）；世界银行（2003a）。

注　释

1 在 1990—2002 年期间，用标准差除以变量的平均数得到的相对方差分别为：外国直接投资 0.5，证券资本流动 0.64，商业银行贷款 5.9。

2 1999 年发达国家和发展中国家的跨国程度指数都低于 20%（《2002 年世界投资报告》，第 21 页），但是 2000 年这两类国家的指数都高于 20%。同样，中东欧国家的指数也上升了几个百分点。

3 2002 年美国的主要利率为 4.68%，而欧盟的主要利率是 6.13%。但是在 1997—2001 年期间，美国的主要利率要高于欧盟两个百分点。在此期间，日本的主要利率非常低，因此从日本流向美国的外国直接投资尽管很小，但是有所增加。

4 欧盟跨国公司进行的跨国并购交易减少很多：从 2001 年的 400 起减少到 2002 年的 241 起。2000 年欧盟企业在美国完成的跨国并购为 2030 亿美元，到 2001 年减少了一半，而在 2002 年再一次减半，仅为 470 亿美元。

美国企业在欧盟进行的跨国并购从2001年的340亿美元增至2002年的390亿美元，但是这一水平仅约为2000年的一半（数据来自UNCTAD，跨过国并购数据库）。

5 这是根据以下假定计算的，即一美元的跨国并购对应于一美元的外国直接投资流量。但是，由于数据性质的差异，两类数据并不匹配（对于有关跨国并购数据的性质，见《2000年世界投资报告》）。

6 有关这一主题的进一步讨论，包括有关外国直接投资业绩指数和潜力指数的计算方法问题等，请浏览www.unctad.org/wir。

7 最近两年的数据可以将比利时和卢森堡的流入流量分别计算；大多数外国直接投资流向了卢森堡，而这可能是出于税收考虑，而不是基于长期的生产活动。

8 前者的相关系数（0.80）要远低于后者（0.95）。

9 这并不是说此处所说的表现差就必然意味着该国的总体经济条件很差。

10 信息来自世界交易联合会（http://www.world-exchanges.org/WFE/home.asp?menu =196&document =559）。数据包括44个国家的49个市场。

11 用收益与资产比率计算的盈利率常常被用作衡量企业绩效的指标（Gomes和Ramaswamy 1999；Ruigrok和Wagner 2003）。

12 根据外国直接投资流入数据。外国直接投资的收益率是以外国直接投资的收入除以股票在年初和年末的平均价值计算得来的。数据来自国际收支统计。

13 这些国家和地区包括阿根廷、智利、中国香港、爱尔兰、以色列、马来西亚、挪威、巴拉圭、新加坡、英国和美国。

14 亚太国家签署了45个双边投资协定（BIT），其中包括10个该地区内部各国之间的协定。发达国家签署了44个双边投资协定，中东欧签署了24个协定（包括5个该地区内部签署的协定），非洲国家签署了20个（其中有两个是非洲国家之间的协定），拉丁美洲国家签署了13个。

15 发达国家签署了42个避免双重征税协定（DTT）（包括发达国家之间签署的11个），中东欧国家签署了29个（相互之间签署了6个）。亚太国家签署了27个（相互之间4个），非洲国家9个（包括地区内部的3个），拉丁美洲和加勒比地区国家签署了5个。

16 对于定义，见图1.4。

17 对外国直接投资的联系伙伴国家运用相同的标准（与“三极”成员之间的贸易，即进口加上出口超过30%的国家），根据这一标准，欧盟、美国和日本分别有89、28和3个贸易联系伙伴。其中有26个国家在两个集团（贸易和投资）中都是欧盟的联系伙伴，美国有8个，日本有1个。

18 用以下公式计算相似性指数：指数 = 所有i的总和(min(ai, bi))，其中i = 1，……，N，表示地区i，“ai”和“bi”表示相应的外国直接投资和BIT/DTT的份额。如果每个地区的外国直接投资和BIT/DTT的份额相同，那么其结构就相同，指数值为100。指数值越高，外国直接投资与BIT/DTT结构的相似程度就越高。

19 在被确定为美国联系伙伴的19个国家中（根据2001年的数据），有8个国家与美国签订了双边投资协定，15个国家与美国签订了避免双重征税协定。欧盟的40个联系伙伴中分别有35个和38个国家与欧盟签订了双边投资协定和避免双重征税协定。在日本的4个联系伙伴中，一个国家（韩国）与日本签订了双边投资协定，两个国家（韩国和新加坡）与日本签订了避免双重征税协定。

20 “2003年工业展望”，《商业周刊》，2003年1月13日。

21 “供应管理研究所5月份非制造业商业报告”，新闻发布，供应管理研究所，2003年6月4日。

22 “供销经理讲，预计2003年下半年将会继续复苏，”新闻发布，供应管理研究所，2003年5月20日。

23 《商业周刊》，同上。

24 由汤姆森金融公司提供的信息。

25 根据世界银行和国际货币基金组织（2001），在乌拉圭回合之后，发达国家所有产品约束性简单平均关税税率为4%，发展中国家为25%（在各种产品和各国之间存在很大差异）。

26 外购中心，2003年。

27 印度政府的计划是，通过出售国有公司，在本财政年度（于2004年3月结束）筹措大约28亿美元的资金（“印度人受到私有化的冲击”，BBC新闻，2003年5月21日），其中一些可以通过外国直接投资筹措资金。印度政府最近扩大的私有化计划包括印度最大的两个石油公司（“No turning back, oil PSU divestment on: PM”，经济时报，2003年5月23日）。

28 《牛津分析每日简报》，2003年3月18日。

第二章

地区之间的表现各异

引　言

总结第一章，2002年发达国家和发展中国家的外国直接投资都减少了。在1978—2001年期间，美国一直是吸收外国直接投资国最多的国家，但是2002年流向美国的外国直接投资也降到了10年以来的最低点。然而，尽管远低于2000年高峰时期的水平，美国的外国直接投资流出流量还算强劲，从而使全球外国直接投资流动得以持续。所有3个发展中东道地区，即非洲、亚太以及拉丁美洲和加勒比地区的外国直接投资流入流量都减少了。只有中东欧地区吸收的流入流量高于2001年。

在受衰退冲击的程度方面，各次区域和国家显示出巨大差异，各部门和产业也是如此。有三个原因导致了这种差异，即尽管主要发达国家出现衰退，但是各国在多大程度上仍维持了经济业绩和增长；各国吸引了多少寻求资源型、尤其寻求效率型外国直接投资；以及国内和国际政策倡议在多大程度上加强了各国作为东道国的地位。

在外国直接投资衰退期间，有利于外国直接投资的政策变化以及那些涉及外国直接投资问题的协定更加重要。与外国直接投资的其他决定因素相结合，这些政策和协定能够帮助各国保持或者提高外国直接投资的水平。国内政策变化不可逆转地走向自由化（表1.8）。在国际上，有关外国直接投资的协定迅速增加。那些能够创造更大市场的协定对外国直接投资尤其有利。[1]

至于2003年外国直接投资的前景，发达国家、亚太地区以及拉丁美洲和加勒比地区至多是停滞不前，但是对非洲和中东欧地区仍有理由持乐观态度。在2004年及更长时期内，预计所有地区都会好转。

本章讨论外国直接投资最近的趋势以及各地区的发展。本章还将讨论涉及不同地区和国家的国际投资协定，探讨这些协定如何影响外国直接投资流动。通过影响外国直接投资的区位决定因素（《1998年世界投资报告》），国际投资协定能够影响跨国公司的决策。有意义的是出现了更可预见、更稳定、更透明和更安全的外国直接投资规制框架。尤其重要的是，不管市场规模是否扩大，或者市场准入是否改善，都为公司创造了获得地区内部更大市场和更多资源的机会，也为公司网络内部的专业化创造了机会。

A. 发展中国家

包括非洲、亚太地区以及拉丁美洲和加勒比地区在内的所有发展中国家和地区的外国直接投资流入流量都减少了。

作为由49个国家和地区组成的一个特殊群体，[2]2002年最不发达国家的流入流量减少了7%，减少到52亿美元，这并不是一个例外（附录表B.1）。2002年，非洲最不发达国家的流入流量减少了3%，而亚太地区最不发达国家的流入流量则减少了一半，仅为3亿美元。部分是由于加入了加勒比共同体，作为拉丁美洲惟一的最不发达国家——海地，尤其是其纺织部门的流入流量增加了。最不发达国家在全球外国直接投资流量中所占的比重依然不到1%，在发展中国家中所占比重也仅为3.2%。

最不发达国家中最大受资国的外国直接投资流入流量也减少了，这些国家主要是石油输出国，其中包括安哥拉、赤道几内亚和苏丹。乍得是一例外，其流入流量从2001年的几乎为零增加到2002年的9亿美元，这主要是因为该国吸引了与石油有关的外国直接投资。该国成为最不发达国家中仅次于安哥拉的第二大受资国。由于石油部门投资的增加，最不发达国家作为一个整体，预计在 2003 年其外国直接投资流入量将会增加。

1. 非洲

主要由于两起跨国并购交易，2001 年非洲的外国直接投资流入流量迅猛增加到 190 亿美元，之后在 2002 年又骤减至 110 亿美元。其结果是，该地区在全球外国直接投资流入流量中所占比重从 2001 年的 2.3% 减少到 2002 年的 1.7%，这也突出说明了该地区外国直接投资流量很小。2002 年许多非洲国家的外国直接投资流入流量几乎不能持续或者没有增长。流入该地区的外国直接投资依然非常集中，阿尔及利亚、安哥拉、乍得、尼日利亚和突尼斯占流入总量的一半。外国直接投资在部门和产业之间的分布依然没有太大变化。

主要是因为非洲各国加大力度促进外国直接投资，以及由美国、欧盟和日本发起的贸易和投资法案，外国直接投资流量的减少可能是短期的。此外，一些跨国公司开始了新的活动，特别在石油勘探和开采领域。但是这在很大程度上取决于非洲各国在推动国内经济增长、鼓励可持续的外国直接投资流入方面的政策力度。

a. 外国直接投资减少了 2/5

2002 年非洲外国直接投资减少的一个最显著的特征是其下降幅度很大（41%），其中很大一部分是由于缺少与 2001 年相当的大型并购。跨国并购总计不足 20 亿美元，而 2001 则为 160 亿美元（附录表 B.7）。如果将 2001 年摩洛哥和南非的大型并购交易排除在当年吸收的外国直接投资之外，那么 2002 年非洲的外国直接投资流入流量实际上增加了 8%。在该大陆，分布极不均衡的外国直接投资流入流量仅占固定资本形成总额的 8.9%（图 2.2），相比之下，2001 年则为 19.4%。

投资流量的减少也在美国、法国和英国等对非洲投资的主要母国流出流量的锐减上得到反映。2002 年，美国从撒哈拉以南非洲的进口减少了 16% 以上，[3] 从而减少了在南非经营的跨国公司的利润。

在 2001 年以前，作为非洲发展的外部资金来源，外国直接投资的重要性在增长，占净资源总量的将近2/3，而在此期间官方资本流动仅为

图 2.1　2001 年和 2002 年非洲 FDI 流入流量最多的 10 个国家[a]

（10 亿美元）

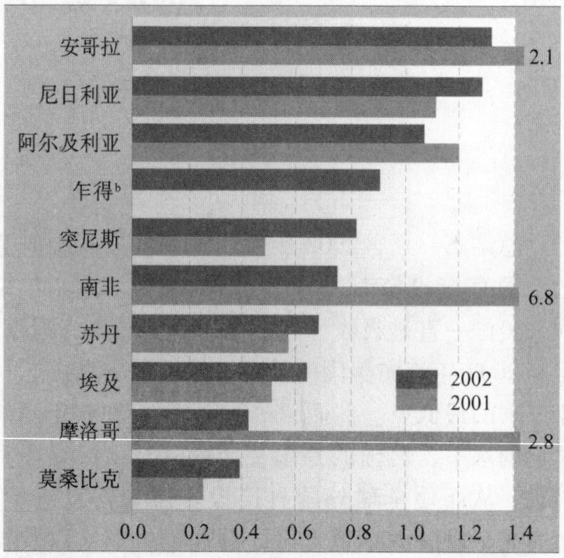

资料来源：UNCTAD，FDI/TNC 数据库（http://www.unctad.org/fdistatistics）。

a. 根据 2002 年 FDI 流量大小排名。

b. 2001 年乍得的 FDI 流入流量为零。

34%（图 2.3）。在 1997—2001 年期间，流向该地区的外国直接投资平均流量既高于总的官方资本流量，也高于证券投资和商业银行贷款的总和。从这个角度来讲，即使 2002 年外国直接投资的减少是短期的，对非洲也是很大的挫折。

尽管出现了下降，2002 年在 53 个非洲国家中还是有 30 个国家的流入流量高于 2001 年（附录表 B.1），这些投资主要是通过新建项目进入的，主要流向石油部门（阿尔及利亚、安哥拉、乍得、赤道几内亚和毛里求斯），其次是服装部门（博茨瓦纳、肯尼亚、莱索托和毛里求斯）。安哥拉、尼日利亚、阿尔及利亚、乍得和突尼斯依次是最大的 10 个外国直接投资吸收国（图 2.1）。乍得增加的最多，从 2001 年的零增加到 2002 年的 9 亿多美元。

然而，上述成功的经验与那些落后国家的经验正好相反。利比亚（流入流量为负）排名最后（附录表 B.1）。其他吸收外国直接投资较少的国家的自然资源禀赋相对较少。其中布隆迪、科摩罗、利比里亚和索马里等四国仍在努力从最近或者目前仍在持续的政治动乱和内战中恢复。

由于埃克森—美孚（美国）、道达尔菲纳埃尔夫（法国）和恩卡纳（加拿大）等跨国公司正

图 2.2 1990—2002 年非洲 FDI 流入流量及其占固定资本形成总额的比重

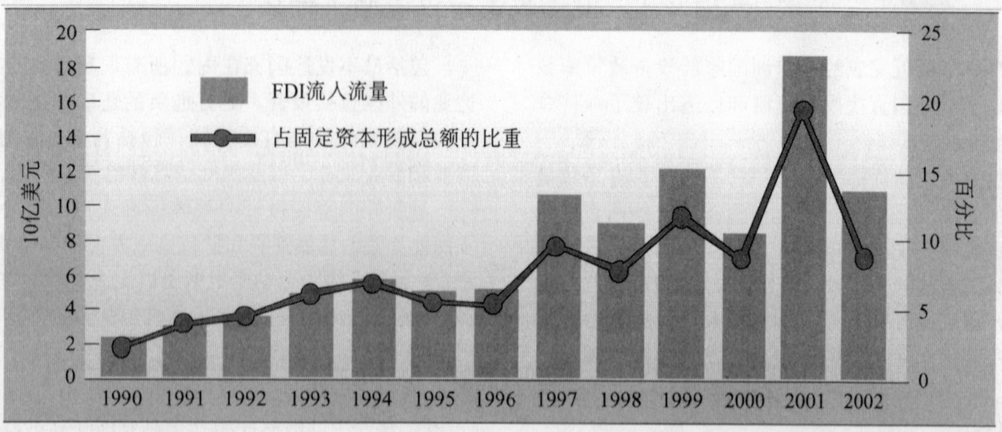

资料来源：UNCTAD，FDI/TNC 数据库（http：//www.unctad.org/fdistatistics）。

试图将其股份多元化，因此最近在几内亚湾、西非海面和非洲其他地方，特别在安哥拉、乍得、赤道几内亚和苏丹掀起了石油勘探的高潮。安哥拉持续的和平意味着这些活动能够进一步增强。然而，某些国家制造业吸引的外国直接投资要多于自然资源部门，正如在南非那样。南非由外国直接投资推动的汽车工业雇用了将近 30 万员工，是该国的第三大产业。

将近 2/3 的非洲投资促进机构指出，根据 UNCTAD 对投资促进机构的调查，它们国家没有发生过取消或者削减外国直接投资项目、或者现有投资项目撤资的事件（UNCTAD 2003a）。超过 40% 的机构报告存在项目延期，这反映了一些投资者的“观望”态度。大约 30% 的促进机构讲，它们希望采取更多的激励措施。总体而言，对于更加具有挑战性的投资环境，加强投资促进和目标定位是主要应该采取的措施。

图 2.3 1990—2001 年按类别统计的流入非洲的资金总量

（10 亿美元）

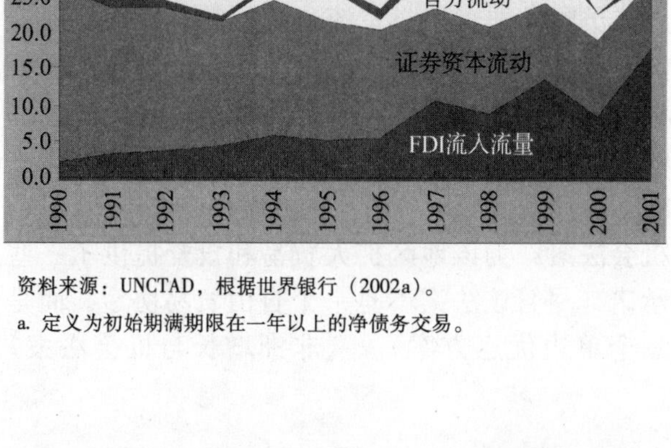

资料来源：UNCTAD，根据世界银行（2002a）。

a. 定义为初始期满期限在一年以上的净债务交易。

2002 年非洲总的外国直接投资流出流量为 2 亿美元，而 2001 年则为负 25 亿美元。作为 UNCTAD 发展中国家最大 50 家跨国公司中全部三家来自非洲的跨国公司的母国，南非的流出流量在 2001—2002 年期间却是负的（即撤资多于新投资）（附录表 B.2）。过去，南非企业一般投资于国外采矿和酿酒业，而且主要投资于区域内部，但是在 2002 年也有一些企业在电信业投资。2002 年非洲公司进行外国直接投资活动的一些特别值得注意的特征是：

- MTN 和沃达电信有限公司[4] 都在非洲许多国家的电信业大量投资。沃达电信是南非最大的移动电话运营商，在刚果（金）、莱索托、莫桑比克和坦桑尼亚等国经营着新的网络。[5] 沃达电信的大部分活动是通过与当地的公司和个人合资进行的。
- 南非酿酒集团以 56 亿美元购买了美国米勒酿酒公司 64% 的股份。在这次收购活动以后，南非酿酒集团更名为 SABMiller，后者随后于 2003 年收购了意大利的 Birra Peroni 和中国哈尔滨啤酒厂。
- 作为建立非洲区域网络的一部分，南非航空公司收购了坦桑尼亚航空公司。
- 阿尔及利亚国家石油公司 SonaTrack 参与了在埃及和黎巴嫩的石油开采活动。
- 加纳的阿尚提金矿公司在努力支撑其在南非黄金和白金开采业的参与。该公司是加纳、几内亚、坦桑尼亚和津巴布韦最大的黄金生产商。
- 2003 年，埃及奥拉斯斯电信公司在阿尔及利亚 GSM 通讯系统的招标中以 7.37 亿美元中标。公司计划在今后 5 年内投资 5 亿美元。[6]

专栏 2.1　投资政策审议说明了什么

UNCTAD 于最近完成的对非洲国家的投资政策审议表明，该地区对外国直接投资管制和促进出现了一些令人感兴趣的变化。[a]

外国投资者的待遇标准和保护已不再是具有争议的问题。好的做法就是规范，甚至在没有制定外国直接投资法律的国家也是如此。事实上，有两个国家最近决定首次采用外国直接投资立法，正式履行它们对良好待遇和保护的承诺。此外，非洲国家对扩大双边投资协定的网络，其中包括与亚洲母国签定双边投资协定表现出很强的兴趣。一些国家愿意在次区域协定中加入共同的投资标准。

各国继续对外国直接投资的进入实行合理的开放，当局更加注意为投资开办企业提供便利，正如一家投资促进机构所描述的，当局现在是“从官僚作风到待如上宾”。允许外国企业参与私有化是开放的重要实际证明。但是该地区私有化的开放要慢于世界其他地方，在公用事业和战略性产业确实是如此。

一个收入较高的国家试图收紧其外国直接投资管理体制，以便当地企业家迅速成长。这一方面说明了该国日益关注外国直接投资对发展的影响，另一方面说明该国需要采取积极政策来培育外国子公司与国内企业家之间的积极关联效应。

包括最不发达国家在内的所有国家都热衷于吸引制造业的外国直接投资。更有抱负的还应该将目标锁定服务出口领域的外国直接投资，包括为该地区提供金融、商业和专业服务，以及国际信息和电信的机会。

尽管外国直接投资的具体标准现在已很健全，但在与商业有关的总体管制和财政措施方面仍存在很不和谐的记录。最近，吸引劳动密集型出口制造业外国直接投资的努力和服务业外国直接投资的新机会表现在以下几个方面：

- 首先，当各国寻求出口导向业务中的外国直接投资时，其典型的财政体制并不具有国际竞争力。大多数国家所采取的激励措施是支离破碎的，其进程久而不决，以致于这些措施成为歧视性和任意性的。
- 其次，许多国家缺乏良好的劳工管理体制，尤其缺乏有效的劳资争端解决机制。在此方面的进展对劳动密集型出口制造业的外国直接投资将是很有吸引力的。而应付这一挑战的经验是极具普遍性的。
- 第三，许多国家还在实行过时的工作和居住许可制度。外派人员获准进入和工作的过程冗长、烦琐并且不透明。那些在开始阶段严重依赖管理和技术岗位外派人员的出口制造业和新的服务业，是限制外国直接投资进入的。

资料来源：UNCTAD。

a. 博茨瓦纳、埃及、埃塞俄比亚、加纳、莱索托、毛里求斯、坦桑尼亚和乌干达的投资政策审议已经完成。正在进行对阿尔及利亚、贝宁和赞比亚的审议。

上述所有公司构成非洲公司收购国际区位资产组合的一个群体。

b. 政策发展——改善投资环境

非洲国家已经采取了措施，实施外国直接投资管理体制自由化，解决投资者所关注的问题，将公共部门私有化等，并在积极实行投资促进（专栏 2.1）。仅 2002 年就有 10 个国家的投资体制发生了 20 多项变化，而且都是朝着改善投资环境的方向发展。[7] 此前许多国家已经取消或者大幅减少了政府参与合资经营的要求。尼日利亚废除了在石油和矿业部门强制合资的规定。加纳通过减少对外国投资者封闭的产业数量，扩大了对外国直接投资开放的范围。还有一些国家通过建立一站式投资中心，加速了投资批准程序（埃及、肯尼亚）。技术转移等与投资有关问题的标准现在也有所放松，一些国家的知识产权保护也得到了加强。

在使外国直接投资政策自由化的同时，到 2002 年年底，非洲国家还签订了 533 个双边投资协定（平均每个国家 10 个）和 365 个避免双重征税协定（每个国家大约 7 个）。该地区双边投资协定和避免双重征税协定的总数超过了拉丁美洲和加勒比地区，但是少于亚洲和中东欧。在 2001 年至 2002 年，非洲国家签订了 78 个双边投资协定和 15 个避免双重征税协定（图 2.4）。尽管主要签订的是次区域层面的一些协定，但是建立自由贸易和投资区的进展却相当缓慢（图 2.5）。大部分双边和区域协定强调通过建立和改善框架来促进投资。从一些成员国的经验来看，此类协定对成员国外国直接投资流量的影响是有限的。显然，协定并未对来自区域内外的跨国公司产生巨大的区位优势，而且也没有随之建立起地区性的外国直接投资框架。

在涉及区域以外国家的方案中，《非洲增长与机会法案》为该地区扩大贸易和投资提供了一些承诺（尽管该法案不是一个自由贸易协定，而是一个单边优惠方案）。[8]《非洲增长与机会法案》

增加了那些符合条件的国家对美国的纺织品和服装出口，并增加了这些产业中出口导向型外国直接投资（美国，国际贸易局，2002）。其中有许多是由亚洲跨国公司在肯尼亚、莱索托和毛里求斯进行的投资。在《非洲增长与机会法案》开始实施的头两年，该法案就分别帮助肯尼亚和毛里求斯获得了0.128亿美元和0.78亿美元的外国直接投资，并为38个受益国的服装业创造了大约20万个就业机会（美国，国际贸易局，2002）。但是，在《非洲增长与机会法案》国家经营的公司所获得的配额和关税优势显然不足以使其中大多数公司能够弥补多数国家的区位劣势。[9]

鉴于扩大市场规模和提供规模经济对于吸引外国直接投资进入非洲的重要性，努力实现区域一体化仍然是非常重要的。在此方面，《非洲发展新伙伴计划》[10]可能会起到促进的作用，其中包括优先进行基础设施和能源投资。

c. 前景——可能会迅速复苏

2003年非洲外国直接投资的前景是乐观的。自然资源（尤其是石油）勘探和开采方面的发展、不断持续和加强的地区以及地区之间自由贸易的倡议以及可能还会继续的私有化计划，这三个主要因素可能会导致2003年非洲外国直接投资总流入流量的少量增加。最有希望获得石油业新外国直接投资流入的国家包括安哥拉、乍得、赤道几内亚、毛里求斯、尼日利亚、圣多美和普林西比及苏丹。[11]众所周知，自然资源行业外国直接投资对东道国发展的推动作用是短期的，与国内企业的关联特别少。但是此类投资可能是非洲外国直接投资流入流量恢复的一个主要来源。摩洛哥、尼日利亚和南非特别有可能对主要的国有企业进一步实施私有化。[12]由于跨国公司自身也会确定自己的位置以便获得《非洲增长与机会法案》的好处，因而，估计博茨瓦纳、肯尼亚、莱索托、莫桑比克、纳米比亚、南非和乌干达等国会由此获益。[13]

投资前景可能会因投资环境改善而进一步得到加强（图2.6）。75%以上的非洲投资促进机构预期投资环境会在2003—2004年得到改善，100%认为2004—2005年会改善。最有可能成为目标产业并最经常被提到的产业是旅游业。被提到的产业还有电信、矿业与采石、食品和饮料以及纺织、皮革和服装业。2003—2005年期间非洲最有可能的外国直接投资来源国仍然是法国、英国和美国等传统母国。其他母国还有南非和中国。非洲投资促进机构预期，该地区在生产、分销与销售环节将会吸引到最多的投资，而高附加值的研发和地区总部等公司职能活动吸引的投资会少得多。毫不令人惊奇的是，根据非洲投资促进机构预期，该地区2003—2005年的绝大部分外国直接投资是新建投资。但是有些国家也存在私有化并购的空间。

图2.4 1992—2002年非洲签订的双边投资协定和避免双重征税协定

（数量）

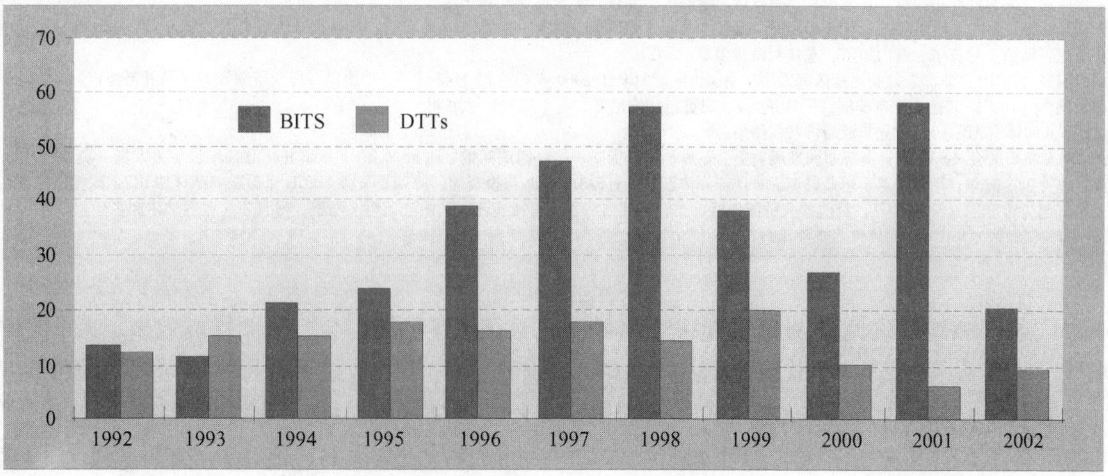

资料来源：UNCTAD，双边投资协定及其避免双重征税协定数据库。

图 2.5　2003 年非洲已经签署或者正在谈判的包含 FDI 条款的双边、地区性或者地区间协定[a]

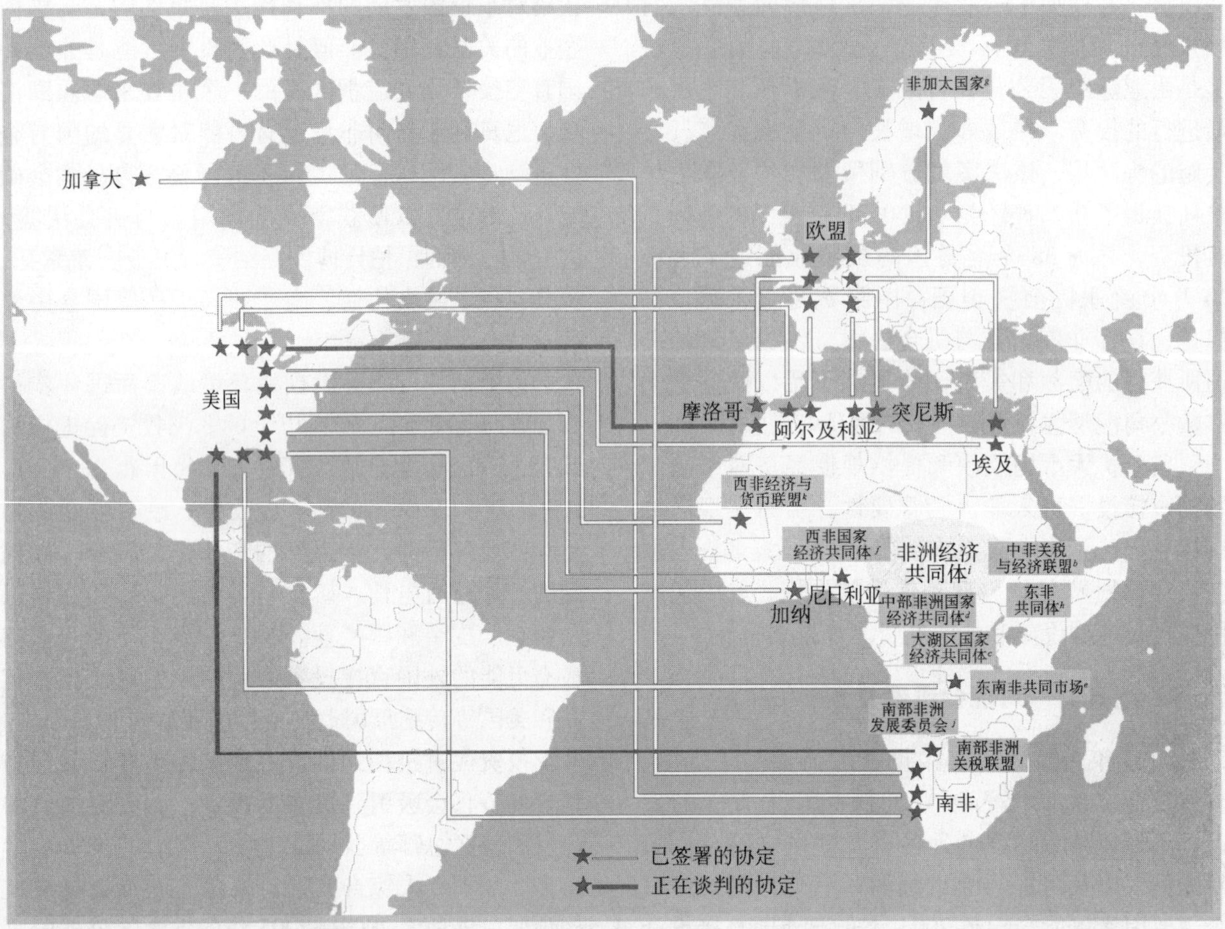

资料来源：UNCTAD。

a. 不包括双边投资协定和避免双重征税协定。

b. 中非关税与经济联盟（UDEAC）涉及以下文件：《UDEAC 共同投资条约》（1965 年）、《UDEAC 内部人员自由流动与开业权利联合条约》（1972 年）、《UDEAC 跨国公司守则》（1975 年）。中非关税与经济联盟由喀麦隆、中非共和国、乍得、刚果、赤道几内亚和加蓬组成。

c. 大湖区国家经济共同体（CEPGL）涉及《大湖区国家经济共同体投资守则》。大湖区国家经济共同体由布隆迪、卢旺达和刚果（金）组成。

d. 中部非洲国家经济共同体（ECCAS）涉及《建立东部非洲国家经济共同体条约》。中部非洲国家经济共同体成员包括乍得、刚果、刚果（金）、赤道几内亚、加蓬、卢旺达及其圣多美和普林西比。

e. 东南非共同市场（COMESA）：《建立东南部非洲共同市场条约》。包括安哥拉、博茨瓦纳、科摩罗、吉布提、埃塞俄比亚、肯尼亚、莱索托、马达加斯加、马拉维、毛里求斯、莫桑比克、塞舌尔、索马里、斯威士兰、坦桑尼亚、乌干达、赞比亚和津巴布韦。1990 年签订了《东南部非洲国家优惠贸易区多国工业企业体制章程》。1994 年 12 月，东南非共同市场取代了东南部非洲国家优惠贸易区。该章程的签字国包括安哥拉、科摩罗、吉布提、肯尼亚、莱索托、马拉维、莫桑比克、卢旺达、索马里、苏丹、坦桑尼亚、乌干达、赞比亚和津巴布韦。

f. 西非国家经济共同体（ECOWAS）：《西部非洲国家经济共同体条约修正案》。成员国包括贝宁、布基纳法索、科特迪瓦、冈比亚、加纳、几内亚、利比里亚、马里、尼日尔、塞内加尔、塞拉利昂及多哥。

g. 非加太国家（ACP）：非洲、加勒比地区和太平洋集团国家。ACP 于 2000 年 6 月 23 日签订了一个协定，即众所周知的《科托努协定》。

h. 东非共同体（EAC）：《建立东部非洲共同体条约》。成员包括肯尼亚、乌干达和坦桑尼亚。

i. 非洲经济共同体（AEC）：《建立非洲经济共同体条约》。

j. 南部非洲发展委员会（SADC）：南部非洲发展委员会。成员国包括安哥拉、博茨瓦纳、刚果（金）、莱索托、马拉维、毛里求斯、莫桑比克、纳米比亚、塞舌尔、南非、斯威士兰、坦桑尼亚、赞比亚和津巴布韦。SADC 金融与投资部门协调委员会 FISCU 受委托起草《SADC 地区投资协议》。

k. 西非经济与货币联盟（WAEMU）。目前的成员国包括贝宁、布基纳法索、科特迪瓦、几内亚比绍、马里、尼日尔、塞内加尔和多哥。

l. 南部非洲关税联盟（SACU）成员包括博茨瓦纳、莱索托、纳米比亚、南非和斯威士兰。

双边、地区和地区之间的法案可能也会影响到未来外国直接投资流动。由欧盟发起的两个法案——《欧盟—非加太科托努协定》和《欧盟除军火外的所有产品倡议》——可能会对非洲的贸易和投资起到作用。[14] 2001 年日本提出了一项法案，该法案对最不发达国家包括所有纺织品和服装在内的 99% 的工业产品提供减免关税和配额的优惠，预计该法案可能也会产生同样的效果。《非洲增长与机会法案 II》放松了“极贫穷国家”的服装业进入美国市场的原产地规则限制。但是，阻碍实现《非洲增长与机会法案》潜在利益的一个直接因素是美国的经济衰退和市场需求疲软。通过在现有安排之上增加另外的母国措施，美国可以进一步强化《非洲增长与机会法案》的利益（参阅第六章）。

图 2.6 2003—2005 年非洲 FDI 前景[a]

（百分比）

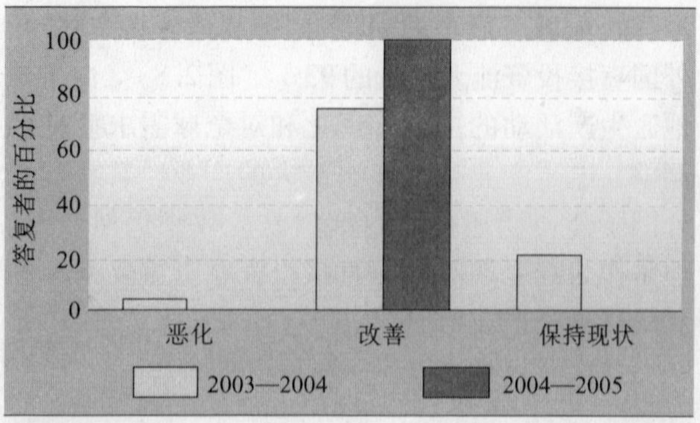

资料来源：UNCTAD。

a. 所调查的问题是："与过去两年（2001—2002 年）相比，你如何看待贵国中短期内 FDI 流入前景？"

《多种纤维协定》将于 2005 年到期，这也对目前正在利用《非洲增长与机会法案》所提供的纺织品和服装优惠出口（因此也包括出口导向型外国直接投资）优势的非洲国家提出了挑战。该协定的逐步终止将使非洲脆弱的服装企业直接面临来自中国、印度、巴基斯坦和越南等纺织品和服装传统出口国的竞争。但是符合《非洲增长与机会法案》条件的非洲国家将继续享有关税和配额的优势。

这些倡议的结果和 UNCTAD 最近的投资政策审议表明，如果有一个"非洲投资倡议"，将会增强非洲大陆的供给能力（专栏 2.2）。该倡议将能帮助非洲国家改善外国直接投资管制和制度框架，支持其投资促进努力，帮助传播有关投资机会的信息，并能促进外国子公司和国内企业建立关联，所有这一切都能提高非洲国家国内企业的活力。

专栏 2.2 非洲需要一个综合方法以吸引外国直接投资并从中受益：《非洲投资倡议》

吸引外国直接投资并从中获得更多利益需要适当的条件。《非洲投资倡议》将能帮助非洲国家创造这样的条件。在过去几年中已经产生了在此方面会有帮助的各种方案。对于有兴趣的政府间组织和民间社会组织而言，恰当的做法应当是借助《非洲发展新伙伴计划》，协调它们与外国直接投资有关的工作，即《非洲投资倡议》的各个方面。

改善本国投资框架

投资政策审议为各国政府提供了评价其在吸引外国直接投资并从中获得更多收益方面所处地位的工具。审议还包括从中长期角度考察如何应对正在出现的地区性和全球性机会。其他活动，例如确认投资的行政壁垒以及评价投资激励制度等也是相关的。

改善国际投资框架

非洲国家应尽可能有效参与国际投资协定的讨论和谈判，以保证其利益能够得到正确反映。这就要求培训从事投资谈判的人员并进行背景分析，包括与非洲的学术机构、学院和高等教育机构进行合作，以增强当地能力。当然也包括进行双边投资协定和避免双重征税协定的谈判，以及有关地区投资框架的谈判和帮助非洲国家参与 WTO 有关投资问题的讨论。由于投资协定为国内外国直接投资政策制订框架，因此变得日益重要。

支持本国投资促进的努力

非洲的投资促进机构加入了世界投资促进机构协会，该协会通过宣传世界上成功的投资促进机构等方式，为 160 多个投资促进机构提供培训和能力构建的机会。这能帮助非洲国家开发其战略和投资促进计划，建立信息系统以及编写营销素材等。其他活动包括项目组合准备和维持以及制订发展计划等。

促进信息发布和推动公共部门—私人部门对话

缺少有关投资机会的信息，这是阻碍非洲地区外国直接投资流动的一个重要因素。因此，提供投资信息至关重要。提供信息活动可以包括准备和发布投资指南，编写基于网络的投资促进素材。同样重要的是要在国内和国际层面上推动公共部门与私人部门的对话，以直接吸引公司决策者与政府高级官员进行相互交流。为此，UNCTAD 和国际商会联合建立了投资咨询理事会，埃塞俄比亚、加纳、塞内加尔和坦桑尼亚同时也建立了国家层面的相应理事会。

促进商业关联

外国子公司与国内企业的关联是使外国直接投资的利益向国内经济扩散并帮助建立有活力的企业部门的重要渠道。许多跨国公司建立了将具有竞争力的当地中小企业包括在内的复杂供应链。这为许多中小企业提供了新的机会。但是其中许多企业，尤其是非洲最不发达国家的企业依然与跨国公司没有关联，因而不能获得技术溢出的潜在利益，也不能获得市场、信息和资金。对最恰当的关联政策框架的忠告是，确认当地企业和外国子公司可以利用的增加和深化商业关联的机会，这可以增加外国直接投资对于发展的贡献。

资料来源：UNCTAD。

2. 亚太地区

与其他发展中地区一样，亚太地区也没有逃过外国直接投资衰退的厄运。但是该地区的境况比其他大多数地区都要好，该地区的外国直接投资仅减少了11%。其减少在各次区域、各个国家和地区以及在各产业之间的分布并不均衡。亚洲在所有东道地区中最快地实现了外国直接投资自由化，这使得2002年该地区各国的政策变化比其他任何地区更有利于投资者。涉及该地区各国的双边和地区安排也在激增。尽管该地区外国直接投资的长期前景是乐观的，但是短期内的前景仍不确定。

a. 外国直接投资再次减少，但是一些国家吸收的流量显著增加

从整个地区看，外国直接投资流量连续第二年减少，从2001年的1070亿美元减少到2002年的950亿美元。流量减少影响了除中亚和南亚以外的其他所有次区域。在该地区的57个国家和地区中，仍有26个的外国直接投资流入流量增加了。

以人口和GDP来衡量，亚太地区是世界上最大的发展中地区，尽管该地区的流量减少了，但是其在全球外国直接投资流量中所占比重却从1999—2000年的10%提高到2001—2002年的14%。该地区在流向发展中国家的外国直接投资流量中所占的比重也从2001年的51%提高到2002年的59%。外国直接投资流量与固定资本形成总额的比率从2001年的10%减少到2002年的7%（图2.7），这表明全球经济衰退对外国直接投资的影响要大于对国内投资的影响。

外国直接投资流量继续集中在中国、中国香港和新加坡。最多的10个国家和地区占2002年外国直接投资流入总量的93%（图2.8）。由于该地区生产活动的持续合理化和对全球需求疲软的调整，电子产业是受影响最大的产业。某些国家外国子公司偿还公司内部贷款的数额仍然较大。但是作为衰退期间外国直接投资融资重要来源的利润再投资也在增加。[15]

各次区域具有以下一些特点：

- 流向东北亚[16]的外国直接投资从2001年的780亿美元减少到2002年的700亿美元。流向中国香港的外国直接投资减少了44%，这部分是由于跨国公司将生产活动转移到低成本地区——主要是中国大陆的结果。外国直接投资流量的减少在一定程度上也是由于这些国家和地区经济增长放慢造成的。一个重要的例外是中国，2002年中国持续的经济增长和其他优势吸引了更多的外国直接投资。流向蒙古的外国直接投资也增加了。
- 流向东南亚的外国直接投资从2001年的150亿美元减少到2002年的140亿美元，但是文莱、老挝、马来西亚和菲律宾吸收的流量要高于2001年。外国子公司大量偿还公司内部贷款是外国直接投资减少的一大特征，此外就是来自中国的竞争压力在增加。
- 由于印度、巴基斯坦和斯里兰卡的流入流量增加了，流向南亚的外国直接投资从2001年的40亿美元增加到2002年的46亿美元。[17]孟加拉

图2.7 1990—2002年亚太地区FDI流入流量及其占固定资本形成总额的比重

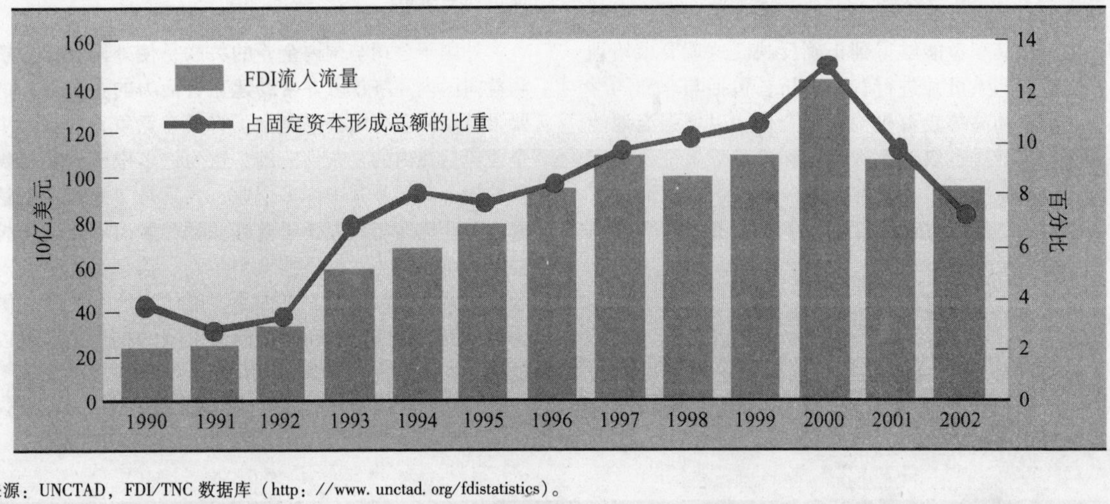

资料来源：UNCTAD，FDI/TNC数据库（http：//www.unctad.org/fdistatistics）。

图 2.8　2001 年和 2002 年亚太地区 FDI 流量最大的 10 个国家和地区[a]

（10 亿美元）

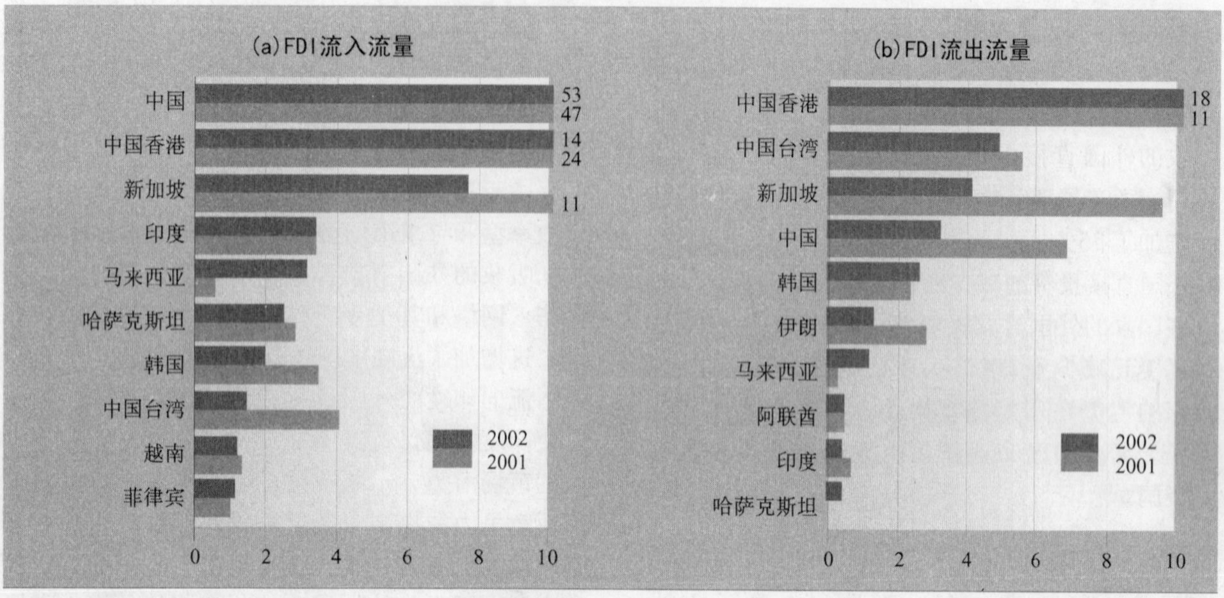

资料来源：UNCTAD，FDI/TNC 数据库（http：//www.unctad.org/fdistatistics）。

a. 根据 2002 年的 FDI 流量大小排名。

国和该次区域其他国家的外国直接投资流入量减少了。但是，对于孟加拉国而言，如果将以慈善名义进行的投资计算在内，该国 2002 年的外国直接投资流量增加了（专栏 2.3）。

- 西亚的外国直接投资流入流量从 2001 年的 52 亿美元减少到 2002 年的 23 亿美元。尽管该次区域一些国家最近一直在努力放宽对于外国直接投资的限制，其流入流量仍然很少，地缘政治紧张应该是一个主要因素。尽管一些国家的政治和经营环境很差，但是大量的低开采成本的石油储备还是帮助这些国家吸引了流向石油和天然气生产的外国直接投资。许多国家（例如巴林、科威特）吸收了更多的流入流量。而土耳其仍然是主要的受资国。

专栏 2.3　孟加拉国的外国直接投资普查

2003 年 2 月，根据在孟加拉国投资委员会和孟加拉国出口加工区管理当局登记的项目，孟加拉国投资委员会对外国投资者进行了一次普查，以便收集有关外国直接投资流入流量的总体初步数据。

调查结果如下：

- 2002 年外国直接投资流入流量为 3.28 亿美元（而孟加拉国中央银行报告的基于国际收支的流入流量为 0.58 亿美元）。其中一半是股权融资，31% 是利润再投资，19% 是公司内部贷款。
- 尽管以前外国直接投资集中在电力和能源产业，但是 2002 年外国直接投资流入总量中有 44% 流向制造业部门。
- 2002 年投资主要来自亚洲（45%），其次是欧洲（32%）和北美（17%）。以单个国家计，挪威是最大的投资国（19%），其次是美国（17%）、新加坡（14%）和中国香港与马来西亚（9%）。挪威的直接投资主要流向电信业，而美国则进入服务业（例如发电、石油与天然气、液化气装瓶和医疗保险服务）。来自亚洲，尤其是南亚、东亚和东南亚的投资则集中在制造业。
- 主要投资者包括 AES 和 Uncal（美国）、德国巴斯夫、墨西哥水泥公司（墨西哥）、Holcim 和瑞士雀巢、拉法尔奇和道达尔菲纳埃尔夫（法国）、Taiheyo（日本）、挪威电信（挪威）和 TMI（马来西亚）。

这个例子说明外国直接投资统计需要非常细心，因为其数据的编纂方式存在很大差异。

资料来源：UNCTAD，根据孟加拉国投资委员会提供的数据。

- 由于存在大量的外国直接投资流向了阿塞拜疆，中亚地区的外国直接投资流入量从2001年的2.27亿美元增加到2002年的10亿美元。2002年哈萨克斯坦吸收的外国直接投资减少了9%，但是该国仍然是主要的受资国，该国吸收的外国直接投资主要流向石油和天然气部门。亚美尼亚和格鲁吉亚吸收的外国直接投资增加了25%。
- 外国直接投资的减少也影响了太平洋岛国，这些国家的外国直接投资流量从2001年的1.59亿美元减少到2002年的1.4亿美元。这些国家的劣势在于经济规模小，并且远离主要市场。斐济和巴布亚新几内亚仍然是主要的受资国。

尽管总体上出现了下降，但是正如上述所表明的那样，许多国家的外国直接投资业绩还是改善了，尤其是马来西亚、阿塞拜疆、斯里兰卡、巴林、巴基斯坦和其他几个在2002年吸收的外国直接投资远多于2001年的国家（图2.9）。2002年中国的外国直接投资流入流量增加了13%，达530亿美元；这一新的记录巩固了中国作为发展中国家吸收外国直接投资最多国家的地位。事实上，中国吸收的外国直接投资是巴西的3倍多。中国巨大的国内市场、强劲的经济增长、不断提高的出口竞争力以及加入WTO等，所有这一切都增强了投资者在中国开展业务的兴趣（《2002年世界投资报告》）。

图2.9　2002年亚太地区与全球FDI衰退背道而驰的东道国家和地区

（百分比）

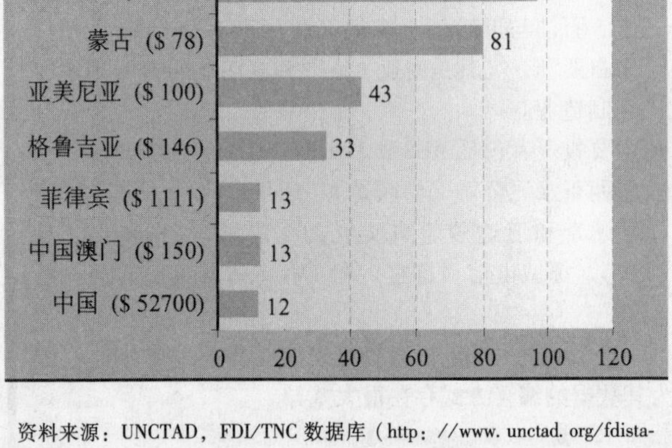

资料来源：UNCTAD，FDI/TNC数据库（http：//www.unctad.org/fdistatistics）。

注：数字体现了2002年FDI流入流量相对于2001年增长的百分比。括号内的数字指2002年以10亿美元表示的FDI流入流量的绝对值。

由于拥有区位优势，中国对寻求资源型、寻求效率型和寻求市场型外国直接投资都有吸引力。中国吸收的外国直接投资中有很大一部分来自海外华人网络和其他受全球衰退影响较小的跨国公司，这增加了流向中国的外国直接投资。[18]

流向印度的外国直接投资增加到34亿美元，这使印度能够保持其南亚最大受资国的地位。印度的市场潜力、不断改善的经济业绩、信息技术产业竞争力的提高以及最近推动经济自由化等都是印度吸引更多外国直接投资的有利因素。尽管印度和中国吸收的外国直接投资都增加了，但是两国的业绩仍存在显著差异（专栏2.4）。

石油和采矿业的业绩要好于制造业和服务业。尽管存在地缘政治紧张和油价不稳定因素，第一产业，尤其是石油和矿业还是比制造业和服务业更好地经受住了2001—2002年外国直接投资衰退的冲击。在更发达同时也更以服务业为导向的国家和地区中，服务业外国直接投资所占的比重在提高。2002年韩国第三产业在外国直接投资流入总量中所占的比重提高了13个百分点，新加坡提高了0.8个百分点。中国香港第三产业外国直接投资的比重预计在2002年将继续保持较高的水平。[19]其他国家制造业外国直接投资的流入流量减少了，但是其所占比重却提高了。中国制造业所占的比重从2001年已经很高的66%提高到2002年的70%。东盟制造业所占比重从1999年的23%提高到2000年的45%和2001年的49%。其他次区域的外国直接投资主要集中在以资源为基础的产业或者石油和天然气产业。

公司内部贷款急剧减少。就外国直接投资的资金构成来看，公司内部贷款急剧减少。例如，2002年中国香港、韩国和泰国的公司内部贷款急剧减少（附录表A.2.1）。在印度尼西亚、马来西亚、菲律宾和新加坡经营的外国子公司偿还了大量贷款。[20]

自1999年以来，大量偿还公司内部贷款成为一个引人注目的现象，当时主要发生在那些受1997—1998年金融危机影响的国家。其原因之一可能是汇率不稳定，这导致外国子公司提前偿还

专栏 2.4 中国和印度——什么原因导致两国吸引外国直接投资业绩的差异

中国和印度是最大的两个发展中国家。两国的经济增长率都很高。但是两国吸引外国直接投资的业绩却有很大差异。中国的外国直接投资流量从 1990 年的 35 亿美元提高到 2002 年的 527 亿美元；如果考虑到借贷套利，中国的外国直接投资流入流量可能会减少到 400 亿美元。[a]而同一时期印度吸引的外国直接投资从 4 亿美元提高到 55 亿美元（专栏表 2.4.1）。[b]

即使在进行调整之后，2002 年中国吸引的外国直接投资也是印度的 7 倍，中国吸引的外国直接投资占 GDP 的 3.2%，而印度则只占 1.1%。[c]在 UNCTAD 的 1999—2001 年吸引外国直接投资业绩指数排名中，中国排第 54 位，印度排第 122 位。

在 1989 年和 2001 年期间，中国商品出口以每年 15% 的速度迅速增长，其中外国直接投资做出了很大的贡献。1989 年外国子公司占中国出口总额的比重不足 9%；而到 2002 年这一比率高达 50%。2000 年外国子公司在某些高技术产业的出口总额中所占比重高达 91%（集成电路）和 96%（移动电话）（《2002 年世界投资报告》，第 162—163 页）。在 2000—2001 年中国所吸收的外国直接投资大约有 2/3 流向制造业。

相反，除了信息产业之外，外国直接投资对印度出口增长的重要性要小得多。印度制造业外国直接投资过去是、现在也仍然是以国内市场为目标的。在 20 世纪 90 年代初，外国直接投资仅占印度出口的 3%（《2002 年世界投资报告》，第 154—163 页）。即使在今天，外国直接投资占印度制造业出口的比重估计也不到 10%（UNCTAD 即将出版）。

2000—2001 年中国的外国直接投资流入流量绝大部分进入了各种制造业。印度绝大多数的外国直接投资进入了服务业、电子与电气设备与工程产业和计算机产业。

什么因素能够解释这种差异？即基本决定因素、发展战略与政策以及国外网络。

基本决定因素

中国吸引外国直接投资的基本经济决定因素要比印度好。中国总的 GDP 和人均 GDP 都高于印度（专栏表 2.4.1），这使得中国对寻求市场型外国直接投资更具有吸引力。中国更高的识字率和入学率表明中国的劳动力更熟练，这使得中国更能吸引寻求效率型的投资者（World Bank 2003c，第 234 页；UNDP 2002）。中国还拥有巨大的自然资源禀赋。此外，中国的物质基础设施也更具有竞争力，尤其是在中国沿海地区（CUTS 2003，日本丸红经济研究所 2002）。但是印度在技术人员，尤其是信息技术方面可能更有优势。印度的英语技能也更好。

外国直接投资流入的构成也反映了两国竞争优势的一些差异。在信息和通信技术方面，中国成为宏碁、爱立信、通用电气、日立半导体、现代电子、英特尔、LG 电子、微软、Mitac 国际公司、摩托罗拉、NEC、诺基亚、飞利浦、三星电子、索尼、台湾半导体制造商、东芝及其他主要电子业跨国公司的主要设计和制造中心。印度则在 IT 服务、传呼中心、后台服务和研发方面有所专长。

经济迅速增长增加了中国家用电器、电子设备、汽车、住房和休闲等耐用和非耐用消费品的当地需求。当地需求的迅速增长，加上具有竞争力的经营环境和基础设施，吸引了许多寻求市场的投资者，并且也促进了许多本土辅助企业的成长。

与对待外国直接投资的态度、外国直接投资政策和程序有关的其他因素也可以解释中国在吸引外国直接投资方面比印度做得好的原因。

- 与印度相比，中国的政策"更加具有商业导向"，对外国直接投资也更为友好（科尔尼公司 2001）。
- 中国的外国直接投资审批程序更为方便，可以更快做出决定。

专栏表 2.4.1 1990 年、2000—2002 年中国和印度若干外国直接投资指标

（100 万美元）

项目	国家	1990	2000	2001	2002
FDI 流入流量（100 万美元）	中国	3 487	40 772	46 846	52 700
	印度	379	4 029	6 131	5 518
FDI 流入存量（100 万美元）	中国	24 762	348 346	395 192	447 892
	印度	1 961	29 876	36 007	41 525
FDI 流入流量增长率（年均，%）	中国	2.8	1.1	14.9	12.5
	印度	-6.1	16.1	52.2	-10.0
FDI 存量占 GDP 的百分比	中国	7.0	32.3	33.2	36.2
	印度	0.6	6.5	7.4	8.3
FDI 流量占固定资本形成总额的百分比	中国	3.5	10.3	10.5	..
	印度	0.5	4.0	5.8	..
人均 FDI 流量（美元）	中国	3.0	32.0	36.5	40.7
	印度	0.4	4.0	6.0	5.3
外国分支机构在总出口中所占份额（%）	中国	12.6	47.9	50.0	..
	印度	4.5	..	..	..
GDP（10 亿美元）[a]	中国	388	1 080	1 159.1	1 237.2
	印度	311	463	484	502
实际 GDP 增长（%）	中国	3.8	8.0	7.3	8.0
	印度	6.0	5.4	4.2	4.9

资料来源：UNCTAD，FDI/TNC 数据库；IMF，世界经济展望数据库，2003 年 4 月。

a. 当期价值。

注：对于印度外国直接投资流量和存量的解释，请参阅本插文注释 b。

印度 2000 和 2001 年的外国直接投资流量和存量数据是以 2000/01 和 2001/02 财政年度的数据为基础的。

专栏2.4　中国和印度——什么原因导致两国吸引外国直接投资业绩的差异（续）

- 中国的劳动法更灵活，劳动力环境更好，企业进入和退出程序也更好（CUTS 2003）。

最近一份关于经营环境的调查表明，中国在宏观经济环境、市场机会和对待外国直接投资的政策等方面都比印度更具有吸引力，而印度在政治环境、税收和融资方面得分更高（EIU 2003a）。2002年的一份信心追踪调查显示，在接受调查的跨国公司的投资计划中，中国第一次超过美国，成为外国直接投资的首选目的地；印度则排名第15（科尔尼公司2002）。印度工商业协会联盟（FICCI）的一份调查显示，中国在外国直接投资政策框架、市场成长、消费者购买力、收益率、劳动法规和税收体制方面都要好于印度（FICCI 2003）。

发展战略与政策

两国吸引外国直接投资业绩的差异也与两国外国直接投资自由化的时间、进展和内容以及两国所追求的发展战略有关。

- 中国于1979年对外国直接投资开放，并逐步使投资体制自由化。印度对外国直接投资开放要比中国早得多，但是在1991年以前并未采取全面的自由化措施（Nagaraj 2003）。
- 两国所看重的外国直接投资类型不同，所追求的工业发展战略也不同。印度长期遵循进口替代政策，依靠动员国内资源和国内企业（Bhalla 2002; Sarma 2002），仅仅鼓励高技术活动中的外国直接投资。中国尽管实施了渐进式的自由化，要求实施合资并对某些部门的外国直接投资实行限制，但是从开放伊始，中国就对外国直接投资，尤其出口导向型外国直接投资，而不是国内企业，实施了优惠措施（Buckley即将出版；国际货币基金组织2002）。这些政策不仅吸引了外国直接投资，而且导致了迂回投资行为，即国内企业将资金转移到中国香港，然后再到中国投资，以逃避管理体制的限制并获得给予外国投资者的特权。而印度主要通过毛里求斯进行的迂回投资比中国要小得多，并且主要是出于税收考虑。

研究表明，与外包、管制和当地投入问题相联系的国内市场不完全导致了在中国投资的跨国公司生产活动的“过度内部化”。因此，有一部分外国直接投资是因为国内市场不完全而发生的，这部分投资是作为跨国公司对中国环境的次优反应而实施的（Buckley即将出版）。

印度的情况多少有些不同。企业家传统使国内企业部门拥有广泛的基础（Huang和Khanna 2003）。印度还拥有必要的法律和制度基础以及直到20世纪90年代所实行的限制性外国直接投资政策。因此，跨国公司对生产活动的参与常常采取外部化形式（例如许可证交易和其他契约安排）。即使在外国直接投资政策实行重大自由化以后，内部化也并不必然占主导地位。就信息技术而言，在信息技术工业中外包给印度私人企业是很有效率的，而且拥有高质量的国内分包商。

中国于2001年加入WTO，导致中国实施了更优惠的外国直接投资措施。随着服务业进一步实行自由化，中国的投资环境可能会变得更好。例如，中国的租赁、仓储以及批发与零售贸易等行业将于2004年，广告与联运服务将于2005年，保险经纪人业务将于2006年，货物运输（铁路）将于2007年允许外国持有100%的股权。在零售贸易方面，中国已经对Auchan、家乐福、Diary Farm、Ito Yokado、Jusco、Makro、Metro、Pricesmart、7-Eleven以及沃尔玛等几乎所有知名的百货店和超市开放并吸引了这些公司的投资（普华永道2002）。

印度政府正计划对外国直接投资开放更多的产业并放宽外国股权的上限（EIU 2003a）。为了确定增加外国直接投资流量的方法，计划委员会于2001年8月成立了外国直接投资指导委员会。以中国为榜样，印度也于最近建立了经济特区。在促进贸易和吸引外国直接投资方面，中国的经济特区比印度的出口加工区更为成功（Bhalla 2002）。

海外网络

除了与经济和政策有关的因素之外，中国吸引外国直接投资流量较多的一个重要原因是，在海外，特别在亚洲的华人企业和个人将中国作为直接投资的目的地。海外华人商业网络的作用及其在中国大陆进行的大规模投资与规模小得多的海外印度人商业网络及其投资形成了鲜明对比（Bhalla 2002）。海外华人的数量更多，更具有企业家精神，注重在中国的家族关系，并且有兴趣和财务能力在中国投资，并且他们进行投资时会受到特别的礼遇。相比之下，海外印度人较少，专业人员群体较多，并且与中国人不同，海外印度人缺少家庭网络关系以及在印度投资的资金资源。

* * *

中国和印度都是跨国公司转移劳动密集型生产活动的极好场所，而劳动密集型生产是中国出口增长的主要因素。然而，印度则主要是服务业，尤其是信息和通讯信术的首选之地。事实上，美国和欧洲几乎所有主要的信息技术企业在印度都有投资，其中大多数在班加罗尔。美国运通、英国航空、Conseco、戴尔计算机和GE Capital等都在印度拥有后台服务。而其他公司，例如Amazon. com和花旗集团则将服务外包给了印度现有的当地公司或者外国公司（AT Kearney 2003）。外国公司主导了印度的传呼业，在15亿美元的营业额中占60%。

投资者将中国作为投资地点的感情正在增加（MIGA 2002；科尔尼公司2002；American Chamber of Commerce in China 2002）。《财富》500家中有将近80%已在

专栏 2.4 中国和印度——什么原因导致两国吸引外国直接投资业绩的差异（续）

中国投资（《2001 年世界投资报告》，第 26 页），而印度只有 37%（NASSCOM 2001）。尽管印度的政策环境已有改善，但是除了信息和通信技术产业外，跨国公司的投资热情仍然不高（科尔尼公司 2001）。

如果中国和印度都希望外国直接投资在其发展过程中发挥作用——当然这是一个主权国家的决策，流入两国的外国直接投资流量的前景都将是光明的。巨大的市场规模和潜力、熟练劳动力和低工资成本仍将是吸引力的关键。中国仍将对外国直接投资具有巨大的吸引力，并且是印度最大的竞争对手。但是，由于国内企业部门充满活力，并且如果政策改革能够继续下去，同时政府承诺将吸引外国直接投资作为目标，印度吸引的外国直接投资也将增加。

资料来源：UNCTAD。

a. 由于在中国的外国直接投资数据中包括迂回投资（由中国的投资者从国外向国内投资），所以一般认为中国的外国直接投资流入流量被高估了，而印度的外国直接投资则被低估了，因为印度的数据中不包括利润再投资和公司内部贷款。Zhan（1995，第 91—92 页）估计，中国的迂回投资不到 25%，这是当时普遍的估计（Harrold 和 Lall 1993）。然而，随着中国于 2001 年 12 月加入 WTO，以及取消外国投资者相对于国内投资者的优惠待遇，中国外国直接投资流量中的迂回投资可能会减少（世界银行，2003a，第 102 页）。中国银行集团在一篇文章中指出："……市场总的评价是，最近几年（中国迂回投资）的比例已经从 30% 减少到 10%—20%。"（"中国外资"，《香港贸易与投资合作》，2003 年 1 月，http://www.tdctrade.com/econforum/boc/boc030101.htm）。

b. 根据修正过的外国直接投资数据，其中包括外国直接投资的三个构成；印度报告说，其外国直接投资从 2000/2001 财政年度的 41 亿美元增加到 2001/2002 财政年度的 61 亿美元。这意味着实际流入流量要比以前报告的数据高出大约 60%。利用这一比率得出印度 1990 年至 2002 年的数据（本报告附录表的数据还是旧的，因为新的数据要等统计工作完成以后才能使用）。

c. 中国的数字是排除了迂回投资后的（占外国直接投资流量的 25%）数字。印度的数字是利用注释 b 提到的方法得出的。

贷款以预防汇率风险。其他原因包括金融危机后亚洲子公司的财务状况得到改善，以及由母公司提供给亚洲子公司用来克服 1997—1998 年金融危机的贷款到了偿还期限等。此外，母公司面临着盈利能力下降和财务状况紧张的局面，并且需要加强其资产负债表等因素也可能会导致提前偿还贷款。[21]

利润再投资在增加，并继续成为中国、中国香港、马来西亚、菲律宾和新加坡等国家和地区外国直接投资的重要资金来源。[22]良好的外国直接投资回报率——在大多数情况下高于发展中国家的平均水平（附录表 A. 2. 2）——和美好的经济前景减轻了投资减少的影响。[23]在大多数国家，作为外国直接投资第三构成要素的股权资本投资也都减少了，尤其在新兴工业化国家和地区以及一些东盟国家。

2002 年亚太地区外国直接投资流出流量减少的数量略多于流入流量的减少量（附录表 B. 2）。亚洲新兴工业化国家和地区、中国和一些东盟国家是该地区外国直接投资流出的主要来源，[24]并且流出的外国直接投资多集中在制造业和自然资源行业。在以国外资产排名的 2001 年发展中国家最大的 50 家跨国公司中，有 31 家来自亚洲（附录表 A. 1. 2）。

东亚发展中国家和地区的区域内部投资也减少了，但是由于受到投资转移、不断成长的地区生产网络和持续区域一体化努力的支持，区域内部投资在该次区域流入总量中所占比重由 1999 年的 37% 提高到 2001 年的 40%（表 2. 1）。东盟内部的外国直接投资从 1999 年的 7% 提高到 2002 年的 17%，这反映出由于区域一体化的影响，该地区的私人部门已经从 1997—1998 年的金融危机中恢复，并且其业绩不断得到改善（专栏 2. 5）。

b. 政策发展——采取更多单边措施以改善投资环境

许多国家采取单边政策措施来使外国直接投资管理体制进一步自由化。这些国家放宽了对外资持股比例的限制，放松了部门限制，加快了批准程序，提供激励，放宽外汇控制，并且提供投资保护。例如，中国将外资在航空业的持股比例从 35% 提高到 49%；中国深圳地方政府成立了处理和协调外国投资者投诉的中心。2002 年印度宣布了一项允许外国公司可以在印刷媒体业务持有 74% 股份的计划。韩国提供了新的税收激励以吸引外国直接投资。老挝简化了投资申请程序。马来西亚宣布对业务总部和研发中心提供激励。泰国放宽了在该国实施促进项目的区域范围。越南进一步放宽了有关外资在当地私人公司中持股比例的条件。东盟正在通过举办投资博览会、于 2003 年 10 月组织"东盟商业与投资高峰会议"等方式，采取措施共同促进外国直接投资。根据

表2.1 1999—2001年亚洲发展中国家和地区内部的外国直接投资流量

（100万美元）

东道国	1999年来源地区						
	东　盟	中　国	中国香港	韩　国	中国台湾	上述东道国家和地区总计（A）	东道国家和地区总计（B）
东盟	1 685	78	886	510	347	3 506	25 029
中国	3 275[a]	..	16 363	1 275	2 599	23 512	40 318
中国香港	759	4 981	..	231	171	6 142	24 581
总计	5 719	5 059	17 249	2 016	3 117	33 160	89 928
A/B						37%	
东道国	2000年来源地区						
	东　盟	中　国	中国香港	韩　国	中国台湾	上述国家和地区总计（A）	东道国家和地区总计（B）
东盟	1 259	58	1 045	153	580	3 095	18 625
中国	2 838[a]	..	15 500	1 490	2 296	22 124	40 715
中国香港	7 703	14 211	..	691	535	22 518	61 940
总计	11 800	14 269	16 545	712	3 411	47 737	121 280
A/B						39%	
东道国	2001年来源地区						
	东　盟	中　国	中国香港	韩　国	中国台湾	上述国家和地区总计（A）	国家和地区总计（B）
东盟	2 334	151	- 365	- 304	113	1 929	15 211
中国	2 970[a]	..	16 717	2 152	2 980	24 819	46 878
中国香港	1 930	4 934	..	1001	518	7 482	23 776
总计	7 234	5 085	16 352	948	3 611	34 230	85 865
A/B						40%	

资料来源：UNCTAD，FDI/TNC数据库。

a. 包括印度尼西亚、马来西亚、菲律宾、新加坡和泰国。

《东盟投资区协定》，东盟国家已于2003年1月开始分阶段实施“制造业部门临时排除表”，对东盟投资者开放更多产业并给予国民待遇。印度尼西亚宣布将2003年定为“印尼投资年”，并将实行许多有利于外国直接投资的政策变动（专栏2.6）。投资促进引起更多的注意：在接受调查的亚太地区投资促进机构中，64%的机构指出，为应对投资减少，它们付出了更多地激励努力（UNCTAD 2003a）。一半的国家使用了更多的投资目标定位方法，25%的国家采取了更多的激励措施，36%的国家采取了进一步的自由化措施。

双边协定进一步加强了该地区的政策框架。到2002年底，亚太地区的国家参与缔结了1003个双边投资协定（57个国家和地区，平均每个参与了18个双边投资协定），以及842个避免双重征税协定（每个平均15个避免双重征税协定），比其他任何发展中地区都要多（图2.10）。双边自由贸易协定的数量也在增加，其中新加坡是重要的中心，欧盟和美国是协定的主要对象（图2.11）。协定包含了（有时是实质性的）投资条款，这突出表明投资在经济合作中已经成为一个重要的考虑因素。

例如，韩国—智利和新加坡—美国的自由贸易协定都包含了一系列投资条款。东盟—中国协定包含了有关投资自由化、透明度和投资便利的条款。东盟处于领先地位。到2005年，亚太地区可能会拥有密集的双边和地区自由贸易协定网络，其中大部分可能包含投资条款，这一趋势与早期的地区和双边协定存在明显的差异。

因此，该地区各国正在采取单边、双边和集体的步骤来强化其投资政策框架，并以此支持该地区一体化进程。这些国家正在不确定的多边环境中实现更紧密的经济合作。特别是由于中国的成功，这些国家正在推动外国直接投资向该地区各国的流动。它们正在加强贸易与生产的关联，以获得互补性资源并提高竞争力。

专栏 2.5 亚洲有关外国直接投资地区性协定的效果

一些企业层面的研究表明，《东盟自由贸易区协定（AFTA）》影响了跨国公司在该地区的投资决策，尤其是在汽车和电子产业（Baldwin 1997；Dobson 和 Chia 1997；日本总和研究所 2001）。但汽车产业看来也出现了一些合理化安排，这一点对流量的分布产生了影响（Farrell 和 Findlay 2001）。

对美国外国直接投资流出的一项截面回归分析表明，东盟主要东道国（马来西亚、菲律宾、新加坡和泰国）所吸收的外国直接投资高于 1994 年的预期（Lipsey 1999）。这可能意味着《东盟自由贸易区协定》对来自美国的外国直接投资产生了积极影响。

在另一项对美国流向东盟 5 国和其他 26 个国家的外国直接投资流量的经济计量分析中，市场规模（GDP）对外国直接投资流动具有积极影响。在全部 31 个国家的样本中，发现外国直接投资和关税税率存在反向关系（Parsons 和 Heinrich 2003）。尽管在该研究中“AFTA 效应”是模糊不清的，但是一个更加一体化的市场和对有竞争力的中间产品进口征收更低的关税可能促进了那些更注重寻求市场和效率的外国直接投资流入该地区。

流向东盟的外国直接投资稳步增长，尤其在《东盟自由贸易区协定》签订以后和 1997—1998 年发生金融危机以前（专栏图 2.5.1）。自 1993 年签订协定以来，在建立了优惠贸易安排的南亚区域合作联盟（SAARC）的地区，外国直接投资一直在增加。

尽管这些区域贸易安排可能在促进外国直接投资，但是在过去 20 年中，东盟一直仅仅吸引了世界外国直接投资的大约 5%。由于签订了如此之多的贸易安排，同时有新的市场对外国直接投资开放（例如中东欧和中国），因此很难将区域贸易安排对流向该地区的外国直接投资的影响从对单个成员国的影响中分离出来。

最近的大多数区域安排趋向于建立自由贸易区（AFTA、新加坡—美国、东盟—中国、韩国—智利）和区域投资合作（东盟投资区）。这些安排对市场准入提供了保证，其中包括对较多产品实行较大幅度的关税削减计划，涉及到非关税壁垒，更加便利了生产投入和资源的采购，并涵盖了投资问题。这些因素强化了上述自由贸易安排，这可能会影响到那些寻求市场、资源和效率的投资活动（Heinrich 和 Konan 2001）。

由 JETRO 于最近进行的一项对在亚洲经营的 1519 家日本制造商的调查显示，50% 的答复者希望成立日本—东盟自由贸易区，25% 希望建立东盟—中国自由贸易区，以便从这些贸易区中获得好处。大多数企业指出，它们希望获得削减关税和简化与统一通关程序的好处。还有大约 20% 的答复者希望从共同认可的简化程序中获益（JETRO 2003b）。

这项对日本制造商的调查还发现，《东盟自由贸易区协定》和所提议的东盟—日本自由贸易区预期会增加投资和日本在东盟的经营网络（JETRO 2003b）。由日本国际合作银行进行的另一项调查表明，在被调查的日本制造业跨国公司中，超过半数的公司认为，借助公司的区域生产网络，《东盟自由贸易区协定》将推动区域内部的贸易（JBIC 2003）。

由于跨国公司本身希望利用地区分工并通过经营网络使生产升级，寻求效率型外国直接投资可能会增加。政策制定者所面临的主要问题并不是区域性协定和自由化努力是否会吸引更多的外国直接投资。而是对每个成员以及该地区而言，一项区域一体化协定最有能力产生的是哪一种投资。

专栏图 2.5.1 1990—2002 年的亚太地区：流向东盟和南亚优惠贸易区的外国直接投资[a]

（10 亿美元）

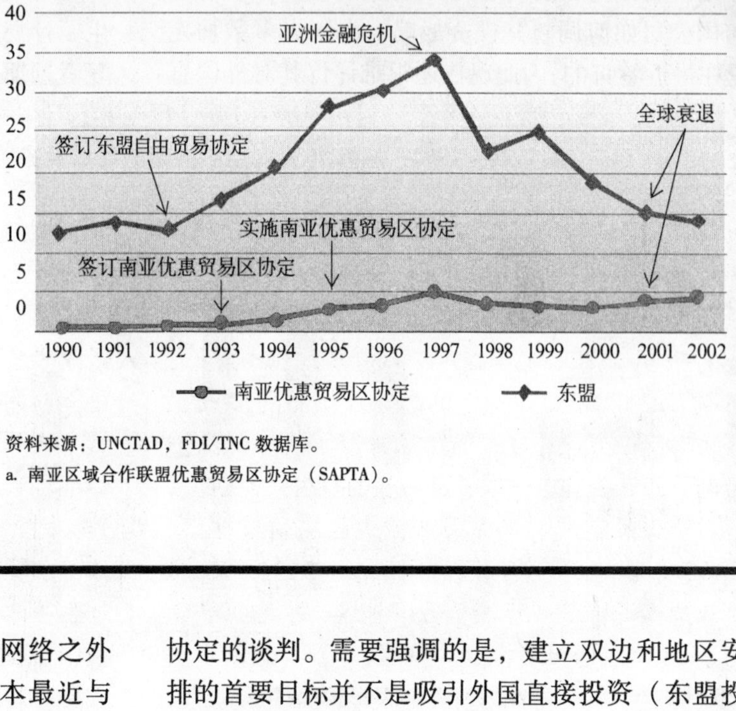

资料来源：UNCTAD，FDI/TNC 数据库。

a. 南亚区域合作联盟优惠贸易区协定（SAPTA）。

资料来源：UNCTAD。

一些至今在很大程度上仍处于协定网络之外的国家现在也开始加入进来。例如，日本最近与新加坡签订了一项协定（专栏 3.2），并且正在谈判其他双边协定。印度正在与东盟进行自由贸易协定的谈判。需要强调的是，建立双边和地区安排的首要目标并不是吸引外国直接投资（东盟投资区是一个例外）。其目标更为广泛：增加贸易流动、增进区域经济一体化、促进分工和提高竞

专栏 2.6　2003 年：印尼投资年

为促进外国直接投资并增强投资者信心，印度尼西亚总统宣布“将 2003 年定为印尼投资年”。新的国家投资团队由印尼总统挂帅，其成员包括主要的内阁部长。由投资协调委员会主席牵头的一个新的投资工作小组负责为国家投资团队提供技术支持。

“一体化服务”机构由投资协调委员会进行指导，不论投资者是现有的还是新来的，也不论是国内还是国外的，该机构将加快所有投资者的投资审批程序。该机构简化程序，在包括地方政府在内的不同机构之间进行协调。同时，委员会将在国家和地区层面上改善投资前和投资后服务。

为支持投资年活动，该委员会制定了一份详细的行动计划。其目标是支持投资体制和法律改革，改善与投资者的关系并进行沟通以及促进外国投资。由于意识到投资宣传的重要性以及需要公众对投资努力的支持，印尼政府将改善与投资者、议会以及地方政府的沟通与合作。

资料来源：UNCTAD。

争力，以及提高成员国的区位吸引力。也许因为关注焦点很多，所以在吸引外国直接投资方面，区域安排可能会比双边投资协定和避免双重征税协定更为有效。

这些安排如何影响外国直接投资向该地区的流动？又如何加强该地区及其成员国的区位优势？跨国公司如何调整其投资战略？由于大多数协定是在最近签订的，因此现在还很难评价其对外国直接投资流动的影响（专栏 2.5，附录表 A.2.3）。但是有一点很明确，只要协定使贸易自由化（而不管是否涉及到投资），就能促进外国直接投资（专栏 2.7），并便利公司地区生产网络中的区域劳动和生产分工的形成（专栏 2.8）。

c. 长期前景光明但短期不确定

2003 年外国直接投资流入流量增加的希望非常渺茫，并且其前景在短期内仍将是不确定的。西亚的动态和非典对经济的影响增加了这种不确定性。[25]尽管存在这些因素，并且竞争可能会加剧，2003 年亚太地区仍将是发展中地区吸引外国直接投资最多的地区。这一观点得到了世界银行（2003a，第 102 页）和国际金融研究所（2003）研究的支持。

由于世界经济恢复增长以及对亚洲发展中国家和地区在 2003 年（6.3%）和 2004 年（6.5%）[26]较高的增长预期，亚太地区外国直接投资的中期前景仍将是比较好的，尤其是汽车和电器与电子产品。此外，全球需求的疲软、对公司信心的动摇以及半导体与电子产业的调整在不远的将来可能会有所改观。

对 UNCTAD 的投资促进机构调查做出答复的 28 家投资促进机构指出，2002 年有 1/5 的亚洲国家发生了跨国公司削减投资规模和撤资的现象（UNCTAD 2003a）。有超过半数的答复者声称发生了计划投资的延期。对于未来，大约 2/3 的答复者预期外国直接投资的前景在 2003—2004 年会

图 2.10　1992—2002 年亚太地区签署的双边投资协定及其避免双重征税协定

（数量）

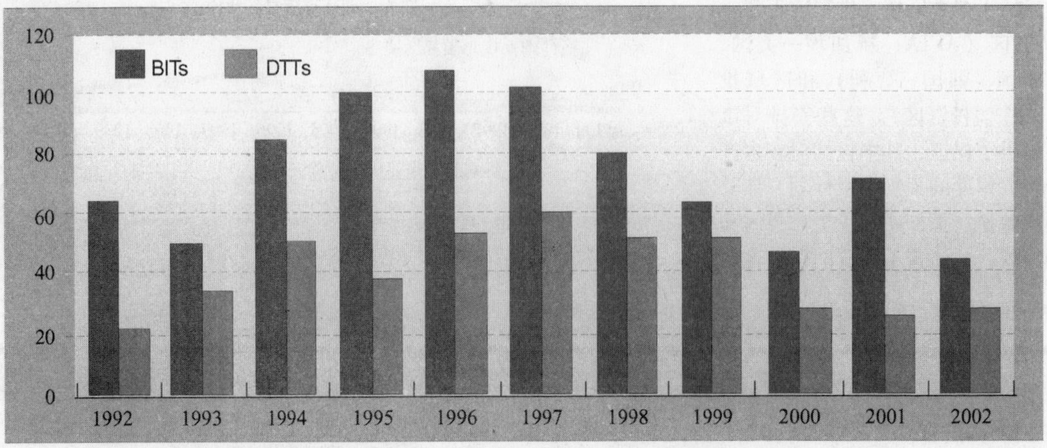

资料来源：UNCTAD，双边投资协定及其避免双重征税协定数据库。

图 2.11 2003 年亚太地区签署或者正在谈判的含有 FDI 条款的双边、地区或者地区间协定[a]

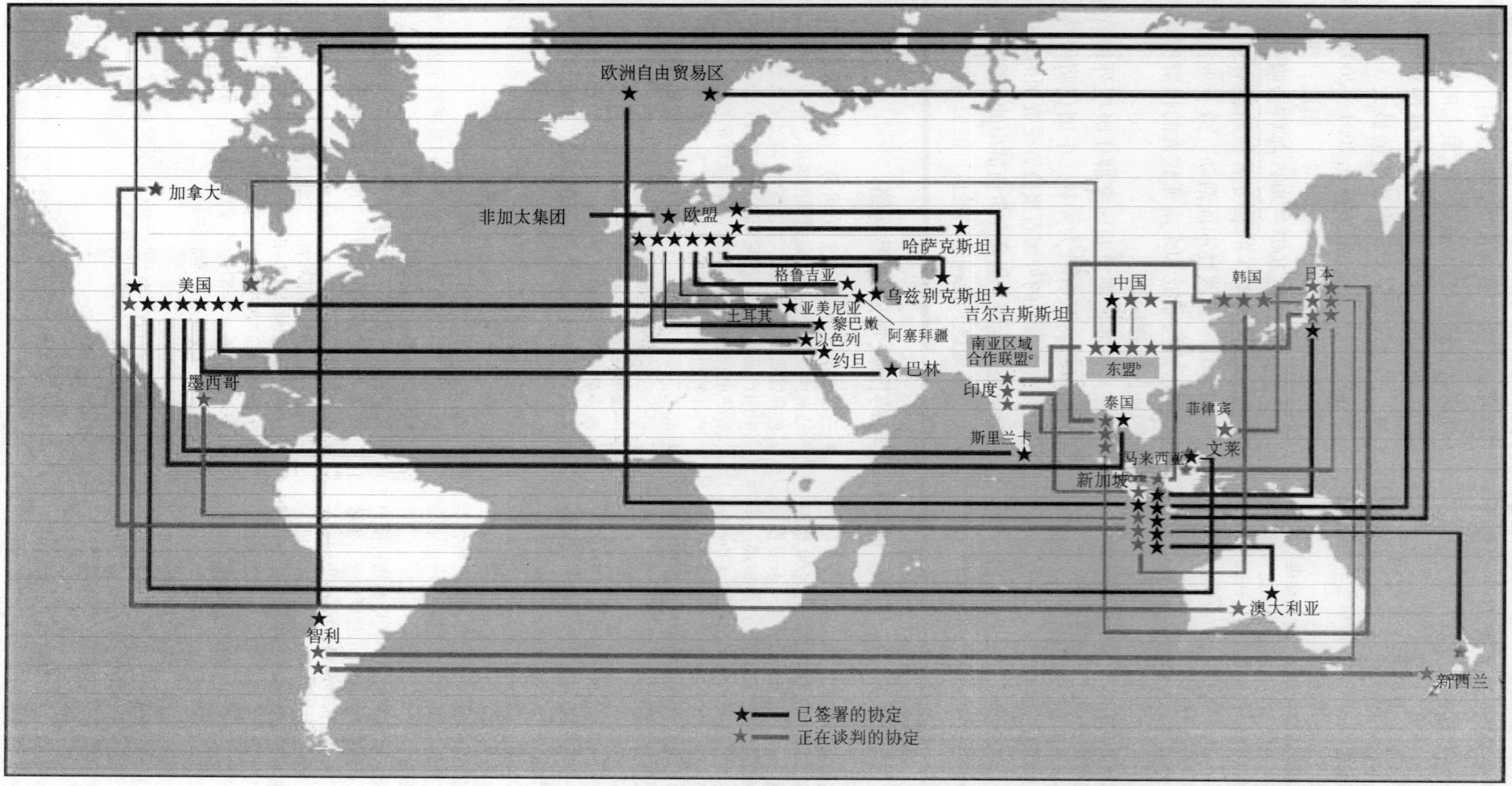

资料来源：UNCTAD。

a. 不包括双边投资协定和避免双重征税协定。

b. 东盟自由贸易区（AFTA）和东盟投资区包括文莱、柬埔寨、印度尼西亚、老挝、马来西亚、缅甸、菲律宾、新加坡、泰国和越南。

c. 南亚区域合作联盟（SAARC）包括孟加拉国、不丹、印度、马尔代夫、尼泊尔、巴基斯坦和斯里兰卡。SAARC 第一次投资促进与保护会议于 1997 年 9 月在新德里召开，会议一致通过了《SAARC 投资促进与保护协定》草案 。第二次会议定于 1999 年 6 月在新德里召开。主题由 1999 年 2 月 1 日召开的 SAARC 经济合作委员会第 10 次会议和 2002 年 10 月在加德满都召开的经济合作委员会第 11 次会议进行了讨论。SAARC 还正在进行南亚自由贸易区（SAFTA）谈判。

专栏2.7 印度—斯里兰卡自由贸易协定与外国直接投资

《印—斯自由贸易协定》签订于1998年12月，该协定在互惠基础上给予印度和斯里兰卡零关税的市场准入。根据协定，印度将在3年内，斯里兰卡将在8年内逐步削减4000种产品的关税。

为了使两国的关税减让符合资格，原产地标准规则明文规定，至少具有35%的增加值才是合格的进口品，对于来自于两国的原材料，增加值构成必须达到25%。

效果如何？斯里兰卡对印度的出口从2001年的0.71亿美元增加到2002年的1.68亿美元。印度对斯里兰卡的出口从2001年的6.04亿美元增加到2002年的8.31亿美元。

尽管协定不涉及投资，但是它还是推动了橡胶制品、陶瓷产品、电器与电子产品、木制品、农产品和耐用消费品的新投资。正是因为这项协定，有37个总投资为1.45亿美元的项目正在运行。

资料来源：UNCTAD。

得到改善，几乎所有的答复者都认为，2004—2005年甚至会更好（图2.2）。美国、日本和英国预计将（依次）是大多数国家最大的投资国。令人感兴趣的是，有6个投资促进机构将中国列为2004—2005年对各自国家投资的最大3个母国之一，持这一观点的国家数量比2001—2002年多了一倍。与2001—2002年（3个）相比，更多的国家（8个）预计在2003—2005年将会吸引更多的研发投资。大约1/3的答复者预期会有更多的跨国公司将其"地区性职能活动"放在亚洲，这将有助于形成与东亚和东南亚较大的投资网络相一致的地区生产网络。

该地区不同国家和国家群体吸引外国直接投资的前景仍将具有较大差异。中国仍将保持其发展中国家中最大的外国直接投资受资国的地位。通过加强地区合作，提高在价值链中的位置和提高竞争力，该地区其他国家的地位可能会有所变化：

专栏2.8 东盟的区域一体化与跨国公司的生产网络

东盟通过《东盟自由贸易协定》提供了一个5亿人口的区域市场，2001年该地区的GDP总计达5600亿美元，内部关税率不超过5%。东盟还正通过《东盟投资区》、《东盟服务与基础设施关联框架协定》等实现一体化。该地区的地区性生产网络并不是新出现的（Dobson和Chia 1997），但是最近的一体化措施引导跨国公司寻求建立更多的这类网络，尤其在汽车整车与零部件产业以及电子产业（东盟秘书处2001）：

- 日本和其他汽车生产厂商正在巩固在该地区的生产，并且实施了地区生产网络战略和工厂专业化，以服务于东盟自由贸易区市场（日本总和研究所2001）。
- 本田汽车公司计划对其在东盟的生产实行合理安排，其中一部分车型集中在泰国。
- 丰田公司在东盟国家拥有一个经营网络，该网络将不同职能，例如地区总部、装配工厂、财务、培训中心和部件供应商联系起来。
- 日产公司正在东盟建立地区网络结构，以利用可能由《东盟自由贸易协定》所创造的更高的生产效率。该公司计划在泰国建立"东南亚部件采购公司"，以便在东盟采购零部件，并决定每一家工厂所应该采取的模式。
- 福特公司也有一套服务于东盟市场的战略，并允许该地区的各个工厂实现专业化。福特不再允许设在两个国家的两家工厂生产同一种产品，而是让泰国的工厂生产皮卡，菲律宾的工厂生产客车。
- 五十铃汽车公司（泰国）、五十铃发动机制造公司（泰国）和五十铃Mesin公司（印度尼西亚）；沃尔沃（马来西亚）和沃尔沃（泰国）正在通过设在这些国家的子公司生产和交换完全散装的汽车部件。
- 三星玻璃（马来西亚）公司为三星显示器公司设在马来西亚的工厂提供显像管用玻璃，作为后者生产彩色显像管的主要投入，同时向泰国三星电子公司出售中间产品，向在印度尼西亚和越南的子公司出售生产彩色电视机的中间产品，向马来西亚的子公司出售生产计算机显示器的中间产品。
- 泰国三星电机公司向在马来西亚、泰国和越南的子公司供应调谐器、偏转线圈和回扫变压器。该公司还为印度尼西亚的录像机业务提供调谐器、为马来西亚的微波炉业务提供油浸管状电容器、为马来西亚三星显示器公司的彩色显像管业务提供偏转线圈。

东盟工业合作项目也鼓励跨国公司建立地区生产网络。例如：

- Denso在印度尼西亚、马来西亚和泰国的子公司互相交换汽车零部件。
- 松下在印度尼西亚、马来西亚、菲律宾和泰国的子公司是交换电子零部件的生产网络组成部分。
- 雀巢在印度尼西亚、马来西亚、菲律宾和泰国的子公司是进行公司内部食品加工贸易的地区生产网络的一部分。新加坡索尼电子公司和越南索尼公司相互之间生产和交换电子零部件。新加坡索尼显示器公司和索尼暹罗工业（泰国）公司都属于一个类似的生产安排，相互交换电子零部件。

这些生产网络通过生产和供应关联以及企业内部零部件采购推动了区域一体化。

资料来源：UNCTAD，根据以下信息：《日经新闻》2002年12月31日；"日产在泰国建立东盟地区采购总部"，《亚洲汽车》，2003年2月27日；http：//www.auto-asia.com/viewcontent.asp？pk=8131；Jakarta Post，2002年7月20日，第306页；以及东盟秘书处提供的信息。

图 2.12 2003—2005 年非洲 FDI 的前景[a]

（百分比）

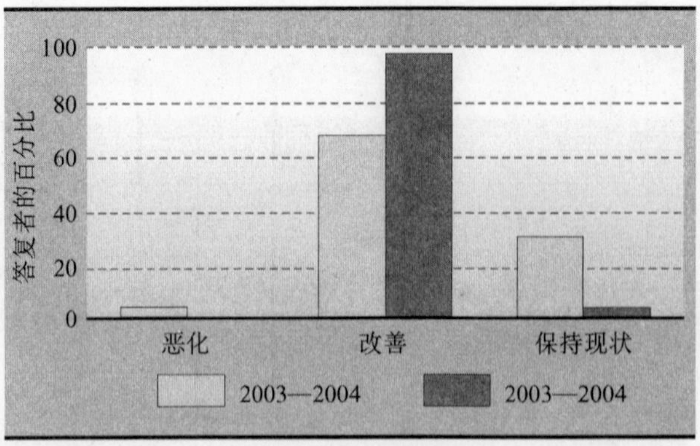

资料来源：UNCTAD。

a. 所调查的问题是："与过去两年（2001—2002 年）相比，你如何看待贵国中短期内的 FDI 流入前景?"

- 印度具有吸引大量外国直接投资的潜力，这取决于该国的政策改革和私有化。
- 正在谈判中的南亚自由贸易联盟将加强南亚其他国家的区位优势，这些国家将吸引适量的外国直接投资。
- 受石油和天然气产业外国直接投资的推动，伊拉克和西亚其他国家所吸引的外国直接投资将迅速增加，这取决于政治形势、经济改革和安全因素。
- 石油和天然气也将主导中亚吸引外国直接投资的前景。此外，伊拉克[27]和阿富汗的重建可能会导致建筑和基础设施外国直接投资的增加，除此之外，可能还取决于私有化计划。
- 在最近的将来，太平洋岛国仍会吸收到适量的外国直接投资。至于亚太地区的低收入国家，一些优惠安排的逐步取消可能会进一步削弱服装等产业的竞争地位。

跨国公司继续将寻求效率型外国直接投资转移至低成本地区，并且继续在该地区快速增长的国家和地区增加寻求市场型投资，东北亚和东南亚之间的区域内部投资可能会增加。中国、中国香港、马来西亚、韩国、新加坡和中国台湾等较为发达的国家和地区将继续成为该地区其他国家吸收外国直接投资的重要来源。部分由于双边和地区协定的影响，地区性生产网络将会发展。但从总体上来看，亚洲内部以及亚洲与其他地区对外国直接投资的竞争将会加剧。[28]

3. 拉丁美洲和加勒比地区

2002 年，拉丁美洲和加勒比地区的外国直接投资流入流量连续第三年减少，减幅达 1/3，减少到 560 亿美元，为 1996 年以来的最低水平。减少波及整个地区，主要集中在服务业。与贬值对寻求市场型外国直接投资的影响一样，经济危机与政治不稳定造成了差异。各国政府日益利用将目标锁定与其发展战略相一致的投资来实施其投资促进政策，而不是简单的对外资开放。各国希望通过签订双边和地区协定来帮助吸引外国直接投资流向该地区。

a. 减少——集中在阿根廷、巴西和智利

2002 年以来，该地区的外国直接投资流入流量一直呈下降趋势。其减少主要集中在服务业（图 2.13），尤其在此前由于电信业、公用事业和银行业放松管制，宏观经济稳定以及在 20 世纪 90 年代后半期市场成长的较好前景而吸引了大量投资的南美国家服务业。制造业和自然资源产业的外国直接投资与 2001 年大体相当。委内瑞拉是个例外，该国的政治不稳定影响了石油产业吸引的外国直接投资流量。由于外国直接投资比国内投资减少的幅度更大，2001 年外国直接投资占固定资本形成总额的比重下降了，2002 年也是如此（图 2.14）。

外国直接投资的减少主要集中阿根廷、巴西和智利，在这些国家，进入服务业的外国直接投资是比较重要的。在自然资源起主要推动作用的安第斯共同体国家，所受影响较小。2002 年最大的东道国是巴西，其次是墨西哥（图 2.15）。如果将 Banamex 收购案排除在 2001 年的流量之外，2002 年墨西哥的外国直接投资流入流量仅增长了 10%。哥斯达黎加的流入流量增加了 41%。但是这些国家只是例外，因为在该地区的 40 个国家和地区中，流入流量增加的仅有 11 个（附录表 B.1）。

2002 年该地区的 GDP 下降了 0.1%（国际货币基金组织 2003a），并且阿根廷、巴西和委内瑞拉等国的货币发生了贬值，从而极大地缩小了以美元表示的市场，削弱了服务业外国子公司的盈利率。贬值还增加了这些子公司相对于其收入（当地货币）的债务负担（以美元标价）。[29]

图2.13 1997—2001年和2002年拉丁美洲和加勒比地区若干国家第一、第二、第三产业在FDI流量中所占的比重[a]

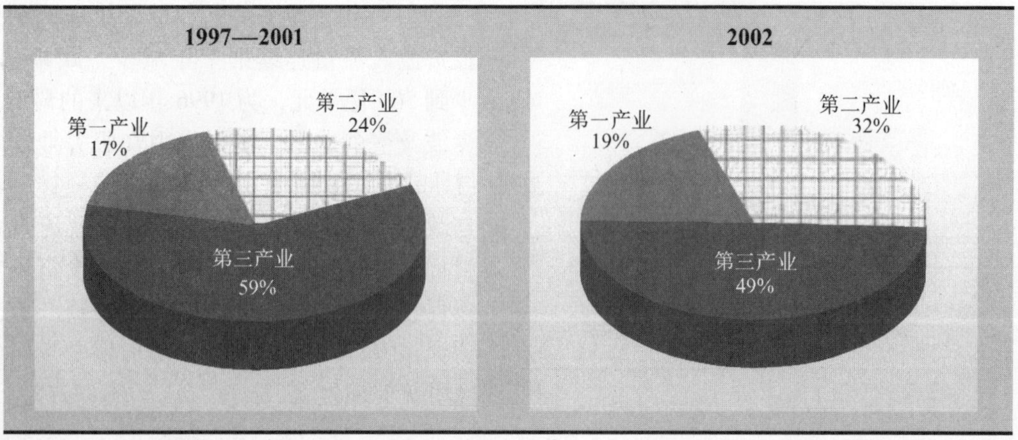

资料来源：UNCTAD，FDI/TNC数据库。

a. 阿根廷、巴西、智利、哥伦比亚、哥斯达黎加、厄瓜多尔、墨西哥和委内瑞拉。

图2.14 1990—2002年拉丁美洲和加勒比地区FDI流入流量及其占固定资本形成总额的比重

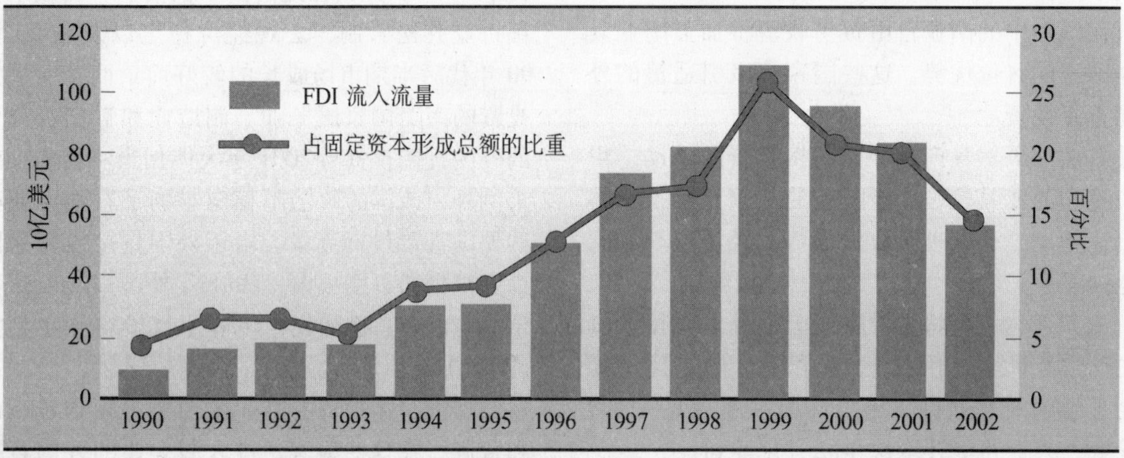

资料来源：UNCTAD，FDI/TNC数据库（http：//www.unctad.org/fdistatistics）。

在厄瓜多尔、巴拉圭和秘鲁等国，由于缺少支持或者遭到直接反对，私有化计划被推迟或者取消。在一些市场规模较小的国家，政府很难吸引到为准备私有化的公用事业出价的投资者。巴西和墨西哥电力行业的外国投资继续受到首先是贬值，其次是不友好的管制的障碍。这种态度加上在诸如电信等行业跨国公司采取更加谨慎的做法，因此，私有化目前不是该地区吸引外国直接投资的重要来源。2002年的一个重大例外是墨西哥第三大保险公司Aseguradora Hidalgo被美国MetLife以9.62亿美元收购，这反映了外国公司对墨西哥金融服务业的兴趣。

尽管美国经济增长放慢使墨西哥和加勒比地区制造业对美国的出口停滞了，但是出口导向型制造业的外国直接投资基本上没有变化。墨西哥制造业出口尚未从2001年的低落中恢复，比2000年的水平要低2%。[30]出口减少主要集中在消费品，零部件出口仍在继续增长，这表明墨西哥的制造业以及由企业内部贸易带动的北美生产体系的一体化并未受到太大影响。

在2002—2001年，墨西哥出口加工区产业失去了20万个就业岗位，并且到2002年尚未恢复，但是附加值却增加了11%，[31]这表明出口加工区正由劳动密集型生产转向高附加值生产。来自中国和其他作为向美国出口平台的低成本国家的竞争是显而易见的。根据墨西哥国家出口加工区工业委员会的报告，2002年关闭的工厂有60%转移到了亚洲，其他转移到了中美洲。[32]电子产业所受到的影响最大。日本佳能公司将其在墨西哥的生产转移到了泰国，荷兰飞利浦转移到了越南和中国。

图 2.15 2001 年和 2002 年拉丁美洲和加勒比地区 FDI 流量最大的 10 个国家[a]

（10 亿美元）

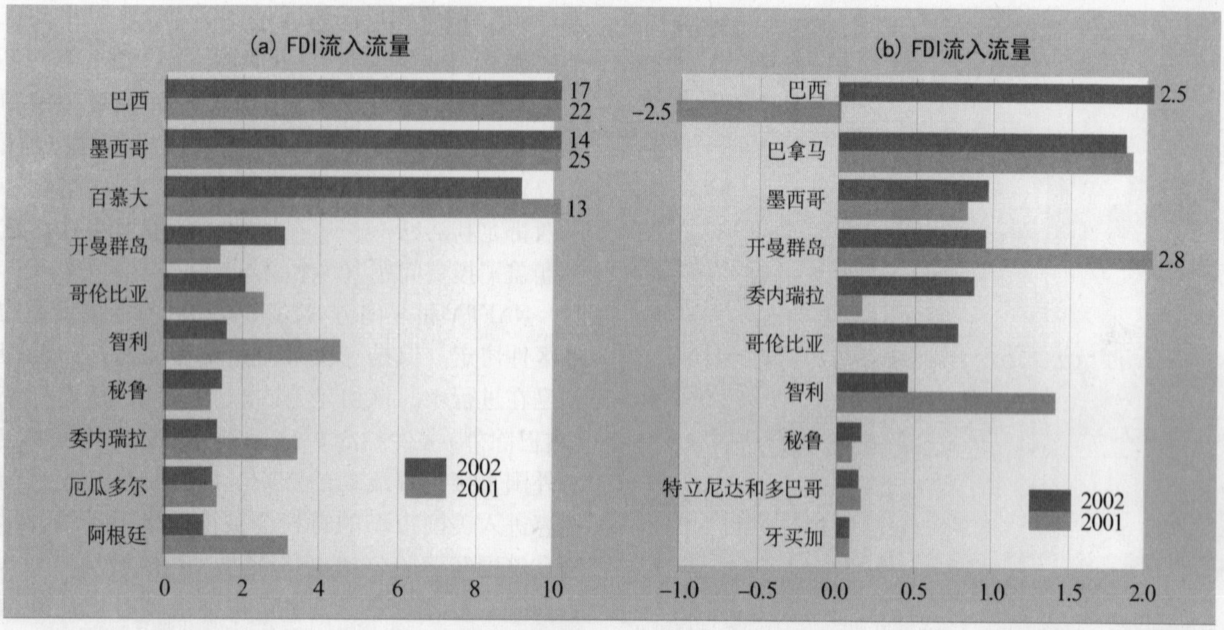

资料来源：UNCTAD，FDI/TNC 数据库（http：//www. unctad. org/fdistatistics）。

a. 根据 2002 年 FDI 流量大小排名。

即使如此，墨西哥和拉美其他一些国家中、高技术产业的生产与发达国家的竞争对手相比仍然拥有竞争力，新兴产业外国直接投资的前景也很乐观，福特在埃莫西约的制造工厂证明了这一点。

巴西的外国直接投资减少了 36%，但是以食品、汽车和化学为首的制造业吸收的流量却增加了。这一趋势始于 1998 年的贬值，并且在过去两年的经济不稳定中仍然在继续。巴西汽车产业受到南锥体共同市场需求疲软的冲击，但是贬值以及某些最现代化工厂的外国直接投资提高了该产业的竞争力。2002 年巴西汽车出口增长了 45%，并且根据制造业协会的预计，2003 年仍将增长 20%。[33]该产业现在更加倾向于北美自由贸易区（2002 年占出口的 52%），以便从最近签订的一份协定中获益，该协定削减了巴西和墨西哥之间汽车贸易的关税。福特、丰田和大众都增加了在巴西的投资，以便向南锥体共同市场以外的国家出口。丰田还宣布了一个在阿根廷投资 2 亿美元的项目，该国货币的大幅度贬值使成本降低到足以考虑向拉美其他国家出口（ECLAC 2003）。

2002 年阿根廷的外国直接投资流入流量仅为 1992—2001 年平均值的 10%，当时阿根廷吸收的流量占该地区的 13%。尽管在阿根廷经营的跨国公司受到债务危机的影响（《2002 年世界投资报告》），但是很少有公司离开阿根廷。然而，在外国直接投资的构成中，利润再投资和公司内部贷款的流量是负的，这说明已在从事经营的跨国公司减少了投资。因为巴西也经历过一段时期的金融不稳定和政治不稳定，在巴西经营的跨国公司也采取过类似的反应，但是程度稍轻（De Barros 2002）。跨国公司通过减少对巴西子公司的贷款来对危机和当地悲观的前景做出反应，尤其在电信、电力和天然气产业（图 2.16）。2002 年巴西外国直接投资流入流量的减少完全是由公司内部贷款的减少造成的。[34]

经济因素和政治的不确定性也同样影响了拉丁美洲和加勒比地区的国内投资，2001 年和 2002 年国内投资也减少了。2002 年，大多数主要国家的总投资（包括公共投资和私人投资）都减少了，但是南锥体共同市场国家和委内瑞拉所受到的影响最大（ECLAC 2002）。

2002 年拉美国家的外国直接投资流出流量也减少了 28%，为 60 亿美元。大多数拉美跨国公司都在区域内部扩张，其中墨西哥的跨国公司还向美国投资。但是阿根廷的公司出售国外资产以帮助克服母国的危机，该国企业的撤资要多于在国外的投资，撤资多达 10 亿美元。阿根廷危机也为比较便宜地收购阿根廷的资产提供了机会。2002 年 8 月巴西国家控股的巴西石油公司以 11 亿美元收购了佩雷兹公司的多数股权，这是当年该

图 2.16 2001—2002 年巴西和阿根廷按融资类别统计的季度 FDI 流入流量

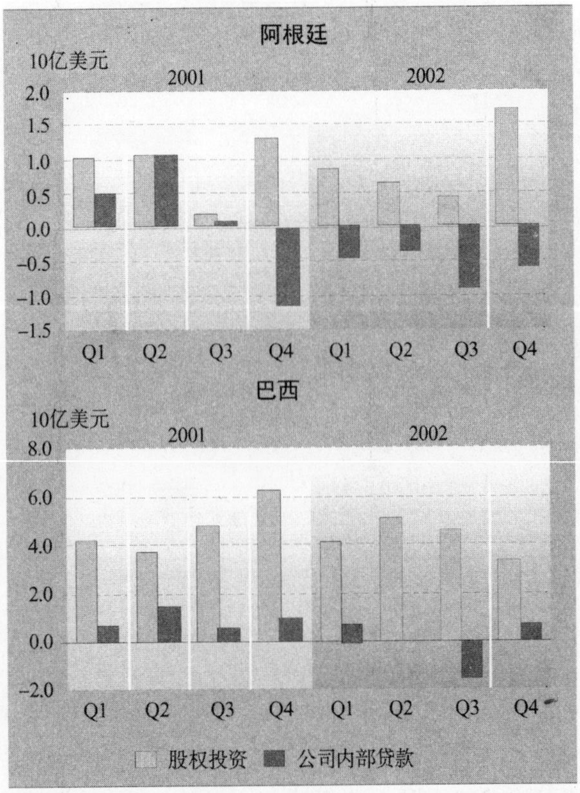

资料来源：UNCTAD，FDI/TNC 数据库。

地区最大的一起收购。墨西哥的美洲移动公司投资22亿美元用于收购阿根廷、巴西和厄瓜多尔的公司，成为拉美地区电信业的一个重要角色。

b. 政策发展——将外国直接投资与发展战略相联系

在过去十年中，拉丁美洲和加勒比地区国家的外国直接投资政策强调自由化和对外国直接投资开放。现在的观点认为，应该对支持总体发展战略的外国直接投资政策给予更多的重视。尽管对外国直接投资的开放政策并未逆转，但是对私有化的热情却降低了。各国也越来越认识到，需要实行更加复杂的政策，以吸引适当类型的外国直接投资并从中获得更大的收益。UNCATD 对投资促进机构的调查（专栏 1.5）发现，为了吸引外国直接投资，该地区大多数国家正计划加大投资促进和投资目标定位的力度。哥斯达黎加所采取的最重要的外国直接投资政策已经超过了自由化和对外资开放政策（《2002 年世界投资报告》）。智利最近也出台了这类措施（专栏 2.9）。遵循类似的路线，墨西哥的国有银行墨西哥银行也于 2003 年启动了一项投资促进服务。

到 2002 年底，该地区各国签订的双边投资协定（40 个国家和地区总共签订了 413 个，平均每个国家 10 个）和避免双重征税协定（262 个，平均每个国家 7 个）比南亚、东亚和东南亚国家和地区减少了一半以上，而且进度也较慢（图 2.17）。但是双边自由贸易协定的谈判——智利和墨西哥尤其活跃——却在加速，其中大多数协定都涵盖了投资问题（专栏 2.8）。

NAFTA 和《南方共同市场》目前是最重要的地区性协定。但是《美洲自由贸易区协定》的谈判已在进行中，该协定意在包括该地区所有国家（古巴除外）（专栏 3.3）。目前还不能评价该协定对外国直接投资流动的影响。墨西哥担心其目前优惠进入美国市场的特权会被该协定所冲淡，尽管在该国经营的公司也将能进入其他市场（Levy Yeyati et al. 2002）。该协定可能会使各国的外国直接投资规制框架变得更加透明，并简化相互重叠的次区域协定和双边协定。

这些协定对外国直接投资的影响尚不明确。各国一直在单方面地改变其管制框架，以有利于吸引外国直接投资，因此双边和地区性协定的效应很难分别进行评估。当美国市场变得更容易进入时，由贸易协定或者贸易与投资协定提供的市场准入就增加了外国直接投资，但是这并不包括诸如中美洲和加勒比共同体等次区域较小国家之间的协定。在某些情况下，地区性协定可以加强各国的区位优势，但是智利和哥斯达黎加所吸引的外国直接投资并未得到此类协定的支持。覆盖范围也是非常关键的。对于这一点，可以比较

专栏 2.9 智利新的外国直接投资战略

智利的高技术投资计划以软件业和密集使用信息技术的服务业为目标，例如传呼中心、支持中心、共享服务和后台服务等。智利正在吸引外国直接投资来改变国内生产基础，使其与该国不断发展的经济形势和比较优势相一致。该投资计划正在使智利变成高技术投资的场所（该国总统为在硅谷成立的一个办事处举行落成典礼）。迄今为止，智利已经吸引了法国航空公司、桑坦德银行、惠普、摩托罗拉和联合利华等企业的地区技术中心和后台服务中心。

资料来源：UNCTAD，根据 www. hightechchile. com 网站的信息。

图 2.17 1992—2002 年拉丁美洲和加勒比地区签订的双边投资协定及避免双重征税协定

（数量）

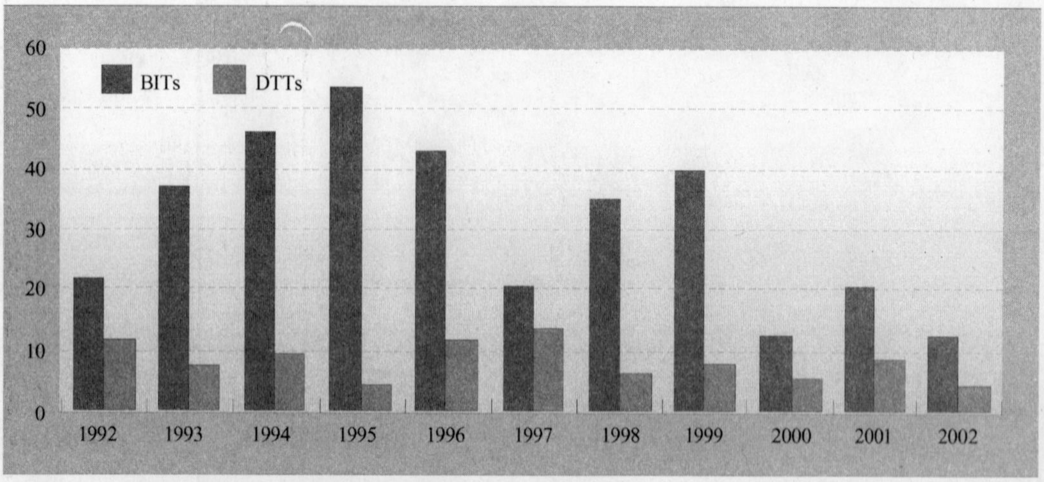

资料来源：UNCTAD，双边投资协定及避免双重征税协定数据库。

NAFTA 的原产地规则对墨西哥服装业的影响和美国与加勒比以及中美洲国家签订的协定中所包含的限制性共享生产机制的影响。

双边协定的迅速增加使得对地区性协定的评估变得复杂。墨西哥与玻利维亚、智利、哥斯达黎加、欧盟成员国以及尼加拉瓜等签订了双边协定，与日本的协定正在谈判中（图 2.18）。智利与加拿大、墨西哥和美国签订了双边协定，并且是南锥体共同市场的联系成员国。

尽管流入阿根廷和巴西的外国直接投资在 1991 年《南方共同市场》生效后开始增长，但这主要是因为两国宏观经济稳定和对外国投资者实施开放（包括私有化）（Levy Yeyati et al. 2002）。虽然证据表明，南锥体共同市场较小成员国（巴拉圭和乌拉圭）外国直接投资的出口导向增加了，尤其对南锥体共同市场其他成员国的出口，但是这些国家的外国直接投资流入并没有大量增加（López 2002）。

自 NAFTA 开始生效以来，墨西哥吸收了大量外国直接投资，这些外国直接投资主要来自美国，并且集中在针对美国市场的制成品组装领域（专栏 2.10）。比较有利的市场准入条件与便宜的劳动力等区位优势相结合，吸引了跨国公司将制造业活动安排在墨西哥，尤其在墨西哥靠近美国边境的地区。以出口加工区为代表的墨西哥与美国生产体系的一体化已经得到了发展和深化。NAFTA 也巩固了墨西哥从 20 世纪 80 年代中期开始的政策改革，并使该国经济向外国投资者开放。

c. 前景——不会有太大变化

据 UNCTAD 估计，该地区 2003 年的外国直接投资流入流量可能与 2002 年相同。[35]尽管该地区的政治和经济环境正在改善（委内瑞拉除外），复苏可能将会很缓慢。那些在 2002 年阻碍寻求市场型外国直接投资的因素在 2003 年仍将存在，并且只能缓慢好转。但是自然资源将继续吸引跨国公司，在石油价格继续居高不下的情况下尤其如此。墨西哥和加勒比地区的寻求效率型外国直接投资将保持与 2003 年相同的水平。外国直接投资将继续流向巴西的制造业部门，而阿根廷则可能会恢复。本年度只有哥伦比亚有一项重要的私有化计划，但是其实施可能会延期。

即使外国直接投资流量在最近几年不会达到 1999 年创纪录的水平，但是在中期仍然有增加的余地。虽然一些产业，例如南美的电信业和墨西哥的银行业等已被跨国公司所控制，但是一旦经济形势好转，跨国并购仍可能复苏。对于较大的市场和最有吸引力的资产而言，私有化几乎已经完成，但是投资者仍可能被吸引到较小的市场（哥斯达黎加或厄瓜多尔）或者一些新产业（运输基础设施）。

面对来自中国和其他地区更为激烈的竞争，墨西哥和加勒比盆地劳动最密集的制造业的前景是不确定的。但是，墨西哥以及稍次一点的哥斯达黎加制造业的生产率和技术水平已经达到了一定的程度，对于将生产转移到成本更低国家的威胁已经不感到那么急迫。最近一项研究估计，墨西哥的下加利福尼亚州保税仓储加工区有40%的

图 2.18 2003 年拉丁美洲和加勒比地区签署或者正在谈判的含有 FDI 条款的双边、地区或者地区间协定[a]

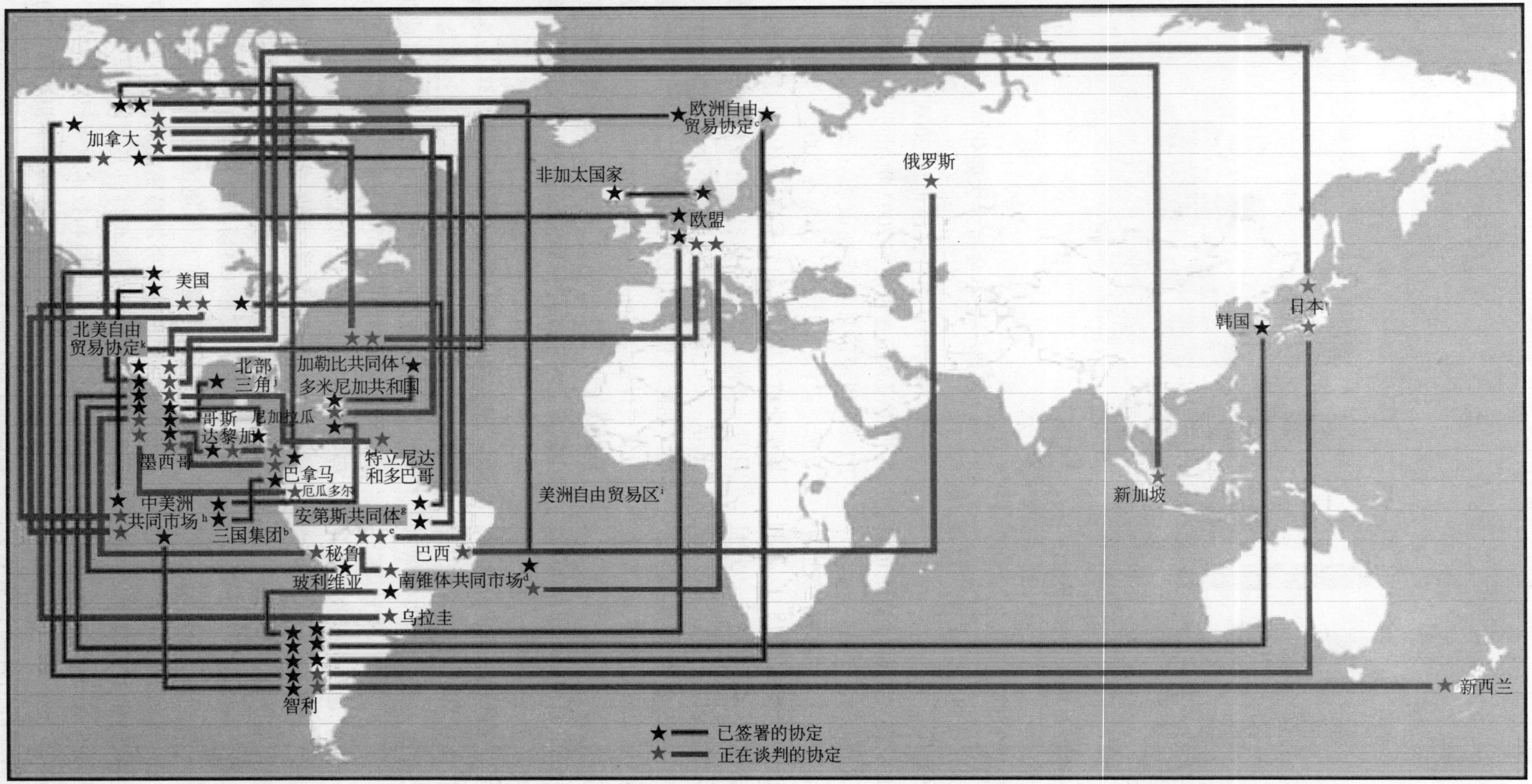

资料来源：UNCTAD。

a. 不包括双边投资协定和避免双重征税协定。
b. 三国集团(G3)：哥伦比亚、墨西哥和委内瑞拉。
c. 欧洲自由贸易协定(EFTA)：冰岛、列支敦士登、挪威和瑞士。
d. 南锥体共同市场(Mercosur)：阿根廷、巴西、巴拉圭和乌拉圭。
e. 安第斯国家和加拿大之间正在就自由贸易协定进行谈判。
f. 加勒比共同体(CARICOM)：安提瓜和巴布大、巴巴多斯、牙买加、圣基茨和尼维斯、特立尼达和多巴哥、伯利兹、多米尼克、格林纳达、蒙特塞拉特、圣卢西亚、圭亚那、海地、苏里南、圣文森特和格林纳丁斯及其巴哈马。
g. 安第斯共同体：玻利维亚、哥伦比亚、厄瓜多尔、秘鲁和委内瑞拉。
h. 中美洲共同市场(CACM)：萨尔瓦多、危地马拉、洪都拉斯、尼加拉瓜和哥斯达黎加。
i. 美洲自由贸易区(FTAA)(正在谈判)：安提瓜和巴布达、阿根廷、巴哈马、巴巴多斯、伯利兹、玻利维亚、巴西、加拿大、智利、哥伦比亚、哥斯达黎加、多米尼克、多米尼加共和国、厄瓜多尔、萨尔瓦多、格林纳达、危地马拉、圭亚那、海地、洪都拉斯、牙买加、墨西哥、尼加拉瓜、巴拿马、巴拉圭、秘鲁、圣基茨和尼维斯、圣卢西亚、圣文森特和格林纳丁斯、苏利南、特立尼达和多巴哥、美国、乌拉圭及其委内瑞拉。
j. 北部三角：危地马拉、洪都拉斯和萨尔瓦多。
k. 北美自由贸易协定(NAFTA)：加拿大、墨西哥和美国。

专栏 2.10 NAFTA 和外国直接投资

由加拿大、墨西哥和美国谈判达成的 NAFTA 于 1994 年 1 月开始实施，该协定是西半球第一个北—南区域一体化协定。协定允许三个国家进一步开放商品、服务和知识产权的跨国贸易，并允许彼此在几乎所有产业进行投资。NAFTA 的最后一轮关税削减从 2003 年 1 月 1 日开始，农产品的一些例外保留到 2008 年。

NAFTA 使地区内部贸易发生了引人注目的变化。北美商品和服务的地区内部出口在该地区总出口中所占比重从 1980 年的 34% 和 1996 年的 49% 提高到 2002 年的 56%（Rugman 和 Brain 2003，第 5 页和 16 页）。但是受影响最大的是加拿大和墨西哥。在 20 世纪 80 年代末，加拿大和墨西哥 3/4 的贸易是与美国进行的，而到 2002 年这一比重超过了 85%，两国从美国进口的格局也与此相似。但是美国的情形却不然，在 1996—2001 年期间美国与另两国的贸易与 1980 年几乎没有多少变化。

自 20 世纪 80 年代末以来，流向三国的外国直接投资增加了，但是并不清楚这究竟在多大程度上要归功于 NAFTA。在 1988—1993 年期间外国直接投资流量减少了，但是在 1994 年之后又迅速增加，在 2000 年达到了 3830 亿美元的峰值，随后在 2002 年又减少到 640 亿美元。然而，增量看来主要来自流向美国，而不是流向加拿大或者墨西哥的外国直接投资。在 2002 年减少到 47% 之前，美国占北美外国直接投资的比重从 1994 年的 71% 提高到 1999 年的 88%。北美外国直接投资占所有 OECD 国家外国直接投资总流入流量的比重以及占世界流入流量的比例的格局是相类似的。

尽管如此，墨西哥仍然从流入流量的增加中获益（MacDermott 2002；Andresen 和 Pereira 2002）。但是没有证据表明区域内部的外国直接投资密度增加了，尤其因为在 1980—1998 年期间墨西哥流向美国的外国直接投资很少（Globerman 2002）。

NAFTA 内部的外国直接投资占该地区外国直接投资流出存量的比重从 1986 年的 30% 减少到 1999 年的 18%（Eden 和 Li 2003）。加拿大占美国流出存量的比重看来是一个主要因素，其比重从 1989 年的 17% 减少到 2000 年的 10%（Rugman 和 Brain 2003）。NAFTA 似乎使得一些美国跨国公司关闭了在加拿大的一些工厂，转向以出口来供应该国市场。一旦取消关税，具有大规模经济、低运输成本以及产品几乎没有差异这些特点的产业就可能会将这两个国家看成是一样的（Eaton 等 1994）。

北美最重要的产业是汽车和零部件产业，根据对该产业定义广度的不同，其占地区内部贸易的比重在 1/3 到 1/2 之间。加拿大和美国的汽车产业在 1965 年签署《汽车协定》以后就已经一体化了。因此，NAFTA 只是将墨西哥汽车产业融入已经高度一体化的北美汽车产业而已（Weintraub 和 Sands 1998）。

一项研究将美国作为 NAFTA 的局内人和作为南锥体共同市场的局外人的地位进行了比较，发现在美国的外国直接投资与 NAFTA 之间存在显著的正向关系，而在美国的外国直接投资与南锥体共同市场之间则不存在任何关系（Bertrand 和 Madariaga 2002）。另一项研究发现，中美洲国家（哥斯达黎加除外）在 1994 年以后已经落后于墨西哥（Monge - Naranjo）。受影响最大的是萨尔瓦多、危地马拉和洪都拉斯等外国直接投资流入最多的纺织和服装业。

至今还没有有关 NAFTA 对外国直接投资影响的确定性研究。现有的假定是，NAFTA 使其成员国经济从商品和服务的国际贸易中获益，但是对成员和非成员国外国直接投资的影响尚不太了解。解决这一难题的关键可能是将单个企业微观层面上的区位战略与宏观层面上外国直接投资流量和存量的变动更好地联系起来。

资料来源：UNCTAD。

工厂可以被归为“第三代”工厂，这些工厂密集使用信息技术，拥有很强的研发能力（Carrillo 和 Gerber 2003）。汽车产业尽管面临着全球生产能力过剩，也仍然扩建在墨西哥的工厂（ECLAC 2003）。在南锥体共同市场，跨国公司可能从当地的浮动汇率以及工厂的质量和过剩生产能力中获益，尤其在汽车产业，跨国公司已将阿根廷和巴西变为向该地区其他国家以及其他地区出口的平台。

由于在未来几年拉丁美洲的外国直接投资流量可能还会低于其高峰时的水平，各国政府应该更加关注使投资最有助于实现其发展目标的途径。对那些能够吸引外国直接投资并从中获益的比较成熟的政策工具的重视也许应该加强。

B. 中东欧

2002 年中东欧的外国直接投资流入流量达到了 290 亿美元的新高峰（图 2.19），其中有 9 个国家的流入流量增加了，其他 10 个国家的流入流量减少了（图 2.20；附录表 B.1）。一些中东欧国家、特别那些被提名加入欧盟的国家的企业试图摆脱以非熟练劳动力为基础的生产，并利用

图 2.19 1990—2002 年中东欧 FDI 流入流量及其占固定资本形成总额的比重

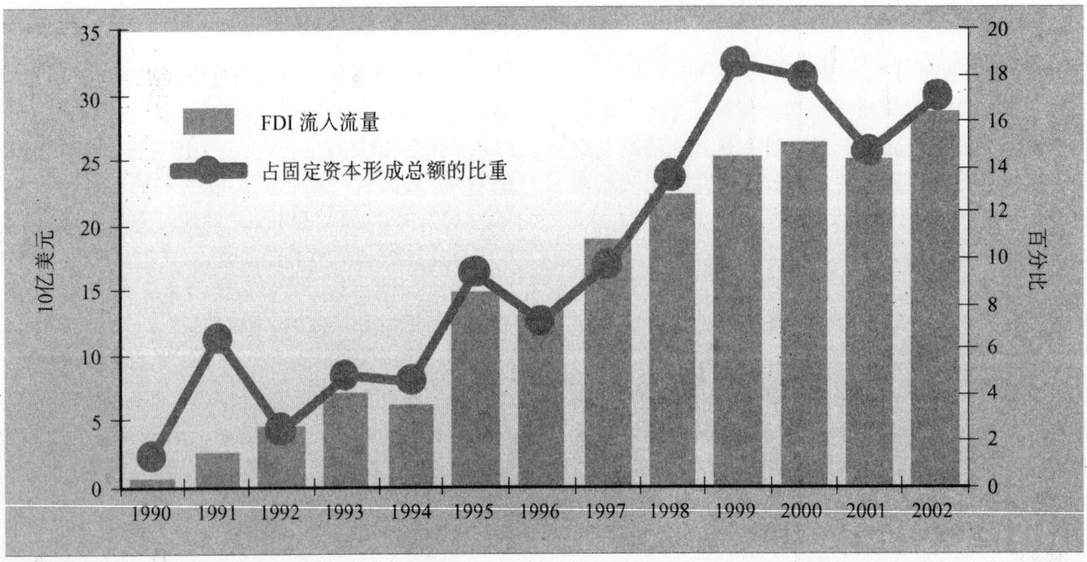

资料来源：UNCTAD，FDI/NC 数据库（http：//www. unctad. org/fdistatistics）。

受过教育的当地劳动力，发展附加值较高的生产活动。这使得培训和再培训成为就业政策的重要工具。

该地区加入欧盟的国家将不得不使其外国直接投资管理体制和欧盟的管制协调一致。未加入的国家不得不更新投资促进体制并使之现代化，以便受益于成为寻求效率型外国直接投资的新“前沿”（UNCTAD 2003c）。

部分是由于欧盟预期的扩张对加入欧盟和未加入欧盟的国家吸引外国直接投资的积极影响，2001—2002 年该地区的外国直接投资流入流量非常稳定（有关跨国公司对欧盟扩张的反应，参阅本章 C 节）。对于未来外国直接投资的流量而言，这是一个重要的资产，因为目前在捷克、斯洛伐克、斯洛文尼亚以及程度稍低一些的波兰的大型私有化浪潮一旦结束，这种动力将保持强劲的外国直接投资流量。

图 2.20 2001 年和 2002 年中东欧 FDI 流量最大的 10 个国家[a]

（10 亿美元）

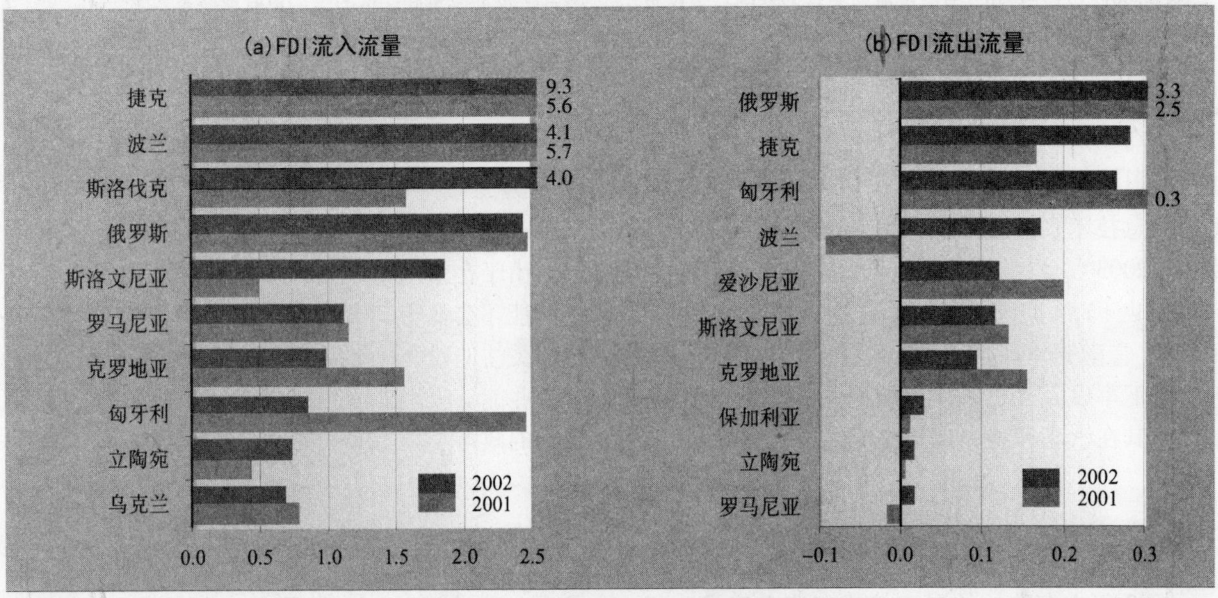

资料来源：UNCTAD，FDI/TNC 数据库（http：//www. unctad. org/fdistatistics）。

a. 根据 2002 年 FDI 流量大小排名。

1. 挑战全球趋势

中东欧稳定地吸引外国直接投资业绩表明，对于外国直接投资而言，该地区被认为是稳定并且有前途的，尤其在正在整合的欧洲大陆的分工内部更是如此，这改善了欧洲作为一个整体的经营效率。[36]中东欧地区外国直接投资存量占GDP的比率从1995年世界平均水平的一半跃升至2002年的接近于世界平均水平（表2.2），该地区外国直接投资流入流量的增加也得益于这种赶超效应。

与私有化和其他因素相关的跨国并购对中东欧2002年的外国直接投资流入流量非常重要，当年该地区最大的10起跨国并购出售[37]总计达120亿美元，跨国并购出售的总额超过160亿美元。然而，这些数据作为与外国直接投资有关的发展指标是不完全的，因为还有各种跨国交易的价值并未得到披露，一些跨国并购出售在外国直接投资流入流量数据中并未得到反映。[38]

表2.2 1995年和2001年中东欧国家的外国直接投资存量占GDP的比重[a]

（百分比）

国家或者地区	1995	2001
爱沙尼亚	14.4	65.9
捷克	14.1	64.3
摩尔多瓦	6.5	45.0
斯洛伐克	4.4	43.2
匈牙利	26.7	38.2
拉脱维亚	12.5	32.4
立陶宛	5.8	28.9
克罗地亚	2.5	28.4
保加利亚	3.4	25.0
波兰	6.2	24.0
马其顿	0.8	23.9
斯洛文尼亚	9.4	23.1
阿尔巴尼亚	8.3	21.0
罗马尼亚	2.3	20.5
塞尔维亚和黑山	2.7	20.1
波黑	1.1	15.8
乌克兰	2.5	12.9
白俄罗斯	0.5	8.7
俄罗斯	1.6	6.5
备注：		
中东欧	5.3	20.9
全球	10.3	22.5

资料来源：UNCTAD，FDI/TNC数据库（http：//www.unctad.org/fdistatistics）。

a. 根据2001年外国直接投资流入存量占GDP的百分比大小排名。

有9个国家的流入流量增加了，有10个国家的流入流量减少了（图2.20；附录表B.1）。出现私有化高潮的国家（捷克、斯洛伐克和斯洛文尼亚）的流入流量增长尤为强劲，而私有化进展较慢的国家（白俄罗斯与塞尔维亚和黑山）则增长乏力。

受德国RWF接管Transgas、Gazprom和Ruhrgas以及法国煤气公司接管Slovensky Plynarensky Priemyse的推动，流入捷克和斯洛伐克的外国直接投资流入增加了；而爱沙尼亚、匈牙利和波兰的流入量则减少了。因此，2002年该地区外国直接投资的趋势与和私有化有关的外国直接投资的大量流动密切相关，引起了各国流入流量的大起或者大落。

欧盟扩张所带来的预期积极影响推动了外国直接投资流入流量的增长（同时参阅本章C节）。其负面影响是，由于加入欧盟的各个国家正在调整其外国直接投资管理体制以适应欧盟成员的标准要求（例如匈牙利），投资者因此采取了观望态度，这可以解释实际流入流量低于预期外国直接投资的原因。

由于外国直接投资的动态变化以及一些后发国家的赶超，捷克、匈牙利、波兰和俄罗斯等国传统的优势地位开始发生变化，现在只有捷克仍然保持增长，其他三个国家的外国直接投资都减少了。由于下文所讨论的各种原因，2002年只有匈牙利还属于最大的8个受资国之一。

2002年该地区外国直接投资流入流量占固定资本形成总额的比重接近18%（图2.19），其中保加利亚、捷克、马其顿和摩尔多瓦在1999—2001年是该地区的领先者（附录表B.5）。高的比率主要反映了这些国家的经济规模较小，而捷克是个例外，该国的高比率反映了大量与私有化有关的外国直接投资流入。

作为吸收外国直接投资的主要产业，中东欧的汽车产业仍然处于增长阶段。2003年初一些公司宣布将要在捷克（PSA公司）和俄罗斯（雷诺公司）进行新的投资，一些公司宣布要扩大现有的项目（例如奥迪和铃木在匈牙利），这都保证了今年将会继续增长（表2.3）。

相反，在中东欧的电子产业中，无论是当地企业还是外国企业都面临着全球生产能力过剩、需求疲软和来自东亚、尤其是中国低成本竞争的压力。电子企业摆脱了以廉价非熟练劳动力为基础的生产，扩大了以高技能为基础的生产。作为该地区中等收入的国家，并且拥有“最老的”电子业外国子公司，匈牙利第一个面临着向高附加值生产活动重组的压力（图2.21）。弗莱克斯、IBM和飞利浦关闭了某些部门的工厂，同时又扩大了某些部门的生产能力（表2.4）。

表 2.3　中东欧 2003：汽车装配的丰收年

（百分比）

区位	厂商
捷克	
● 科林	丰田/标致（2005 年）
● 姆拉达·博雷斯拉夫	大众/斯科达
匈牙利	
● 爱斯特格姆	铃木（Swift，Wagon R +）
● 久尔	奥迪匈牙利汽车公司
波兰	
● 毕斯科 - 比亚拉	菲亚特
● 格利维采	通用汽车/Opel（Opel Agila）
● 卢布林	大宇 FSO[a]
● 波兹南	大众（T4）
● 华沙	大宇 FSO
● 泽兰	大宇（Lanos）
罗马尼亚	
● 克拉约瓦	大宇（Matiz）[a]
● 皮特什蒂	雷诺（Dacia Nova）
俄罗斯	
加里宁格勒	宝马（3 series）
● 莫斯科	雷诺（X - 90）（2005 年）
● 陶里亚蒂	通用汽车/AvtoVAZ joint venture（Niva 4x4）
● Vsevolozhsk	福特（Focus）
斯洛伐克	
● 布拉迪斯拉法	大众（Tuareg，波罗，Golf 4x4，Variant 4x4，宝莱 4x4）
● 特尔纳瓦	PSA/标致（2006 年）
斯洛文尼亚	
● 新梅斯托	雷诺（Clio）

资料来源：UNCTAD，根据 2003 年的 Figyelö 及出版报告。

a. 不再继续或要关闭的项目。

在捷克、匈牙利、波兰、斯洛伐克和斯洛文尼亚等中等收入国家，流入的外国直接投资日益定位于物流中心和研发。荒谬的是，在地区总部、传呼中心和后台服务等知识密集型的公司服务中，新出现的外国子公司对外国直接投资流入总量的增加并没有多大帮助，因为建立这些子公司并不需要很多资本投入。外国直接投资转向以较高技能劳动力为基础的生产使得加入欧盟的国家成为其他新兴区位的直接竞争者。

私有化不再是捷克、爱沙尼亚和波兰吸引外国直接投资的主要来源，这些国家不得不花费时间进行新的准备。新建投资项目（其中包括一些通过利润再投资进行融资的项目）的数量不断增加，这也许表明，这些项目至少可能部分补偿与私有化有关的外国直接投资流入的结束。2002 年爱沙尼亚的利润再投资占外国直接投资流入流量的 40%。2002 年捷克有 11 家外国子公司[39]报告说，它们扩大了在汽车供应商产业的生产能力（CzechInvest 2003）。

从所登记的金额来讲，2002 年该地区的外国直接投资流出（40 亿美元）有所恢复，但是仍远低于其外国直接投资流入。由于尤科斯收购了 Mazeikiu Nafta（立陶宛）和 Transpetrol（斯洛伐克），欧洲化学公司收购了立陶宛石油企业 Lifosa，俄罗斯也就占了流出流量的大部分（图 2.19）。在相对较低的人均 GDP 水平上，俄罗斯的流出流量超过了其所登记的流入流量。这可以由母国的经营环境较差以及俄罗斯自然资源产业

图 2.21　2002 年至 2003 年 6 月外国公司在匈牙利的扩张与收缩——“进入”和“退出”

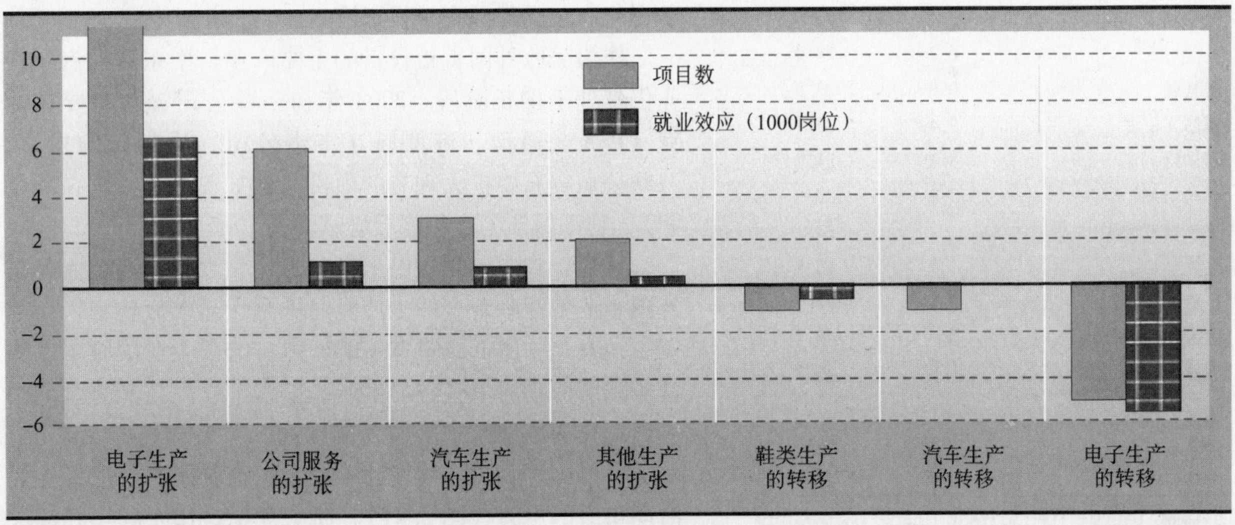

资料来源：UNCTAD，根据附录表 A. 2. 10。

a. 没有就业数据。

表 2.4 谁和谁竞争？[a]

2000 年按人均 GDP 分类的国家和地区（美元）

收入（美元）	欧盟成员国	其他中东欧国家	欧盟 15 国	其他发达国家	作为基准的若干发展中国家和地区
>20000：			罗森堡	日本	中国香港（+）
高收入			丹麦	挪威	新加坡（+）
			瑞典	美国	
			爱尔兰（+）	瑞士	
			英国（+）	加拿大	
			芬兰	澳大利亚（+）	
			奥地利		
			荷兰		
			德国		
			比利时		
			法国		
5000—19999：	塞浦路斯		意大利（-）	以色利	中国台湾
中高收入	马耳他		西班牙	新西兰	韩国
		斯洛文尼亚	希腊		乌拉圭（+）
			葡萄牙		墨西哥（+）
2000—4999	捷克	克罗地亚			智利
中等收入	匈牙利				马来西亚
	波兰				哥斯达黎加
	爱沙尼亚				巴西
	斯洛伐克				博茨瓦纳
	立陶宛（+）				南非（+）
	土耳其[b]				
	拉脱维亚（+）				秘鲁（+）
500—1999：	罗马尼亚[c]	马其顿			泰国
低收入	保加利亚[c]	俄罗斯（-）			埃及
		阿尔巴尼亚			哈萨克斯坦
		波黑			摩洛哥
		白俄罗斯（+）			菲律宾
		塞尔维亚和黑山			土库曼斯坦
		乌克兰（+）			中国（+）
					印度尼西亚
					阿塞拜疆
					格鲁吉亚
					亚美尼亚（+）
<500：	摩尔多瓦				印度
极低收入					越南
					孟加拉
					乌兹别克斯坦
					乌干达
					吉尔吉斯斯坦
					塔吉克斯坦

资料来源：UNCTAD，《2002 年统计手册在线数据库》，http：//unctad. org/fdistatistics。

a. 本表是根据 Michalet 的观点编制的，他认为每个国家和地区都仅与发展水平相近的国家竞争外国直接投资（Michalet 1999）。中东欧国家是用楷体表示的。

b. 加入前阶段。该国加入欧盟的资格尚待确认。

c. 将于 2007 年加入欧盟。

注：（+）表示该国在 1992—2000 年进入了更高一级。（-）则相反。表中各国按人均 GDP 排序。

企业渴望成为全球参与者等因素予以解释。在 2003 年前 4 个月，俄罗斯企业有 31 个对外直接投资项目（而 2002 年同期则为 27 个）。[40] 目前这些项目都进入了独联体国家（在前 8 个目的地中占了 5 个），其中乌克兰成为第一东道国。这些投资中有 60% 以上进入了能源工业（Gazprom，Zarubezhneft），其次是机械业（Sylovye Mashini）。

2. 俄罗斯的外国直接投资——正在起飞？

俄罗斯因拥有巨大的规模和丰富的自然资源而具有吸引寻求资源型、寻求市场型和寻求效率型外国直接投资的潜力。直到最近该国的流入流量仍低于其潜力（附录表 A. 1. 8）。但是有明显的迹象表明，俄罗斯已引起了投资者较大的兴趣。

2003 年 2 月，英国石油公司表达了收购其子公司 Sidanco 与俄罗斯第四大石油公司 Tyumen 石油公司所建立的一家合资企业 50% 股份的愿望（此前英国石油公司拥有 Sidanco25% 的股份）。该计划一旦完全实现，这将是自 1991 年以来俄罗斯最大的外国直接投资项目，总额达 65 亿美元，这也将极大推动俄罗斯缓慢增长的外国直接投资流入。这笔交易是 2000—2002 年流入流量平均值的两倍，也比 1997 年高峰时期的 49 亿美元多 1/3（图 2.22）。

2003 年前 4 个月，俄罗斯宣布的新建外国直接投资项目的数量不断增加，有 160 家企业开始创建了项目，总金额达 90 亿美元，而 2002 年同期的项目数则是 77 家企业，金额也仅为 30 亿美元，这是可能发生起飞的另一个标志。[41]2003 年俄罗斯的外国直接投资项目占全世界的 7%，这使俄罗斯成为仅次于中国和美国的世界第三大重要的投资区位。

现在做出俄罗斯会迅速起飞的预测可能还为时过早。在 1997 年表面上的起飞之后，1998 年俄罗斯的金融危机便接踵而至，外国直接投资流入流量急剧下降（图 2.22）。而在 2001 年和 2002 年，该国的流出流量超过了流入流量，这对于一个中低收入的国家来讲是不寻常的。

维持高于 2002 年的流入流量取决于俄罗斯如何吸引基于其各种竞争优势的外国直接投资。该国未开发的潜力很大（表 2.5）。如果允许外国投资者持有股份，并且不受共享生产或其他没有所有权的合同安排的限制，该国自然资源对于吸引外国直接投资的潜力已被证明是非常大的（图 2.23）。

图 2.22　1993—2002 年大起大落的俄罗斯 FDI

（10 亿美元）

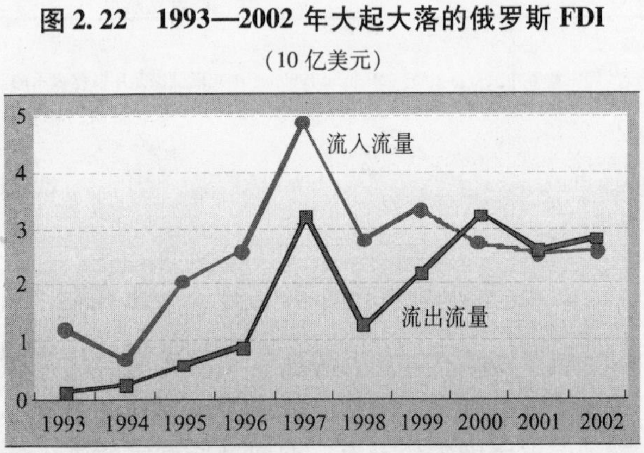

资料来源：UNCTAD FDI/TNC 数据库（http：//www. unctad. org/fdistatistics）及 UNCTAD 的估算。

表 2.5　2001 年若干国家和地区外国直接投资存量占 GDP 的比重

世界排名	国家和地区	百分比
45	越南	48.4
51	南非	44.0
52	巴西	43.6
58	尼日利亚	41.6
61	印度尼西亚	39.5
70	中国	33.2
81	阿根廷	28.3
93	泰国	24.6
103	墨西哥	22.7
100	波兰	22.3
107	埃及	22.1
136	菲律宾	14.7
147	土耳其	12.0
149	中国台湾	11.4
163	韩国	11.2
161	巴基斯坦	9.9
172	俄罗斯	7.0
175	印度	4.7

资料来源：UNCTAD《2002 年在线统计手册》，http：//unctad. org/statistics；UNCTAD FDI/TNC 在线数据库，http：//unctad. org/fdistatistics。

图 2.23　2002 年俄罗斯 FDI 流入存量的产业结构

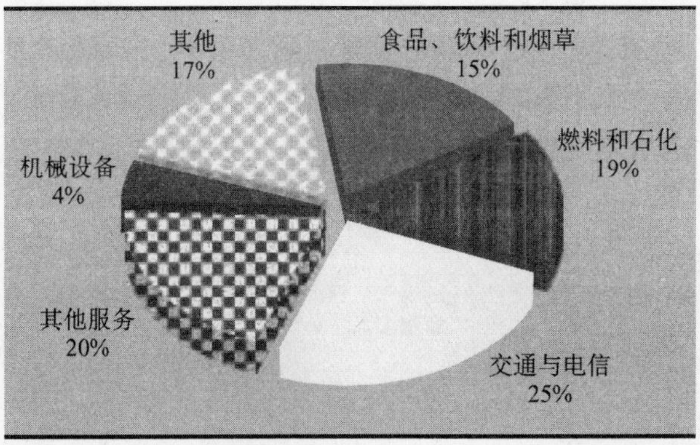

资料来源：UNCTAD，根据俄罗斯国家统计委员会。

俄罗斯也成为一些主要的寻求市场型投资的东道国，尤其是食品业（Cadbury，Mars，Stollwerck）、酿酒业（Baltika Brewery，Efes Brewery）、烟草业（Philip Morris，Liggett）和电信业（除了以塞浦路斯为母国的 Mustcom Consortium 对 Svyazivest 具有争议的投资外，德国电信对移动电话提供商 MTS 的参与是最引人注目的）。但此类投资的范围受到了俄罗斯人口购买力低的制约。

最近开始出现了一些以技术为基础的寻求效率型投资项目，其中大部分是在汽车产业。主要的例子有 1999 年宝马公司在加里宁格勒建立的工厂，2001 年沃尔沃货车公司在莫斯科地区的投资项目，通用汽车于2001年与AvtoVAZ建立的生产越野车的出口导向型合资企业、福特于2002年在列宁格勒开设的客车厂以及雷诺在莫斯科投资的客车生产项目等（表2.6）。

2003年从26家在俄罗斯投资的企业收集的信息肯定了投资者寻求自然资源和市场的投资动机。[42]一半以上的答复者指出，具有前景的国内市场潜力是其投资动机之一，答复者提到的第二个动机是接近地区性市场。对在2003年1月至4月开始实施的新项目进行更细致的考察，确定具有最好前景的项目是在自然资源产业，其次是电子、汽车和研发，但是与前者具有一定差距。

俄罗斯联邦有能力在短期内使其吸引的外国直接投资存量成倍增长。但是如果其目标是人均外国直接投资存量赶上中国，俄罗斯吸收的流量必需达到2000年流量的3倍。如果其目标是赶上波兰，也应该使其外国直接投资存量增长两倍。

3. 欧盟扩张的挑战

欧盟加入国必须使其外国直接投资管理体制与欧盟的管制相一致，因此这些国家面临着双重目标，既要符合欧盟的规则，又要从区域开发基金等欧盟所提供的工具中获得最大收益。不一致的外国直接投资工具包括斯洛伐克对外国投资者提供的特殊激励措施和匈牙利仅向大型投资者提供的为期10年的免税期。两国都在2002年改变了其投资激励，以便符合欧盟的规则，同时试图为投资者提供不低于欧盟标准的框架。根据欧盟成员地位的要求，一些加入国也正在降低公司所得税，以寻求提高国际竞争力。到2004年，这些国家的税率尽管仍高于爱尔兰等吸收外国直接投资领先国家的水平，但是将远远低于当前欧盟成员国的平均水平（表2.7）。

加入国必须学习如何最好地利用当前可以利用的促进投资的便利措施，例如区域开发基金等（这些措施相对当前的欧盟成员国而言是比较有限的）。[43]加入国还必须发展其制度框架，以管理和适当引导来自欧共体各种渠道的用于援助经济发展的资金。这些基金起初是为高收入国家设计的，从而要求拥有娴熟的管理能力。要在加入之前不长时间内达到同等的公共管理水平是对人力和金融资源的考验。

对一些国家、尤其是非加入国而言，其任务是使投资促进政策和措施现代化。这些国家只有这样做才能够从寻求效率型外国直接投资获得最大收益。

UNCTAD对投资促进机构的调查表明，投资促进努力（被53%的答复者提到）和目标定位（60%）是首选的政策应对措施。仅有1/3的答复者提到了其他激励措施。

表2.6　2003年1—4月俄罗斯主要的新建外国直接投资项目

投资者	母国	金额（100万美元）	项目概述	主要动机
壳牌	荷兰/英国	5 500	库页岛油气项目第二阶段投资	自然资源
道达尔/菲纳艾尔夫	法国	2 500	Vankorksy油田探测	自然资源
Pfleiderer	德国	647	新戈拉德硬纸板生产项目投资	效率/出口
Segura Consulting Assoc., Ferrovial and Caixa Bank	西班牙	319	莫斯科旅店业和办公业联合企业	寻求市场
雷诺汽车	法国	250	为莫斯科提供2000个就业机会的客车工厂	寻求市场/效率
飞利浦·莫里斯	美国	240	彼得堡市的香烟工厂	寻求市场
波罗的海饮料	丹麦	50	哈巴罗夫斯克对中国出口的酿酒厂	寻求出口/市场
Krka	斯洛文尼亚	20	新基因药品的研发中心	战略性资产
Tex Development	英国	12	对欧洲和中国出口的服装生产的扩张	效率/出口
Outocoumpu	芬兰	4.5	库尔干地区对欧洲出口的汽车配件工厂	效率/出口
奥地利银行	奥地利	..	为了改善后台支持系统而设在莫斯科的研发队伍战略性资产	
Nuclear Solutions	美国	..	为了提高技术发展能力设在莫斯科的研发中心	战略性资产

资料来源：LOCOmonitor，OCO Consulting。

表2.7　使维谢格拉德4国的公司更富有税收吸引力：2003年下半年和2004年的税率[a]

（百分比）

国家	2003	2004
捷克	31	24[b]
匈牙利[c]	18	18
波兰	27	19
斯洛伐克	25	19
备注：		
欧盟平均水平	32	..
爱尔兰	12.5	..

资料来源："Adólicit Közép- Európában"，Magyar Hírlap Online（布达佩斯），30 June 2003，http：//www. magyarhirlap. hu/cikk. php？cikk = 68662.

a. 不包括地方/市政税收。

b. 在2006年初以前逐步削减。

c. 此外，匈牙利还征收一种"贸易税"，当然，为了一些大型投资项目，匈牙利经常放弃这种税收。

20世纪90年代初以来，中东欧国家在签订双边投资协定和避免双重征税协定方面非常活跃，到2002年年底，共签署了700多个双边投资协定和600多个避免双重征税协定（图2.24）。该地区在全球的双边投资协定（33%）和避免双重征税协定（27%）中所占的比重要远高于其在联合国成员中所占的比重（10%）。在2002年所签订的双边投资协定中，几乎有一半是与发展中国家签订的（29个中有13个），其中大多数是与亚太地区签订的（10个）。在首先与邻国或者发达国家签订了协定之后，这样中东欧国家正在达到其双边投资协定网络的所能覆盖的地理范围。大多数避免双重征税协定是与发达国家签订的。

此外，中东欧国家与欧盟国家之间签订的所有双边或者地区性协定都包含了投资条款（图2.25），这反映了双方对国际经济关系的优先考虑。在该地区19个国家中，除了4个国家（阿尔巴尼亚、白俄罗斯、波黑以及塞尔维亚和黑山共和国）以外，所有国家都签订了此类协定。与投资有关的条款包括的问题非常广泛，反映了双方经济一体化的深度。所有协定都提供了对于知识产权转让和保护的保证以及国与国之间的争端解决机制。大多数协定还包括进入和开业自由化、国民待遇、禁止某些超过《与贸易有关的投资协定》和投资促进条款的业绩要求等内容。

在地区层面上，欧盟扩张是影响中东欧国家外国直接投资流入流量的最重要的政策变化。当然这也影响了非加入国的外国直接投资，但是其方式不同。除了保加利亚和罗马尼亚之外，所有加入国都是中等以上收入的国家或者高收入国（斯洛文尼亚）。除了克罗地亚之外，所有非加入国都是中低收入国家（表2.4）。这导致了加入国服务业和高级公司职能领域中外国直接投资的增加，而这是从当前的欧盟成员国和第三方国家吸引过来的（表2.8）。欧盟扩张也为非加入国提供了机会，因为组装型制造业可能会从成本更高的加入国转移到这些国家（表2.8）。随着中等收入国家的重组，劳动密集型外国直接投资可能会转移到中东欧或者亚洲成本更低的区位。

图2.24　1992—2002年中东欧签署的双边投资协定及避免双重征税协定

（数量）

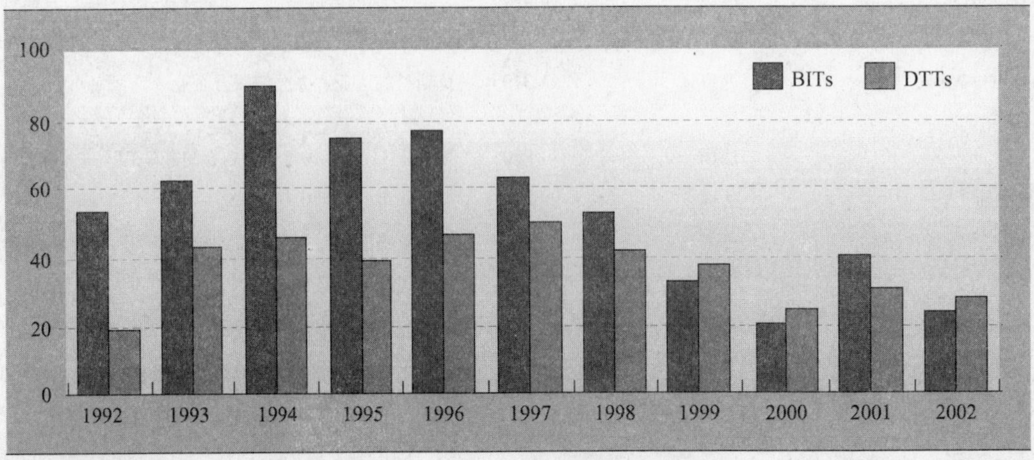

资料来源：UNCTAD，双边投资协定及避免双重征税协定数据库。

图 2.25　2003 年中东欧缔结或者正在谈判的含有 FDI 条款的若干双边、地区或者地区间协定[a]

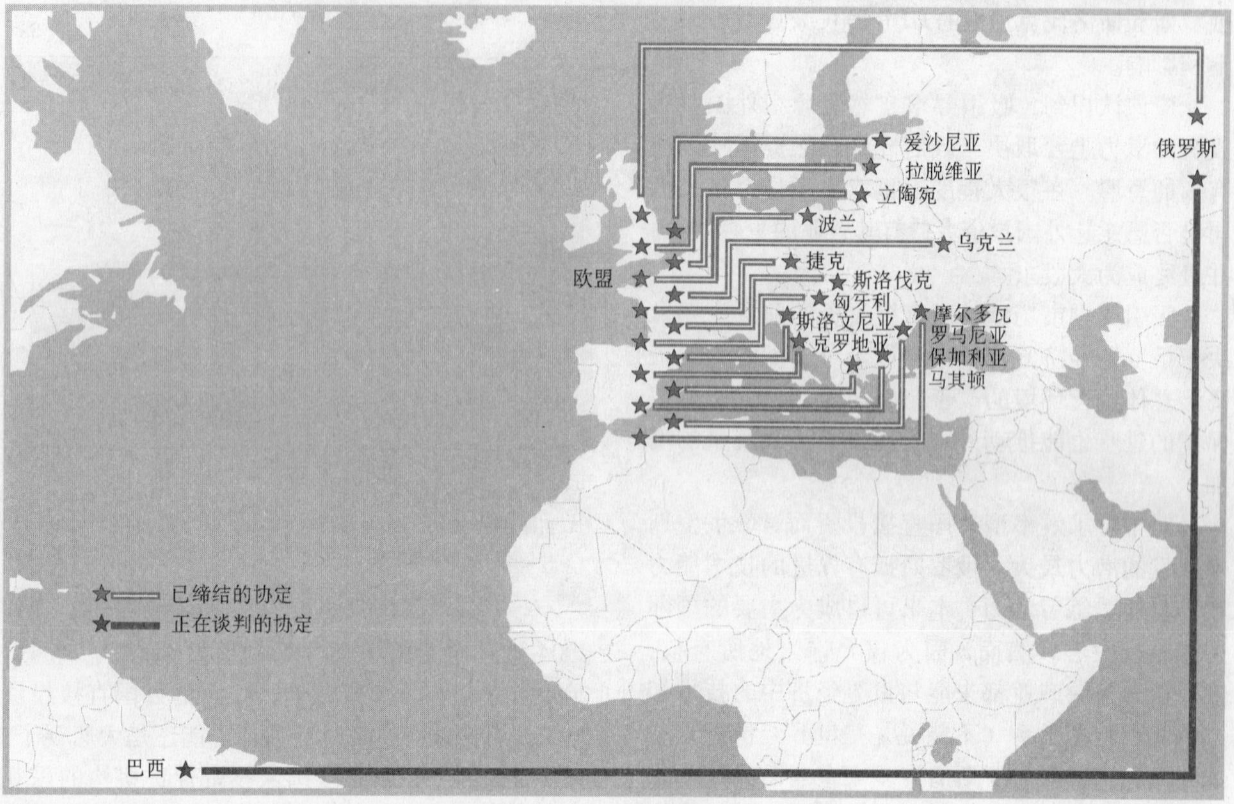

资料来源：UNCTAD。

a. 不包括双边投资协定和避免双重征税协定。

表 2.8　2003 年中东欧已加入和未加入欧盟的国家之间的专业化矩阵

国家	外国直接投资模式	外国直接投资政策和措施
加入国	提升外国直接投资活动	如何对外国直接投资促进措施进行最好的调整，以适应欧盟的规定（地区和合作基金等）
未加入国	寻求效率型外国直接投资的“新边界”	如何使外国直接投资政策和措施适应作为新边界的地位，投资环境问题

资料来源：UNCTAD。

欧盟的新成员国将先进的教育水平和具有竞争力的生产成本结合起来，有可能成为技能密集型资产的主要来源。通过提供国民待遇和实现在成员国之间平等竞争的目标，欧盟的法律体制为人员、商品和资本在地区内部的自由移动提供了必要的框架。在这个一体化的欧洲大陆，市场规模和市场成长日益指向扩大了的整个欧盟，这主要为新成员国、特别是那些国内购买力有限的成员国提供了利益。

非加入国的自由化可能是比较有限的。但这些国家与欧盟之间的贸易协定（互惠或者联系协定）可能会影响市场规模这一外国直接投资的主要决定因素。欧洲原产地规则中欧洲累计区域的使用可能会提高在欧洲大陆组织生产的灵活性。与非加入国家之间签订的贸易协定也将使自然资源的获得更为便利，这是在扩大了的欧盟之外的最重要的资源，尤其是自然资源丰富的俄罗斯。

加入国和非加入国之间新出现的外国直接投资专业化尚未遵循“雁行模式”。[44] 目前，亚洲发展中国家和地区（尤其是中国）所吸收的从加入国转移出来的劳动密集型生产要多于收入较低的中东欧国家所吸收的这类生产。加入国的低水平外国直接投资流出限制了进入非加入国的生产重组。

4. 前景——最乐观

UNCTAD 预期，由于受俄罗斯流入流量急剧增加的引导和欧盟扩张的推动，2003 年该地区的外国直接投资流量大概会接近 300 亿美元。[45] 与欧盟扩张的刺激相比，俄罗斯外国直接投资激增的推动力在中长期内似乎较为脆弱。但是在短期内，两者都有助于克服私有化结束以及捷克、匈牙利、俄罗斯和斯洛伐克预期的GDP增长减缓所带来的不利影响。

应该认识到，吸引寻求自然资源型外国直接投资的潜力主要取决于政府允许自然资源外国所有权的意愿。在很大程度上也取决于当地私人公司是否愿意让外国投资者持有其企业的少数股权，并最终成为大股东。

吸引寻求市场型外国直接投资的前景主要取决于俄罗斯经济复苏的速度以及可支配收入的提高。总体经营环境的改善与制药等产业知识产权保护的进步也能推动外国直接投资流入流量的增加。

对于寻求效率型外国直接投资而言，俄罗斯未开发的潜力最大。俄罗斯拥有先进的技术能力和丰富的熟练劳动力，本来可以成为主要的国际工程制造中心。然而，因为仅允许当地所有权，俄罗斯大多数产业都未能与世界经济中的技术和知识流动建立联系（不能说是是世界经济建立联系的问题，因为俄罗斯的许多大企业已经成为重要的国际参与者，但是这些企业并不总是能从当前技术流动中获益）。改变这一状况部分取决于改善企业经营环境的措施、经济稳定和法律规则。但是这可能还不够，俄罗斯还需要提升其投资促进努力。

由欧盟扩张带来的动力预期在中期内仍将保持强劲。一体化欧洲大陆的经济活动重组进程仍处于早期阶段。加入国所获得的额外金融资源虽然没有最初想象的多，但是仍然能够将经济活动吸引到新的欧盟成员国。欧盟扩张还可以刺激加入国外国直接投资流出流量的增长，而非加入国有可能被列入首选目标。

UNCTAD对15个中东欧国家投资促进机构的调查显示，该地区的外国直接投资前景在未来2年至3年内是乐观的（图2.26）。将近2/3的答复者预期，外国直接投资的前景在短期内（2003—2004年）会更好，而4/5的答复者认为2004—2005年会更好。鉴于该地区稳定的外国直接投资流入流量记录，这一乐观估计可能还是太悲观了。令人奇怪的是，中东欧国家投资促进机构的乐观程度似乎还略低于其发展中国家的竞争对手，而那些国家的流入流量却是减少的。这一错位也许是由样本构成和不同地区投资促进机构官员的文化差异造成的。

图2.26　2003—2005年中东欧FDI前景最光明[a]

（百分比）

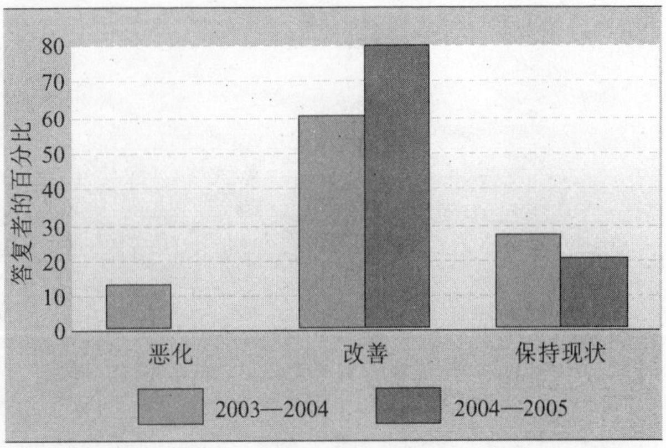

资料来源：UNCTAD。

a. 所调查的问题是："与过去两年（2001—2002年）相比，你如何看待贵国中短期内FDI流入前景？"

多数答复者（53%）报告了其近期外国直接投资项目的增长。困难的是，多数（54%）项目属于那些原先计划但未落实的延期项目。少数答复者报告了重大的取消投资（40%）、削减规模（24%）或者撤资事件。投资促进机构预期外国直接投资会逐步向附加值较高的活动、尤其是研发项目转移，这进一步证实了匈牙利的趋势。在各个发展中地区，只有亚洲的投资促进机构预计其外国直接投资会发生同样的转移。考虑到捷克和波兰私有化进程的结束，中东欧国家的投资促进机构预期在从现在到2005年的这一段时期内，进入方式会转向新建投资项目方式。

C. 发达国家

2002年发达国家的外国直接投资流入流量减少了22%，从2001年的5900亿美元减少到4600亿美元。[46]尽管连续第二年下降，其流入流量仍然高于1996—1999年的平均水平。在2002年流入量减少的国家中，英美两国占到了减少量的一半。全部三个经济部门（初级产业、制造业和服务业）都减少了，但是金融和商业服务活动的外国直接投资流入流量增加了。主要因素是什么？外国直接投资流量减少背后的主要因素包括由经济形势疲软和预期利润降低造成的公司投资的持续减少，某些产业整合进程暂停以及股票价格下跌等。与此同时，作为外国直接投资主要方式的跨国并购也减少了。对一些主要东道国而言，偿还公司内部贷款是导致外国直接投资净流量减少的主要因素。发达国家的投资促进机构报告了它们吸引外国直接投资所遇到的主要挫折，其中包括撤资和削减计划投资项目规模。

1. 随着跨国并购进入低潮，外国直接投资减少了

发达国家的外国直接投资流入流量连续第二年减少，并且发达国家在世界外国直接投资流入流量中所占比重基本与上一年持平（70%以上）（附录表B.1）。如果对流入流量进行调整，使之不包括卢森堡的中转性投资（专栏2.11），该比重将会再降低15个百分点。外国直接投资持续衰减背后的原因是什么？美国和其他东道国缓慢的经济复苏进程影响了利润预期，这使得公司对外国直接投资更为谨慎，尤其是寻求市场型外国直接投资。一些产业通过包括跨国并购在内的扩张或者合并减少了外国直接投资的机会。证券市场的低迷以及需要采取措施以削减成本等也制约了公司从事外国直接投资的融资能力。

一些国家公司内部贷款急剧减少：[47]在19个报告了2002年外国直接投资流入构成的国家中，有4个国家的公司内部贷款变成负数，还有6个国家的公司内部贷款减少了。这抵消了利润再投资和股权投资等外国直接投资其他资金构成的增长，或者加剧了投资减少的幅度（附录表A.2.5）。各国之间的利率差异可能是其原因之一（见第一章）。另一个原因是跨国并购的减少。第三个原因可能是通过收回贷款以调整债权比率（见第一章）。

尽管总体上出现了下降，但是2002年还是有1/3发达国家的外国直接投资流入流量增加了（在26个国家中有9个）。排在前几位的国家是卢森堡、法国和德国（图2.27）。[48]作为2001年最大的受资国，美国在2002年并没有排到发达国家的前三位（因为意大利电信的撤资）。希腊和澳大利亚外国直接投资流入流量的降幅（相对于其流入流量而言）也很大。发达国家外国直接投资流入流量占固定资本形成总额的比率从2001年的平均13%减少到12%（图2.28）。外国直接投资流入存量占GDP的比率为19%，而2001年则为18%（附录表B.5和B.6）。

大多数发达国家的投资促进机构吸引外国直接投资的努力遇到了困难（UNCTAD 2003a）。大多数投资促进机构都报告了外国直接投资项目的撤销或者延期及其撤资（45%）或者削减计划项目的规模（40%）。

2002年美国外国直接投资流入流量减少了80%，占发达国家2002年流入流量减少量的50%（图2.27）。由于跨国并购减少，[49]欧盟流向美国的外国直接投资大幅减少。2002年美国外国直接投资的主要来源国依次是法国、英国、日本和澳大利亚（图2.29）。按产业划分，美国外国直接投资减少最多的是金融服务业（图2.30），以及与计算机有关的服务业和化学工业。美国经常项目赤字为4810亿美元，而外国直接投资流入流量的减少量达1000亿美元，这使得美国为国际收支赤字进行融资变得更加困难。

欧盟的流入流量减少了4%。但是如果将卢森堡的中转性投资排除在外，流入流量则减少30%。与美国一样，欧盟流入流量的减少主要是因为与经济衰退相关的原因以及在此背景下跨国并购的减少。2001年欧盟流出流量的49%发生在欧盟内部；2002年这一比重升至66%（ECB 2003a）。[50]减幅最大的是英国（60%）。卢森堡、芬兰（主要由于一些大型交易，例如芬兰Sonera公司和瑞典Telia公司的合并等）、爱尔兰（部分由于杰佛森·斯穆尔费特集团的收购）和德国（这反映了外国跨国公司增加其在德国经营的子公司的公司内部贷款，以及一些大型的收购交易，例如美国在线收购其AOL欧洲公司的其余股份）等国的流入流量增加了（附录表A.1.9）。由于欧盟经济活动的服务导向日益提高，因此在流向欧盟的外国直接投资中，服务业部门所占比重持续上升（附录表A.1.4）。

2002年，西欧其他国家的外国直接投资流入流量也减少了。挪威的流入流量减幅很大，而冰岛和瑞士的流入流量则增加了（瑞士增加了5%，并且与过去一样，主要与服务业有关）。

其他发达国家流入流量的情形不尽相同。日本的流入流量增加了（50%），这主要是因为美国企业收购了日本金融业公司。欧盟的流入流量几乎增加了一倍，其增加主要是在汽车产业和金融服务业。澳大利亚的外国直接投资流入流量几乎增加了两倍，达到了创纪录的水平。而新西兰的流入流量则为20世纪80年代初以来的最低水平，这是荷兰、英国和美国投资者大规模撤资造

专栏 2.11　什么因素使得卢森堡成为 2002 年世界最大的东道国和母国

2002 年卢森堡[a]成为世界最大的对外投资国和最大的外国直接投资受资国，占世界流入流量的大约 19%（1260 亿美元）和流出流量的 24%（1540 亿美元），占欧盟外国直接投资流入流量和流出流量总和的 1/3 以上。而卢森堡的 GDP 仅占欧盟的 0.2%。与该国 2002 年 44 亿美元的国内投资相比，其外国直接投资是惊人的。

怎样解释？

令人感兴趣的是，卢森堡的外国直接投资流入流量和流出流量的数额非常接近，并且集中在制造业和服务业（专栏表 2.11.1）。在 2002 年第一季度，该国流入流量和流出流量中有很大一部分可以由大型并购交易来解释，这些交易的目的是建立阿塞洛尔钢铁集团，该集团是由 Arbed（卢森堡）、Aceralia（西班牙）和 Usinor（法国）于 2001 年底成立的，总部设在卢森堡。

流入流量和流出流量大致上发生在同一时期，这可能反映了同一集团内部不同国家子公司之间的资金转移，或者作为资金流通的渠道，以便通过在卢森堡建立的一家控股公司来收购不同国家的公司，而在卢森堡建立控股公司是为了利用该国优惠的企业内部融资条件[b]。卢森堡为控股公司和公司总部提供免税等优惠条件（EIU 2003b）。2000 年电信业以同样方式进行的一笔交易（沃达丰—曼内斯曼交易）也使得比利时和卢森堡发生了巨大的外国直接投资流入和流出，并使其成为世界第二大投资国和受资国。

如果企业的股权投资、公司内部贷款和利润再投资是以获得外国一家企业的长期利益为目的，就会被计为外国直接投资；这也适用于控股公司等具有特殊目的的实体（IMF 1993，第 365 段，第 372—373 段）。但是后者可能涉及到对位于一个国家的子公司进行资金转移，以便进一步向别处转移用于对外直接投资的资金。根据卢森堡中央银行的估计，此类以在别处进行进一步直接投资为目的而在卢森堡进行中转性投资的资金占 2002 年该国流入和流出流量的 80%。其他国家在某种程度上也会发生这种资金流动，这种流动对所涉及国家的经济几乎不产生影响。这说明了一个事实，即必须对外国直接投资统计进行详细说明，对其方法必须给予足够的关注。

专栏表 2.11.1　2002 年按构成划分的流入和流出卢森堡的外国直接投资

（100 万欧元）

时期	总计	股权资本		利润再投资		公司内部贷款	
		金融业	其他产业	金融业	其他产业	金融业	其他产业
流出流量							
第一季度	-45 446	30	-25 593	- 20	- 88	4	-19 778
第二季度	-23 385	96	-7 003	- 20	- 88	- 9	-16 361
第三季度	133	- 49	-5 165	- 20	- 88	0	5 456
第四季度	-95 011	712	-86 950	- 20	- 88	139	-8 805
2002	**-163 710**	**789**	**-124 711**	**- 81**	**- 353**	**134**	**-39 488**
流入流量							
第一季度	34 072	244	21 353	322	316	- 4	11 842
第二季度	7 315	- 51	6 293	322	316	5	429
第三季度	4 423	80	5 920	322	316	- 3	-2 213
第四季度	87 709	- 23	84 359	322	316	- 3	2 738
2002	**133 520**	**250**	**117 925**	**1 289**	**1 264**	**- 5**	**12 796**

资料来源：UNCTAD，根据 BCL/STATEC. 的数据。

注：2001 年前，有关比利时－卢森堡经济联盟（BLEU）FDI 流量的数据是由比利时国家银行报告的。2002 年前没有卢森堡的数据。

资料来源：UNCTAD。

a. 比利时—卢森堡经济联盟最初是作为一个货币联盟于 1921 年组建的，随着欧元作为一些欧盟成员（包括比利时和卢森堡）的共同货币开始流通，该联盟于 2002 年结束了其历史使命。在 2002 年以前，所报告的数据中只有该联盟加总的数据，因此很难将卢森堡 2002 年的外国直接投资流量数据与它前几年的数据放在一起进行比较。

b. 在一国国际收支统计中，居民和非居民的所有交易都会被记录下来（居民的定义，见 IMF 1993，第 57—58 节）。这一概念并不以法律或者国籍标准为基础，而是以交易者的利益中心为标准。在外国直接投资统计中，作为国际收支中金融账户的一部分，所记录的是与第一个外国合作伙伴进行的交易（而不是以最终利益所有者，或者债务人/债权人关系为原则）。因此，外国直接投资的最初来源或最终目的地与交易中的直接合作者可能是不同的，（诸如控股公司和地区总部等）具有特殊目的的实体则更是如此。

图 2.27 2001 年与 2002 年 FDI 流量最大的 10 个发达国家[a]

（10 亿美元）

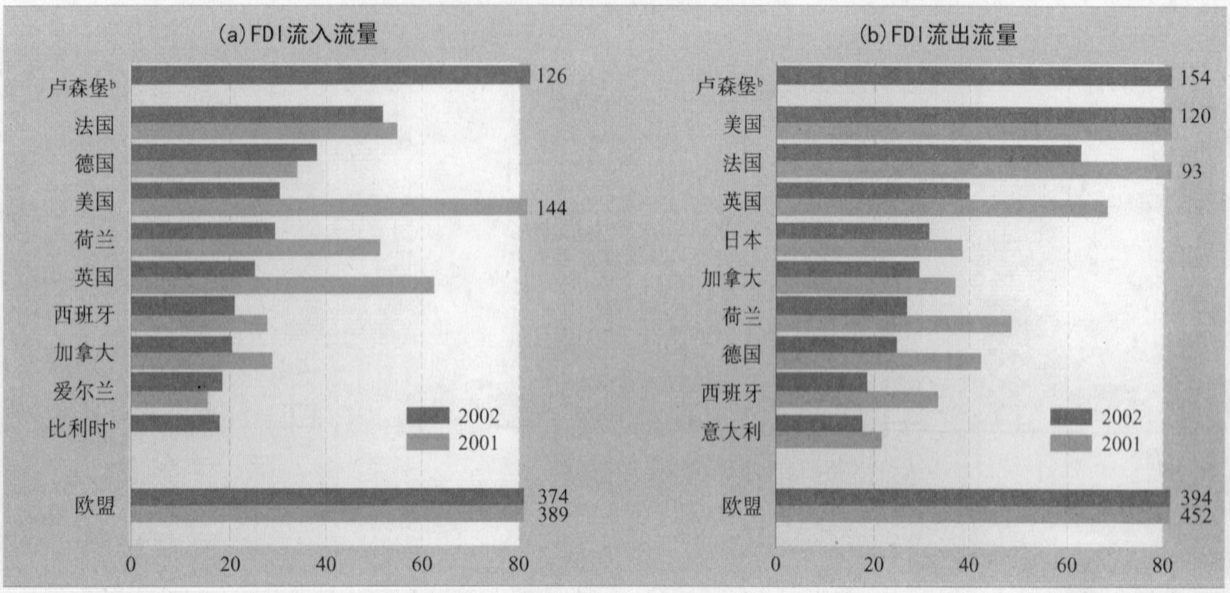

资料来源：UNCTAD，FDI/TNC 数据库（http：//www. unctad. org/fdistatistics）。

a. 根据 2002 年 FDI 流量大小排名。

b. 2001 年比利时和卢森堡两国没有单独的数据。

图 2.28 1990—2002 年发达国家的 FDI 流入流量及其占固定资本形成总额的比重

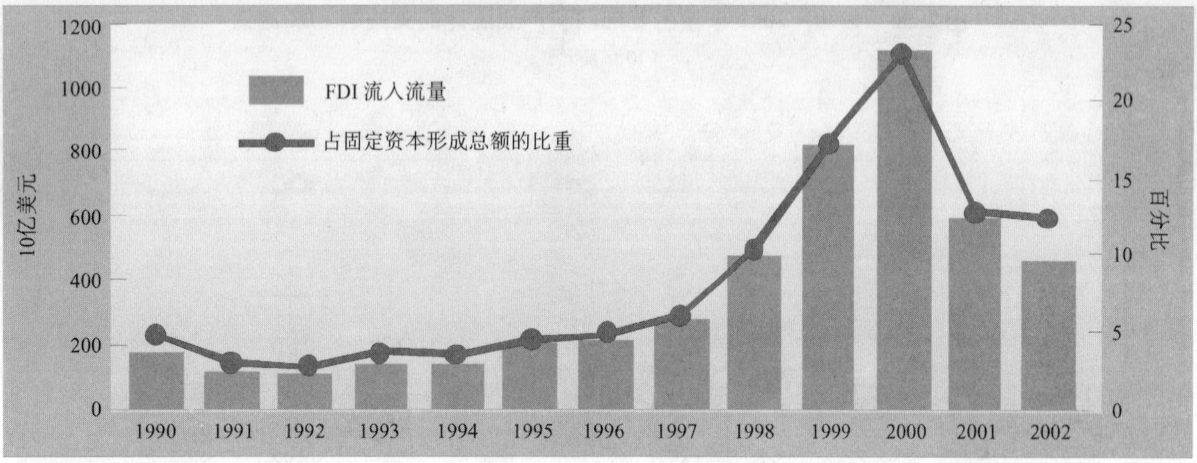

资料来源：UNCTAD，FDI/TNC 数据库（http：//www. unctad. org/fdistatistics）。

注：2002 年固定资本形成总额的数据为估计数。

成的。尽管与 2001 年相比加拿大的流入流量减少了，但是仍与 1998—1999 年持平。

大多数发达国家吸引外国直接投资业绩的一个重要方面是这些国家跨国并购的表现各不相同。2002 年发达国家跨国并购的总值减少了 37%，从 4960 亿美元减少到 3110 亿美元（附录表 B.7），交易数量也从 4482 起减少到 3234 起。[51] 随着并购的繁荣景象从 2000 年开始停止，跨国股权资本流动也减少了，尤其是发达国家之间的流动。但 2002 年发达国家股权投资的流入流量仍然高于 1996—1999 年的平均水平。跨国并购价值的减少在一定程度上可以归因于跨国公司对外投资的减少，至于后者减少的原因，上文已经提及。这也可以看成是对 1999—2000 年期间与发达国家高水平外国直接投资流入流量相伴随的并购异常高涨的矫正。[52]

由于 RWE（德国）以 74 亿美元收购 Innogy 控股公司（英国），E. on（德国）以74亿美元收

图 2.29　1990—2002 年按主要伙伴统计的美国的 FDI 流量

（10 亿美元）

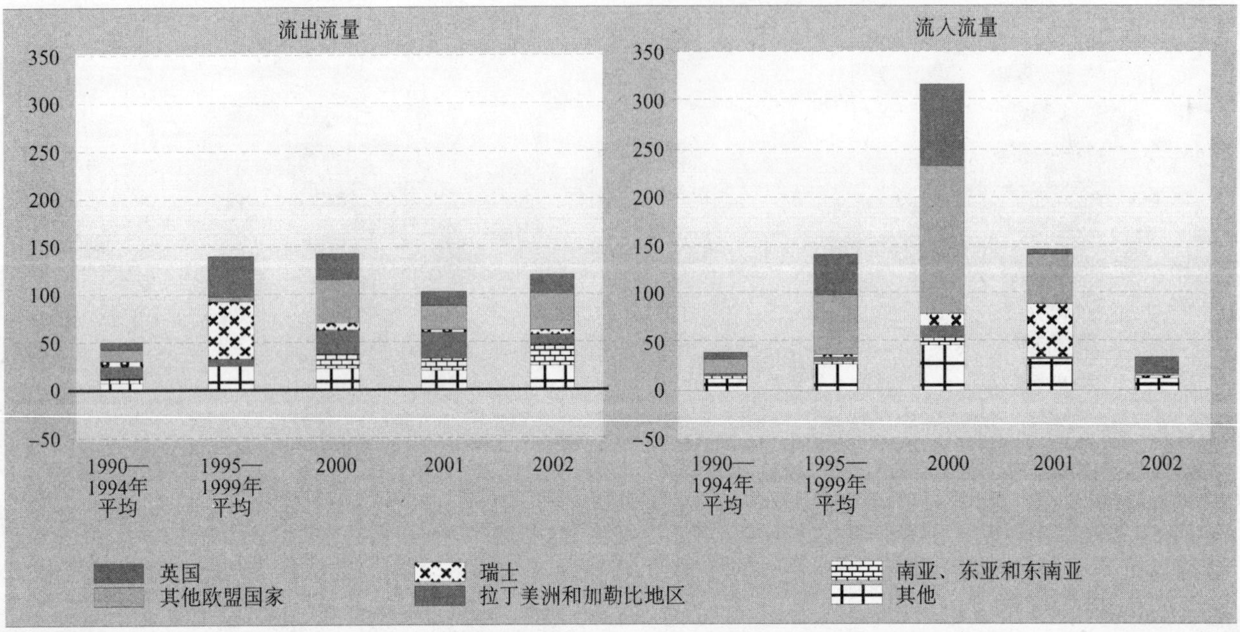

资料来源：UNCTAD，FDI/TNC 数据库，根据美国商务部经济分析局（www. bea. doc. gov）2003 年 6 月重新得到的数据。

图 2.30　1990—2002 年按主要部门和产业统计的美国的 FDI 流量

（10 亿美元）

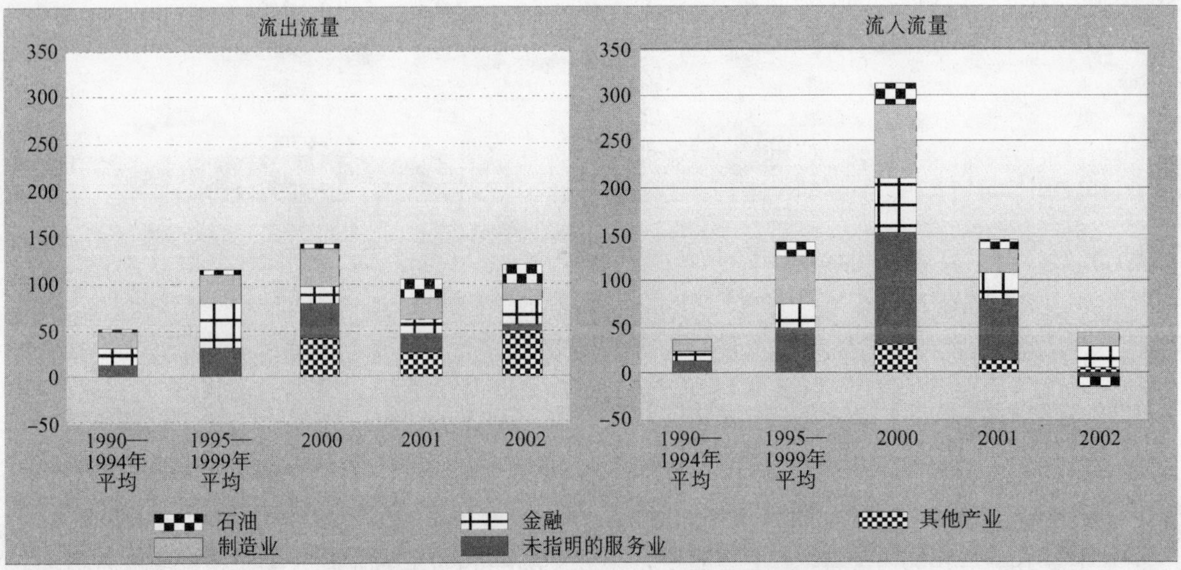

资料来源：UNCTAD，FDI/TNC 数据库，根据美国商务部经济分析局（www. bea. doc. gov）2003 年 6 月重新得到的数据。

注：由于 1990—1994 年及其 1995—1999 年的数据与 2000—2002 年的数据所涵盖的产业/部门并不相同，因此其数据并不完全可比。对于 1990—1994 年及其 1995—1999 年而言，石油包括采矿和采石，并且石油属于第一产业，而焦炭、石油和核燃料则属于第二产业；制造业涵盖除焦炭、石油和核燃料之外的第二产业；未指明服务则是指除金融业以外的第三产业；其他产业包括那些没有具体说明的产业。至于 2000—2002 年，石油的流入流量涉及到化学产业，而流出流量则包括采矿和化学；制造业不包括化学；未指明服务业的流入流量包括批发和零售贸易、信息、房地产、租金及专业、科学和技术服务，流出流量包括批发、信息和专业、科学及技术服务，以及其他服务；其他产业包括未特别指明的产业。

购 Power Gen（英国）（附录表 A.1.9），2002 年公用事业（电力、煤气和自来水）的跨国并购达到了创纪录的高水平。一些公司减少了其在某些领域的业务，扩大核心领域的经营。法国安万特出售了农用化学部门。瑞士诺华将其食品和酿酒业务出售给了联合英国食品公司。Cadbury Schweppes（英国）收购了美国辉瑞公司的一家糖果类子公司亚当斯公司，并收购了 Squirt 公司（墨西哥）。跨国公司还在比较稳定或者正在成长的（东南亚和中东欧）市场上整顿其经营活动，以此来降低成本或者减缓营业额的下降。由发达国家企业进行的达到或者超过 10 亿美元的收购交易包括大宇汽车（韩国）、现代商用车（韩国）、通用汽车 Pannon 公司（匈牙利）和 Transgas（捷克）（附录表 A.1.9）。[53]

发达国家的外国直接投资流出流量减少了 9%，从 6610 亿美元减少到 6000 亿美元。日本取代德国（专栏 2.12），成为卢森堡、美国、法国和英国之后第 5 大外国直接投资母国。在 25 个国家中，有 8 个国家的流出流量上升了，其中挪威、瑞典和奥地利增幅最大。奥地利的流出流量几乎增长了两倍，其中大约 1/3 流向了中东欧。2002 年美国的流出流量增长了 15%；但是该国流向发展中国家的流量减少了大约 1/5，其中流向拉丁美洲的减少得最多（图 2.29）。美国公司并未在中东欧进行大量投资。相反，与瑞士[54]等其他发达国家企业一样，欧盟公司在中东欧和中国进行了更多投资。荷兰和瑞典投向其他欧盟国家的投

专栏 2.12　德国对外直接投资统计中的反向投资指的是什么

2002 年 4 月至 6 月，德国对外直接投资流量仅为 16 亿欧元，而上年同期则为 360 亿欧元。其部分原因是，德国跨国公司在全球衰退期间更为谨慎。但是这一数字也掩盖了德国公司在国外进行的价值达 210 亿欧元的重大股权收购，这些收购的大部分被德国国外子公司对其德国母公司的贷款所抵消（在美国的外国子公司向欧洲母公司偿还贷款也许是出于同样的原因）。这些反向流动的信贷交易减少了德国的对外直接投资流出（专栏图 2.12.1）。

IMF 建议，将跨国融资贷款和贸易信贷列为关联企业之间的公司内部贷款（或者其他资本）项下。根据方向原则对贷款进行分类，一家德国母公司对国外子公司的贷款增加德国的对外直接投资流出。而一家德国母公司接受国外子公司的贷款则减少该国的对外直接投资流量，因为这被认为是一种反向流动。并非所有国家都采用了这种被推荐使用的原则。

这些贷款可以采取各种不同的形式，例如由德国的国外子公司通过在国际金融市场上发行股票筹措的资金随后转移到德国的母公司等。这些贷款也反映了不同的经济形势。从 1996 年 1 月（德国从那时开始根据方向原则报告外国直接投资数据）到 2002 年 6 月，反向流动是流出流量很重要的一个组成部分（1280 亿欧元，而股权资本流动则为 3180 亿欧元）。但是这些贷款在 2002 年上半年突然显得非常重要则是令人惊讶的（专栏图 2.12.1）。

因此，外国直接投资的总量数字并不反映复杂经济交易背后的因素。为评价其对东道国和母国经济的影响，分析外国直接投资的各个组成部分，并在编纂外国直接投资统计时使用所推荐的统一标准是非常重要的。

专栏图 2.12.1　1996 年 1 月至 2002 年 6 月德国按构成统计的外国直接投资累计流量

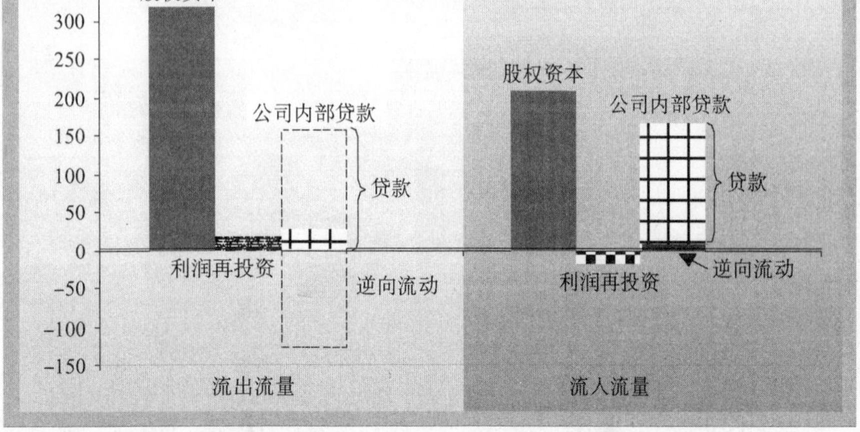

资料来源：UNCTAD，根据德意志联邦银行，2002 年。

注：贷款指来自德国投资者的信贷（流出流量）和外国投资者在德国的信贷（流入流量）。逆向流动指德国母公司从国外子公司获得的净借款（流出流量）和外母公司从在德国经营的子公司获得的净贷款（流入流量）。

资料来源：UNCTAD，根据德意志联邦银行，2002。

资流量增加了，其中瑞典的流出流量几乎增加了一倍，这部分归因于上文提及的 Telia－Sonera 交易。在 20 世纪 90 年代早期，出于税收和降低劳动力成本的考虑，试图进入欧盟市场的其他发达国家跨国公司的外国子公司经常在外围国家（爱尔兰、葡萄牙和西班牙）投资（Barry 2003；Nunnenkamp 2001）。但是这些公司已在向将于 2004 年加入欧盟的国家转移（UNCTAD 2003c，同时参阅本章 B 节）。[55]

其他发达国家的变化不大，日本对外直接投资的最大东道国仍然是美国，其流量比上一年增加了 10%。日本流向亚洲发展中国家和地区的流量增加了（8%），而流向欧盟的则几乎减少了一半，这主要是由于流向英国的流量减少了 80%。加拿大流出流量的地理分布比以前更加多样化了。澳大利亚和新西兰两国公司的投资继续集中在该次区域。

发达国家对外投资大部分流向服务业。[56]尽管有几个国家技能密集型制造业部门（汽车、制药）的对外直接投资在增加，但是由于疲软的增长前景和低利润率，制造业投资总体上减少了。奥地利和挪威的对外直接投资则是例外。

2. 政策发展——持续自由化

发达国家自 20 世纪 50 年代就开始对其外国直接投资规则实行自由化，并签署双边和地区协定。在一连串的此类活动中，2001 年有 12 个发达国家对其外国直接投资管理体制进行了修改，2002 年则有 19 个国家，仅 2002 年就有 45 项管制变动。新的政策措施中 95% 以上是更有利于外国直接投资的。其中包括税收激励（例如比利时、加拿大和爱尔兰）、投资担保（例如比利时、爱尔兰和新西兰）、取消或者放松进入限制（例如日本和挪威）以及建立投资促进机构或一站式信息中心（例如荷兰和葡萄牙）。

双边投资协定和避免双重征税协定的数量在继续增加，到 2002 年底，共签署了 1169 个双边投资协定（平均每个国家 49 个）和 1663 个避免双重征税协定（平均每个国家 64 个），当年发达国家签署了 44 个双边投资协定和 42 个避免双重征税协定（图 2.31）。两类协定的主要对象都是亚太地区的国家，排在第二位的分别是中东欧国家（双边投资协定）和欧盟国家（避免双重征税协定）。包含与投资有关条款的双边和地区文件的数量也在增加，签署此类文件最多的是欧盟国家，其次是美国和加拿大。欧盟国家对于与中东欧国家和地中海国家签订协定表现出浓厚的兴趣，而美国则偏好与非洲及亚洲国家签订协议（图 2.33）。日本在这方面起步较晚，于 2003 年与新加坡签订的协议是迄今为止该国签订的第一个自由贸易协定，协定包括贸易、投资和其他经济问题（专栏 3.2）。日本还正在与马来西亚、墨西哥、菲律宾和泰国进行谈判，与韩国的谈判可能会在 2003 年开始（图 2.11）。几乎所有这些协定都包括国际投资协定通常包含的主要问题。

图 2.31 1992—2002 年发达国家签订的双边投资协定及避免双重征税协定

（数量）

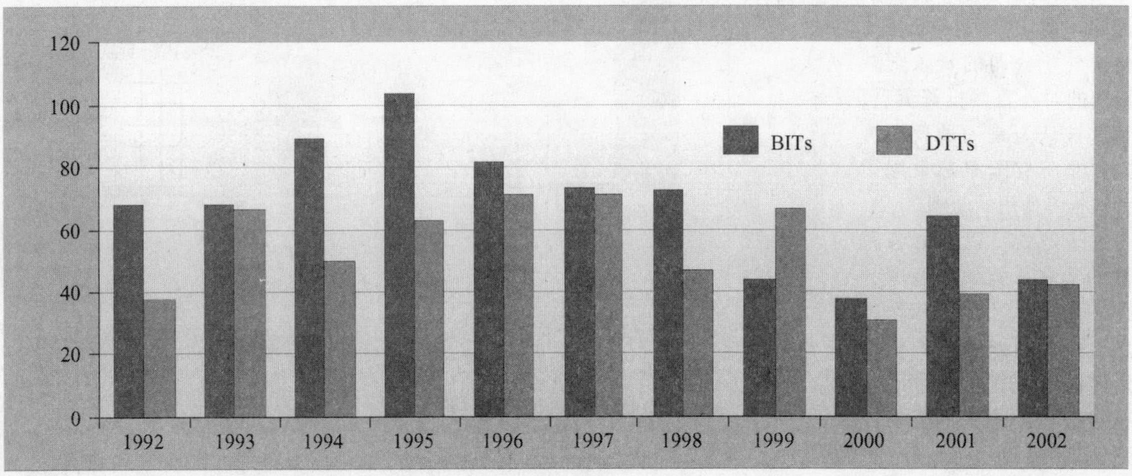

资料来源：UNCTAD，双边投资协定及避免双重征税协定数据库。

图 2.32　2003 年西欧签署或者正在谈判的含有 FDI 条款的若干双边、地区或者地区间协定[a]

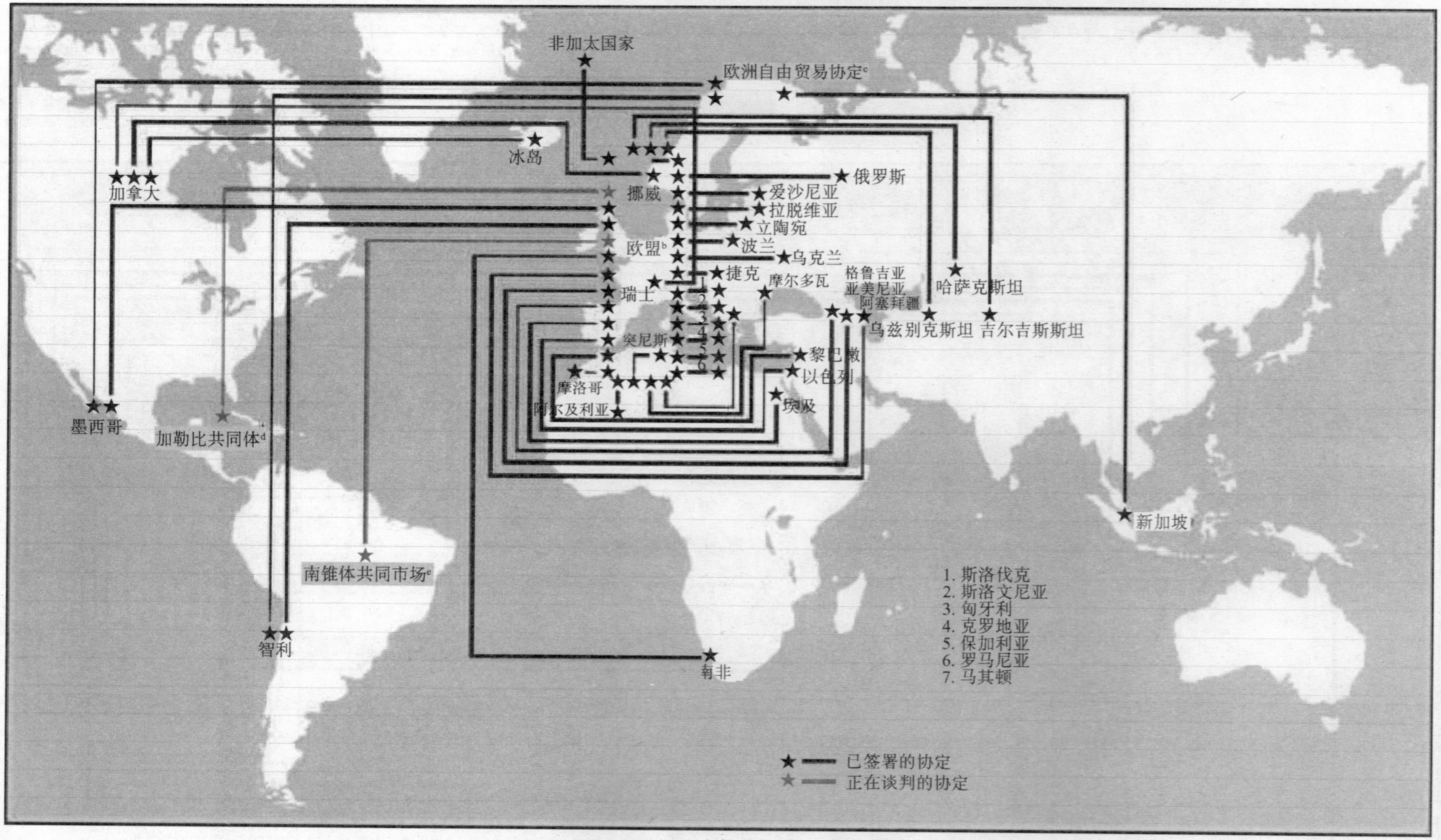

资料来源：UNCTAD。

a. 不包括双边投资协定和避免双重征税协定。

b. 欧盟（EU）：奥地利、保加利亚、丹麦、芬兰、法国、德国、希腊、爱尔兰、意大利、卢森堡、荷兰、葡萄牙、西班牙、瑞典和英国。

c. 欧洲自由贸易协定（EFTA）：冰岛、列支敦士登、挪威和瑞士。

d. 加勒比共同体（CARICOM）：安提瓜和巴布大、巴巴多斯、牙买加、圣基茨和尼维斯、特立尼达和多巴哥、伯利兹、多米尼克、格林纳达、蒙特塞拉特、圣卢西亚、圭亚那、海地、苏里南、圣文森特和格林纳丁斯及其巴哈马。

e. 南锥体共同市场（Mercosur）：阿根廷、巴西、巴拉圭和乌拉圭。

图 2.33　2003 年加拿大和美国已经签署或者正在谈判的包含 FDI 条款的若干双边、地区性或者地区间协定[a]

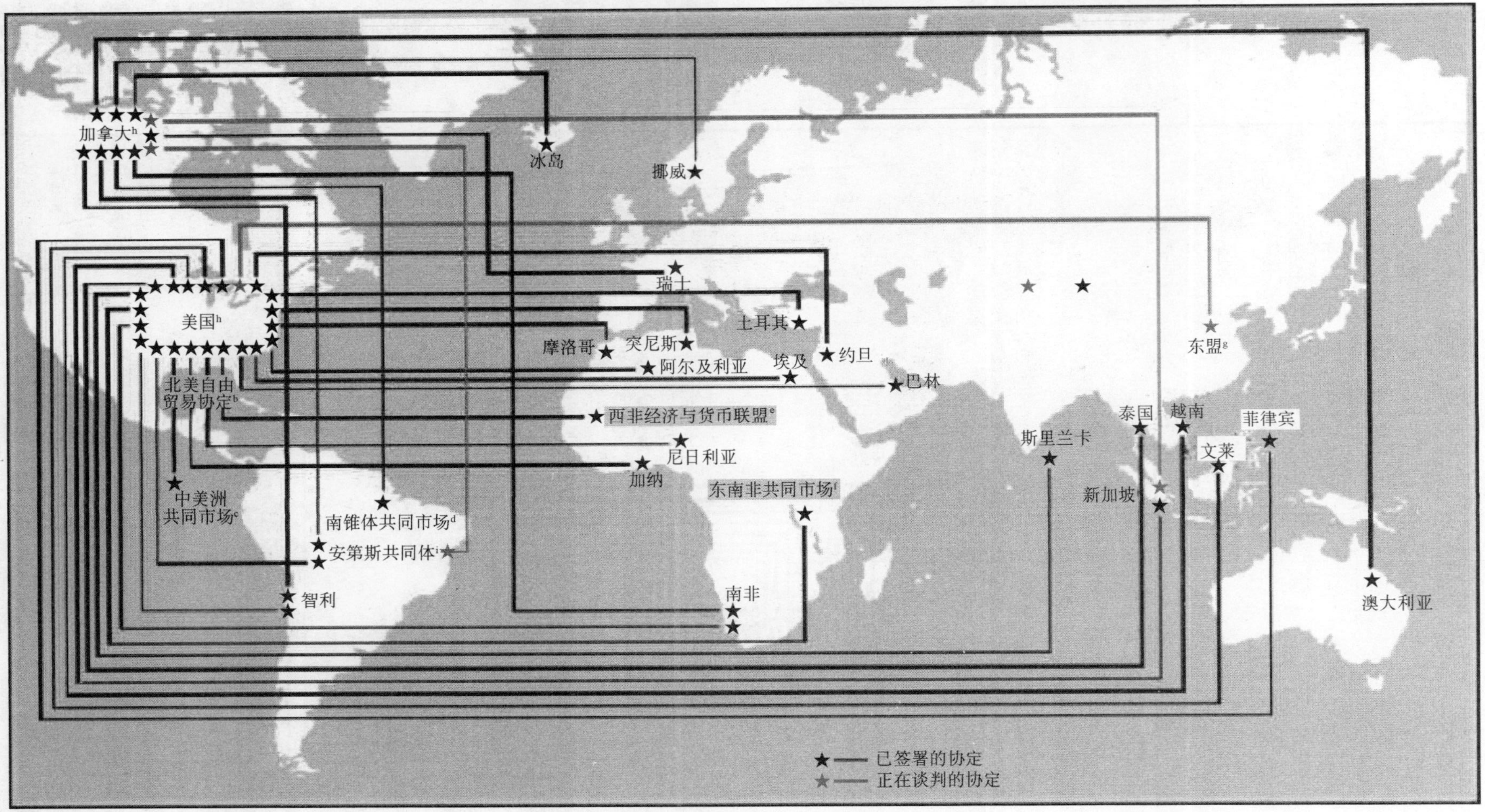

资料来源：UNCTAD。

a. 不包括双边投资协定和避免双重征税协定。

b.《北美自由贸易协定》(NAFTA)：加拿大、墨西哥和美国。

c. 中美洲共同市场(CACM)：萨尔瓦多、危地马拉、洪都拉斯、尼加拉瓜及其哥斯达黎加。

d. 南方共同市场(Mercosur)：阿根廷、巴西、巴拉圭及其乌拉圭。

e. 西非经济与货币联盟(WAEMU)，目前的成员国包括：贝宁、布基纳法索、科特迪瓦、几内亚比绍、马里、尼日尔、塞内加尔及其多哥。

f.《东南非洲共同市场协定》(COMESA)包括安哥拉、博茨瓦纳、科摩罗、吉布提、埃塞俄比亚、肯尼亚、莱索托、马达加斯加、马拉维、毛里求斯、莫桑比克、塞舌尔、索马里、斯威士兰、坦桑尼亚、乌干达、赞比亚及其津巴布韦。

g. 东盟自由贸易区(AFTA)及东盟投资区：文莱、柬埔寨、印度尼西亚、老挝、马来西亚、缅甸、菲律宾、新加坡、泰国和越南。

h. 加拿大正在与加勒比共同体(CARICOM)、多米尼加共和国、中美洲国家及新加坡谈判一些协定。同样，美国正在与澳大利亚、墨西哥和乌拉圭谈判协定。

i. 安第斯共同体：玻利维亚、哥伦比亚、厄瓜多尔、秘鲁及其委内瑞拉。

根据UNCTAD的调查，发达国家的投资促进机构加强了投资促进努力，目标定位是最常见的政策反应。引人注目的是，没有任何一家机构使用了额外的激励措施，这与发展中国家的投资促进机构不同，在后者中有许多增加了一揽子的激励措施。日本于2003年4月启动了一项综合计划，试图在今后5年内使外国直接投资流入存量翻一番（专栏2.13）。

3. 前景——取决于经济复苏

据UNCTAD预测，2003年一些国家的外国直接投资流入流量会增加，但是发达国家作为一组其业绩可能不会好于2002年，尽管一些调查预期外国直接投资将于2003年恢复（世界银行2003a；EIU 2003a）。[57]其前景取决于经济复苏，尤其是发达国家的经济复苏，同时还取决于增强投资者信心的努力能否获得成功。低盈利率、股价下跌、对公司债务的担忧以及商业银行贷款的谨慎等（以及投资者对未来需求增长的估计）可能都会打击外国直接投资增长的前景（UNDESA和UNCTAD 2003；世界银行2003a）。为了克服这些不利条件，跨国公司正继续进行重组、关注其核心能力、将生产转移到成本更低的区位并正进入新兴市场。这一切将减少公司在某些市场的投资，增加在另一些市场的投资。

对于欧盟和美国而言，2003年经济增长的前景仍将比较暗淡。根据某些调查（IMD 2003；AT Kearney 2002），2002年吸收外国直接投资增加的德国和日本的吸引力降低了。花旗集团和其他外国金融公司计划在2003年从日本大规模撤资。[58] 2003年瑞士的GDP预计几乎不会增长，2004年的增长率也仅有1%，最近的一份外国直接投资调查预测，2003年瑞士制造业的外国直接投资将会进一步减少，服务业外国直接投资也仅仅会有少量增长（KOF 2003）。因此，2003年发达国家吸引更多外国直接投资的可能性很小。

发达国家的跨国公司将会继续向欧盟加入国投资。这些公司可能也会更关心正在成长的成本较低的市场，例如其他中东欧国家、中亚国家及一些发展中国家和地区等，这与20世纪80年代的情形很相似，当时欧盟外围国家正在加入共同市场。投资额的要求较大的服务业（电信、传媒以及银行业等）预计会占欧盟对这些地区投资的极大比重。汽车制造业、与计算机有关的活动、医疗器械和生物技术在吸收外国直接投资方面可能仍将是非常重要的产业。

专栏2.13 日本促进外国直接投资流入的措施

在2003年1月31日的政策讲话中，日本首相a宣布，日本将在5个具体领域采取74项措施来增加外国直接投资流入。这些具体领域包括信息发布、改善经营环境、改革行政管理、改善就业和生活条件以及提升国家和地方政府支持体系。措施包括（日本投资理事会2003）：

- 进行经济研究以分析外国直接投资对日本的利益以及明显阻碍外国直接投资流入的因素。
- 考察通过证券市场为跨国并购进行融资的可能性。
- 在JETRO建立“一站式”信息中心，充当打算在日本投资的外国公司的信息焦点，中心将提供与在日本进行投资有关的各种信息（例如关于投资环境以及法律法规等问题）。该倡议是以诸如日本投资信息中心（IJIC）门户网站b和JIC等现有措施为基础进行的（或者增强了现有措施）。
- 提高技术导向的大学商学研究生院和专业商学院的质量，以提高管理、技术和语言能力。
- 在5个地方区域提供支持活动以吸引跨国公司。

实施这些措施的政府机构包括首相内阁办公室、JETRO、通产省及大藏省。日本投资理事会专家委员会将对实施情况实行监督，提供阶段性报告并从事进一步的政策规划。

资料来源：UNCTAD，根据日本通产省（www. meti. go. jp）；JETRO（www. jetro. go. jp）；JC（www5. cao. go. jp）和日本投资信息中心（www. investment-japan. net）。

a. “日本的外国直接投资将带来新的技术和创新性管理方法，并将带来更多的就业机会……，我们将采取措施使日本成为对外国企业有吸引力的投资场所，以达到在5年内使投资总量翻番的目标。”日本首相小泉纯一郎在Diet第156次会议上的总体政策演讲，2003年1月31日，（http://www. kantei. go. jp/foreign/koizumispeech/2003/01/31sisei _ e. html）.

B. IJIC成立于2000年6月，该机构主要通过提供有关商业机会和法律问题的信息，为潜在投资者提供支持。

跨国并购仍将是非常重要的，但有迹象表明投资方式在向新建项目转变。[59]2003 年上半年美国的跨国并购价值要略高于 2002 年上半年（3%）。这表明跨国公司在继续执行谨慎的增长战略，由于利润下降以及为额外并购的融资能力下降，跨国并购的扩张可能仍将是有限的。但是还是有例外。[60]尽管制药业并购的价值预计仍将保持在较低水平（风险使得巨额交易不容易发生），但是交易数量估计仍将很大。欧洲生物技术产业的合并和亚洲该产业不断加速合并的压力部分支持了这一趋势（PwC 2003b）。在战略考虑的推动下，医疗器械行业估计也会发生一些（大多是小型的）并购。[61]

发达国家的投资促进机构认为，2003—2004 年的前景会更光明，但是它们比其在发展中地区的同行要谨慎得多。大约 45% 的机构预期，2003—2004 年发达国家的外国直接投资会有所增加（发展中国家的比例为 63%），仅有 15% 的机构预期形势会恶化，另有 40% 则认为不会发生变化。对于长期前景，持乐观态度的机构的比例上升了，有 58% 的答复者预期 2004—2005 年会有增加（发展中国家的比例为 93%）（图 2. 34）。

由德国工商总会对德国企业进行的一项调查证实了上述结论（DIHK 2003）。[62]大约 1/4 的德国投资者计划在 2003—2005 年继续向国外投资，同时有大约 15% 的投资者计划撤资。调查显示，计划在 2003—2005 年对外投资的主要动因是德国熟练劳动力的高成本（45%）和高税收（37%）。计划中的投资主要包括制造业项目，但是越来越多的投资扩大到服务业部门（例如研发以及管理和总部职能活动）。首选区位包括加入欧盟的中东欧国家，但是也包括欧盟和一些亚洲国家，尤其是中国。

图 2. 34 2003—2005 年发达国家的 FDI 前景[a]

（百分比）

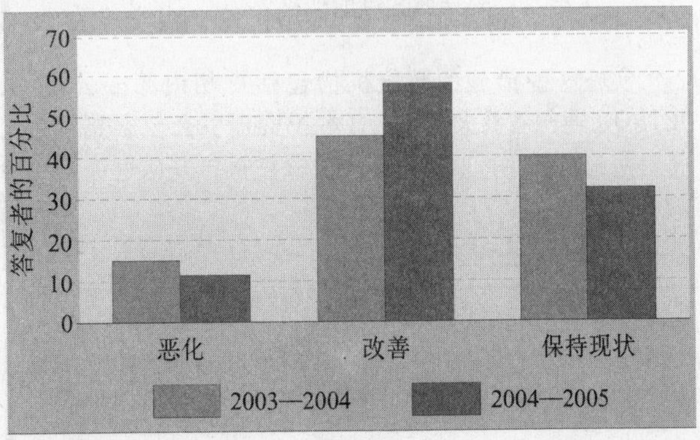

资料来源：UNCTAD。

a. 所调查的问题是："与过去两年（2001—2002 年）相比，你如何看待贵国中短期内 FDI 流入前景?"

UNCTAD 对投资促进机构的调查表明，在 2003—2005 年期间，美国将是外国直接投资最重要的来源，其后是与美国有一定差距的德国、法国、日本和英国。投资促进机构预期，外国直接投资在所有经济部门的分布将是相当平均的，但是制药和化学（包括生物技术）以及服务业（尤其是电信业）将会吸引投资者更多的注意。

注 释

1 对于区域一体化安排（包括贸易协定）与外国直接投资之间联系的分析，请参阅《1998 年世界投资报告》，第 117—125 页；UN - TCMD，1993 年，第 8—14 页。这些安排被描述成"新地区主义"的一部分；参阅 Ethier，2001 年；Iglesias，2002 年；Eden 和 Li，2003 年。同时参阅本报告第三章。

2 对于最不发达国家的定义，参阅 UNCTAD，2002b。对于每个最不发达国家有关外国直接投资的情况，参阅 UNCTAD，2003b。

3 "美国—非洲贸易概况"，美国商务部（www. agoa. gov），2003 年 3 月。

4 MTN 和沃达电信有限公司都没有南非的股东。

5 EIU 有关坦桑尼亚的国家档案（资料来源：www. db. eiu. com/report _ full. asp）。

6 资料来自 ORASCOM 新闻发布会，日期为 2002 年 9 月 24 日（www. orascomtelecom. com/docs/ news/press. asp）。

7 信息来自 UNCTAD 有关国内法律变化的数据库。

8 截止到 2003 年 4 月，符合《非洲增长与机会法案》优惠待遇条件的非洲国家有：贝宁、博茨瓦纳、喀麦隆、佛得角、中非共和国、乍得、刚果、科特迪瓦、刚果（金）、吉布提、厄立特里亚、埃塞俄比亚、加蓬、冈比亚、加纳、几内亚、几内亚比绍、肯尼亚、莱索托、马达加斯加、马拉维、马里、毛里塔尼亚、毛里求斯、莫桑比克、纳米比亚、尼日尔、尼日利亚、卢旺达、圣多美和普林西比、塞内加尔、塞舌尔、塞拉利昂、南非、斯威士兰、乌干达、坦桑尼亚和赞比亚。

9 尤其是加勒比国家拥有运输成本比较便宜的优势。

10 《非洲发展新伙伴计划》是非洲领导人于 2001 年达成的，其目标是使该地区摆脱不发达和被排斥在全球化之外的状况。

11 EIU《国家档案》(http://db. eiu. com/report _ full. asp)。

12 数据来自《全部非洲》（www. allafrica. com）和《金融快讯》。

13 信息来自 EIU 的有关博茨瓦纳、肯尼亚、莱索托、莫桑比克、纳米比亚、南非和乌干达的《国家档案》

(http://db.eiu.com/report_full.asp)。

14 在2003—2008年期间，欧洲投资银行预期将为促进商业的亚非太项目或者为以私人部门为基础运营的公共部门项目融通39亿欧元的资金（该银行将提供17亿欧元资金，一家新的投资机构将提供22亿欧元）。这些资金由欧盟成员国提供，以鼓励私人部门（尤其是中小企业）的发展，支持当地储蓄市场和推动外国直接投资。

15 根据报告了外国直接投资三项构成的8个国家。

16 包括中国、朝鲜、中国香港、中国澳门、蒙古、韩国和中国台湾。

17 印度修订了其外国直接投资数据（见专栏2.4）。在《2003年世界投资报告》数据收集工作结束后，新的数据于2003年6月30日公布。

18 2001年来自中国香港、中国澳门、新加坡和中国台湾的外国直接投资占中国吸引外国直接投资总量的47%。但是这些投资中有一部分是由在上述国家和地区经营的外国子公司进行的，尤其来自中国香港和新加坡的外国直接投资。

19 2000年和2001年第三部门约占流入中国香港外国直接投资的总流量的99%。

20 亚洲一些国家的子公司偿还的公司内部贷款超过了母公司给予其亚洲子公司的公司内部贷款。

21 许多跨国公司目前看来正在中国获得高额利润，少数公司转向它们在中国的子公司以支持遇到困难的母公司（"在中国制造、在中国采购：跨国公司入侵"，《纽约时报》，2003年1月5日）。

22 1999—2002年，在中国、中国香港、马来西亚和新加坡，利润再投资占外国直接投资流量的1/3强（附录表A.2.1）。

23 JETRO于2002年对1519家日本生产商进行的一项调查指出，有71%的企业预期会于2002年获得经营利润（比JETRO前一年的调查高出两个百分点）(JETRO 2003b)，并且有51%的企业预期2002年的利润要高于2001年（有23%的企业预期没有变化）。在经过了几年的经营亏损以后，2001年三星在中国的经营利润增长了70%，达2.28亿美元（"三星是如何打入中国的：该公司最终通过销售高端产品获得利润"，《商业周刊》，2002年3月4日）(http://www.businessweek.com/magazine/content/02_09/b3772138.htm)。

24 见UNCTAD新闻公报"中国：新兴的跨国公司母国"，2003年。

25 由于投资延期，2003年受非典影响的国家和地区（例如中国和中国香港）的外国直接投资流量可能会减少，这会使该地区的外国直接投资流入减少。东盟地区也将受到影响，但程度较轻。

26 以IMF (2003a) 报告的实际GDP增长为基础。

27 见"全球企业争夺伊拉克的工作"，BBC新闻，2003年6月12日（http://www.bbc.co.uk/2/hi/business/2983054.stm）。

28 世界银行（2003a，第101页）预测，2003年流向亚太地区的外国直接投资将有少量增加。

29 在阿根廷的公司拥有的450亿美元国外债务的一半估计属于外国关联企业（ECLAC 2003）。

30 来自INEGI的数据（www.inegi.gob.mx）。

31 来自INEGI的数据（www.inegi.gob.mx）。

32 EIU, *Business Latin America*, 2003年2月24日。

33 EIU, *Business Latin America*, 20033月24日。

34 事实上，为服务当地或地区市场而建立的外国子公司不得不开始向其他市场出口，以偿还在巴西的贷款。在由Mariano Laplane进行的采访中，福特、通用汽车和大众的经理都发表了类似的看法。

35 世界银行和EIU的研究预测，2003年的外国直接投资流量将略有减少，其后将会缓慢恢复（世界银行2003a；EIU 2003a）。

36 例如，对于弗莱克斯而言，只有当公司在中东欧（尤其匈牙利和波兰）有辅助性的制造业务时，在奥地利和德国设立研发机构才会有意义；如果要将生产转移到其他大陆，研发也必须如此（Figyelö 2002）。

37 捷克的煤气公用事业公司Transgas被出售给了德国的RWE；斯洛伐克的煤气公用事业公司Slovensky Plynarensky Priemysel被出售给了俄罗斯的Gazprom、德国的Ruhrgas和法国的法国燃气公司；荷兰KPN、芬兰Sonera和丹麦电信在匈牙利移动电信提供商Pannon GSM中的股份由挪威Telenor接管；斯洛文尼亚的制药企业莱克被瑞士诺华收购；捷克的Ceska Sporitelna银行被奥地利Erste Bank收购；波兰的信息企业GTS Central Europe被荷兰KPN接管；波兰的Kredyt Bank被出售给荷兰KBC银行；克罗地亚的Zagrebacka银行被出售给了意大利UniCredito Italiano和德国安联；俄罗斯的啤酒生产商Bravo国际公司被出售给了荷兰Heineken、斯洛文尼亚Nova Ljubljanska Banka被出售给了比利时KBC银行。

38 这就是匈牙利2002年跨国并购出售额远大于外国直接投资流入流量的原因。对于跨国并购数据的讨论及其与外国直接投资流量的关系，见《2000年世界投资报告》，第105—106页。

39 这11家外国子公司是Automotive Lightning、Federal Mogul、F. X. Meiller、HP Pelzer、Rieter、Ronal、SAI Automotive、TI Automotive、Toyoda Gosei和VDO。

40 有关外国直接投资项目的数据来自OCO咨询处。

41 根据由OCO咨询处收集的外国直接投资项目数据。

42 根据由OCO咨询处对投资者进行的调查。

43 在2004年加入后，新的欧盟成员将有资格使用当前欧盟成员使用的共同农业基金的25%和地区发展基金的30%。此后，这些比例将按每年10%递增，直到2014年达到将近100%的水平。

44 由小岛清（1973 年）提出的“雁行模式”是指由跨国公司引致的增长，其基本思想是，随着东道国的工业化和通过在开放经济背景下的产业提升和学习，从母国流出的外国直接投资类型向更高技能转变；反过来，比较简单的生产活动将逐渐从相对发达的东道国流向后起的东道国。这一进程强化了贸易的基础，并增加了从贸易获得的利益。详细讨论见《1995 年世界投资报告》，第 258—260 页。

45 这一估计要高于世界银行的估计，后者预测，包括中东欧和土耳其在内的“欧洲和中亚”地区将有 300 亿美元的外国直接投资流入（世界银行 2003a，第 101 页）。

46 如果将流入和流出卢森堡的中转投资排除在外，减幅可能高达 39%（估计为 2300 亿美元）。此处所用的“中转投资”这一术语是指对在卢森堡经营的外国子公司的投资，这些投资随后又投向了国外。详细解释见本章专栏 2. 11。

47 正如国际指南所推荐的，作为外国直接投资的三项构成之一的公司内部贷款由子公司之间的短期与长期贷款和贸易信贷所组成，也包括金融租赁（IMF 1993）。

48 比利时和卢森堡 2002 年以前的数据不可得。

49 2001 年美国的外国直接投资流入流量中有 95% 来自欧盟和瑞士。2002 年，由欧盟公司在美国进行的跨国并购价值减少了 52%（UNCTAD，跨国并购数据库，同时参阅本报告第一章）。

50 然而，一些国家的欧盟内部流入流量的比重下降了：瑞典从 2001 年的 80% 减少到 2002 年的 66%，丹麦从 60% 减少到 38%，爱尔兰从 99% 减少到 95%。

51 UNCTAD，跨国并购数据库。

52 对于与跨国并购及其在外国直接投资中的价值有关的概念问题，见《2000 年世界投资报告》。

53 对于中东欧最大的并购出售，见脚注 37。并购的动因参见《2000 年世界投资报告》。

54 例如，瑞士诺华以 9 亿美元收购斯洛文尼亚的莱克就是 2002 年中东欧地区最大的跨国并购案之一。

55 因为“欧盟扩张不是一个零和博弈，新成员国将与现有成员国争夺总量一定的外国直接投资”（Barry 2003，第 189 页），欧盟成员对外国直接投资流向新加入国究竟有多担心还有待观察。

56 超过 1/3 的跨国服务提供是由外国子公司在东道国设立的机构提供的（GATS 分类的模式三，约占 GATS 所描述的服务提供四种模式所提供服务总量的 38%）（WTO 1995；Karsenty 1999）。在主要的发达东道国，外国子公司所提供服务的营业额在国内服务总额中占 9%—30%（UNCTAD，FDI/TNC 数据库）。

57 在 2003 年第一季度或者前四个月，在 5 个最大的外国直接投资受资国（2002 年）中，荷兰和美国两国分别比 2002 年同期增长了 122% 和 200%。另一方面，在 1—4 月份，法国的流入流量减少了 26%，德国减少了 61%，日本减少了 37%。

58 《日经新闻》，2003 年 3 月 16 日。

59 UNCTAD 投资促进机构调查的参与者预期，作为外国直接投资的一种方式，新建投资将会发挥重要的作用。

60 例如，所宣布的并购包括美国宝洁公司以 61 亿美元收购德国维拉公司，德国巴斯夫收购 Sunoco 在内维尔群岛（美国）的可塑剂业务（未透露收购额），以及德国西门子以 12 亿美元收购法国阿尔斯托姆的工业涡轮业务。

61 最近的例子是 Zimmer（美国）和 Smith 和 Nephew（英国）出价收购瑞士医疗器械公司 Centerpulse（以前的 Sulzer Medica），两家公司的报价都在 30 亿美元左右（“Ein schön inszeniertes Theater”，*Neue Züricher Zeitung*，2003 年 5 月 25 日）。

62 于 2003 年 1 月进行的调查包括 10000 家德国公司，这些公司大多在制造业。

第二部分

加强国际投资协定的发展维度

一段时期以来，UNCTAD 一直就与双边和地区投资协定有关的议题开展工作，这项工作集中于政策分析和技术合作，[a] 涉及众多国家。《2003 年世界投资报告》吸取了这方面的经验。

随着涉及外国直接投资的协定日益增多，与国际投资协定（即全部或者部分涉及投资问题的协定）有关的问题已经成为国际经济争论的前沿。

本报告第二部分试图从发展的视角讨论国际投资协定（不包括正在进行中的多边投资讨论）中出现的某些问题。政府是否应该就国际投资协定进行谈判，如果进行谈判，应该在何种层面上进行，以什么为目标，这一切都由各国自主决定。但是无论 WTO 有关投资讨论的结果如何，本报告提出的问题对于双边和区域投资协议的制定仍然是非常重要的。

---

a 该项工作的成果在本报告参考文献列出的 UNCTAD 各种出版物中均可见到。关于技术合作的范围，见 UNCTAD 2003e。

引　言

各国都在寻求外国直接投资以促进本国的增长和发展，其国内政策则是吸引外国直接投资并从中获得更多收益的关键。

许多国家都缔结了国际投资协定，尤其那些至少部分涉及投资问题的双边、次区域和地区性协定。这些国家试图通过签订协定使外国直接投资的管制框架更加透明、稳定、可预见和安全，以提高本国对外国投资者的吸引力。如果管制框架使外国直接投资的进入和运营更加自由化，就说明外国直接投资的障碍减少了。与此同时，国际投资协定也限制了“政策空间”及其灵活性，各国政府、尤其发展中国家政府需要制定政策以吸引外国直接投资并增加从中获得的收益，从而促进其发展。发展中国家参与国际投资协定所面临的挑战是，如何在协定所提供的吸引力与协定所导致的失去政策自主权之间找到平衡。本年度的世界投资报告将努力确认其中的主要问题。[1]

在过去十年中，外国直接投资政策朝着越来越自由化的方向发展（表 1.80），外国直接投资流量也相应迅速增加。但是外国直接投资还只是国内投资的补充，后者才是增长的主要驱动力。然而，随着外国直接投资在总投资中的地位日益重要，大多数发展中国家和转型国家都在效仿发达国家，减少本国对于外国直接投资进入和经营的限制，提高外国子公司的待遇水平。其结果却是不确定的。在许多情况下，开放并没有带来发展中国家所期待的大规模的外国直接投资流入。并且，即便流入量增加了，但是外国直接投资所带来的发展利益常常低于预期水平。

这是为什么呢？原因在于，一旦建立起能动的政策框架，外国直接投资流量的主要决定因素，即经济因素本身便会发挥作用。东道国可能并不拥有市场规模、增长速度、技能、能力或者基础设施等，这些因素都会使对生产能力的投资具有吸引力，而不论这些投资是为了当地市场，还是为了建立出口基地。也许是因为在世界市场激烈的外国直接投资竞争中，东道国未能有效实施投资促进，或者不清楚本国真正需要多少外国直接投资以及依据什么条件，这些都可能使外国投资者不了解东道国现有的投资机会。即使实施了自由化，但是潜在的投资者也会觉得东道国的投资环境不完善、障碍过多或者充满风险。

更严峻的是，外国直接投资很可能未对东道国经济的发展产生实质性的作用，即扩大出口、提升出口的技术附加值、减轻国际收支约束、促进当地关联、转移技术以及提升技能和管理能力等。特别是对于大型跨国公司而言，由于其全球公司战略在很大程度上独立于特定区位的利益，因此可能与东道国的利益和需要产生冲突。

包括发达国家在内的大多数国家，都有意识地将自由化和包括建立投资促进机构在内的更积极主动的措施结合起来，以吸引所需类型的外国直接投资。它们还制定了政策，以便从外国直接投资获得更多的利益并减少其负面影响。[2]

国际投资协定被认为是吸引投资的另一种手段。尤其当这些协定锁定了现有的管理体制，并且表明了对规则稳定更强烈的承诺时，这些协定就向国际投资者发出更为明确的信号。国际投资协定的数量迅速增长，并且覆盖了所有的层面：其中包括双边（最普遍）、区域（例如 NAFTA 和东盟）和多边（例如 GATS 和《与贸易有关的投资措施协定》），更多的国际投资协定正在制定过程中。

然而，如何对待在制定国际投资协定的规则中隐含的国内政策空间的损失呢？对于东道国来讲，在国际投资协定的谈判中，要想取得恰当的平衡，就应了解以下两点：

- 对于东道国吸引外国直接投资并增加从中获得收益特别重要的政策和措施。
- 国际协定影响国内政策的方式。

本报告第二部分试图促进对以上两点的理解。第三章指出了吸引外国直接投资方面的重要国内政策和措施，同时还回顾了国际投资协定的兴起、影响和特点。第四章讨论了对于国内外国直接投资政策和国际投资谈判尤为重要，同时也是协定谈判中最为敏感的 8 个议题。第五章重点讨论了一个特别重要的问题，即国内政策空间。第六章则考察了在未来国际投资协定制定中可以做到的其他工作，以加强国内关键政策对于促进发展的效果。本部分最后对重要的内容进行了总结。

第三章

重要的国别外国直接投资政策和国际投资协定

对于吸引外国直接投资、从中获得更多利益并减少其负面效果来讲，国内政策至关重要。这些政策必须从比较广泛的外国直接投资决定因素的背景下予以考察，在这些决定因素中经济因素起着主要作用（见表3.1）。政策对于阻止外国直接投资进入一个国家是决定性的。但是，外国直接投资的能动框架一旦确立后，经济因素就成为主要的因素。即使如此，管理体制仍能影响到一个区位对于外国投资者的吸引力，以及最大限度地实现外国直接投资对发展的积极影响，减少其负面影响。

许多政策都会对外国直接投资产生影响。这一章仅仅讨论那些与外国直接投资存在直接相联系的政策，例如制定外国投资者的进入条件、提高待遇标准、增加从外国直接投资获得的利益和减小其不太合意的负面效果等方面的政策。

各国都力求吸引外国直接投资以促进其增长和发展。外国直接投资可以通过其一揽子的有形和无形资产，有助于直接或者间接地构建国家能力。外国直接投资的利益日益受到关注，这反映了几个方面的因素。优惠援助在减少，各种金融危机导致了对长期和更稳定的资本流入的偏好：获得创新性技术的机会也十分重要。由于许多发展中国家从外国直接投资获得了经济利益，因此早先对外国直接投资的一些担心可能被夸大了（《1999年世界投资报告》）。现在许多国家政府在与跨国公司打交道时更有信心。同时，跨国公司也学会了应对东道国所关注和优先考虑的问题。

东道国吸引外国直接投资并从中获取收益的最佳方式并不总是被动地自由化（一种开放政

表3.1　东道国外直接投资的决定因素

东道国决定因素	由主要经济因素划分的外国直接投资类型	
Ⅰ. 外国直接投资的政策框架 • 经济、政治和社会稳定性 • 进入和运营的规则 • 外国公司的待遇标准 • 关于市场功能和结构的政策（特别是竞争和并购政策）。 • 国际贸易和投资协定 • 私有化政策 • 贸易政策（关税和非关税壁垒）和外国直接投资与贸易政策的一致性。 • 税收政策	A. 市场寻求型	• 市场规模和人均收入 • 市场增长率 • 进入区域和全球市场的渠道 • 具体国家的消费偏好 • 市场结构
Ⅱ. 经济决定因素	B. 资源／资产寻求型	• 原材料 • 低成本非技术型工人 • 技术型工人 • 包括体现在员工、公司和产业链中的技术、革新和其他创新性资产（例如商标） • 物质基础设施（港口、公路、能源和电信）
Ⅲ. 商业便利性 • 投资促进（包括形象建设、生成投资活动和投资便利化服务） 投资激励 • 腐败成本（和腐败与行政管理效率等相关的） 社会便利（双语学校和生活质量等等）投资后续	C. 效率寻求型	• 劳动力能源生产的B项目下资源和资产的成本 • 其他输入型成本，例如东道国国内或由东道国到国外的交通和通讯成本以及其他中间产品的成本

策）。自由化有助于获得更多的外国直接投资，但是它本身还不够。目前，在高度竞争的投资市场上吸引外国直接投资，需要具有更强大的区位优势和针对性更强的投资促进措施。获得先进技术和出口导向活动中外国直接投资的要求就更高了。

在吸引外国直接投资进入本国之后，政策对于确保获得更多收益是至关重要的。政策能够引导技术和技能提升、增加当地采购、获得更多的利润再投资、保护环境和消费者等。同时，政策还能帮助克服外国直接投资的潜在危险，比如说，通过包含反竞争行为并防止外国公司挤垮具有潜力的当地企业或者其行为方式触犯当地敏感问题等。

自由市场并非总能确保效率和公平的结果，尤其在市场和制度尚不完善的发展中国家，因此需要政策干预。东道国政府必须奠定使市场正常运作的基础，包括健全的法律体系、明确和可操作的游戏规则、反应灵敏的市场机制和充满活力的本国企业等等。即使如此，跨国公司的战略目标也可能不符合东道国政府的发展目标，这时就需要制定政策，使跨国公司的战略目标更加符合东道国政府的发展目标。

市场失灵和政策的应对措施不胜枚举。基本点在于，在市场不完善的现实世界中，政府的作用是很重要的，政府可以采用许多程度不同的干预、控制和引导的方式，对外国直接投资施加影响。

A. 重要的国别外国直接投资政策

发达国家已采取“亲市场”政策，即实行健全的宏观管理、制定稳定和非歧视性的企业进入和退出规则、促进竞争、培养人力资本、支持创新等等。但是即使是“最亲近市场”的国家为了吸引外国投资者，也未放弃投资促进措施。为了将目标锁定那些特别有价值的投资，一些国家在运用成熟的投资促进措施的同时，还提供大量的补助和补贴。

发展中国家也在努力吸引外国直接投资并增加从中获得的收益。而且它们也在采取亲市场的政策。但是发展中国家在这样做时必须小心谨慎，因为其市场结构比较脆弱，其发展需要更多的推力。正因为如此，发展中国家更为关注保留本国投资政策的空间，以便能够利用那些可以解决其特殊需要的政策工具。

本文的讨论集中于三个目标——吸引外国直接投资、从外国直接投资中获得更多的收益和处理有关跨国公司的忧虑。一些目标和措施是相互重合的，但是为了方便起见，还是予以分别考虑。

1. 吸引投资

各国可以采取许多方式来吸引外国直接投资。它们可以只是放松外国投资者准入和开业条件，而无需采取更多措施。它们可以泛泛地促进外国直接投资流入，无需努力吸引特殊类型的投资，例如根据技术含量来吸引投资。它们也可以针对经营活动、技术或者投资者，更加有选择地进行投资促进。以下措施是常常一起使用的，即将大多数活动对外国投资者开放，普遍营造一个更好的投资环境以及付出特殊的努力以吸引特别合意的投资。

一个国家对于外国直接投资的经济吸引力主要取决于它拥有能够成为不同类型外国投资者投资的区位优势。寻求市场的投资者寻找大的并且增长的市场。寻求资源的投资者寻找丰富的自然资源。寻求效率的投资者则寻找拥有竞争力和效率的出口生产基地。[3]

影响所有潜在东道国的更一般因素包括政治稳定性、健全的宏观经济框架、对外国投资的欢迎态度、适当的技术人才、低商业交易成本以及优良的基础设施等（见表 3.1）。

给定上述这些因素，运用促进政策来吸引投资者还是很有帮助的，特别随着吸引外国直接投资的竞争加剧和投资者变得更加挑剔时更是如此。投资决策所依据的信息是不充分的，所以主观认识就很重要。这时有效的营销就会发挥作用（当然，其他条件也应具备）。东道国能够创造使投资更具有活力的条件（而非简单推销它们已经具备的条件）。这可能仅涉及到取消对外国分支机构运营的限制，但是也可能还需要培养新的技术人才、建立基础设施和辅助机构等。

需要采取多少投资促进工作，这取决于外国直接投资的类型和东道国经济的基本吸引力。大并且富有活力的国家所需要的投资促进要少于小并且缺乏活力的国家。中国大规模的投资流入在很大程度上并非是采取积极投资促进的结果，而投资促进的作用也有限。如果经济基础薄弱或者不稳定，那么再多的劝说也不会吸引大量并且持续的外国直接投资流入。

各国吸引外国直接投资的主要方式以及在国际投资协定中产生的主要敏感问题如下：

- 减少外国直接投资的障碍，取消对进入和开业的限制以及对外国分支机构经营的限制。这儿的关键问题是对自由进入或者受保护的投资应如何定义（对直接资本流动和证券资本流动的待遇可能不同），以及对于外国直接投资的进入和开业应该实行什么样的控制。
- 提高外国投资者的待遇水平，给予他们相对国内投资者或者其他外国投资者而言的非歧视性待遇。关键问题是一旦外国分支机构在东道国开业，需要给予它们何种程度的国民待遇。
- 保护外国投资者，涉及国有化或者征收情形下的补偿、争端解决和资金转移保证等方面的规定。一个关键问题是行使征用或者国有化的权力的范围（特别是政府的某些管制行为在何种程度上构成对外国财产的征用）。另一个关键问题是外国分支机构和其他国家能否接受现有的争端解决机制。第三个问题是，如果对政府为保护本国经济而实施资本控制的能力实行限制，则何种限制是可接受的。
- 促进外国直接投资的流入，可以采取以下方式：强化国家形象，提供有关投资机会的信息，提供区位激励，改进制度和行政管理以便为外国直接投资提供便利，提供投资后服务。在东道国政府为投资促进做出大量努力的同时，投资方的母国也可以发挥作用，其中包括运用金融、财政或者其他激励（包括管制特许）手段以及各种鼓励外国直接投资流向发展中国家的措施。

当前的总体趋势是减少障碍，创造对投资者友好的环境和促进外国直接投资。但是各国所采取政策的性质和侧重点是不同的。究其原因在于，各国拥有的区位优势不同，所采取的不同措施的成本大不相同，并且对于如何才能最有效地吸引外国直接投资，各国政府所持的观点也不相同。

2. 从外国直接投资获得更多的收益

吸引外国直接投资也许并不足以保证东道国获得充分的经济利益。自由市场不可能引导外国投资者转让足够的新技术，或者有效地进行转让并达到东道国所期望的深度。但是政策可以引导投资者采取行动，通过当地建设能力、使用当地供应商、提升当地技能、技术能力和基础设施等，加强其对发展的影响。为此可采取的主要政策和措施包括：

- 利用强制性措施来提高外国分支机构对东道国的贡献。目标是规定外国分支机构应当做的工作以扩大出口、培训当地工人或者转让技术。其中关键问题涉及到利用业绩要求。
- 通过鼓励外国分支机构以所期望的方式行动以增加对东道国的贡献。与在吸引外国直接投资时相同，这里的关键也在于如何运用激励措施来影响外国分支机构的行为（激励可以与业绩要求相联系[4]）。尤其重要的是引导外国分支机构向国内企业转让技术并促进当地研发能力建设。

各国现在都了解，只有增强自身的能力，才能够影响外国分支机构的活动，从而增加东道国的收益。只有拥有适当的技术基础或者国内供应商和竞争者能够满足跨国公司的要求，并向跨国公司学习，新技术才会在东道国经济中扩散。只有拥有高质量的基础设施，出口活动才会增长。政府需要制定政策以增强本国能力，同时利用外国分支机构及其母公司的资源。母国也能利用其自身的措施在各个方面提供帮助。事实上，甚至跨国公司也能努力增加东道国的利益。

3. 解决有关跨国公司的关注

尽管各国的态度普遍发生了有利于外国直接投资的转变，但是对其潜在负面影响仍存在明显的关注。[5] 主要关注的领域有：

- 外国分支机构的反竞争行为。
- 投资流量的波动以及不利于国际收支的相关支付。
- 外国分支机构的避税和滥用转移定价行为。
- 转移导致污染的经营活动或者技术。
- 挤出当地企业并抑制国内企业发展。
- 挤出当地产品、技术、商业网和经营项目，并导致有害的社会文化效果。
- 对跨国公司所做出的让步（特别在出口加工区内），使其得以逃避劳工和环境法规。
- 对经济事务和决策拥有过大的影响力，可能对产业发展和国家安全带来负面效果。

由于发达国家和发展中国家过去都表达过这

样的关注，现在这些关注正在减化。但是这些关注仍很强烈，以致目前许多国家仍然认为需要对外国直接投资流入和外国分支机构的经营施加控制。其中最重要的是对跨国公司的反竞争行为，特别是限制性商业行为的关注。

＊　＊　＊

小结：发展中国家和转型国家政府采用一系列政策和措施来吸引外国直接投资，增加从外国直接投资获取的收益并且解决有关外国直接投资的关注。涉及到各国执行以发展为导向的本国外资政策的能力，并且在国际投资谈判中特别敏感的主要议题有：

- 扩大生产能力的长期投资流量（投资的定义）。
- 如何对待外国直接投资的进入（开业前阶段国民待遇）和外国分支机构的后续经营（开业后阶段国民待遇）。
- 在何种情况下政府政策可以被视为管制征用。
- 争端解决的性质。
- 使用业绩要求。
- 使用激励。
- 鼓励技术转让。
- 竞争政策的作用。

当加入国际协定时，各国需要做出一些困难的决策，以便在保留政策空间和灵活性与从国际合作中获得利益之间找到适当的平衡。[7]可能需要采取某些政策或者措施（例如开放和提高待遇标准），以促进更多的外国直接投资流入。但是为了保证这些投资能够带来预期的结果，对这些投资施加限制和约束也许是必要的。要找到适当的平衡并不容易——而且这种平衡也因国家而异。

在过去20年左右，各国政府已在双边、地区和多边层面上达成了更多的至少是部分涉及投资的协定。在本文中，这些协定被称作“国际投资协定”。[8] 这些协定是各国外国直接投资政策的补充并与之相互作用。

B. 国际投资协定的增长

投资规则的形式是多样的，其中既包括自愿性的，也包括强制性的。这些规则所确定的义务因地理范围和义务范围而不同。有些规则只涉及外国直接投资政策的某些方面，有些则涉及一般性政策，其中包括对国内和国外投资者都产生影响的政策（竞争政策或者反腐败措施）。还有一些涵盖了外国直接投资框架的大部分或者全部内容，从进入、开业直到待遇标准和争端解决机制。由于国际投资协定数量的不断增加（附录表A. I. 13和附录表A. I. 14），这些协定构成一个包括各种承诺的错综复杂的网络，它们部分相互重叠，部分相互补充，形成一套复杂的投资规则。

在二次大战后的最初几年，建立国际投资规则的最重要工作是多边性的，即在《哈瓦那宪章》框架内所进行的努力。但是这一努力最终付诸东流。就建立投资规则而言，双边层面已被证明是富有成效的。其焦点最初是保护，随后是自由化。最初可供选择的工具是保护和促进外国投资的协定，即双边投资协定，随后自由贸易协定也日益受到重视。

1. 双边协定

双边投资协定是处理国家间经济关系的总协定（例如友好、通商和航海协议）的延伸。从1959年诞生第一个双边投资协定以来，其数量稳步增长，到1989年已达到385个，到2002年增至2181个（见图I. 11）。[9] 自20世纪90年代后半期以来，双边投资协定的数量几乎翻了一番。涉及的国家多达176个，越来越多的双边投资协定是在发展中国家之间和发展中国家与转型国家之间缔结的，这说明了这些国家的企业已成长为对外投资企业。目前，超过45%的双边投资协定不涉及发达国家。双边投资协定是目前使用最广泛的保护外国直接投资的国际协定（见表3.2）。[10]就世界范围来看，大约7%的外国直接投资存量流向缔结了双边投资协定的国家，88%流向缔结了避免双重征税协定的国家。如果单就发展中国家和中东欧国家而言，相应的数字分别为27%和64%。[11]

多年来，双边投资协定的内容没有很大变化。早期对于保护、待遇和争端解决的关注——这也是签署这些协定的原因——目前仍是双边投资协定的核心内容。但是现在有几个国家扩大了协定的范围，增加了开业权、业绩要求和关键外国人员聘用等条文。这些变化主要发生在最近签署的协定，其中包括正在谈判的协定中，这些变化正

表3.2 2000年双边投资协定和避免双重征税协定分别覆盖了多少外国直接投资

母国[b]	所保护的流出存量比例[a] 双边投资协定	避免双重征税协定
美国		
FDI流出存量总计	6	96
在发展中国家和中东欧国家的FDI存量	19	87
欧盟[c]		
FDI流出存量总计	9	933
在发展中国家和中东欧国家的FDI存量	73	73
日本		
FDI流出存量总计	7	89
在发展中国家和中东欧国家的FDI存量	26	61
世界[d]		
FDI流出存量总计	7	88
在发展中国家和中东欧国家的FDI存量	27	64

资料来源：UNCTAD。

a. 正如前文所提到的，发达国家之间并未签订双边投资协定。

b. 只要缺少对某些受资国的外国直接投资流出数据，所占的百分比就会低估。但是这些国家都是些相对较小的外国直接投资受资国。

c. 数据涵盖了9个欧盟国家，这些国家占欧盟外国直接投资总流出存量的72%。

d. 根据按流向统计的FDI流出存量数据的27个国家的数据计算。这些国家占世界外国直接投资存量的3/5到4/5以上。

在形成包含更多义务、具有更深远影响的新一代的双边投资协定。[12]

包含投资议题的双边自由贸易协定的数量也在增加，早期的协定大多数都是在相邻两国之间签订的，而近期的协定则往往是位于不同地区并且相距甚远的国家之间签订的，并且单独的一章涉及投资承诺。所涉及的主要议题有：开业前和开业后国民待遇、最惠国待遇、禁止业绩要求（通常不局限于《与贸易有关的投资措施协定》中包含的相关要求）；投资促进和保护，其中包括征用和补偿情况下的保护；国家与国家之间、投资者与国家之间的争端解决、以及确保包括资金、收入、利润和技术使用费等支付自由转移的转移条款。日本和新加坡缔结的《新时代经济合作伙伴协定》便是最近的例子（专栏3.2）。

双边投资协定对外国直接投资流量有什么影响？总量统计分析表明，双边投资协定在决定外国直接投资流量时没有显著的独立影响（UNCTAD 1998a）。双边投资协定充其量是在影响全球外国直接投资流量和解释各国吸引外国直接投资的不同规模方面具有少量的作用。[13]然而，总量分析的结果并不意味着双边投资协定在特定的环境和特定的国家中不会发挥重要作用。例如，它可以表明一个国家对于外国直接投资的态度已经发生变化，其投资环境正在改善，并且可以利用投资保险计划。事实上，投资者看来已将双边投资协定视为良好投资框架的组成部分。

为什么会有上述结果呢？政策框架充其量也只是能动性的，其本身对外国直接投资流量的影响很小，甚至没有影响。必须辅以那些吸引外国直接投资的经济因素，特别是市场规模和增长、技能、充足的具有竞争力的资源以及良好的基础设施等。原则上，国际投资协定使管制框架更加透明、更加稳定、更可预见和更安全，也就是说，这些协定使得经济决定因素本身能够发挥作用。当国际投资协定减少了外国直接投资的障碍，并且经济决定因素恰如其分时，这些协定就能够导致更多的外国直接投资。但是，鉴于单个要素的交互作用和相对重要性，要想确认政策框架的具体影响是非常困难的。

2. 地区和地区间协定

与投资直接相关的地区和地区间协定的数目也正在增加（附表A.I.13）。[14]但是这些协定只有少数是完全针对投资的，其中特别突出的当推包括资本流动和经常账户无形交易的《OECD自由化公约》（1961）和《OECD关于国际投资和跨国公司宣言》（1976）。最近，涉及发展中国家的协议还有《东盟投资区框架协定》和《安第斯共同体第291号决议》。与双边投资和贸易协定不同，并非所有的地区协定都是强制性的。在《1994年APEC非强制性投资原则》中就采用了涉及外国投资的非强制性准则。

目前的趋势是向全面的地区协定发展，其中不仅包括与贸易有关的条款，也包括与投资有关的条款，甚至还扩大到服务、知识产权和竞争等。事实上，至少在原则上，目前大多数地区自由贸易协定同时也是自由投资协定，NAFTA和《南方体共同市场草约》就是这类例子。目前正在谈判中的美洲自由贸易区也是如此（专栏3.3）。总的目标是创建一个更有利的贸易和投资框架，为此不仅要使地区贸易自由化，而且还要放松对于外国直接投资的限制，同时还要减少对于外国直接投资运营的限制，所有这些都是为了增加地区内

专栏 3.1　双边投资协定的内容

随着时间的推移，双边投资协定的范围和内容已经变得更加标准。今天，协定的主要条款涉及到外国投资的范围和定义、准入和开业、开业后阶段国民待遇、最惠国待遇、公正和公平待遇、在征用情况下的保证和补偿；保证资金的自由转移以及资本与利润的自由汇回、国与国以及投资者与国家之间的争端解决条款。但是，虽然双边投资协定的绝对数量很多，但是个别条款的表述仍然各不相同，几十年前签署的协定与最近签署协定的用语就存在很大差异。

资料来源：UNCTAD。

的贸易量和投资量。

一般情况下，地区投资协定所关注的议题比双边协定更为广泛，这就能够在不同议题领域之间进行权衡。发展中国家和发达国家之间的这类协定通常会利用整套传统国际法工具，例如例外、保留和过渡期等，以确保协定在满足各国不同的需要、能力和政策目标时的灵活性。

地区和地区间协定仅仅涉及协调成员国的投资框架，因而，正如在双边投资协定的情况中那样，很难确认这类协定对外国直接投资的影响。这些协定改善了能动的框架。当其减少了外国直接投资的限制（正如大多数地区协定那样）时，就能够增加投资流量，当然这要以具备有利的经济决定因素为前提。在地区协定中影响外国直接投资流量的主要经济因素是市场规模，而这是降低贸易壁垒，而非降低外国直接投资壁垒的结果。

专栏 3.2　新时代经济伙伴关系中的投资篇章

《2002年日本和新加坡新时代经济合作伙伴协定》是近期签订的双边协定的例子，该协定涉及一系列议题，其中包括货物贸易、原产地规则、关税程序、相互确认、服务贸易（包括金融、快递和电信服务）、投资、自然人流动和政府采购。它还确定了合作涉及的领域：无纸交易、知识产权、竞争政策、金融服务、信息和通信技术、科学和技术、人力资源开发、贸易和投资促进、中小企业、广告和旅游。

该协定有关投资一章存在以下显著特征：

定义：一个广义的、以资产为基础的不封口的投资定义："由投资者直接或者间接拥有或者控制的任何形式的资产，包括：……"。

国民待遇。开业、收购、扩张、管理、运营、维持、使用、占有、清算、变卖或者其他投资处置均享受国民待遇（在附录保留项目中列出了例外情况）。

人员流动。便利两国间出于商业目的的自然人流动并相互承认职业资格。

转移：各种款项的自由转移，包括初始资本和用于维持和增加投资的追加资本；利润、资本收益、股息、技术使用费、利息和其他由投资带来的当期收益；由投资的全部或者部分变卖或者清算产生的收益；根据合约进行的支付，包括与投资相联系的贷款支付；从事与投资有关工作的投资者的收入以及由于争端解决所产生的支付等。

征用和赔偿。两国的投资和投资者应该受到平等待遇，在许多方面都应享有全面的保护和保障，其中包括投资征用或者国有化的担保，即仅出于公共目的、在非歧视性基础之上、符合相关法律程序、并以被征用投资的公平市场价值支付赔偿。

被禁止的业绩要求已超出《与贸易有关的投资措施协定》所禁止的那些要求，包括设立特定地区总部或者世界市场总部的要求；对于出口特定水平或者比例的服务的要求；只能从指定领土向世界市场某个特定区域供应货物或者服务的要求；对转移技术、生产工艺或者其他产权知识的要求；达到一定水平或者价值的研发的要求；购买或者使用在该领土提供的服务，或者从该领土自然人或者法人购买服务的要求；指定任一国籍人士担任高级管理职位的要求。当然也有例外可以应用。

争端解决。包括国家与国家、投资者与国家在内的全面争端解决机制。在此方面，该协定原则上鼓励通过投资争端双方之间的协商得到和解，如果该争端在5个月内无法以协商方式得到解决，并且相关投资者没有将投资争端提交给行政或者司法机构以寻求解决，或者根据先前一致同意的适用的争端解决程序来处理，则可以要求根据本协定中规定的程序成立仲裁庭，或者根据ICISD条约或者联合国国际贸易法律委员会仲裁规则将此争端提交以获得调解或仲裁。

监督（实施）。建立监督系统，其目的在于有效实施本协定投资章节的内容。为此一个联合投资委员即将成立，并受托审议和讨论投资章节内容的实施和运作、审议与国民待遇和禁止业绩要求有关的具体例外情况，以减少或者消除这类例外，营造有利于两国投资者的环境；还讨论其他与投资有关的议题。

在有关服务的章节中也包括与投资有关的条款。

资料来源：UNCTAD。

3. 多边协定

二次大战后，为建立全面的外国直接投资多边规则所作的不懈努力，甚至偶尔为之的非强制性规则，都未能逃脱第一次尝试未成功的命运，全都以失败告终。其中最著名的当推《联合国跨国公司行为准则》(20世纪70年代末和80年代)和《OECD多边投资协定》(90年代末)。但是一项非强制性的文件，即世界银行的《外国直接投资待遇指南》(1992年)制定了可以说达成一定国际共识的投资者待遇标准。

一些在具体投资方面做出的努力也取得了成果。《一国与他国国民间投资争端解决公约》为解决投资争端提供了框架。国际劳工组织《关于跨国公司与社会政策原则三方宣言》涉及了一系列与劳工有关的问题。《建立多边投资担保机构公

专栏3.3 美洲自由贸易区

截至2003年5月，参与美洲自由贸易区(FATT)谈判的国家已经经历了三个阶段，而第四阶段的谈判将在2003年11月FATT负责贸易的部长会议上结束。至此所产生的两个重要结果是：准备协定草案和开展市场准入谈判。

惟一最重要的成果就是协定草案，该草案覆盖了FATT各谈判小组，其中包括投资议题组所讨论的议题。第一份草案是为2001年4月7日于布宜诺斯艾利斯召开的FATT部长会议准备的，第二份是为2002年11月1日基多部长会议准备的。两份草案均可从FATT的官方网站(http://www.fatt-alca.org)获得。用于2003年11月份部长会议的第三份草案正在准备中。

各谈判组(包括市场准入、农业、服务业、政府采购和投资)根据FATT部长的指示于2002年5月15日启动市场准入谈判，投资谈判组只是其中之一。经由FATT贸易谈判委员会同意，初步提案应在2002年12月15日至2003年2月15日之间提交，并于2003年2月16日和2003年6月15日之间提出改进意见。修改后的提案于2003年6月11日开始进行陈述。就投资谈判组来讲，委员会要求最初的提案应该全面，符合现行法规，并使用否定列表方式。委员会还同意，有关通过商业存在提供服务的提案可交由服务谈判组、投资谈判组，或者同时提交给这两个组进行讨论。作为一般原则，服务和贸易谈判组将继续分别举行会议。然而，如果认为有必要的话，两组可以联合召开会议，就共同议题，特别是商业存在问题共同进行讨论。该委员会在2003年4月召开的会议上，要求服务和贸易谈判组的主席联合举行会议讨论商业存在和服务业投资问题。

2002年11月《FATT协定草案》投资章节的所有文本已分门别类进行了总结，也就是讲，与会国尚未就其文字取得一致意见。该章节的内容包括范围、基本定义、国民待遇、最惠国待遇、国民待遇和最惠国待遇的例外、待遇标准、公平和公正待遇、业绩要求、关键人员、转移、征用、损失补偿、一般例外和保留、争端解决、透明度、不放松国内劳工、环境法规以吸引外国直接投资的承诺、本章和其他章的关系、与投资有关议题法律的域外适用、特殊手续与信息要求。

2002年《FATT协定草案》提供了投资定义的几种建议，最广泛采纳的是广义的基于资产的定义，即不仅包括外国直接投资，也包括证券投资、知识产权和其他成分。正像草案正文所示，投资谈判组的讨论集中于究竟是采用广义的基于“资产”的定义，还是狭义的“只包括外国直接投资”的定义；是否给出投资定义所含内容的示例表或者详细列表；以及是否包括说明何者不构成投资的列表。

国民待遇有两种方式。其一是指市场准入并附有保留列表(国家特定的例外)。一些依据这种方式的建议确认了投资的所有阶段(开业、收购、扩张、管理、操作、运营、出售或者其他对投资的处置)，主张在“同样情况下”都给予国民待遇。而根据另一种方式，给予国民待遇应符合东道国的法律和条例。协定草案还包括有关次国家层面的国民待遇条款。

对于业绩要求，在协定草案中有两种主要观点。一种主张采用包括货物和服务的被禁止业绩要求(运营和激励)的列表，另一种则主张采用更狭义的观点，即不超出《WTO与贸易有关的投资措施协定》的要求。正如在NAFTA中那样，投资激励的议题仅在业绩要求项下才予以处理。一些在强制性的情况下予以禁止的业绩要求，在与某种优势或者补贴相结合时则允许使用。这类例子包括对生产选址、提供服务、培训或者雇用工人、建造或者扩建某些设施或者进行研发活动等的要求。

在《FATT协定》第二部草案中有关征用部分的内容和其他许多投资协定相同，即除非出于公共目的，并在非歧视的基础上依据适当法律程序，给予迅速、适当和有效的赔偿，禁止一方对另一方投资者的投资进行直接或者间接的国有化或者征用。这儿最重要的问题在于《FATT协定》的下一份草案将如何从诸如NAFTA和《智利—美国自由贸易协定》这些在过去十年中达成的自由贸易协定中吸取经验。对公平与公正待遇以及投资者与国家间争端解决等议题也存在着同样的问题。

由于今年将有一些新政府上台，一些谈判方式可能需要重新审议。

资料来源：UNCTAD。

约》利用多边机制补充了国家和区域投资担保机制，从而加强了外国直接投资的法律保障。

WTO的《与贸易有关的投资措施协定》禁止某些与贸易有关的投资措施（作为乌拉圭回合的一部分被通过）。同样作为乌拉圭回合成果的一部分，《服务贸易总协定（GATS）》提供了一套全面的规则。这些规则覆盖了所有类型的国际服务提供，其中包括与外国直接投资相类似的“商业存在”。《服务贸易总协定》使成员国对于服务业活动自由化的范围和速度拥有相当大的灵活性。它允许各成员方在其承诺时间表中列出他们愿意开放的部门、条件和限制——即肯定列表方式。

在2001年11月WTO多哈第四次部长级会议宣言中，WTO各成员就贸易和投资关系的工作程序达成了一致（第20—22段）。[15]在此过程中，各成员承认（见第21段）为执行该决议，需要强化明确借助于联合国贸发会议的技术援助。[16]与之相应的是，WTO贸易与投资关系工作组（成立于1996年WTO新加坡部长会议）一直在考虑宣言第22段中列出的7个议题以及技术转让问题。该工作组于2002年12月1日召开的会议讨论了其年度报告以及一些发展中国家就母国措施和投资者义务所提出的议题。

该工作组已将讨论结果向WTO大会报告。在多哈已被认识到的是“建立一个使长期跨境投资、特别是外国直接投资获得透明、稳定和可预见的条件的多边框架将有助于扩大贸易的立场”（第20段）。还一致同意的是“在第五届部长级会议就谈判模式达成明确一致的基础上，在该届部长级会议后进行谈判。”（WTO 2001b，第20段）。[18]

C. 不同层面国际投资协定的特征

国际投资协定谈判的双边、区域和多边方式各有什么优点和缺点呢？[19]由于这三种方式各自服务于不同的目的，因此这个问题并无直接的答案。大多数双边投资协定的主要目的是在国际层面上提供投资者保护。将投资和贸易结合起来的双边和区域性协定旨在通过同时实行投资自由化以及有时附带保护的贸易自由化，获得市场扩大的利益。而多边方式则能够同时致力于保护和自由化。本节所陈述的是对与不同层面国际投资协定优缺点相关论据的总结，并无各国应该遵循其中某一种方式的判断。如果各国希望就国际投资协定进行谈判，它们完全可以自主决定最适合它们自己的方式。

1. 双边方式

双边方式，主要包括双边投资协定和涉及投资的自由贸易协定，其优点在于允许各国自由选择缔约方以达成协定，以及怎样使协定适应本国的具体情况。它们同时还使各国拥有设计本国的国际投资协定网的灵活性，能够与主要的投资来源国缔结协定，回避那些它们不太感兴趣或者可能会坚持非所希望条款的国家。由于允许就每一项协定分别进行谈判，因而较之多边方式能够给发展中国家更多的灵活性。另外，双边投资协定能够很快进行谈判。同样重要的是，绝大多数双边投资协定都仅仅涉及投资开业后阶段，对发展具有最大影响的准入和开业则留给东道国自主决定。

另一方面，谈判实力的不对等也会使实力较弱的国家和地区在双边协定谈判中处于不利地位。尽管在所有谈判过程中都存在这种情况，但是在较大的发达国家和小并且贫穷的发展中国家之间缔结的协定中，以及当双边协定超出狭窄的范围时，这种情况就具有特殊的意义。在一些最近缔结的协定中，与开业权相联系的自由化条款和扩大的被限制使用的业绩要求列表完善了投资者保护的主要目标。所以，双边协定“灵活性”的另一方面就在于发展中国家可以加入范围更广的国际投资协定。这种情况的含义——例如，由于最惠国待遇条款——尚远未被充分理解（专栏5.2）。

此外，设想联合国各成员国两两组合开展双边投资协定谈判（假设），则需要签订18000多份协议才能毫无遗漏。要想形成这种密集的协定网络，不但成本昂贵，而且管理起来也是一种挑战。另外，双边协定范围的扩大以及缔约双方在确定其条款时的自由都会导致不确定性，可能导致规则的不一致和法律冲突。

2. 区域和区域间方式

区域和区域间协议通常涉及一系列议题的处理，因而有较大的空间进行权衡和讨价还价。由于这类协定总的目标是扩大区域市场，因而常常包括外国人进入和开业的自由化，并且减少经营限制。在协议条款如何适用于不同国家方面，这些协定提供了——实际上是需要——更多的灵活性。这些协定经常使用例外、保留以及过渡期等，意在确保灵活性并适应处于不同发展阶段的参与方的需要和能力（见第五章）。

当区域协定包含原产地规则时，成员国在吸引外国直接投资时会获益。但是其不利之处在于这类协定是歧视性的。一体化区域以外的国家会因投资转移而遭受损失，第三方国家在这类地区进行投资也会导致贸易转移。

3. 多边方式

多边协议的优点和缺点很难评价。其优点与缺点的平衡取决于目标、结构、内容和实施。支持多边投资框架所提出的第一个论据就是它会促进外国直接投资的进一步扩张。被认为具备法律约束力的多边投资纪律通过为那些尚未被多边规则所包括部门的投资提供更大的透明度、稳定、可预见性和安全，从而改善现有环境。国际承诺也将有助于降低投资者的风险预期，缩小可能由东道国立法所显示的政策不稳定性的现实风险与外国投资者所认为的风险差距（Eglin 2002）。[20]如果较之其他国际投资协定，多边纪律可以降低更多的外国直接投资的障碍，有可能导致更多的投资流量（当然还要具有良好的经济决定因素与之相配合）。

然而，即使如此，多边一致同意的投资规则本身也不能保证更多的外国直接投资流量。[21]它也不可能预测外国直接投资流量的地理分布，因为这种分布主要取决于单个区位的经济基础条件。[22]

那么，新的框架还应该成为首要工作吗？由于GATS允许对服务业（限制最多的部门）的开放实行有选择的自由化，投资就已经包括在内了，并涉及到占世界2/3的外国直接投资（尽管就发展中国家来讲要少一些）。初级产业和制造业的规则当然会完善现有的有关服务业的规则。但是农业的外国直接投资的数量很少，而自然资源部门的外国直接投资大部分已被投资者和国家之间的个别合同所囊括了。同时，制造业已向外国直接投资开放，各国之间进行竞争，提供种种不同的激励措施，以吸引外国直接投资。此外，由于有了多边投资担保机构，投资担保的多边框架已经存在；在争端解决方面则有ICSID、UNCITRAL、《关于国外仲裁判决书承认与执行的纽约公约》等机制。

有些国家将多边规则视为双边和区域国际投资协定的主要补充，以建立一个共同的法律基础。[23]实际上，多边协定创造了可普遍用于国际投资协定标准的“底线”（如果采用GATS肯定列表方式，这种标准就不必是统一的）。有些国家担心这一底线太低了，即提供了低于双边和区域协定中的保护和市场准入标准；另一些国家则担心这一底线太高了（即使允许采用例外、减损和其他类似措施），致使本国政策空间受到过多限制。

无论底线高低，多边框架都会锁定所达成共识的内容。由于各国在进行双边和多边谈判时仍能不受约束地超越多边标准，所以多边框架不会构成投资领域规则的上限。[24]换句话讲，多边投资框架不可能取代大量并且日益增长的国际投资协定。多边协定很有可能只是未来更深层次双边和区域谈判的一个起点。

高水平的协定可能难以缔结的原因之一就是多边谈判中的谈判动态常常会导致最低共同标准的妥协。[25]但是，还有一个实质性的原因是发展中国家关注协定会过度限制本国的政策空间，权利和义务的平衡会向它们倾斜。本质上，尽管可以设立例外和其他条款，但是多边谈判往往会致力于统一的适用于所有情形的解决方案。在这种情况下，灵活性、特殊和差别待遇以及特定的发展条款就变得密切相关了（第五章）。

还需要考虑的是，多边谈判也为权衡提供了机会。在就投资谈判方式达成明确共识的过程中，发展中国家得以提出它们自己有关谈判表的一些议题（除了那些已经提出的，从农业开始的议题之外）：

- 扩大GATS模式4（自然人移动）
- 增加使用被禁止的与贸易有关的投资措施的灵活性，阐明《与贸易有关的投资措施协定》的示例表以包括其扩展。
- 承诺减少某些与投资相关的贸易措施（UNCTAD 1999e），诸如发达国家采用的最高关税、关税升级和反倾销规则。
- 做出承诺的母国采取各种措施鼓励对发展中国家的直接投资并增加发展中国家的收益。
- 承诺鼓励跨国公司成为好公司公民。
- 同意在投资中做出实质性和持续的努力。

在现阶段很难对上述想法的可行性做出评价。但是，如果发展中国家需要进行准备，努力根据发展中国家自身的需要和重点来讨论投资事宜，那么，上述想法都可以成为积极投资议程的一部分。

多边投资框架的主张最终可能会取决于各国在何种程度上认为多边主义是更具有吸引力的方式。一直以来，多边方式都被视为弱国积聚力量的一种方式，使之在与强国的对抗中处于较有利的地位。但是这并不意味着其实力差异的消失。像双边和区域协定一样，多边谈判也涉及讨价还价的实力和谈判能力，由于存在这种固有的风险，实力较强的一方仍然可能占据上风。而且，投资领域中的多边主义与贸易领域中的多边主义并不一定相同，后者具有互惠、非歧视性以及特殊与差别待遇等明确特征：

- 贸易互惠所依据的事实是各国均出口和进口。在投资领域中，每个国家都至少会吸引一些投资，但是对于绝大多数发展中国家来讲，其对外直接投资是微不足道的。
- 在贸易领域中，非歧视性适用于市场交易的货物和服务的待遇，并且至少在原则上具有相当明确的限定。而在投资领域中，非歧视性涉及到广泛的一系列政策——在原则上涉及到所有与生产（实际上是发展）过程有关的政策。在投资领域中，非歧视性更加具有侵入性和敏感性，因而更难予以处理。
- 在贸易中，特殊和差别待遇原则已经得以完全确立，尽管即使在贸易中该原则也未完全得以执行，但是仍然可以在很多方面发现其表现形式。而在投资领域，该原则仍需进一步发展并予以落实。

由此可见，多边方式如果予以实施，其本身会产生与众不同的一些问题——这些问题对于双边和区域方式来讲也同样存在。

因此，在原则上，至少就那些能够取得共同立场的实质性问题而言，多边谈判较之双边和区域协定使发展中国家拥有更大的影响力。特别是，利用多边方式，发展中国家得以积聚其影响力，也许能够获得（或者保护）它们在双边和区域层面上很难获得（或者保护）的利益，亦即在关键议题和发展条款上取得对发展更有利的成果。多边框架还可以作为双边和区域协定的基准，在此方面通过提供一个已被接受的模式以供考虑，从而为各国提供帮助。对于那些希望以多边纪律来支持国内投资改革的政府来讲，多边框架也是有帮助的。

随着外国直接投资的增长，很可能会更频繁地发生投资冲突，发展中国家也许希望能够在基于“法律原则”而不是“实力原则”的框架内来解决争端。但是将投资议题纳入WTO，将增加发展中国家的风险，发展中国家将会发现它们只能接受WTO争端解决机制中报复性的、与贸易有关行动的结果。除非找到某些方式使得发展中国家能够摆脱交叉报复，[26]该机制就会被用来惩罚那些在非投资领域中违反投资规则的国家。

还存在着更广泛的担心，其中最突出的是担心在WTO发起有关投资的多边谈判，会转移对有关已很详尽的国际经济议程的议题的注意力，而这些议题是更为迫切的。如果投资自由化已经在单边、双边和区域的基础上发生了，难道WTO就不应将重点放在诸如农业、现有协定的实施以及特殊和差别待遇等领域吗？在WTO内的多边框架谈判要求对于WTO所有协定之间的一致性，及其和贸易与投资领域中其他协定的关系给予特别注意，而这是一件非常困难的任务。

需要重申的是，上述论点都是在多边投资框架的谈判中提出来的。每个国家都应自行决定上述（以及其他）论点中哪一种论点反映了本国的利益，并据此采取自己的行动方针。

* * *

总之，各个层面上国际投资协定的迅速发展意味着，从20年以前，制定国内外国直接投资政策的背景已大为不同。制定国际规则的不同方式都有其优点和缺点、收益和成本。对于一个国家来讲，遵循其中一种方式是否合乎需要主要取决于它想从协定中得到什么，是投资者保护，自由化还是更广泛的国际合作？最后，任何一项协定的发展导向都取决于其目标、结构、实质性条款和实施。显而易见的是，这些协定既对本章开篇确认的8个关键国内政策议题产生影响，也与之相互作用。至于怎样和在何种程度上产生影响和相互作用则是本报告第四章的主题。

注　释

1 此外讨论的许多议题的详情参见《1996年世界投资报告》；UNCTAD的《国际投资协定议题系列》（日内瓦，联合国，历年）；UNCTAD 1998a；以及WTO秘书处向贸易与投资工作组提交的报告及其会议的报告（日内瓦，WTO，各年）。

2 尽管目前的趋势是经济因素在影响政策目标方面更加

重要，但还是应当在东道国政策予以实施的政治、经济、文化和历史背景中对经济因素予以考察。

3 关于不同类型外国直接投资及其决定因素的比较全面的讨论参见《1998年世界投资报告》第四章。

4 业绩要求和提供激励的联系更为紧密，从而使这些要求成为与区位激励不同的行为激励。

5 有关这些关注的详尽讨论，参见《1999年世界投资报告》。

6 在《多哈宣言》第22段，或者在WTO贸易与投资关系工作组的讨论中，都提到这些议题。例外包括管制征用和激励。前者在NADFTA的情况中起着重要的作用，这个作用在《多哈宣言》中成为管制权利的参照。激励也与业绩要求紧密联系，并且无论在何种情况下都应部分地遵守《WTO补贴和反补贴措施协定》，限制性商业行为也是该工作组讨论最多的竞争政策方面。

7 政府在国家层面奉行的政策和其在国际层面上愿意奉行的政策可能会有差异。例如，一国政府可能制定了某些行业向外国投资者开放的法律或者法规，但与此同时，仅仅是为了获得在必要时可改变其政策的灵活性，它可能不愿意在国际投资协定中对开业权做出承诺。在贸易领域也存在同样的现象，例如实际关税常常低于法定关税。

8 除非另有说明，本章和下一章提及的国际投资协定都包含在UNCTAD《国际投资协定：纲要》（日内瓦：UNCTAD，各年）中。欧盟的诞生对许多区域体制都有影响，这些区域体制尽管没有像欧盟那样在某些超国家因素方面走得那么远，但是它们也希望取得欧盟那样的成功。由于欧盟是一个已建立的超国家的法律秩序，其宗旨是在由欧盟法所覆盖的领域内使其成员国一体化，所以在下面的章节中就不再对欧盟进行讨论了。

9 发达国家之间不缔结双边投资协定，因为其法律体系已经反映了投资者保护的标准，这些标准是在多年处理这类问题的经验中发展起来的。与双边投资协定平行的是各国缔结避免双重征税协定，截至2002年底共缔结了2256个这类协定（图1.11）。这类协定主要处理可纳税收入的分配，减少双重征税的发生。

10 然而，这些协定还远未覆盖全部地理范围，若想确保全部覆盖世界上191个国家和地区，需要18145个双边投资协定。

11 根据27个可获得按目的地分类统计的外国直接投资流出存量数据的国家计算。这些国家占世界外国直接投资存量的3/4以上。

12 于2002年3月22日签订的《韩国政府和日本政府关于投资自由化、促进和保护的协定》可能具有说明作用。

13 最近和UNCTAD类似的一次测试发现，截至20世纪90年代末“双边投资协定在解释外国直接投资增长方面几乎没有独立的作用”，而且“缔结双边投资协定的国家并不比没有缔结这类协定的国家更具有可能吸收更多的外国直接投资”（世界银行2003，第129页）。但是一项关于中东欧外国直接投资决定因素的研究发现，“双边投资协定、企业改革的程度和利润汇回规则倾向于激励外国直接投资”（Grosse 和 Trevino 2002，第22页）。

14 这些文件（或者相关的摘要）大多数发表于UNCTAD的《国际投资协定：纲要》（日内瓦：UNCTAD，历年）。

15 “部长宣言”（WTO 2001b）。

16 相关段落的内容参看《2002年世界投资报告》第一章，有关UNCTAD在此领域内活动的进展报告参见UNCTAD，2002h，2003e。

17 《多哈宣言》在第22段中规定“在第五次会议召开前的时期内，贸易与投资关系工作小组的进一步工作应集中在澄清如下内容：范围与定义、透明度、非歧视性、基于GATS类型的开业前承诺模式、肯定列表方式、发展条款、例外和国际收支保障、成员国间磋商和争端解决”。

18 在多哈部长会议结束时的说明性陈述中，主席评述说：“我希望指出一些代表团已经要求澄清宣言草案的相关第20、23、26和27段。我要说的是，就涉及到需要达成“明确共识”而言，在这些段落中，为了在第五次部长会议上做出决定，我的理解是在那次会议上，在有关投资与贸易、贸易和竞争政策、政府采购、透明度和贸易便利化的谈判能够开展之前，需要采取一项经由明确共识达成的一项决定。我认为，这还将赋予每个成员国以权利，就那些在第五次部长会议后阻碍谈判继续进行的种种方式采取某种立场，直到该成员准备和其他成员达成明确共识。（www. wto. org/english/thewto_ e/minist_ e/min01_ e/min01_ chair_ speaking_ e. htm）

19 有关这个主题的文献很多。非政府组织在讨论中特别活跃。最近的例子见 Action Aid 2003；Chang 和 Green 2003；CUTS 2003；Hardstaff 2003；Khor 2002；Oxfam at el 2003b；World Development and Friends of the Earth 2003。

20 从另一方面来讲（这也适用于双边层面和区域层面），跨国公司和东道国之间签订投资合同也可以减少投资风险（这在某些初级产业是常见的做法）。这些合同通常拥有具有法律约束力的保护条款，这些条款已超出了在适用的双边或者区域协定中的相应条款，更不用说在国内立法中的相应条款了。在像大型基础设施开发这样的多国投资项目中，有关东道国可以利用政府间协定来补充现有双边投资协定，以增强投资者的安全，在这些协定中东道国会对某些标准做出承诺，并将这些承诺加入和投资者签订的投资合同中。

21 WTO 贸易与投资关系工作组引用了“加拿大、哥斯达黎加和韩国通报”中的“同样，WTO 的多边投资框架不会保证更多的投资流量”（WTO 文件 WT/WGTI/W/162，第 2 页）。最近一份世界银行报告也得出了类似的结论：“不能期望那些致力于建立投资者保护的国际协定显著增加新签约国的外国直接投资流量”。

22 在此部分，已表明多边规则体系，而不是双边和区域协定网络，将有助于建立世界范围内公平的竞技场所。这可以使投资决策更多地根据不同东道国的经济效率和现实机会。更密切的多边合作还可以降低由规则冲突、激励、补贴和市场准入歧视而造成的扭曲。它可以保证外国直接投资更好的配置，从而释放出那些可能由于扭曲而被无效使用的资源。

23 人们还可能认为，多边谈判可能会更具有透明度（和双边谈判相比），原因在于多边谈判具有较高的形象，因此它们更有可能受到公众，其中包括民间社会团体的详细审查。

24 除非对 GATT 第 16 条经济一体化条款的某种变体明确达成一致。

25 但是并不一定如此：见《与贸易有关的知识产权协定》。

26 由 WTO 争端解决机构授权的交叉报复的案例很少。

第四章
八个关键问题：各国经验和国际处理方式

随着各国更多地参与制定国际投资规则，它们面临着由制定国内政策和国际规则之间的相互影响而产生的种种复杂问题。其中有八个问题尤为重要和敏感：

- 如何定义投资。
- 如何对待外国直接投资的进入和随后外国分支机构的运行。
- 合法的政策行为和管制征收之间的界线应该在哪里。
- 争端解决应该使用什么机制。
- 如何使用业绩要求和激励。
- 如何鼓励技术转让。
- 如何确保竞争，包括对跨国公司国外分支机构限制性商业惯例的控制。

在制定各国的外国直接投资政策或者进行国际投资协定谈判时，值得谈判者给予关注的重要问题不只是上述八个。其他重要问题还包括最惠国待遇、公平和公正待遇、透明度、治外法权问题和税收。[1] 总的来讲，围绕这些问题的争议相对较少。[2] 还有一些比较普遍的问题，其中包括自由化的方式。通过“否定列表”方式，各国列出它们希望免于自由化的行业。通过“肯定列表”（或者“GATS 类型”）方式，各国列出适用某一协定中具体条款的行业和适用这些条款的条件。这些问题（以及其他问题）将在下一章（第五章）进行讨论。

A. 投资的定义

在国际投资协定中，“投资”的定义和实体条款一起界定了投资的范围和边界，对发展具有深远的意义。对发展中国家来讲，关键的问题在于投资的定义是狭义的集中于外国直接投资的定义，还是广义的包括几乎所有与外国投资者有关的资产的定义。在 WTO 贸易与投资关系工作组的讨论中，发展中国家已经表明了对狭义定义的偏好，但是在国际投资协定中的趋势是向基于资产的广义定义发展。但是即使是广义的定义也可以施加限制，例如利用保留措施，给予各国将某些类型的投资（例如证券投资）排除在外的权利，或者限制具体运作条款的适用性。另一种方法是，在就某一国际投资协定进行谈判时，给予各国政府承诺狭义或者广义投资定义的选择权。

1. 为什么投资定义至关重要

投资定义就其本身来讲对吸引外国直接投资或者从外国直接投资中获得更多的利益并没有直接影响。但是将某种资本或者资产定义为“投资”，就意味着要给予外国投资者具体的权利以便利外国投资。投资定义也引起了种种担心。对许多发展中国家来讲，履行金融转移要求的义务有时是非常困难的。对于某种类型和规模的资本流动进行宏观经济管理也会带来复杂局面，因为这类资本流动可能不受政府控制。不稳定的资本流动对国内金融稳定也会产生影响。

因此，由于界定了这些法律和国际投资协定中的运作条款所适用的资产或者投资，投资定义对与外国直接投资有关的国家法律和国际协定来讲至关重要，例如投资定义涉及到国民待遇。主要的问题不在于外国直接投资是否应该被定义为投资——外国直接投资确实是投资。问题在于其他类投资是否也应该给予同样的地位，例如证券投资（股权投资和债务投资）、其他资本流动（银行贷款、非银行贷款和其他）以及各种投资资产（有形和无形资产，其中包括知识产权）等。[3]

“投资”没有一种普遍接受的涵义。在国际上被接受的，用于国际收支统计的对跨国境外国投资流量进行分类和记录的方法是将投资分为直接投资、证券投资、金融衍生工具以及其他投资。[4] 各国法律和国际投资协定对“投资”和“外国投资”也都各有定义，这些定义通常与国际收支的定义存在很大不同。除了某些类型的跨国投资流动之外，它们还可能包括范围广泛的各种资产，其中既有有形资产也有无形资产。事实上，在这些法律和协定中使用的定义存在很大差别。[5]需要注意的是，在争端解决过程中，很难肯定地预测对于投资的法律解释。

不同类型的资本流动对东道国具有不同的含义：一些资本流动是长期的，通常不易出现迅速的逆转和投机性流动；还有一些具有高度的流动性，很容易出现逆转。对于具有高度流动性的资本流动实行完全自由化可能具有深远的政策含义。实际上，国际投资协定对签约国所要求的资本账户自由化程度对一些发展中国家来讲是非常重要的。

由于拥有相对发达的金融市场和管制框架、相对稳定的宏观经济条件以及可兑换的货币，发达国家已经实现了资本账户的完全自由化，其中包括所有形式的资本流动和其他类型的投资。在与发展中国家的谈判中，发达国家常常寻求广义的定义以保护投资所形成的资产并促进自由化。私人部门也愿意选择更为宽泛的定义，这并不一定是因为他们希望进行套利或者投机，而是因为他们希望得到更多的安全。

但是，许多发展中东道国政府十分谨慎，至少在多边讨论中是这样。他们希望保留政策工具以便能够用不同的方式来处理不同的投资流动，而不是将它们都定义为投资，从而限制了政策工具的使用。由于证券投资工具和衍生工具可以被用于投机目的，扰乱外汇市场和国内金融市场的稳定，因此政府可能更愿意将它们排除在投资定义之外。这保留了政府实施维护金融稳定政策的灵活性，因此许多发展中国家更愿意（至少是在多边讨论中）将“投资”的定义限制在长期资本流动的范围内而排除那些具有潜在波动性的资本流动。

因此，对许多国家来讲，将非外国直接投资形式的投资包括进来是一件非常困难的事。其中一些困难可能可以通过特殊条款、例外和保障措施来解决。[6]但是定义越宽泛，这样做的难度就越大。对传统的国际收支危机、投机性攻击和海外危机传染的保障机制在这里也十分重要。[7]

从概念上来讲，外国直接投资和外国证券投资是不同的。直接投资不仅涉及在外国分支机构中的长期利益，而且对外国分支机构的管理具有重大影响。证券投资可能包含长期利益，但是很少会涉及管理控制。出于统计目的，10%的股权被确定为区分直接投资者和间接投资者股权持有的临界值。[8]但是在实际上，不同类型投资之间的界线有时很难划分。在某些情况下，外国投资者可能用其资产作为抵押从当地资本市场借款，或者用投资收益来进行套利或者投机。[9]相反，尽管持股比例不大，但是风险资本家却可能在对一家风险企业的管理产生重要影响，这种传统上定义为证券投资的活动与直接投资是类似的。但是对于大额的投资流动，区分外国直接投资与非外国直接投资是可能的。

2. 定义的范围

广义投资定义的总体趋势不是普遍的，在不同的发展水平上投资的定义存在很大的差异。许多发达国家并没有专门针对外国直接投资的立法或者政策，因此也就不需要对外国直接投资进行定义。由于关注不稳定资本流动的影响，发展中国家采用的是狭义定义（即使没有采用法律术语，但是在实际上也是如此）。20世纪90年代的金融危机进一步强调了采用投资定义时要更加谨慎的主张。

投资定义可能会扩大或者缩小国际投资协定的适用范围。但是由于投资定义的应用是通过国际投资协定中的实体条款来实现的，因此不可能对其单独考虑。

国际投资协定中使用了三种类型的投资定义：基于资产的定义、基于交易的定义或者基于企业的定义：

- 基于资产的定义在投资保护协定中是最常见的。这种定义通常是广义的，包括资产和资本流动、动产和不动产、在公司中的利益、对货币的要求权、知识产权和特许权。但是，可以对这种定义有意识地加以限制。例如，政府根据东道国的法律，或者基于事前的行政审批来限制投资的范围。政府还可以将在国际投资协定达成之前进行的投资或者诸如证券投资等投资排除在外。有些国家政府还对投资的最小规模提出限制。
- 基于交易的投资定义保护的不是资产，而是外国投资者所创造或者用来收购国内资产的金融资本。例如，《OECD资本流动自由化法令》没有对投资进行定义，但是有一个需要遵守自由化承诺的居民和非居民之间资本交易的列表，其中包括投资的流入和流出。

- 基于企业的定义将自由化和保护的范围限定在外国投资者在东道国建立的企业。例如，这种定义曾用于1998年的《美国—加拿大自由贸易协定》，其范围看来是比基于资产的定义狭窄，而基于资产的定义还包括公司和资本流动之外的资产。该定义的范围可以扩大到企业在开业后进行的所有投资，潜在的范围非常宽泛。

国际投资协定处理投资定义的方式主要取决于各种协定的范围和目的。一些国际投资协定旨在使投资制度自由化，还有一些则是投资保护。[10]在现实中这种区别并不是很明显的。例如，双边投资协定的目的一般是投资保护，但是也可能具有自由化效应，比如说，通过双边投资协定中国民待遇条款就会产生这种效应。

不仅包括双边投资协定，而且也包括一些区域协定在内的以投资保护为目的的国际投资协定通常采用一种广义的、不封口的、基于资产的定义，这种定义“实际上涵盖了所有在东道国的具有财务价值的产权”（Wälde 2003）（尽管可能受到某种限制，例如将某些类型的投资排除在外）。这种方向已经成为一种趋势。特别是，大多数双边投资协定都使用这种方式。《东盟投资保护和促进协定》这一区域投资保护协定（在目的和功能上与双边投资协定相类似）采用的是“涵盖各种资产”的广义投资定义。

其他区域协定采用了不同的投资定义方式，这取决于投资条款的目的。一些以投资自由化为目的的区域协定使用了相对狭义的定义。例如，1998年《东盟投资区框架协定》明确将证券投资排除在外，2000年欧盟自由贸易联盟成员国和墨西哥之间的自由贸易协定也是如此。

《服务贸易总协定》没有对投资进行定义，但是将商业存在定义为“任何类型的商业或者专业实体”。实际上《服务贸易总协定》使用的是基于企业的定义。《与贸易有关的投资措施协定》也没有对投资进行定义。[11]

3. 未来的选择

投资协定定义投资的方式应与协定的目的具有直接的关系：

- 保护投资，如防止征收。
- 投资流动自由化，如通过给予准入和开业的权利或降低股权限制。
- 投资促进，如通过投资担保。
- 投资管制，如在禁止腐败行为的情况下。

对于具有上述多种目的的投资协定来讲，其挑战是在以下两个方面取得可以接受的平衡：（a）允许企业拥有组织投资和为其投资融资的灵活性；和（b）给予发展中国家应对潜在不稳定资本流动的灵活性。协定各方所追求的一体化程度也可能与如何定义投资有关：所追求的一体化程度越高，预期追求的保护和自由化程度也会越高，采取的投资定义可能就会越宽泛。

在上述条件下，谈判者可行的选择[12]在于以下两者之间：使用狭义的定义（主要是外国直接投资）；使用保留投资流入审核权利的广义定义，给予有条件的准入或者对协定加以限制的实体条款。这些选择包括：

- 如果担心的是证券投资可能会迅速撤出，国际投资协定可以包含证券投资，但是货币转移条款只适用于在东道国超过某个最低期限的投资。
- 另一种选择是在具体协定中根据不同的目的而采用广义和狭义混合的定义。例如，一个广义的基于资产的定义可能用于投资保护，而一个较狭窄的基于交易的定义则可以用于处理跨国投资自由化。
- 可以通过保留列表或者有限的具体承诺来限制某些受到纪律约束的投资，以缩小国际投资协定的适用范围。
- 允许各国政府根据协定的目的来决定是否愿意承诺广义或者狭义的定义。肯定列表方式提供了这种灵活性。

上述考虑潜在的理由是什么？一项国际投资协定的最终影响来自于其定义条款和其运作条款之间的相互作用。在使用投资定义来帮助达到发展目标方面应有足够的灵活性。

B. 国民待遇

“国民待遇”对发展的影响最大。对投资者也至关重要。[13]在当前的使用中，国民待遇将两个过去分别处理的概念结合在一起：

- "开业的权利"（或者"进入和开业"），或者目前的"进入前阶段国民待遇"，和广义而言的"市场准入"。[14]
- 投资过程中"开业后阶段国民待遇"，也即传统上使用的"国民待遇"。

尽管东道国已具有相当程度的（单边）开放，但是大多数非 OECD 国家政府在国际投资协定中还是保留了控制外国直接投资进入和开业的权利。比较普遍接受的是进入后阶段的国民待遇。

1. 国民待遇的中心地位

国民待遇可以定义为"这样一种原则，根据这种原则东道国政府在同等条件下给予外国投资者的待遇不低于其在同等条件下给予本国投资者的待遇"（UNCTAD 1999b，第 1 页）。该概念对于跨国公司的全球战略极为重要。进入是跨国经营的第一步（也是根本性的一步），使得企业可以获得它们所需的市场和资源来建立区位资产组合，以提高其国际竞争力。进入后的国民待遇使得它们可以与当地企业在公平的基础上进行竞争。[15]在这两者之间，开业后的非歧视尤为重要，因为开业后的非歧视要求给予在同等条件下不低于本国投资者的待遇，从而直接影响外国分支机构的日常运作。

对东道国来讲，外国投资者的国民待遇直接关系到促进本国企业以及国内能力建设和提升的政策。在国际法中，一国拥有绝对的权利控制投资者在其领土内的进入和开业、决定进入和开业的条件以及所有权和控制权的性质（UNCTAD 1999a）。控制措施可能包括完全或者在某些部门将外国直接投资排除在外，以及采用各种限制，例如对允许外国投资者持有股权比例的限制、对合资或者当地人员参与管理的要求以及通过指定机构对外资的进入进行审核等。

一旦外国投资者开业后，东道国一般都为外国分支机构提供国民待遇（UNCTAD 1999b）。但是给予这种待遇的一个典型条件是外国分支机构与国内企业处于"同等条件"[16]，这就使政府有可能对处于不同条件下的本国企业提供特殊支持。但即使在这里也存在政策差异，在发达国家和发展中国家中都有例外。这一问题是如此敏感，以至于发达国家在 1961 年通过《OECD 资本移动自由化法令》之后，花了大约 25 年之久才在它们之间认可外国投资者开业的权利。[17]

2. 国内政策模式

控制进入和开业权利仍然是对外国直接投资进行管制的最重要的工具。因此也就不用奇怪在开放 20 多年后各国仍然保持对进入和开业的限制。实际上，目前没有任何国家向外国投资者提供无条件的进入权（WTO 2002b）。但是在不同行业或者部门存在很大的差别。在制造业中保留的对准入和开业的限制相对很少。在自然资源行业情况要复杂一些，这反映了在该行业中生产要素不能流动的现实。过去这一部门受到严格控制，在 20 世纪 70 年代期间出现了大规模的国有化和国家控制法。如今，尽管仍然存在某些限制，但是政策倾向于更为放松。在服务业也存在逐步自由化的趋势，尽管对准入和开业的控制因所提供服务而各不相同，这取决于为确保有效运营所需要的管制。例如，旅游业对外国直接投资通常是相当开放的，而对传媒业中的外国所有权一般都加以限制。在金融服务业，政府也保持了相当高水平的控制。

在各国的外国直接投资法律中通常没有明确保证进入后的国民待遇。一些法规包含了禁止实行歧视的一般性条款。[18]其他的国内法律则在投资者——投资担保条款中涉及这一准则。[19]无论开业后的国民待遇是明确还是隐含的，都没有提供限制国家进行管制的依据。通常所认可的是，只要国家管制没有导致基于国籍的歧视，这些管制就是一国行使其管制权的正常行为（见第五章）。这种解释也可以适用于对东道国国内少数群体、种族群体、当地居民或者其他弱势群体的特殊权利。如果这些权利适用于所有的商业活动，那么它们就不能不被解释为违反了开业后的国民待遇。[20]

开业前和开业后阶段的国民待遇都有许多例外，尤其在服务部门（图 4.1）。还有一个趋势是在开业前和开业后两个阶段适用相同或者类似的保留或者例外条款，尤其在 OECD 国家。

3. 国民待遇和经济影响

国民待遇措施必须根据外国直接投资政策的目标来进行评价。由于很难评估一些非经济目标的完成情况，因此，在给定国民待遇对发展至关重要的前提下，本节将主要对经济因素进行较为

图 4.1 1998 年按产业统计的《多边投资协定》谈判中的保留[a]

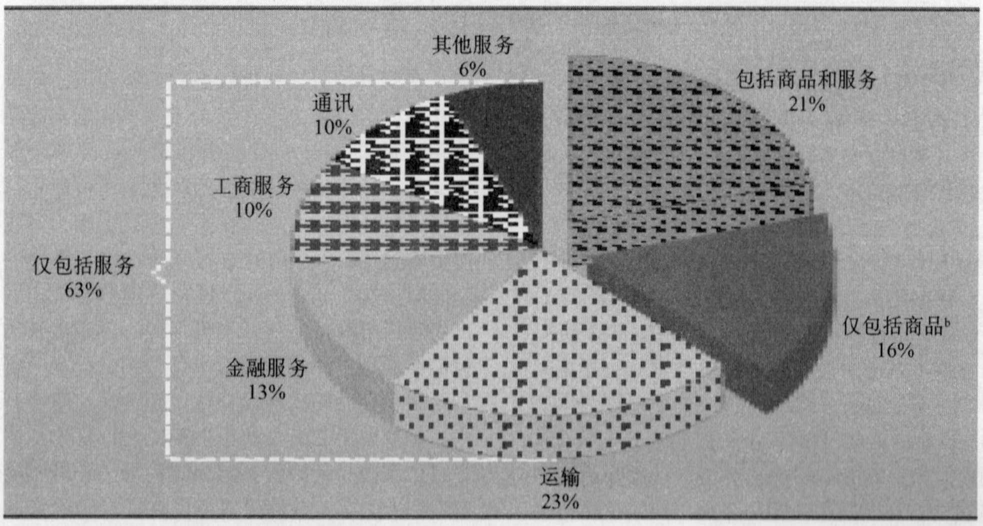

资料来源：UNCTAD，根据 Sauve，2002 年。

a.《多边投资协定》中的保留与下列原则和领域的应用有关：国民待遇、最惠国待遇、业绩要求、关键人员、国内管制和争端解决。

b. 保留几乎全部与业绩要求和公司董事会的国籍/公民要求有关。

详细的讨论。对国民待遇的经济分析围绕以下三个问题展开：

1. 外国直接投资政策自由化的经济理由是什么？
2. 控制外国直接投资进入和开业的理由是什么？
3. 一旦允许跨国公司进入某个国家之后，对国民待遇的主要考虑是什么？

a. 开业前

外国直接投资自由化的理由和贸易自由化的理由是类似的：在适当的条件下，外国直接投资越自由，可以导致资源在各国之间的配置越有效，并且资源在那些市场没有扭曲的东道国国内的配置也越有效。[21]但是这个理由依赖于一个常常是有问题的假设，即假设市场是有效的，并且存在使市场发挥作用的制度，而且制度本身也能够有效运行——特别是对发展中国家来讲，这个假设是有问题的。在发展中国家，许多市场是无效率的，并且一些市场可能只是正在形成中。制度和法律体系通常也很不完善。而且，僵化的经济对经济全球化的挑战反应迟钝（或者没有准备）。

因此，市场和制度失灵是限制外国直接投资自由流动的基本原因。但是市场和制度失灵的存在并不能成为干预外国直接投资进入的充分条件。在国际投资理论中，跨国公司的存在是由于它们拥有克服市场不完全的能力。它们拥有其他企业所不拥有的（所有权）优势，并且它们对这些优势实行内部化而不是在公开市场上出售，这两个方面都违背了完全竞争的规则。由于外国直接投资依赖于对这些优势的利用，因此只有在这些优势的使用损害了东道国经济，比如说，跨国公司从事反竞争的商业行为时，才有理由对外国直接投资进行限制。这种情况是可能出现的，因为跨国公司的全球利益与东道国的利益可能并不一致：跨国公司可以在全球范围内使其利润最大化（即克服“市场不完全”），但是东道国的状况却不会得到改善。即使在市场失灵使得更自由的外国直接投资有害时，仍有理由主张只有在政府有能力设计和实施有效干预，从而产生更好的社会或者经济结果时，才能对外国直接投资进行限制。政府失灵的成本一定不能超过市场失灵；否则，经济将会更糟。

还可以提出的控制外国直接投资进入和开业的理由是：在自由市场条件下，不加限制的外国直接投资进入可能会限制当地企业的发展，而且不能增加有益的外部性：

- 幼稚的当地企业家才能。最为普遍的担心是，通过阻止潜在的当地投资者进入具有强大外资存在的商业活动，即在有外国投资者存在的领域挤出潜在的当地投资者，外国直接投资会危害当地企业家才能的发展（专栏 4.1）。幼稚企业论与幼稚产业论是类似的：国内企业建立竞争能力需要时间，而且投资存在风险，学习的代价也很高。[22]面对依靠母公司的技能、资本、

专栏 4.1　挤出有多么严重

外国直接投资流入可能会挤出国内企业，这是一些发展中东道国政府所关心的问题。[a] 这种情况发生的频率有多高？对经济效率意味着什么？政府可以使用何种政策工具来减轻其负面影响？

经验证据是复杂的。在一项对 39 个国家 1970—1996 年期间长期数据的计量检验中，在 10 个国家发现了某种程度上的挤出或挤入效应，但在 19 个国家的影响是中性的（《1999 年世界投资报告》，第 172—173 页）。在亚洲不存在挤出效应，但在拉美却相当常见。早期对加拿大的研究（Van Loo，1977）和对 69 个发展中国家的研究（Borensztein et al. 1995）所得出的结论是，总体上讲，外国直接投资刺激了国内投资增加，因而具有挤入效应。最近对 83 个国家 1980—1999 年期间的检验（Kumar 和 Prakash Pradhan 2002）发现，在 31 个国家中外国直接投资对国内投资没有影响，在 29 个国家存在净挤出效应，在 23 个国家存在净挤入效应。

经验证据的多样性可能是由于不同国家所吸引的外国直接投资类型是不同的。那些主要吸引了国内市场寻求型外国直接投资的国家更可能出现挤出效应，这是因为外国分支机构的开业导致了与当地企业的正面竞争。但对于出口导向型外国直接投资来说，情况可能就没有那么严重。

这些经验研究很少能够解释挤出的发展含义，或解释应对这种挤出的政策选择。挤出的发生可能是由于两个主要原因，这两个原因在理论上是可以相互区分的：（1）由于外国分支机构较高的效率和产品质量导致国内企业消亡；（2）由于外国分支机构拥有更好的渠道获得金融资源和/或从事反竞争行为导致国内企业关闭。不幸的是，尽管这两种情形的政策含义可能不同，但这方面的经验证据却很少。在第一种情形中，对福利的初始净影响为正，因此政府进行干预的经济理由必须是，随着时间推移，产业的非本国化可能会对稳定和经济活动产生负面影响。在第二种情形中，存在着福利损失，政府需要通过各种渠道予以干预。例如，政府可能需要为当地中小企业提供融资补贴。在存在反竞争行为的情形中，采取矫正措施是竞争主管机构的责任。

如果在一开始就可以预测到某一外国直接投资项目的净影响为负，政府可以考虑在进入阶段采取行动（通过拒绝进入或只在一定条件下允许进入）。如果是在开业后阶段净影响转变为负，特定行业的竞争主管机构或者管理机构通常能够减轻挤出的程度。

在所有存在挤出效应的情形中，政府都可以利用税收政策来鼓励从关闭的活动中撤出的资金重新投入新的投资项目。此外，即使挤出的短期静态影响为负，但对东道国经济效率的动态影响可能为正。不管怎样，这一问题仍未得到解决，需要进一步的分析来澄清相关的问题，特别是要说明，在什么情况下挤出更可能发生以及对发展有什么影响？一个更为详尽的分析可能也会帮助政府根据本国的发展目标来设计适当的政策措施。

资料来源：UNCTAD。

a. 这种挤出不同于国内企业被外国投资者收购（跨国并购）（见《2000 年世界投资报告》），尽管在某些情况下它们是同时出现的。

技术和品牌的外国分支机构，当地企业可能无法建立这些能力。它们可能被迫撤向那些复杂程度较低或者外资存在较少的活动。它们可能将其早期的工厂出售给外国进入者，在巴西和墨西哥的汽车零部件行业中就发生过这种情况（Mortimore 1998）。

- 但要注意的是，只有在受保护的企业能够在一个合理的时期内获得充分的竞争力时，对幼稚企业家（和幼稚行业）的保护才是合理的。如果保护导致的是永远的“跛足者”而不是成长的健康婴儿，保护将会给东道国经济带来不合理的成本。受到促进的企业也必须有能力保持竞争力。它们必须掌握在开始阶段所使用的技术和组织技能，并跟上以后的发展。韩国和中国台湾是这方面突出的例子，在早期的发展中它们都曾严格限制外国直接投资流入以培育国内企业家才能。
- 当地技术深化。强大的外资存在可能会阻止当地竞争者投资于具有高风险的创新（或者其他）能力，而转向从国外购买现成的技术或者技能。此外，新技术可能会十分昂贵并且难以获得，当韩国企业在出口市场上成为技术供应商的威胁时，它们就发现了这一点。如果外国直接投资阻碍了当地企业的研发活动，当地企业与跨国公司之间的技术差距可能就会扩大，从而使得它们在技术密集型活动中被边缘化。由于外国分支机构现有的海外创新能力，以及与母国技术机构和其他企业的强大联系，它们可能不愿对当地的研发活动进行投资《1999 年世界投资报告》。
- 新技术的利用。在当地企业和外国企业都从事研发活动并且创造了新技术时，当地企业可能会更多地在东道国内利用这种创新的好处，而外国分支机构则可能向其母公司转移这种知识，以便在别处加以利用。

- 更多的溢出。即使当地企业和外国企业在其他方面相似，但是由于当地企业拥有更好的当地知识和更强的当地责任，因此它们可能会产生更多的溢出利益。当地企业可能会更多地从当地采购投入，雇佣更多的当地技术工人，与当地技术和培训机构进行更密切的互动等等。
- 自由转移的活动。当条件发生变化时，较之国内企业，外国投资者可能会更容易转移到其他国家，至少在沉没成本较低时是这样。国内企业可能会拥有母国的更强的责任，因此可能在改善当地竞争力基础方面进行更多的投资。
- 经济控制的丧失。外国分支机构会对国际市场的信号以及国外决策者的战略做出反应。它们还可能受到来自母国政府压力的影响。在当地与外国的利益或者认识发生分歧，或者涉及敏感的技术或者活动（比如说，涉及到国家安全）时，东道国可能要承受代价。

许多国家政府希望吸引外国直接投资是出于外国直接投资的某些特定优势，例如先进技术或者出口。当外国投资者不能提供这些优势时，政府可能就会觉得当地企业不需要面对来自外国直接投资的不必要的竞争。[23]许多国家限制低技术制造业、零售业和类似活动中的外国直接投资，这些国家认为在这些活动中当地企业已经足够了。对于开放那些存在许多创造大量就业的中小企业的行业，以及那些拥有很强的社会、工艺、设计或者其他传统的行业，一些国家是特别敏感的。

这些被发达国家和发展中国家用来支持限制外国直接投资的理由很有价值。但是在它们的实际意义以及政府成功抵消限制外国直接投资的潜在成本方面，仍然没有明确的证据。

在促进发展中国家和地区的幼稚企业家才能和创新能力方面，最成功的是韩国和中国台湾。它们限制外国直接投资进入（但是并不一定限制诸如技术协定等与跨国公司的非股权联系）并培育具有强大创新能力的世界级企业。但是在更多的发展中国家所采取的类似限制却没有产生这些结果。这些政策确实培养了当地企业，但是其中只有少数企业成为世界级企业。许多被保护的企业技术能力低并缺乏国际竞争力。一旦失去保护，面对竞争，许多企业都无法生存。相反，也有一些国家的案例表明，当地具有活力的企业从强大的外资存在中获益，这些外资企业是当地企业的竞争者、产品的卖方或者买方。这方面的例子包括中国香港和第二层次的东亚新兴工业化国家。

如果不满足其他一些条件，无论是外国直接投资限制还是自由化都不能推动企业的健康发展。对于外国直接投资限制而言，政府必须能够挑选出那些当地企业具有潜力获得并能保持竞争力的活动。保护当地企业不受竞争还需要加强制度和基础设施并对提升当地投入予以支持，这些当地投入包括技能、信息、技术支持和风险资本。而且，当地企业必须有建设世界级能力的动力；如果保护是永远的，这种动力就不起作用。

很少有发展中国家政府显示出拥有协调外国直接投资与制度、基础设施和产业政策的能力。他们的干预主义政策往往是僵化的，容易被既得利益集团所利用并导致寻租行为，而在效率或者技能方面没有什么提高。因此，政府失灵的成本可能会与市场失灵的成本一样高。

有关创新向母公司“流失”和溢出收益较低所产生的外国直接投资的成本，还是没有明确的证据（《1999 年世界投资报告》）。从事研发的外国分支机构通常倾向于与东道国国内有能力的研发机构和大学进行交流和合作。尽管跨国公司在发展中国家（那些拥有技术人才的地方）建立全球研发中心的趋势在缓慢增长，但是研发活动仍然集中在母国和其他发达国家。实际上，将最有效率的技术配置在那些能够促进其竞争优势的地方符合跨国公司的利益。从更长的时期来讲，与同等的当地企业相比，跨国公司所建立的当地关联并不一定更少。相反，跨国公司新的供应链管理和培训技术常常是一种榜样。

还必须记住的是外国分支机构从事研发活动所具有的特定优势。外国分支机构可以使用其母公司网络中的研发成果。通过学习外国分支机构的研究方法、雇佣经过外国分支机构培训过的雇员、与外国分支机构在具体项目上进行合作或者充当外国分支机构的供应商，当地企业可以从外国分支机构的研发活动中获得溢出利益。值得注意的是，通过综合使用包括激励在内的各种政策工具，爱尔兰和新加坡引导外国分支机构大大增加了当地的研发活动。在爱尔兰，外国分支机构占由本国企业融资的研发活动的大约 80%（《2002 年世界投资报告》）。

大约在 30 年前，人们对自由流动的外国直接投资抱有很大的恐惧，当时在服装、鞋类、电子行业以及类似活动中的劳动密集型加工开始出现大规模的重新选址。这些工厂被认为是短暂的，随着工资上升和税收激励中止就会转移到别处。总的来讲，这种恐惧是被夸大了。通常只有非常简单的组装活动（主要是服装和一些电子工业）才是自由流动的。其他活动，特别是汽车行业的活动在增强了当地能力后，当工资和其他成本上升时，沉没成本会使得外国分支机构选择提升技术而不是转移投资。比较优势的重大变化会迫使工厂关闭或者转移，但是较之同等的当地企业，外国分支机构是否更倾向于这样做却并不清楚。

经济控制的丧失仍然是一种风险，但是风险的大小很难评估。当前大多数国家政府似乎认为这一问题并不那么重要，这是因为随着经验的积累，对外国直接投资的“容忍临界值”已经提高。这种临界值对不同国家、地区以及随着时间变化都是不同的，但是总的趋势是在提高。尽管如此，各国仍有理由关注那些可能对其国内经济前景产生影响的跨国公司的态度或者战略的变化。

世界已经发生变化，这也影响了当前各国有关外国直接投资进入的政策。在大约20—30年前韩国和中国台湾利用外国直接投资限制来促进国内企业时，技术变化较为缓慢，并且各国生产体系一体化的程度也没有那么高。目前将外国直接投资拒之门外的成本已经大大上升。技术变化越来越快。外国直接投资成为技术转让的主要形式。生产体系的一体化更加突出，尤其是那些最具活力的出口产品生产（《2002年世界投资报告》）。因此，限制外国直接投资可能会减少获得技术和其他促进竞争力提高的主要因素的渠道。

因此，结论必定具有细微差别。证据表明，限制外国直接投资或者有选择地逐步开放外国直接投资进入可能具有很好的经济理由。但是使用这些工具时必须小心谨慎。在新的全球背景下，对市场驱动的资源配置进行强制性管制可能会阻止外国直接投资并在东道国经济中产生不良的扭曲。

b. 开业后

除了政治和社会偏好之外，限制外国投资者的国民待遇可能还有经济理由，这种经济理由来自市场和制度失灵。首先，外国分支机构可能更具有效率，拒绝给予它们国民待遇是一种幼稚企业论的观点。但是，只有在这种区别对待的期限是有限的，并且当地企业有能力获得充分竞争力时，根据幼稚企业论拒绝给予外国分支机构国民待遇才是合理的。那种根据所有权而对企业实行长期或者永久区别对待的政策，是没有什么经济上的理由的。东道国可以坚持当地股权参与或者雇佣较多的当地员工来利用外国分支机构更高的效率。

第二，外国分支机构可能拥有高于当地企业的优势，但是这种优势不是由于它们拥有更高的效率，而是由于信贷和技术等市场的分割，使得外国分支机构只是由于外国所有权就可以获得更好的条件。为当地企业提供更好的待遇可以弥补这种市场分割所造成的不利影响。但是要素市场的分割应该从根源上加以解决，而不是抑制其症状（经济学家将其称为“次优”反应）。如果是由于银行对当地贷款者了解较少而导致外国分支机构在信贷市场中得到更好的待遇，解决的方法是改善银行的行为。禁止银行向外国分支机构贷款并不能保证信贷的有效配置。还要注意的是，市场分割和正常的商业性行为很难区分，银行愿意选择外国分支机构可能是因为它们拥有较低的信贷风险或者较低的服务成本。因此，需要对使用歧视性的国民待遇政策进行细心管理。

第三，可能需要限制外国分支机构获得敏感性战略信息或者技术，或者进入具有重大文化或者社会意义活动的特权。在非经济前提下，很难对此进行评价。但这是一个很重要的理由，诸如美国等很多在其他方面对外国直接投资友好的国家政府，也为本国企业提供某些补贴（例如对国防）。

第四，外国分支机构可能占据统治地位并滥用市场力量。为防止这一点采取的是另一个“次优”解决方案。最优的解决方案可能是加强竞争政策，而不是根据所有权来对某些企业加以抑制。

* * * *

在所有这些问题中，政府的能力都是至关重要的。任何相机抉择的政策在实施时都需要拥有相当的技能、信息、速度和灵活性。此外，实施外国直接投资限制不能脱离其他的能力建设措施。简单地对外国直接投资开放和取消限制可能并不足以促进持续的发展。要获得充分的利益需要那些鼓励跨国公司对经济发展做出最大可能贡献的政策。这些政策不只是开业后的国民待遇，还涉及如何鼓励外国分支机构的有形资产和无形资产向当地企业的扩散，并且一般说来，还涉及本国企业发展的政策。

4. 国际投资协定中的国民待遇

绝大多数国际投资协定都充分保留了东道国政府对准入和开业的控制，但是同时给予投资开业后的国民待遇。这是大多数双边投资协定所采取的处理方式，即鼓励各参与方促进有利的投资环境，同时将准入和开业的条件留给各国法律和法规来决定（Dolzer 和 Stevens 1995，第 50—70 页；UNCTAD 1998a，第 46—48 页）。

早期发展中国家之间的区域性国际投资协定也使用了这种方式，但是其中有些协定更进一步，引入了协调一致的或者共同的投资者审核制度（《安第斯条约》和《中非关税与经济同盟》）。[24] 1967 年的《OECD 外国产权保护协定草案》（UNCTAD 1996b，vol. II，第 113—119 页）中将准入和开业问题留给各成员国自行处理。最近，《能源宪章条约》将国民待遇扩大到进入后阶段，但是进入前国民待遇的适用则由随后进行谈判的补充协定来决定（UNCTAD 1999a，第 41—42 页；Wälde 1996；Wälde 和 Weiler 2002；Andrew - Speed 和 Wälde 1996）。

最近的一些国际投资协定包含了基于国民待遇和最惠国准则相结合的开业权利。其中包括美国和发展中国家之间的双边投资协定（以及最近加拿大和发展中国家之间的双边投资协定）、2002 年日本和新加坡之间的经济合作协定以及美国和新加坡之间的自由贸易协定。对于例外的处理则利用产业否定列表方式，表中的产业不适用准入和开业权利。越来越多的区域协定对来自成员国的企业提供了完全互惠的准入和开业权利，例如《南方共同市场协定》和《东盟自由贸易区协定》。NAFTA 的自由化也是将国民待遇和最惠国待遇与否定列表结合在一起。

到目前为止，《服务贸易总协定》是惟一使各国承担准入和开业义务的多边协定。由于使用了适用该权利的服务活动的肯定列表，该协定具有很大的灵活性。因而国民待遇权利只适用于那些列入表内的活动，并且适用范围由东道国在其国民待遇承诺表中予以确定。[25]

绝大多数国际投资协定规定了投资开业后阶段的国民待遇。但是存在两个重要的问题，国民待遇适用的条件和国民待遇准则的定义。在许多国际投资协定中，国民待遇准则适用于“同等情形”、“类似情形”或者“同等情况”；什么构成了“同等”或者“类似”情况或者情形是一个需要就每一个案予以决定的问题。但是在一些国际投资协定中并未明确提到“同等情况”。它们可能提到适用国民待遇的具体活动。其他协定在此方面没有规定，但是提供了一个比较广泛的比较范围，对“同等情况”或者具体活动没有任何限制（UNCTAD 1999b，第 29—34 页）。[26]

对于第二个问题，目前主要的趋势是提供“不低于”给予国内投资者的优惠待遇，尽管一些协定中提到的是“同等”或者“同样优惠”的待遇（UNCTAD 1999b，第 37—40 页）。[27] 后者提供的投资者保护标准较低，因为要满足这一标准，东道国只需在同等或者类似情况下给予不比给予国内投资者的待遇差的待遇。而“不低于”的标准则不止如此，如果给予国内投资者的待遇低于某些国际最低标准，外国投资者就有可能享受比较优惠的待遇。

在争端解决方面，当前国际法律实践的发展正在经历从征收向国民待遇的转变。其中出现了三个主要问题。在什么情况下这两种情形是真正相同的？什么时候给予外国投资者“不低于”本国投资者的待遇？所谓差别待遇的政策依据是什么？第四个问题是，是否需要提供东道国有意实施歧视待遇的证据。

最近 NAFTA 的决议也遵循了 WTO 在贸易中的国民待遇法则。NAFTA 对第一个问题的处理是将它作为一个事实，就每一个案分别予以处理，主要考虑外国投资者和国内投资者是否处于相同的经济或者商业部门。第二个问题要求根据 NAFTA 中“不低于本国投资者的待遇”的规定，给予外国投资者的待遇不低于给予国内竞争者的最优惠的待遇。

对第三个问题的处理方式是认为这些政策措施的目标、设计和结构表明了东道国政府的意图（Weiler 2002）。[28] 这种案例法方式存在种种困难。对基于国家来源的产品歧视规则的处理应该在何种程度上适用于根据国籍对于投资者的歧视？另外，在几个案例的实际情况中涉及到禁止原告提供跨国商品和服务的能力。[29] 这些不涉及对投资管理、经营、控制和处置能力的损害。对此可能的解释是，个人无权根据贸易规则对 NAFTA 的参与方提出申诉，而只能根据投资规则提出申诉（Menaker 2002）。

开业前和开业后国民待遇一般都有例外。一般性的例外可能是基于国家安全、公共健康和道德。特殊的例外可能出现在要求投资者的母国政府提供互惠待遇的领域，例如税收和知识产权。例外还可能涉及到国内政策措施，例如有关文化或者环境、激励或者公共采购和特定行业的措施。[30]基于经济发展的例外对发展中国家尤为重要。一般性的例外既可适用于创业前阶段，也可适用于创业后，与制造业相比，服务业在国民待遇方面通常具有更多的例外。NAFTA和《OECD资本移动自由化法令》是广泛使用例外的主要例子。

5. 未来的选择

这里的核心发展问题首先是国民待遇扩大到投资创业前阶段，其次是发展中国家在使用创业后阶段国民待遇原则中应该具有多大的灵活性。到目前为止，对外资准入和创业的自由化主要还是单边的。尽管发展中国家对外国直接投资已经非常开放，但是大多数国家对加入约束性国际投资协定仍很谨慎，以保留在追求发展目标方面的灵活性。在未来的国际投资协定中系统地将国民待遇扩展到创业前阶段将意味着重大的政策转变。但是即使发生这样的转变，在国际投资协定的设计中还是可以允许各国保留准许进入的灵活性，各国可以指定外国投资者能够自由进入的行业（肯定列表），或者至少可以将经过选择的禁止准入的活动排除在外（否定列表）。无论在上述哪一种情况中都可以附加限制和条件。

但是普遍的做法是提供创业后阶段国民待遇。这里关键的问题是例外的范围，特别是基于发展理由的例外。

此外，两种形式的国民待遇是相互独立的，给予外国投资者创业前国民待遇不会影响给予他们创业后国民待遇。

对许多国家来讲，保持灵活性是一个重要的问题。这个问题的核心是保留它们决定自由化步伐和条件的能力的愿望。保留这种能力的机制包括尽最大努力的承诺、GATS类型的肯定列表方式和例外（专栏4.2）。在做出决定时不能脱离各国追求发展目标的背景，以及必须予以考虑的各种权衡。

C. 国有化和征收

国有化和征收（“财产征用”）是外国直接投资管制中最为持久的问题。正是20世纪对外国拥有财产的大规模征用导致了国际习惯法规的建立，其目的在于确立合法征用的条件。财产的合法征用需要满足三个基本标准：必须是出于公共目的，无歧视并且必须给予补偿。这些基本原则已经被普遍接受，如今许多国家已经将它们作为其国家法律和实践的法律基础。在国际投资协定的条款中也广泛引用了这些原则。此外，一些国际投资协定还要求征用必须符合正当的法律程序。

直至最近，主要的争议仍在于对国有化或者征收应支付的补偿上。如今这一争议又出现了新的问题，即包括所谓“爬行征收”和“管制征用”在内的间接征用应该在何种程度上适用保护标准。

1. 间接征用的敏感性和国内政策困境

涉及一项资产物质所有权和法律权利转移的财产直接征用可以采取多种形式，包括所有经济部门或者某个产业范围内的直接国有化，到国家对土地的大规模征用，或者特定的征用（征收）。[31]间接征用包括爬行征收，爬行征收是指对已被承认的所有权中的一项或者多项进行递增和累积的侵占，直至采取措施导致所有者失去在该财产上的利益（UNCTAD 2000b，第11—12页；Dolzer 2002）。间接征用还包括管制征用，管制征用是指政府行使管制权力降低了所有者财产的价值但是并未剥夺其正式所有权，这种管制权力包括征税或者以环境保护为目的的经营控制。这两种类型的征用并不总是那么容易区分的（Sornarajah 1994，第278—294页）。

另外，由于财产权，特别是财产的社会功能不断增加和概念的不断变化，间接征用这一概念本身就是有问题的。在这种背景下，政府拥有广泛的管制干预权力以确保私有产权符合公共利益。这些权力是相当复杂的。在这种情况下，观察政府行为的结果而不是定义政府行为的过程，可能会对间接征用具有更好的理解。[32]

很容易鉴别直接国有化或者征收的行为。它们通常是在给定日期，根据明确的国家政策来执行的。爬行征收却不是如此。爬行征收常常是在某种政策的掩盖下执行的，剥夺所有者的财产不是该政策的明确目标，而且爬行征收也不一定有确切的日期可以确定所有者丧失了对被征收财产的权利。

例如，伊朗—美国仲裁法庭必须评估，在伊朗革命后的1978—1979年期间，在美国经理人员逃离后所采取的保护美国商业财产的紧急措施是

专栏4.2 NAFTA对墨西哥准入和创业政策的影响

在旨在提高外国直接投资在经济发展中的作用的更为广泛的政策背景下，NAFTA的成员国身份促进墨西哥制定了对外国直接投资准入和创业自由化的长期政策。NAFTA的投资条款允许墨西哥出于经济和非经济目的（保护国内中小企业和民族文化），保留一定的外国直接投资准入和创业限制。由于投资是比较广泛的一系列问题中的一部分，投资协定需要在这一广泛的背景下予以考虑。

加入NAFTA以前

墨西哥在加入NAFTA之前就已经开始了外国直接投资管理体制的自由化。但是，由于文化、安全和政治方面的原因，以及诸如保护国内中小企业、收入分配和国内企业发展等社会经济目标，墨西哥仍对一些活动中的外资准入以及外资在墨西哥企业中的股权比例加以限制。

这些禁止和限制分为三类：

- 全部或者部分保留国有活动：石油和其他碳氢化合物、基本石化产品、电信和无线电报业务、辐射材料、发电、核能、造币和货币印刷以及邮政服务。
- 为墨西哥国民保留的活动：汽油和石油液化气零售、无线广播和电视服务、信贷合作社、储蓄和贷款机构、开发银行、特定的专业和技术服务以及在墨西哥国内的非铁路客货运输，不包括传呼或者包裹递送服务（但是允许外资拥有提供点到点货运服务的公司的多数股权）。
- 限制所有权的活动：在限制所有权的活动中最重要的是航空（25%）和有线电视（49%）。在移动电话服务、银行和油气管道行业，外资所有权超过49%需要得到批准。

在开始NAFTA谈判时，对外国直接投资的限制分散于不同的法律中。在1989年的法规中没有专门提到任何有关外国投资者待遇的标准，在实践中也少有涉及（Graham和Wilkie 1999）。

NAFTA对墨西哥准入和创业政策的影响

通过使用否定列表方式，NAFTA推进了墨西哥的外国直接投资自由化。NAFTA引入了国民待遇准则并将其扩大到创业前阶段（为墨西哥国民和国家保留的领域除外）。现在，所有投资者（金融机构除外）都受益于国民待遇。NAFTA也使得墨西哥的政策更为透明，为美国和加拿大投资者提供了更多的安全（Rugman 1994，第53页）。NAFTA也使墨西哥有机会在它1993年制定的新外国投资法中对外国投资准入、创业、待遇和保护方面所作的变动进行整理。

NAFTA怎样影响墨西哥所拥有的保留对外国直接投资的禁止和所有权限制，以及在未来采用新的禁止和所有权限制呢？NAFTA各成员国所接受的特定国家保留列表中包含了现有的限制。墨西哥保留了在娱乐、电信和社会服务方面采取任何措施的权利（包括外国直接投资措施）。但是在“非保留的”活动中，即使没有违背协定，也不能引入歧视性的准入或者创业措施，尤其对于美国和加拿大的投资者。

增加经济利益

在NAFTA中，墨西哥的目标之一是增加从外国直接投资获得的经济利益。NAFTA是通过两种途径来实现这一点的。首先，NAFTA提高了美国和加拿大投资者的信心，从而鼓励他们在墨西哥投资。其次，由于可以自由进入美国和加拿大的市场（与原产地规则相结合），NAFTA鼓励了其他投资者（除美国和加拿大投资者之外）到墨西哥建立工厂。其结果是，流入墨西哥的外国直接投资显著增长，尤其在出口导向型的制造业部门（WIR02，第173—176页）。但是，需要记住的是，NAFTA是一个广泛的区域一体化计划，而不只是一个国际投资协定，因此其中有好几种因素在起作用。

NAFTA会妨碍墨西哥的外国直接投资政策，特别是其管制权利吗？NAFTA并没有阻止墨西哥保留那些在谈判中达成一致的领域中的现有限制或者采用新的限制。但是NAFTA禁止墨西哥（以及其他两个国家）在保留领域之外，在原有基础上对来自美国和加拿大的外国直接投资实施更严格的准入和创业管制。

资料来源：UNCTAD。

否相当于国家的间接征用。[33]另一个例子可能是东道国为保护不同股东免遭濒临破产的危险而对一家失败的外资企业采取的干预行动（Sornarajah 1994，第306—307页）。如果这种行动能够有效剥夺所有者控制企业的权力，是否可以称其等同于“爬行征收”？

在上述情况中所产生的主要困难在于，如何确定在哪一时点上，政府的行动开始转变为对所有者权利的逐步剥夺，以致这种剥夺成为某种补偿义务的原因。[34]如果定义太宽，可能会将合理的管制和行政管理行为也包括进来。

由于许多政府管理条例都可能影响私有财产的价值，因此管制征用是特别敏感的。对“管制征用”的解释过于宽泛，可能会阻碍政府进行管制的权利从而限制了国家的政策空间，产生“管制冻结”的风险，亦即政府由于担心来自投资者的诉讼，不愿进行合理的管制。[35]

在原则上，合法征用的三个主要标准可能会

引起包括外国和本国投资者在内的投资者和东道国之间的分歧。例如，在某些情况下，投资者可能会在仲裁法庭或者法院质疑征用的公共目的。但是在大多数情况下，很难证明完全没有公共目的。此外，在每一次征用中如何解释和适用非歧视规则的方式也可能会产生不一致。

至于补偿问题，必须区分补偿的标准和计算方法。在实践中，补偿的标准通常是在国际投资协定中予以解决的，而补偿的计算方法却很少受到关注。在确定应支付的国有化或者征收补偿的适当水平和计算方法方面，各国之间无法明确和迅速达成一致。根据各国法律所采取的方式是由有关国家自行处置的。但是，在各国对适当的补偿方式采取不同的做法时，就可能导致关于补偿的国际争端（UNCTAD 2000b，第13—14页）。

在管制征用方面，各国的实践并非总是对所提出的问题提供明确的答案（Dolzer 2002，第68—69页）。即使是在一个放松管制和自由化的市场环境中，投资者也需要遵守例如竞争规则所规定的良好市场行为，以及在公共政策关注领域中的良好行为的基本标准，而不论这些标准是否涉及环境保护、公共健康、道德、消费者或者促进发展。由于可能无法总是通过生产性资产的私人所有者自愿遵守上述标准来达到公共政策的目标，所以，一定程度的国家管制就是不可避免的。[36]

当前主要问题在于，如何区分政府合法的干预外国财产享有权的行为与需要进行补偿的管制征用。这需要在以下两个方面之间取得平衡：

- 实现管制制度的公共政策目标，这可能会减少财产的价值，或者减少在不存在管制时这些不受管制的商业实体所产生的潜在价值。
- 保持这些实体生产性资产的经济价值。

当对私有产权的干预违背所有者的合法权利或者预期时，国家可能需要提供补偿。但是如果一项措施的实施是作为在公共利益领域进行管制权利的一部分，补偿可能就不再是适当的。类似的是，当一项措施是刑事行为时，没收而不进行补偿可能是对所有者进行制裁的一部分，因为他们违犯了所要求的管制或者刑事标准。

2. 国际投资协定中的适用范围

大多数国际投资协定都包含有关财产征用的条款，一般对“征用”的定义包括传统的国有化或者征收概念以及爬行征收和管制征用（UNCTAD 2000b，第19—24页）。正如在税收、知识产权和公共债务等领域中那样，间接征收也可能成为正常管制权力的一种刻划方式，但是也可能并非如此。如果包含了这样一种条款，就可能要求这种刻划方式遵守非歧视的义务（UNCTAD 2000b，第23页）。[37]而且，这种协定大多数都要求参与方遵守合法征收行为的基本要素，即公共目的、非歧视和补偿（UNCTAD 2000b，第24—26页）。此外，一些协定还明确提到了需要遵守正当的程序。[38]

但是，适用的补偿标准并不一致，这反映了各国在此问题上缺乏共识，以及国际投资协定各参与方的相对谈判地位。一些协定提到“适当的”或者“公正的”补偿，而其他一些协定提到的却是“迅速、充分和有效的”补偿或者类似的表述。无论是在双边还是在区域协定中，近年来的发展趋势是采取后一种方式（UNCTAD 2000b，第26—31页）。

从发展的观点来讲，最近国际投资协定的实践表明，发展中国家努力在提供投资者的合理保护和保持管制权力之间寻求平衡。涉及财产征用的国际投资协定的效用通常是根据其对发展中国家投资环境的影响来判断的。根据协定来控制对外国财产的有效征用范围和法律要求被认为是对投资环境有利的。但是人们有时会批评国际规则对在公共利益领域限制私人产权的国家主权施加了过多的控制。当一个东道国希望保留实施差别待遇的自主权时，这可能需要在有限并且透明的情况下得到保护。所存在的问题是，征收的规则或者诸如非歧视等其他保护标准是否就是在保留管制权利的同时为投资者提供某些保护的最好方式。

由于管制征用成为一个重要的问题，补偿问题可能会再度引起关注。如果管制措施导致补偿，就会产生两个问题，首先，什么时候补偿是合理的？其次，如何衡量恰当的补偿额？例如，如果政府采取的环境措施需要承担补偿义务，而所采用的管制措施被视为管制征用时，难道这不会使投资者避免承担遵守法规的成本或者造成环境危害的成本吗？同样，这种补偿义务可能妨碍东道国实施其法律或者遵守国际环境协定（UNCTAD 2000b，第15—16页）。[39]这些困境导致政府为了保护它们自己，因而利用解释性条款、刻划方式或者国际审议机制等，以便合法地实施管制权力。[40]因此，国际仲裁法庭在处理提交该法庭的争端过程中将如何建立可行的原则呢？

目前还没有已经确定的方式，但是有两种方式正在形成（Dolzer 2002，第79—90页）。第一种方式是，决定管制征用是否需要补偿的惟一相关标准是对投资者产权的影响，无需考虑所采取的管制措施背后的公共政策目的。在Metalclad（专栏4.3）和Santa Elena（专栏4.4）案例中可以看到这一方式。第二种方式是同时考虑对投资者产权的影响和所用措施背后的公共目的，并且在两者之间进行平衡。在S. D. Myers和Feldman的案例中可以看到这种方式，在这两个案例中管制措施都未被看成是管制征用（专栏4.3）。前一种方式对投资者的产权给予了更多的保护，后一种方式则更多地考虑了管制的意图。

可以预期在未来的国际投资协定中将会出现有关财产征用的条款。事实上，既然需要在合法的管制和不合意的利用管制行动对私有产权进行干预之间取得平衡，这种条款可能就是非常重要的。在东道国的发展优先给予考虑的背景下，这种条款与“管制权利”是密切相关的。[41]

关键的政策选择之一是征用的定义。传统上“狭义的”定义只包括传统的直接征用。比较全面的定义则包括某些形式的间接征用。与此密切相关的是合法的政府管制行为与管制征收（要求给予补偿）之间的界线。这里对管制权利的肯定是主要原则。另一个政策选择是，国际投资协定应在何种程度上允许对东道国有关当局的征用进行国际审议，在要求进行这种审议之前是否应尽力尝试国内补救措施，或者利用国际审议是否应当作为一种权利？

专栏4.3　根据NAFTA第11章的管制征用——四个案例

与管制征用议题有关的国内政策空间问题可以通过以下四个案例予以说明，在这四个案例中，投资者都是根据NAFTA第11章对东道国提出诉讼。

案例1：Ethyl公司。1997年，加拿大政府通过立法禁止跨省使用和进口汽油添加剂MMT。1998年，一家美国在加拿大从事MMT进口的公司，即Ethyl公司根据NAFTA第11章提出申诉，对这项立法提出质疑。加拿大政府对此进行了庭外调解（没有经过仲裁法庭的裁决），向Ethyl公司支付了1300万美元的赔偿，这笔金额是合理的并在加拿大经过独立验证的成本和利润损失。Ethyl公司撤销了对加拿大政府的诉讼。Ethyl公司的案例对NAFTA的投资者保护条款能否被用于限制东道国在环境、公共健康等领域中进行管制的权力提出了警告。

案例2：Metaclad公司。Metaclad公司对墨西哥的案例加剧了上述担心。原告指控一笔在墨西哥垃圾处理设施中的投资被一项相当于征收的措施所征用。尽管联邦政府已确认该项目符合所有已生效的环境和规划法规，但是当地市政当局仍否决了该项目的建设许可，并且地区政府还宣布该土地属于野生仙人掌国家保护区。NAFTA法庭支持原告的申诉，其理由是市政府和地区政府的行动否定了原告的财产所有权，违背了联邦政府的上述确认，剥夺了所有者对该财产的预期收益。这种行为也相当于对公正和公平待遇的否定。法庭裁决给予一笔总额1670万美元的赔偿。但是墨西哥政府向仲裁地点英属哥伦比亚的最高法院提出对NAFTA法庭的裁决进行司法审议。该法院驳回了赔偿金裁决，但是维持地区政府将垃圾处理场所作为生态保留地的决定是一项征收的裁决。

案例3：S. D. Myers公司。并非所有的管制征用都会被NAFTA法庭视为等同于征收的措施。2000年，S. D. Myers，一家美国专门从事废弃印刷电路板（PCB）整治的公司，起诉加拿大政府颁布的废弃PCB的出口禁令违背了NAFTA第11章的规定，使该公司失去了从加拿大进口废弃PCB到其美国整治工厂以开展PCB整治业务的机会。原告认为该禁令的运用具有歧视性并且是不公平的，实际上有利于不受该禁令约束的加拿大竞争对手。NAFTA法庭认为加拿大违背了NAFTA的国民待遇以及公正和公平待遇条款。但是，由于管制行为并不是经常被当成征收来对待，所以NAFTA法庭并没有裁定这是一个征收案例。这并没有排除基于这一理由提出合法申诉的可能性。事实上，边界关闭只是暂时使原告推迟大约18个月进入加拿大市场。

案例4：Marvin Feldman。Marvin Feldman是美国公民，他起诉墨西哥对他设在墨西哥一家出口公司的投资进行了间接征收，理由是他被迫为自己从墨西哥出口的香烟支付出口税，而他惟一重要的由墨西哥人拥有和控制的竞争对手却获得出口税减免。NAFTA法庭虽然裁定墨西哥违反了国民待遇准则，但是没有支持原告对墨西哥间接征收的指控。关于间接征收的指控，NAFTA法庭认为根据NAFTA并不是外国投资者的所有商业问题都是征收。NAFTA和国际惯例法原则并不要求一个国家允许香烟出口中存在“灰色市场”。相关法律的条文也从未给予墨西哥香烟转售商出口香烟的权利。原告的业务仍受他本人控制并且能够从其他产品出口中获利。尽管这些因素本身都不是决定性的，但是它们加在一起就使得不能做出征收裁决。

资料来源：UNCTAD，根据ICSID案例No. Arb.（AF）/97/1；2000年8月30日（www. worldbank. org/icsid/cases/mm - award - e. pdf）；英属哥伦比亚最高法院，“墨西哥对Metalclad公司”，2001年5月2日（www. courts. gov. bc. ca/jdb - txt/sc/01/06/2001bcsc0664. htm）；“北美自由贸易协定（NAFTA）仲裁：S. D. Myers公司对加拿大政府：决议文本”2000年11月12日裁决，《国际法律材料》，40，6（2001），第1408—1492页；ICSID案例no. Arb（AF）/99/1，2002年12月16日；见www. naftaclaims. com。

专栏4.4 补偿的计算——Santa Elena公司—哥斯达黎加仲裁

考虑在ICSID对一家主要由美国人拥有的Santa Elena公司和哥斯达黎加之间的仲裁中的补偿计算。1978年哥斯达黎加政府根据国家管理条例征用了原告拥有的土地，其目的是扩大Santa Rosa国家公园，以便作为野生植物和动物保护区。对是否需要进行补偿没有争议。主要问题是支付补偿的日期和金额。

法庭认为计算补偿的正确日期是征用的日期，即1978年5月5日，而不是原告主张的财产现值（不考虑任何征收行为）。各方同意补偿应根据公平的市场价值，但是对补偿的实际金额存在分歧。原告坚持补偿金额是640万美元，而政府是190万美元。法庭对在相应日期资产价值的评估是415万美元。加上征收给原告带来的以复利计算的损失，最终的裁决是1600万美元。

在裁决过程中，法庭指出以下事实，即出于环境保护这一公共目的而采取的措施对征用的法律性质没有影响，必须根据被征收土地的公平市场价值进行充分补偿。出于环境目的而进行的征收被认为与任何其他征收措施并无不同。法庭补充讲，随着时间推移逐步剥夺所有者财产价值的措施可以被确定为征收的起点，即使在一个合理的时期内对所有者财产经济价值的剥夺并未生效。

资料来源：UNCTAD，根据ICSID案例No. ARB/96/1，2000年2月17日的裁决。

D. 争端解决

在争端解决中的两个关键问题涉及到未来国际投资协定中投资者—国家程序的作用以及争端解决过程在多大程度上是自行完成的。国际投资协定通常包含国家—国家的争端解决条款，但是目前也更多地包括投资者—国家程序。这引起了对轻率或者诬告的申诉的担心，这种轻率的或者诬告的申诉可能妨碍政府合法的管制行为。另一个问题是平衡国家和国际的争端解决方式。第二个关键问题涉及将投资争端从现有的国家—国家争端解决体系，例如WTO中的争端解决体系中分离出来。有关能够更好处理投资争端中发展因素的开放并且正常运作的程序也产生了问题。

1. 在投资领域有关争端解决的国家政策

投资者与东道国之间的争端解决对各国的外国直接投资政策是非常重要的。东道国规定的争端解决程序和法律补偿通常是作为普通本土法的一部分。但是在某些情况下，投资者可能愿意选择国际化的方式来解决投资争端，通常是在投资者与东道国之间进行仲裁。投资者与东道国之间就陪审团和程序达成一致的情况可能是特别的。也有可能存在某种有关争端解决的国际仲裁制度体系。

各国有关投资者—国家的争端解决政策是不同的。有些国家要求国家程序和法律补偿的使用具有排他性。[42]有些国家要求在允许诉诸于国际化的争端解决体系之前，要预先用尽东道国国内的救济措施。[43]还有些国家允许投资者在国家和国际争端解决方式之间自由选择（UNCTAD 2003i）。

各国投资法通常通过在外国直接投资法律的争端解决专项条款中列入投资者的选择，明确允许投资争端的国际化。[44]但是许多国家的外国直接投资法律没有提及这一点。[45]在这种情况下，要求投资者使用东道国法律提供的国内法律救济措施。对没有制定外国直接投资法律的国家也是如此。在这些情况中，根据东道国在国际投资协定中承担的国际协定义务，国际法律救济措施可能是可以利用的。

因此，双边投资协定中的允许投资者选择国内和国际程序的争端解决条款使东道国负有国际法义务。当投资者与东道国的投资合同包括允许使用国际化争端解决体系的条款时，在国内法庭上也可以执行这种国际义务。

2. 法律效力

不只是投资争端，任何争端的有效解决通常都要求采用最迅速、非正式、友好和低廉的可行方式。近年来，重点已经放在“其他争端解决”机制上，避开由一国公共法庭和国际法庭规定的程序。这些机制通常包括通过谈判或者聘用第三方的非正式方式的直接争端解决方式，例如斡旋、调停或者调解。[46]仲裁可能是另一种争端解决机制，但是实际仲裁行为与法庭行为可能很少有差别（Merills 1998；Asouzu 2001，第11—26页）。

因此，任何投资争端解决方案的第一步是使用直接、双边、非正式和友好的解决方式。只有在这些非正式方式无法解决争端时，各方才应该考虑采取非正式的第三方措施，例如斡旋、调停或者调解。只有在双边或者第三方非正式措施都无法达成协议时，才应该考虑进行仲裁。事实上，在国际投资协定的争端解决条款中一般都规定了上述争端解决方式的顺序。

争端解决方式只是投资者和国家在寻求解决争端时必须做出的选择的一种。另一种是对法庭的选择。最近大多数双边投资协定都规定了一些类型的国际争端解决机制以用于解决投资争端。外国投资者历来主张，在发展中国家，投资者—国家争端应利用受国际准则和程序所支配的国际争端解决机制予以解决。但是东道国可能认为这种对国际体系的强调反映了投资者的信心低下，而这可能是有道理的。

东道国自愿接受国际化争端解决方式的动机可能是希望表明其创造一个良好投资环境的承诺。当东道国采取了对外国直接投资的限制性政策同时又希望改变这种政策时，这样做可能是重要的。在此过程中，东道国有权期望这种国际化体系是公平、公正的。[47]

与特殊方式相比，仲裁的制度体系可能是解决争端更为可靠的方式。一旦各方同意使用这种体系，他们就必须遵守该体系的程序。程序的设计是为了确保在各方保留对仲裁的很大控制措施时，约束他们任何破坏程序的企图。此外，根据制度体系的支持所做出的裁决更有可能符合适用于该体系的程序公平原则，因此也更有可能在地方法庭中执行。事实上，对裁决的认可也许只是一种形式。对于东道国与外国投资者之间的投资争端已经建立了一种体系，即由ICSID支持的调解和仲裁程序。

3. 国际投资协定中的适用范围

国际投资协定中的争端解决已经取得了明显的发展。在贸易协定中，争端主要集中在国与国之间与违反某一适用协定中的贸易规则有关，或者与由协定引起的利益损失或者损害有关的问题。对投资来讲，国与国之间的争端来自于对国际投资协定的解释和应用。但是国际投资协定与贸易协定不同的是，国际投资协定承认投资者与国家之间的争端，事实上在1965年引入ICSID体系之前投资者与国家之间的争端并不为人所知。目前大多数双边协定和许多区域协定都包括投资者—国家的争端解决条款。

在几乎所有的国际投资协定中都包含国家对国家的争端解决条款。[48]一些区域协定只包括处理各参与方之间争端的条款，因而不包括一方与另一方的投资者之间的争端。1997年的《欧盟—墨西哥合作伙伴协定》、1998年的《东盟投资区框架协定》、以及欧盟最近达成的许多欧洲协定、联系协定以及伙伴和合作协定都属于这种情况。

在国际投资协定中，处理投资者—国家争端通常所采取的方式是规定争端各方必须寻求友好的协商解决方式。只有在这种方式无法解决争端时，他们才能诉诸于仲裁。大多数双边投资协定和一些区域协定都提供了通过协商和谈判解决争端的可能。[49]一些双边投资协定也将在双边机构中提供磋商机制作为其主要目标之一。[50]

如果友好的谈判不能解决争端，下一步常常就是国际仲裁，这种国际仲裁可能是特殊的，也可能是制度性的。不同协定在选择的范围上有所差别。必须仔细研读协定的条款以确定何种类型和体系的仲裁是协定所许可的。

不同协定在投资者可选择的争端解决方式的范围方面也不同。一些协定要求双方就适用方式达成一致。但是目前更多的国际投资协定允许在友好方式不能解决争端时，投资者可以对争端解决方式做出单方面的选择（UNCTAD 2003i）。就此而言，许多协定都提到了ICSID的投资者—国家争端解决体系。该体系提供了解决国际投资争端的结构化程序，其内容涉及裁判权、起诉、陪审团的建立和选择、适用法律的选择、程序规则以及裁决的举证、认可和执行（UNCTAD 2003i; Schreuer 2001）。大多数双边投资协定提到ICSID仲裁，或者提到在ICSID和其他国际仲裁体系之间进行选择，后者最常见的是联合国国际贸易法律委员会的仲裁条例（UNCTAD 1998a，第94—95页）。

对区域协定来讲，NAFTA的第1115—1138条规定了NAFTA参与一方与另一参与方投资者之间争端的国际仲裁。投资者可以向国际仲裁申诉另一方违背了根据NAFTA第11章或者有关垄断和国有企业一章中的条款所规定的某项义务，并且投资者由此遭受了损失或者伤害。NAFTA第1122条规定各方无条件同意提交仲裁申请。

投资者可以选择根据《ICSID公约》、《ICSID追加便利条例》或者联合国国际贸易法委员会仲裁规则来提出申诉。详细的条例见有关仲裁裁决章程、申诉合并、适用法律、法律救济的性质以及最终决定和仲裁裁决的执行等问题的条款。一些区域协定遵循了这种方法，但是做出一定的修改并在细节上各有不同。[51]

其他一些地区协定，例如2000 年《新西兰与新加坡更紧密经济合作伙伴协定》和 1994 年《相互促进和保护南方共同市场内投资的科洛尾亚协定》等，也根据《ICSID 公约》规定了协定的一方与另一方的投资者之间争端的国际仲裁，但是没有包括像 NAFTA 那样详细的条例。

在选择了特殊仲裁或者制度性仲裁之后，必须解决一些更进一步的问题：申述的程序、仲裁法庭的建立和构成、申诉的采纳以及适用法律的决定。这些问题可能在国际投资协定的投资者—国家争端解决条款中直接予以处理。或者，这些问题可以在选择了特殊仲裁时由争端双方去决定，也可以由双方选择的决定制度体系的法律文件去决定。此外，裁决的结果必须是最终裁决，并且必须符合适当裁决应可执行的要求。仲裁的制度体系可能会规定执行程序，以及在对原始裁决的错误提出申诉时，由其他仲裁人员进行裁决审议的程序。

最后，必须确定仲裁的费用，明确说明该费用在投资者和东道国之间的分配。一般说来，败诉方承担费用或者由双方共同承担。但是在制度性仲裁体系中，费用可能是由该体系的管理机构预先确定的。即便如此，仍然存在着相当大的随意性。

4. 关键问题和未来的选择

这儿再次来看本章一开始所指出的问题。

引入投资者—国家争端解决条款。在吸引外国直接投资时，在国际投资协定中引入投资者—国家争端解决条款，使投资者确信，在友好的解决方案不能得到明确结果时，根据协定，他们的权利可以通过第三方争端解决程序得到支持，这将有助于改善投资环境。对许多投资者来讲，投资者—国家争端解决体系是一个有效保护框架的基本组成部分。

实际上，诉诸于投资者—国家的仲裁可能在传统的外交保护的国际法律补偿之外，提供另一种法律补偿途径。传统的外交保护使投资者与国家的争端转变为国家与国家的争端，从而可能增加争端的政治化色彩。这种政治化可能会妨碍母国与东道国以及东道国与投资者之间的良好关系，给投资造成长期伤害。由于这种法律援助是相机决定的，投资者不能保证其申诉将会得到本国政府的考虑。而且，在跨国公司的复杂体系中，由于投资者的国籍都很难确定，确定哪国政府有资格提供外交保护就更难了。由于大多数争端都涉及东道国和外资公司在当地的法人子公司，该子公司通常拥有与东道国相同的国籍，这使得很难提供外交保护。[52]投资者—国家争端解决体系也可能更好地进行裁决。为什么？因为较之在这类申诉方面欠缺经验的更一般性的争端解决机构，该体系更适合对问题做出评价并估算补偿的价值。

投资者—国家争端解决体系对增强良好投资环境的作用有可能被高估。只要可能存在高投资回报，投资者可能会准备在那些没有提供这种法律援助的东道国进行投资。类似的是，由于外交保护的随意性和政治敏感性，其使用可能受到较多的约束。相反，由于投资者—国家争端解决是当代国际投资协定实践中对权利的一种法律援助，因此投资者可能会挑起更多的争端。这就是为什么国际化的争端解决体系必须防备轻率或者诬告性申诉的原因，这种防备措施在国内法院和法庭中是很常见的。在投资者对国家的争端解决中没有理由违反这种惯例（专栏 4.5）。

争端解决案例的代价已经很高了。重要的是东道国的损害赔偿应当与实际损失相当。最近一些仲裁法庭裁决的金额很大，因此引起了对发展中国家支付偿金能力的关心。[53]争端裁决对发展的影响应该予以考虑。

国际仲裁本身可能需要大量的财力和专业知识，这可能使发展中国家处于不利地位。任何国际机构也必须是真正独立的，不能被认为偏袒投资者或者东道国。因此仲裁人员应该拥有广泛的经验，其来源也应广泛，以确保仲裁机构能够代表投资过程中所有主要的利益方。

国际化的趋势需要进行平衡，以抵消国家主权对于争端解决控制权的损失。当地解决方式可能没有得到充分利用，这在提高成本的同时阻碍了当地专业知识的发展（Asouzu 2001）。因此，要求在诉诸于国际程序之前优先使用当地程序（无论有何困难）就很重要了。但是最近国际投资协定的实践一般都没有遵循这种方式。要求优先使用国内法律救济有可能存在的缺点是，投资者在得到不满意的结果后，可能会诉诸于国际仲裁，从而使东道国的国家法律体系可能受到“事后猜测”。

专栏4.5 投资仲裁和对投资者申诉的控制

在 NAFTA 的 Azanian 公司对墨西哥的案例（ICSID 案例 No ARB（AF）/97/2，1999 年 11 月 1 日）中，终止 Azanian 公司向墨西哥某地方机构提供固体废物收集和处理业务的合同特许被作为一起征收行动而提出申诉。NAFTA 法庭认为，由于墨西哥政府没有违背 NAFTA 所包含的国际法准则，终止该公司的合同特许并不等于是违背 NAFTA 第 11 章的征收。该公司对违背的指控的抗辩点在墨西哥三级法庭上进行了复审议，但是没有一次对此违背予以确认。由于没有证据表明墨西哥法庭通过否定公正或者形式的伪装而在程序上违背了国际准则因而违反了 NAFTA 第 11 章，原告的申诉失败。

该案例表明，投资者—国家机制的运作应该受到国际法的限制，其原则应当是决定申诉是否有效的惟一原则。如果申诉不能表明东道国违背了某一国际投资协定中所包含的国际准则，该申诉就没有理由在国际法庭上获胜。因此，国际法可能要对过多的投资者对东道国的申诉进行审查。只有那些涉及违背国际投资协定中国际准则的最严重的申诉才应该提交争端解决机构。

也许应对那些提交明显不值得称许的申诉的原告进行惩罚。或许也可以在决定接受申诉的程序中引入保障措施。根据 ICSID 公约，ICSID 秘书长要进行初步审查以决定对仲裁的要求是否明显处于 ICSID 的管辖权之外。但是这种权力只与管辖权有关。ICSID 秘书长没有权力决定申诉是否具有充分价值以保证进行全面听证，这要由 ICSID 法庭决定。

资料来源：Schreuer 2001，第 458—459 页；Muchlinski 2000，第 1051—1052 页。

处理交叉报复。上述问题对那些仅包括国家—国家争端解决机制的国际投资协定特别重要。对 WTO 来讲，如果就在该组织中进行投资谈判的模式达成一致，允许投资者—国家争端解决程序将要求进行实质性的重新定位（《多哈宣言》仅明确提到“成员之间的争端”作为需要阐明的主题[54]）。要在这些情况下引入投资争端解决程序将会引起交叉报复的可能性，例如提高关税或者采用配额以执行对败诉国的裁决。这可能会对某个发展中国家的经济福利产生不利影响，给它带来与其出口收益不相称的损害。

各国通过限制，或者实际上不允许实行交叉报复，可以保护自己避免交叉报复。[55]也有可能为投资事务建立独立的自行完成的争端解决机制（可以提出申诉）。尽管 ICSID 已经作为一种自行完成的机制存在，但是它所提供的功能的范围并不是很广泛的，而是集中于解决提交该机构的单项争端。此外，ICSID 限制了对没有充分考虑上诉程序的法庭所做出的裁决予以审议并宣告无效的权力（Schreuer 2001，第 891—893 页）。尽管如此，如果各国政府做出这样的决定，仍然有可能增加 ICSID 的能力。

还应该建立程序以防止在尚未用尽所有其他执行方式之前就采取报复措施。在就执行问题举行磋商以达成双方一致同意的执行程序之前，可以不考虑这些措施，这种磋商可以是双边的，也可以在有关争端解决机构的干预下进行。这将调和执行过程中胜诉方的利益与败诉方的基本发展要求。在对外国直接投资的竞争激烈以及对投资者的审核更加详细的形势下，友好解决争端对双方都是有利的。

还有一种范围更广泛的考虑是，由于政府可能是在与另一国家政府总体关系的更广泛背景下来考虑某个投资争端，而不是只考虑投资者原告所关注的比较狭窄的问题，因此国家—国家的程序可能会优于投资者—国家的程序。但是，如果只有国家—国家的程序可以利用，将会产生的问题是可以借助国家对国家的争端而引入投资者对国家的争端。[56]在这种情况下，投资者可以利用母国政府的所有资源（反之亦然）。（但是即使在这种情况下，也是由政府来决定提出申诉，并且如果政府决定提出申诉，还要决定以何种方式来提出申诉。）此外，如果原告国胜诉，应该如何进行裁决，而且母国政府会把好处转给投资者吗？[57]

考虑第三方：由非政府组织特别提出的最后一系列问题涉及与争端解决案例的结果利益相关的第三方的参与。例如，当投资者和东道国就环境管制措施用于投资产生争端时，受到该项投资环境影响的当地社区可能希望作为利益相关的第三方参与争端解决。在那些利益相关的第三方个人或者团体传统上可以诉诸司法的国家，这一点可以通过第三方在国内法庭上的申诉权来解决。

当投资者行使基于协定的国际仲裁权利时，在这类机构中可能没有利益相关第三方的立足之地，并且还会被拒绝参与听证。但是目前已开始出现第三方在国际仲裁法庭上的有限陈述权。

WTO 上诉机构已经同意，在 WTO 小组认为合适时第三方有通过提交信息和技术建议来参与的有限权利，尽管该小组的义务是仅考虑各方对争端提出的建议（WTO 上诉机构 1998）。

由于利益相关者有关投资问题和争端解决的观点所具有的重要意义，特别是对于发展方面的重要意义，所以这一问题可能是未来国际投资协定中的重要问题。但是，如果比较广泛的第三方诉诸法庭的权利持续扩大，也可能会需要采取一些保障措施来防止操纵这些程序，目的是防止第三方的干预“堆积”在争端的某一方而导致成本上升。

其他措施的目的可以是加强良好的仲裁行为以及加强在投资争端中对发展方面尽可能充分的审议。例如，就像 ICSID 所做的那样，根据国际投资协定提出的争端案例可以向公众开放。程序也能够更加公开和透明，其中包括公众参与听证会，完全公开裁决和裁决理由，以及那些在制度体系内部已经做出规定并且不会发生的对裁决提出上诉的可能性。这些问题已能通过仲裁法庭自身得到解决。

投资争端很可能增加，这使得争端解决程序更加重要。但是这些程序需要防止轻率和诬告性质的申诉，还要防止交叉报复。

E. 业绩要求

业绩要求可以成为增加外国直接投资流入利益的重要政策工具，因此发展中国家设法保留使用这一工具的权利。但是发达国家把业绩要求和过去的干预主义战略联系起来，而且对其效果提出疑问。业绩要求的使用已经减少，并且通常是和某些种类的激励相联系。由于在某些情况下使用业绩要求有着正当的经济理由，因此它们在国际投资协定谈判中十分重要。

1. 为什么使用业绩要求

业绩要求是一种施加于外国分支机构的规定，要求外国分支机构以被认为对东道国经济有利的方式采取行动。最普遍的业绩要求涉及到当地含量、出口业绩、国内股权、合资、技术转让和雇佣本国国民。[58]这些要求可以是强制性的（例如作为进入当地市场的前提条件），或者自愿性的（作为获得某种激励的条件）。业绩要求可以是非歧视性的，适用于所有公司（当地公司和外国公司），也可以根据所有权对公司区别对待（作为国民待遇的一种例外），甚至还可以根据具体国籍予以区别对待（作为最惠国待遇的一种例外）。

使用业绩要求的目在于引导跨国公司更多地通过提高当地含量、创造关联、转让管理技术、雇佣本国国民、在欠发达地区投资、加强技术基础和促进出口等来促进当地发展。由于可能与公司生产体系中的其他部分发生竞争，跨国公司可能不愿意将某一区位作为出口基地。[59]或者由于跨国公司可能没有充分认识到当地潜力，因而不太愿意投资使用当地资源（而是使用国外的生产基地）。业绩要求可以引导跨国公司开发当地资源，并在必要时投资改善当地资源。

此外，一些实施进口替代战略的国家试图通过采用出口业绩要求来抵消其贸易体制的反出口倾向。当地含量、合资和其他要求被用来抵消或者限制跨国公司的限制性商业措施。[60]业绩要求还被用于实现一些非经济目标，例如政治或者经济独立、改变权利分配或者获取资源开发的租金（UNCTAD 2003f）。

2. 业绩要求的使用在减少

许多国家广泛地使用业绩要求。[61]在 20 世纪 70 年代和 80 年代，业绩要求曾普遍用于发达国家外国直接投资集中的行业，其中包括电气、运输设备（特别是汽车）、化工、非电气机械设备以及诸如采矿和石油等初级部门行业。[62]由于多方面的原因，发达国家对业绩要求的使用逐渐减少（UNCTAD 2003f）。[63]但是这并不意味着发达国家不再努力影响跨国公司的贸易和投资行为。为达到类似目的，发达国家目前使用别的战略性贸易和投资政策工具，例如原产地规则和区位激励。[64]在 20 世纪 80 年代和 90 年代早期，自愿出口限制也广泛被发达国家所使用（Messrlin 1989；Prusa 1992）。[65]这些工具同样可能对国际贸易和投资产生扭曲效应（Belderbos 1997；Moran 1998，2002；Safarian 1993）。

特别是出于促进幼稚产业和解决国际收支问题的愿望（UNCTC 1991；Bora 2002），发展中国家也使用业绩要求（UNCTAD 2003f；OECD 1989；WTO/UNCTAD 2002）。[66]最近一项对大约

400 名欧洲企业经理人员的调查表明，在巴西、中国、印度和俄罗斯等所有大的发展中国家或者转型国家，对业绩要求的使用是最多的（Taylor Nelson Sofres Consulting 2000）。但是总的政策趋势是和发达国家相类似的，业绩要求的使用逐步减少，并且对投资者的强制性要求已转向和投资激励相联系的要求（UNCTAD 2003f）。[67]

减少强制性业绩要求的一般趋势反映了如下几个因素：

- WTO 规则强制要求各成员放弃某些措施，特别是那些《与贸易有关的投资措施协定》所包括的措施。
- 贸易壁垒的降低以及更具竞争性的吸引外国直接投资的环境，使得更加难以在不增加阻碍外国直接投资的风险并且不影响竞争业绩的同时，来实施业绩要求。因此，在那些东道国对诸如寻求效率的出口导向型外国直接投资处于相对较弱谈判地位的活动中，东道国现在很少使用强制性业绩要求。同样，在那些为出口提供投入的活动中，东道国也较少使用业绩要求来促进当地关联。各国普遍都从大棒转向胡萝卜，利用激励来引导外国分支机构（和国内企业）从事经营活动，以促进它们所期望的那种发展。
- 各国政府日益愿意选择更加亲和市场的工具来满足发展目标。
- 各国政府试图利用业绩要求来促进的某些目标现在可能已经实现了（UNCTAD 2003f）。

3. 业绩要求的效果如何？

对增长和出口业绩的广泛比较并不能说明，特定业绩要求的经济收益是否大于其成本（管理、激励和可能造成的扭曲效应）。与反现实的事实（在给定条件下未使用业绩要求可能出现的情况）进行比较则更加困难。

尽管如此，仍然有证据表明业绩要求可能是有效的。许多研究发现当地含量要求（Balasubramanyam 1991；Wong 1992；Halbach 1989；Dahlman 和 Sananikone 1990）、出口业绩要求（Moran 1998；Rosen 1999；Kumar 2002）、雇用和培训要求（UNCTAD 2001i，2003f）以及国内股权要求或合资要求（UNCTAD 2003f，第三章）具有正面效果。相比之下，其他一些研究则发现业绩要求给东道国带来了相当高的成本，从而表明其结果是无效率的（Moran 2002；Ernst 和 Ravehill 2000；Ramachandran 1993；Urata 和 Kawai 2000；Hackett 和 Srinivasan 1998；UNCTAD 2003f）。一些国家使用业绩要求看来并不经济，迫使企业以某种方式行动的成本更高，效率更低。但是在某些情况下，即在当地能力很强并且供给反应很活跃时，业绩要求既有效果，也有效率。而且，如果东道国对外国直接投资具有很强的吸引力，即使东道国对外国投资者施加更严格的要求，也不会阻碍他们投资。

各国必须将业绩要求的潜在收益和这些要求所造成的低效率的成本和阻碍外国直接投资的风险进行权衡。证据表明，实现业绩要求的目标在很大程度上取决于这些目标是否明确，以及据以确定这些要求的更广泛的产业政策和贸易政策（UNCTAD 2003f）。强有力的当地企业、灵活且管理完善的制度和支持当地能力发展的政策是特别重要的。

同样重要的是各级官员实际执行业绩要求、对环境和需求变化做出反应并对其影响进行监控的能力，而这些即使在发达国家中也不容易做到。就加拿大来讲，加拿大投资局的前身，即外国投资审查局负责业绩要求的实施和监控。尽管该局有 130 多名雇员，其中一半是专业或者技术人员，但是它在恰当执行其任务方面仍然存在种种困难（Safarian 1993）。

从国际角度来看，需要考虑业绩要求对第三国贸易和投资模式的影响。例如，某个东道国提高当地含量可能会对其他国家的生产者（可能效率更高）产生不利影响。大国实施的出口业绩要求可能将出口导向型外国直接投资从与其竞争的较小的区位转移出来，而后者在与潜在投资者谈判时可能不具有像大国那样的强势地位。这种影响对国际投资协定来讲是有关系的。

4. 在国际投资协定中的适用范围

过去十年来，在国际投资协定中业绩要求受到了越来越多的关注。业绩要求分为三类：多边明确禁止的业绩要求；区域间、区域或者双边（但是不是多边）协定中禁止、有条件限制或者不鼓励的业绩要求；以及不受任何国际协定控制的业绩要求。

在多边层次上，WTO《与贸易有关的投资措施协定》禁止某些被认为导致贸易扭曲的业绩要求，即当地含量要求、贸易平衡要求、对可归于企业的外汇流入的限制和出口控制。[68]该协定不仅禁止强制性的与贸易有关的投资措施，还禁止那些与某种好处相联系的与贸易有关的投资措施。《与贸易有关的投资措施协定》同样适用于对国内企业和国外企业施加的措施。在那些一致同意的发展中国家和最不发达国家逐步取消这些措施的过渡期满后，除了那些过渡期延长的国家之外，该协定的条款适用于WTO的所有成员。[69]根据WTO的《补贴和反补贴措施协定》，与接受补贴相联系的出口业绩要求受到进一步的限制。从2003年1月1日起，对于发达国家和普遍对于中等收入国家，除了某些例外，这类措施均禁止使用。[70]

以上两个协定只适用于与货物贸易有关的措施。相比之下，在服务领域，GATS的减让表方式（基于"肯定列表"，而后者是与各国在制定市场准入和国民待遇具体限制时间表的能力相联系的）赋予各国使用业绩要求的灵活性。[71]

在双边和区域层次上，国际投资协定在传统上不涉及业绩要求。但是这已开始发生变化。[72]一些国家所限制的业绩要求的范围比《与贸易有关的投资措施协定》还要广泛（表4.1）。例如，NAFTA禁止国内股权要求、出口（商品和服务）业绩要求以及对成员国或者非成员国投资者的投资提出转让技术、生产诀窍或者其他产权知识的要求。[73]《南方共同市场协定》禁止出口和在当地采购商品和服务的要求。美国和加拿大参加的双边投资协定和自由贸易协定限制使用额外的业绩要求。

5. 未来的选择

国际投资协定对业绩要求的处理仍然存在争议，并且对这些要求在促进各国发展中的效果，或者相反在其扭曲效应方面都没有达成一致。一些发展中东道国认为业绩要求是一种有效的发展工具，并将限制业绩要求视为对其政策空间的不适当干预。其他国家，其中大多数是发达母国，则认为这种限制对于避免贸易和投资格局扭曲是必要的。

作为对《与贸易有关的投资措施协定》审议的一部分（在第9条中予以规定），各国可能会保持对业绩要求的处理不变，或者就其条文重新进行谈判。[74]重新谈判可能会改变该协定中投资措施的范围。但是要做到这一点，对于第2条所禁止的措施，各国首先必须就该条款适用范围的修改达成一致。目前，第2条只提到那些被认为与1994年《关税与贸易总协定》第3条和第6条不一致的措施。[75]

重新谈判也可以集中于如何延长过渡期或者考虑新的过渡期，包括那些可能适用于发展水平不同国家的与协定不一致的措施逐步退出的准则（这种标准之一可以是达到某一人均国民生产总值水平）。正如已经提到的那样，根据第5条第2款确定的退出期对所有WTO成员都已到期。但是准许8个成员延长过渡期，延长期到2003年底为止。准予延长期的条件是在延长期结束时有效取消其余的与贸易有关的投资措施。[76]

对于下一步的最优进展方式存在相当大的分歧。一些发展中国家政府主张重新审议《与贸易有关的投资措施协定》以缩小其适用范围，增加该协定的灵活性，并为各国政府提供更大的决定是否使用业绩要求的政策空间。例如，在一份递交WTO的通讯中，巴西和印度主张重新审议《与贸易有关的投资措施协定》以增加政策的灵活性，并在发展中国家实施发展政策以促进国内制造能力、技术转让和竞争等方面给予更多的自由。这份提议提出，一种选择可以是允许扩大发展中国家偏离第2条的范围。[77]

一些发达国家政府坚持认为，根据《与贸易有关的投资措施协定》对业绩要求进行进一步的国际管制是合乎需要的。例如，美国支持扩大受到限制的与贸易有关的投资措施的表列，将出口、技术转让和产品指令等要求都包括进去。[78]

有些学者（如Moran 2002）坚持认为，禁止额外的强制性要求符合发展中国家的利益，因为这类政策措施可能会阻碍外国直接投资流入，尽管正如上面已指出的那样并无明确的证据支持这一观点。有些学者持相反观点并对进一步的管制持谨慎态度，其理由是，为了特定的发展目标，东道国可能会慎重选择使用业绩要求并承担外国直接投资减少的风险（Balasubramanyam 2002）。他们还提到，即使在多边规则没有限制使用强制性要求的情况下，业绩要求的使用也已经减少。这可能表明，发展中国家本身处于最有利的位置，能够根据其资源禀赋和发展目标来决定各种业绩要求的使用。[79]

另一个相关问题涉及到决定业绩要求使用的规则和运用国际投资协定中的非歧视条款之间的相互作用（见专栏5.4）。在准许使用业绩要求方面，政府的自主范围受到国际投资协定参与方自

表 4.1　禁止使用《与贸易有关的投资措施协定》未包括业绩要求的若干国际投资协定

被禁止使用的措施	《北美自由贸易协定》，1992 年	《多边投资协定草案》	《美国—克罗地亚双边投资协定》[a]，1996 年	《加拿大—智利自由贸易协定》[b]，1996 年	《萨尔瓦多—秘鲁双边投资协定》，1996 年	《美国—约旦双边投资协定》，1997 年	《加拿大—克罗地亚双边投资协定》[b]，1997 年	《墨西哥—尼加拉瓜自由贸易协定》，1999 年	《美国—巴林双边投资协定》，1999 年	《美国—萨尔瓦多双边投资协定》，1999 年	《多米尼加—厄瓜多尔双边投资协定》，1998 年	《智利—墨西哥自由贸易协定》，1999 年	《墨西哥—萨尔瓦多、危地马拉和洪都拉斯自由贸易协定》，2000 年	《日本—韩国双边投资协定》，2001 年	《智利—美国自由贸易协定》，2003 年	《欧洲自由贸易区—新加坡》，2002 年	《日本—新加坡经济合作伙伴协定》，2002 年	《智利—韩国自由贸易协定》，2003 年	《美国—新加坡自由贸易协定》，2003 年	《智利—欧盟联系协定》，2003 年
与本国企业建立合资企业		×														×				×
在本国设立某一地区或者全球市场总部的要求		×												×			×			
出口一定比例服务的要求	×	×	×	×	×	×		×	×	×		×	×	×	×		×	×	×	
雇员人数要求		×												×						
排他性地要求从特定领土向某一地区或者全球市场提供服务		×	×		×	×			×	×				×			×		×	
要求成为某种服务排他性的提供者	×			×				×				×	×						×	
转让技术、生产工艺或者其他产权知识的要求	×	×	×	×	×	×	×	×	×	×	×	×	×	×	×		×	×	×	
研究与开发要求		×	×			×			×	×				×			×			
通过将销售与出口价值或数量，或者与外汇收入相联系的方式，限制某个投资所生产或者提供的服务在其领土内	×	×	×	×	×	×		×	×	×		×	×	×	×		×	×	×	
要求购买或者使用在其领土内提供的服务，或者购买其领土内自然人或者法人提供的服务	×		×	×	×	×	×	×	×	×	×	×	×	×			×	×	×	
限定管理层人员的国籍	×	×	×	×		×	×	×	×	×	×	×	×	×	×			×	×	
要求劳工认证、学历认证或者其他具有类似效果的程序			×		×	×			×	×										
各种配额形式的数量限制														×[c]		×				×

a. 美国最近签署的大多数边投资协定都包括禁止类似措施的条款，例如美国与阿塞拜疆 (1997)、玻利维亚 (1998)、立陶宛 (1998)、和莫桑比克 (1998) 签署的双边投资协定。

b. 加拿大最近签署的大多数双边投资协定都包括禁止类拟措施的条款，例如加拿大与罗马尼亚 (1996)、厄瓜多尔 (1996)、巴拿马 (1996)、埃及 (1996)、黎巴嫩 (1997)、泰国 (1997)、克罗地亚 (1997)、乌拉圭 (1997)、和哥斯达黎加 (1998) 签署的双边投资协定。

c. 依据该协定第 8 条第（2）款，参与方在下列情况下可以采用这类措施：(a) 该参与方不迟于计划执行该限制的日期前 60 天通知另一参与方其实施限制的目的；和 (b) 在执行该限制前应根据另一参与方的要求。

注释：除了《与贸易有关的投资措施协定》禁止的 4 种业绩要求措施（当地含量要求、贸易平衡要求、与可归于企业的外汇流动有关的外汇限制和出口控制）外，各国在其双边和区域协定中已陆续包括了其他禁止使用的措施。本表是在1996年到2003年期间引入明确禁止某些类型业绩要求的一些协定的例子。表中包括《北美自由贸易协定》和《多边投资协定草案》是作为参考。其他协定的例子见 UNCTAD (2001i)。

愿采取的投资者保护准则的制约。特别是，非歧视准则通常要求使用业绩要求的方式不能在同等条件下对不同投资者形成歧视。但是这种一般性准则可以有某些条件和例外，以便为在适当情况下实施差别待遇保留一定程度的政策空间。因此，这在很大程度上取决于国际投资协定的实际内容以及东道国在此方面所承担义务的平衡。

有关业绩要求的国际规则与其他也可能产生扭曲的贸易和投资政策有关。对区位激励来讲尤其如此。目前，国际投资协定中限制使用业绩要求（主要是为发展中国家所使用）的条款之间存在管制方面的不平衡，同时遗漏了约束使用区位激励（主要是由发达东道国所提供的预付补贴）的条款（Moran 2002）。在下一节有关投资激励的讨论中可以看出，建立在激励基础上的对于外国直接投资的竞争可能使发展中国家处于不利地位（《2002 年世界投资报告》）。

原产地规则和其他一些战略政策的使用也影响到第三国，因此在未来的国际投资协定中讨论业绩要求时需要对此予以考虑。对发展中国家来讲，要借助其他政策工具（例如战略性贸易政策）来影响跨国公司的行为有时可能会更加困难。

只要政府认识到使用业绩要求可能产生的成本，它们可能就会根据现有的国际承诺来权衡其收益和成本。在对国际投资协定中对业绩要求的处理进行进一步的讨论时，的确需要承认发展中国家进行管制的权利，并允许它们拥有足够的政策空间以追求发展目标。

F. 激　励

投资激励引诱新的投资者进行投资、扩大现有业务或者不向其他区位转移投资。通过激励外国分支机构以东道国所希望的方式从事经营，或者引导它们进入东道国所扶持的行业或者地区，投资激励可以增加东道国从外国直接投资中获得的收益。随着减少使用投资限制措施，尤其是因为某些行业的外国直接投资市场已成为全球性的，因此在全球范围内越来越多地采用激励措施。

一般说来，国际投资协定并不直接涉及使用激励，尽管非歧视原则可能也适用于激励的使用。WTO 的《补贴与反补贴措施协定》可能也适用于向外国投资者提供的补贴，条件是这种补贴与货物贸易活动有关。还有一些协定包含“不降低标准”的条款。尽管如此，东道国对于使用激励通常还是保留了相当大的自主权，以便它们能够根据行业、规模和区位等对投资给予差别待遇。此外，国际投资协定可能会包含例外，允许对处于在同等条件下的投资者实行差别待遇。

1. 为什么使用激励?

政府使用三种主要类型的投资激励来吸引外国直接投资并从外国直接投资中获得更多的收益（UNCTAD 1996a）。这三种投资激励包括金融激励（例如直接补贴或者优惠利率贷款）、财政激励（例如免税或者降低税率）和其他激励（例如补贴基础设施或者服务、市场优惠和管制特许，其中包括劳工或者环境法豁免）。激励可以用于吸引新的外国直接投资进入某个东道国（区位激励）[80]，或者用于促使外国分支机构在东道国从事所希望的职能活动，例如培训、当地采购、研发或者出口（行为激励）。大多数激励并不区别对待国内和国外投资者，但是有时是针对两者之一。在一些国家，例如爱尔兰，整个激励计划在一个很长的时期内都是与外国直接投资相配合的。[81]激励可能支持小企业，也可能支持大企业。国家、地区和地方政府都提供激励。

提供激励的主要原因是矫正市场失灵以获得更广泛的生产外部性的收益。生产外部性可能是规模经济、知识扩散或者技术提升的结果。这种外部性可能证明激励在达到私人收益等于社会收益（一个非常困难的计算）之前都是合理的。同样可以证明大多数激励计划正当的理由是，吸引到一个或者几个“旗舰型”企业将会给全世界传递某一区位的商业环境具有吸引力的信号，并导致其他投资者跟进。[82]从动态的观点来讲，激励可能反映了随着时间推移可能获得的单位成本下降和干中学的潜在收益。激励也可能是因为实施诸如业绩要求等政府其他干预政策而对投资者进行的补偿，或者对一个国家因关税或者汇率高估所造成的出口障碍进行的纠正措施。激励还可以是对商业环境中那些难以纠正的各种缺失进行的补偿（UNCTAD 1996a，第 9—11 页）。[83]

在考虑激励时，政府需要考虑各个方面的成本。

- 一种风险是向那些本来就会进行投资的跨国公司提供激励，因此该激励纯粹只是某种从政府向跨国公司的转移（或者在某些情况下是向跨国公司母国国库的转移）。
- 在提供财政激励时，成本可能包括政府所放弃的税收，[84]而金融激励则意味着公共资金向投资者的转移，从而终止了这些资金用于其他目的的机会，例如改善基础设施或者培训劳动力（增强各国吸引可持续外国直接投资能力的区位决定因素）。
- 激励产生了管理成本，这种成本通常会随着激励计划的随意性和复杂性而增加。
- 如果激励导致企业投资于那些建立在激励基础上的补贴最多的区位，而不是那些最有利于资源有效配置的区位，这将会造成潜在的效率损失。
- 通过对那些资本相对密集型的企业和劳动相对密集型的企业、对现金流不同的各个项目或者对大企业和小企业实行区别对待，激励有时可能会造成始料未及的扭曲（UNCTAD 1996a；Moran 1998）。
- 税收激励可能导致跨国公司利用转移定价来向那些税收条件最优惠的区位转移利润，从而侵蚀多个东道国的税基。

2. 基于激励的外国直接投资竞争加强

利用区位激励来吸引外国直接投资的频率和价值都有相当大的发展。对20世纪90年代中期以前普遍并日益增多的财政和金融激励已有很好的文献记载（UNCTAD 1996a；Moran 1998；Oman 2000），此后也有证据表明这种趋势仍在继续发展（《2002年世界投资报告》；Charlton 2003）。一般来讲，发达国家和转轨国家常常使用金融激励，而发展中国家（不能提供直接的政府预算支出）则选择财政措施（UNCTAD 1996a，200g）。[85]

激励使用的增加反映了竞争已经更加激烈，特别在彼此类似并在地理上接近的区位之间。那些寻求使投资投向其领土的政府常常发现自己已陷入各种“竞价战”，投资者使不同的区位相互争斗，诱使它们提供更具有吸引力的激励计划来赢得投资。竞价战通常是区域性或者地方性的，反映了不同国家之间，或者一国国内不同地区、省或者市之间的竞争。例如，美国有时有20多个州在竞争同一个外国直接投资项目，欧洲有250多个地点在竞争宝马的一家工厂，该工厂最终于2001年落在德国的莱比锡。在发展中国家和转轨国家，例如在巴西、在东盟国家之间、在中国各省之间以及在中东欧国家都曾出现过这种竞价大战（Charlton 2003）。

在那些投资项目可以建在任何区位的某些行业中，正在出现的趋势是投资激励的竞争已经全球化了，这在以前主要是区域或者国家范围内的激励竞争之上又增加了新层次的竞争。[86]全球投资竞争的进一步结果是增加使用管制特许，而这种管制特许是常常被用于出口加工区的。出口加工区常常形成“政策飞地”，为了减少投资成本，出口加工区可能不执行东道国正常的规章制度（或者更有效地予以执行）。

3. 激励的价值和成本相符吗？

区位激励的效果可以根据其经济合意性或者实际吸引新投资的成功与否来评估。对行为激励效果的评估则要根据它们是否能够引导外国分支机构以特定方式从事经营活动。

我们从分析区位激励的经济合意性开始，这是因为对区位激励的经济利益存在长期的争论（Charlton 2003）。区位激励是否扭曲了资源配置（并因而减少了全球福利，其中包括发展中国家的福利）？而且它们给某些东道国带来的成本是否抵消了其收益？如果区位激励弥补了市场失灵，这些措施在经济上就可能是合理的。这就是说，如果区位激励使东道国能够缩小社会收益和私人收益的差距，[87]如果区位激励能使东道国克服最初在吸引大量外国直接投资或者旗舰型投资方面的“难关”，这种旗舰型投资者能够吸引其他投资者或者吸引投资者投资于那些虽然有效率但是不为人知的区位，区位激励在经济上就是合理的。

如果区位激励使投资从其他区位转移出来，而这些区位是投资者根据经济理由原本会选择的，那么区位激励就可能导致经济上的无效率。而且，一旦激励结束，如果该区位缺乏竞争力的深层原因仍然存在，投资可能就会发生转移。如果一国提供的激励导致了吸引外国直接投资的“竞价战”，东道国就会输给跨国公司（或者跨国公司的母国，如果母国能够利用税收将这些优惠拿走）。如果激励是为了解决市场失灵，最优的政策通常可能是矫正这种失灵，而不是对其进行补偿。例如，如果激励的目的是为了克服高估的汇率，更好的做法可能是对货币进行重新调整，而不是通过激励增加新的扭曲。此外，如果试图通过激励来弥补一个国家区位优势的下降（例如在劳动密集型活动中工资上升），那么，这可能只不过是以牺牲纳税人的巨大代价来拖延时日而已。

另一个问题是，发达国家和发展中国家之间的不对称可以改变外国直接投资流动的方向，至少在它们竞争同一项投资时是如此。相对于较穷的国家，富国有能力提供更多和更有吸引力（直接补贴）的激励。由于不存在对激励的约束，较富裕的国家能够在激励竞争中击败较穷的国家，或者迫使它们陷入所费不訾的外国直接投资项目竞争。

在经济学家中正在达成一致的观点是，各国不应该过多地通过提供激励，而应该通过建立真实的经济优势（并提供稳定、较低和透明的税率）来吸引外国直接投资。激励不应替代竞争能力的建立。许多东道国政府认识到激励竞争的代价可能十分高昂（特别与那些拥有较好禀赋的竞争对手竞争时）。但是在缺乏有关区位激励国际合作的情况下，各国都希望保留提供激励的权利。结果是，所有或者大多数国家的境况恶化了，而跨国公司则从缺乏合作中获益。

接下来的问题是，区位激励是否能够有效地吸引大量新的外国直接投资。普遍认为区位激励很少是跨国公司区位决策的主要决定因素。但是在其他条件相同的情况下，激励可能会使某个区位更受欢迎。对那些寻求出口加工区中低工资生产场所的出口导向型项目来讲，这种情况是最有可能出现的，许多东道国在出口加工区中提供了这类条件和其他有利条件（UNCTAD 1996a，2000g；Wells 和 Allen 2001；Morisset 和 Pirnia 2001）。

一些证据表明，随着企业流动性的提高，区位激励变得更为重要。经济计量研究以前曾认为激励无效，而现在则认为激励已经成为越来越重要的外国直接投资的决定因素（Clark 2000；Taylor 2000）。[88]但是，对寻求当地市场或者寻求自然资源的外国直接投资来讲，区位激励就没那么重要了，要证明这种区位激励的合理性也就更加困难。

针对具体活动的激励和行为激励普遍被认为是更有效率的。出口补贴常常用于促进出口导向型外国直接投资，特别在出口加工区（《2002年世界投资报告》）。在匈牙利、马来西亚、韩国、新加坡和南非，鼓励外国分支机构加强雇员培训和帮助当地供应商的激励措施看来效果很好（《2002rh 世界投资报告》；UNCTAD 2003f）。但是这并不意味着激励应该是非歧视性的。如果外国分支机构本来就会从事某项活动，或者它们对很少的激励已经很满足，那么有些激励可能就是一种浪费。然而，如果条件不合适，即使慷慨的激励也可能不会产生多大的效果。例如，在一个当地不具备条件和技术人才来从事设计和创新的国家，研发激励就不可能增加外国分支机构的研发支出。总体来讲，激励仅略微改变了某项活动的收益成本比率，而不可能使之发生明显的改变。

由于管制特许，在出口加工区中为了吸引外国直接投资有时可能会降低劳工和环境标准。出口加工区的平均工资通常高于一国其他地区，但是工作条件有时会受到不严格的劳动、安全和健康法规的影响。工会常常会被禁止组织活动来改善这些条件（ILO 1998；《1999年世界投资报告》；专栏4.5）。但是并没有系统的证据表明降低标准有助于吸引高质量的外国直接投资。相反，像激励一样，提供管理特许的代价在于这些国家可能会发现它们自身陷入了成本驱动竞争的"底线道路"，因为这种竞争会导致竞相降低环境和劳工标准。

那些在吸引出口导向型外国直接投资方面采取整合程度更高方式的国家通常会吸引到质量更高的外国直接投资，这种整合方式是将外国直接投资政策置于国家发展战略的背景之中并将注意力集中于提高生产率、技能开发和技术提升。爱尔兰和新加坡采取的就是这种方法，两国都努力促进培训、推动劳工和管理层的对话并为投资者提供一流的基础设施。这两国的经验表明，良好的劳资关系和技能的提升能够促进生产率和竞争力的提高。

总的来讲，激励在吸引和影响跨国公司的选择和行为方面可能有效。但是区位激励的经济合意性并不清楚，尤其在这些鼓励损害了竞争性能力的建立并鼓励竞价战时。在地点、活动和行为层面上的激励具有更充分的理由，但是必须在合适的条件下（表4.2）。为增加有效实施区位激励和行为激励的机会，政府也使用了"补偿性收回"条款，其中规定了在条件不具备时激励的收益率。此外，当行为激励与其他针对提高技能、技术水平和基础设施质量等的政策措施相结合时，行为激励在吸引来自外国直接投资的利益方面可能是更有效的。

表 4.2 技术进口战略、政策和条件

战略目标	政策	政策工具	条件
通过最大限度地减少对外国直接投资的依赖以促进本国技术能力发展	- 对 FDI 的资格限制 - 鼓励合作协定 - 政府对本国企业的支持 - 培育本国旗舰企业	- 外国股权限制 - 对本国企业的金融和税收激励 - 技术支持和研发促进计划 - 有效出口促进 - 鼓励雇用外国专家、许可证交易和资本品进口	- 参予国际竞争（例如通过强烈的出口倾向） - 熟练劳动力的可获得性 - 金融资源 - 企业家承担技术投资风险的意愿和能力
通过最低限度的政府干预来促进外国直接投资，期望能带来技术转让	- 鼓励大量的外国直接投资流入 - 放松外国直接投资限制 - 确保宏观经济稳定	- 取消外国直接投资限制或者提供激励 - 贸易自由化 - 培育竞争和组织完善的知识产权体制 - 提供良好的基础设施 - 一般的外国直接投资促进	- 执行亲和市场政策的有效和可信的机构 - 较高的当地吸收能力
通过前瞻性的政府干预促进由 FDI 带来的技术转让	- 对具体的跨国公司实行目标定位 - 为跨国公司提升技术提供激励	- 工业园区和先进的基础设施 - 组织完善的知识产权体制 - 与所促进活动相适应的高水平的技能和强大的培训体系 - 严格的质量标准 - 对具体活动和企业的激励	- 有能力处理激励的机构 - 有能力选择技术的机构 - 技术支持和技能培育机构
混合战略	- 促进与国内经济的关联 - 培育当地技术能力 - 鼓励跨国公司活动的深化	- 企业孵化器 - 信息交换 - 工业园区 - 支持研发活动的 - 支持合资、许可和合作 - 支持对本国劳动力的培训	- 有能力和跨国公司进行谈判的机构 - 有能力制定战略规划的机构 - 对技能、金融市场、基础设施和技术能力开发进行整合的能力

资料来源：节选自 WTO 2002a。

4. 尽管很少但是仍有一些国际协定限制激励的使用

国际投资协定总的说来并不专门涉及激励（UNCTAD 2003h）。但是在国际层面上已做过几次努力，明确限制激励的使用。在这方面最重要的法律文件是 WTO《补贴和反补贴措施协定》，如果对外国投资者的补贴涉及到外国投资者在货物贸易方面的活动，那么该协定是可能适用于这些补贴的。《补贴与反补贴措施协定》原则上包含了范围广泛的种种激励（详细讨论见《2002 年世界投资报告》）。该协定禁止使用出口补贴和以增加制成品当地含量为目的的补贴。此外，根据该协定，其他针对企业、行业和地区的补贴如果造成了对另一 WTO 成员国内市场的损害或者在世界市场上的严重歧视，这些补贴就是可申诉的。补贴的定义相当宽泛（见该协定第 1 条），其中包括可能的财政和金融激励以及以低于市场的价格提供土地和基础设施等。

由于认识到补贴能够对经济发展起作用，《补贴与反补贴措施协定》包含了对于一般原则的一些重要例外情况的规定。禁止与出口有关的补贴（第 3 条第 1 款 a 项）并不适用于所有发展中国家：该协定附录 7 列出了被豁免的 WTO 成员，并且 WTO 成员同意延长某些其他成员的过渡期。[90] 对于可申诉的补贴而言，也存在着针对发展中国家的特别条款。[91]

《补贴与反补贴措施协定》的规定可能不容易用于所有类型的投资激励，特别是区位激励。例如，如果某种区位激励是在生产开始之前提供现金补贴，那么很难证明在以后阶段这种激励对另一 WTO 成员的行业造成了负面影响。类似的问题也会出现在补救措施上。到生产和出口已经开始时，以吸引投资为目的的激励可能已经结束。在这种情况下，无论是根据 WTO 争端解决机制建议取消或者修改补贴，还是采取国内行动对出口货物征收反补贴关税，都不可能“取消”或者改变已有的投资（《2002 年世界投资报告》）。

在区域和双边层面上，国际投资协定反对使用管制特许（例如，在社会和环境标准方面）来吸引投资。例如，NAFTA 第1114条反对参与方使用管制激励来吸引投资。[92]类似的是，在拉美国家之间达成的一些自由贸易协定包含了“不降低标准”条款，以防止参与方放松在该条款所指定领域中的管制标准作为吸引外国直接投资的激励。[93] APEC 的《非约束性投资原则》包括在环境、健康和安全方面的类似条款或者“不降低标准”的承诺，但是国际劳工组织《关于跨国公司和社会政策原则的三方宣言》包含了对各种具体原则和达成高于最低标准目标的肯定承诺（Wilkie 2002）。[94] OECD（2002）《跨国公司指南》也强调了企业的责任，跨国公司应该“克制不要寻求或者接受那些在与环境、健康、安全、劳工、税收、金融激励等有关的法律或者管制框架中没有提及的豁免”（第二章第5段）。

一些国际协定规定，协定各方应该进行进一步谈判以建立关于激励的多边规则。在《服务贸易总协定》第15条中有这样的实例，该条款提到激励可能对服务贸易产生扭曲效应，因此 WTO 成员应该就如何避免这种贸易转移效应进行磋商。[95] OECD《国际投资和跨国公司宣言和决议》包括一章关于“国际投资激励和障碍”，其中就建立了这样一种磋商机制。在《能源宪章协定》第10条第8款中也包含了一条有关具体激励的审议条款。[96]

即使国际投资协定没有明确限制协定各方使用激励，非歧视性原则可能也会影响其使用。这儿的问题是，在同等条件下，激励是否可以只能给予国内投资者，而不能给予国外投资者，这就产生了非歧视的问题。《服务贸易总协定》允许各国在特定部门保留以歧视性方式提供激励的权利。如果某一东道国希望有选择地提供激励，它必须确保这种选择不与国民待遇和最惠国待遇准则发生冲突。可以为差别待遇辩护的理由是，相对那些没有从激励（例如为某些行业或者中小企业保留的激励）中受益的投资者，受到优待的投资者具备不同的条件。还可以为差别待遇辩护的理由是，在东道国的例外减让表中保留对这些准则的例外情况的做法是国际投资协定所允许的。NAFTA 是在这此方面最有意义的协定。NAFTA 不但是没有限制财政或者金融激励的使用，还包含了对非歧视原则的重要例外。根据 NAFTA 模式，一些有美国或者加拿大参加的双边协定都包含了对补贴非歧视性原则的例外。在美国参加的协定中，例外只与国民待遇原则有关，最惠国待遇仍然适用。而在加拿大参加的协定中，则根据 NAFTA 的方式完全排除了国民待遇和最惠国待遇原则。

此外，大多数双边协定包含了只针对开业后外国投资者待遇的具有法律约束力的规则。这意味着非歧视原则的适用范围只限于投资发生后的行为激励，而不适用于与外国分支机构开业有关的区位激励。

为提醒政策制定者注意一些由决定激励使用的管辖权限而引起的问题，OECD 的国际投资和跨国公司委员会在经过大量争论之后，采用了（2003年4月）一份评估外国直接投资激励政策的清单，其操作标准分为6类（专栏4.6）。其中之一为外国直接投资激励的域外后果，这对国际投资协定可能尤为重要。这份清单呼吁各国当局考虑他们的行动可能在别处引发政策反应的风险，这种政策反应有可能会导致造成潜在浪费的竞价大战。根据该委员会的观点，对外国直接投资激励政策清单及其应用进行细致评估，将有助于最大限度地降低激励对于使用这些激励并试图吸引外国直接投资的政府所产生的有害影响（OECD 2003b）。

5. 未来的选择

尽管非歧视原则可能适用，但是大多数国际投资协定还是没有包含有关激励的明确条款。《补贴和反补贴措施协定》的条款限制使用投资激励，只要它们符合出口补贴的定义。与此同时，为了满足发展中国家对于影响投资者的活动从而增加来自外国直接投资的收益的要求，在 WTO 中包含了使某些激励“免于被申诉”的理由（《2001年世界投资报告》，第171页），如果能够证明在发展中国家中这些激励对发展具有明确的影响的话。这些理由可能包括，建立更多和更深入的关联、提供技术以及对当地供应商及其雇员的培训等。

但是总的来讲，东道国在发展和应用激励计划以吸引外国直接投资并从中受益方面还是保留了相当大的自由。这也使各国在执行发展政策方面拥有相当大的自主权。但是在某些领域，看来正在出现利用不降低标准的条款来控制管制特许的做法。此外，如果近年来在一些国际投资协定中将非歧视原则扩大到投资开业前阶段的做法继续发展，区位激励的使用将会受到更多的控制。

专栏4.6 OECD的外国直接投资激励清单

2003年4月，OECD国际投资与跨国公司委员会一致同意，将一份清单作为评估使用激励来吸引外国直接投资的成本和收益的工具，并为避免浪费性结果提供操作准则和确认过分依赖激励竞争所可能产生的潜在陷阱和风险。该清单分六类共提出20个问题：

提供激励的合意性和适当性

1. 在所考虑的环境中，外国直接投资激励是否是一种适当的工具？
2. 能动性环境与激励之间的联系是否得到充分的理解？

政策设计和实施框架

3. 提供外国直接投资激励的明确目标和准则是什么？
4. 由哪一级政府制定这些目标和准则，谁负责实施？
5. 在具有多重管辖权的国家，如何防止各自的局部性激励相互抵消？

战略和工具的适当性

6. 吸引外国直接投资与其他政策目标之间的联系是否足够明确？
7. 向外资企业所提供的优惠待遇对当地企业的影响是否得到充分的理解？
8. 是否所提供的外国直接投资激励并未反映他们希望支持的对政策目标的选择程度？
9. 是否对效果的最大化和长期总成本的最小化给予充分的关注？

激励计划的设计和管理

10. 在实施激励计划时，是否未对管理和监控该计划所需资源进行了现实评估？
11. 激励的时间表是否适当？是否适合于所考虑的投资，并且不被滥用？
12. 对实施机构经费开支的限制是否提供了防止浪费的保障措施？
13. 对处理超出实施机构能力的大型项目采取了什么程序？
14. 激励计划的最长期限？

透明度和评估

15. 是否建立了合理的、全面的成本—收益分析原则？
16. 进行成本—收益分析是否具有足够的规律性？
17. 是否采取了说明投资项目非量化利益的附加分析？
18. 提供外国直接投资激励的过程是否接受政策制定者、合适的议会机构和公民社会的仔细审查？

域外后果

19. 当局是否认为他们所采取的激励措施符合本国可能要承担的国际承诺？
20. 当局是否对其激励政策可能在其他管辖领域中引发的反应进行了充分评估？

资料来源：OECD（2003b）。

对出口导向型外国直接投资的竞争加剧了，这使得相互竞争区位之间的加速激励竞赛蕴含着种种风险。由于各国所拥有的可用于对私人投资提供公共支持的金融资源是有差别的，这表明发展中国家在这种竞赛中处于不利地位。这还可能进一步表明，需要在《补贴和反补贴措施协定》中限制发达国家使用金融区位激励以矫正这种不平衡。投资补贴的减少将有助于各国政府将更多的资源用于技能开发、基础设施发展以及其他吸引出口导向型活动的领域。由于给定了问题的性质，任何涉及激励的做法，其中包括提高透明度在内，都必须是区域或者多边性的。但是进一步的国际合作仍然存在争议。无论是在发达国家，还是在发展中国家中，看来都无兴趣就超出《补贴和反补贴措施协定》所涉及的范围来使用激励达成一致。

G. 技术转让

技术转让和扩散以及促进创新是东道国试图从外国直接投资中获得的几种最重要的利益。跨国公司是创新的主要来源。跨国公司的直接投资是国际技术转让的一种重要方式，并可能对东道国的当地创新活动做出贡献。但是吸引技术和创新活动，并在东道国国内掌握、提升和扩散需要得到政府通过制定国内政策和国际条约所提供的支持。

技术转让的政策已经发生变化。大多数政府已经从直接控制和限制转向了亲和市场的方式，即改善商业和外国直接投资环境、加强法律和其他制度、增强技能和提高当地企业的能力。亲和市场的方式本身也在发生转变，从提供能动性环境转向建立更强有力地促进创新（以便成为技术出售方）的体制，同时继续鼓励技术转让。在国际舞台上，《与贸易有关的知识产权协定》、业绩要求限制以及许多其他协定补充了各国所采取的亲和市场的方式（UNCTAD 2001h）。

在技术转让方面，如何在管制和市场之间做出适当权衡仍然存在着重要的选择。由于认识到发展中国家，特别是最不发达国家需要特殊支持，从而导致了一些对技术转让的强制性要求，但是其执行仍然是一个问题。

1. 需要促进技术转让的政策

在一个技术迅速变化和竞争激烈的世界中，创造、获取和有效利用新技术是增长的一个重要因素。在新技术的创造和扩散中，跨国公司可以采取多种方式：内部化的外国直接投资方式、非股权形式（例如战略联盟）和市场交易（许可以及其他合约和安排）。创新成本上升、需要保护和控制无形资产以及政策自由化正在导致跨国公司将外国直接投资作为允许获得有价值技术的主要形式（《2002年世界投资报告》）。结果，外国直接投资在国际技术转让中的作用日益提高。实际上，外国直接投资是获得许多新技术，特别那些在一体化生产体系中所使用技术的惟一途径（《2002年世界投资报告》）。

最大程度地利用外国直接投资所引致的技术转让需要东道国的政策支持。从一开始就必须吸引那些拥有最合适技术的跨国公司。然后，必须引导跨国公司转让那些能够为当地发展提供最大潜力的技术。如果跨国公司开始提供的是适合许多发展中国家低工资低技能背景的简单技术，那么还必须说服它们随着工资和技能的上升提升技术。在比较发达的国家中，必须引导跨国公司转让技术开发过程本身，在当地从事更多的设计和研发活动（《1999年世界投资报告》）。通过外国直接投资进行的技术转让对发展的影响远不只是在外国分支机构内部所发生的种种活动——其影响还包括向当地供应商和买方扩散技术和技术能力以及促进当地创新能力的发展。

在上述所有领域存在的风险是市场自身不能使技术转让和发展实现最优化。国际技术市场是不完全的并且是分割的，被几家大企业，其中主要是跨国公司所控制。技术一旦转移，其有效使用就会面临一些可能需要政策干预的问题。[97]有些不完全是信息交易固有的；有些则来自于东道国的制度和市场缺陷、遗留的无效政策（比如说在贸易和竞争方面）或者技术供应商的战略。由于这些原因，大多数国家都利用政策来影响跨国公司的技术转让。

这些措施的范围很广，包括从影响通过外国直接投资进行的技术转让的措施，到有关企业发展、技能培育、企业间关联和促进创新等更为广泛的政策，本节的重点是影响通过外国直接投资进行的技术转让的措施。在本部分其他章节（在讨论激励、业绩要求、目标定位和投资促进时）也涉及到一些影响通过外国直接投资进行的技术转让的措施。本节还包括对技术转让的直接控制、对外资所有权的规定、在外国直接投资合同中的技术转让要求、竞争法和知识产权保护等内容。

2. 各国国家政策向更加亲和市场的方式转变

发达国家和发展中国家的技术转让政策是不同的。大多数发达国家是重要的技术创新国，它们既出售新技术，同时也购买新技术。它们关心的主要是利用更严格的知识产权来加强其企业的技术地位并鼓励外国分支机构的创新活动，尽管其中有些国家例如日本和瑞士在发展的关键阶段并没有充分保护和实施知识产权。作为技术进口方，发展中国家已努力改善技术转让的条件和环境、加强当地企业的谈判地位并促进技术的扩散和创造，在此过程中，发展中国家有时会借助放松知识产权的运用（Kim 2002）。发展中国家还运用各种激励和业绩要求来引导跨国公司更多地进行技术转让和扩散（见本报告E节和F节），并鼓励当地企业的技术创造。

这种局面正在发生变化，各国的技术转让政策正在逐步趋同。发达国家在减少残留的对跨国公司活动的障碍的同时，正在加强知识产权保护。(但是竞争政策仍然反对大公司滥用市场力量)。发展中国家已经从对技术转让的直接管制转向更加亲和市场的方式。虽然大多数政策变化都是为了本国的利益，但是国际投资协定则反映了这种变动的格局（见下文）。目前几乎没有多少发展中国家还拥有审查独立企业之间或者跨国公司与其分支机构之间技术合同的详尽体系。

直到最近，许多国家，其中包括发达国家和发展中国家都没有严格的知识产权体系，这在一定程度上是为了鼓励当地企业技术能力的发展。由于《与贸易有关的知识产权协定》所提供的国际背景，目前大多数国家提供了更加强有力的知识产权保护。但是对于那些技术基础薄弱的国家也应加强知识产权的主张仍然存在争议。对于那些其本国企业正开始进行创新或者作为（或者有可能成为）高技术跨国公司活动（对弱知识产权很敏感）东道国的发展中国家来讲，保护知识产权有更充足的理由。但是缺乏创新的穷国不可能有更多的技术流入，并且必须为专利产品和技术付出更高的代价（Lall 和 Albaledejo 2001；英国知识产权委员会 2002）。

与外国直接投资有关技术转让的另一套措施是不那么明显的。过去，许多国家限制作为技术转让方式的外国直接投资，但是同时鼓励其他形式的技术进口以提高当地研发能力。日本、韩国和中国台湾都是在此方面的成功范例（Lall 2001；Kim 2002）。但是在其他国家这些战略并不奏效，这在很大程度上是因为战略实施的背景和方式已不同了。

近年来对外国直接投资流入的控制（和其他措施一起用于管制技术转让）已经减少。但是政府更积极地利用其他政策工具来促进跨国公司的技术转让和发展，其中包括利用投资促进机构吸引新外国直接投资，对技术密集型活动和职能实行目标定位（《2002 年世界投资报告》），对现有外国分支机构提升技术和从事更多研发活动提供激励，以及鼓励跨国公司提高当地含量和加强当地关联等（WIR01）。

投资促进工具的发展和改进可能是针对技术转让的外国直接投资政策的前沿，投资促进工具的发展和改进既包括吸引新的投资，也包括提升现有的投资。成熟的工业国家和发展中国家都同样积极使用这些措施。爱尔兰和新加坡正是这样的例子，这两个国家的例子说明了如何利用这些措施，以及为什么还需要结合当地能力的提高。如果环境不适于从事更先进的技术活动，只针对外国投资者的政策不可能起作用。

3. 政策工具的适当组合和条件

直接控制。对技术转让和外国直接投资的直接控制不起作用，这在很大程度上是因为直接控制未能解决两个问题，即技术管制的信息和管理要求，以及进口技术的吸收和提升。先看第一个问题。随着时间推移，任何政府都很难有效地指示私人企业所要购买的最优技术、最合算的购买条件以及最优的转让结构。在外国直接投资方面，政府同样也很难规定要转让哪种技术或者在多大程度上限制外资进入以鼓励幼稚的当地企业。这些困难在发展中国家要大得多，因为在这些国家信息和技术人才更加缺乏，制度结构更僵化并且当地企业和机构的发展程度更低。

因此，控制常常是对不同行业施加统一的、没有弹性的规则，对合同期限、支付条款、外资股份等加以规定，而不考虑具体的情况。有时这会导致转让陈旧的低价值技术，有时还妨碍获得新的技术。由于卖方没有动力转让技术中的复杂部分或者帮助买方持续进行技术提升，所以转让过程本身常常是浅层次和不完整的。一些国家明确禁止技术转让合同中的限制性条款，这往往提高技术的价格并强化了转让低价值技术的倾向（Contractor 1982；Desai 1988；Correa 1995）。

第二个问题是，管制主要关注的是转让的成本，而不是有效吸收和提升引进技术所需要的条件。人们简单地认为技术将会得到有效利用并能跟上新的发展。这种看法常常是乐观的，但是它给东道国带来了成本，使东道国承受技术上的落后和无效率。此外，实施限制性技术转让政策的背景掩盖了这种无效率，从而增加了这种政策的无效性，因而这种技术转让政策是一种不鼓励企业掌握和提升进口技术的保护制度（Desai 1988；Lall 1987）。

规定更高的当地所有权，或者要求技术转让。许多国家通过规定外资股权或者坚持少数股权合资来鼓励技术吸收。其假定是，更高的当地所有权将导致更好的技术吸收和扩散。但是，对并不心甘情愿的技术卖方施加这些要求时，其结果往往与预期不一致。[98]在那些拥有实力雄厚的当地企业、大规模的技能基础和出口导向型环境的国家，这种战略是最有效的。[99]这种战略在一些较大的发展中国家也会生效。例如，在印度，人们发现由国内股权要求所规定的合资企业产生了大量的当地学习和技术转让（UNCTAD 2003f）。

有关技术转让要求的不多证据表明，由于上面所提到的原因，这类要求也不能起作用（Kumar 2002）。[100]这类要求往往提高了跨国公司技术转让的成本，导致它们提供价值不高的技术或者很少投资使技术本地化。[101]因此，这些要求的效果看来还不如合资要求。

提供行为激励。提供向东道国转让技术的激励的效果取决于竞争环境和当地供应商的能力（《1999 年世界投资报告》）。如果东道国开放竞争并且当地供应商有能力，激励将会加强技术转让。

一些国家使用激励不仅是为了吸引跨国公司进入高技术领域，也是为了鼓励外国分支机构转向比较复杂的技术和研发活动（《1999年世界投资报告》）。但是这些国家的成功并不是因为它们提供了特别慷慨的激励，而是因为它们创造了跨国公司深化其技术活动所需要的其他前提条件（例如更先进的技能、更好的当地供应商、更活跃并且创造性更强的研究机构）。

加强知识产权。强化知识产权可能有利于某些类型的技术转让，但是知识产权制度的实施可能具有很高的成本和挑战性。而且强化知识产权对发展和外国直接投资流入的影响也存在争议。[102]更强的知识产权可能会增加技术所有者滥用市场权力的机会，而且那些执行竞争政策不力的发展中国家可能无法有效应付这种情况。更强的知识产权还可能提高技术的成本，同时还无法通过刺激当地创新或者国际技术转让来得到补偿，至少在最不发达国家是如此。但是，强化的知识产权可能有益于那些拥有先进工业部门的发展中国家，刺激当地创新并增加跨国公司技术密集型活动或者研发活动的转移。

总之，管制和鼓励通过外国直接投资进行技术转让的政策能够起作用，但是需要满足具体的条件（表4.2）。如果这些条件不存在，试图控制合同和转让安排的努力可能不会产生预期的结果。

4. 国际协定反映了各国国家政策的转变

国际协定反映了各国国内技术转让政策从管制方式向亲和市场方式的转变。[103]管制方式是20世纪60年代和70年代国际协定的特征。这种方式关注的是国际技术市场的缺陷并试图减少技术转让成本，而不是促进技术的吸收、发展或者扩散。《安第斯共同市场第24号决议》是其中一个主要的例子。[104]根据该决议，安第斯国家对技术转让采取严格控制，详细审查每份合同的条件，对成本、期限和适用范围设置限制并进行干预以提高当地企业的谈判地位。其他建立在管制方式基础上的国际倡议包括UNCTAD的《技术转让法令草案》，但是该法令没有最终成为国际协定（Patel、Roffe和Yusuf 2001）。

在国家和国际层面上，亲和市场的政策已经取代了早期用来促进通过外国直接投资进行技术转让的控制和管制。但是，这并不意味着当前的国际协定没有设想过任何政策干预。亲和市场方式在很大程度上是让相关企业来决定技术合同，将技术作为根据市场规则进行交易的私人资产来对待，同时遵守控制滥用市场力量的一般竞争规则。换言之，在许可安排中引入这种惯例决不会完全超出竞争法的范畴。

例如，《与贸易有关的知识产权协定》涉及一些与知识产权有关的许可惯例，这些惯例抑制竞争，可能会对贸易产生负面影响并阻碍技术的转移和扩散。在此过程中，该协定第一次在一个具有约束力的国际协定中规定了有关许可合同中相关限制性行为的规则（Roffe 1998；UNCTAD 2001f，第83页；UNCTAD－ICDSD 2003）。增强发展中东道国从事管制活动的能力以及承诺在控制反竞争行为过程中母国和东道国之间进行合作，也将有助于加强向发展中国家转让技术的国际制度。

当前的方式承认在技术市场中卖方和买方，以及发展中国家和发达国家之间市场力量潜在的不平等。因此这种方式包括了鼓励在建立技术基础方面与发展中国家进行合作或者提供援助的条款。这种方式还鼓励跨国公司向发展中国家转让技术和创新能力，并利用母国提供的激励来鼓励跨国公司进行技术转让。例如，1976年OECD的指南提到了跨国公司需要向发展中国家转让技术和创新活动，以帮助技术在当地的扩散，并在条件合理的基础上给予许可。各种国际投资协定以及欧盟和发展中国家之间达成的协定也鼓励技术转让。[105]

最好的例子也许是《与贸易有关的知识产权协定》，该协定在国际层面上大大强化了知识产权。在保护技术出售方利益的同时，该协定第66条第2款规定“发达国家成员应向其管辖的企业和机构提供激励以促进和鼓励它们向最不发达成员转让技术，从而使这些成员能够建立一个良好可行的技术基础”。这是一个促进发达国家向最不发达国家转让技术的强制性条款。该条款并未指明何种技术转让应该得到支持以及如何支持，但是其潜在地加强了较穷的国家中技术买方的地位。[106]随后多哈部长会议决定需要建立监管机制以加强这种义务（WTO 2001a，11.2段）。这导致在2003年2月出台了发达国家报告为履行根据该条款所作承诺，已采取或者计划采取行动的机制（专栏4.7）。

一个受到特别关注的领域是环境安全技术，在国际环境协定中有关向发展中国家转让这类技术的条款是比较普遍的。[107]尽管是亲和市场的，但是这些协定还是在承认商业性技术转让的需要的同时，努力保证这种转让对环境是无害的。它们

专栏 4.7 技术转让条款的执行

如何执行一个协定中技术转让条款的一个例子是2003年2月19日WTO的《与贸易有关的知识产权协定(TRIPs)》委员会的决议，其中规定：

- “发达国家成员应提交为履行根据第66条第2款所作承诺，它们采取或者计划采取行动的年度报告。为此，它们将每三年提供一份新的详细报告，并在采取干预行动的年份提供最新的报告。这些报告将在有关年份安排的最后一次委员会会议召开之前提交。
- 所提交的报告将在每一年年会结束时由TRIPs委员会进行审议。这种审议会议将为成员提供机会，以便提出与所提交信息有关的问题并要求得到更多的信息，讨论为促进和鼓励向最不发达国家成员转让技术所提供激励的效果，以便使这些成员能够建立一个合理可行的技术基础，并考虑与该决议所确定的报告机制的操作有关的任何细节。
- 在保护商业机密信息的条件下，有关第66条第2款实施情况的报告将提供以下信息：

(a) 对为履行第66条第2款义务而制定的激励制度的概述，其中包括具体的立法、政策和管制框架；

(b) 指出激励的类型以及提供激励的政府机构或者其他机构。

(c) 在提供激励的成员领土内的合格企业和其他机构；以及

(d) 任何有关这些激励在实践中运行情况的信息，例如：

◇ 合格企业或者其他机构使用激励的统计信息和其他信息；

◇ 这些企业和机构转让技术的类型和条件；

◇ 技术转让的模式；

◇ 这些企业和机构转让技术的最不发达国家以及在何种程度上激励是针对最不发达国家的；以及

◇ 对于为使最不发达国家成员能够创造合理可行的技术基础而采取的促进和鼓励向这些国家转让技术的措施，任何可以获得的有助于评价其效果的其他信息。

- 三年以后，TRIPs委员会将根据经验对上述安排进行评估，其目的是改进这些措施。”

资料来源：WTO 2003a。

鼓励跨国公司向发展中国家转让后者在其他情况下无法获得的环境安全技术。

总的来讲，大多数条款都是“尽最大努力”的承诺而不是强制性的规则。在整体上这些条款已被证明在某种程度上是无效的。拥有内在的实施机制，包括提供资金和监督的国际协定在执行过程中拥有较好的记录，但是这种协定很少，它们主要适用于那些诸如环境保护等“公共物品”，而不是技术转让。这一主题目前仍然具有重要意义的一个标志是2001年的《WTO多哈部长宣言》建立了贸易与技术转让关系工作组，以研究贸易与技术转让之间的关系并推荐一些可以增加向发展中国家转让技术的措施。

这表明促使早期对技术转让进行干预的因素并没有消失，这是因为市场和制度失灵仍有待解决 。所改变的是对如何能够最好处理对这些问题的认识。目前的看法是，相对于在缔约过程中进行干预，加强当地能力、市场和制度的措施更有可能促进技术转让和发展。但是，对发展中国家仍需给予优惠待遇。实际上，《与贸易有关的知识产权协定》要求发达国家促进向最不发达国家转让技术表明这一点已得到普遍认可。

未来需要处理的一些问题是，国际协定中有关向发展中国家转让技术的条款如何进行具体操作？如何进一步鼓励技术转让？如何处理技术交易的反竞争效应？以及如何增强国家创新能力？因此，需要考虑加强在技术创造、转移和扩散中的国际合作。

H. 竞争政策

1996年《WTO第一届新加坡部长会议宣言》认识到投资和竞争政策之间的关系。特别在发展中国家，外国直接投资可能具有不合意的影响，这种影响尤其来自于限制性商业行为、滥用控制地位和跨国并购。由于经济自由化使得外国直接投资对于发展的影响更加依赖市场力量，因此竞争法和竞争政策对外国直接投资来讲特别重要。东道国希望确保减少对外国直接投资的管制障碍和加强外国投资者的待遇标准不会导致出现私人进入障碍和企业反竞争行为。

当一些国家选择经济开放，并在此过程中取消对外国直接投资进入的审核时，竞争政策可能就特别重要。发展中国家的主要困难在于建立有效的法律框架以及监控和执行体系。国际合作在此方面具有一定的作用，特别在各国国内政策无法处理反竞争行为的各种跨境影响时更是这样。尽管如此，在国际投资协定中通常不涉及竞争问题。

1. 政策挑战

竞争政策主要处理限制性商业行为、滥用寡占地位和并购的反竞争影响。其中每个方面都提出了不同的问题和挑战。由于跨国公司的限制性安排（例如通过减少出口或者限制技术使用）会限制外国直接投资对于发展的积极影响，因此对发展中国家来讲控制限制性商业行为是一个至关重要的问题。在母公司对其单个分支机构的外部市场加以限制时就会出现这种行为（Puri 和 Brusick 1989；Correa 和 Kumar 2003）。大型跨国并购可能会导致控制地位的滥用。事实上，竞争法与外国直接投资之间的相互作用主要发生在外国分支机构是通过重大并购方式建立时的情况。

当外资通过跨国并购方式进入时，有两个原因有可能造成增加反竞争的影响：一是竞争者的数量可能减少；二是跨国并购不一定会增加新的生产能力。因此各国倾向于对这种交易进行审议，并常常在进入和进入后阶段都进行管制。进入阶段的管制考虑的是外国投资者收购当地企业对东道国有关产业中竞争的潜在市场影响，其理由是外国投资者可能会获得足够的市场控制地位。对跨国公司进入后潜在反竞争行为的控制对于处理有效竞争和当地能力建设这两个相互冲突的目标来讲可能是必要的。对于发展中国家来讲，由于市场力量的自由运作并不总是能够带来预期的发展结果，因此特别需要这种控制（《1997 年世界投资报告》，第 229—231 页）。

首先制定竞争法并建立管理机构的是发达国家。在 20 世纪 80 年代，已制定竞争法的国家不到 40 个，其中大多数是发达国家（《1997 年世界投资报告》，第 189 页）。从那以后，越来越多的发展中国家和转轨国家也制定了竞争法并建立了相应的管理机构。到 1996 年，拥有竞争法和管理机构的国家和地区达到 77 个（《1997 年世界投资报告》，第 290 页）。到 2003 上半年，大约有 93 个国家和地区制定了竞争法并建立了竞争主管机构，换而言之，全世界大约有一半的国家和地区制定了竞争法并建立了相应机构（UNCTAD，即将出版）。

一些发展中国家和转轨国家仿效发达国家的模式制定了竞争法。而且，中东欧国家的许多法律还重复了欧盟竞争条例的主要条款。对于那些已经和欧盟签署联系协定并渴望在适当时获得完全欧盟成员身份的转轨国家来讲尤其如此。然而，对其他国家来讲，它们已经认识到“靠一部法律解决所有问题”的竞争法并不可取。根据《UNCTAD 竞争法示范》中的注解（UNCTAD 2002g），并考虑到法律体系、发展水平和商业惯例等因素，发展中国家采取了不同的法律模式以适应各自的需要。

另外，竞争法和管理机构的存在并不一定意味着政府能够采取有效行动。在那些较穷的发展中国家，尤其在涉及大规模跨国并购、滥用控制地位或者对竞争进行垂直约束时，竞争主管当局可能缺乏有效开展工作所需的资源和专门知识。

当前的竞争法和政策模式没有根据企业的国籍来对企业实行区别对待。所关心的只是企业对竞争的影响。此外，当前的竞争法和政策认为维持和加强竞争将会引致更多的发展。实际上，如果对市场力量的防护妨碍了企业对市场刺激做出积极反应，导致生产效率和创新的损失，或者允许存在以合作研发活动作掩护的企业间反竞争串谋，那么，这在较长的时期中可能会妨碍生产率的提高。

当预期收益超过由反竞争效应所导致的福利损失时，东道国可能会采取临时保护和排他性措施来限制竞争政策的使用，例如说为了培育某些企业或者促进新的创新性研发活动。这种例外背后的目的是减少幼稚企业以及从事创新性研究的风险，因为这种创新性研究在完全竞争条件下是很难进行的，或者要求在企业之间开展一定程度的合作，而这种合作可能是和防止企业间反竞争性合作的规则不相容的。限制使用竞争政策的其他原因通常来自相互竞争的一些目标，其中包括确保基本服务的供给、减少外汇短缺、保护国家安全和文化以及避免严格污染管制所带来的负的外部性等等（《1997 年世界投资报告》，第 229—233 页）。

这些例外需要小心对待，不能允许那些没有市场条件依据的例外无限期持续下去。

2. 国际合作安排

大多数国际投资协定不涉及竞争问题。人们常常认为，竞争法和竞争政策所涉及的国际因素应该在一个单独的专门协定中加以处理。在多边层次上，惟一涉及竞争管制所有方面的协定是1980 年 UNCTAD 的《多边一致同意的控制限制性商业行为的公平原则和规则》。[109]该协定强调了控制限制性商业行为与发展政策之间的密切关系。实际上，这也是惟一在发展中国家所关注的经济政策与控制反竞争行为之间建立实质性联系的主要国际协定。但是对国际投资协定和自由贸易协定中的竞争条款来讲，目前有些趋势正在发展。

首先，作为对各国竞争规则的补充以及作为对在进行管制的国家领土之外单边使用竞争规则的反应，已经有越来越多的国际合作通过程序协定的方式将竞争政策包括进来（Woolcock 2003；《1997 年世界投资报告》）。最初，这些合作协定很少有发展中国家参加，例外的是 1991 年的《安第斯共同市场委员会第 285 号决议》、1996 年的《南方共同市场保护竞争协议书》和自 1995 年以来欧盟与多个南方地中海国家之间签订的联系国协定。最近，2000 年的《科托努协定》第 45 条承诺在发展中成员国中实施竞争规则，并在这一领域进行进一步的合作。

第二个趋势是通过区域经济一体化组织，逐步采用由一个超国家竞争主管当局来负责管理的竞争政策。仿效欧盟模式采取这一步骤的其他区域组织包括南锥体共同市场、加勒比共同体和西非发展共同体。

第三个趋势是一些协定试图确保适当使用竞争法，以支持贸易、发展和消费者福利。有些协定甚至更进一步试图协调各国的竞争法。《OECD 委员会有关采取有效行动反对恶性卡特尔的建议》（OECD 1998b）以及 NAFTA 第 15 章则属于前一种情况。[110]要求非欧盟缔约国的法律与欧盟法律相一致的《欧盟联系与欧洲协定》则属于后一种情况。

第四个趋势出现在自由贸易协定中，这些自由贸易协定要求各参与方管制那些可能干预参与方之间跨国贸易行为的反竞争行为。这类条款是欧洲自由贸易区和土耳其与一些中东欧国家以及中东欧国家之间签订的贸易协定的显著特点。

部分是由于上述趋势，WTO 从 1996 年部长会议开始，已将贸易和竞争问题纳入工作计划。当时已明确认识到竞争和投资的联系。[111]而在后来的多哈部长会议上这种明确的联系被抛弃了，[112]这也许表明，尽管在早些时候认识到外国直接投资与竞争之间的联系，但是竞争问题还是被认为是足以自成体系的，从而值得单独给予关注。而且，一个对限制性商业行为和跨国并购的反竞争效应给予特别关注的有效竞争政策是确保外国直接投资对发展做出充分贡献的重要管制工具。

* * *

总之，由于各国试图吸引外国直接投资并从外国直接投资中获得更多的利益，本章所回顾的 8 个领域是制定国内和国际规则的互动中产生的主要敏感问题。在每一个领域中，政府都面临在未来国际投资协定中处理每一个问题的选择。对所考虑的问题来讲对发展最友好的选择都是特定的。

但是，只考虑这 8 个方面或者其他方面的单个问题或者条款并不能为评价协定的优劣提供足够的指导。国际投资协定是一揽子安排，接受某一条款可能要和在其他条款上的让步进行权衡。因此，从国际投资协定是否包含和排除某些问题、协定的目标、协定的总体设计（即协定的结构）、条款的起草和实际执行的方式、从各条款之间以及其他协定之间各种复杂的相互关系上都可以看出协定的导向和影响。

各国都是根据它们试图达到的目标来进行谈判的，因此国际投资协定需要在这些国家的不同利益和优先目标之间取得平衡。从发展中国家的角度来讲，以促进发展作为国际投资协定谈判的目标是很重要的。在此方面有几个跨越单项条款的问题值得注意，其中特别重要的是保留国内政策空间，以及因此而保留政策灵活性以满足发展目标和发展中国家，特别是最不发达国家的特殊需要。这些跨越单个条款的问题将在下一章予以讨论。

注　释

1 UNCTAD 1999c、1999d、2000a、2000e 和即将出版的 2000b 对这些问题进行了考察。

2 在《多边投资协定》的谈判中，治外法权是很有争议的。

3 另外，在最近根据 NAFTA 做出的一项仲裁决定中提出了一个新的问题，即影响外国投资者跨国供应和分销活动的与投资有关的措施（例如对某些类型跨国贸易的禁令）是否应包括在“投资”的定义内。

4 IMF（1993）和 OECD（1996）。直接投资是反映一国居民实体在另一国企业居民中以获得持久利益为目标的国际投资范畴。持久利益意味着在直接投资者和企业之间存在长期关系以及投资者对该企业的管理拥有显著的影响。直接投资包括股权（至少占全部股权的10%）、利润再投资和公司内债务交易，其中公司内债务交易包括直接投资者与其分支机构之间的贷款、债券和供应商信贷。证券投资包括最高达10%或者10%以下的股权投资（股份、股票、优先股份和优先股票以及存托凭证）和不包括在直接投资下的债券（公债、债券、票据和货币市场工具）。金融衍生品包括期权（货币、利率、商品以及指数等期权）、交易的金融期货、认股权证以及货币和利率互换安排。其他投资包括贸易信贷、贷款（包括金融租赁和回购协定）、货币（流通纸币和硬币）、存款以及其他资产和负债（例如各种应收账款和应付账款）。1999年IMF国际收支统计委员会在国际收支的金融账户中创建了一个新的功能类别"金融衍生品"并将它们从"证券投资"中排除。有关外国直接投资术语和概念的一般描述见IMF/OECD, n. d。

5 以下是一种广义的不封口的定义的例子。"术语'投资'意味着每一种资产，尤其应非排他性地包括：

a）流动和固定资产以及任何其他诸如抵押契据、扣押品和抵押品等产权；

b）公司股份、股票和债券或者在这些公司财产中的利益；

c）货币要求权或者对任何根据合约具有财务价值的业绩的要求权；

d）知识产权和商誉；

e）根据法律或者合同授予的商业特许权，包括寻找、培育、提炼或者开发自然资源"（《东盟投资促进和保护协定》第1条第（3）款，来自UNCTAD 1996b, Vol. II，第294页）。

6 在《服务贸易总协定》中，有关金融服务的附录从该协定中排除了"由政府当局实施提供的服务"，其中包括由中央银行或者货币当局，或者由其他任何执行货币或汇率政策的公共实体从事的活动（《服务贸易总协定金融服务附录》第1条（b）款）。该附录还包括有关为审慎管制，特别是为保证金融体系的完整性和稳定性而提供某种刻划方式的国内管制的条款（《服务贸易总协定金融服务附录》第2条（a）款）。

7 例如，传统国际收支保障措施的例子见《服务贸易总协定》第12条和《北美自由贸易协定》第1109条。

8 2002年撰写《国际服务贸易统计手册》的机构间工作小组建议，在定义外资控制的分支机构时使用多数股权（超过50%的股权）来收集外国分支机构服务贸易的统计数据。这些统计是用于提供由《服务贸易总协定》划分的4种服务交付的数据。在这些统计中用于确定外国分支机构的股权临界值（超过50%）远远高于外国直接投资统计中使用的10%股权临界值。

9 此外，外国直接投资的定义包括利润再投资和母公司与国外分支机构之间的贷款。这些均可用于迅速的金融交易。

10《OECD资本流动自由化法令》特别寻求成员国之间资本流动的自由化并鼓励成员国与非成员国之间资本流动的自由化。

11 WTO贸易与投资工作组对定义问题进行了讨论。《多哈宣言》（第20段）提到在贸易和投资下予以考虑的某些类型的投资："长期跨境投资，特别是外国直接投资，将有助于扩大贸易"。在工作组内，各成员方提出了各种有关投资定义的提议，其中有仅包括外国直接投资的定义，包括外国直接投资和长期外国证券投资的定义，包括外国直接投资和外国证券投资的定义以及使用广义的基于资产的定义。

12 具体细节见UNCTAD 1999f，第61—66页。

13 相关准则与最惠国待遇和公平与公正待遇有关。尽管这些准则很重要，但是由它们引起的敏感问题较少，因而在此不对它们进行研究。有关讨论见UNCTAD 1999c and 1999d。

14《服务贸易总协定》用的是"市场准入"。

15 为什么区别开业前和开业后国民待遇是不明智的，见Wilkie（2001）。注意开业前阶段的"开业权"和"国民待遇"是不同的。前者是指东道国准许外国投资者进入的绝对义务。而即使在开业前阶段，后者仍只是一种相对标准。换句话讲，当东道国给予"开业权"时，东道国提供了一种建立永久性商业经营的权利（可能存在例外和限制），而不论如何对待其他投资者，而后者则将进入东道国的权利限定为给予至少和国内投资者同样优惠的待遇。

16 "同等条件"也适用于开业前的条款（例如在NAFTA中）。

17 1984年对《OECD资本流动自由化法令》的修改中指出："成员国当局将不再维持或者引入适用于许可、特许或者类似授权的管制或者惯例，包括与这种授权相关联和影响企业经营的条件或者要求，这些条件或者要求对非居民投资者（相对于居民投资者）造成了特殊的障碍或者限制，而且存在阻止或者显著阻碍非居民外国直接投资流入的意图或影响"。

18 在各国法律中可能包括禁止基于诸如国籍等的歧视的普通法，例如《美国民权法》第7条。法人可以利用这些法律来质询对那些他们可能认为是基于国籍的歧视。因此在原则上，受到相比其他投资者更不利待遇的外国投资者可以宣称这种歧视是基于国籍的并相当于非法歧视。在欧盟，根据《欧盟条约》第12条，欧盟内部的投资者有可能做到这一点。在许多国家，不论在何种情况下外国分支机构一旦建立就被视为国内企业。

19 例如，《俄罗斯联邦外国投资法》（1999年7月9日）第4条：《国际法律材料》，39（4），2000，第894—906页。

20 加拿大和美国的双边投资协定将针对少数群体的特殊项目作为国民待遇的例外。

21 外国直接投资所提供的利益已众所周知，但是仍值得重申。外国直接投资可以增加物质投资，提供新的技术、技能和组织和管理技术（《1999 年世界投资报告》），刺激当地竞争者并帮助当地供应商（《2001 年世界投资报告》），接管或者提升境况不佳的当地私有企业或者公共企业（WIR）。外国直接投资可以向那些具备必要技能的国家转移诸如设计和开发等含有高价值的职能活动。外国直接投资可以在那些国内能力弱的国家和地区提供发展制成品出口所需要的“缺失要素”，当然，这些国家和地区传统的优势是资源型产品出口。外国直接投资可以提供进入新全球市场的渠道，其中有些是跨国公司的内部渠道（《1996 年世界投资报告》），因而是无法通过其他任何途径获得的。这些包括在一体化生产体系中组织的高技术出口，这类出口为一些新兴工业化国家提供了出口活力的基础（《2002 年世界投资报告》）。

22 幼稚产业理由适用于不论何种所有权在内的所有企业，而对当地能力建设的威胁来自那些已经历了学习过程的国家的进口。因此，幼稚产业理由也可适用于那些需要在发展中东道国建立新能力的外国分支机构。但是在幼稚企业家和幼稚产业政策之间存在某种关系，只有在当地企业也得到对进口竞争的保护时，前者的理由（通过限制来自外国直接投资的竞争）才得以成立。在自由贸易环境中，能够应付进口竞争的当地企业未必需要得到保护，以避免来自已在当地建立分支机构的海外竞争者的竞争。相反，当地企业应该领导学习过程，因为它们比新的外国进入者更了解当地环境并且在当地经营的时间更长。

23 需要注意的是，这一点是基于对当地所有权的一种隐含偏好。人们有时还认为应该限制外国直接投资进入受到高度保护的行业，这是因为跨国公司将获得“超额”利润并予以汇回。这种情况是很可能存在的，但是过错并不一定在于外国分支机构，而在于使超额利润存在的贸易和税收体制，由外国企业而不是当地企业获得这些利润只是一个次要的问题。

24 例如，见 UNCTAD 1999a，第 18—19 页。

25 根据《服务贸易总协定》第 1 条，服务贸易被定义为通过一个成员的服务供应商在任何其他成员领土内的商业存在和其他方式供应的服务。根据第 28 条，“商业存在”是指任何形式的商业或者专业机构，包括通过：（1）组建、获得或者维持一个法人，（2）出于供应服务目的而在某成员境内建立或者维持分支机构或者代表处。

26 但是，应该注意的是在后两种情况中，对国内投资者与外国投资者进行比较的客观因素是准则本身中固有的。因此对于彼此都处于竞争环境中的外国投资者与国内投资者给予不同待遇，仍需给出客观的理由。

27 实质内容的一个进一步的问题是，国民待遇是否不仅应扩大到那些表面上对本国和外国投资者实行差别待遇的法律和惯例（“根据法律的”），而且还要扩大到那些并非明显歧视性的，但是实际上其应用方式会导致事实上对本国投资者和外国投资者产生差别待遇的措施。《服务贸易总协定》第 17 条采用了这种方法，其中提到：“形式上相同或者形式上不同的待遇，如果改变了竞争条件从而使该成员的服务或者服务提供者与任何其他成员的相同服务或者服务提供者相比处于有利地位，这种待遇应被认为是较低的待遇”。

28 根据 OECD 有关国民待遇的出版物，这一问题需要在诚实且充分考虑相关事实的前提下来决定。其中最重要的一些问题是，这些企业是否属于同一行业，对东道国政策目标的影响以及所涉及措施背后的动机。在这些情况中的关键问题是，差别待遇是否是由于或者至少部分是由于该企业被外资所控制这一事实（UNCTAD 1999b，第 28—34 页；OECD 1985，第 16—17 页；OECD 1993，第 22 页）。

29 进一步见 www. naftaclaims. com 网站上的 NAFTA 案例：S. D. Myers 公司对加拿大、Pope 和 Talbot 公司对加拿大、ADF 集团对美国以及 Methanex 公司对美国。

30 见 UNCTAD（1999b），第 43—46 页。使用一系列这种例外的国内法律方面的范例是 1993 年《墨西哥外国投资法案》，见《国际法律材料》，第 207 页（1994），这个例子在 Muchlinski 1999，第 195—196 页中进行了讨论。在墨西哥对 NAFTA 的例外减让表中保留了对该协定非歧视条款的这些例外，美国和加拿大的相应例外也是如此。

31 “国有化”是指在整个行业或者整个国民经济中的征用，而“征收”表示的是对单个企业的征用（UNCTAD 2000b，第 4 页）。

32 在美国—新加坡自由贸易协定（2003）中，美国发给新加坡的公函（为新加坡所接受）第 4 段中的一份换文包括如下内容：“……4. 第 15 条第 6 款第 1 项所处理的第二种情况（征收）是间接征收，尽管没有所有权的正式转移或者完全没收，在这种情况下一方所采取的某一行动或者一系列行动具有等同于直接征收的效果。

（a）在具体事实的背景下，决定一方所采取的某一行动或者一系列行动是否构成间接征收需要逐一进行基于事实的调查，在调查中需要考虑的因素中包括：

（i）尽管一方所采取的某一行动或者一系列行动对投资的价值存在负面影响，但是仅仅是政府行动的经济影响并不能确定已经发生了间接征收；

（ii）政府行动对不同的合理投资预期的干预程度；和

（iii）政府行动的性质。

（b）除少数情况外，一方制定和应用于保护诸如公共健康、安全和环境等公共福利目的的非歧视性管理行动不构成间接征收。”

33 全面的讨论见 Khan（1990），第 171—202 页。

34 在 Santa Elena 公司的案例（专栏 4.4）中，ICSID 法庭认为，一种随着时间推移逐步剥夺所有者财产价值的措施可以被确定为是征收的起点，即使对财产所有者财产价值的剥夺在一个合理的时期内并未生效。

35 确实，明确区分投资者必须遵守的一般性管制和那些即使合法也需要给予补偿的管制征用的困难，也是《多边投资协定（MAI）》谈判中有争议的问题之一。此外，"管制冻结"的风险是民间社会团体反对多边投资协定的一个主要焦点，在 Ethyl 公司对加拿大案例中的诉讼之后尤其如此（Geiger 2002，第 97 页，第 100—101 页）。应该注意的是，在《多边投资协定》的谈判过程中，附录 3 第 1 条的一个注解解释说，提及"相当于征收"的措施并没有确定"要求各方对政府所采取的管制、征税和其他公共利益方面的正常行动所造成的损失支付补偿"（OECD 1998a，第 13 页）。

36 例如，1993 年巴伐利亚州法庭裁定，原告所拥有的湖边平地上的地产被州政府管理的新自然保护区所环绕不能得到补偿，尽管该地点的重新规划使原告不再能使用道路、露营、游泳或使用任何船只（Dolzer 2002，第 77 页）。一些国家的管制征用引起了许多最近根据 NAFTA 所做出的仲裁裁决。其例见专栏 4.3。

37 例如，《多边投资担保机构协定》明确规定，"政府为管理其境内的经济活动而通常采取的普遍适用的非歧视性措施"不在担保的征收风险之列。

38 只有美国的协定明确使用这一术语。许多协定要求在各国的裁决之前能够进行司法审议，尽管这一点常常限制在对已发生征用的审议。这种要求不能扩展到对计划中的征用的审议（UNCTAD 2000b，第 31—32 页）。与此相关的是国际投资协定是否应该以及在何种程度上允许东道国当局对征用的国际审议，这些是否应该先要求用尽国内法律救济，或者利用国际审议是否应该成为一种权利？这一问题的进一步讨论涉及到争端解决。

39 尽管存在这种担心，还是不能忽视以环境管制的理由采取实际上侵犯投资者权利的政府行动的可能。在这种情况下，支付补偿可能是合适的，尤其当投资者的合理预期被随意性的政府行动所破坏时更是如此（Wälde 和 Kolo 2001）。

40 政策困境也可能来自惩罚性征用领域。如果惩罚性征用是适当并且合法的，导致了经合法批准的对投资者财产的没收，根据国际义务投资者是否有权请求补偿？为了避免这种最终结果，一些协定中明确规定这种征用不在补偿义务之列，例如处罚性征用（UNCTAD 2000b，第 14—15 页）。

41 前面已经提到，《多哈宣言》第 22 段没有提到征用问题，WTO 贸易与投资关系工作组也没有建议对这一问题进行讨论。

42 为保持传统的观点，一些发展中国家，特别是拉美发展中国家，在历史上认为投资者与东道国之间的争端应只能由东道国的法庭或者法院来裁决（被称为卡尔沃教条；见 Shea 1955）。这种观点不仅在各国的国内立法中显而易见；而且在那些禁止各方给予外国投资者相对本国投资者更优惠待遇的某些区域协定中也很流行，这表明了对于在国内法庭解决争端的明确偏好。1974 年联合国的《各国经济权利和义务宪章》也采用了这种方法。最近，拉丁美洲国家背离了这种教条，例如在它们的双边投资协定和《南方共同市场协定》中。墨西哥在加入 NAFTA 之后就放弃了卡尔沃教条。

43 例如，中国要求诉诸于当地法庭。

44 例如，1995 年《尼日利亚投资促进委员会法》第 26 节。

45 例如，《俄罗斯联邦外国投资法》（1999 年 7 月 9 日），国际法律材料，2000 年，第 894—904 页。

46 谈判作为各方直接使用的争端解决方法的概念是不言自明的，不需要进一步的定义。但是在文中用到的其他术语具有特定的内涵，可能需要定义如下：斡旋涉及利用第三方来与争端各方保持联络并向各方传达其他方对争端的观点。第三方在建议争端解决方案方面不起作用。相反，在调解和调停中第三方的作用要积极一些，因为他们可以干预如何解决争端的提议，从而帮助争端各方达成协商一致的处理方案。在实践中，可能很难根据功能来区分调解和调停，这两个术语可以交替使用（Asouzu 2001，第 20 页）。但它们与仲裁的区别在于第三方没有权利或者权力独立于争端各方来解决争端。

47 这种公正不时受到质疑（Dezaly 和 Garth 1996）。

48 这一问题在 UNCTAD 2003d 中有进一步的讨论。

49 例如见 2002 年《新加坡和日本新时代经济合作伙伴协定》、2000 年墨西哥与萨尔瓦多、危地马拉和洪都拉斯之间的《自由贸易协定》、1994 年《Colonia 南锥体国家内部相互投资促进和投资保护协议书》以及 1997 年《欧盟 - 墨西哥伙伴关系协定》。欧盟最近达成的许多欧洲协定、联系协定以及伙伴和合作协定规定通过受托对具体协定进行监督和实施的机构进行磋商。

50 见加拿大分别与安第斯共同体（1999）、澳大利亚（1995）、冰岛（1998）、南锥体（1998）、挪威（1997）、瑞士（1997）和南非（1998）之间的贸易和经济合作安排，以及美国分别与埃及、加纳、南非和土耳其（均在 1999 年签署）以及尼日利亚（2000 年签署）之间有关贸易和投资关系发展的协定。

51 例如见 1994 年的《墨西哥—哥斯达黎加自由贸易协定》、1994 年的《哥伦比亚、委内瑞拉和墨西哥自由贸易协定》、1997 年的《加拿大—智利自由贸易协定》、1997 年的《墨西哥—尼加拉瓜自由贸易区协定》、1998 年的《智利—墨西哥自由贸易协定》、1998 年中美洲国家（哥斯达黎加、萨尔瓦多、危地马拉、洪都拉斯和尼加拉瓜）与多米尼加共和国之间的《自由贸易协定》、2000 年墨西哥和萨尔瓦多、危地马拉和洪都拉斯之间的《自由贸易协定》、2000 年的《美国和越南贸易关系协定》以及 2002 年的《新加坡和日本新时代经济合作伙伴协定》（专栏 3.2）。

52 在这方面，《ICSID 公约》第 25 条第（2）款（b）项规定，在当地分支机构由其他参与方的国民所控制时，当地分支机构可以被作为外国参与方的企业来对待，并且一致同意，从《ICSID 公约》的目的出发，这种当地分支机构应被当成外国国民予以对待。

53 例如，在百慕大中欧媒体企业有限公司对捷克共和国的案例（2003 年 3 月 14 日）中，做出了 26981.4 万美元的判决，加上 100.775 万美元的相关费用以及利息和法律支出。总计达 35494.3542 万美元。见 www.cetv-net.com。

54 《争端解决谅解》根据《服务贸易总协定》和《与贸易有关的投资措施协定》来处理与投资相关的问题。

55 《WTO 争端解决谅解》第 23 条要求，按照第 22 条中确定的程序，并在 WTO 陪审组发现违背 WTO 的协定或者造成利益取消或者损害的情况下，各成员才能使用交叉报复。第 24 条引入了适用于最不发达成员的特殊条款。该条款要求，在发现这些成员取消或损害了其他成员的利益时，要适当限制对这些成员提出补偿的要求或者使用交叉报复。

56 例如，WTO 的柯达富士案例就是根据柯达一方的要求，柯达的主要竞争对手富士的限制性商业行为使得柯达完全被排除在日本市场之外。美国把这一问题提交到 WTO 陪审组，指控日本政府批准富士的限制性商业行为，违背了 GATT 第 23 条第（1）款（b）项规定的义务。

57 投资领域的赔偿通常采取货币补偿的形式。但是也可以理解的是，就争端中失败的一方来说，这种赔偿可以采取败诉方进一步开放市场的方式，即要求败诉方开放某些领域的市场直至达到所造成损失的估计货币价值。

58 合资和国内股权要求也可以归为所有权限制。

59 对印度外国投资的调查报告说存在很多针对外国分支机构的出口限制条款（Kumar 2001）。另一项研究发现，鉴于巨大的国内市场，外国母公司实际上不鼓励其分支机构从印度出口（NCAER 1994）。

60 这些限制性行为可以采取市场分配、价格限定、排他性交易和串谋报价等形式（Puri 和 Brusick 1989）。据认为当地参与管理将会导致竞争性更强的商业行为。但是这种业绩要求有时使得当地合伙人能够以牺牲更多的公众为代价从反竞争行为中获取租金。

61 见 WTO/UNCTAD（2002）；Moran（1998）；Kumar（2001）；Safarian（1993）；UNCTAD（2003f）。

62 大多数发达国家有时也使用当地含量要求，特别在汽车工业。例如，意大利对三菱帕杰罗要求 75% 的当地含量，美国对丰田佳美要求 75% 的当地含量，英国对尼桑—普里美要求 90% 的当地含量（Sercovich 1998）。澳大利亚在 1989 年之前对汽车要求 85% 的当地含量（Pursell 1999）。另见 OECD（1989）；Safarian（1993）；Guisinger et al.（1985）；Chang（2002）。

63 到 20 世纪 80 年代末，7 个发达国家仍然有当地股权要求，6 个有当地含量要求，3 个有出口要求，3 个有研发要求，2 个使用产品指令要求，1 个有贸易平衡要求（UNCTC 1991，表 8）。

64 例如，欧盟和 NAFTA 成员国使用原产地规则来确定一种产品有资格作为区域贸易区内部产品所必须具有的国内含量或者区内含量，因此对整个区域来讲这种原产地规则具有和当地含量要求类似的效果。欧洲委员会使用各种措施来管制从日本和东南亚进口范围广泛的各种消费电子产品和办公设备产品（Messerlin 1989），美国在贸易和投资领域对日本和其他国家使用了诸如反倾销和自愿出口限制等措施。美国的《购买美国产品法案》的条款起到了当地含量要求的作用（Krugman 和 Obstfeld 2000，第 205 页）。

65 根据《WTO 保障措施协定》第 11 条第（1）款 b 项，不再允许自愿出口限制。

66 在 1989 年的一项研究中，在 31 个被调查的发展中国家中多达 21 个使用了当地含量要求，17 个使用了当地股权要求，16 个使用了出口业绩要求，11 个有技术转让要求，5 个有研发要求（UNCTC 1991，表 8）。

67 例如，印度在 20 世纪 90 年代期间在批准外国直接投资时提出的业绩要求急剧减少。在 1991 年，被批准的 33% 的外国直接投资包含业绩要求。这一比例逐步下降到 1996 年的 18% 和 2000 年的大约 9%（UNCTAD 2003f，第三章）。

68 这些措施被认为是与 GATT 中货物贸易的国民待遇和禁止数量限制的义务不一致的（UNCTAD 2001i，第 17—26 页）。

69 根据协定第 5 条，准许阿根廷、哥伦比亚、马来西亚、墨西哥、巴基斯坦和泰国的过渡期延长到 2003 年 12 月，菲律宾延长到 2003 年 6 月，罗马尼亚延长到 2003 年 5 月（见 WTO 文件 G/L/497 到 G/L/504 以及文件 WT/L/441）。其含义是，对那些适用《与贸易有关的投资措施协定》并且没有过渡期例外的国家，任何尝试通过双边或者区域国际投资协定来保留实施该协定所禁止的业绩要求权利的努力，都是与它们根据该协定所应承担的义务相违背的。

70 在该协定附录 7 中所列出的最不发达国家和其他国家是被豁免的（见本报告第 4 章 F 节的脚注 90）。

71 实际上，《服务贸易总协定》第 19 条第 2 款指出："应给予个别发展中国家成员适当的灵活性，[……]，根据它们的发展状况，逐步扩大市场准入，并且在允许外国服务提供者进入其市场时，增加这些为实现第 4 条所述目标设立的附加条件"。

72 在双边或者区域国际投资协定中处理业绩要求的方式是不同的。除那些在《与贸易有关的投资措施协定》中涉及到的，对同属WTO成员的所有各方具有约束力的条款外，有些协定禁止《与贸易有关的投资措施协定》目前尚未涉及的某些要求（有例外或没有例外）；有些协定交叉引用其他国际投资协定中的条款；有些协定包括对那些《与贸易有关的投资措施协定》未涉及措施的劝告性条款，还有许多根本没有提及业绩要求。

73 NAFTA考虑到了保留业绩要求条款。这可以被视为其他一些协定，其中包括《与贸易有关的投资措施协定》所不具备的灵活性的体现。

74《与贸易有关的投资措施协定》第9条规定，在不迟于《WTO协定》生效之日后5年，货物贸易理事会应审议本协定的运作情况。到目前为止还没有取得任何具体进展。一方面是一些发展中国家希望修改该协定使得能够根据发展的理由使用与贸易有关的投资措施，另一方面是发达国家希望维持现状，二者之间出现相当明显的两极分化。

75 第3条与国民待遇有关，其中规定“参与方不得建立或者维持任何对产品的组合、加工或者使用须符合规定数量或者比例的国内数量管制条例，直接或者间接要求受该条例约束的产品的规定数量或比例必须由国内来源供应。参与方也不应采用其他与本条第一款规定的原则有抵触的办法来实施国内数量限制条例”。第11条涉及到一般性地取消数量限制。

76 只有那些依照《与贸易有关的投资措施协定》第5条第1款通告的与贸易有关的投资措施首先有资格从过渡期中受益。

77 见巴西和印度关于需要修改《与贸易有关的投资措施协定》的通讯（WTO文件G/C/W/428）。

78 见美国的通讯（WT/GC/W/115）。

79 例如，已建议应对当地含量要求和贸易平衡要求进行逐一个案的审查，以决定它们对贸易显著的负面影响是否超过其对发展的有利影响（Mashayekhi 2000）。

80 区位激励的一种变形是试图影响在一国国内地点选择的地点激励，例如引导投资者选择落后地区或者离开拥挤的地区。同样，激励也可以被用来吸引外国直接投资进入某些行业。

81 爱尔兰的公司税收制度从来没有明确区分外国公司和本国公司。但是大多数分析人士一致认为这样对跨国公司更为有利，因为跨国公司会增加出口和利润。

82 在这种情况下，使用激励的收益可能会递减。

83 正如第4章E节提到的那样，一些国家正在越来越多地使用激励来影响企业行为，以实现与发展有关的目标。

84 很明显，如果在缺乏激励计划的情况下不能吸引投资，免税也就不构成成本，因为在这种情况下可能不存在征税的税基。

85 中东欧国家通常混合使用财政和金融激励（Mah和Tamulaitis 2000）。

86 例如，当英特尔决定在哥斯达黎加建立其第6家半导体装配和测试工厂时，该公司是在不仅对拉丁美洲，也对中国、印度、印度尼西亚、新加坡和泰国进行评估后才做出上述决定的（Spar 1998）。

87 这些差距可能来自于吸引跨国公司从而使东道国更紧密融入全球价值链的一般利益，来自外国直接投资特有的技术和技能的利益，对当地竞争的刺激或者启动工业能力建设的累积过程或聚集。

88 另一方面，一旦金融或者财政优惠到期，那些主要由激励所决定的投资更有可能离开。例如，博茨瓦纳提供了慷慨的5年期的投资激励，许多本国和外国公司决定在激励到期后关闭其活动（UNCTAD 2003g）。

89 例如，美国经济发展主管机构在激励协定中引入了补偿性收回条款，其中规定，如果有关公司不能维持既定的工作岗位或者支出既定的资本，那么这些机构有权收回激励的货币。尽管这种权利在传统上很少使用，但是这是形势正在发生变化的信号。例如，作为对这种权利的反应，Alltel——一家大型电信公司，自愿返还其2年前在乔治亚州建立呼叫中心而从该州得到的1300万美元中的1150万美元（FDI杂志，“No more Mr nice guy”，2003年2月）。

90 在附录7中列出的最不发达国家和成员在其人均国民生产总值达到1000美元之前可以得到豁免。“其他国家”的列表中包括玻利维亚、喀麦隆、刚果、科特迪瓦、多米尼加共和国、埃及、加纳、危地马拉、圭亚那、洪都拉斯、印度、印度尼西亚、肯尼亚、摩洛哥、尼加拉瓜、尼日利亚、巴基斯坦、菲律宾、塞内加尔、斯里兰卡和津巴布韦。此外，2002年12月安提瓜和巴布达、巴巴多斯、伯利兹、哥伦比亚、哥斯达黎加、多米尼加、多米尼加共和国、萨尔瓦多、斐济、格林纳达、危地马拉、牙买加、约旦、毛里求斯、巴拿马、巴布亚新几内亚、圣基茨和尼维斯、圣文森特和格瑞纳丁斯、泰国和乌拉圭等国的特定计划被准予延长过渡期（WTO文件G/SCM/50至G/SCM/102）。

91 根据第27条第8款，不能自动假定发展中国家授予的具体补贴（即在《补贴和反补贴协定》第6条第1款中列出的那些补贴）会导致严重的偏见，相反这种偏见需要予以证明（然而，给定第6条第1款到期，该条款的法律地位仍然不明确）。最后，第29条给予转轨国家一些临时性的例外。

92“各方认识到，通过放松国内健康、安全和环境措施来鼓励投资是不合适的……”。

93 例如见1997年《加拿大—智利自由贸易协定》第G条第14款。尽管没有第G条第14款那么详细，在其他拉美自由贸易协定中也存在类似的限制。

94 例如，国际劳工组织（2000）《三方宣言》“阐明了建议政府、雇员和工人的组织以及跨国公司在就业、培训、工作和生活条件以及劳资关系等领域自愿遵守的原则”(第7段)。同样，该宣言第41段规定：“跨国公司应该遵守不低于在相关国家同等的雇主遵守的劳工关系标准”。

95 根据这一谈判指令，几乎没有取得进展。

96 因此，与某参与方出于能源技术研发目的而提供津贴或者其他金融资助，或者签定合同的项目有关的非歧视原则的适用模式应保留给“补充协定”来决定。截至2003年6月，该协定仍未签署。缔约的每一方都应该通过能源宪章条约秘书处向宪章委员会通告其适用于这类计划的模式。

97 技术“产品”可能很难定义。其价格常常取决于有关各方的技能、信息和谈判实力。技术产品一旦被转让，不建立新的能力就很难使用，并且技术产品需要持续提升以保持竞争力。当东道国不能提供所需的技能时，进口技术可能无法得到充分提升。所转让的技术职能也可能不会得到升级，跨国公司可能转移的是技术的操作终端而不是其研发阶段，这是因为在一个新的区位，特别在不具备强大技术体系的发展中国家，转移技术研发阶段的成本可能很高（Lall 2002)。缺乏有能力的当地企业可能会抑制技术在当地的扩散。跨国公司可能会利用保护和使其利润最大化的条款，来封锁技术的转移、使用和扩散。政府对外资所有权、运营等的严格限制可能会阻碍跨国公司转移它们最有价值的技术。

98 一项对中东欧国家外国直接投资的研究发现，相对独资的外国分支机构，在研发密集型活动中的合资企业所转让的技术较少（Smarzynska 2000)。另一项研究发现，合资义务对外国企业转让技术的质量具有负面影响（Lee 和 Shy 1992)。Moran (2002) 认为，强制性合资是无效的，因为其所用的技术相对该行业最先进的技术平均落后10年，而且在合资企业中跨国公司的培训只相当于独资子公司的很小一部分。

99 只有少数国家在强烈的出口导向和对技能创新和开发进行大规模投资的背景下，设法通过向当地企业提供信息和帮助，来对技术转让过程进行有效干预（Kim 1997，2002)。例如由于限制性的外国直接投资体制，跨国公司向韩国转让技术主要是通过在20世纪60年代和70年代的资本品进口、反向工程和各种非股权形式。

100 许多外资企业的经营都未能满足政府的要求，其原因是这些外国分支机构不能实现充分的规模经济、使用最先进的技术或者执行严格的质量控制（Moran 2002)。一项对美国公司在33个国家的分支机构的研究发现，技术转让要求与向东道国的技术流量负相关（Blomström 和 Kokko 1995)。另一项研究发现，东道国将技术转让作为进入条件阻碍了日本跨国公司的公司内部技术转让（Urata 和 Kawai 2000)。

101 例如，尼日利亚的技术转让法律没有导致转让更多的先进技术（Muchlinski 1999)，这主要是因为当地能力和技能很弱以及商业和贸易环境不利于技术提升（Okejiri 2000)。

102 有关更强知识产权的影响的证据是不明确的。一项基于转轨国家企业层面数据的研究指出，弱的知识产权体系可能阻碍所有的投资者，而不只是敏感行业的投资者（Smarzynska - Javorcik，即将出版)。另一项研究表明，更严格的执行合同使跨国公司的境况改善，而对东道国的结果则取决于跨国公司对合同执行的反应（Markusen 2001)。如果跨国公司从对该国出口转向在当地从事生产，东道国的境况就会改善。但是，如果当地生产已经存在而且更强的知识产权对其产生了负面影响，东道国的境况可能会恶化。此外，参考其他各项研究，Kumar (2003) 得出结论，一般来讲在更强的知识产权和外国直接投资流入之间不存在强有力的联系，而且专利保护的强度看来也不是跨国公司在东道国从事研发活动的显著决定因素。另见 UNCTAD 1993（和1997)。

103 包括技术转让条款的法律文件汇编见 UNCTAD (2001g)。

104 24号决议被220号决议替代，220号决议又被1991年3月21日的291号决议替代，291号决议目前代表安第斯共同体在这一领域的政策（UNCTAD 1996b)。

105 因此，1989年的《洛美公约》包含了许多欧盟在各个领域帮助发展中国家进行技术转让和收购的承诺，这些领域包括农业、工业、能源和旅游业。最近2000年的《科托努协定》改变了这种做法，进一步强调市场导向的技术转让。同样，欧盟与拉美经济一体化集团之间达成的许多协定包含经济合作承诺，其中包括鼓励技术转让。

106 根据《与贸易有关的知识产权协定》第67条，根据请求或者根据相互同意的条款或者条件，发达国家成员将提供有利于发展中国家和最不发达国家的技术和金融合作以促进该协定的实施。类似的方法可见《能源宪章条约》第8条、《服务贸易总协定》第4条和修改过的《OECD跨国公司指南》，该指南（第8节）规定，跨国公司应该“努力确保其活动与其所在东道国的科技政策和计划相一致，并帮助当地和国家创新能力的发展”。详细讨论见 UNCTAD (2001f)，第64—67页。

107 见 UNCTAD (2001g)，第41—50页。

108 对该问题的广泛讨论见《1997年世界投资报告》。

109 最新信息来自：www. unctad. org/en/subsites/cpolicy/docs/CPSet/cpset. htm.

110 NAFTA 第1502条和第1503条试图确保垄断和国有企业的行动不会对另一方投资者的投资造成歧视。

111 “投资与竞争如果有必要，这些团体应该相互利用彼此的工作，利用或者公正对待 UNCTAD 和其他适当的政府间论坛的工作……”（WTO 1996，第 20 段）。应该注意，1995 年《与贸易有关的投资措施协定》第 9 条通过要求货物贸易委员会考虑在该协定的 5 年审查期中是否应该使用有关这两个问题的条款对该协定予以补充，从而也建立了投资政策与竞争政策之间的联系。

112 《多哈部长宣言》第 23—25 段指出：“贸易与竞争政策的相互作用。23. 认识到关于建立一个加强竞争政策对国际贸易和发展的贡献的多边框架的立场，以及第 24 段提及的对加强该领域技术援助和能力建设的支持的需要，我们同意，在第 5 届部长级会议就谈判模式达成明确一致的基础上，在该届部长级会议后进行谈判。24. 我们认识到发展中国家和最不发达国家对加强该领域技术援助和能力建设的支持的需要，包括政策分析和制定，从而使它们可以更好地评估更紧密的多边合作对其发展政策和目标及人员和机构发展的影响。为此，我们应与其他相关政府间组织，包括联合国贸发会议进行合作，通过适当的区域和双边渠道，提供增强的和资源充足的援助，以回应这些需要。25. 在第 5 届部长级会议召开前的时间内，贸易与竞争政策相互关系工作小组的进一步工作将集中于澄清：核心原则，包括透明度、非歧视和程序公正性以及关于核心卡特尔的规定；自愿合作的模式；以及对通过能力建设逐步加强发展中国家中的竞争机构的支持。应对发展中国家和最不发达国家参加方的需要给予充分考虑，并给予适当的灵活性以处理这些需要”（WTO 2001b，第 5 页）。

第五章

国内政策空间的重要性

前述分析表明，国际投资协定需要协调投资过程中有关政策重点的各种不同观点。国际投资协定所有参与方的共同目标是增加外国直接投资的流量。此外，母国（及其投资者）还寻求透明、稳定、安全、可预见——以及更广泛的市场准入。发展中东道国本身希望通过增加来自外国直接投资的利益以促进发展。为实现这一目标，发展中东道国需要足够的灵活性，以便运用各种以发展为导向的政策。最后，分析表明国际投资协定必须被所有参与方所接受，由于许多参与方因禀赋存在很大差异而处于不同发展阶段，因此，国际投资协定应该在各类国家的不同利益和重点之间达到权利和义务的互利的平衡。

“国内政策空间”的概念以及由此概念赋予政府的推行以发展为导向的外国直接投资政策的灵活性，为持有不同观点的东道国、母国和投资者之间的合作架起了运作桥梁（UNCTAD 2000d）（尽管本文关注的是发展中国家，但是发达国家也需要政策空间以实现其国内目标）。国内政策空间的基础是实施管制的权利，这种主权特权来自于国家对其领土的控制，是国家主权国际法律制度的基本要素。尽管作为自由化政策的结果，东道国已经限制了本国的管制自主权——并把自主权的限制作为更广泛的经济全球化进程的一部分，但是国际投资协定在此方面仍然提出了不同的问题。同其他法律文本一样，此类国际协定规定了限制各参与方自主权的法律义务。由于国际法律义务普遍凌驾于国内法规之上，因此会导致通过约束性规则进行国际合作的愿望与政府履行国内管制职能的需要之间的相互牵制。[1]这种挑战并不是前所未有的，在贸易协定中也出现过类似的一国的承诺与其管制自主权限的关系问题（专栏 5.1）。

对投资来讲，在保护投资不被征收和国民待遇领域，管制权利近来再次成为引人注意的议题。管制权利被投资者认为是作为防止过度使用征收权的“屏障”，而征收权的过度使用已经威胁到损害主权政府为了公共利益进行管制的权利，并且可能会产生“管制冻结”的后果。这涉及到要决定投资者的财产权在什么情况下可以合法受制于政府的管制权力，在什么情况下则不能（本报告第四章 C 节对此已进行了讨论）。

具体来讲，管制权利出现在 NAFTA 下投资者和国家争端的背景中，尤其在环境保护领域。2001 年，NAFTA 的三个成员国采用“对第十一章中某些规定的注释”（NAFTA 2001）来阐明以下规定，即根据第 1105 条第（1）款中的公正和公平待遇规定给予外国投资者最低待遇标准。它们确定 NAFTA 的标准是国际惯例法的最低待遇标准。《服务贸易总协定》、《WTO 多哈部长宣言》和《多边投资协定草案》都包含“管制权利”的概念。而且它也是 UNCTAD 投资、技术和有关财政议题委员会内部政府间协商的重要内容（专栏 5.2）。

正如这些参考文献中所指出的——并且这是与国家管制外国人进入本国领土及其行为的主权特权相一致的——管制权利概念的范围比其近年来再次获得关注的特殊背景更为广泛。实际上，这正是“国内政策空间”概念以及灵活性所赖以建立的原则。

确保足够的灵活性是一项困难的平衡任务。在国际投资协定中它是根据母国和东道国之间按照重合——但是并不一致的——目标进行谈判的结果。在国际投资协定的目标、结构、内容及其实施中都体现了灵活性，其中包括承认特殊和差别待遇概念、利用例外等，到更进一步的发展目标。在下文中将依次予以分别考虑（UNCTAD 2000d）。

专栏 5.1 国际贸易协定中的管制权

在 GATT/WTO 体制中，一国行使管制权的权限问题一直是存在争论，在该体制中争端解决过程被用于审议对贸易有影响的国内管制措施。WTO 审议各国管制权的主要工具是 GATT 第 3 条，该条款包括非歧视（国民待遇）义务，而第 20 条所包含的例外条款则对其进行了补充。第 3 条规定，在同等条件下，国内税收和管制对于进口产品的待遇不得低于国内产品。如果发现某项国内管制措施对进口实行歧视，实行管制的政府可能要设法证明该措施对于实现合法目标是必要的，以表明歧视具有正当的理由。第 20 条中的例外包括为维护公共道德、保障人类、动物和植物的生命和安全，以及保护不可再生资源等所必须采取的措施。

应注意的是，这些政策清单是“封闭的”，因此，对于各国政府可能希望采取管制行动的许多领域来讲，该清单仅为这些领域中的例外要求提供了有限的空间。这也取决于一般性要求，即例外不是对国际贸易采取任意或者伪装限制的手段。该要求被解释为应采用比例原则，即一国必须采用与其管制政策相一致的并且对贸易限制最少的例外。

WTO《贸易技术壁垒协定》明确要求对有关措施的目的及其限制贸易的影响进行全面分析。该协定要求贸易限制的程度应与有争议措施的管制目标取得平衡。而且，分析管制目标是评价有关措施本身合法性的一部分，同时要附上对于合法目标的说明性清单（非封闭性的）。在这种情况下，没有必要首先确定某项违规情况（包括对类似情况的最终裁定），随后进行对采取例外方式的管制的正当理由的评估。平衡的分析还要求评估贸易限制较小的现有其他措施对贸易的影响以及管制目标不能实现的风险。

WTO《关于卫生和植物卫生标准协定》采取与《贸易技术壁垒协定》以及 GATT 第 20 条相类似的方法来对管制权的使用加以控制。该协定确认了 WTO 成员实施卫生或者植物卫生措施的权利，只要这些措施的运用“仅限于必要的范围内”并且建立在科学的原则和证据的基础上。如果科学证据不充分，成员可以在“可获得的有关信息”的基础上采取此类措施。

虽然《服务贸易总协定》承认一国为实现合法目标而对服务领域进行管制的国家主权（见专栏 5.2），但是第 6 条试图防止利用行政决策来掩盖保护主义措施的行为。普适性措施影响一个国家已为之做出承诺的服务贸易，因此在使用这些措施时必须合理、客观和公正。必须在合理的时期内对该承诺项下供应服务的申请给予答复。呼吁服务贸易委员会制定规则以防止对服务供给商的资格、技术标准或者许可的要求成为不必要的贸易壁垒。在制定此类规则之前，各成员政府在使用各项要求和标准时（在它们已履行具体承诺的某些活动中），应遵循同样的原则，从而不至于抵消或者削弱（有关市场准入和国民待遇的）具体承诺。

资料来源：UNCTAD。

专栏 5.2 管制权利

上述组织对该问题的表述如下：

《服务贸易总协定》（导言）：

“认识到各成员有权对其境内的服务供给进行管制并制定新的法规，以实现其国内政策目标，以及在不同国家的服务管制发展程度不同的情况下，发展中国家特别需要行使这一权利。”（UNCTAD 1996b，I，第 287 页）。

《WTO 多哈部长宣言》（第 22 段）：

“任何框架均应以平衡的方式反映母国和东道国的利益，并适当考虑东道国政府的发展政策和目标，以及它们出于公众利益的管制权利。”（WTO 2001b，第 5 页）。

《多边投资协定草案》：

第 3 条

管制权利[a]

“参与方可采取、维持或者实施任何适当的措施来确保投资活动以健康、安全或者环保的方式进行……，只要这些措施与本协定相一致”（OECD 1998a，第 14 页）。

UNCTAD 投资、技术和有关财政议题委员会：

“许多代表强调政策应反映一个国家的特殊环境，并应随着时间而发展。在此方面，许多代表强调为了实现国内政策目标，需要保证足够的政策空间，并强调了管制权利的重要性。特别提到了最不发达国家在各类国际协定中对于特殊和差别待遇的需要”（第 50 段）。

“在此背景下，特别是认识到在寻求有关安全、卫生、道德等目标的公共利益时，管制权利具有重要的意义。例外也很重要，特别是那些与国际收支保障有关的例外”（第 57 段）（UNCTAD 2003j，第 14 和 16 页）。

[a] 正文包含在主席提出的有关劳动和环境的一揽子建议中。

A. 国际投资协定的目标

许多国际投资协定都把发展目标列入其基本目标或者原则，或者作为序言的一部分，或者作为阐述一般性原则时的特别声明条款。例如，《服务贸易总协定》（适用于服务领域的外国直接投资）的序言在其目标中包括“在透明和逐步自由化的条件下扩大服务贸易，作为促进所有贸易伙伴经济增长和发展中国家发展的手段”。并表示希望“在适当考虑国内政策目标的同时，通过连续的多边谈判，促使各成员在互利的基础上获益，并保证权利和义务的全面平衡，使服务贸易自由化达到更高水平并早日取得成功”。并进一步希望，“促进发展中国家更多的参与服务贸易并扩大服务和其他商品的出口，特别是通过提高它们国内服务的能力、效率和竞争力”。

B. 结　　构

通过对发展中国家条约方适用特殊和差别待遇，协定的结构可能会反映对于发展的关注。这需要发达国家和发展中国家参与方承担不同程度的义务，对于发展中国家参与方来讲，不管是临时还是永久性的，其承担的义务都相对较少，并且也是非互惠的。为此可以利用很多方式：

- 协定可以区分发达国家和发展中国家，为两者规定不同的义务。例如，多边投资担保机构的投资保险只提供给在《多边投资担保机构协定》某附件中列出的发展中国家的投资。
- 发展中国家的参与阶段和程度可以不同，其加入可以履行较少法律义务，或者考虑联系，而不是对协定义务做出完全的承诺。

尤为重要的是达成承诺的方式：

- 根据“否定列表”方式，各国就一系列一般义务达成一致，然后各自列出这些义务不适用的所有领域。例如，NAFTA 参与方一致同意给予开业权，与此同时各方均列出该权利不适用的那些活动。对于所有其他活动，该权利都是适用的。这种方式趋于产生所有非一致性措施的清单。这种方式也锁定了现状。
- 根据（GATS 类型的）“肯定列表”方式，各国列出它们同意做出的承诺及其附加条件。[2] 例如，《服务贸易总协定》参与方列出它们同意遵守该协定有关条款，例如有关商业存在以及商业存在得以成立的条件（从而在某个行业中只有某些数量的外国分支机构可以开业）的条款的所有活动。这意味着同一条款并不适用于所有其他活动——亦即这些条款仍然是“没有约束的”。这种方式的优点在于参与方可以根据自己的步骤来做出承诺并决定履行承诺的条件。由于这些原因，较之否定列表方式，肯定列表方式普遍被认为对发展更有利。

在理论上，在缔结协定时如果各国有能力对各项活动——或者更广泛地说是对所承担的承诺——做出正确的判断，上述两种方式所取得的结果应当是相同的。实际上，否定列表方式倾向于导致更高程度的自由化。但是事实上，即使是肯定列表方式也会导致自由化，因为谈判，尤其是双边谈判，迫使各国接受程度更高和范围更广的义务。[3] 在这两种方式中，各国在确定承诺时间表时，常常使用各种方式为其他选择留出余地。而且一旦做出承诺，承诺就被锁定，实际上不可能再行反悔。

表 5.1 以图表方式介绍了如果各国决定就模式进行谈判并且考虑采用肯定方式时，一个广义的肯定列表方式就是如何用于投资的。这种方式之所以是“广义的”，是因为它不仅适用于活动，也适用于国际投资协定致力于解决的其他问题。它由在 WTO 贸易和投资工作组进行分析性讨论时出现的两条主线构成：

- 开业前国民待遇与开业后国民待遇。
- 外国直接投资与外国间接投资、金融衍生品和其他投资，亦即协定的范围。

在肯定列表方式中，各国需要逐项决定它们是否想做出承诺，如果是，条件是什么。例如，准备提供高标准的国家能够填写每一项表格，对其承诺几乎不附加条件；有的国家只想对有关外国直接投资的某些标准（例如进入后的国民待

表 5.1 帮助分析的一种思想试验——应用于投资的肯定列表方式

论点/措施	准入前国民待遇		准入后国民待遇	
	外国直接投资	外国间接投资	外国直接投资	外国间接投资
定义				
国民待遇				
最惠国待遇				
公平和公正待遇				
透明度				
国有化和征收				
母国措施				
好企业公民				
争端解决（国家—国家，投资者—国家）				
投资激励				
技术转让				
竞争政策				
其他				

资料来源：UNCTAD，根据 Eglin2002。

遇）做出承诺，那么它就会附加它所要求的条件以促进其发展。换句话讲，每个国家都将以最符合其自身利益的方式来填写这一表格（某些不适用的表格可以不填）。在原则上，此类协定的参与方也可以不把所有表格都填满。

这种方式的一种变体是所有参与方共同对为数有限的一些议题做出某些承诺。[4] 在国际投资谈判中那些虽然重要但是不十分敏感的领域，例如最惠国待遇和透明度，是最容易达成此类承诺的。这种方式可以与一般性承诺结合起来，以便在适当的时候通过谈判的方式，对诸如进入后国民待遇等其他议题也做出更强有力的承诺。

无论选择什么方式，国际经济协定的经验表明在大多数情况下各国更喜欢渐进方式。

C. 内　容

就协定的实质性内容而言，在前一章中已讨论了关键的实质性问题。这些问题对于国际投资协定是很重要的，因为这些问题决定了国际投资协定对各国国内政策的影响。对每个问题来讲，都存在着有利于和不利于发展的解决方案（例如，正如先前所讨论的，开业前国民待遇——市场准入——也许是发展中国家在国际投资协定中最难以接受的问题了）。鉴于这些问题的重要性，要求谈判者给予充分关注。

在就协定的内容进行谈判时，也可以通过以下方式引入灵活性：

- 通过将某些问题完全排除，就能够确保灵活性。例如，从《多边投资协定草案》中排除有关激励的条款将会使各国拥有在该领域的最大政策灵活性（与其他国际义务相一致的）。大多数国际投资协定将（在避免双重征税协定中涉及的）税收问题排除在外。
- 限定关键条款的范围，例如将投资定义只限定为外国直接投资。
- 协定可以包括符合发展中国家特殊利益的条款，例如与技术转让或者母国措施有关的条款。
- 可以利用各种传统方法来保留政策空间。这些方法包括各种例外、保留、减损、免责以及直到旨在为确保签字者保留其在某些领域使用与协定不一致的国内法规的权利的过渡性安排等。这方面的例子包括：非歧视原则的免除条款；[5] 旨在保留管制权利的保障条款（专栏 5.3），例如在出现国际收支困难时；出于公共安全和秩序、公共健康和道德等理由的一般例外等。

应注意的是，国际投资协定的各项条款是相互照应的，以补充、阐明、扩大、限制或者详细阐述各参与方的权利和义务。例如，一般除外条款或者一般例外条款会限制协定的适用范围或者改变其条款的适用。同样，像国民待遇、公正和公平待遇等一般待遇标准影响并补充比较具体的待遇标准的内容，例如涉及营运条件或者征收的待遇标准。各条款间的相互照应为国际投资协定条款的结构和组合提供了多种可能性，以实现权利和义务的理想总体平衡并调和各国间的不同利益（这些组合的例子见 UNCTAD 2000d）。

专栏 5.3 投资领域中的紧急保障机制

为了维护国家在公共利益方面实行管制的权利，在国际协定中常常使用各种保障措施。保障条款或者“例外条款”允许参与方采取措施以应付缔约后发生的例外事件，而这些措施是协定本来不允许采取的。相关条款通常对所采取行动的时间和实质性措施做出明确的限制。国际投资协定中的保障条款常常用于与国际收支保障有关的情况。

在贸易领域，如果一国某个生产部门因为进口增加而遭到损失，WTO 的《保障条款协定》授权 WTO 成员，在某些对生产同类产品或者间接竞争产品的国内工业可能造成严重损害或者严重损害威胁的情况下，通过征收高关税或者直接限制进口数量，暂时对进口实行限制。该条款的主要理由是应给予该国具体部门以时间进行调整，以适应来自进口的新竞争。

如果国际投资协定中包括类似的紧急保障机制，就必须处理一些复杂的问题。必须满足什么条件并符合什么程序，才能启动投资协定中的紧急保障机制？在投资背景中与进口冲击相对应的情况是什么，如何处理所发生的紧急情况，例如对中小企业的“挤出效应”引起的紧急情况？投资的突然撤出（与突然流入相反）也能被认为是紧急情况么？此外，因为外国分支机构一旦建立，可能就很难将它们和国内公司区分开来，那么，紧急保障机制只能针对新的投资吗？

服务贸易在此方面缺乏进展，由此可看出其中的复杂性。《服务贸易总协定》第 10 条指出：“应该在非歧视原则基础上就紧急保障措施问题进行多边谈判。谈判结果应在 WTO 协定生效后不迟于三年内付诸实施”。而经过七年多的讨论后，《服务贸易总协定》规则工作组仍未达成协议。上述谈判关系到投资领域，因为服务贸易模式 3（商业存在或者开业交易）涉及到外国直接投资。

因此，除了与国际收支困难有关的紧急保障措施以外，很少有国际投资协定包含其他紧急保障措施。例如《东盟投资区协定（AIA）》第 14 条表明：

1. 如果成员国因为实施该协定的自由化计划遭受损失或者可能受到任何严重损失的威胁，该成员国可在必要的范围和时间内采取紧急保障措施，以防止这类损失或者对这类损失进行救济。所采取的措施应是临时性的，并且不存在歧视。

2. 依照本条款采取紧急保障措施时，应该在采取措施之日起 14 天内向 AIA 委员会提交采取措施的书面通知。

3. AIA 委员会确定严重损失和遭受严重损失威胁的定义，并决定根据本条款制定紧急保障措施的程序。

尽管《东盟投资区协定》中的紧急保障措施从未使用过，但是它起到了为各国提供保障的目的，这是因为，如果各国由于采取自由化措施而导致的意外后果对其经济造成严重或者负面影响，它们可以诉诸于保障措施。鉴于自由化可能对国内产业产生的影响，一些国家对其持谨慎态度。

在进行国际投资协定谈判时，如果各国希望将紧急保障措施包括在内，另一个方法就是效仿欧盟与中东欧国家间缔结的《欧洲协定》。例如，与波兰缔结（1991 年）的《欧洲协定》第 50 条规定，在确定的过渡期内，如果某些产业正在进行重组，或者正面临严重困难，或者在波兰某个部门或者产业中波兰公司或者国民所占有的市场总额被侵占或者急剧减少，或者这些产业是波兰的新兴产业，可以使用“保障措施”。所使用的保障措施（未指明）在过渡期第一阶段结束或者在过渡期满后的最长两年内停止使用；保障措施仅涉及这些措施生效后在波兰新建立的企业，不对已在波兰开业的欧共体的公司或者国民实行区别对待。该协定进一步指出：在采取这些措施之前，波兰应和联系委员会进行磋商。一旦第一阶段或者过渡期结束，波兰必须经过联系委员会的授权并符合该委员会所确定的条件时，才能采取这些措施。

《欧洲协定》所用方式的一些特点是值得注意的。没有规定“严重损失”（损失或者任何特殊情况的）、“原因”、“不可预见的发展”或者“不可预见”以及“投资或者进口的突然急剧增加”作为依据或条件。其条款只是列出了各种足以在过渡期内减免某一具体义务的条件和情况。其表述由于将减损限于自身尚未在波兰开业的公司，因而也避免了歧视问题。通报和授权要求是为了防止保护主义的滥用。许多发展中国家认同第 50 条中列出的情形。而且，发展中国家只能在过渡期间享有这类“保障”或者减损——这也就是讲，直到它们收入增加和竞争力提高，它们才会失去这种资格。

资料来源：UNCTAD。

D. 国际投资协定的实施

在涉及国际投资协定的实施时也可以将发展的灵活性作为组织原则。此处有两种方法特别重要。首先是一项协定的法律特征、机制和效果，其次是促进措施和技术援助：

- 一项协定是具有法律约束力的还是自愿的，这会影响到具体义务的力度。实际上，一项协定可能既包括具有约束力的承诺，也包括非约束性的“最佳努力”条款。所以，以发展为导向的条款既可以具有法律约束力，也可以是劝导性的，这取决于参与方愿意在多大程度上履行该领域的承诺。显然，与具有法律约束力的条款相比，“最佳努力”发展条款对发展中国家的价值要小得多。

- 在国际投资协定中发达国家和发展中国家之间的不平衡可以通过发达国家承诺向发展中国家——尤其最不发达国家——提供援助来解决。《与贸易有关的知识产权协定》就是一个例子，该协定的发达国家参与方承诺向最不发达国家转让技术（第六章进一步讨论了在国际投资协定中母国承诺促进发展中国家外国直接投资流入的这一更广泛的问题）。通过有关国际组织提供的技术援助可以加强发达国家的此类承诺。考虑到此类问题的复杂性和许多发展中国家，其中尤其是最不发达国家在进行外国直接投资相关政策分析和开发，以及在人类和制度发展方面的能力有限，所以这些援助是特别重要的。这些援助还涉及到帮助发展中国家吸引外国直接投资并从中获得更多的收益。

除此之外，每个国际投资协定都是大量双边、地区、区域间和全球的投资协定的一部分——而且都致力于解决范围广泛的与投资和跨国公司经营有关的一系列问题。当同一参与方参与多个投资协定时，其各项条款也会相互影响，以补充、阐明、扩大或者限制参与方的义务。因此，在设计国际投资协定时，重要的是记住这个更广泛的背景，并确保参与方在协定中试图谈判的标准、例外等不被其他协定以非所愿的方式进行修改或者受到影响。这方面的一个例子是投资者保护标准与多边环境协定中各国的环保义务如何相互影响的问题。

如果不同协定的条款发生冲突，考虑国际投资协定如何确保由这些协定引起的相互冲突义务的兼容也是很重要的。在原则上，可根据《维也纳公约协定》第30条所确定的原则来解决不同协定的兼容问题。如果参与方希望确保某个国际投资协定与它们可能已参加的其他协定之间不存在兼容性的冲突，它们可以在该协定中加入表达这一目的的条款。这类条款的例子包括“区域经济一体化组织”条款，这类条款可以确保该组织成员所享受的利益不会扩大到根据最惠国待遇条款也属该协定参与者的非成员国；还包括双边投资协定中的保留权利条款。但是在此方面仍存在着难以解决的问题，特别是双边投资协定中最惠国待遇条款的运用问题（专栏5.4）。

专栏5.4 双边投资协定中最惠国待遇条款的效果——以业绩要求为例

国际投资协定中的最惠国待遇准则试图防止对来自不同国家的外国投资者的歧视。其方式是要求受该准则保护的外国投资者享有与获得最优惠待遇的外国投资者同等优惠的待遇。这一准则的应用引起了有关国际投资协定运作的一些特殊问题。此处以业绩要求为例来说明这些问题。为了对非歧视待遇在此方面如何运作的问题提供比较全面的分析，下文也对国民待遇准则进行了讨论。

绝大多数国际投资协定，尤其是美国和加拿大之外的其他国家缔结的双边投资协定，都没有对使用业绩要求做出具体规定。但是这类国际投资协定仍然可以限制政府施加和实施业绩要求的灵活性。其原因是实际上所有的国际投资协定都包含非歧视条款，其中主要是国民待遇和最惠国待遇。因此，尽管政府在其他情况下可自由施加业绩要求，但是它们不能在同等情况下区别对待外国和本国投资者——或者来自不同国家的投资者。这些限制相应地取决于此处叙述的限定条件。

国民待遇准则

国民待遇准则（在进入前和进入后）要求：政府使用业绩要求时，在同等情况下不能区别对待外国公司和本国公司。政府可对情况不同的投资者提出不同的业绩要求。但是这种灵活性不是无限制的：“同等情况”通常被理解为是指企业的广义的客观特征，例如所处的经济部门、实体规模或者地理位置等。

因此，可以对外国投资者施加业绩要求以确保其服从国家的发展政策。可以根据希望从外国投资者的投资获得的特殊利益来对业绩要求进行具体调整，而这些投资是国内投资者无法或者不愿进行的。同样，国内投资者则根据其现实经济条件，例如被归为“幼稚企业”，也有理由获得优惠待遇。因此在决定保护的范围时需要就具体案例加以分析。建立在仅与投资者国籍有关的“条件”基础上的歧视通常违背了国际投资协定中的国民待遇准则。

为了使某些活动或者某些地区免除国际投资协定中的市场准入和国民待遇条款，协定的参与方通常采取不做出承诺或者不进行谈判的做法，在NAFTA中有关国民待遇的“选择性退出”条款便是如此，根据该条款，甚至能将整个产业（如航空运输）都排除在外。《服务贸易总协定》第16条和第17条允许各成员政府利用“选择性进入”条款，有选择地对其经济中的某些产业

专栏5.4 双边投资协定中最惠国待遇条款的效果——以业绩要求为例（续）

实行自由化，然后界定这些产业中国民待遇的范围。在这种情况下，或者在国民待遇的适用受到限制时，政府可在不违背提供国民待遇的条约义务的条件下，对外国实体和本国实体施加不同的业绩要求。除此之外，任何业绩要求都必须以公平的方式施加给处于同等情况的外国公司和本国公司。

最惠国待遇

国际投资协定中的最惠国待遇条款都有着类似的效果。即使一国所缔结的国际投资协定不排除使用业绩要求，政府也不能对来自不同国家的原本处于相同情况下的外国投资者提出不同的要求。此处和国民待遇一样，“相同情况”是指中性特征，例如产业、经营规模和地理区域等。如果政府打算对来自不同国家的外国投资者给予不同的待遇，那么在就国际投资协定进行谈判时，它可以寻求在协定中包括使某些产业免除最惠国待遇的条款。在大多数情况下，很难证明这些免除是正当的，但是有时为来自某些国家的投资者提供更优惠的待遇确实是必要的。例如，一个常见的最惠国待遇准则的免除是允许向同一区域经济组织的伙伴成员提供优惠待遇。根据《服务贸易总协定》，成员方采取的一些具体措施可以免除最惠国待遇条款。

在最惠国待遇准则的情况中出现的，但是与国民待遇准则无关的一个特殊问题是当母国与东道国缔结双边投资协定（协定A）时，该协定没有禁止使用业绩要求的具体条款，那么，来自母国A的投资者能否基于协定A中的最惠国待遇义务，享受东道国和另一个母国所缔结的双边投资协定（协定B）中禁止业绩要求的好处呢？来自母国A的投资者声称，它们受到了违反最惠国待遇准则的歧视待遇，因为由于双边投资协定（协定B）禁止业绩要求，所以它们所接受的业绩要求并没有同样施加于来自母国B的投资者。这一申诉能否获得成功首先取决于能否确定来自A国的投资者和来自B国的投资者实际所处的环境相同。如果它们所处的环境相同，接下来的问题是这类申诉能否得到双边投资协定条款本身的支持。在国际投资协定下的争端解决过程中还没有遇到或者解决过这类问题。

和每个母国缔结的双边投资协定都是经过专门谈判的法律文件。根据ICSID法庭在Maffezini对西班牙的案例中（2000年1月25号，第Arb/97/7号案例关于反对管辖权的决定）的裁决，如果第三方协定处理的事宜是在参与方之间适用的基本协定中未曾处理的事宜，那么这些事宜不能通过最惠国待遇条款转用于该基本协定。但是当第三方协定处理的是同一事宜时，可通过最惠国待遇将第三方协定中更好的待遇扩大到接受审议的基本协定下的投资者。因此，在Maffezini案例中，最惠国待遇被用来解决缔约双方之间的双边投资协定中争端解决条款范围的程序问题。最惠国待遇条款允许使用第三方协定所提供的更高的待遇标准。

这是一个特殊的案例。但是它所提出的问题是，是否可以认为除程序性条款以外的其他条款也都可能接受最惠国待遇的审议。来自A国的投资者可能试图利用协定A中的最惠国待遇条款，并根据Maffezini，要求协定B中禁止业绩要求的条款也应该扩大到来自A国的投资者，并认为此项保护已被否定了。正如该协定中的实际条款和内容，以及在缔约双方随后的投资协定实践中所反映的那样，这是一个应由该双边投资协定缔约双方的意图所决定的问题。这正是Maffezini案中法庭比较仔细考虑的问题，这个问题涉及到有关国家，即阿根廷和西班牙，对其双边投资协定实践中争端解决条款适用范围的看法。

是否可以说东道国在缔结协定A时，有意要将在协定B中达成的更有利的投资保护条款自动扩大到来自A国的投资者和投资呢？就比较有利或者比较不利的条款与东道国认为合适的不同国家缔结双边投资协定，这完全是由东道国自己决定。因此，如果没有明确的证据表明存在这样的意图，协定A就不可能按其字面上解释为能够将母国B为支持其投资者和投资而谈判达成的禁止业绩要求的具体条款，扩大到那些并未就这类条款进行谈判的A国的投资者。鉴于协定A的实质性范围，最惠国待遇准则不会给予来自A国的投资者以好处。上述论据可以获得成功的一种情况是当东道国采取了普遍在国家层面上禁用业绩要求的政策，或者采取了长期的和一贯性的在它所缔结的双边投资协定中禁止这类要求的做法，但是仍对来自母国A的投资者和投资提出这样的要求。这里就存在着歧视，因为使用业绩要求不符合其一般政策，而且只有来自A国的投资者受到实施被禁止的要求的影响。只要东道国继续普遍使用业绩要求，如果愿意，它就可以不受约束地将优惠待遇提供给某些投资者。

上述表明，国际投资协定中非歧视性条款的应用，尤其是最惠国待遇准则的应用，对不同国际投资协定之间的相互作用具有相当大的影响。在签署、应用和解释这些协定时，需要铭记这一问题。

注　释

1 管制概念没有统一的解释。OECD认为：“管制是指政府对企业、公民、以及政府自身提出要求的手段，其中包括法律、法令和由各级政府以及政府授予管制权力的机构所制定的其他规则。经济管制直接干预诸如定价、竞争、市场进入或者退出等企业和市场的决策。社会管制保护健康、安全、环境和社会凝聚力等价值观。行政管制涉及政府程序和书面工作，即所谓的“官样文章”（OECD 2001c，第2页）。

2 在某种意义上，任何承诺所附加的条件都意味着有条件的否定列表方式，除非一个国家起初不做任何承诺。

引用Oxfam等（2003b，第4页）的话说："这要求政府预先知道《服务贸易总协定》中所有可能相互矛盾的，他们或者后任政府可能想在将来使用的以便在做出承诺时能够列出豁免清单的条款"。

3 大多数发展中国家都只是东道国而不是（或者只勉强是）母国，这一事实使问题变得更复杂了。在要求和给予类型的谈判中，这些国家在论及商业存在时不可能提出很多的要求。

4 例如，《服务贸易总协定》中就有这样的例子。

5 例如，德国在处理双边投资协定中创业后的国民待遇的方式方面，只要德国已经接受国民待遇原则的某种例外，如果这些例外只是为了实现发展目标（例如，为了发展小型工业），并且这些措施不会对德国投资者的投资造成实质性的损害，对于发展的考虑就会起作用（见德国和巴布亚岛新几内亚1980年缔结的双边投资协定）。

第六章
母国和投资者

投资过程涉及东道国、母国和进行投资的跨国公司。一般来讲，在国际投资协定中只涉及东道国，这是在前面各章中所讨论的最重要和最敏感的方面。未来的国际投资协定也应特别考虑母国和协定的各实际参与方，以鼓励外国直接投资流向发展中国家，并帮助发展中国家增加从外国直接投资获得的收益。基于这种背景，本章着手讨论母国措施和好企业公民。

母国措施试图通过帮助发展中国家克服在寻求吸引外国直接投资和增加从外国直接投资获得的收益时所面临的各种困难，促进外国直接投资向发展中国家流动，这部分也是为了母国本身的利益。好企业公民使投资者与其经营所在国家的关系和谐，这种和谐关系有助于促进发展。未来的国际投资协定将如何处理这些问题是一个有待讨论的问题。本章的分析探讨政府所要考虑的选择。

A. 母国措施

尽管在20世纪90年代后期发展中国家对外直接投资的迅速增长，但是发展中国家仍然是外国直接投资的净进口方。相比之下，发达国家的外国直接投资流入和流出是比较平衡的。[1] 因此对大多数发展中国家和转轨国家来讲，核心问题是吸引外国直接投资并从外国直接投资中获得更多的利益。促进更多更好的外国直接投资流入发展中国家以及处理与这些投资有关问题的措施将不仅仅有助于发展中国家。“开明的”母国也可以通过这些措施为其工商界创造新的投资和贸易机会。

许多发达国家在此领域已经采取了范围广泛的单边政策和措施。但是国际投资协定传统上对这些政策措施所给予的关注是有限的。可能的选择既包括发布鼓励性的政策宣言，承认母国需要促进外国直接投资流入发展中国家，也包括在协定中规定强制性的援助和合作义务。较之目前完全是自愿性的承诺，具有约束力的承诺可能会使母国措施更加透明、稳定和可靠。

1. 范围广泛的措施

许多类型的母国措施可以影响流入发展中东道国外国直接投资的数量和质量。

- 用于加强某一东道国商业环境的基于援助的一般发展援助。
- 改进发展中国家生产的产品和服务进入发达国家市场的渠道。[2]

虽然基于援助的措施和市场准入十分重要，但是这里关注的是与外国直接投资直接相关的措施，[3] 其中许多措施已为母国所采用（UNCTAD 2001a，第8—11页）：

- 外国直接投资流出自由化。母国可以消除影响外国直接投资流出的障碍。
- 提供信息。母国可以通过与投资促进机构合作、提供技术援助、组织招商团和研讨会等，在收集和传播有关投资机会的信息方面为发展中国家提供帮助。
- 鼓励技术转让。母国可以通过向东道国提供援助来促进技术转让，以加强东道国的技术基础，提高东道国在技术密集型产业作为外国直接投资东道国的能力以及达到特定技术密集目标的能力。
- 向对外投资者提供激励。可以向对外投资者，或者为支持可行性研究和环境评估提供各种金融和财政激励。
- 降低风险。母国可以帮助降低风险，例如为通常不能通过私人保险市场提供保险的政治或者其他商业风险造成的损失提供保险。

此外，一些新的问题正在产生。这些问题要求运用母国的法律法规体系，以确保通过母国这类法律和法规的批准，使得以母国为基地的跨国公司遵守好企业公民的某些标准。其中重要的是日益要求针对外国分支机构在发展中国家的不当行为，对母公司应用母国责任的规则（Muchlinski 2001a，2001b）。在申诉过程中已出现了这种要求，主要在美国和英国，外国原告已经对外国分支机构在东道国涉嫌对于原告的错误行动索取赔偿（美国第二巡回上诉法庭，1987年；英国上议院，2000年）。根据《外国人侵权索赔法案》，在美国已有多起针对美国跨国公司在其国外经营中涉嫌违背基本人权准则的诉讼（Muchlinski 2001a，2001b，2002；美国第九巡回上诉法庭，2002）。[4]

作为母公司的主要管理者，母国关心的其他领域可能包括对使用腐败行为来促进外国直接投资活动的跨国公司进行惩罚以打击腐败，以及对那些可能会对跨国公司全球经营产生不利影响的欺诈行为和不可接受的企业会计行为进行管制。[5]母国可能采取的其他行动来自跨国公司的全球环境行为，包括对危险技术贸易进行控制，以及确定环境损害的责任等。

此外，当前国际合作政策的发展可能会有助于发展中国家。例如，如果发展中国家能够参与欧盟和美国的竞争执行体系，这将赋予它们在处理跨国公司的反竞争行为时利用发达国家更强有力的管理和制度框架的权利。而且，通过分享有关投资者的“行为记录”，提醒东道国注意那些具有不良商业诚信记录的企业，发达国家母国或许能为发展中国家提供更多的帮助。

这些方法也有问题。在什么条件下东道国的原告有权在母公司母国的法庭上提起诉讼？他们能说明母公司充分卷入涉嫌受到法律制裁的不当行为吗？或者在没有直接卷入涉嫌不当行为的情况下，能够根据在母公司及其国外分支机构之间“撩开公司面纱”原则，认定母公司负有责任吗？[6]然而，这种诉讼可能降低母国作为跨国公司基地的吸引力，实际上是鼓励了母国法庭可能无力应付的“诉讼泛滥”（Lord Hoffmann 1997）。

上述某些措施可能存在的一个潜在问题是，母国所采取的行动涉及到维护某种治外法权，即对根据定义发生在另一主权国家领土上的经营活动规定法律标准。这会增加各种要求之间产生冲突的风险，尤其在母国和东道国的政策与法律存在差异时更是如此。不仅在解决共同问题的方式上存在差异，而且在使用不同的程序政策时，都会出现这类问题。例如，在对涉嫌违反美国法律的美国公司国外分支机构和非美国公司适用美国管制法律的规定和执行方面，美国、欧洲国家和日本之间就出现了分歧（Muchlinski 1999，第五章；Wallace 2002）。

2. 发达国家当前使用母国措施的情况

所有母国都采取了影响外国直接投资流向发展中国家的措施。总体来讲，发达国家已经消除了国内大多数有关对外直接投资的障碍。但是，旨在鼓励对外直接投资的政策宣言却很少与具有同样效果的具体国际承诺联系起来（UNCTAD 2001a）。除了某些例外之外，援助仍然由各国自行决定，并且通常是为了服务于母国商业利益和总体发展目标而提供的。在制定金融或者财政援助计划以及优惠市场准入措施时，这种母国观点是特别明显的。

有关投资气候的信息是外国直接投资决策的一个重要因素。母国可以在收集、发布和传播有关一国管制框架、宏观经济形势、部门情况以及其他影响投资机会的因素方面提供帮助。虽然发展中东道国已对许多这些资料进行了汇总，但是母国政府和有关国际机构还是可以对它们的努力提供支持，尤其在传播阶段。实际上，很多母国提供了这种帮助。例如，瑞士投资促进局促进了瑞士和在发展中国家以及转轨国家的外国企业之间的信息交流，并支持了知识的转移。在国际层面上，各种各样的计划增强了发展中国家投资促进机构的能力，并传播了有关投资机会的信息。[7]

一些母国措施特别适合于促进技术转让（见第4章G节），并且一些国际协定已包含这方面的条款。其中这些措施包括（UNCTAD 2001f）：

- 通过为获得先进技术提供便利或者通过企业间互动中的学习，支持发达国家和发展中国家企业之间的技术合作关系，以加强发展中国家的技术能力。在各种倡议的支持下，这些合作关系可以采取多种形式，包括建立在特定基础上的技术共享，到达成长期的契约或者商业约定。英国商业关联挑战基金就是这样一种方式（专栏6.1）。
- 促进具体技术的转让（例如电信、能源以及环保技术）是一些发达国家倡议的核心内容。
- 将研发措施的目标确定为解决发展中国家的具体技术问题，这可以为促进技术领域中的公私合作提供一种场所。

专栏 6.1 商业关联挑战基金

英国国际发展部建立的商业关联挑战基金，为那些向发展中国家转让参与全球竞争所必需的技术、技能、信息和市场渠道，以及给穷人带来利益的商业关联创新提供补贴。5 万到 100 万英镑的补贴是在竞争的基础上进行分配的，并且投标必须以私营企业合作方为主。所有补贴必须有来自商业关联合作方的等额或者更多的配套资金。

项目必须在最不发达国家实施。目标是中非和南非以及加勒比海地区的国家。合作的一方必须位于某个目标国家内。但是，由于英国也是一个目标国家，因此英国公司与发展中国家公司之间的关联也可以得到支持。同样，南非公司与目标国以外的其他发展中国家公司之间的合作也符合条件，因此坦桑尼亚与南非 BP 公司之间的合作项目也可以得到支持。

该计划从 2001 年起就已经在非洲撒哈拉以南地区和加勒比海地区实施。到目前为止，已有 32 个项目获得资助，补贴总额为 800 万英镑，并动用了超过 1000 万英镑的私营部门资源。在坦桑尼亚，该基金资助项目的目标是建立坦桑尼亚 BP 公司与其他主要当地公司以及中小企业供应商之间的关联。该项目利用了 BP 公司与南非当地供应商一起工作的经验，以开发当地供应商占据大型公司供应链的能力。坦桑尼亚 BP 公司的主要合作伙伴包括 Kahama 采矿公司、Kolombero 糖业公司、National Microfinance 银行、Sumaria 集团、坦葛水泥公司以及坦桑尼亚酿酒公司。2002 年这 8 家公司的 6000 万美元采购预算的 35% 花在从中小企业的进货上。该项目的目标是增加这一比例并逐渐提高从当地采购的产品和服务的质量与复杂程度，发展坦桑尼亚经济中“正在消失的中间企业层”。

其他项目的例子包括英国的一家体育管理公司与南非合作者之间的关联，其目标是扩大在南非举办大型运动赛事的能力；莫桑比克与南非小型水果农场主之间的关联，其目标是增加进入欧洲出口市场的渠道；以及多米尼加共和国一家大型可可合作社与瑞士一家巧克力制造商之间的关联，其目标是建立高品质有机可可的供应链。

资料来源：英国国际发展部（DFID）。

许多发达国家拥有为发展中国家和转轨国家私营部门发展提供长期融资的专门机构。[8] 这种帮助通常是通过为在发展中国家的外国直接投资提供贷款或者股权融资的开发融资机构提供的，有时也采取少数股权形式。例如，美国海外私人投资公司的任务就是动员和促进美国私人资本和技术参与发展中国家和转轨国家的经济和社会发展，以配合美国发展援助的目标。美国海外私人投资公司的主要工具是投资基金和中长期融资，但是也提供政治风险保险（见下文）。发达国家的一些公共组织支持中小企业的对外直接投资。例如，瑞士的“创业基金”为研究、示范项目、机器采购和技术转让提供贷款。

作为对这种单边努力的补充，国际机构制定了为在发展中国家的项目提供资金援助的各种计划（总结见 Hughesand 和 Brewster 2002）。在世界银行集团内，国际金融公司及其加勒比海和南太平洋地区分支机构为促进私营企业发展提供了各种形式的资金和技术援助。地区开发银行采用了一系列的工具来促进在发展中国家中的投资。[9] 英联邦私人投资倡议已经建立了一些投资基金。

在降低风险方面，为减轻非商业风险而提供的投资保险特别重要。几家最大的官方双边保险机构是美国的海外私人投资公司、日本的通产省出口保险部，德国的 HERMES 和 Treuarbeit，法国的海外商业保险公司以及英国的出口信贷担保部。澳大利亚、加拿大、意大利、荷兰、西班牙和瑞典也有类似的机构（Mistry 和 Olesen 2003，第 212—213 页）。一般来讲，这类保险机构只对在和本国签署了双边投资协定的发展中国家中的投资提供保险。2001 年，双边机构为大约 200—250 亿美元的对外直接投资提供了保险（同上）。

在多边机构中，最重要的是多边投资担保机构，2001 年其资本基础大约为 20 亿美元。[10] 诸如泛阿拉伯投资担保机构等地区开发银行和其他机构也提供非商业风险保险。在欧盟，欧洲投资银行已经建立了一个“投资机构”，以提供支持国内和外国投资、贷款和信贷的风险资本和担保（《科托努协定》，第 76 条；附录 2，第 2 条）。

母国的贸易政策，即使不是专门针对外国直接投资的，也可以对发展中国家中特别出口导向型的外国直接投资的范围产生重要影响。这儿非互惠的优惠计划特别重要，其中包括普惠制以及根据《科托努协定》、《加勒比海盆地倡议》、《欧盟除军火外的所有产品倡议》以及美国的《非洲增长与机会法案》提供的贸易优惠。日本政府也允许某些最不发达国家出口产品（相当于工业产品的 99%）进入日本市场免除关税和不受配额限制。这类计划对于出口生产的区位选择仍然非常重要，但是其本身不能为发展竞争性出口产业提供足够的或者可持续的基础。母国也采用了各种贸易和产业政策对进入本国市场加以限制。这些措施包括发达国家采取的反倾销和保障措施，以及有目标的补贴。

3. 效果

由于缺乏信息以及很难将其他因素的影响分离出去，使得评估各种母国措施的效果变得复杂起来。而且，对母国措施的使用和影响尚没有进行充分的研究。但是仍然可以确定一些把增强母国措施的效果作为发展工具的因素。

在发展中国家的明显的需求和母国措施的设计和实施之间建立更有力的联系，这可能会加强此类措施对于发展的有利影响。正如前面所提到的，大多数母国措施仍然是由发达国家自行决定并且常常是为了服务于母国自身的商业利益和总体发展目标的。此外，在发展中国家中对母国措施的认识水平一般是很低的。对发展中国家投资促进机构的采访表明，母国措施尚未被作为促进它们自身投资促进努力的一种战略补充要素。这或许意味着这些措施还没有得到较好的宣传或者其效果没有为人们所认识。这可能还表明发展中国家需要更密切地参与未来母国措施的设计和实施。

对于投资信息的传播，显然有必要提供帮助，尤其对于很少有人知道的外国直接投资区位（例如在最不发达国家）以及在为中小企业提供信息方面。对于 49 个最不发达国家来讲，很难获得国际咨询公司所提供的这类投资指导。[11]而且可获得的资料也并不总是能够满足投资者的要求。信息革命加剧了最不发达国家与其他可以通过诸如互联网等获得更新信息的国家之间的差距，因而在某些方面加剧了这种形势。

在降低融资成本和风险方面，许多例子表明投资可以从母国或者国际融资和投资保险计划中获益。[12]但是据说那些最需要帮助的国家往往没有得到这样的帮助（Hughes 和 Brewster 2002）。尽管在大多数国际金融机构的政策陈述中已确认了这些国家需要关注，但是最不发达国家在使用融资和保险计划方面往往还是远远落后于其他发展中国家。原因之一是，许多投资基金只是部分地由政府提供资助，因此这些基金常常是根据商业标准来管理的，结果是使最不发达国家的投资区位很少受到关注。

有趣的是，母国措施看来已出现了更加面向发展的趋势。例如，挪威政府已责成挪威发展中国家投资基金将至少 1/3 的资金投资于最不发达国家，挪威的共同投资者可以免于这种义务。[13]美国海外私人投资公司也有类似的变化，该公司在 2003 年的预算需求中明确规定，要继续向具有最大发展影响的地区和部门中的项目提供支持。

母国措施可能导致东道国和母国之间的政策冲突。一个普遍的问题是域外控制的可能性。例如，母国的税收政策和转移定价管理条例有时会影响流入发展中国家的外国直接投资。一些国家对国外来源的收入采用基于居住地的征税体系，对在全球范围内获得的收入征税。这种域外税收政策所根据的一般原理是，减税不应该鼓励来自母国的外国直接投资，而且在实际上可能抵消了发展中国家作为吸引外国直接投资激励措施所提供的低税率或者减税的影响。为了消除这种影响，一些发达国家已经采取了税收抵扣协定的做法。缔约国同意对实际上没有支付的来源国税收免收居住地税收（已“抵扣”的税收）。因为这些条款可能诱导企业从事复杂的税收规划和避税行为，所以 OECD 的指南在协定中特别列入了反滥用条款和任何税收抵扣免除的时间限制（OECD 1998c）。

4. 国际投资协定层面

传统上，国际投资协定强调东道国利用自己的准则和担保来履行保护外国直接投资的义务，而对母国措施则很少给予关注。但是由于投资过程涉及母国，因此有必要考虑在国际投资协定中是否以及怎样（怎样才能）涉及母国措施。这一问题对于这类协定的潜在发展影响以及各种母国措施的效果都是有意义的。可以证明的是，在国际投资协定中，政策承诺越强，母国措施可能产生的影响就越大，这种政策承诺包括从鼓励性宣言到拥有具体实施计划（有金融资源支持）和监管机制的约束性义务。正如在国际贸易和投资自由化中，一些国家将单边努力与国际投资协定中的承诺相结合时所发现的好处那样，处理母国措施的国际投资协定条款将会使母国措施处理发展问题的方式具有更高的透明度、可预见性和稳定性（UNCTAD 2001a，第 53 页）。

一些正在出现的趋势可能是在此领域进一步发展的基础。对于国际投资协定的各参与方而言，这些已不只是利用适当措施来促进投资的简单的一般性鼓励，而且还包括促进投资的母国措施。[14]首先，这些举措包括签订一个国际协定来表明合作程序，该协定涉及到多个发达国家和发展中国家，并包括有关母国措施的具体条款。其次，一些国际投资协定包括有关技术转让的合作条款，这可能是这些协定中最常见的母国措施条款。第三，建立地区性或者多边的投资保险计划（例如多边投资担保机构）作为国家保险计划的补充。

对于涉及多个发展中国家参与方的法律文件而言，最重要的例子是在欧盟和非洲、加勒比海及亚洲太平洋地区（以下简称非加太）国家之间签署的《科托努协定》，亦即《第四届洛美协定》的后续协定（UNCTAD 2001c，第 441 页）。该协定包括与投资促进、投资融资和支持以及投资担保有关的详细条款（专栏 6.2）。此外，在投资保护领域，欧盟和非加太国家肯定了需要这类保护以及缔结投资促进和投资保护协定的重要性，这类协定也可为投资保险和担保计划提供基础（第 78 条）。各方也同意可以签署有关具体项目的专门协定，由欧盟和欧洲企业提供融资。这些条款代表了到目前为止在国际层面上达成的有关母国措施最全面的法律文书。但是，对这些条款（以及《洛美协定》的相应条款）的执行仍然要小心评估。主要工具是欧洲投资银行的投资便利化和投机促进协议。

专栏 6.2　《科托努协定》对投资和私营部门发展的支持

第 74 条

“通过金融和技术援助进行的合作，应该支持本协定所制定的针对投资和私营部门发展的政策和策略”。

第 75 条：投资促进

非加太国家、欧盟及其成员国［……］应该：

（a）采取措施鼓励私人投资者参与它们所做出的发展努力［……］；

（b）采取措施和行动以帮助建立和维持可预见和安全的投资环境，以及进行将改善这种环境的协定的谈判；

（c）鼓励欧盟的私营部门，在相互的商贸合作和伙伴关系基础上，对非加太国家中的相应国家进行投资并提供具体援助；

（d）通过鼓励共同融资来推动伙伴关系和合资企业；

（e）赞助部门投资论坛以促进合作关系和外部投资；

（f）支持非加太国家政府在特别重视私人融资的同时，为基础设施和盈利性基础设施投资筹措资金的努力，后者对私营部门至关重要；

（g）支持国内投资促进机构在参与外资促进和便利化过程中的能力建设；

（h）传播有关非加太国家投资机会和商业经营条件的信息；

（i）促进［……］私营部门的商业对话、合作和伙伴关系［……］。”

第 76 条：投资融资和支持

1. 合作应该提供包括风险资本在内的长期金融资源，以协助促进私营部门的发展，并帮助动员国内和国外资本用于这一目的。为此，合作应该特别提供：

（a）为支持政策改革、人力资源开发、制度能力建设或者与某个具体投资有关的其他形式的制度支持，提高企业竞争力和增强私人金融和非金融中介机构能力的措施，投资便利化和投资促进以及增强竞争力的活动等，提供金融和技术援助补贴；

（b）为帮助建立反应迅速的投资环境和信息基础提供咨询服务，以指导和鼓励资本流动；

（c）股权和准股权投资的风险资本、支持国内和国外私人投资以及贷款或者信用额度的担保；

（d）来自银行自有资金的贷款。

第 77 条：投资担保

2. 合作应该提供担保，并利用覆盖符合条件的投资风险的担保基金提供帮助。具体来讲，合作应向下列各项活动提供支持：

（a）为合格投资者的外国直接投资提供再保险计划；防范法律不确定性以及征收、货币转移限制、战争和国内动荡以及违约风险等主要风险［……］；

（b）为债务融资部分担保方式引起的风险提供担保计划；

（c）专门涉及国内金融机构或者投资者的国家和地区担保基金，以鼓励金融部门发展。

3. 合作还应当为能力建设、制度支持和参与为降低投资者商业风险的国家或者地区倡议的核心资金提供支持。

4. 在非加太—欧共体发展融资合作委员会的框架下，非加太和欧共体就建立非加太—欧共体担保机构的提议开展联合研究。

资料来源：UNCTAD（2001c），第 452—454 页。

除了《科托努协定》外，发展中国家之间的某些区域内合作协定也引入了母国承诺以促进在协定东道国成员的投资。例如，《建立加勒比共同体协定》区分了成员国中发展较好和发展较差的国家，建立了一个“旨在促进资本向较不发达国家流动”的特别资金资助制度［第7章第59条第(1)款］。《阿拉伯国家相互投资和资本自由流动协定》第1条规定：“每一个输出资本的阿拉伯国家都应当努力促进优先投资于其他阿拉伯国家，并提供在此方面所要求的任何服务和机构”。作为这一承诺的后续机制，《建立泛阿拉伯投资担保公司协定》将提供投资担保以及其他旨在鼓励外国直接投资的促进活动。

鼓励发展导向的技术转让条款已超出了大多数发展援助计划中的知识分享，并且还要求更实质性地使用商业运作技术。[15]大多数处理这一问题的条款通常是非约束性的鼓励条款（见本报告第4章G节）。

对于区域、区域间和多边投资保险计划来讲，一个早期并且现在仍然存在的例子是《建立泛阿拉伯投资担保公司协定》，该协定建立了一个供阿拉伯国家投资者在阿拉伯东道国使用的区域内保险计划。前文已经提到，《科托努协定》最近重申了投资担保保险的重要性。为此，该协定要求非加太—欧盟发展金融公司委员会“就建立一个提供和管理投资担保计划的非加太—欧共体担保机构的提议进行联合研究”［《科托努协定》第77条第（4）款，UNCTAD 2001a，第38页］。在此领域惟一的多边法律文件是在1998年批准的《多边投资担保机构协定》。根据该协定第2条，其目标是“鼓励成员国之间，特别向发展中成员国的生产性投资流动”。这是利用防范非商业风险的多边投资担保基金以减少投资者对这类风险的担心来实现的。[16]

5. 加强发展维度

在国际投资协定中对发达国家的母国措施给予更大关注将有助于在协定中加入东道国、母国和跨国公司之间三角关系的“第二支点”，并加强外国直接投资的发展维度。[17]例如，在WTO贸易与投资工作组中，一些发展中国家在讨论中就提出了这个问题。他们认为，“母国政府应承担的义务包括：（1）禁止那些影响来自其领土的跨国公司在东道国从事不利于东道国利益的经营或者行为的政策或措施；（2）制定措施影响或者要求来自其领土的跨国公司在东道国经营活动中的行为和运营承担全部公司责任，并根据东道国的目标和政策来履行它们［……］对东道国成员及其政府的义务。”[18]

利用非约束性的和鼓励的方式，可以在协定中包括承诺改善流入发展中国家的投资的一般性表述，尽管这种承诺的实际效果是有疑问的。比较具体的但仍然是非约束性的承诺是将一般性的政策描述与对母国措施更具体的承诺联系起来，这种做法可能是就每个项目逐一进行考虑的。可以就“软”合作做出承诺，例如信息交流合作、帮助与母国企业群体的交流、外国直接投资研讨会以及有关发展中国家商业机会的一般性教育。

另一种方法是引入约束性义务以帮助发展中东道国促进外国直接投资。正如已提到的那样，许多发达国家已经单方面或者通过中介机构提供了各种措施。但是这一步骤将在有关各参与方权利和义务的分配上给予国际投资协定更多的平衡，并能够加强这类措施作为发展促进工具的影响，尽管在大多数情况下它们也是为了服务于母国自身利益的。在这种情况下，母国将接受义务，同时会认识到将发展中国家对更多投资的渴望转变为现实所存在的实际困难。在协定中加入义务不仅可以通过加强国际投资协定中的投资保护条款这一防御性方式，也可以利用前瞻性经济和商业政策，促进更多和更好的外国直接投资流入发展中国家，特别是最不发达国家，以便努力弥补发展中东道国参与方的某些区位劣势。

在可能的时候，承诺应该与后续的实施计划以及实施监控的具体机制联系起来。如果在一项协定的一般性政策说明之后，列入若干条款，其中包含将政策转化为实践，包括涉及其他类型母国措施行动的比较详细的措施清单或者具体的实施程序，该协定就更有可能产生实际效果。出于这一目的，一些国际投资协定包含了一项“监督委员会”条款，以确保已达成一致的措施能够得到适当的执行。[19]已举办了一个论坛讨论对在发展中东道国的投资提供更具体的母国援助政策的未来发展。最近做出的决定引入了对执行《与贸易有关的知识产权协定》第66条第2款的监督机制，这是在此方向上采取的一个令人感兴趣的步骤（专栏4.7）。通过后续机制进行的审议和监督有助于通过对话和共同经验的分享，在政策发展方面创造出一种有机的发展。实际上，随着合作的进展，包括通过得到资助计划的具体或者一般援助在内的更“强硬的”承诺可能变得可行了。在此领域合作的有机发展的效用不应被忽视。

一个进一步的问题是，母国措施是否应该根据特殊和差别待遇条款指向发展中国家中的特殊群体，例如最不发达国家。最不发达国家在吸引外国直接投资方面可能需要获得母国更多的帮助。最近的一项研究指出母国在短期、中期和长期可以采取的一些措施，这些措施通过解决投资者的进入成本和进入后的风险障碍来降低风险，并放开流入最不发达国家的外国直接投资（专栏6.3）。

专栏6.3　降低与最不发达国家外国直接投资相关风险的母国措施

一项由瑞典政府委托的有关如何降低在最不发达国家投资风险的研究指出了若干措施，其中包括：

提高降低风险能力的短期措施

- 通过提供一种特殊目的的资金或者担保组合，增加多边风险保险机构（例如多边投资担保机构以及在区域银行中设立的政治风险保险机构）专门为最不发达国的政治风险和其他非商业风险提供保险的资金。
- 建立更有效的区域风险保险能力，可通过（a）更有效地使多边投资担保机构的运作区域化，并将其转变为比较独立的全球性机构；或者（b）建立附属于区域开发银行的独立的多边投资担保机构类型的区域多边政治风险保险能力。
- 通过为最不发达国家中更广泛的非商业风险的保险提供专项资金或者补贴，提高双边出口信贷机构和官方双边保险机构的非商业风险保险能力。
- 提供与项目有关的补贴，为OECD来源国或者最不发达国家中符合条件的发展中国家企业从事的具体项目的政治风险保险或者非商业风险保险的溢价成本提供部分保险。
- 一些发展中国家正在成为相邻的最不发达国家中外国直接投资的主要母国，因此应该鼓励官方双边保险机构和这些发展中国家的新生相应机构建立公—共伙伴关系。
- 建立信贷强化安排以动员发展中国家（特别是最不发达国家）中可供利用的国内资金（以降低货币风险）。

其他增加外国直接投资流入最不发达国家的短期措施

- 为母国公司在最不发达国家的股权投资提供全部（100%）或者大部分（50%—80%）税收减免、折扣或者扣除以抵消它们在母国的税收义务。
- 在双边援助机构或者投资机构内部建立具有特殊目的的“最不发达国家外国直接投资”投资促进部门（有相应的预算），以确保对外国直接投资流动的支持成为与援助计划其他目标同等重要的双边优先目标。这些做法可以使最不发达国家能够利用其有限的资源来扩大这些国家投资促进机构的有限能力。上述部门的活动可能包括：决定投资重点、将目标定位于让母国的某些公司了解在最不发达国家的投资机会、帮助环境和社会影响评估筹措资金、帮助准备文件（例如谅解备忘录、意向书）以及在伙伴投资促进机构的制度能力建设。
- 探讨建立一个小型的最不发达国家基础设施专项投资基金的可能性，该基金将为最不发达国家的基础设施项目贷款提供股权和债务融资以及动员国内货币资源。

母国的中期计划

- 与多边伙伴和私营部门合作，以便以比目前设想更快的速度建立最不发达国家的金融体系和资本市场。
- 对于捐助国金融系统监管机构和最不发达国家监管机构之间开展密切的“管理合作”，不仅要确保建立健全的法律、规则和法规，而且要确保其应用和实施，双边援助机构可以做出超过多边机构的独特贡献。
- 双边援助机构可以提供种子基金，以鼓励其非银行机构在最不发达国家金融体系中建立私营部门所回避的实体。
- 双边捐助国（特别是欧盟成员国）可以更多地为最不发达国家的所有产品提供开放的消费市场进入渠道；鼓励国内企业利用优惠税收待遇，或者利用为部分成本保险提供的补贴支持以建立供给来源，使得最不发达国家可以利用它们已经拥有但并未利用的优惠市场准入，鼓励发展中国家投资者在最不发达国家进行投资以利用捐助国的优惠市场准入。
- 建立国际商业法庭，该法庭专门解决最不发达国家（并非所有发展中国家）和外国投资者之间的争端，特别在涉及具有管制风险的复杂基础设施投资的场合。

母国考虑的长期选择

- 为最不发达国家的会计、法律和司法体系提供持续的长期制度和人员能力建设援助，以改善它们迅速、公正和公平地与外国投资者打交道的表现和能力。可以通过伙伴捐助国相应的会计和法律事务所以及司法部门，利用部分由援助资助的长期合作计划来提供这类援助。
- 为政治机构和更广泛的管理机构，即政府机器和政府部门，特别是法律和司法部，以及议会和议会机构提供类似的支持，使得民主和代表性民间社会机构能够有效行使职能，从而能够以甚至发达国家议会系统都无法利用的方式来实施追加的检查和平衡。在一些最不发达国家，暂时中止连续的进一步经济改革可能是合适的，因为除非能够同时进行政治和司法改革，否则这种改革不可能起作用。
- 通过官方双边保险机构和私人风险保险机构之间更有效的公—私合作，支持在其国内市场和更广泛的欧洲区域市场上政治和非商业风险保险能力的进一步发展。

资料来源：Mistry 和 Olesen 2003。

英联邦秘书处建议建立一个新的机构，其形式为国际金融机构拥有的专项独立基金，但是在法律上不同于国际金融机构。该基金将专门针对最不发达国家和其他规模很小和脆弱的国家和地区。该基金将通过提供国内货币贷款、准股权投资资本和担保，也可以通过提供一种为政治风险提供保险的特别简化的多边投资担保机构，为在符合条件国家的可贸易产品和服务生产中的私人投资提供帮助。

处理母国措施是使国际投资协定结构的发展怎样更有利于发展的一个新的但具有潜在重要性的方面。这绝不是一个容易的任务，特别因为在国际投资协定中有关母国方面的约束性承诺的程度和范围相当有限。但是所有发达国家本身都已提出了种种母国措施。在多边层面上，《多哈宣言》（第22段）认识到了对任何“以平衡的方式反映母国和东道国利益”框架的需要。同样的原则也可以适用于任何层面上的国际投资协定。这表明未来的国际投资协定应当在目前经验的基础上包含母国措施的承诺。

B. 好企业公民

外国投资者自身能够在多大的程度上弥补东道国（以及母国）的努力并特别帮助发展中国家从外国直接投资中获得最大收益？关于该问题的国际法律文书数量不断增加，但是其中大多数都是自愿性的。此外，大多数法律文书处理的是社会和环境问题，并不涉及经济发展问题。实际上，一直明显缺乏对与发展中国家的经济发展利益直接相关问题的讨论。

尽管如此，人们日益期望，作为好企业公民的一个方面，跨国公司能够为发展目标的进展做出直接贡献。期望跨国公司不仅遵守东道国的法律，而且也会更注重对公共税收、建立和提升与当地企业的关联、创造就业机会以及提高技能水平和转让技术做出贡献。但是特别在国际协定通常关注的是国家行为，而不是非国家参与者行为的情况下，国际投资协定如何才能加强这种好的企业行为？

1. 定义

随着自由化和全球化的发展，东道国与跨国公司相互合作以实现公共目标和私人目标的共同利益不断增加。企业受益于近十年来更加开放、更加亲和市场和更加注重商业的政策框架。东道国也期望从跨国公司的存在中获得净的经济和社会收益。随着这些企业的跨国化，它们对东道国的影响也在增加。因此，作为全球经济中最重要的参与者，跨国公司在其作用增强的同时，应该更多地认识到对其经营所在东道国的责任。

好企业公民这一概念抓住了跨国公司与东道国之间合作关系的本质，其目标是实现公共目标和收益与私人目标和收益之间的平衡。好企业公民能够补充发展中国家和东道国的行为，在使外国直接投资的成本最小化的同时，使外国直接投资的收益最大化。但是，为了确保得到充分的支持，在定义这一概念的内容时应当有各利益相关者的参与，当然首先应从企业开始。

好企业公民包括既适用于国内企业，也适用于跨国公司的商业行为标准。尽管如此，由于跨国公司拥有强大的经济力量，并根据国际投资协定获得了超出国内企业的权利，以及许多发展中东道国在制定和执行某些法律方面能力的局限性，因此人们认为跨国公司应当承担一些特殊的责任（尤其在发展中国家）。[20]好企业公民与“企业社会责任”[21]概念不同，后者更明确地涉及经济方面的问题。[22]一般说来，企业是法人实体，因此根据法律是权利和义务的直接主体。但是对企业的存在和经营来讲，特别在发展中国家，守法只不过是必须的最低标准。好企业公民承诺则不仅仅是遵守法律，这对满足社会期望特别重要，尤其在缺乏发达的法律体系和执法能力的国家。

应当如何定义企业责任的讨论与自由企业的思想一样悠久，并随着时间不断发展。在发达国家与发展中国家，为数越来越多的利益集团所表明的日益多元化的公民社会使企业面临越来越高的社会期望。企业日益被认为不仅要对股东负责，而且要对包括债权人、雇员和消费者在内的其他利益相关者负责，并且在更一般的意义上要对直接或者间接受其商业活动影响的各有关方面负责（《1999年世界投资报告》，第7章）。对跨国公司来讲，由于它们在世界范围内不同的社会中从事经营，因此不得不对不同的，有时甚至是冲突的期望做出反应，这就使得好企业公民的理性基础变得复杂起来。

跨国公司的全球目标并不总是与其经营所在

国家的社会与发展目标相一致。事实上，外国分支机构不仅要对东道国负责，还要对母公司负责。而政府欢迎跨国公司是希望在从跨国公司的全球战略和能力中获益的同时，跨国公司能对实现本国的经济目标和社会目标做出贡献。跨国公司在维持与东道国相互支持的关系方面有它自身的利益，即避免取消它们已增加的权利和自由。跨国公司在保持良好声誉和品牌价值，以防止由于不负责任的行为使竞争对手获得好处方面也有它自身的利益。

在好企业公民概念之下所考虑的问题非常广泛，其中包括发展责任、社会政治责任、环境保护、就业和劳资关系、确保竞争和制止限制性商业行为、消费者保护、公司治理、腐败、信息披露和报告要求以及尊重人权（UNCTAD 2001b，第4—12页；OECD 2001a）。不过讨论主要集中在环境、人权和劳工权利，至少在发达国家如此。[24]这些问题占据主要地位可能是因为这些国家的社会偏好、那些要求公司就其政策和业绩进行对话的具有影响的民间社会利益集团的形成以及在这些问题上存在着全球统一标准的事实。由于这些利益集团往往能够影响消费者、商业伙伴、金融家和雇员的决策，因此许多企业都接受了这些要求。即使一些公司认为对某些问题没有责任，但是由于认识到如果拒绝接受这些要求可能会给其核心业务带来经济后果，因此它们可能需要与利益相关者就如何处理这类问题进行对话。[25]

但是，对与发展中国家经济发展利益直接相关的问题却很少具有争论。[26]至少有两个理由可以认为这种状况是令人奇怪的。第一，企业首要的也是最重要的影响是经济影响，企业毕竟是商业实体。第二，近年来，特别对于发展中国家来讲，随着外国直接投资的扩张，这种影响已经增强了（《1999年世界投资报告》）。但是，由于成功的发展并没有单一模式，因此这一问题变得复杂了。也没有一个国际上一致同意的法律文件，由此可以得出具体的发展义务，例如在人权方面。但是对跨国公司的潜在发展贡献却存在着社会期望，而无论是竞争的市场纪律还是（不充分的）政府管制，都不能充分体现这种社会预期，由此导致的管制真空对好企业公民提出了挑战（《1999年世界投资报告》，第12章）。

起点是跨国公司（和其他企业一样）需要诚实地遵守东道国的法律。它们不应该试图利用东道国法律和管理体系的弱点，比如说从事反竞争行为（特别是限制性商业行为）或者腐败行为。[27]相反，在缺乏与好企业公民有关的法律规范或者相关法律规范不健全的发展中东道国，人们可能希望跨国公司超越当地法律以满足发展中东道国的重大需要。

除此之外，跨国公司可以在实现其企业自身目标的同时，在已做出的贡献之外，付出更多的努力以便在促进发展目标方面有所作为。

- 对东道国的公共税收做出贡献。东道国国内公共税收是为发展提供资金的主要来源之一，尤其是当国内公共税收用于基础设施和基本服务时更是如此。税收最小化可能对发展中东道国的发展需要产生严重影响。因此人们希望跨国公司遵守东道国税法的精神，诚实履行税收义务，不应有意滥用转移定价转移收入，使东道国政府不能获得在其领土上所产生收入的税收。[28]出于这一目的，人们希望跨国公司与有关国家的税收当局合作，并在接到要求时为税务检查提供适当的会计数据和税收对账记录。
- 建立和提升同当地企业的关联。例如，通过供应商和其他分包合同关系，在外国子公司和当地企业之间建立的关联加强了当地企业部门的竞争力，尤其当这种关联与动态比较优势相一致时更是如此。这要求外国子公司做出有力和长期的努力，融入当地经济，从当地采购，并随着时间提高它们在发展中国家生产产品的技术复杂程度。在政府当局、当地企业和跨国公司之间进行主动和长期合作方面一个常被提及的例子就是马来西亚槟榔屿的电子产业群集(《2001年世界投资报告》)。在这个例子中，外国分支机构对马来西亚的出口也做出了相当大的贡献。
- 创造就业机会并提高当地技能水平。除了直接雇佣和培训人员之外，那些与当地企业建立关联的跨国公司在创造就业和提高技能水平方面可能具有乘数效应。企业在这些方面做出的承诺可能会对东道国经济产生重要的正面溢出，从而增强东道国的发展前景。东道国也希望母公司给予合作以减少某些决策带来的消极影响，如关闭现有的大规模业务等(《1999年世界投资报告》，第9章)。在OECD的指南中也认识到这一点。[29]
- 转让技术。通过在技术和管理技能的转让和扩散方面与当地供应商、私营机构和东道国政府进行合作，跨国公司可能有助于给东道国带来重要的发展利益。它们可以利用种种不会使其相对于竞争者的技术优势遭受风险的模式，帮助提升当地的技术能力（《1999年世界投资报告》，第7章）。

当然，跨国公司也可以利用其他方式对发展做出积极贡献。例如，它们可以设法影响母国政府更多地向来自发展中国家的进口产品开放市场。在某些国家，它们可以通过积极参加有关改善投资环境的公—私论坛，来帮助创造有利的商业环境。它们还可以为各国政府和地区性机构的顾问小组提供服务。[30]

2. 好企业公民的国际维度

好企业公民在许多方面与自由化和全球化有关（Picciotto 2002）。企业越是在本国领土之外扩展业务，有关好企业公民从国家层面向国际层面转变的讨论就越多。全球范围内民间社会团体的增长以及分享有关企业活动信息手段的增强，都加快了这一进程。

但是这已不是一个新的问题。1997年国际劳工组织通过了《有关跨国公司和社会政策原则的三方宣言》。该宣言的宗旨（第2条）是"鼓励跨国公司对经济和社会发展做出积极贡献，并最大限度地减少和解决其各种经营活动可能造成的困难"。但是1976年通过的《OECD跨国公司指南》可能是有关发达国家和发展中国家同样感兴趣的企业公民问题的最全面的文件。[31]过去一些年来该指南已经做了修改（最近的修改始于2000年），并做了调整以反映重点的变化（专栏6.4）。

其中强调企业有义务对经济和社会发展目标做出贡献、鼓励当地能力建设或者鼓励人力资本形成的发展准则，在1972年国际商会的《国际投资指南》和1999年《世界发展运动核心准则》中也可以看到。但是在最近的国际文件中，过去很突出的有关经济事务的责任所受到的关注正在减少，这反映了让市场规则来调节经济事务的普遍趋势（《1997年世界投资报告》；UNCTAD 2001b，第11页）。

好企业公民的国际标准在很大程度上是体现在各种自愿性的文件或者法令中，其中包括非政府组织和个别公司准备的自愿性文件或者法令。这些文件的范围、内容和程序存在很大差别，特别有关监督遵守标准的安排。[32]而且几乎都没有包含具有法律约束力的条款，这主要是因为协定通常是要求国家而不是企业承担具有约束力的义务。即使这些协定能够制定针对个人的义务，但是在国际层面上制定针对个人或者企业的具有约束力

专栏6.4 《OECD跨国公司指南》

"Ⅱ. 一般政策

企业应充分考虑其经营所在国家现有的政策并考虑其他利益相关者的观点。在此方面，企业应该：

- 对经济、社会和环境进步做出贡献以实现可持续发展。
- 遵循东道国政府的国际义务和承诺，尊重那些受其活动影响的人权。
- 通过与当地社会，其中包括商界在内的紧密合作，鼓励当地能力建设，以及在国内和国外市场上发展符合合理商业行为需要的企业活动。
- 鼓励人力资本形成，特别通过为雇员创造机会和提供培训机会。
- 避免寻求或者避免接受那些在与环境健康、安全、劳工、税收、金融激励或者其他问题有关的法律和法规框架中未予考虑的豁免。
- 支持并维护良好的公司治理原则，发展并应用良好的公司治理行为。
- 发展并应用有效的自律行为和管理体系，培养在企业与其经营所在社会之间的信任和互信关系。
- 促进雇员了解并遵守公司政策，其中包括宣传公司政策和利用培训计划。
- 阻止对那些向管理部门或者主管当局就违反法律、《OECD跨国公司指南》和企业政策的行为提供诚实报告的雇员采取歧视或者惩戒行动。
- 在可行的情况下，鼓励包括供应商和分包商在内的商业伙伴采用与《OECD跨国公司指南》相一致的公司行为原则。
- 放弃对当地政治活动任何不适当的干预。"

《OECD跨国公司指南》其他各章涉及信息披露、雇用和劳资关系、环境、反对行贿、消费者利益、科学和技术以及竞争和税收。"科学和技术"一章原文如下：

"……努力确保它们的活动与经营所在国家的科学技术政策和计划相一致，并酌情对当地和国家创新能力的发展做出贡献。"

资料来源：UNCTAD 2001c，第34页和第40页；OECD 2002。

的法律的程序也是繁琐的和不确定的（Picciotto 2002，第16页）。越来越多的处理劳工、人权、环境、种族和其他社会问题的国际公约和宣言，以及协调有关各国法律的区域性努力表明，公司正在有关好企业公民的更明确的国内和国际框架下经营。公司因而直接或者间接受到最低标准的约束。在1999年联合国秘书长为“新世纪协定”所提出的倡议中已强调指出这一点。《全球协定》呼吁全世界的企业，无论在个别企业的行为中，还是在支持适当的公共政策方面，均接受并履行根据联合国有关文件得出的9个普遍接受的价值观和原则。

问题在于，国际投资协定能否并怎样利用将发展中东道国和跨国公司的利益结合得最好的方式，来处理跨国公司的好企业公民问题。有以下几种直接或者间接的方式或者手段可以考虑：

- *在非约束性法律文件中确立好企业公民原则。*《OECD跨国公司指南》就是一个包含有关跨国公司的自愿性建议的政府间法律文件的例子。同样，亚太经合组织的《非约束性原则》包含了有关投资者行为的具体条款。这种“软法律”方式为那些认识到需要在这一领域建立国际准则，但是还没有就约束性规则进行谈判的国家提供了便利。这种方式还使跨国公司能够拥有适应发展中国家的不同条件和惯例的灵活性，而不是被锁定于一个普遍适用的准则，因而也为跨国公司提供了便利。可以通过正式和非正式手段对自愿性准则进行监督。
- *把自愿性法律文件和具有法律约束力的法律文件联系起来。*例如，遵守《OECD跨国公司指南》的国家可能会签署约束性承诺，以便在那些在其领土内经营或者出自其领土的跨国公司中促进遵守该指南。《OECD多边投资协定草案》也曾提出了同样的方式。《智利—欧盟协定联合宣言》以劝告的语言提醒这些国家的跨国公司，“注意他们的建议，即无论在哪里经营，都应遵守《OECD跨国企业指南》”。
- *规定协定的利益仅给予遵守东道国国内法律和法规的投资。*这也就是说，协定可以规定外国投资者的准入、开业和经营要遵守东道国的法律和法规。例如，中国使用的双边投资协定范本第1条第1款明确指出，“‘投资’意味着缔约一方的投资者依照缔约另一方的法律和法规在后者领土上投资各类资产……”（UNCTAD 1996b）。在大多数双边投资协定中都采用了这种方式，但是采用这种方式的国际投资协定并没有明确提到好企业公民问题。而作为好企业公民必不可少的一部分的企业自愿性行动也没有受到影响。但是，只要国际投资协定缔约国的法律反映了某些好企业公民的标准，如果投资者想从协定的适用范围获得好处，好企业公民标准就成为投资者必须遵守的义务的一部分（这甚至可能在争端解决程序中也有意义）。正如先前所提到的，人们甚至希望企业超出当地法律的要求。在国际投资协定中包含这类条款，尽管这类条款是非确定和间接的，还是为外国投资者提供了保证，因为这些标准将会以和同一协定所提供的保护标准（例如非歧视、公平和公正待遇）一致的方式来使用。
- *在国际投资协定的序言中指出各参与方对遵守好企业公民所给予的重要意义。*协定的序言不是协定执行条款的一部分，而是反映了执行条款背后的背景、目标和哲学。因此序言可以采取符合发展关注的方式来影响对条款的解释。
- *规定政府的强制性程序义务，以鼓励企业遵守好企业公民标准并提供后续行动机制。*《OECD跨国公司指南》就是这种情况。
- *国际投资协定加入具有法律约束力的条款以处理好企业公民问题。*各种国际协定中的技术转让条款就是这方面的例子。

约束性方式和自愿性方式各自都有优缺点。这两种方式的效果取决于适当的监督机制（公众压力对监督机制的要求越来越强烈）。将来，在国家和国际层面上，这两种方式很可能会并行不悖或者结合来使用。不能期望国际投资协定制定广泛的有关商业活动的规则。国际投资协定也不能替代自愿性的企业公民行动、非政府组织的文件或者具体的国际协定。但是国际投资协定是关注投资过程的法律文件，而投资过程涉及跨国公司。因此国际投资协定在原则上可以涉及所有相关参与者。

如何做到这一点，以及谈判能够取得多大进展，都要视参与者的利益和谈判进程而定。但是当企业行为的社会影响正在受到越来越多的关注和审视时，好企业公民，特别当它和东道国以及企业的利益结合在一起时，应当在未来的国际投资协定给予仔细的考察。

注　释

1 发展中国家的外国直接投资流出存量从20世纪90年代起迅速增加并在2002年达到8490亿美元的水平（这只相当于这些国家和地区大约2.3万亿美元流入存量的1/3）。其中最大国家和地区占流出存量的85%，中国香港、新加坡、中国台湾和韩国名列前4位。在2002年可得到数据的116个发展中国家和地区中只有13个报告说流出存量超过100亿美元。

2 母国的市场准入管制可能影响在发展中国家的出口导向型外国直接投资的范围，这种影响可能为负也可能为正。阻止国外工厂对本国国内市场出口的措施（例如反倾销管制、反补贴措施和贸易的技术壁垒），或者对从某些国家的进口给予优惠待遇，都会影响在不同发展中国家的外国直接投资的比较利润。

3 与外国分支机构自身有关的问题将在关于好企业公民的下一节中予以讨论。

4 在存在违反国际法和国际公约，有意识地违反基本劳工权利和滥用童工的证据的情况下，这些情况可能特别重要。

5 例如，在安然丑闻之后，美国在2001年通过了Sarbanes - Oxley法案以解决国际层面上的这类行为。

6 到目前为止，只有一个于1984年在美国裁决的案例发现，无论是作为直接的不当行为者，还是作为母公司自身和其经营子公司之间母子公司关系的结果，母公司都对国外子公司的不当行为负有责任，见Amoco Cadiz（1984）。在最近发生在英国的案例中，由于东道国法庭不能表明它能够确保对起诉进行公正处理，原告被授权对位于英国的母公司提出起诉（英国，上议院，2000）。

7 例如，由UNCTAD、世界银行（多边投资担保机构和外国投资咨询服务局）和世界投资促进机构协会提供了援助。欧盟的“投资促进”计划致力于使非加太国家的投资促进机构在吸引外国直接投资和使外国直接投资实现各国发展目标方面取得更好效果并且效率更高。该计划的任务之一是将欧洲国家的对外投资促进机构和非加太国家的投资促进机构联系起来。

8 仅在欧洲就至少有21个发展金融机构（例如，见http：//www. edfi. be）。

9 地区开发银行包括非洲开发银行、亚洲开发银行、加勒比开发银行和泛美开发银行。

10 多边投资担保机构建立于1988年，是作为国家和区域外国直接投资担保计划以及发行包括共同保险和再保险在内担保的私人保险机构的一种补充。从1990年以来，多边投资担保机构提供了110亿美元的保险并推动了458亿美元的外国直接投资流入发展中国家。世界银行的其他相关机构包括国际金融公司和国际投资争端解决中心。

11 UNCTAD的一部文献汇编发现，1999年只有5个国家例外，因此就有了UNCTAD编写这种指南的计划（与国际商会一起）；见UNCTAD—ICC 2000a—埃塞俄比亚，2001a—马里，2000b—孟加拉，2001c—乌干达，2001b—莫桑比克，2003—尼泊尔和即将出版的—柬埔寨。

12 例如，挪威的挪威基金已经承诺向分布在15个国家中的17个项目提供2.65亿克朗的资金，这15个国家中许多是非洲、亚洲和拉丁美洲国家（Torp和Rekve，2003）。据报道，在过去30年的历史中，海外私人投资公司已经帮助发展中东道国开发了60万个工作岗位，截至2001年9月，海外私人投资公司正在管理133个融资项目和254份保险合同。自1998年以来，多边投资担保机构已经为78个发展中国家的项目发行了500份担保。根据多边投资担保机构的网站，在2001年6月发行的保险总额超过90亿美元，自该机构建立以来，它所促进的外国直接投资估计超过410亿美元。在2001年财政年度，通过合作保险计划，鼓励私人保险机构达成原本不会承担的交易，并帮助多边投资担保机构为更多的客户提供服务，该机构动员了额外的1.53亿美元的投资保险。

13 丹麦的相应融资机构投资的12%是在最不发达国家，瑞典是7%（Torp和Rekve 2003）。

14 这种一般性政策激励的例子，见UNCTAD（2001a），第13—18页。

15 有关国际安排中技术转让条款的汇编见UNCTAD，2001h。

16 更进一步见多边投资担保机构网站www. miga. org。

17 尽管许多发展中国家也作为母国出现，但是在国际投资协定中母国措施的主要目的还是增加从发达国家向发展中国家的投资流动。

18 见“投资者和母国政府的义务”，来自中国、古巴、印度、肯尼亚、巴基斯坦和津巴布韦的通讯（WTO文件WT/WFTI/W/152）。

19 例如，见《日本和新加坡新时代经济合作伙伴协定》第1章第8条（专栏3.2）。

20 这提出了一个值得考虑的问题，即私人实体（主要来自发达国家）被隐含地要求承担通常为政府保留的功能（例如维持某些规范）。

21 对跨国公司企业社会责任的性质、范围和内容更全面的讨论见《1999年世界投资报告》，第12章，以及UNCTAD（2001b）。

22 2002年发展融资会议达成的蒙特雷共识使用了“好企业公民”这一概念。这并不是说，例如与环境和社会问题（例如劳资关系）有关的问题也并非是发展必不可少的一部分。这里所关注的是经济问题本身。在任何情况下，都应注意这一概念不包括公司的慈善行为，因为公司的慈善行为在严格的意义上与公司的核心业务没有什么关系。

23 好企业公民应该与“公司治理”相区别，公司治理限于公司应该如何构成或者如何组织，从而为了股东和其他诸如雇员和债权人等直接利益相关者的利益，实现对公司经营活动有效控制的问题。但是，由于间接利益相关者的利益可能试图在公司组织结构中发挥正式的作用，公司治理开始与“公司社会责任”发生相互影响，这种利益相关者是指那些受公司活动影响，但是与公司活动没有直接经济联系的群体。

24 近年来，无论是在一般性的文件（例如《OECD跨国公司指南》）还是在国际和区域组织（例如联合国及其专门机构、OECD、国际商业联盟、工会、专业协会和单个公司）制定的专门文件中，在这些领域中有关好企业公民的阐述受到越来越多的关注。日益详细的并且部门特定的标准的例子很多（UNCTAD 2001b，g；Karl 1998）。在这些领域公司标准的发展得到了广泛接受的国际协定的推动以及民间社会团体的支持。联合国人权促进和保护委员会下的跨国公司工作方式和活动工作组目前正在这一领域进行努力，其结果见该工作组的“有关跨国公司及其他工商企业的人权责任准则”草案（E/CN. 4/ Sub. 2/2002/13，附录）。

在国际好企业公民领域正在出现一些新的问题。其一是公司治理，例如在《OECD公司治理原则》中对公司治理的标准进行了分类和强化（1999）。公司治理原则的目标是加强小股东的权利，同时越来越多地认识到其他利益相关者的权利并强调正确报告和磋商的义务。

25 好企业公民议程各部分的确定方式可能对发展中国家的政策制定者带来了问题。虽然一些标准（例如国际劳工组织的劳工标准）是就全球范围内确定的，但是也存在着一种趋势，即标准的建立仅仅涉及作为一方的公司和行业协会和作为另一方的非政府组织。这些标准的制定有时绕过了政府。但是与此同时，没有政府参与协商制定的标准却可能对公司投资的选址、公司选择进行商业交易的供应商、对一国贸易和投资业绩有具体影响并最终影响其经济发展的公司其他决策等都会产生具体的影响。这方面的一个例子是美国公平劳工协会（FLA）。该协会是由11家主要的服装公司（包括耐克、Patagonia和Liz Clairborne）以及诸如人权律师委员会和全美消费者联盟组织起来的。该协会会员制定了一个守则，禁止强迫劳动和童工，并支持结社自由、最低工资、工作时间限制和很多类似的权利（Garten 2002）。尽管这些守则和标准常常意味着在全球范围内提高和协调该产业的生产标准，但是它们也可能会产生负面影响。这些经协商达成的标准可能有助于贸易和投资从那些尚未达到这些标准的国家转移出来，但是这些国家并没有参与这些标准的制定。尽管一些国家可能从企业—非政府组织的合作计划中得到好处，吸引更多的外国直接投资，但是其他国家却可能失去这些投资。因此，这种没有政府参与的制定标准倡议的出现特别可能对发展中国家的政策制定者提出挑战。

26 但是，许多公司在它们自己的材料中提到诸如税收收入、当地发展和当地商业合作伙伴等问题。

27 这实际上是跨国公司最普遍的公开承诺之一；见OECD（2001b）。但是，当各国法律并未反映国际公认准则的精神时，例如在南非种族隔离制度的情况下，情况会更为复杂。在这些情况下，好企业公民所要求的行为是不同的，而不仅仅是“照章行事”。

28 例如，OECD和国际会计和报告准则都有关于转移定价的指南（OECD 2001b；UNCTAD/ISAR 1998）。应该注意的是国家间的税收竞争引起跨国公司在各国之间转移税负。

29 “企业在考虑到其经营变化会对雇员的生活产生重大影响，特别在企业实体的关闭涉及集体解雇或失业的情况下，企业应向雇员代表提供有关这种变化的合理通知，并在合适时通知有关政府当局，并与雇员代表和适当的政府当局进行合作，将这种实际负面影响减轻到最低限度。”（UNCTAD 2001c，第4（6）部分）。

30 马来西亚、新加坡、南非和东盟都有这种咨询委员会。UNCTAD和国际商会建立了针对最不发达国家的投资咨询委员会。

31 其他法律文件在20世纪70年代和20世纪80年代初进行了谈判但没有完成。这些文件包括《联合国跨国公司行为守则》草案和《技术转让行为守则》草案。这些文件通常反映了发展中国家当时所关心的问题。

32 对自愿行为守则以及当前的状况和未来发展和效果前景的全面评述，见Sethi（2003）。

第二部分结论
发展维度的挑战

大多数东道国缔结国际投资协定（即至少部分涉及投资问题的协定）的目的主要是帮助吸引外国直接投资以促进其发展。大多数母国缔结国际投资协定的目的则主要是使东道国的外国直接投资管制框架更加透明、稳定、可预见和安全，并减少未来外国直接投资流动的障碍，这是因为任何层面上的外国直接投资管制框架至多也不过是使现实中外国直接投资的流动主要取决于东道国的经济因素。

在过去十年中，国际投资协定，尤其是双边和地区层面协定的数量有了极大增加，并且还有更多的协定正在谈判中。这些协定既是对各国国内政策的反映，也是对各国国内政策的补充，各国政策已变得更加欢迎外国直接投资。这些协定也为各国国内政策设定了参数，同时使投资受到全球化世界经济中各国国内政策和国际政策的交互作用。

只是因为在双边和地区层面上正在取得的进展，所以不论在多边层面上是否取得进展，与国际投资协定有关的问题都正在成为国际经济外交的前沿。但是如果谈判必须在多边层面上进行的话，这些问题将会变得更为重要。政府是否进行国际投资协定谈判，并且如果进行谈判，将会在何种层面上并出于何种动机进行谈判，这都由各国主权来决定。本报告试图说明在进行国际投资协定谈判时需要考虑的问题，并努力从发展的角度阐明这些问题。

都有哪些问题?

在未来的国际投资协定中对发展中国家最重要的挑战是，国际投资协定增加外国直接投资流量的潜力和各国追求以发展为导向的外国直接投资政策的能力二者之间要取得平衡，后者则是各国为了公共利益进行管制权利的反映。这要求保留足够的政策空间，使各国政府拥有在它们参与的国际投资协定所确定的义务框架内使用上述政策的灵活性。压力是显而易见的。太大的政策空间会降低国际义务的价值。过分严格的义务会过度限制国内政策空间。挑战在于找到一个以发展为导向的平衡。

在进行国际投资协定谈判时，在国际投资协定的目标、结构、内容和实施方面都涉及这一挑战。协定的内容是重要的，这是因为对有利于发展的均衡的诉求本身就会坚持下去，以求解决那些对各国追求以发展为导向的本国外国直接投资政策特别重要的问题，以及那些由于各国根据自身的主要目标对国际投资谈判持有不同观点，因而对这些谈判特别敏感的问题。

从发展的角度来看，这些问题包括："投资"的定义，因为这决定了协定的实质条款的范围和影响；国民待遇的范围（尤其在涉及开业权时），因为这决定了能够给予国内企业的优惠的多寡和方式；政府政策应被视为管制征用的环境，因为这涉及对合法的管制权利与私有财产所有者权利之间界线的检验；争端解决范围，因为这提出了有关非国家参与者的参与以及投资争端解决在多大程度上是自行完成的问题；业绩要求、激励、技术转让政策与竞争政策，因为这些政策措施可以促进发展目标。（在国际投资协定谈判中还提出了其他重要问题，特别是最惠国待遇、公正与公平待遇以及透明度等。但是这些问题在投资谈判中看起来较少有争议）。

对于上述任何一个问题，都存在着有利于发展和不利于发展的解决方案。因而，从许多发展中国家的角度来看，可取的方法是广义的 GATS 类型的肯定列表方式，这一方式允许每个国家根据它自身的需要和情况，自己决定在国际投资协定中对哪些问题做出承诺、做出承诺的条件以及所采取的步骤。

此外，未来的国际投资协定在追求总体平衡时，应更加关注母国所做出的承诺。实际上，所有发达国家（主要母国）除了顾及自身的利益之外，已经采取了各种措施鼓励外国直接投资流向发展中国家。而且，许多双边和地区性协定也包含了各种承诺。在未来的国际投资协定中，母国措施更加透明、稳定并更有可预见性应该会使发展中国家从中获益。

不管是通过自愿行动还是通过建立在法律基础上的程序，作为好企业公民责任的一部分，跨国公司也能够促进它们在发展中国家的投资为发展做出更大的贡献。从发展的角度来看，尤其重要的领域是为增加东道国的公共收入做出充分的贡献、建立和提升与当地企业的关联、创造就业机会、提高当地技能水平以及转让技术。

这些问题都非常复杂。由于国际投资协定中一些条款的潜在含义尚未被充分认识，单个国家也就很难做出正确的选择。其复杂性和敏感性由地区层面上的 NAFTA、地区间层面上的《多边投资协定》以及多边层面上的《服务贸易总协定》和《与贸易有关的投资措施协定》可以得到说明。鉴于国际投资协定的性质不断变化，在应用和解释这些协定时可能会出现其他复杂情况。实际上，在上述过程中可能会出现争端，其结果往往是难以预见的。

这就是各国政府必须确保将此类困难控制在最低限度的原因。如何控制？在一开始就应当制订适当的保障措施，以澄清发展中国家参与方可能拥有的特殊和差别待遇的范围以及所承担义务的条件。此外，由于缺乏协定实施所必需的人力和金融资源，因此在国际层面上做出新的承诺所带来的行政负担可能会更多地施加于发展中国家，特别是最不发达国家。这突出表明了在能力建设方面进行技术合作的重要性，以帮助发展中国家在加入新协定之前以及履行承诺时对各种政策选择做出更好的评价。

在未来对任何层面和任何背景下的国际投资协定的目标、内容、结构和实施进行谈判时，对各国来讲压倒一切的挑战是找到以发展为导向的平衡。发展维度必须成为国际投资协定的一个主要部分，以支持国内政策吸引更多的外国直接投资并从中获得更大的利益。

参考文献

Action Aid (2003). *Unlimited Companies: the Developmental Impact of an Investment Agreement at the WTO* (London: Action Aid).

American Chamber of Commerce in China (2002). "WTO implementation report", Fall (http://www.amcham-china.org.cn/publications/position/wto/wto_1.htm).

Amoco Cadiz, The (1984). "[1984] 2 Lloyd's Rep.", *Lloyd's Law Reports,* 2, pp. 304–339.

Andresen, M.A. and A.S. Pereira (2002). "Structural change and foreign direct investment" (Vancouver: University of British Columbia), mimeo.

Andrews-Speed, C.P. and T. W. Wälde (1996). "Will the Energy Charter Treaty help international energy investors?", *Transnational Corporations*, 5, 3, pp. 31-59.

Angell, James W. (1941). *Investment and Business Cycles* (New York: McGraw-Hill).

ASEAN Secretariat (2001). *ASEAN Investment Report 2001: Foreign Direct Investment and Regional Integration* (Jakarta: ASEAN Secretariat).

Asouzu, A. (2001). *International Commercial Arbitration and African States* (Cambridge: Cambridge University Press).

AT Kearney (2001). "FDI confidence audit: India" (www.atkearney.com).

__________ (2002). "FDI Confidence Index", *Global Business Policy Council*, September, Vol. 5 (Alexandria,Virginia: AT Kearney).

__________(2003). "Where to locate: selecting a country for offshore business processing" (www.atkearney.com).

Baird, Robert W (2003). "2003 M&A outlook, May: a middle-market perspective on U.S. and transatlantic mergers and acquisitions" (www.rwbaird.com/docs/YourReports/ MergerMonthly.pdf), mimeo.

Balasubramanyam, V.N. (1991). "Putting TRIMs to good use", *World Development*, 19, 9, pp. 1215-1224.

__________ (2002). "Brief comments on the note on development dimensions of FDI". Paper presented at the UNCTAD Expert Meeting on the development dimension of FDI: policies to enhance the role of FDI in the national and international context, 6-8 November (Geneva: UNCTAD), mimeo.

Baldwin, Peter (1997). "Planning for ASEAN: how to take advantage of South-East Asia's free-trade area" (London: Economist Intelligence Unit).

Barry, Frank (2003). "EU Accession and prospective FDI flows to CEE countries: a view from Ireland", in Deutsche Bundesbank, ed., *Foreign Direct Investment in the Real and Financial Sector of Industrial Countries*, Deutsche Bundesbank conference, 3-4 May 2002, Eltville am Rhein.

Belderbos, René (1997). *Japanese Electronics Multinationals and Strategic Trade Policies* (Oxford: Clarendon Press).

__________ (forthcoming). "Antidumping and foreign divestment: Japanese electronic multinationals in the EU", *Weltwirtschaftliches Archiv* (Kiel: Institut für Weltwirtschaft).

Benito, G.G. (1997). "Divestment of foreign production operations", *Applied Economics*, 29, pp. 1365-1377.

Bertrand, O. and N. Madariaga (2002). "U.S. greenfield investments and M&A location: impact of American continental integration and insider vs. outsider position" (Paris: Université Paris I Sorbonne et CNRS), mimeo.

Bhalla, A. S. (2002). "Sino-Indian growth and liberalisation: a survey", *Asian Survey*, 42, 3, pp. 419-439.

Blomström, Magnus and Ari Kokko (1995). "Host country competition and technology transfer by multinationals", *World Development*, 23, 3, pp. 459-468.

Bora, Bijit (2002). "Investment distortions and the international policy architecture" (Geneva: WTO), mimeo.

Borensztein, Eduardo, José de Gregorio and Jong-Wha Lee (1995). "How does foreign direct investment affect economic growth?" (Cambridge, MA: National Bureau of Economic Research), mimeo.

Buckley, Peter (forthcoming). "The role of China in the global strategy of multinational enterprise", *Journal of Chinese Business and Economic Studies*.

Carrillo, Jorge and Jim Gerber (2003). "Las maquiladoras de Baja California son competitivas?" *Comercio Exterior*, 53, 3, pp. 284-293.

Chang, Ha-Joon (2002). *Kicking Away the Ladder: Development Strategy in Historical Perspective* (London: Anthem Press).

__________ and Duncan Green (2003). *The Northern WTO Agenda on Investment: Do as We Say, Not as We Did* (Geneva: South Centre).

Charlton, Andrew (2003). *Incentive bidding for mobile investment: economic consequences and potential responses* (Paris: OECD Development Centre).

Clark, Steven W. (2000). "Tax incentives for foreign direct investment: empirical evidence on effects and alternative policy options", *Canadian Tax Journal*, 48, 4, pp. 1139- 1180.

Consumer Unity and Trust Society (CUTS) (2003a). "ABC of FDI", *Monographs on Globalisation and India: Myths and Realities*, 3 (Jaipur, India: CUTS, Centre for International Trade, Economics and Environment).

__________ (2003b). *Putting our Fears on the Table: Analyses of the proposals on investment and competition agreements at the WTO* (Jaipur, India: CUTS, Centre for International Trade, Economics and Environment)

Contractor, Farok J. (1982). "The regulation of technology importation in developing countries: some implications of recent theoretical and empirical evidence" (Reading: University of Reading), mimeo.

Correa, Carlos M. (1995). "Innovation and technology transfer in Latin America", *International Journal of Technology Management*, 10, 728, pp. 815–846.

__________ and Nagesh Kumar (2003). *Protecting Foreign Investment: Implications of WTO Regime and Options* (London: Zed Press).

CzechInvest (2003). "Projects finished by March 31th 2003" (Prague: CzechInvest), mimeo.

Dahlman, Carl J., and Ousa Sananikone (1990). *Technology Strategy in the Economy of Taiwan: Exploiting Foreign Linkages and Investing in Local Capability* (Washington, D.C.: World Bank).

De Barros, Octavio (2002). "Esclarecimentos tecnicos sobre os fluxos recentes de investimento direto estrangeiro para o Brasil", *Especial Sobeet* 21, Setembro.

Desai, A.V. (ed.) (1988). *Technology Absorption in Indian Industry* (New Delhi: Wiley Eastern).

Deutsche Bundesbank (2002). *Monatsbericht August 2002*, 54, 8 (Frankfurt am Main: Deutsche Bundesbank).

Deutscher Industrie- und Handelskammertag (DIHK) (2003). "Produktionsverlagerung als Element der Globalisierungsstrategie von Unternehmen: Ergebnisse einer Unternehmensbefragung (Berlin, Brussels: DIHK).

Dezaly, Yves and Bryant G. Garth (1996). *Dealing in Virtue: International Commercial Arbitration and the Construction of a Transnational Legal Order* (Chicago: University of Chicago Press).

Dobson, Wendy and Chia Siow Yue (1997). *Multinationals and East Asian Integration* (Ottawa and Singapore: International Development Research Centre and Institute of Southeast Asia Studies).

Dolzer, Rudolf (2002). "Indirect expropriations: new developments?", *New York University Environmental Law Journal*, 11, 1, pp. 64-93.

__________ and Margrete Stevens (1995). *Bilateral Investment Treaties* (The Hague and Boston, MA: M. Nijhoff).

Dunning, John H. (1998). "Globalisation, foreign direct investment and technology transfer", in N. Kumar, ed., *The Changing Geography of Foreign Direct Investment* (London: Routledge), pp. 43-90.

Eaton, B. C., R.L. Lipsey and A. E. Safarian (1994). "The theory of multinational plant location in a regional trading area", in L. Eden, ed., *Multinationals in North America* (Calgary: University of Calgary Press), pp. 53-77.

Economic Commission for Latin America and the Caribbean (ECLAC) (2002). *Balance preliminar de las economías de América Latina y el Caribe, 2002* (Santiago, Chile: United Nations), United Nations publication, Sales No. S.02.II.G.126.

__________ (2003). *Foreign Investment in Latin America and the Caribbean, 2002 Report* (Santiago: CEPAL), United Nations publication, Sales No. E.03.II.G.11.

Economist Intelligence Unit (EIU) (2003a). *World Investment Prospects: The Future of FDI. Globalisation or Regionalisation* (London: EIU).

__________ (2003b). "Worldwide regulatory update", section on Luxembourg, pp. 113-117 (London: EIU).

Eden, Lorraine and Dan Li (2003). "The new regionalism and foreign direct investment in Americas". Paper presented at the Canada-United States Business Conference, Kelley School of Business, Indiana University, Bloomington, Indiana, 11-12 April, mimeo.

Eglin, Richard (2002). "Trade and investment in the WTO". Paper presented at the UNCTAD-WTO Intensive Training Session for Negotiators of International Agreements, 25 November – 6 December (Geneva: WTO), pp. 1-44, mimeo.

Ernst, Dieter and John Ravenhill (2000). "Globalization, convergence, and diversity: the Asian production networks of Japanese electronics firms". In M. Borrus, D. Ernst and S. Haggard, eds., *Rivalry or Riches: International Production Networks in Asia* (Cornell, NY: Cornell University Press), pp.226-256.

Ethier, W. (2001). "The new regionalism in the Americas: a theoretical framework", *North American Journal of Economics and Finance*, 12, pp. 159-172.

European Central Bank (2003a). "Euro area balance of payments: monthly developments in December 2002 and preliminary overall results for 2002", ECB Statistical Press Release, 24 February (Frankfurt am Main: European Central Bank).

__________ (2003b). *Monthly Bulletin March* (Frankfurt am Main: European Central Bank), March.

European Industrial Relations Observatory (EIRO) (2002)."Agreement between IBM and unions over plant closure" (http://www.eiro.eurofound.ie/2002/11/InBrief/ HU0211103N.html).

Evenett, Simon J. (2002). "The cross border mergers and acquisitions wave of the late 1990s" (New York: World Trade Institute and CEPR), mimeo, http://www.nber. org/books/isit02/evenett6-10-02.pdf.

Farrell, Roger and Christopher Findlay (2001). "Japan and the ASEAN4 automotive industry: developments and inter-relationships in the regional automotive industry", *ICSEAD Working Paper Series 2001*, No. 24 (Kitakyushu, Japan: International Centre for the Study of East Asian Development).

Federation of Indian Chamber of Commerce and Industry (FICCI) (2003). "FICCI's FDI survey 2003 – The experience of foreign direct investors in India, Executive Summary", May (New Delhi: FICCI).

Figyelö (2002). "A Flextronics szerint nem kizárt a kivonulás" ["According to Flextronics departure is not excluded"], Figyelö on-line (Budapest), 28 November (http://www. fn. hu/cikk.php?id=3& cid=50381).

__________ (2003). "Pozsonyi Tuareg-rege: Autóipari befektetök Közép-Európában" ["Tuareg-saga in Brastislava: Automobile investors in Central Europe"], Figyelö on-line (Budapest), 6 February (http://www.fn.hu/cikk.php?id=64&cid=53619).

Finger, J.M. and M.E. Kreinin (1979). "A measure of 'export similarity' and its possible uses", *The Economic Journal*, 89 (December), pp. 905–912.

Fried, I. (2002). "Gateway makes plans to exit Britain, Ireland", *CNET News.com*, 8 August.

Garten, Jeffrey (2002). "Globalism without tears: a new social compact for CEOs", *Strategy & Business*, 29, pp. 36–45.

Geiger, Rainer (2002). "Regulatory expropriations in the international law: lessons from the Multilateral Agreement on Investment", *New York University Environmental Law Journal*, 11, 1, pp. 94–109.

Globerman, S. (2002). "Trade, FDI, and regional economic integration: cases of North America and Europe". Paper presented at the Conference Enhancing Investment Cooperation in Northeast Asia (Hawaii), 7–9 August.

Gordon, R. A. (1955). "Investment and the business cycle", *The Review of Economics and Statistics*, 37, 1, pp. 23–34.

Graham, Edward M. and Christopher Wilkie (1999). "Regional economic agreements and multinational firms: the investment provisions of the NAFTA", in Thomas Brewer, ed., *Trade and Investment Policy* (2 vols.) (London: Edward Elgar), pp. 263–284.

Grosse, Robert and Len J. Trevino (2002). "Institutional theory, transaction cost economics and foreign direct investment in the transitional economies of Central and Eastern Europe" (Phoenix, Arizona: Thunderbird, American Graduate School of International Management), mimeo.

Guisinger, Stephen E. et al. (1985). *Investment Incentives and Performance Requirements: Patterns of International Trade, Production and Investment* (New York: Praeger).

Hackett, S., and K. Srinivasan (1998). "Do supplier switching costs differ across Japanese and US multinational firms?", *Japan and the World Economy*, 10, pp. 13–32.

Halbach, Axel (1989). "Multinational enterprise and subcontracting in the third world: a study of inter-industrial linkages" (Geneva: ILO), mimeo.

Hardstaff, Peter (2003). "The 'flexibility' myth: why GATS is a bad model for a new WTO investment agreement". Paper presented at the Seminar on WTO Investment Agreement, Geneva, 20 March (Geneva: World Development Movement), mimeo.

Harrold, P. and R. Lall (1993). "China, reform and development in 1992–1993" (Washington D.C.: World Bank), mimeo.

Heinrich, Jeffery and Denise Konan (2001). "Prospects for FDI in the AFTA", *ASEAN Economic Bulletin*, August, 18, 2, pp. 141–160.

Horvath, J. (2002). "Globalisation and the nature of networks: IBM will close its plant in Hungary and move to China", *Telepolis Magazine*, 13 November.

Huang, Yasheng and Tarun Khanna (2003). "Can India overtake China?", *Foreign Policy*, July/August, pp. 74–81.

Hughes, Anthony and Havelock Brewster (2002). *Lowering the Threshold: Reducing the Cost and Risk of Private Direct Investment in Least Developed, Small and Vulnerable Economies* (London: Commonwealth Secretariat, Economic Affairs Division).

Institute for International Finance (IIF) (2003). *Capital Flows to Emerging Market Economies* (Washington, D.C.: IIF), 15 May.

International Chamber of Commerce/IFO Research Institute (2003). *World Economic Survey* (http://www.iccwbo.org/home/ifo/ifo_menu.asp).

International Institute for Management Development (IMD) (2003). *World Competitiveness Yearbook 2003* (Lausanne: IMD).

International Labour Organization (ILO) (1998). "Labour and social issues relating to export processing zones". Report for discussion at the Tripartite Meeting of Export Processing Zone-Operating Countries (Geneva: ILO), also at:(http://www.ilo.org/ public/ english/ employment/multi/download/epz.pdf).

__________ (2000). "Tripartite Declaration of Principles concerning Multinational Enterprises and Social Policy", *Official Bulletin*, LXXXIII, series A, no. 3 (Geneva: ILO).

International Monetary Fund (1993). *Balance of Payments Manual: Fifth Edition* (Washington, D.C.: IMF).

__________ (2002). "Foreign direct investment in China: what do we need to know?". Transcript of an economic forum (http://www.imf.org/external/np/tr/2002/tr020502.htm).

__________ (2003a). *World Economic Outlook: Growth and Institutions* (Washington, D.C.: IMF).

__________ (2003b). *International Financial Statistics*, March (Washington, D.C.: IMF).

__________ and Organisation for Economic Co-operation and Development (IMF/OECD) (n.d.). "Glossary of foreign direct investment terms and definitions" (http:// www. Imf.org/external/np/sta/di/glossary.pdf).

Investment and Trade Development Agency — Hungary (ITDH) (2002). *Spotlight: News Magazine of ITDH* (Budapest: ITDH), July-September.

Japan Bank for International Cooperation (JBIC) (2003). "Survey report on overseas business operations by Japanese manufacturing companies: results of JBIC FY2002 survey - Outlook for Japanese foreign direct investment (14th annual survey)", *Journal of JBIC Institute*, 14 January, pp. 4–82.

Japan External Trade Organization (JETRO) (2003a). *Business Sentiment Survey on Japanese Companies in Asia* (http://www.jetro.go.jp/re/e/asia-di/02.html).

__________ (2003b). "Japanese-affiliated manufacturers in Asia: Survey 2002 (Summary)" (Tokyo: JETRO), mimeo.

Japan Investment Council (2003). "Japan: an attractive destination for international investment" (Tokyo: Japan Investment Council Expert Committee), mimeo.

Japan Research Institute Limited (2001). "Automobile manufacturers unveil new ASEAN strategies", *Asia Monthly*, October, 1, 7, pp. 1–2.

Japan, Ministry of Economy, Trade and Industry (METI) (2002). *Dai 30-kai Wagakuni Kigyo no Kaigai Jigyo Katsudo* (Tokyo: Ministry of Finance Printing Bureau).

Jun, Yongwook (2001). "An emerging regional manufacturing network in Southeast Asia: the case of Samsung", in S. El Kahal, ed., *Business in Asia Pacific: Text and Cases* (Oxford: Oxford University Press), pp. 302–309.

Kalotay, Kalman (2002). "Outward foreign direct investment and governments in Central and Eastern Europe: the cases of the Russian Federation, Hungary and Slovenia", *The Journal of World Investment*, 3, 2 (April), pp. 267–287.

Karl, Joachim (1998). "Investment protection in the era of globalized firms: the legal concept of 'transboundary harm' and the limits of the traditional investment treaties", *Transnational Corporations*, 7, 3, pp. 53–84.

Karsenty, Guy (1999). "Just how big are the stakes? An assessment of trade in services by mode of supply", mimeo.

Kell, George and John Gerard Ruggie (1999). "Global markets and social legitimacy: the case of the Global Compact", *Transnational Corporations*, 8, 3, pp. 101–120.

Khan, R. (1990). *The Iran-United States Claims Tribunal: Controversies, Cases and Contribution* (The Hague: Martinus Nijhoff).

Khor, Martin (2002). *The WTO, the Post-Doha Agenda and the Future of the Trading System: A Development Perspective* (Penang: Third World Network).

Kim, Linsu (1997). *From Imitation to Innovation: the Dynamics of Korea's Technological Learning* (Boston: Harvard Business School Press).

__________ (2002). "Technology transfer and intellectual property rights: lessons from Korea's experience" (http://www.ictsd.org/iprsonline/unctadictsd/docs/Kim2002.pdf) (Geneva: UNCTAD-ICTSD), mimeo.

Kojima, Kyoshi (1973). "A macro economic approach to foreign direct investment", *Hitotsubashi Journal of Economics*, 14, 1 (June), pp. 1–12.

Konjunkturforschungsstelle der Eidgenössischen Technischen Hochschule Zürich (KOF) (2003). "Projets d'investissements un peu plus optimistes – réalisation plus incertaine", communiqué de presse, enquête du KOF sur les investissements 2003, 7 mars, Centre de recherche conjoncturelle (Zürich: Eidgenössische Technische Hochschule).

KPMG (2003). "86% of CEOs bullish about competing in the global marketplace", Press release of 24 January 2003 (http://www.mostrespected.ca/microsite/mostrespected/english/media/cmrc20030124.html).

Krugman, P. and M. Obstfeld (2000). *International Economics* (New York: McGraw Hill).

Kumar, Nagesh (2001). "WTO's emerging investment regime: way forward for Doha ministerial meeting", *Economic and Political Weekly,* 36, 33, pp.3151–3158.

__________ (2002). "Use and effectiveness of performance requirements: what can be learnt from the experiences of developed and developing countries". Paper presented at the UNCTAD Expert Meeting on the development dimension of FDI: policies to enhance the role of FDI in the national and international context, 6–8 November (Geneva: UNCTAD), mimeo.

__________ (2003). "Intellectual property rights, technology and economic development: experiences of Asian countries", *Economic and Political Weekly*, 38, 3, 18 January, pp. 209–226.

__________ and Jaya Prakash Pradhan (2002). "Foreign direct investment, externalities and economic growth in developing countries: some empirical explorations and implications for WTO negotiations on investment", *Discussion Paper,* No. 27 (New Delhi: Research and Information System for the Non-Aligned and Other Developing Countries).

Lall, Sanjaya (1987). *Learning to Industrialize* (London: Macmillan).

__________ (2001). *Competitiveness, Technology and Skills* (Cheltenham: Edward Elgar).

__________ (2002). "Linking FDI, technology development for capacity building and strategic competitiveness", *Transnational Corporations,* 11, 3, pp. 39–88.

__________ and M. Albaladejo (2001). "Indicators of the relative importance of IPRs in developing countries" (http://www.ictsd.org/iprsonline/unctadictsd/docs/Lall2001.pdf) (Geneva: UNCTAD/ICTSD), mimeo.

Larimo, J. (2000). "Divestment of foreign production operations: similar and different determinants?". Paper presented at the 26th AIB annual conference (Phoenix: Arizona), November, mimeo.

Lee, Frank C. and Oz Shy (1992). "A welfare evaluation of technology transfer to joint ventures in the developing countries", *The International Trade Journal*, 7, 2, pp. 205–220.

Levy Yeyati, Eduardo, Ernesto Stein and Christian Daude (2002). "The FTAA and the location of FDI". Paper presented at the IDB-Harvard Conference on the FTAA in Punta del Este, Uruguay, 7 December 2002, mimeo.

Lipsey, R. E. (1999). "The location and characteristics of United States affiliates in Asia" (Cambridge, Mass: National Bureau of Economic Research), mimeo.

López, Andrés (coordinator) (2002). *Integración Regional e Inversión Extranjera Directa: el caso del MERCOSUR* (Buenos Aires: Banco Interamericano de Desarrollo and Instituto para la integración de América Latina y el Caribe).

Lord Hoffmann (1997). "Connelly v RTZ Corp plc [1997] 4 All ER 335", *All England Reports*, 4, pp. 335–349.

MacDermott, R. (2002). "NAFTA and foreign direct investment" (Rutgers: Rutgers University), mimeo.

Mah, Jai S. and Donatas Tamulaitis (2000). "Investment incentives in the Central and Eastern European transition economies", *Journal of World Investment*, 1, 1, pp. 225–241.

Marks & Spencer (2001). "Marks & Spencer pulls out of Europe and world", Marks & Spencer press release, 29 March.

Markusen, James R. (2001). "Contracts, intellectual property rights, and multinational investment in developing countries", *Journal of International Economics*, 53, pp. 189–204.

Marubeni Corporation Economic Research Institute (2002). "Does India warrant investment attention versus China? India attracting venture capital, but infrastructure lags", *Economic Report* (http://www.marubeni.co.jp/research/eindex/index.html).

Mashayekhi, Mina (2000). "Trade-related investment measures", in UNCTAD, *Positive Agenda and Future Trade Negotiations* (New York and Geneva: United Nations), pp. 235–254.

Mata, Jose and Pedro Portugal (2002). "Patterns of entry, post-entry growth and survival: a comparison between domestic and foreign owned firms" (Portugal: Banco de Portugal), *Working Paper*, 4.

Menaker, Andrea (2002). "Standards of treatment: national treatment, most favoured nation treatment and minimum standards of treatment", in: *APEC Workshop on Bilateral and Regional Investment Rules/Agreements* (Singapore: APEC), pp. 102–112.

Merills, J.G. (1998). *International Dispute Settlement* (Cambridge: Cambridge University Press).

Messerlin, Patrick (1989). "The EC antidumping regulations: a first economic appraisal, 1980–1985", *Weltwirtschaftliches Archiv*, 125, 3, pp. 563–587.

Mistry, Percy S. and Niels E. Olesen (2003). *Mitigating Risks for Foreign Investments in Least Developed Countries* (Stockholm: Edita Norsteds Tryckeri).

Monge Naranjo, Alexander (2002). "The impact of NAFTA on foreign direct investment flows in Mexico and the excluded countries" (Chicago: North-western University), mimeo.

Moran, Theodore H. (1998). *Foreign Direct Investment and Development* (Washington, D.C.: Institute for International Economics).

__________ (2002). "The relationship between trade, foreign direct investment, and development: new evidence, strategy, and tactics under the Doha development agenda negotiations". Paper prepared for ADB's study on regional integration and trade: emerging policy issues for selected developing member countries (Manila: Asian Development Bank), mimeo.

Morisset, Jacques and Neda Pirnia (2001). "How tax policy and incentives affect foreign direct investment: a review", in T. Louis Wells, Jr., Nancy J. Allen, Jacques Morisset and Neda Pirnia, eds., *Using Tax Incentives to Compete for Foreign Investment: Are They Worth the Costs?* (Washington D.C.: International Finance Corporation and World Bank), pp. 69–103.

Mortimore, Michael (1998). "Getting a lift: modernizing industry by way of Latin American integration schemes: the example of automobiles", *Transnational Corporations*, 7, 2, pp. 97–136.

Muchlinski, Peter T. (1999). *Multinational Enterprises and the Law* (Oxford: Blackwell Publishers).

__________ (2000). "The rise and fall of the Multilateral Agreement on Investment: where now?", *The International Lawyer*, 34, pp. 1033–1052.

__________ (2001a). "Human rights and multinationals: is there a problem?", *International Affairs*, 77, pp. 31–47.

__________ (2001b). "Corporations in international litigation: problems of jurisdiction and the United Kingdom asbestos case", *International and Comparative Law Quarterly*, 50, pp. 1–25.

__________ (2002) "Holding multinationals to account: recent developments in English litigation and the company law review", *The Company Lawyer*, 23, pp. 168–179.

Multilateral Investment Guarantee Agency (MIGA) (2002). "Foreign direct investment survey". A study conducted by MIGA with the assistance of Deloitte & Touche LLP (Washington, D.C.: MIGA).

NAFTA (2001). "Notes of interpretation of certain Chapter 11 provisions" (NAFTA Free Trade Commission), 31 July.

Nagaraj, R. (2003). "Foreign direct investment in India in the 1990s: trends and issues", *Economic and Political Weekly*, 26 April, pp. 1701–1712.

National Association of Software and Service Companies (NASSCOM) (2001). "NASSCOM leads Indian IT participation at SMAU 2001", Press release, 16 October (http://www.nasscom.org/artdisplay.asp?art_id=104).

National Council of Applied Economic Research (NCAER) (1994). "Economic and technological impact of foreign collaborations on Indian industry", *Margin* (January-March), pp. 636–662.

Nunnenkamp, Peter (2001). "Auswirkungen der EU-Osterweiterung auf die Direktinvestitionen und die Rückwirkungen der Direktinvestitionen" (Kiel: Institut für Weltwirtschaft), mimeo.

Okejiri, Ephraim (2000). "Foreign technology and development of indigenous technological capabilities in the Nigerian manufacturing industry", *Technology in Society*, 22, 2, pp. 189–199.

Oman, Charles P. (2000). "Policy competition for foreign direct investment: a study of competition among governments to attract FDI" (Paris: OECD Development Centre).

Organisation for Economic Co-operation and Development (OECD) (1985, 1993). *National Treatment for Foreign-Controlled Enterprises* (Paris: OECD).

__________ (1989). "Investment incentives and disincentives: effects on international direct investment" (Paris: OECD), mimeo.

__________ (1996). *OECD Benchmark Definition of Foreign Direct Investment (*Paris: OECD), third edition.

__________ (1998a). "Negotiating Group on the Multilateral Agreement on Investment (MAI): report by the chairman to the Negotiating Group", OECD document DAFFE/MAI(98)17, 4 May (http://www1.oecd.org/daf/mai/pdf/ng/ng9817e.pdf).

__________ (1998b). "Recommendation of the Council concerning effective action against hard core cartels" (adopted by the Council at its 921st Session on 25 March 1998 [C/M(98)7/PROV]), OECD Document C(98)35/FINAL (Paris: OECD), 13 May (http://www.oecd.org/ pdf/ M00018000/M00018135.pdf).

__________ (1998c). *Tax Sparing: A Reconsideration* (Paris: OECD).

__________ (2001a). *Corporate Responsibility: Private Industries and Public Goods* (Paris: OECD).

__________ (2001b). *Transfer Pricing Guidelines for Multinational Enterprises and Tax Administrations* (Paris: OECD).

__________ (2001c). *Regulatory Reform in OECD Countries: Economic Growth and Good Governance* (Paris: OECD).

__________ (2002). "The OECD guidelines for multinational enterprises - revision 2000" (http://www.oecd.org/daf/ investment/guidelines).

__________ (2003a). *OECD Economic Outlook*, 73, June (Paris: OECD).

__________ (2003b). "Policies toward attracting foreign direct investment: guiding principles, checklist on FDI incentives and overview of OECD Work"(http://www.oecd.org/pdf/M00040000/ M00040467.pdf).

OutsourcingCenter (2003). *Outsourcing Journal* (Everest Group, OutsourcingCenter) http://www.outsourcing-journal.com/ issues/jan2003/offshore.html.

Oxfam (2003a). *The Emperor's New Clothes* (Oxford: Oxfam).

__________, ActionAid, Christian Aid, CAFOD, World Development Movement and Save the Children (2003b). "Unwanted, unproductive and unbalanced: six arguments against an investment agreement at the WTO (London: United Kingdom Trade Network), mimeo.

Parsons, Craig and Jeffery Heinrich (2003). "A look into the causes of US FDI behaviour in ASEAN (1982–1999)". Paper presented at the International Conference of New Development in the Asia Pacific Region, 16 February, Yokohama, mimeo.

Patel, Surendra, Pedro Roffe and Abdulqawi Yusuf (2001). *International Technology Transfer: The Origins and Aftermath of the United Nations Negotiations on a Draft Code of Conduct* (London, The Hague and Boston: Kluwer Law International).

Penrose, Edith, George Joffe and Paul Stevens (1992). "Nationalisation of foreign owned property for a public purpose: an economic perspective on appropriate compensation", *The Modern Law Review*, 55 (May), pp. 351–367.

Picciotto, Sol (2002). "Corporate social responsibility". Paper presented at the UNCTAD Expert Meeting on the development dimension of FDI: policies to enhance the role of FDI in the national and international context, 6–8 November (Geneva: UNCTAD), mimeo.

PricewaterhouseCoopers (PwC) (2002). "Retail and consumer: from New Delhi to New Zealand", PriceWaterhouseCoopers Global (http://www.pwcglobal.com), October, mimeo.

__________ (2003a). *Global CEO Survey 2002: 6th Annual Global Survey* (Belfast: PriceWaterhouseCoopers International), in conjunction with the World Economic Forum.

__________ (2003b). "Pharmaceutical sector insights: analysis & opinions on mergers & acquisition activity", *Annual Report 2002* (www.pwc.com/pharmainsights).

Prusa, Thomas (1992). "Why are so many antidumping petitions withdrawn," *Journal of International Economics*, 33, pp. 1–20.

Puri, Hardeep and Philippe Brusick (1989). "Trade-related investment measures: issues for developing countries in the Uruguay Round", in UNCTAD, *Uruguay Round: Papers on Selected Issues* (New York: United Nations), United Nations publication, UNCTAD/ITP/10, pp. 203–219.

Pursell, Gary (1999). "The Australian experience with FDI and local content programmes in the auto industry". Paper presented at the conference on WTO, Technology Transfer and Globalisation of Firms (Institute of Economic Growth), March, mimeo.

Ramachandran, V. (1993). "Technology transfer, firm ownership and investment in human capital", *Review of Economics and Statistics,* 75, pp. 664–670.

Roffe, Pedro (1998). "Control of anti-competitive practices in contractual licences under the TRIPS Agreement", in C. Correa and A. A. Usuf, eds., *Intellectual Property and International Trade: The TRIPS Agreement* (London: Kluwer), pp. 261–296.

Rosen, D. (1999). "Behind the open door: foreign enterprise establishment in China" (Washington, DC: Institute for International Economics), mimeo.

Rugman, Alan M. (1994). *Foreign Investment and NAFTA* (Columbia, SC: University of South Carolina Press).

_________ and Cecilia Brain (2003). "Intra-regional trade and foreign direct investment in North America". Paper presented at the Canada-United States Business Conference, Indiana University, April 11–12.

Safarian, A. Edward (1993). *Multinational Enterprise and Public Policy: A Study of the Industrial Countries* (Aldershot: Edward Elgar).

Sarma, Atul (2002). "Prospects of trade and investment in India and China", *International Studies*, 39, 1, pp. 25–43.

Sauvé, Pierre (2002). "Collective action issues in investment rule-making". Background paper for *Global Economic Prospects 2003: Investing to Unlock Global Opportunities* (Washington, D.C.: World Bank, 2003), mimeo.

Schreuer, Christoph (2001). *The ICSID Convention: A Commentary* (Cambridge: Cambridge University Press).

Sercovich, Francisco (1998). "Best practices, policy convergence, and the WTO trade-related investment measures", *Cepal Review*, 64, pp. 93–112.

Sethi, Prakash (2003). *Setting Global Standards: Guidelines for Creating Codes of Conduct in Multinational Corporations* (Hoboken: John Wiley).

Shea, Donald R. (1955). *The Calvo Clause: A Problem of Inter-America and International Law and Diplomacy* (Minneapolis: University of Minnesota Press).

Smarzynska, Beata K. (2000). "Technological leadership and foreign investors' choice of entry mode" (Washington, D.C.: World Bank), mimeo.

Smarzynska-Javorcik, Beata (forthcoming). "The composition of foreign direct investment and protection of intellectual property rights: evidence from transition economies", *European Economic Review*.

Sornarajah, M. (1994). *The International Law on Foreign Investment* (Cambridge: Grotius Publications).

Spar, Debora (1998). "Attracting high technology investment: Intel's Costa Rican plan", *FIAS Occasional Paper*, 11 (Washington D.C.: World Bank).

Taylor Nelson Sofres Consulting (2000). "Survey of the attitudes of the European business community to international rules". Report prepared for the European Commission, Directorate General of Trade (Brussels), mimeo.

Taylor, Christopher T. (2000). "The impact of host country government policy on US multinational investment decisions", *World Economy*, 23, 5, pp. 635–648.

Torp, Jens-Erik and Peter Rekve (2003). "Foreign direct investment and home country measures in non-EU countries". Study prepared for UNCTAD, mimeo.

United Kingdom, House of Lords (2000). "Rachel Lubbe et al. vs. Cape plc.", *All England Law Reports*, 4, pp. 268–287.

_________, Commission on Intellectual Property Rights (2002). *Integrating Intellectual Property Rights and Development Policy* (London: CIPR).

United Nations (1999). "The Global Compact" (New York: United Nations) (http://www.unglobalcompact.org).

_________ (2002). *Monterrey Consensus, Financing for Development: Building on Monterrey* (New York: United Nations) United Nations publications, Sales No. E.02.II.A.5.

United Nations Centre on Transnational Corporations (UNCTC) (1991). *The Impact of Trade-related Investment Measures on Trade and Development: Theory, Evidence and Policy Implications* (New York: United Nations), United Nations publication, Sales No. E.91.II. A.19.

United Nations Conference on Trade and Development (UNCTAD) (1995 - *WIR95*). *World Investment Report 1995: Transnational Corporations and Competitiveness* (New York and Geneva: United Nations), United Nations publication, Sales No. E.95.II.A.4.

_________ (1996 – *WIR96*). *World Investment Report 1996: Investment, Trade and International Policy Arrangements* (New York and Geneva: United Nations), United Nations publication, Sales No. E.96.II.A.14.

_________ (1997 – *WIR97*). *World Investment Report 1997: Transnational Corporations, Market Structure and Competition Policy* (New York and Geneva: United Nations), United Nations publication, Sales No. E.97.II.D.10.

_________ (1998 – *WIR98*). *World Investment Report 1998: Trends and Determinants* (New York and Geneva: United Nations), United Nations publication, Sales No. E.98.II.D.5.

_________ (1999 – *WIR99*). *World Investment Report 1999: Foreign Direct Investment and the Challenge of Development* (New York and Geneva: United Nations), United Nations publication, Sales No. E.99.II.D.3.

_________ (2000 – *WIR00*). *World Investment Report 2000: Cross-border Mergers and Acquisitions and Development* (New York and Geneva: United Nations), United Nations publication, Sales No. E.00.II.D.20.

_________ (2001 – *WIR01*). *World Investment Report 2001: Promoting Linkages* (New York and Geneva, United Nations), United Nations publication, Sales No. E.01.II.D.12.

_________ (2002 – *WIR02*). *World Investment Report 2002: Transnational Corporations and Export Competitiveness* (New York and Geneva: United Nations), United Nations publication, Sales No. E.02.II.D.4.

_________ (1993). *Intellectual Property Rights and FDI* (New York: United Nations), United Nations publication, Sales No. E.93.II.A.10.

__________ (1996a). *Incentives and Foreign Direct Investment* (Geneva and New York: United Nations), United Nations publication, Sales No. E.96.II.A.6.

__________ (1996b). *International Investment Agreements: A Compendium*, vol. I, II and III (New York and Geneva: United Nations), United Nations publication, Sales No. E.96.II.A.9,10,11.

__________ (1997). *The TRIPS Agreement and Developing Countries* (New York and Geneva), United Nations publication, Sales No. E.96.II.D.10.

__________ (1998a). *Bilateral Investment Treaties in the Mid-1990s* (New York and Geneva: United Nations), United Nations publication, Sales No. E.98.II.D.8.

__________ (1998b). *Foreign Direct Investment and Development.* UNCTAD Series on issues in international investment agreements (New York and Geneva: United Nations), United Nations publication, Sales No. E.98.II.D.15.

__________ (1999a). *Admission and Establishment.* UNCTAD Series on issues in international investment agreements (New York and Geneva: United Nations), United Nations publication, Sales No. E.99.II.D.10.

__________ (1999b). *National Treatment.* UNCTAD Series on issues in international investment agreements (New York and Geneva: United Nations), United Nations publication, Sales No. E.99.II.D.16.

__________ (1999c). *Most-Favoured-Nation Treatment.* UNCTAD Series on issues in international investment agreements (New York and Geneva: United Nations), United Nations publication, Sales No. E.99.II.D.11.

__________ (1999d). *Fair and Equitable Treatment.* UNCTAD Series on issues in international investment agreements (New York and Geneva: United Nations), United Nations publication, Sales No. E.99.II.D.15.

__________ (1999e). *Investment-related Trade Measures.* UNCTAD Series on issues in international investment agreement (New York and Geneva: United Nations), United Nations publication, Sales No. E.99.12.

__________ (1999f). *Scope and Definition.* UNCTAD Series on issues in international investment agreements (Geneva and New York: United Nations), United Nations publication, Sales No. E.99.II.D.9.

__________ (1999g). *Lessons from the MAI.* UNCTAD Series on issues in international investment agreements (Geneva and New York: United Nations), United Nations publication, Sales No. E.99.II.D.26.

__________ (1999h). *Transfer Pricing.* UNCTAD Series on issues in international investment agreements (Geneva and New York: United Nations), United Nations publication, Sales No. E.99.II.D.8.

__________ (1999i). *Trends in international Investment Agreement: An Overview.* UNCTAD Series on issues in international investment agreements (Geneva and New York: United Nations), United Nations publication, Sales No. E.99.II.D.23.

__________ (2000a). *Taxation.* UNCTAD Series on issues in international investment agreements (New York and Geneva: United Nations), United Nations publication, Sales No. E.00.II.D.5.

__________ (2000b). *Taking of Property.* UNCTAD Series on issues in international investment agreements (New York and Geneva: United Nations), United Nations publication, Sales No. E.00.II.D.4.

__________ (2000c). *International Investment Instruments: A Compendium,* vols. IV and V (New York and Geneva: United Nations), United Nations publication, Sales Nos. E.00.II.D.13/E.00.II.D.14.

__________ (2000d). *International Investment Agreements: Flexibility for Development.* UNCTAD Series on issues in international investment agreements (Geneva and New York: United Nations), United Nations publication, Sales No. E.00.II.D.6.

__________ (2000e). *Employment.* UNCTAD Series on issues in international investment agreements (New York and Geneva: United Nations), United Nations publication, Sales No. E.00.II.D.15.

__________ (2000f). *Transfer of Funds.* UNCTAD Series on issues in international investment agreements (Geneva and New York: United Nations), United Nations publication, Sales No. E.00.II.D.27.

__________ (2000g). *Tax Incentives and Foreign Direct Investment: A Global Survey* (New York and Geneva: United Nations), United Nations publication, Sales No. E.01.II.D.5.

__________ (2001a). *Home Country Measures.* UNCTAD Series on issues in international investment agreements (New York and Geneva, United Nations), United Nations publication, Sales No. E.01.II.D.19.

__________ (2001b). *Social Responsibility.* UNCTAD Series on issues in international investment agreements (New York, Geneva: United Nations), United Nations publication, Sales No. E.01.II.D.4.

__________ (2001c). *International Investment Instruments: A Compendium,* Volume VI (New York and Geneva: United Nations), United Nations publication, Sales No. E.01.II.D.34.

__________ (2001d). "The OECD Guidelines for Multinational Enterprises", in *International Investment Instruments: A Compedium*, Vol. VI (New York and Geneva), United Nations publications, Sales Nos. E.01.II.D.34, pp. 31–64.

__________ (2001e). *Illicit Payments.* UNCTAD Series on issues in international investment agreements (New York and Geneva: United Nations), United Nations publication, Sales No. E.01.II.D.20.

__________ (2001f). *Transfer of Technology.* UNCTAD Series on issues in international investment agreements (New York and Geneva: United Nations), United Nations publication, Sales No. E.01.II.D33.

__________ (2001g). *Environment.* UNCTAD Series on issues in international investment agreements (New York and Geneva: United Nations), United Nations publication, Sales No. E.01.II.D.3.

__________ (2001h). *Compendium of International Arrangements on Transfer of Technology: Selected Instruments* (Geneva: United Nations), United Nations publication, Sales No. E.01.II.D.28.

__________ (2001i). *Host Country Operational Measures.* UNCTAD Series on issues in international investment agreements (New York and Geneva: United Nations), United Nations publication, Sales No. E.01.II.D.18.

__________ (2002a). "China: WTO accession and growing FDI flows", press information note, 11 December (http://www.unctad.org/en/ subsites/dite/index.html).

__________ (2002b). *The Least Developed Countries Report: Escaping the Poverty Trap* (New York and Geneva: United Nations), United Nations publication, Sales No. E.02.II.D.13.

__________ (2002c). *International Investment Instruments: A Compendium,* vol. VII (New York and Geneva: United Nations), United Nations publication, Sales No. E.02.II.D.14.

__________ (2002d). "Informal note on the development dimension of the Global Compact". Symposium on the United Nations Global Compact and Swiss Business (Geneva, 29 October 2002), mimeo.

__________ (2002e). *International Investment Instruments: A Compendium*, vol. VIII (New York and Geneva: United Nations), United Nations publication, Sales No. E.02.II.D.15.

__________ (2002f). *International Investment Instruments: A Compendium*, vol. X (New York and Geneva: United Nations), United Nations publication, Sales No. E.02.II.D.21.

__________ (2002g). "Model Law on Competition" (New York and Geneva: United Nations), United Nations document TD/ BP/CONF.5/7 (http://r0.unctad.org/en/subsites/cpolicy/docs/drftmdllw-07-10-02-en.Pdf).

__________ (2002h) "Progress report: work undertaken within UNCTAD's work programme on international investment agreements between the 10th Conference of UNCTAD, Bangkok February 2000, and July 2002" (New York and Geneva: United Nations), United Nations publication, Document No. UNCTAD/ITE/MISC.58.

__________ (2003a). "Prospects for global and regional FDI flows: UNCTAD's worldwide survey of investment promotion agencies" (Geneva: UNCTAD), mimeo.

__________ (2003b). *FDI in Least Developed Countries at a Glance 2002* (New York and Geneva: United Nations), United Nations publication, UNCTAD/ITE/IIA/6.

__________ (2003c). *World Investment Directory 2003: Central and Eastern Europe. Vol. VIII* (New York and Geneva: United Nations), United Nations publication, Sales No. E.03.II.D.12.

__________ (2003d). *Dispute Settlement: State-State.* UNCTAD Series on issues in international investment agreements (New York and Geneva: United Nations), United Nations publication, Sales No. E.03.II.D.6.

__________ (2003e). "Implementation of post-Doha technical assistance work in the area of investment" (Geneva: UNCTAD), mimeo.

__________ (2003f). *Foreign Direct Investment and Performance Requirements: New Evidence from Selected Countries* (New York and Geneva: United Nations), forthcoming.

__________ (2003g). *Investment Policy Review Botswana* (Geneva and New York: United Nations), United Nations publication, Sales No. E.03.II.D.I.

__________ (2003h). *Incentives* (New York and Geneva: United Nations), forthcoming.

__________ (2003i). *Dispute Settlement: Investor-State.* UNCTAD Series on issues in international investment agreements (New York and Geneva: United Nations), United Nations publication, Sales No. E.03.II.D.5.

__________ (2003j). "Report of the commission on investment technology and related financial issues on its seventh session" (Geneva: UNCTAD), United Nations document No. TD/B/EX/(31)/3, TD/ B/ COM.2/50", 20–24 January 2003.

__________ (forthcoming a). *Foreign Direct Investment and Performance Requirements: New Evidence from Selected Countries* (New York and Geneva: United Nations).

__________ (forthcoming b). *Transparency.* UNCTAD Series on Issues in International Investment Agreements (New York and Geneva: United Nations).

__________ (forthcoming c). "Directory of competition authorities" (Geneva: UNCTAD), mimeo.

__________ (forthcoming d). *State Contracts.* UNCTAD Series on issues in international investment agreements (New York and Geneva: United Nations), United Nations publication, Sales No. E.01.II.D33.

__________ and International Chamber of Commerce (UNCTAD-ICC) (2000a). *An Investment Guide to Ethiopia: Opportunities and Conditions* (New York and Geneva: United Nations), UNCTAD/ITE/IIT/Misc.19.

__________ (UNCTAD-ICC) (2000b). *An Investment Guide to Bangladesh: Opportunities and Conditions* (New York and Geneva: United Nations), UNCTAD/ITE/IIT/Misc.29 (http:// www.unctad.org/en/docs/poiteiitm29.en.pdf).

__________ (UNCTAD-ICC) (2001a). *An Investment Guide to Mali: Opportunities and Conditions* (New York and Geneva: United Nations), UNCTAD/ITE/IIT/Misc.24.

__________ (UNCTAD-ICC) (2001b). *An Investment Guide to Mozambique: Opportunities and Conditions* (New York and Geneva: United Nations), UNCTAD/ITE/ IIA/4.

__________ (UNCTAD-ICC) (2001c). *An Investment Guide to Uganda: Opportunities and Conditions* (New York and Geneva: United Nations), UNCTAD/ITE/IIT/Misc.30 (http:// www.unctad.org/en/docs/poiteiitm30.en.pdf).

__________ (UNCTAD-ICC) (2003). *An Investment Guide to Nepal: Opportunities and Conditions* (New York and Geneva: United Nations), UNCTAD/ITE/IIT/2003/2.

__________ (UNCTAD-ICC) (forthcoming). *An Investment Guide to Cambodia: Opportunities and Conditions* (New York and Geneva: United Nations).

__________ (UNCTAD-ICTSD) (2003). *Resource Book: TRIPS and Development. Part Three: Intellectual Property Rights and Competition* (Geneva: UNCTAD).

__________ (UNCTAD/ISAR) (1998). "Transfer pricing regulations and transnational corporations practices: guidance for developing countries", *ISAR Review 1998*, UNCTAD/ITE/EDS/5.

United Nations, Department of Economic and Social Affairs (UN-DESA) and UNCTAD (2003). *World Economic Situation and Prospects 2003* (Geneva and New York: United Nations), United Nations publication, Sales No. E.03.II.C.2.

United Nations Development Programme (UNDP) (2002). *Human Development Report 2002: Deepening Democracy in a Fragmented World* (New York: United Nations).

United Nations Industrial Development Organization (UNIDO) (2002). *Industrial Development Report 2002* (Vienna: UNIDO).

United States Court of Appeals for the Second Circuit (1987). "In Re: Union Carbide Corporation Gas Plant Disaster At Bhopal, India", *International Legal Materials*, 26, 1, pp. 1008–1020.

__________ Ninth Circuit (2002). "Doe v Unocal Corp., Judgment of 18 September 2002", *International Legal Materials* , 41, pp. 1367–1399.

__________ Department of Commerce (2002). "U.S. International services: cross-border trade in 2001 and sales through affiliates in 2000", *Survey of Current Business* (Washington, D.C.: Bureau of Economic Analysis), October, pp. 67–125.

__________, International Trade Administration (2002). *2002 Comprehensive Report on U.S. Trade and Investment Policy toward Sub-Saharan Africa and Implementation of the African Growth and Opportunity Act: The Second of Eight Annual Reports* (Washington D.C.: Department of Commerce), (www.aoga.gov).

__________, International Trade Administration (2003). *2003 Comprehensive Report on U.S. Trade and Investment Policy toward Sub-Saharan Africa and Implementation of the African Growth and Opportunity Act: The Third of Eight Annual Reports* (Washington D.C.: Department of Commerce), (www.aoga.gov).

Urata, Shujiro and Hiroaki Kawai (2000). "Intrafirm technology transfer by Japanese manufacturing firms in Asia", in Takatoshi Ito and Anne O. Krueger, eds., *The Role of Foreign Direct Investment in East Asian Economic Development* (Chicago: University of Chicago Press), pp. 49–79.

Van Loo, Frances (1977). "The effects of foreign direct investment in Canada", *Review of Economics and Statistics*, LIX, 4 (November), pp. 474–481.

Wälde, Thomas (2003). "Investment arbitration under the ECT in light of NAFTA jurisprudence". Presentation made at the RIZ/University of Cologne, Conference on Investment Arbitration, June.

__________ (1996). "International investment under the 1994 Energy Charter Treaty", in T.W. Wälde, ed., *The Energy Charter Treaty* (The Hague: Kluwer Law International), pp. 251–320.

__________ and Abba Kolo (2001). "Environmental regulation, investment protection and 'regulatory taking' in international law", *International and Comparative Law Quarterly*, 50, 4, pp. 811–848.

__________ and Todd Weiler (2002). "Investment arbitrations under the Energy Charter Treaty in the light of new NAFTA precedents", in G. Kaufmann-Köhler and B. Stucki, *Investment Treaties and Arbitration* (Zurich: ASA Swiss Arbitration Association), pp. 159–221.

Wallace, Cynthia D. (2002). "Extraterritorial discovery: ongoing challenges for anti-trust litigation in an environment of global investment", *Journal of International Economic Law*, 5, pp. 353–392.

Weiler, Todd (2002). "NAFTA investment arbitration and the growth of international economic law", *Canadian Business Law Journal,* 36, 3, pp. 405–435.

Weintraub, S. and C. Sands (1998). *The North American Auto Industry under NAFTA* (Washington, D.C.: Center for Strategic and International Studies).

Wells, Louis T. Jr. and Nancy J. Allen (2001). "Tax holidays to attract foreign direct investment: lessons from two experiments", in T. Louis Wells, Jr., Nancy J. Allen, Jacques Morisset and Neda Pirnia, eds., *Using Tax Incentives to Compete for Foreign Investment: Are They Worth the Costs?* (Washington D.C.: World Bank), pp. 1–68.

Wilkie, Christopher (2001). "FDI, development and investment rules: a critique of the UNCTAD Series on Issues in International Investment Agreements", *Transnational Corporations*, 10, 2, pp. 135–159.

__________(2002). "Internationale Investitionsanreize: Entwicklung einer wirtschaftspolitischen Reaktion auf internationaler Ebene", in *Österreichs Aussenwirtschaft 2001–2002* (Wien: Bundesministerium für Wirtschaft und Arbeit), pp. 190–211.

Wong, Poh Kam (1992). "Technological development through subcontracting linkages: evidence from Singapore", *Scandinavian International Business Review*, 1, 3, pp. 28–40.

Woolcock, Stephen (2003). "International competition policy and the World Trade Organization". Paper presented at the London School of Economics Global Dimensions/Federal Trust Forum on the Singapore Issues in the WTO (London), 25–27 March, mimeo.

World Bank (2002). "A review of projects with private participation, 1990–2001" (Washington, D.C.: World Bank), Private Sector Note 250, October, mimeo.

__________ (2003a). *Global Development Finance: Striving for Stability in Development Finance* (Washington D.C.: World Bank).

__________ (2003b). *Global Economic Prospects and the Developing Countries* (Washington, D.C.: World Bank).

__________ (2003c). *World Development Report 2003: Sustainable Development in a Dynamic World – Transforming Institutions, Growth, and Quality of Life* (Washington D.C. and New York: World Bank and Oxford University Press).

World Development Movement and Friends of the Earth (2003). "Investment and the WTO: busting the myths" (London: World Development Movement and Friends of the Earth), mimeo.

World Trade Organization (WTO) (1995). *General Agreement on Trade in Services. The Results of the Uruguay Round of Multilateral Trade Negotiations. The Legal Texts* (Geneva: WTO).

__________ (1996). "Singapore Ministerial Declaration" Ministerial Conference, Singapore, 13 December, WT/MIN(96)/DEC (Geneva: WTO).

__________ (2001a). "Implementation-related issues and concerns: decision of 14 November 2001", Ministerial Conference, Fourth Session, Doha, 9–14 November, WT/MIN(01)/17 (Geneva: WTO), mimeo.

__________ (2001b). "Ministerial Declaration", Ministerial Conference, Fourth Session, Doha, 9–14 November, WT/MIN(01)/DEC/W/1 (Geneva: WTO).

__________ (2002a). "A taxonomy on country experiences on international technology transfers". Note by the Secretariat, 11 November, WT/WGTTT/ W/3 (Geneva: WTO), mimeo.

__________ (2002b). "Modalities for pre-establishment commitments based on a GATS-type positive list approach" (Geneva: WTO), WT/WGTI/W/120.

__________ (WTO) (2002c). "Scope and definitions: 'investment' and 'investor'" (Geneva: WTO), WT/WGTI/W/108, 21 March.

__________ (2002d). "Transparency", (Geneva: WTO), WT/WGTI/W/109, 27 March.

__________ (2002e). "Non-discrimination: Most-Favoured-Nation treatment and national treatment" (Geneva: WTO), WT/WGTI/W/118, 3 June.

__________ (2002f). "Development provisions" (Geneva: WTO), WT/WGTI/W/119, 5 June .

__________ (2002g). "Consultation and the settlement of disputes between Members" (Geneva: WTO), WT/WGTI/W/134, 6 August.

__________ (2002h). "Key issues concerning foreign direct investment and the transfer and diffusion of technology to developing countries" (Geneva: WTO), WT/WGTI/W/136, August.

__________ (2002i). "Exceptions and balance-of-payments safeguards" (Geneva: WTO), WT/WGTI/W/137, August 2002.

__________ (2002j). "Technical assistance activities in 2002 pursuant to paragraph 21 of the Doha Ministerial Declaration" (Geneva: WTO), WT/WGTI/W/151, 23 October.

__________ (2002k). "Future WTO-UNCTAD secretariat collaboration in the area of investment on technical assistance and capacity-building for developing and least-developed countries" (Geneva: WTO), WT/WGTI/W/161, 27 May.

__________ (2002l). "Report on the meeting held on 18–19 April 2002" (Geneva: WTO), WT/WGTI/M/17, 31 May.

__________ (2002m). "Report on the meeting held on 3–5 July 2002" (Geneva: WTO), WT/WGTI/M/18, 15 August (including Corrigendum).

__________ (2002n). "Report on the meeting held on 16–18 September 2002" (Geneva: WTO), WT/WGTI/M/19, 3 December.

__________ (2003a). "Implementation of Article 66.2 of the TRIPS Agreement: decision of the Council for TRIPS of 19 February 2003", IP/C/28, 20 February (Geneva: WTO), mimeo.

__________ (2003b). "Report on the meeting held on 3–4 December 2002" (Geneva: WTO), WT/WGTI/M/20, 6 February.

__________ (forthcoming). "Report on the meeting held on 14–15 April 2003" (Geneva: WTO), WT/WGTI/M/21.

__________ and United Nations Conference on Trade and Development (WTO/UNCTAD) (2002). "UNCTAD joint study on trade related investment measures and other performance requirements", Committee on Trade Related Investment Measures, WTO, G/C/W/307.

WTO Appellate Body (1998). "US-import prohibition of certain shrimp and shrimp products", AB WT/DS 58/AB/R, 12 October.

Zhan, James Xiaoning (1995). "Transnationalization and outward investment: the case of Chinese firms", *Transnational Corporations*, 4,3 (December), pp. 67–100.

附　　录

附录表 A. 1. 1　2000 年根据国外资产排序的世界最大 100 家非金融跨国公司

（100 万美元和人数）

2001 年的排名：海外资产	2001 年的排名：TNI[b]	2000 年的排名：海外资产	2000 年的排名：TNI[b]	公司	来源国家和地区	产业[c]	资产：海外	资产：总计	销售：海外[e]	销售：总计	雇员：海外	雇员：总计	TNI[b]（百分比）
1	13	1	15	沃达丰	英国	电信	187 792	207 458	24 602	32 744	56 430	67 178	83.2
2	83	2	73	通用电气	美国	电气与电子设备	180 031	495 210	39 914	125 913	152 000	310 000	39.0
3	15	7	24	英国石油	英国	石油开采/冶炼/销售	111 207	141 158	141 225	175 389	90 500	110 150	80.5
4	36	4	42	维旺迪环球	法国	多样化经营	91 120[d]	123 156	29 652	51 423	256 725[f]	381 504	66.3
5	82	–	–	德国电信	德国	电信	90 657[d]	145 802	11 836	43 309	78 722	257 058	40.0
6	39	3	30	埃克森美孚公司	美国	石油开采/冶炼/销售	89 426	143 174	145 814	209 417	61 148[g]	97 900	64.8
7	85	38	85	福特汽车公司	美国	汽车制造	81 169	276 543	52 983	162 412	188 919	354 431	38.4
8	87	5	84	通用汽车	美国	汽车制造	75 379	323 969	45 256	177 260	148 000	365 000	29.8
9	48	6	46	皇家壳牌[h]	英国/荷兰	石油开采/冶炼/销售	73 492[f]	111 543	72 952	135 211	52 109	89 939	59.3
10	21	19	62	道达尔菲纳埃尔夫	法国	石油开采/冶炼/销售	70 030[d]	78 500	74 647	94 418	69 037	122 025	74.9
11	18	15	23	苏伊士	法国	电力、天然气和水	69 345	79 280	29 919	37 975	128 750	188 050	78.2
12	47	8	80	丰田汽车	日本	汽车制造	68 400[d]	144 793	59 880	108 808	186 911	246 702	59.3
13	63	10	47	菲亚特	意大利	汽车制造	48 749	89 264	24 860	52 002	103 565	198 764	51.5
14	52	9	55	电话公司[f]	西班牙	电信	48 122	77 011	14 303	27 775	93 517	161 527	57.3
15	51	12	23	大众集团	德国	汽车制造	47 480	92 520	57 426	79 376	157 579	324 413	57.4
16	57	13	93	雪弗龙德士古	美国	石油开采/冶炼/销售	44 943	77 572	57 673	104 409	35 569	67 569	55.3
17	38	14	52	和记黄埔	中国香港	多样化经营	40 989[f]	55 281	6 092	11 415	53 478	77 253	65.6
18	11	17	11	新闻集团	澳大利亚	传媒	35 650	40 007	13 880	15 087	24 700	33 800	84.7
19	44	29	43	本田汽车公司	日本	汽车制造	35 257	52 056	40 088	55 955	59 000	120 600	62.8
20	86	23	77	亿昂	德国	电力、天然气和水	33 990[d]	87 755	22 744	71 419	64 285	151 953	37.6
21	20	18	4	雀巢有限公司[h]	瑞士	食品饮料	33 065	55 821	34 704[i]	50 717	223 324[f]	229 765[f]	75.0
22	81	61	86	莱茵集团[j]	德国	电力、天然气和水	32 809	81 024	23 151	58 039	65 609	155 634	40.8
23	65	11	57	IBM	美国	电气与电子设备	32 800	88 313	50 651[i]	85 866	173 969[f]	319 876	50.2
24	3	24	3	ABB	瑞士	机械设备	30 586[f]	32 305	18 876[f]	19 382	148 486[f]	156 865	95.6
25	35	37	49	联合利华[h]	英国/荷兰	多样化经营	30 529[d]	46 922	28 675	46 803	204 000	279 000	66.5
26	75	36	74	埃尼集团	意大利	石油开采/冶炼/销售	29 935	55 584	19 437	43 861	26 570[f]	80 178	43.8
27	60	21	51	宝马	德国	汽车制造	29 901	45 415	25 304[i]	34 482	23 338[f]	97 275	54.4
28	7	25	10	飞利浦电器	荷兰	电气与电子设备	29 416	34 070	27 598	28 992	157 661	188 643	88.4
29	45	45	41	家乐福	法国	零售	29 342[d]	41 172	31 513	62 294	235 894	358 501	62.6
30	91	–	–	法国电力	法国	电力、天然气和水	28 141	120 124	12 468	36 502	38 066	162 491	27.0
31	69	20	87	雷普索尔 YPF	西班牙	石油开采/冶炼/销售	27 028	45 575	13 752	39 135	16 455	35 452	47.0
32	53	22	48	索尼公司	日本	电气与电子设备	26 930[d]	61 393	38 605	57 595	99 300	168 000	56.7
33	40	40	56	安万特有限公司	法国	制药	26 368[d]	34 761	13 377	20 567	47 968[h]	91 729	64.4
34	95	28	91	沃尔玛商场	美国	零售	26 324	83 451	35 485	217 799	303 000	1 383 000	23.2
35	97	16	93	戴姆勒克莱斯勒	德国/美国	汽车制造	25 795	183 765	43 556[i]	137 051	76 441	372 470	22.1
36	6	–	–	拉法日有限公司	法国	建材	24 906	26 493	10 537	12 280	73 940	82 892	89.7
37	70	32	66	尼桑汽车	日本	汽车制造	24 382	54 113	29 078	47 091	37 417[f]	125 099	45.6
38	24	63	50	AES 公司	美国	电力、天然气和水	23 902[d]	36 736	5 809	9 327	35 000[f]	38 000	73.2

附录表 A.1.1 2000 年根据国外资产排序的世界最大 100 家非金融跨国公司（续）

2001 年的排名：海外资产	2001 年的排名：TNI[b]	2000 年的排名：海外资产	2000 年的排名：TNI[b]	公司	来源国家和地区	产业[c]	资产：海外	资产：总计	销售：海外[e]	销售：总计	雇员：海外	雇员：总计	TNI[b]（百分比）
39	5	34	18	罗什集团	瑞士	制药	22 794	25 289	17 156	17 463	55 451	63 717	91.8
40	54	33	37	巴斯夫有限公司	德国	化学	20 872	32 671	17 108	29 136	41 606	92 545	55.9
41	96	64	96	德国邮政	德国	运输与仓储	20 840[d]	138 837	9 844[i]	29 924	52 680	276 235	22.3
42	58	35	31	拜耳公司	德国	制药/化学	20 297[f]	32 817	15 778[h]	27 142	52 300[h]	116 900	54.9
43	29	70	53	葛兰素史克	英国	制药	20 295	31 758	27 319	29 689	60 962	107 470	70.9
44	33	53	14	皇家阿霍德	荷兰	零售	19 967[d]	28 562	40 150	59 701	183 851	270 739	68.4
45	27	57	33	圣戈班有限公司	法国	建材	19 961	28 478	19 091	27 245	130 000	173 329	71.7
46	26	–	–	BHP Billiton Group	澳大利亚	采矿与采石	19 898[f]	29 552	14 821[f]	17 778	33 070[f]	51 037	71.8
47	10	27	19	帝亚吉欧	英国	食品饮料	19 731[d]	26 260	13 747	16 020	59 868[f]	62 124	85.8
48	55	95	67	大陆石油公司	美国	石油开采/冶炼/销售	19 383[d]	27 904	17 530	38 737	10 362[f]	20 033	55.5
49	90	100	94	飞利浦莫里斯	美国	多样化经营	19 339[d]	84 968	33 944[i]	89 924	39 831	175 000	27.8
50	28	–	–	国家电力供应公司[h]	英国	电力、天然气和水	19 080	24 839	3 829	6 308	10 154	13 236	71.4
51	59	–	–	Pinault-Printemps Redoute SA	法国	零售	18 285[d]	30 991	13 627	24 921	54 231	107 571	54.7
52	68	43	59	辉瑞公司	美国	制药	18 160	39 153	12 327	32 259	54 000[f]	90 000	48.2
53	62	55	69	摩托罗拉	美国	电信	18 116	33 398	16 051	30 004	57 720	111 000	53.2
54	72	41	79	德州公用事业	美国	电力、天然气和水	17 966[d]	42 275	13 534	27 927	7 869	18 301	44.7
55	2	49	2	汤姆森公司	加拿大	印刷与出版	17 815	18 402	7 086	7 237	43 338[f]	44 000	97.7
56	12	–	–	北电网络	加拿大	电信	17 474[d]	21 137	16 571	17 511	38 800	52 600	83.7
57	42	30	26	阿尔卡特	法国	机械设备	17 356	32 382	15 786	22 729	68 191	99 314	63.9
58	73	46	60	宝洁	美国	多样化经营	17 342[d]	40 776	19 040	40 238	43 381	102 000	44.1
59	32	47	27	可口可乐	美国	食品饮料	17 058[k]	22 417	12 566[k]	20 092	26 147	38 341	68.9
60	61	44	58	惠普	美国	电气与电子设备	17 007	32 584	26 393[i]	45 226	44 992	86 200	54.2
61	1	–	–	NTL Incorporate [d]	美国	电信	16 815[d]	16 834	3 699	3 699	19 178	19 200	99.9
62	77	–	–	MMO2	英国	电信	16 744[d]	31 605	2 057	6 129	6 366	15 116	42.9
63	31	78	36	大东电报	英国	电信	16 659	23 258	4 955	8 472	27 750	35 561	69.4
64	88	96	90	三菱	日本	汽车制造	16 556	61 087	15 821	100 553	18 779	44 034	28.5
65	22	69	28	沃尔沃	瑞典	汽车制造	15 928[f]	24 449	17 011	18 322	47 463	72 031	74.6
66	25	26	8	英美集团	英国	采矿与采石	15 848[d]	25 501	13 509	19 282	175 000	204 000	72.7
67	74	62	78	松下电器产业	日本	电气与电子设备	15 712[d]	57 204	26 815	52 263	142 984	267 196	44.1
68	37	–	–	新加坡电信	新加坡	电信	15 594	19 108	1 362	4 054	17 574	21 535	65.6
69	78	–	–	杜邦公司	美国	制药/化学	15 536[d]	40 319	12 672	24 726	30 441	79 000	42.8
70	76	98	54	雷诺	法国	汽车制造	15 444[d]	44 414	19 825[i]	32 589	48 826	140 417	43.5
71	4	–	–	霍尔森集团公司[f]	瑞士	非金属矿物制品	15 016	16 097	7 454	8 170	44 613	47 362	92.9
72	94	42	89	三井	日本	批发	14 733	50 013	25 553	96 174	6 308[f]	36 116	24.5
73	66	50	61	陶氏化学公司	美国	制药/化学	14 508[d]	35 515	16 080	27 805	26 161[f]	52 689	49.4
74	71	–	–	蒂森克虏伯	德国	金属及其制品	14 018	31 565	15 436	33 782	88 221	193 516	45.2
75	17	54	22	斯道拉恩索公司[j]	芬兰	纸张	13 471	18 214	11 415	12 111	29 221	44 275	78.1
76	67	–	–	苏格兰电力	英国	电力、天然气和水	13 186	23 269	4 520	9 050	6 349	15 758	49.0

附录表 A.1.1　2000 年根据国外资产排序的世界最大 100 家非金融跨国公司（续）

2001 年的排名：		2000 年的排名：		公　司	来源国家和地区	产　业[c]	资　产		销　售		雇　员		TNI[b]
海外资产	TNI[b]	海外资产	TNI[b]				海　外	总　计	海　外[e]	总　计	海　外	总　计	（百分比）
77	98	56	95	日立	日本	电气与电子设备	13 471	18 214	11 415	12 111	29 221	44 275	78.1
78	14	52	9	阿斯利康	英国	制药	13 186	23 269	4 520	9 050	6 349	15 758	49.0
79	49	67	39	麦当劳	美国	餐饮	12 769	70 412	14 130	60 753	72 849	321 517	21.4
80	43	–	–	贝塔斯曼	德国	传媒	12 762[d]	17 985	15 508	16 480	42 400	52 600	81.9
81	30	76	40	西迈克斯公司	墨西哥	建材	12 755	22 535	8 535	14 870	251 023	395 000	59.2
82	23	–	–	诺基亚	芬兰	电信	12 755	21 028	11 834	17 015	48 426	80 296	63.5
83	19	–	–	里德·埃尔塞维尔公司	荷兰/英国	出版与印刷	12 645	16 282	4 390	6 730	17 449	25 519	70.4
84	8	68	21	WPP 集团	英国	商业服务	12 592[d]	19 870	27 557	27 963	35 470	57 716	74.5
85	64	92	63	LG 电子[f]	韩国	电气与电子设备	12 309	14 255	4 853	6 607	25 500	34 600	77.8
86	16	75	17	达能集团	法国	食品饮料	11 998	14 368	27 853	30 265	43 690	50 487	87.4
87	9	83	25	英国报业集团	英国	传媒	11 561	20 304	10 009	22 528	21 017	42 512	50.3
88	84	59	70	强生公司	美国	制药	11 429	15 146	9 950	12 972	88 285	100 560	80.0
89	46	39	1	里奥·廷托	英国/澳大利亚	采矿与采石	10 949[d]	11 646	5 157	6 122	23 291	29 027	86.2
90	92	73	81	默克	美国	制药	10 891	38 488	12 800[i]	33 004	50 645[f]	101 800	38.9
91	56	–	–	爱墨雷德·郝斯公司	美国	石油开采/冶炼/销售	10 852	19 616	6 052	10 438	26 384	36 141	62.1
92	34	31	5	英美烟草	英国	烟草	10 750[d]	44 007	7 803	47 716	27 700	78 100	25.4
93	80	–	–	雅培公司	美国	制药	10 721[d]	15 369	3 589	13 413	7 560	10 838	55.4
94	41	–	–	LVMH Moët-Hennessy Louis Vuitton SA	法国	奢侈品	10 208	21 115	8 907	10 963	34 095	53 795	64.3
95	100	58	100	弗雷赞通信	美国	电信	10 159	170 795	2 541[i]	67 190	10 012[f]	250 309	4.6
96	79	–	–	美国铝业	美国	金属及其制品	9 966	28 355	7 859	22 859	72 500	129 000	41.9
97	99	–	–	贝尔加拿大公司	加拿大	电信	9 900	34 160	2 066	14 027	11 250	75 000	19.6
98	50	–	–	爱立信	瑞典	电信	9 742	24 130	17 461	22 442	47 870	85 198	58.1
99	93	60	99	Mirant Corp.	美国	电力、天然气和水	9 730	22 754	4 961[f]	31 502	1 600[f]	10 000	24.8
100	89	–	–	国际纸业公司	美国	纸张	9 536	37 158	5 808	26 363	37 000	100 000	28.2

资料来源：UNCTAD/依瑞思姆大学数据库。

a. 除非另有说明，所有数据都根据公司的年度报告。

b. TNI 是"跨国程度指数（transnationality index）"的缩写。跨国程度指数是海外资产/总资产，海外销售额/总销售额，海外雇员人数/总雇员人数三个比率的平均数。

c. 公司的产业分类依照美国证券交易委员会使用的《美国产业分类标准》。

d. 在许多情况下，公司仅仅报告了部分海外资产。在这种情况下，使用部分海外资产对部分（总）资产的比率作为对总资产的比率以计算海外总资产。得到的所有数字都寄往公司加以核实。

e. 除非另有说明，海外销售额是根据初始销售计算的。

f. 数据来源于公司对 UNCTAD 的一次调查所做的答复。

g. 海外雇员数据的计算应用了海外资产比率及总资产对总雇员的比率。

h. 数据不包括欧洲。

i. 海外销售额是根据消费者的区位确定的。

j. 在 2001 年，公司在 6 月到 12 月的这段时间内发生了变化。销售额是通过将 2001 年半年的销售加上 2000/01 年的销售额的 50% 来计算的。

k. 数据不包括北美。

注：该表仅包括非金融性跨国公司。在某些公司中，外国投资者所持股份可能少于 10%。

附录表 A.1.2 2001 年按海外资产排名的发展中国家和地区最大 50 家非金融跨国公司[a]

（100 万美元和雇员人数）

排名：海外资产	排名：TNI[b]	公司	来源国家和地区	产业[c]	资产：海外[c]	资产：总计	销售额：海外[e]	销售额：总计	雇员：海外	雇员：总计	TNI[b]（百分比）
1	12	和记黄埔	中国香港	多样化经营	40 989[f]	55 281	6 092	11 415	53 478	77 253	65.6
2	11	新加坡电信	新加坡	电信	15 594	19 108	1 362	4 054	17 574[g]	21 535	65.6
3	9	西迈克斯	墨西哥	非金属矿物制品	12 645	16 282	4 390	6 730	17 449	25 519	70.4
4	22	LG 电子[f]	韩国	电气与电子设备	11 561	20 304	10 009	22 528	21 017	42 512	50.3
5	41	委内瑞拉石油公司	委内瑞拉	石油开采/精炼/销售	7 964[h]	57 542	19 801[d]	46 250	5 480	46 425	22.8
6	42	马来西亚国家石油	马来西亚	石油开采/精炼/销售	7 877	37 933	5 359	17 681	4 006	25 724	22.2
7	45	新世界发展有限公司	中国香港	多样化经营	4 715	16 253	565	2 933	800	26 100	17.1
8	4	东方海王航运	新加坡	运输与仓储	4 674[f,h]	4 951	2 970	4 737	10 412[f]	11 777[f]	81.8
9	16	中信泰富	中国香港	多样化经营	4 184[h]	7 798	1 109[d]	2 212	7 354	11 733	55.5
10	14	怡和控股	中国香港	多样化经营	4 080[h]	7 166	6 297[d]	9 413	62 629[g]	110 000	60.3
11	28	三星电子	韩国	电气与电子设备	3 840[h]	41 692	25 112[d]	37 155	23 953[f]	73 682	36.4
12	2	广东投资	中国香港	多样化经营	3 694	4 042	854	932	6 869	7 641	91.0
13	5	香格里拉（亚洲）有限公司	中国香港	饭店及旅馆	3 606	4 565	458	560	13 033[g]	16 500	79.9
14	10	萨皮	南非	纸张	3 463[h]	4 504	3 223	4 184	10 429	18 231	70.4
15	46	现代汽车	韩国	汽车制造	3 210	33 216	6 943	33 199	5516	91 958	12.2
16	8	弗莱克斯国际	新加坡	电气与电子设备	2 983[h]	4 115	5 363[d]	6 691	50734[g]	70 000	75.0
17	13	城市发展有限公司[i]	新加坡	旅馆	2 870	6 454	857	1 302	11 457[g]	14 337	63.4
18	44	三星[f]	韩国	电气与电子设备	2 800	9 400	5 800	32 300	..	4 164	17.4
19	26	中国石油进出口公司[h]	中国	多样化经营	2 788	4 928	9 145	16 165	350	7 950	39.2
20	18	南非酿酒集团	南非	食品与饮料	2 785[f]	4 399[f]	2 433	4 364	15 450[f]	33 230	55.2
21	34	美洲移动	墨西哥	电信	2 323	10 137	919	4 385	7 142	14 786	30.7
22	31	佩雷斯·康潘	阿根廷	石油开采/精炼/销售	2 154	6 244	471	1 655	1 182	3 427	32.5
23	3	广州投资有限公司	中国香港	多样化经营	2 129	2 559	362	433	12 920[g]	13 120	88.4
24	49	台湾半导体制造有限公司	中国台湾	电气与电子设备	2 033[h]	10 446	..	3 751	...[g]	13 669	7.0
25	1	第一太平洋公司	中国香港	电气与电子设备	2 007[h]	2 046	1 852	1 852	47 998	48 046	99.3
26	50	巴西石油公司	巴西	石油开采/精炼/销售	1 715	36 864	0 848	24 549	1 790[g]	38 483	4.3
27	20	宏碁	中国台湾	电气与电子设备	1 686	3 344	2 198	3 754	2 259	4 480	53.1
28	47	浦项制铁	韩国	金属与金属制品	1 589	18 164	1 378	10 497	1 949[f]	28 619[f]	9.6
29	33	生力公司	菲律宾	食品与饮料	1 584	3 203	743	2 384	3 460	26 697	31.2
30	48	CLP 控股	中国香港	电力、天然气和水	1 559	6 798	93	3 205	36	4 085	8.9
31	17	帕南柯[k]	墨西哥	食品与饮料	1 549	2 693	1 362	2 651	14955	26 000	55.5
32	32	盖尔道冶金有限公司	巴西	金属与金属制品	1 488[h]	4 379	988[d]	2 495	3 774	16 000	32.4
33	39	联华电子	中国台湾	电气与电子设备	1 462	9 140	966	2 081	1 007	8 543	24.7

附录表 A.1.2　2001 年按海外资产排名的发展中国家和地区最大 50 家非金融跨国公司[a]（续）

排名：海外资产	排名：TNI[b]	公司	来源国家和地区	产业[c]	资产：海外[c]	资产：总计	销售额：海外[e]	销售额：总计	雇员：海外	雇员：总计	TNI[b]（百分比）
34	40	吉宝企业有限公司	新加坡	多样化经营	1 422	6 332	661	3 283	4 507	16 223	23.5
35	19	矿脉	南非	多样化经营	1 409	2 403	2 027	3 521	10 222	23 233	53.4
36	21	花莎尼有限公司	新加坡	食品与饮料	1 229	4 282	949	1 660	7 920[f]	11 455	51.7
37	25	森那美	马来西亚	多样化经营	1 225[h]	3 290	1 911[d]	3 174	6 827[f]	26 384	41.1
38	6	东方海外（国际）[l]	中国香港	运输与仓储	1 170[h]	2 136	2 290	2 379	4 017	4 686	78.9
39	15	葛鲁玛有限公司	墨西哥	食品与饮料	1 118	1 828	1 205	1 889	8 664	15 585	60.2
40	27	Naspers Ltd.	南非	传媒	979	1 470	332	1 059	1 523[g]	10 706	37.4
41	43	智利石油公司	智利	石油开采/精炼/销售	969	6 432	1 118	3 577	754	8 367	18.4
42	7	沙威有限公司	墨西哥	多样化经营	961	1 585	635	683	5 983	8 085	75.9
43	30	金狮	马来西亚	多样化经营	959	3 171	585	1 480	8 084[g]	26 745	33.3
44	38	Johnnic 控股有限公司	南非	电信	839	2 606	336	1 687	2 138	9 408	24.9
45	35	伊姆沙集团	墨西哥	金属与金属制品	828	3 041	824	2 233	4 457[g]	16 373	30.4
46	24	鹰君集团	中国香港	商业服务	781	3 721	177	343	1 613	2 656	44.4
47	23	台达电子	中国台湾	电气与电子设备	774	1 510	487	1 273	5 883	11 480	46.9
48	29	云顶有限公司	马来西亚	饭店	740[h]	2 690	306	829	5 611[g]	15 200	33.8
49	36	宾博集团	墨西哥	食品与饮料	738	2 443	883	3 588	21 448[g]	71 000	28.3
50	37	日月光半导体制造股份有限公司	中国台湾	电气与电子设备	732	3 038	271	1 096	4 870	15 681	26.6

资料来源：UNCTAD/UNCTAD/依瑞思姆大学数据库。

a. 除非另有说明，所有数据都根据公司的年度报告。

b. TNI 是“跨国程度指数（transnationality index）”的缩写。跨国程度指数是海外资产/总资产，海外销售额/总销售额，海外雇员人数/总雇员人数三个比率的平均数。

c. 公司的产业分类依照美国证券交易委员会使用的《美国产业分类标准》。

d. 在许多情况下，公司仅仅报告了部分海外资产。在这种情况下，使用部分海外资产对部分（总）资产的比率作为对总资产的比率以计算海外总资产。得到的所有数字都寄往公司加以核实。

e. 海外销售额是根据初始销售额计算的。在许多情况下，公司仅根据销售流向报告数据。

f. 数据来源于公司对 UNCTAD 的一次调查所做的答复。

g. 海外雇员数据的计算应用了海外资产比率及总资产对总雇员的比率。

h. 海外资产的计算应用了部分海外资产和总资产对均衡总资产的比率。

i. 数据不包括东亚和东南亚。

k. 数据不包括墨西哥、哥斯达黎加、尼加拉瓜和危地马拉。

l. 数据不包括亚洲。

附录表 A.1.3 2001 年按海外资产排名的中东欧最大的 25 家非金融跨国公司[a]

（100 万美元和雇员人数）

排名		公司	来源国家	产业	资产		销售额		雇员		TNI[b]
海外资产	TNI[b]				海外	总计	海外	总计	海外	总计	（百分比）
1	10	鲁克石油公司	俄罗斯	石油和天然气	5 830.0	15 859.0	8 771.0[d]	1 4 892.0	13 000	140 000	35.0
2	4	诺沃船业	俄罗斯	运输	998.9	1 133.6	302.3	392.1	85	6 976	55.5
3	1	拉脱维亚船运公司	拉脱维亚	运输	..[e]	491.2	..[e]	172.9	1 313	1 762	77.7
4	5	Pliva 集团	克罗地亚	制药	281.1	967.6	477.3	632.2	2 900	7 208	48.3
5	25	克罗地亚电力	克罗地亚	能源	272.0	2 357.0	8.0	775.0	–	15 071	4.2
6	2	普里莫尔斯克船运	俄罗斯	运输	267.3	437.9	114.9	145.7	1 305	2 629	63.2
7	7	Gorenje 集团	斯洛文尼亚	家用电器	231.5	486.1	475.4	661.3	670	8 186	42.6
8	6	Krka d. d.	斯洛文尼亚	制药	190.8	476.6	235.4	296.0	595	3 520	45.5
9	15	远东船运公司	俄罗斯	运输	123.0	377.0	101.0	318.0	233	5 608	22.8
10	21	麦卡托	斯洛文尼亚	零售	112.7	868.5	53.0	1 171.5	1 279	13 692	8.9
11	20	三井匈牙利油气集团	匈牙利	石油和天然气	95.9	3 243.2	819.2	3 850.0	776	15 218	9.8
12	14	Podravka 集团	克罗地亚	食品和饮料/制药	69.3	357.2	134.3	303.5	790	6 885	25.0
13	22	石油集团	斯洛文尼亚	石油和天然气	66.9	478.4	80.0	1 122.8	24	1 572	7.5
14	3	Zalakerámia Rt.	匈牙利	粘土制品及耐火材料	65.0	120.0	39.0	64.0	1 889	2 921	59.9
15	19	Richter Gedeon Ltd.	匈牙利	制药	55.9	496.5	43.5	309.6	884	5 007	14.3
16	11	匈牙利航空有限公司[c]	匈牙利	运输	41.4	187.0	299.0	383.4	49	2 952	33.9
17	17	泛欧公司	斯洛文尼亚	贸易	34.0	200.0	25.0	163.0	662	2 230	20.7
18	12	莱克公司	斯洛文尼亚	制药	28.1	332.4	219.7	281.2	252	2 663	32.0
19	24	国家石油公司[c]	罗马尼亚	石油和天然气	28.0	3 151.0	303.0	2 423.0	149	77 630	4.5
20	13	克罗地亚航空公司	克罗地亚	运输	26.3	328.4	90.4	141.8	63	977	26.1
21	23	梅库尔	斯洛文尼亚	贸易	26.1	397.9	44.8	436.7	89	2 824	6.7
22	9	Budimex Capital Group	波兰	建筑	23.8	372.6	50.4	610.0	1 076	1 189	35.0
23	8	BLRT Grupp AS	爱沙尼亚	造船	22.6	83.7	31.5	83.8	1 521	3 415	36.4
24	16	仪斯卡	斯洛文尼亚	电机	19.0	86.5	32.8	115.0	267	2 114	21.0
25	18	Tiszai Vegyi Kombinát Ltd.	匈牙利	化学	16.6	462.5	245.6	489.9	182	2 987	19.9
平均					373.2	1 350.1	525.2	1 209.4	1 252	13 409	30.3
2000 年以来的变化（%）					15.2	9.7	8.8	1.6	–10.6	–5.3	–1.9

资料来源：UNCTAD 对中东欧最大的跨国公司的调查。

a. 根据对调查所作的答复。

b. TNI 是"跨国程度指数（transnationality index）"的缩写。跨国程度指数是海外资产/总资产，海外销售额/总销售额，海外雇员人数/总雇员人数三个比率的平均数。2000 年的数据。

c. 2000 年的数据。

d. 包括母公司的出口销售额。

e. 不是公司报告的数据，计算采用了二手渠道的信息。

附录表 A. 1. 4　1999—2001 年按产业统计的 FDI 流入流量

（10 亿美元及百分比分布）

部门/产业	10 亿美元						百分比分布					
	1999—2000（年平均）			2001			1999—2000（年平均）			2001		
	发达国家	发展中国家和地区	总　计[a]	发达国家	发展中国家和地区	总　计[a]	发达国家	发展中国家和地区	总　计[a]	发达国家	发展中国家和地区	总　计[a]
第一产业	22.2	17.8	40.9	55.9	13.0	69.4	2.1	8.9	3.3	10.2	7.6	9.6
农林渔猎业	0.3	1.1	1.4	0.4	1.3	1.7	0.0	0.5	0.1	0.1	0.8	0.2
采矿、采石业和石油业	21.2	16.2	38.3	55.5	11.7	67.6	2.0	8.1	3.1	10.1	6.9	9.3
未指明的第一产业	0.7	0.5	1.2	–	–	–	0.1	0.3	0.1	–	–	–
第二产业	217.2	61.8	280.5	91.4	56.0	148.8	21.0	30.8	22.6	16.6	33.0	20.5
食品、饮料和烟草	7.5	3.9	12.4	4.8	2.6	8.0	0.7	2.0	1.0	0.9	1.5	1.1
纺织、服装和皮革	5.4	1.6	7.0	-0.2	0.2	–	0.5	0.8	0.6	–	0.1	–
木材及其制品	5.9	0.4	6.4	6.3	0.3	6.7	0.6	0.2	0.5	1.1	0.2	0.9
出版、印刷和录制媒体复制	5.1	–	5.1	3.7	0.2	3.9	0.5	–	0.4	0.7	0.1	0.5
焦炭、石油和核燃料	36.1	0.3	36.4	-1.8	0.2	-1.5	3.5	0.1	2.9	-0.3	0.1	-0.2
化学和化学制品	32.6	7.1	39.7	13.3	2.5	15.9	3.1	3.6	3.2	2.4	1.5	2.2
橡胶和塑料制品	2.3	0.2	2.5	-0.4	0.2	-0.2	0.2	0.1	0.2	-0.1	0.1	–
非金属矿产品	4.8	0.5	5.4	2.0	0.5	2.5	0.5	0.3	0.4	0.4	0.3	0.3
金属和金属产品	13.4	1.5	15.0	7.0	1.3	8.5	1.3	0.8	1.2	1.3	0.8	1.2
机械和设备	32.9	8.6	41.6	10.7	3.6	14.6	3.2	4.3	3.4	2.0	2.1	2.0
电气和电子设备	39.2	9.5	48.7	12.6	4.7	17.3	3.8	4.7	3.9	2.3	2.8	2.4
精密仪器	1.3	–	1.3	-0.4	0.1	-0.2	0.1	–	0.1	-0.1	0.1	–
汽车及其他运输设备	17.0	2.8	19.9	7.6	1.9	9.5	1.6	1.4	1.6	1.4	1.1	1.3
其他制造业	5.5	2.4	7.9	13.7	1.5	15.2	0.5	1.2	0.6	2.5	0.9	2.1
未指明的第二产业	8.1	22.9	31.2	12.5	36.1	48.8	0.8	11.4	2.5	2.3	21.3	6.7
第三产业	734.2	113.2	849.7	357.4	99.1	459.4	71.0	56.3	68.5	64.9	58.4	63.3
水、电和天然气	16.8	9.7	26.5	5.4	6.8	12.4	1.6	4.8	2.1	1.0	4.0	1.7
建筑	2.5	1.9	4.4	2.0	2.3	4.4	0.2	0.9	0.4	0.4	1.3	0.6
贸易	54.4	16.3	71.5	27.1	12.9	40.9	5.3	8.1	5.8	4.9	7.6	5.6
旅店和餐馆	2.7	2.4	5.1	2.2	2.7	4.9	0.3	1.2	0.4	0.4	1.6	0.7
运输、仓储和通讯	126.2	15.8	143.0	52.9	20.1	74.2	12.2	7.9	11.5	9.6	11.8	10.2
金融	284.8	24.4	309.3	111.0	28.9	140.3	27.5	12.1	24.9	20.2	17.0	19.3
商业服务	213.2	33.8	247.1	113.8	16.9	130.7	20.6	16.8	19.9	20.7	9.9	18.0
卫生与社会服务	0.2	0.1	0.3	0.4	0.1	0.5	–	0.1	–	0.1	0.1	0.1
社区、社会与个人服务活动	3.7	2.4	6.1	4.2	2.7	7.0	0.4	1.2	0.5	0.8	1.6	1.0
其他服务业	26.3	4.9	31.2	33.6	3.7	37.3	2.5	2.4	2.5	6.1	2.2	5.1
未指明的第三产业	3.6	1.5	5.2	4.8	2.0	6.8	0.4	0.8	0.4	0.9	1.2	0.9
私人对产权的购买与出售	0.4	–	0.4	0.5	–	0.5	–	–	–	0.1	–	0.1
未指明产业	60.1	8.1	68.3	45.3	1.7	47.2	5.8	4.0	5.5	8.2	1.0	6.5
总计	1 034.2	200.9	1 239.9	550.5	169.8	725.2	100.0	100.0	100.0	100.0	100.0	100.0

资料来源：UNCTAD，FDI 数据库。

a. 包括中东欧国家。

注：数据覆盖 50 个国家，这些国家可以获得 1999 年，2000 年和 2001 年的数据。这些国家分别占 1999—2000 年及 2001 年世界流入流量的 94% 和 89%。对于缺乏实际数据的国家，使用的是核准数据。对于进一步的注释，见图 1.4。

附录表 A.1.5 1990—2001 年吸引 FDI 业绩指数排名[a]

国家和地区	1988—1990	1989—1991	1990—1992	1991—1993	1992—1994	1993—1995	1994—1996	1995—1997	1996—1998	1997—1999	1998—2000	1999—2001
阿尔巴尼亚	..	..	77	27	22	29	35	49	69	99	88	67
阿尔及利亚	101	99	113	116	129	130	124	119	114	112	109	101
安哥拉	106	32	30	7	12	7	18	18	9	2	3	2
阿根廷	36	42	44	49	56	55	55	50	61	40	40	42
亚美尼亚	..	..	27	74	114	102	99	79	22	19	19	38
澳大利亚	15	24	37	45	51	48	56	59	90	104	95	91
奥地利	77	80	82	82	79	87	75	89	86	93	80	74
阿塞拜疆	..	..	..	..	116	28	4	1	1	1	10	33
巴哈马	66	101	132	98	94	62	54	33	39	47	52	66
巴林	23	4	3	4	10	46	1	2	2	36	43	56
孟加拉国	104	107	125	125	127	126	131	130	131	125	121	125
白俄罗斯	..	..	124	122	112	119	113	92	94	77	92	87
比利时和卢森堡	8	6	9	9	14	24	25	26	20	3	1	1
贝宁	16	5	7	17	43	105	95	102	100	89	84	82
玻利维亚	46	41	39	37	34	27	20	10	7	7	13	14
博茨瓦纳	24	47	70	136	139	138	88	77	87	95	104	115
巴西	78	89	93	93	103	101	90	83	66	54	45	37
文莱	103	106	115	107	115	18	7	4	3	4	8	10
保加利亚	..	..	103	89	89	95	86	60	44	30	27	25
布基纳法索	93	98	118	114	102	99	100	112	120	120	117	119
喀麦隆	114	117	135	120	124	127	127	124	125	119	124	122
加拿大	35	55	65	72	69	71	66	75	67	63	31	30
智利	10	16	28	31	23	21	14	14	15	15	20	19
中国	44	51	42	18	9	11	16	20	30	43	51	59
哥伦比亚	40	45	50	51	48	65	57	39	38	61	82	80
刚果	84	65	72	12	13	6	37	31	62	14	14	16
刚果（金）	111	110	126	117	130	133	134	136	132	133	118	127
哥斯达黎加	18	21	21	26	31	38	33	43	40	50	65	73
科特迪瓦	80	86	84	69	66	50	44	42	45	53	71	86
克罗地亚	..	..	..	94	84	89	69	64	50	38	30	22
塞浦路斯	27	31	41	54	63	79	92	52	56	29	26	20
捷克	..	..	40	30	32	30	30	40	37	22	15	11
丹麦	53	52	63	64	44	43	59	84	72	31	12	9
多米尼加共和国	26	30	36	38	39	40	58	55	59	34	32	31
厄瓜多尔	30	39	48	36	29	34	38	48	43	51	50	35
埃及	14	28	56	47	40	52	72	99	105	106	102	110

附录表 A.1.5 1990—2001 年吸引 FDI 业绩指数排名[a]（续）

国家和地区	1988—1990	1989—1991	1990—1992	1991—1993	1992—1994	1993—1995	1994—1996	1995—1997	1996—1998	1997—1999	1998—2000	1999—2001
萨尔瓦多	89	84	99	97	117	115	128	126	47	49	54	95
爱沙尼亚	..	..	59	29	19	15	23	24	14	16	18	21
埃塞俄比亚	99	97	111	119	119	116	119	71	57	62	83	106
芬兰	65	87	100	95	72	77	82	95	98	80	55	49
法国	43	49	51	56	64	67	70	80	88	79	76	62
加蓬	33	114	67	133	137	139	140	140	140	140	140	139
冈比亚	9	7	14	22	27	32	28	22	26	18	16	12
格鲁吉亚	..	..	..	..	122	121	89	35	25	26	38	63
德国	87	83	112	121	121	112	115	116	116	101	47	39
加纳	90	85	96	66	36	39	43	81	104	90	89	77
希腊	34	48	54	61	68	82	87	103	117	121	120	113
危地马拉	22	57	64	63	75	93	106	113	93	92	96	99
几内亚	60	60	69	76	108	124	123	120	121	111	111	114
圭亚那	58	33	1	1	1	1	2	5	8	21	21	17
海地	81	82	104	110	136	135	135	131	134	124	122	123
洪都拉斯	31	36	46	46	60	60	62	57	70	68	61	55
中国香港	3	14	17	15	8	14	12	15	12	13	2	3
匈牙利	63	25	16	8	15	8	10	13	32	44	53	53
冰岛	85	81	108	124	134	132	117	100	89	98	100	97
印度	98	103	116	113	111	107	104	105	113	116	119	120
印度尼西亚	54	56	57	59	65	57	52	53	80	128	137	138
伊朗	112	116	129	126	131	123	132	132	137	136	134	131
爱尔兰	59	35	25	25	35	51	41	46	21	9	4	4
以色列	82	88	97	88	92	81	71	73	85	81	72	65
意大利	64	79	91	99	105	109	120	123	130	127	115	109
牙买加	25	12	8	13	20	36	31	44	35	35	28	23
日本	105	105	117	123	128	128	133	133	136	135	130	128
约旦	76	91	80	129	126	134	126	66	55	56	37	54
哈萨克斯坦	..	..	89	24	30	17	21	17	23	24	23	15
肯尼亚	74	68	92	111	125	120	125	127	129	126	116	118
韩国	75	77	94	104	113	113	118	114	111	100	91	92
科威特	102	108	130	130	133	125	111	117	124	132	131	132
吉尔吉斯斯坦	..	..	..	96	47	23	24	23	33	33	67	107
拉脱维亚	..	..	62	42	17	20	13	11	13	23	33	51
黎巴嫩	94	95	106	108	110	114	114	107	108	105	99	96
利比亚	69	74	88	102	123	136	136	137	138	138	135	134

附录表 A.1.5 1990—2001 年吸引 FDI 业绩指数排名[a]（续）

国家和地区	1988—1990	1989—1991	1990—1992	1991—1993	1992—1994	1993—1995	1994—1996	1995—1997	1996—1998	1997—1999	1998—2000	1999—2001
立陶宛	..	..	107	77	80	80	68	51	27	27	34	60
马达加斯加	73	66	73	80	99	110	122	125	128	114	101	89
马拉维	41	102	134	135	106	129	130	135	135	115	129	133
马来西亚	4	3	4	3	5	5	9	12	18	32	49	70
马里	86	92	133	131	132	47	39	41	77	83	86	68
马耳他	21	17	32	32	26	22	11	21	16	10	5	5
墨西哥	38	44	52	58	49	45	36	38	51	67	79	72
摩尔多瓦	..	..	13	21	38	35	45	36	49	48	29	18
蒙古	..	94	102	79	82	76	73	67	76	73	62	48
摩洛哥	62	59	60	48	45	64	77	70	84	70	90	46
莫桑比克	88	72	68	57	54	54	53	61	41	25	25	24
缅甸	57	34	29	39	58	53	32	19	19	37	70	85
纳米比亚	79	27	15	19	28	31	27	34	60	76	68	34
尼泊尔	97	100	110	112	118	122	121	121	127	130	132	130
荷兰	13	13	23	40	42	41	34	37	24	17	9	8
新西兰	6	10	10	11	11	12	19	25	53	69	59	44
尼加拉瓜	96	43	34	28	33	37	26	16	10	12	11	13
尼日尔	56	63	45	68	78	118	96	97	109	118	127	121
尼日利亚	7	8	22	16	7	10	17	27	34	58	81	83
挪威	49	64	127	128	77	63	61	58	65	55	57	69
阿曼	32	40	55	60	73	94	112	122	123	123	126	129
巴基斯坦	72	69	74	75	83	85	79	91	106	109	114	116
巴拿马	116	29	31	35	24	26	22	9	5	8	17	32
巴布亚新几内亚	2	2	6	23	25	9	5	7	17	46	46	43
巴拉圭	55	50	43	53	52	68	67	72	64	75	85	104
秘鲁	91	96	105	67	21	19	15	29	36	59	75	78
菲律宾	28	46	49	43	37	44	47	65	78	85	87	90
波兰	100	93	81	62	50	42	40	45	46	45	42	47
葡萄牙	12	11	19	33	46	73	80	85	73	86	69	52
卡塔尔	110	90	86	73	67	69	46	47	42	74	97	98
罗马尼亚	..	..	109	103	85	84	83	69	52	52	64	75
俄罗斯	..	..	120	109	109	108	107	104	110	107	105	108
卢旺达	61	76	98	101	107	117	129	129	133	131	128	126
沙特阿拉伯	83	73	76	91	98	131	137	134	95	94	125	135
塞内加尔	67	75	85	115	90	90	91	78	83	71	94	94
塞拉利昂	47	23	47	132	138	137	105	101	112	129	133	117

附录表 A.1.5 1990—2001年吸引FDI业绩指数排名[a]（续）

国家和地区	1988—1990	1989—1991	1990—1992	1991—1993	1992—1994	1993—1995	1994—1996	1995—1997	1996—1998	1997—1999	1998—2000	1999—2001
新加坡	1	1	2	5	4	2	3	3	6	5	7	6
斯洛伐克	..	..	71	65	61	56	64	86	79	84	41	26
斯洛文尼亚	..	..	83	70	76	88	94	93	101	108	112	105
南非	108	109	119	118	120	106	103	90	103	102	113	81
西班牙	19	22	24	34	41	61	74	94	96	87	60	41
斯里兰卡	68	70	66	55	55	74	85	82	92	91	106	111
苏丹	109	113	131	127	101	100	108	118	91	72	66	57
苏里南	117	118	11	137	140	140	138	138	81	134	139	140
瑞典	50	38	58	52	53	25	29	28	29	6	6	7
瑞士	29	37	53	90	95	96	84	87	68	57	35	36
叙利亚	51	67	87	86	70	72	76	109	118	110	103	103
中国台湾	48	58	75	84	97	98	101	108	122	117	110	102
塔吉克斯坦	..	..	90	81	81	59	63	68	82	88	93	93
马其顿	..	..	..	..	104	111	116	128	102	97	73	29
泰国	17	19	26	41	59	75	78	76	54	42	44	61
多哥	42	61	95	134	135	70	48	63	74	66	58	45
特立尼达和多巴哥	20	15	20	10	6	4	8	6	4	11	22	27
突尼斯	52	53	33	20	18	33	50	74	71	78	74	76
土耳其	70	71	78	87	100	103	109	115	126	122	123	112
乌干达	107	111	128	78	57	49	51	56	63	65	63	58
乌克兰	..	..	61	71	86	97	98	96	99	96	98	88
阿联酋	92	112	122	83	93	92	102	111	119	137	136	136
英国	11	18	35	50	62	66	65	62	48	41	24	28
坦桑尼亚	95	104	114	105	88	58	49	54	75	60	48	40
美国	39	62	79	85	91	91	93	98	97	82	78	79
乌拉圭	71	78	101	92	87	86	97	106	115	113	107	100
乌兹别克斯坦	..	..	123	106	74	104	110	110	107	103	108	84
委内瑞拉	37	26	38	44	71	78	60	32	31	39	56	71
越南	45	20	12	6	3	3	6	8	11	20	36	50
也门	115	54	5	2	2	13	139	139	139	139	138	137
赞比亚	5	9	18	14	16	16	42	30	28	28	39	64
津巴布韦	113	115	121	100	96	83	81	88	58	64	77	124

资料来源：UNCTAD。

a. 三年移动平均。

注：覆盖140个国家和地区。

附录表 A.1.6 1988—1990 年、1993—1995 年、1998—2000 年及 1999—2001 年按地区计算的吸引 FDI 业绩指数[a]

地 区	1988—1990	1993—1995	1998—2000	1999—2001
世界	1.00	1.00	1.00	1.00
发达国家	1.03	0.76	0.99	1.00
西欧	1.33	1.11	1.62	1.77
欧盟	1.33	1.12	1.63	1.80
其他西欧国家	1.33	0.95	1.37	1.29
北美	1.13	0.77	0.86	0.78
其他发达国家	0.29	0.20	0.12	0.12
发展中国家	0.99	1.98	1.04	1.01
非洲	0.80	1.11	0.52	0.67
北非	0.85	1.05	0.39	0.47
其他非洲国家	0.76	1.15	0.62	0.82
拉丁美洲及加勒比地区	0.90	1.62	1.42	1.41
南美	0.74	1.21	1.33	1.31
拉丁美洲及加勒比地区其他国家	1.26	2.57	1.60	1.59
亚洲	1.06	2.30	0.92	0.87
西亚	0.27	0.36	0.14	0.11
中亚	..	2.93	1.53	1.63
南亚、东亚和东南亚	1.31	2.70	1.08	1.02
东亚和东南亚	1.74	3.22	1.30	1.22
南亚	0.11	0.41	0.16	0.16
太平洋地区	4.49	4.22	0.75	0.58
中东欧	1.02[b]	1.31	1.01	0.99

资料来源：UNCTAD。

a. 三年平均。

b. 1992—1994 年。由于该地区绝大多数国家在 1992 年之前并不存在，这一时期的指数经过了调整。

附录表 A.1.7 1999—2001 年 UNCTAD 吸引 FDI 潜力指数中所包含的原始数据和积分

国家和地区	实际 GDP 增长		人均 GDP		总出口		电话总线		移动电话		商业能源使用		研发支出		大专以上学生		国家风险		自然资源出口		电子和汽车零部件进口		服务出口		FDI 流入存量	
	1991—2001 年平均		1991—2001 年平均												1999 年		截止到 2001 年 12 月		1999—2001 年平均							
	百分比	分数 0－1	美元	分数 0－1	占 GDP 的百分比	分数 0－1	每 1000 居民	分数 0－1	每 1000 居民	分数 0－1	人均	分数 0－1	占 GDP 的百分比	分数 0－1	占总人口的百分比	分数 0－1	复合风险率	分数 0－1	占世界总量的百分比	分数 0－1	占世界总量的百分比	分数 0－1	占世界总量的百分比	分数 0－1	占世界总量的百分比	分数 0－1
阿尔巴尼亚	5.4	0.748	1 226.4	0.031	18.0	0.067	41.73	0.057	32.88	0.042	514.1	0.014	..	..	1.29	0.207	62.5	0.439	0.00	0.000	0.01	0.000	0.03	0.001	0.01	0.004
阿尔及利亚	2.3	0.561	1 702.4	0.044	37.6	0.185	57.28	0.078	2.82	0.003	956.8	0.031	..	..	1.52	0.245	62.3	0.436	2.40	0.267	0.03	0.002	0.08	0.004	0.06	0.007
安哥拉	3.1	0.610	608.1	0.014	85.4	0.473	5.51	0.007	3.43	0.004	588.4	0.017	..	..	0.06	0.005	50.5	0.215	0.82	0.091	–	–	0.01	0.001	0.14	0.011
阿根廷	2.9	0.598	7 531.3	0.205	10.7	0.023	215.04	0.296	160.84	0.208	1 674.4	0.059	0.45	0.118	4.38	0.715	64.8	0.482	0.73	0.082	0.43	0.023	0.30	0.016	1.18	0.064
亚美尼亚	1.6	0.520	517.3	0.011	23.3	0.098	149.01	0.205	4.56	0.006	513.7	0.014	..	..	1.00	0.159	59.8	0.389	0.01	0.001	0.00	0.000	0.01	0.000	0.01	0.004
澳大利亚	4.1	0.666	19 915.1	0.546	20.7	0.083	519.61	0.715	452.17	0.585	5 710.8	0.214	1.51	0.397	4.52	0.739	81.5	0.794	3.61	0.401	0.90	0.049	1.18	0.065	1.87	0.100
奥地利	2.2	0.554	24 332.8	0.668	49.4	0.256	470.78	0.648	698.79	0.904	3 527.3	0.130	1.81	0.477	3.19	0.521	86.5	0.888	0.37	0.041	1.04	0.057	2.20	0.121	0.50	0.029
阿塞拜疆	−3.0	0.247	643.1	0.015	36.6	0.179	103.21	0.142	61.16	0.079	1 526.0	0.053	0.24	0.062	1.91	0.309	68.5	0.551	0.23	0.025	0.01	0.000	0.02	0.001	0.06	0.007
巴哈马	2.4	0.568	15 184.7	0.416	54.3	0.285	381.42	0.525	117.60	0.152	..	..	..	..	2.20	0.358	76.0	0.692	0.01	0.001	0.01	0.000	0.13	0.007	0.03	0.005
巴林	4.2	0.677	11 728.5	0.320	82.0	0.453	248.30	0.341	308.70	0.399	9 574.2	0.363	..	..	1.86	0.301	78.5	0.738	0.70	0.077	0.02	0.001	0.06	0.003	0.10	0.009
孟加拉国	5.0	0.720	332.0	0.006	14.1	0.043	3.78	0.005	2.43	0.003	140.4	0.000	..	..	0.57	0.089	60.5	0.402	0.00	0.000	–	–	0.02	0.001	0.02	0.005
白俄罗斯	0.0	0.428	1 137.1	0.029	64.7	0.348	268.12	0.369	6.86	0.009	2 406.4	0.087	1.09	0.287	3.67	0.599	61.3	0.417	0.17	0.019	0.03	0.002	0.06	0.003	0.02	0.005
比利时和卢森堡	2.5	0.573	23 852.2	0.654	87.2	0.484	628.20	0.865	612.01	0.792	6 998.3	0.264	1.96	0.516	3.39	0.552	87.9	0.914	1.88	0.209	2.31	0.126	2.94	0.161	3.23	0.169
贝宁	4.9	0.714	364.3	0.007	27.5	0.124	8.32	0.011	9.91	0.013	373.1	0.009	..	..	0.32	0.047	..	..	0.00	0.000	0.00	0.000	0.01	0.001	0.01	0.004
玻利维亚	3.7	0.646	984.7	0.024	17.7	0.065	61.78	0.085	71.82	0.093	587.0	0.017	0.29	0.077	3.10	0.506	66.3	0.510	0.07	0.008	0.01	0.001	0.02	0.001	0.09	0.008
博茨瓦纳	5.4	0.743	3 257.7	0.087	53.2	0.279	84.14	0.115	120.54	0.156	..	..	..	..	0.40	0.060	78.5	0.738	0.05	0.005	0.01	0.001	0.03	0.001	0.03	0.005
巴西	2.9	0.597	3 181.1	0.085	11.5	0.028	182.89	0.251	131.11	0.170	1 073.8	0.036	0.77	0.202	1.46	0.236	62.5	0.439	0.97	0.107	1.05	0.057	0.57	0.031	3.24	0.170
文莱	2.2	0.555	15 177.7	0.415	..	..	251.67	0.346	301.17	0.390	5 235.0	0.196	..	..	1.15	0.185	88.3	0.921	0.24	0.027	–	–	..	..	0.06	0.007
保加利亚	−0.7	0.386	1 617.1	0.042	52.6	0.276	351.76	0.484	108.01	0.140	2 258.4	0.082	0.57	0.150	3.16	0.515	72.3	0.622	0.13	0.014	0.02	0.001	0.15	0.008	0.05	0.006
布基纳法索	4.3	0.683	202.7	0.003	11.2	0.025	4.54	0.006	3.03	0.004	..	..	0.19	0.051	0.08	0.009	60.5	0.402	0.00	0.000	0.00	0.000	0.00	0.000	0.00	0.004
喀麦隆	2.8	0.590	606.6	0.014	28.5	0.130	6.46	0.008	10.20	0.013	423.2	0.011	..	..	0.45	0.069	64.0	0.467	0.14	0.015	0.01	0.000	0.03	0.001	0.02	0.005
加拿大	3.5	0.631	22 416.5	0.615	44.1	0.224	677.35	0.932	294.15	0.381	8 062.4	0.305	1.82	0.479	3.96	0.646	84.8	0.856	6.43	0.713	6.22	0.341	2.52	0.138	3.29	0.172
智利	5.9	0.777	4 595.9	0.124	32.7	0.155	220.26	0.303	238.49	0.309	1 644.3	0.058	0.54	0.143	3.00	0.489	76.3	0.697	1.17	0.130	0.12	0.007	0.27	0.015	0.76	0.043
中国	9.7	1.000	852.5	0.021	24.4	0.105	111.67	0.153	70.11	0.091	898.5	0.029	0.92	0.240	0.58	0.091	74.3	0.660	1.73	0.192	4.26	0.233	2.03	0.112	5.87	0.304
哥伦比亚	2.5	0.576	1 983.7	0.052	19.2	0.074	166.90	0.229	58.97	0.076	678.3	0.021	0.24	0.063	2.11	0.343	58.8	0.370	0.77	0.085	0.08	0.004	0.14	0.007	0.23	0.016
刚果	1.4	0.512	894.5	0.022	83.9	0.464	7.38	0.010	24.58	0.032	270.8	0.005	..	..	0.55	0.085	57.5	0.346	0.26	0.029	–	–	0.01	0.000	0.03	0.006
刚果（金）	−4.3	0.174	113.3	0.000	16.4	0.057	0.36	0.000	1.13	0.001	292.6	0.006	..	..	0.12	0.015	50.3	0.211	0.02	0.003	–	–	..	..	0.01	0.004
哥斯达黎加	5.1	0.726	3 978.0	0.107	47.4	0.244	219.05	0.301	54.00	0.070	839.7	0.027	0.20	0.052	2.72	0.443	74.0	0.654	0.01	0.001	0.05	0.003	0.11	0.006	0.09	0.008
科特迪瓦	3.4	0.628	618.7	0.014	45.3	0.231	16.93	0.023	31.42	0.040	430.1	0.011	..	..	0.68	0.106	57.5	0.346	0.09	0.010	0.01	0.000	0.03	0.002	0.06	0.007
克罗地亚	2.7	0.585	4 251.1	0.114	44.1	0.224	371.59	0.511	224.62	0.291	1 805.4	0.064	0.98	0.257	3.55	0.579	75.0	0.673	0.08	0.009	0.04	0.002	0.29	0.016	0.06	0.007
塞浦路斯	4.2	0.675	11 498.6	0.314	46.2	0.237	635.74	0.875	333.95	0.432	3 129.1	0.115	0.25	0.065	1.34	0.215	80.0	0.766	0.01	0.001	0.03	0.001	0.21	0.011	0.06	0.007
捷克	1.9	0.536	5 281.2	0.143	67.4	0.365	374.01	0.515	428.89	0.555	3 825.0	0.142	1.30	0.342	2.47	0.402	75.8	0.688	0.22	0.024	0.50	0.027	0.48	0.026	0.37	0.023
丹麦	2.6	0.578	31 209.5	0.857	42.1	0.212	707.21	0.974	621.21	0.804	3 698.7	0.137	2.09	0.550	3.58	0.584	87.3	0.903	0.49	0.054	0.49	0.027	1.66	0.091	0.97	0.053
多米尼加共和国	6.3	0.798	2 388.6	0.063	43.3	0.219	104.53	0.143	93.26	0.121	918.2	0.030	..	..	2.22	0.361	70.3	0.585	0.00	0.000	–	–	0.19	0.011	0.09	0.008
厄瓜多尔	1.5	0.514	1 320.2	0.034	33.8	0.162	98.25	0.135	45.24	0.058	672.8	0.020	0.09	0.024	2.01	0.326	60.8	0.407	0.29	0.032	0.02	0.001	0.06	0.003	0.12	0.010
埃及	4.7	0.704	1 364.3	0.035	16.3	0.056	88.34	0.121	24.14	0.031	714.9	0.022	0.19	0.050	3.71	0.605	68.8	0.557	0.32	0.035	0.09	0.005	0.65	0.036	0.32	0.021

附录表 A.1.7 1999—2001 年 UNCTAD 吸引 FDI 潜力指数中所包含的原始数据和积分（续）

国家和地区	实际 GDP 增长		人均 GDP		总出口		电话总线		移动电话		商业能源使用		研发支出		大专以上学生		国家风险		自然资源出口		电子和汽车零部件进口		服务出口		FDI 流入存量	
	1991—2001 年平均		1991—2001 年平均												1999 年		截止到 2001 年 12 月		1999—2001 年平均							
	百分比	分数 0－1	美元	分数 0－1	占 GDP 的百分比	分数 0－1	每 1000 居民	分数 0－1	每 1000 居民	分数 0－1	人均	分数 0－1	占 GDP 的百分比	分数 0－1	占总人口的百分比	分数 0－1	复合风险率	分数 0－1	占世界总量的百分比	分数 0－1	占世界总量的百分比	分数 0－1	占世界总量的百分比	分数 0－1	占世界总量的百分比	分数 0－1
萨尔瓦多	4.3	0.682	2 087.9	0.055	27.1	0.121	88.12	0.121	106.94	0.138	643.8	0.019	2.20	0.577	1.96	0.318	73.5	0.645	0.01	0.002	0.02	0.001	0.04	0.002	0.03	0.006
爱沙尼亚	1.6	0.522	3 771.9	0.101	87.6	0.486	357.57	0.492	370.24	0.479	3 332.5	0.123	0.76	0.200	3.80	0.620	75.0	0.673	0.05	0.005	0.09	0.005	0.11	0.006	0.05	0.006
埃塞俄比亚	5.3	0.739	102.0	0.000	14.7	0.047	3.70	0.005	0.27	0.000	290.8	0.006	..	..	0.11	0.013	60.5	0.402	0.00	0.000	0.01	0.000	0.03	0.001	0.02	0.005
芬兰	3.7	0.643	23 907.4	0.656	40.3	0.201	549.89	0.757	710.86	0.920	6 432.9	0.242	3.29	0.867	5.23	0.856	88.3	0.921	0.40	0.045	0.51	0.028	0.43	0.023	0.38	0.024
法国	2.0	0.545	22 824.6	0.626	27.6	0.124	577.43	0.795	488.09	0.632	4 359.5	0.162	2.17	0.571	3.42	0.558	81.0	0.785	2.00	0.222	3.97	0.217	5.67	0.311	4.43	0.230
加蓬	2.6	0.579	3 729.2	0.100	65.6	0.354	31.00	0.042	103.27	0.133	1 305.1	0.045	..	..	0.64	0.100	69.3	0.566	0.28	0.031	0.00	0.000	0.02	0.001	-0.03	0.003
冈比亚	3.5	0.635	322.5	0.006	63.9	0.344	24.92	0.034	16.56	0.021	..	..	..	..	0.09	0.010	68.8	0.557	0.00	–	0.00	0.000	0.01	0.000	0.00	0.004
格鲁吉亚	-2.5	0.277	568.0	0.013	22.4	0.093	140.07	0.192	35.55	0.046	502.5	0.014	0.33	0.086	2.74	0.446	..	..	0.01	0.002	0.00	0.000	0.01	0.001	0.01	0.004
德国	1.5	0.515	23 688.9	0.650	32.8	0.156	610.50	0.840	517.91	0.670	4 143.0	0.154	2.46	0.647	2.54	0.413	83.8	0.837	3.18	0.353	6.22	0.340	5.80	0.319	6.61	0.342
加纳	4.2	0.676	312.6	0.006	44.1	0.224	10.43	0.014	6.42	0.008	396.1	0.010	..	..	0.23	0.032	59.5	0.383	0.03	0.003	0.01	0.000	0.03	0.002	0.02	0.005
希腊	2.5	0.576	11 164.4	0.305	22.8	0.096	530.96	0.731	560.10	0.725	2 580.5	0.094	0.67	0.176	3.97	0.649	74.0	0.654	0.32	0.035	0.30	0.017	1.28	0.070	0.23	0.015
危地马拉	4.1	0.666	1 693.5	0.044	19.3	0.075	59.42	0.081	67.18	0.087	626.8	0.019	0.16	0.041	0.80	0.127	70.3	0.585	0.02	0.003	0.04	0.002	0.05	0.003	0.06	0.007
几内亚	4.4	0.687	381.9	0.008	25.0	0.109	4.05	0.005	5.17	0.006	..	..	..	..	0.11	0.013	61.8	0.426	0.05	0.005	0.00	0.000	0.00	0.000	0.00	0.004
圭亚那	4.5	0.693	916.5	0.022	96.6	0.540	82.03	0.112	45.38	0.059	..	..	..	..	1.07	0.171	65.8	0.501	0.01	0.001	–	–	0.01	0.001	0.01	0.005
海地	-0.0	0.424	462.0	0.010	12.3	0.032	9.06	0.012	6.97	0.009	263.0	0.005	..	..	0.10	0.012	57.3	0.342	0.00	0.000	–	–	0.01	0.001	0.00	0.004
洪都拉斯	3.0	0.601	922.6	0.023	40.1	0.200	45.79	0.063	24.18	0.031	468.9	0.013	..	..	1.27	0.203	64.8	0.482	0.01	0.001	0.01	0.001	0.03	0.002	0.02	0.005
中国香港	3.6	0.639	23 712.0	0.650	140.1	0.803	583.00	0.802	772.56	1.000	2 500.0	0.091	0.44	0.117	1.63	0.263	83.3	0.828	0.08	0.008	4.79	0.262	2.81	0.154	7.14	0.369
匈牙利	2.8	0.590	4 902.3	0.132	58.2	0.309	374.85	0.516	322.57	0.417	2 475.6	0.090	0.75	0.198	3.05	0.497	76.0	0.692	0.16	0.018	0.94	0.051	0.45	0.025	0.35	0.022
冰岛	3.4	0.628	29 410.4	0.807	36.7	0.179	674.69	0.929	735.48	0.952	11 839.7	0.450	2.33	0.613	3.47	0.566	77.3	0.716	0.06	0.006	0.01	0.001	0.06	0.003	0.01	0.004
印度	6.1	0.786	458.3	0.010	13.0	0.036	32.02	0.044	3.89	0.005	490.1	0.013	1.23	0.323	0.64	0.100	65.3	0.492	0.29	0.032	0.20	0.011	1.20	0.066	0.32	0.020
印度尼西亚	3.2	0.617	689.8	0.016	39.5	0.197	31.94	0.043	19.86	0.025	688.6	0.021	0.07	0.017	1.17	0.187	56.3	0.323	2.51	0.279	0.24	0.013	0.33	0.018	1.02	0.056
伊朗	3.3	0.624	1 516.0	0.039	24.5	0.106	150.36	0.207	18.42	0.024	1 710.9	0.060	0.49	0.127	1.02	0.162	69.3	0.566	3.12	0.346	0.24	0.013	0.08	0.004	0.04	0.006
爱尔兰	8.3	0.914	25 601.7	0.703	95.0	0.531	458.99	0.632	609.62	0.789	3 784.2	0.140	1.21	0.318	4.33	0.709	88.8	0.931	0.12	0.014	1.72	0.094	1.21	0.067	1.84	0.098
以色列	4.5	0.692	18 011.0	0.493	37.6	0.185	476.50	0.656	660.61	0.855	3 123.8	0.115	3.62	0.952	4.19	0.685	67.8	0.538	0.08	0.009	0.20	0.011	0.89	0.049	0.39	0.024
意大利	1.7	0.528	19 366.6	0.531	27.4	0.123	469.15	0.646	701.66	0.908	2 953.0	0.108	1.04	0.273	3.09	0.503	81.8	0.800	1.12	0.125	2.07	0.113	3.99	0.219	1.84	0.098
牙买加	0.1	0.433	2 932.0	0.078	43.5	0.220	195.41	0.269	156.09	0.202	1 488.2	0.052	..	..	1.41	0.226	70.3	0.585	0.11	0.012	0.01	0.001	0.14	0.008	0.06	0.007
日本	1.2	0.497	35 149.8	0.966	10.4	0.021	579.87	0.798	520.94	0.674	4 103.3	0.153	2.96	0.779	3.15	0.513	84.3	0.847	1.10	0.123	3.85	0.211	4.48	0.246	0.76	0.043
约旦	4.5	0.691	1 719.4	0.045	42.8	0.216	112.53	0.154	87.52	0.113	1 044.4	0.035	..	..	2.19	0.356	71.0	0.598	0.05	0.005	0.05	0.003	0.11	0.006	0.03	0.006
哈萨克斯坦	-1.9	0.314	1 196.4	0.030	48.6	0.251	110.58	0.152	17.12	0.022	2 465.6	0.090	0.29	0.077	2.28	0.370	72.0	0.617	0.71	0.079	0.02	0.001	0.07	0.004	0.17	0.013
肯尼亚	2.1	0.548	340.4	0.007	26.8	0.120	10.40	0.014	8.04	0.010	511.6	0.014	..	..	0.15	0.020	61.0	0.411	0.03	0.003	0.01	0.000	0.05	0.003	0.02	0.005
韩国	5.4	0.748	9 198.0	0.251	43.3	0.219	466.80	0.642	568.07	0.735	4 003.3	0.149	2.57	0.677	6.11	1.000	79.3	0.753	1.48	0.164	1.81	0.099	1.96	0.107	0.59	0.034
科威特	8.5	0.929	17 162.5	0.470	53.5	0.281	241.29	0.332	284.07	0.368	9 755.2	0.370	0.20	0.051	1.78	0.289	84.0	0.841	1.98	0.220	0.03	0.002	0.10	0.006	0.01	0.004
吉尔吉斯斯坦	-1.6	0.329	280.8	0.005	40.2	0.201	77.11	0.106	2.60	0.003	501.0	0.014	0.19	0.051	2.83	0.460	..	..	0.01	0.001	0.00	0.000	0.00	0.000	0.01	0.004
拉脱维亚	-0.2	0.412	2 949.1	0.078	44.8	0.228	303.72	0.418	185.80	0.240	1 573.7	0.055	0.40	0.104	3.82	0.624	76.0	0.692	0.02	0.002	0.02	0.001	0.08	0.004	0.03	0.006
黎巴嫩	4.1	0.668	4 742.4	0.128	12.0	0.031	197.85	0.272	203.13	0.263	1 224.6	0.042	..	..	3.59	0.585	56.8	0.333	0.01	0.001	0.04	0.002	..	..	0.02	0.005
利比亚	1.1	0.490	6 049.9	0.164	28.1	0.128	105.92	0.145	7.19	0.009	2 818.1	0.103	..	..	5.30	0.868	73.8	0.650	1.44	0.160	–	–	0.00	0.000	-0.08	–

附录表 A. 1. 7 1999—2001 年 UNCTAD 吸引 FDI 潜力指数中所包含的原始数据和积分（续）

国家和地区	实际 GDP 增长		人均 GDP		总出口		电话总线		移动电话		商业能源使用		研发支出		大专以上学生		国家风险		自然资源出口		电子和汽车零部件进口		服务出口		FDI 流入存量	
	1991—2001 年平均		1991—2001 年平均												1999 年		截止到 2001 年 12 月		1999—2001 年平均							
	百分比	分数 0-1	美元	分数 0-1	占 GDP 的百分比	分数 0-1	每 1000 居民	分数 0-1	每 1000 居民	分数 0-1	人均	分数 0-1	占 GDP 的百分比	分数 0-1	占总人口的百分比	分数 0-1	复合风险率	分数 0-1	占世界总量的百分比	分数 0-1	占世界总量的百分比	分数 0-1	占世界总量的百分比	分数 0-1	占世界总量的百分比	分数 0-1
立陶宛	-0.9	0.374	3 061.6	0.082	45.1	0.230	315.32	0.434	161.61	0.209	2 131.0	0.077	..	..	3.31	0.540	74.0	0.654	0.13	0.014	0.03	0.002	0.08	0.004	0.04	0.006
马达加斯加	2.9	0.597	252.7	0.004	28.1	0.128	3.40	0.004	5.08	0.006	..	..	0.18	0.046	0.21	0.029	67.0	0.523	0.00	0.000	0.00	0.000	0.02	0.001	0.01	0.004
马拉维	3.7	0.642	155.4	0.001	27.3	0.123	4.52	0.006	4.11	0.005	..	..	..	..	0.03	0.000	60.0	0.393	0.00	0.000	0.00	0.000	0.00	0.000	0.00	0.004
马来西亚	6.1	0.787	3 856.6	0.103	120.9	0.687	199.27	0.274	221.44	0.286	2 002.0	0.072	0.40	0.104	2.17	0.352	76.0	0.692	1.34	0.149	3.86	0.211	0.91	0.050	0.87	0.048
马里	4.3	0.680	221.7	0.003	26.8	0.120	3.59	0.004	1.80	0.002	..	..	..	..	0.17	0.024	57.8	0.351	0.00	0.000	–	–	0.00	0.000	0.01	0.004
马耳他	4.5	0.691	9 256.7	0.252	93.8	0.524	521.91	0.718	248.24	0.321	2 172.0	0.078	0.00	0.000	1.50	0.242	77.8	0.725	0.00	0.000	0.02	0.001	0.08	0.004	0.05	0.006
墨西哥	3.1	0.612	5 651.2	0.153	29.8	0.138	124.71	0.171	146.18	0.189	1 559.8	0.055	0.43	0.113	2.02	0.327	70.8	0.594	2.24	0.249	4.30	0.235	0.88	0.048	1.76	0.094
摩尔多瓦	-7.0	0.011	305.8	0.006	50.6	0.263	138.00	0.190	27.89	0.036	713.0	0.022	1.13	0.296	2.14	0.348	63.8	0.464	0.00	0.000	0.00	0.000	0.01	0.001	0.01	0.004
蒙古	2.1	0.553	384.5	0.008	58.0	0.308	48.43	0.066	53.69	0.069	..	..	..	..	2.82	0.460	64.3	0.473	0.03	0.003	0.00	0.000	0.01	0.000	0.00	0.004
摩洛哥	2.5	0.576	1 143.7	0.029	26.1	0.116	47.73	0.065	86.14	0.111	363.2	0.009	..	..	0.99	0.158	71.8	0.613	0.14	0.015	0.04	0.002	0.20	0.011	0.13	0.010
莫桑比克	7.3	0.856	207.2	0.003	31.1	0.146	4.26	0.005	3.88	0.005	403.3	0.010	..	..	0.04	0.001	59.0	0.374	0.03	0.004	0.00	0.000	0.02	0.001	0.02	0.005
缅甸	7.8	0.887	267.9	0.005	16.5	0.057	5.76	0.007	0.27	0.000	264.1	0.005	..	..	0.85	0.135	62.0	0.430	0.02	0.002	–	–	0.04	0.002	0.05	0.007
纳米比亚	4.5	0.690	1 885.8	0.049	44.6	0.227	64.06	0.088	40.10	0.052	583.3	0.017	..	..	0.56	0.088	76.3	0.697	0.02	0.002	0.01	0.000	0.02	0.001	0.02	0.005
尼泊尔	4.9	0.714	229.1	0.004	22.8	0.096	12.13	0.016	0.49	0.000	343.3	0.008	..	..	0.30	0.044	..	..	0.00	0.000	0.00	0.000	0.03	0.002	0.00	0.004
荷兰	3.0	0.606	24 232.6	0.665	64.3	0.346	615.12	0.847	621.63	0.805	4 739.3	0.177	2.02	0.531	3.10	0.505	87.0	0.897	2.74	0.304	3.31	0.181	3.65	0.200	4.04	0.211
新西兰	3.2	0.618	13 830.2	0.378	34.8	0.168	485.94	0.669	457.78	0.592	4 808.1	0.180	1.11	0.292	4.37	0.714	80.3	0.772	0.14	0.015	0.14	0.008	0.30	0.016	0.44	0.026
尼加拉瓜	4.2	0.673	449.4	0.010	37.7	0.186	30.82	0.042	18.88	0.024	540.2	0.015	0.15	0.038	1.21	0.194	57.8	0.351	0.00	0.000	0.01	0.000	0.02	0.001	0.02	0.005
尼日尔	2.9	0.595	178.1	0.002	15.3	0.050	1.86	0.002	0.20	0.000	..	..	..	..	0.06	0.004	59.5	0.383	0.01	0.001	0.00	0.000	0.00	–	0.01	0.004
尼日利亚	2.4	0.570	394.0	0.008	55.0	0.290	4.23	0.005	1.59	0.002	708.7	0.022	..	..	0.40	0.060	57.3	0.342	3.07	0.341	0.01	0.001	0.07	0.004	0.34	0.021
挪威	3.4	0.629	36 399.2	1.000	44.6	0.227	667.56	0.919	729.70	0.945	5 836.5	0.219	1.70	0.446	4.30	0.703	92.3	0.996	5.43	0.603	0.34	0.019	1.18	0.065	0.51	0.030
阿曼	3.9	0.655	7 270.6	0.197	54.5	0.287	89.34	0.123	79.64	0.103	3 786.3	0.140	..	..	0.70	0.109	81.8	0.800	1.19	0.133	0.09	0.005	0.02	0.001	0.04	0.006
巴基斯坦	3.5	0.634	411.0	0.009	16.4	0.057	22.35	0.030	3.38	0.004	463.9	0.012	..	..	0.18	0.025	56.0	0.318	0.02	0.003	0.06	0.003	0.09	0.005	0.11	0.010
巴拿马	3.5	0.630	3 684.1	0.099	73.1	0.399	154.56	0.212	144.74	0.187	895.1	0.029	0.35	0.090	3.03	0.493	71.5	0.607	0.01	0.001	0.02	0.001	0.12	0.007	0.12	0.010
巴布亚新几内亚	2.7	0.586	695.6	0.016	61.1	0.326	12.35	0.017	1.73	0.002	..	..	..	..	0.21	0.030	61.8	0.426	0.17	0.019	0.00	0.000	0.02	0.001	0.03	0.006
巴拉圭	2.0	0.543	1 354.8	0.035	21.5	0.088	51.92	0.071	144.88	0.187	743.8	0.023	..	..	0.85	0.135	63.0	0.449	0.00	0.000	0.02	0.001	0.04	0.002	0.02	0.005
秘鲁	4.3	0.683	2 067.2	0.054	15.5	0.052	69.64	0.095	47.13	0.061	495.6	0.014	0.08	0.022	2.96	0.482	68.8	0.557	0.37	0.041	0.05	0.003	0.10	0.006	0.17	0.012
菲律宾	3.5	0.635	980.5	0.024	52.0	0.272	40.40	0.055	90.74	0.117	548.0	0.016	0.21	0.056	3.03	0.493	70.0	0.579	0.14	0.016	2.49	0.136	0.28	0.015	0.17	0.013
波兰	5.0	0.725	4 223.5	0.114	28.5	0.130	280.32	0.386	178.96	0.231	2 373.1	0.086	0.72	0.190	4.08	0.666	75.3	0.679	0.48	0.053	0.60	0.033	0.72	0.039	0.57	0.033
葡萄牙	2.9	0.595	11 043.7	0.301	30.7	0.143	426.71	0.587	635.49	0.823	2 448.2	0.089	0.73	0.192	3.79	0.618	78.3	0.735	0.14	0.015	0.54	0.030	0.60	0.033	0.47	0.028
卡塔尔	7.5	0.872	24 539.9	0.673	36.1	0.176	268.36	0.369	212.74	0.275	26 119.0	1.000	..	..	1.53	0.247	70.8	0.594	1.34	0.149	0.02	0.001	..	..	0.03	0.006
罗马尼亚	0.2	0.439	1 660.6	0.043	31.6	0.149	174.86	0.240	114.77	0.148	1 620.9	0.057	0.39	0.102	1.82	0.294	64.3	0.473	0.19	0.021	0.11	0.006	0.11	0.006	0.11	0.010
俄罗斯	-2.9	0.254	1 730.0	0.045	42.2	0.213	223.91	0.308	23.14	0.030	4 169.9	0.155	1.01	0.264	4.91	0.803	69.5	0.570	8.25	0.916	0.13	0.007	0.70	0.038	0.30	0.020
卢旺达	1.9	0.536	236.8	0.004	6.9	0.000	2.23	0.003	4.91	0.006	..	..	..	..	0.09	0.009	..	..	0.00	0.000	0.00	0.000	0.00	0.000	0.00	0.004
沙特阿拉伯	1.2	0.499	8 472.2	0.231	41.6	0.209	137.15	0.188	72.33	0.093	4 769.9	0.178	..	..	1.93	0.313	77.3	0.716	9.01	1.000	0.27	0.015	0.36	0.020	0.45	0.027
塞内加尔	4.3	0.680	486.3	0.011	30.2	0.140	21.32	0.029	22.33	0.029	321.2	0.007	0.01	0.003	0.21	0.029	66.3	0.510	0.02	0.002	0.01	0.000	0.03	0.001	0.01	0.005
塞拉利昂	-4.3	0.169	154.8	0.001	18.1	0.067	4.13	0.005	3.99	0.005	..	..	..	..	0.14	0.018	48.5	0.178	0.00	0.000	–	–	0.01	0.000	0.00	0.004

附录表 A. 1. 7 1999—2001 年 UNCTAD 吸引 FDI 潜力指数中所包含的原始数据和积分（续）

国家和地区	实际 GDP 增长		人均 GDP		总出口		电话总线		移动电话		商业能源使用		研发支出		大专以上学生		国家风险		自然资源出口		电子和汽车零部件进口		服务出口		FDI 流入存量	
	1991—2001 年平均		1991—2001 年平均												1999 年		截止到 2001 年 12 月		1999—2001 年平均							
	百分比	分数 0-1	美元	分数 0-1	占 GDP 的百分比	分数 0-1	每 1000 居民	分数 0-1	每 1000 居民	分数 0-1	人均	分数 0-1	占 GDP 的百分比	分数 0-1	占总人口的百分比	分数 0-1	复合风险率	分数 0-1	占世界总量的百分比	分数 0-1	占世界总量的百分比	分数 0-1	占世界总量的百分比	分数 0-1	占世界总量的百分比	分数 0-1
新加坡	7.2	0.853	21 775.9	0.597	172.8	1.000	479.26	0.660	608.94	0.788	5 897.8	0.222	1.89	0.497	2.73	0.444	89.3	0.940	1.82	0.202	3.78	0.207	1.80	0.099	1.85	0.098
斯洛伐克	3.3	0.619	3 699.1	0.099	69.5	0.377	302.99	0.417	241.97	0.313	3 226.7	0.119	0.68	0.180	2.53	0.411	73.3	0.641	0.17	0.019	0.28	0.015	0.17	0.009	0.08	0.008
斯洛文尼亚	3.7	0.647	9 558.6	0.261	57.2	0.303	389.64	0.536	562.69	0.728	3 254.4	0.120	1.48	0.388	4.01	0.655	78.8	0.744	0.07	0.007	0.13	0.007	0.13	0.007	0.05	0.006
南非	2.4	0.568	2 869.2	0.076	28.4	0.129	117.84	0.162	188.14	0.243	2 555.2	0.093	0.62	0.163	1.61	0.260	68.8	0.557	0.66	0.074	0.22	0.012	0.33	0.018	0.81	0.045
西班牙	2.9	0.598	14 576.8	0.399	29.0	0.133	422.40	0.581	525.94	0.681	3 015.1	0.111	0.91	0.239	4.61	0.755	80.5	0.776	0.90	0.100	3.23	0.177	3.82	0.210	2.38	0.125
斯里兰卡	4.9	0.719	839.4	0.020	37.1	0.182	40.57	0.055	24.21	0.031	425.9	0.011	0.18	0.048	0.36	0.053	57.0	0.336	0.01	0.001	0.02	0.001	0.07	0.004	0.04	0.006
苏丹	5.5	0.754	362.0	0.007	12.8	0.036	11.79	0.016	1.50	0.002	505.6	0.014	..	..	0.71	0.112	54.0	0.280	0.00	0.000	0.01	0.000	0.00	0.000	0.02	0.005
苏里南	3.0	0.607	1 981.5	0.052	57.2	0.303	171.35	0.236	111.00	0.143	..	..	..	..	1.08	0.173	60.8	0.407	0.05	0.005	0.00	0.000	0.01	0.000	-0.01	0.003
瑞典	2.4	0.568	26 434.7	0.725	45.1	0.230	724.11	0.997	696.80	0.902	5 526.6	0.207	3.80	1.000	3.90	0.637	84.3	0.847	0.61	0.068	1.32	0.072	1.43	0.079	1.45	0.078
瑞士	1.1	0.493	34 617.5	0.951	42.7	0.215	726.45	1.000	600.45	0.777	3 721.1	0.138	2.64	0.695	2.14	0.347	92.5	1.000	0.61	0.068	0.49	0.027	1.82	0.100	1.41	0.076
叙利亚	4.3	0.681	1 053.0	0.026	37.4	0.184	101.91	0.140	4.71	0.006	1 139.9	0.038	0.18	0.048	0.61	0.096	71.5	0.607	0.43	0.047	0.01	0.000	0.10	0.006	0.03	0.005
中国台湾	5.8	0.768	13 150.4	0.359	51.2	0.267	562.18	0.774	763.43	0.988	4 052.0	0.151	2.09	0.550	5.30	0.867	81.5	0.794	0.48	0.053	1.20	0.066	1.35	0.074	0.46	0.028
塔吉克斯坦	-7.2	0.003	171.7	0.002	75.4	0.413	35.45	0.048	0.18	0.000	506.4	0.014	..	..	1.31	0.211	..	..	0.07	0.008	0.00	0.000	..	..	0.00	0.004
马其顿	0.1	0.434	1 753.1	0.045	42.3	0.213	249.34	0.343	63.38	0.082	..	..	0.52	0.136	2.00	0.323	..	..	0.02	0.002	0.00	0.000	0.02	0.001	0.01	0.004
泰国	3.2	0.617	1 906.9	0.050	64.0	0.344	92.60	0.127	70.90	0.092	1 191.0	0.040	0.10	0.026	3.12	0.509	73.8	0.650	0.36	0.040	1.97	0.108	0.96	0.053	0.44	0.027
多哥	2.7	0.584	289.7	0.005	32.1	0.151	9.32	0.012	11.66	0.015	331.8	0.007	..	..	0.34	0.050	61.0	0.411	0.01	0.001	0.00	0.000	0.00	0.000	0.01	0.004
特立尼达和多巴哥	4.0	0.660	5 879.0	0.159	58.8	0.312	228.88	0.315	109.94	0.142	6 447.2	0.243	0.14	0.035	0.60	0.094	73.5	0.645	0.35	0.039	0.01	0.001	0.04	0.002	0.11	0.010
突尼斯	4.8	0.707	2 130.7	0.056	44.4	0.226	99.44	0.136	19.46	0.025	818.1	0.026	0.44	0.116	1.90	0.308	72.8	0.632	0.10	0.011	0.05	0.003	0.19	0.010	0.19	0.014
土耳其	3.2	0.617	2 659.9	0.070	26.9	0.120	281.79	0.388	224.70	0.291	1 138.6	0.038	0.63	0.166	1.55	0.250	48.5	0.178	0.17	0.019	0.45	0.025	1.20	0.066	0.31	0.020
乌干达	7.0	0.840	261.9	0.004	11.0	0.025	2.74	0.003	8.47	0.011	..	..	0.75	0.198	0.26	0.038	62.5	0.439	0.00	0.000	0.00	0.000	0.01	0.001	0.02	0.005
乌克兰	-7.2	0.000	679.4	0.016	56.2	0.297	205.80	0.283	21.58	0.028	2 824.9	0.103	0.95	0.249	3.11	0.507	66.8	0.520	0.37	0.041	0.03	0.002	0.27	0.015	0.07	0.007
阿联酋	3.2	0.615	18 297.4	0.501	67.4	0.364	364.49	0.501	483.02	0.625	10 114.9	0.384	..	..	0.89	0.142	82.5	0.813	2.28	0.253	–	–	..	..	0.02	0.005
英国	2.9	0.596	24 228.0	0.665	27.1	0.121	583.77	0.803	651.44	0.843	3 953.1	0.147	1.87	0.492	3.45	0.562	83.5	0.832	3.98	0.442	6.58	0.360	7.84	0.430	7.66	0.396
坦桑尼亚	3.4	0.626	252.5	0.004	15.0	0.049	4.52	0.006	6.19	0.008	456.5	0.012	..	..	0.06	0.004	57.5	0.346	0.00	0.000	0.01	0.000	0.04	0.002	0.03	0.005
美国	3.6	0.639	34 260.1	0.941	10.7	0.023	668.18	0.920	385.11	0.498	8 107.2	0.307	2.67	0.702	4.78	0.782	79.0	0.748	3.78	0.420	18.28	1.000	18.22	1.000	19.48	1.000
乌拉圭	2.6	0.578	5 936.1	0.161	19.0	0.073	277.32	0.381	127.35	0.165	949.6	0.031	0.26	0.067	2.75	0.448	74.3	0.660	0.01	0.001	0.04	0.002	0.09	0.005	0.03	0.006
乌兹别克斯坦	1.0	0.485	451.1	0.010	34.6	0.167	66.22	0.091	2.10	0.002	2 049.1	0.073	..	..	3.05	0.497	..	..	0.09	0.010	–	–	..	..	0.01	0.005
委内瑞拉	1.1	0.489	4 815.8	0.130	24.2	0.104	107.25	0.147	216.16	0.280	2 413.6	0.088	0.33	0.087	2.82	0.459	66.8	0.520	3.35	0.372	0.10	0.005	0.08	0.004	0.45	0.027
越南	7.2	0.851	395.5	0.008	53.4	0.280	32.05	0.044	9.83	0.012	462.5	0.012	..	..	0.93	0.148	69.5	0.570	0.45	0.050	–	–	0.18	0.010	0.24	0.016
也门	5.9	0.777	465.0	0.010	42.0	0.211	19.08	0.026	3.76	0.005	202.7	0.002	..	..	0.97	0.155	65.3	0.492	0.43	0.048	–	–	0.01	0.001	0.02	0.005
赞比亚	1.0	0.484	319.3	0.006	27.9	0.126	8.38	0.011	8.00	0.010	618.6	0.018	..	..	0.13	0.017	53.5	0.271	0.09	0.010	0.01	0.000	0.01	0.000	0.04	0.006
津巴布韦	1.8	0.535	572.7	0.013	32.5	0.154	19.23	0.026	20.70	0.027	836.4	0.027	..	..	0.37	0.056	39.0	0.000	0.04	0.004	0.00	0.000	0.05	0.003	0.02	0.005

资料来源：UNCTAD，根据世界银行和国际货币基金组织（实际 GDP 增长）；UNCTAD（人均 GDP，出口）；世界银行、《世界发展指标》在线（电话总线、移动电话、商业能源使用和研发支出）；UNESCO（大专以上学生）；PRS 集团/国际国家风险指南（国家风险）；联合国统计司 DESA 及 COMTRADE 数据库（自然资源出口、电子和汽车零部件进口及服务出口）；UNCTAD FDI 数据库（FDI 流入存量）。

附录表 A.1.8　1990—2001 年吸引 FDI 潜力指数排名[a]

国家和地区	1988—1990	1989—1991	1990—1992	1991—1993	1992—1994	1993—1995	1994—1996	1995—1997	1996—1998	1997—1999	1998—2000	1999—2001
阿尔巴尼亚	..	..	123	121	118	123	120	131	124	109	103	97
阿尔及利亚	53	61	79	87	91	96	93	89	89	91	83	81
安哥拉	75	84	106	122	122	109	117	125	116	124	108	105
阿根廷	59	58	53	48	45	50	47	46	43	46	47	51
亚美尼亚	..	..	127	131	120	116	127	123	129	125	126	118
澳大利亚	14	14	13	10	11	12	12	12	15	16	19	21
奥地利	19	19	20	19	18	18	18	20	21	24	23	22
阿塞拜疆	..	..	..	..	134	131	133	130	130	131	118	106
巴哈马	28	31	32	31	33	36	35	35	36	37	37	39
巴林	26	28	30	29	29	30	30	30	31	33	34	31
孟加拉国	105	103	113	101	107	118	110	111	111	113	110	121
白俄罗斯	..	..	28	32	31	71	72	66	68	68	64	63
比利时和卢森堡	10	10	9	11	10	11	10	11	9	9	9	8
贝宁	111	112	129	132	135	135	132	132	134	133	132	132
玻利维亚	81	77	92	95	90	90	90	83	79	78	80	82
博茨瓦纳	32	32	48	47	46	49	50	52	60	55	58	59
巴西	48	48	69	69	71	74	71	71	74	73	70	71
文莱	30	30	23	26	27	28	28	28	28	28	31	32
保加利亚	..	..	42	53	60	48	59	74	58	63	68	64
布基纳法索	94	98	114	110	116	121	119	124	118	110	115	125
喀麦隆	79	99	119	124	131	130	129	127	119	118	122	115
加拿大	2	2	2	2	2	2	2	2	5	4	5	5
智利	41	41	47	43	41	40	39	39	44	44	44	45
中国	45	43	52	56	59	55	45	41	42	42	42	40
哥伦比亚	58	56	71	71	80	86	86	100	90	89	86	94
刚果	73	85	112	114	105	106	100	126	108	108	102	104
刚果（金）	103	111	131	137	139	139	139	139	139	138	139	139
哥斯达黎加	50	47	55	54	54	58	57	57	59	56	57	60
科特迪瓦	96	94	102	107	111	112	104	105	98	96	109	110
克罗地亚	..	..	..	117	106	82	80	77	57	53	51	46
塞浦路斯	33	33	37	37	38	37	37	38	39	41	41	42
捷克	..	..	58	50	48	39	40	40	40	39	38	37
丹麦	16	16	14	15	16	16	16	16	16	15	16	16
多米尼加共和国	66	68	73	67	66	67	65	59	66	62	59	65
厄瓜多尔	69	72	83	85	86	95	97	90	95	103	104	103
埃及	67	65	88	82	79	85	87	87	69	71	71	70

附录表 A. 1. 8 1990—2001 年吸引 FDI 潜力指数排名[a]（续）

国家和地区	1988—1990	1989—1991	1990—1992	1991—1993	1992—1994	1993—1995	1994—1996	1995—1997	1996—1998	1997—1999	1998—2000	1999—2001
萨尔瓦多	80	75	86	76	73	51	52	47	51	54	55	54
爱沙尼亚	..	..	76	90	83	65	60	55	47	40	39	38
埃塞俄比亚	114	117	135	129	128	125	122	112	126	126	120	124
芬兰	9	9	11	14	15	15	14	14	12	10	10	10
法国	7	7	5	5	6	7	9	9	10	12	12	14
加蓬	60	63	80	77	84	79	79	69	76	76	82	77
冈比亚	63	66	84	74	93	97	88	82	85	85	87	87
格鲁吉亚	..	..	..	..	129	133	137	137	137	136	135	131
德国	4	4	4	4	3	3	5	6	6	7	6	6
加纳	91	88	100	100	103	110	111	110	109	114	116	113
希腊	34	34	34	38	39	38	38	37	35	35	36	36
危地马拉	102	100	108	108	108	108	105	102	103	102	100	101
几内亚	89	90	104	105	109	115	115	113	105	106	111	111
圭亚那	101	101	94	89	70	61	55	56	56	58	60	62
海地	115	115	132	133	136	136	136	135	135	135	136	135
洪都拉斯	83	79	96	97	99	99	101	99	94	90	94	96
中国香港	17	17	18	16	13	13	13	13	13	13	13	13
匈牙利	47	50	63	63	63	57	54	54	48	45	45	41
冰岛	15	15	17	18	20	19	21	19	19	19	18	17
印度	72	71	97	94	95	93	84	92	88	87	91	84
印度尼西亚	42	44	54	51	53	60	58	72	91	84	85	92
伊朗	51	46	51	49	49	56	56	61	67	77	72	74
爱尔兰	24	24	29	28	28	22	19	18	18	18	15	11
以色列	27	26	31	30	30	26	26	25	24	21	22	23
意大利	18	18	19	20	19	23	22	22	25	25	25	26
牙买加	61	62	74	72	65	66	70	68	72	74	81	78
日本	12	12	12	9	8	8	7	7	11	11	11	12
约旦	65	69	68	68	64	62	62	60	62	65	67	68
哈萨克斯坦	..	..	61	75	85	92	98	97	96	97	93	83
肯尼亚	84	89	101	104	102	101	103	114	114	123	123	127
韩国	20	20	26	24	21	17	17	17	17	17	17	18
科威特	46	49	40	40	32	32	32	31	34	34	29	28
吉尔吉斯斯坦	..	..	..	126	133	134	134	134	132	132	130	128
拉脱维亚	..	..	43	66	89	87	91	86	71	66	63	55
黎巴嫩	85	80	60	52	55	77	69	64	53	50	50	58
利比亚	55	51	46	45	51	63	66	70	45	47	46	47

附录表 A.1.8 1990—2001 年吸引 FDI 潜力指数排名[a]（续）

国家和地区	1988—1990	1989—1991	1990—1992	1991—1993	1992—1994	1993—1995	1994—1996	1995—1997	1996—1998	1997—1999	1998—2000	1999—2001
立陶宛	..	..	70	91	92	89	85	81	61	60	61	56
马达加斯加	99	102	122	119	126	127	126	120	113	117	114	114
马拉维	88	91	103	109	115	111	107	104	106	104	112	120
马来西亚	38	36	39	39	37	31	31	32	32	29	32	33
马里	106	107	120	113	114	119	113	108	102	99	105	117
马耳他	35	39	38	35	36	33	33	34	38	38	40	44
墨西哥	44	45	44	41	42	53	51	50	52	52	48	49
摩尔多瓦	..	..	35	36	40	46	96	98	107	120	125	109
蒙古	..	57	91	92	88	84	76	78	73	67	66	69
摩洛哥	71	74	81	80	77	91	92	96	92	92	96	93
莫桑比克	112	110	126	127	127	129	130	133	122	122	124	108
缅甸	117	118	128	130	132	126	125	115	115	111	106	100
纳米比亚	87	82	90	86	74	76	68	67	77	75	77	79
尼泊尔	109	108	125	128	130	132	131	129	133	134	134	133
荷兰	8	8	8	7	9	10	11	10	8	8	8	9
新西兰	23	25	25	25	24	25	27	27	27	27	27	27
尼加拉瓜	95	97	116	123	121	120	121	119	123	115	113	112
尼日尔	108	109	121	120	125	128	128	128	128	121	119	126
尼日利亚	68	60	77	83	87	98	99	91	93	93	89	89
挪威	5	5	6	6	5	5	4	4	3	5	4	3
阿曼	36	38	45	46	47	52	49	51	55	59	56	50
巴基斯坦	92	87	107	103	101	113	109	117	125	128	129	129
巴拿马	54	55	67	55	50	42	44	42	46	48	52	53
巴布亚新几内亚	77	78	93	88	75	70	67	76	80	83	84	98
巴拉圭	70	67	75	73	78	83	83	85	99	98	99	107
秘鲁	78	83	95	98	94	94	95	88	83	82	79	80
菲律宾	76	76	78	70	72	68	61	58	64	61	69	66
波兰	49	52	59	57	56	54	53	53	41	43	43	43
葡萄牙	39	35	36	34	34	35	34	33	33	32	33	34
卡塔尔	22	22	16	17	17	20	24	24	22	22	21	20
罗马尼亚	..	..	85	93	97	88	89	101	97	101	98	91
俄罗斯	..	..	33	33	35	34	36	36	37	36	35	35
卢旺达	113	116	130	135	140	140	140	140	140	139	138	138
沙特阿拉伯	31	27	22	21	25	29	29	29	29	31	28	30
塞内加尔	93	96	117	118	124	122	123	122	120	119	117	119
塞拉利昂	107	113	133	134	137	138	135	138	138	140	140	140

附录表 A.1.8 1990—2001 年吸引 FDI 潜力指数排名[a]（续）

国家和地区	1988—1990	1989—1991	1990—1992	1991—1993	1992—1994	1993—1995	1994—1996	1995—1997	1996—1998	1997—1999	1998—2000	1999—2001
新加坡	13	13	15	13	7	4	3	3	2	2	2	2
斯洛伐克	..	..	62	62	61	47	48	48	49	49	49	48
斯洛文尼亚	..	..	89	78	69	43	42	43	30	30	30	29
南非	52	53	57	61	58	59	63	62	75	70	73	72
西班牙	25	23	21	22	26	27	25	26	26	26	26	25
斯里兰卡	97	92	115	111	104	105	106	106	104	107	107	116
苏丹	116	114	134	136	138	137	138	136	131	130	127	123
苏里南	43	42	64	64	57	45	43	45	65	79	76	76
瑞典	6	6	7	8	12	9	8	8	7	6	7	7
瑞士	11	11	10	12	14	14	15	15	14	14	14	15
叙利亚	74	73	87	81	76	73	73	73	81	88	90	90
中国台湾	21	21	27	23	22	21	23	23	23	20	20	19
塔吉克斯坦	..	..	105	116	119	103	116	121	136	137	137	136
马其顿	..	..	..	..	110	104	112	109	110	105	101	102
泰国	40	40	50	44	44	41	41	49	50	51	53	52
多哥	90	95	118	125	123	124	118	94	112	116	121	122
特立尼达和多巴哥	57	64	72	79	82	80	78	65	70	69	65	61
突尼斯	64	70	82	84	81	78	77	75	78	72	74	73
土耳其	62	59	65	58	68	75	74	80	82	81	78	86
乌干达	104	106	124	115	113	107	102	103	100	95	95	99
乌克兰	..	..	49	65	67	64	75	79	84	86	88	85
阿联酋	29	29	24	27	23	24	20	21	20	23	24	24
英国	3	3	3	3	4	6	6	5	4	3	3	4
坦桑尼亚	98	93	109	106	112	114	114	118	121	129	128	130
美国	1	1	1	1	1	1	1	1	1	1	1	1
乌拉圭	56	54	66	60	62	69	64	63	63	64	62	67
乌兹别克斯坦	..	..	56	59	52	72	94	95	101	100	97	95
委内瑞拉	37	37	41	42	43	44	46	44	54	57	54	57
越南	86	86	111	102	100	100	81	84	87	80	75	75
也门	110	104	98	96	96	81	82	93	86	94	92	88
赞比亚	100	105	110	112	117	117	124	116	127	127	131	134
津巴布韦	82	81	99	99	98	102	108	107	117	112	133	137

资料来源：UNCTAD。

a. 三年移动平均。

注：覆盖 140 个国家和地区，以 12 个经济和政治变量为基础。

附录表 A.1.9　2002 年完成的超过 10 亿美元的跨国并购交易

排名	金额（10亿美元）	被收购公司	东道国家和地区	被收购公司所在行业	收购公司	来源国家和地区	收购公司所在行业
1	10.7	美国网络公司－Ent Asts	美国	电视广播站	维旺迪环球	法国	除无线电话之外的电话通讯
2	8.3	美国在线欧洲公司、美国在线澳大利亚公司	德国	信息修复服务	美国在线	美国	信息修复服务
3	8.0	尼亚加拉莫霍克控股公司	美国	电气服务	国家电网公司	英国	电气服务
4	7.4	西海岸能原公司	加拿大	天然气输送和销售	杜克能源	美国	电气与其他综合服务
5	7.4	伊诺吉控股公司	英国	电气服务	RWE 公司	德国	电气与其他综合服务
6	7.4	发电公司	英国	电气服务	仪恩公司	德国	电气服务
7	6.6	阿旺迪作物科学控股公司	法国	杀虫剂和农业化学	拜耳公司	德国	医疗化学与植物性药物产品
8	6.5	索内拉公司（芬兰）	芬兰	除无线电话之外的电话通讯	泰利亚公司	瑞典	除无线电话之外的电话通讯
9	6.2	石油公司	英国	原油和天然气	壳牌资源	英国	原油和天然气
10	5.6	米勒酿造公司（飞利浦莫里斯）	美国	麦芽饮料	南非酿酒集团	英国	啤酒与淡啤酒
11	4.6	雷姆茨玛烟草公司	德国	烟草	帝国烟草集团	英国	烟草
12	4.4	卡斯托拉玛·杜布瓦	法国	五金商店	翠鸟公司	英国	五金商店
13	3.9	莫提瓦企业	美国	石油精炼	投资者集团	荷兰	投资者，nec
14	3.7	煤气输送公司（捷克）	捷克	天然气输送和销售	RWE 天然气公司	德国	天然气及其输送
15	3.6	维巴公司（仪恩公司）	德国	石油精炼	英国石油	英国	石油精炼
16	3.3	杰弗逊·斯穆尔集团	爱尔兰	修改纸及卡纸等	MDP Acquisitions	爱尔兰	投资者，nec
17	3.3	BCOM3 Group Inc	美国	广告代理	广告集团	法国	广告代理
18	3.1	NYA Birka Energi	瑞典	电气服务	福特姆公司	芬兰	原油和天然气
19	3.0	E-Plus Mobilfunk GmbH（Otelo）	德国	无线电话通讯	皇家 KPN 公司	荷兰	除无线电话之外的电话通讯
20	2.9	Pennzoil-Quaker State Co	美国	石油精炼	壳牌石油公司	美国	石油精炼
21	2.8	弗兰科—内华达采矿公司	加拿大	金矿	纽蒙特矿业公司	美国	金矿
22	2.8	VAW 铝业有限公司（VIAG）	德国	铝初加工	挪威海德鲁公司	挪威	氮肥
23	2.8	大宇汽车	韩国	汽车和客车部件	投资者集团	美国	投资者，nec
24	2.7	松巴集团	美国	商业服务	贝塔斯曼音乐集团	美国	多种出版
25	2.7	SPP	斯洛伐克	原油和天然气	投资者集团	法国	投资者，nec
26	2.6	圣科有限公司	法国	非住宅建筑经营者	热奇纳	法国	非住宅建筑经营者
27	2.6	Chef America Inc	美国	专业制冷	雀巢公司	瑞士	巧克力及可可产品
28	2.5	TXU Europe-Generation & Supply	英国	电气服务	发电公司	英国	电气服务
29	2.5	Zurich Scudder Investments Inc	美国	投资咨询	德意志银行	德国	银行
30	2.4	United California Bank，LA，CA	美国	过硬商业银行	BNP Paribas SA	法国	银行
31	2.3	美洲电信	巴西	无线电话通讯	CV 美洲移动有限公司	墨西哥	无线电话通讯
32	2.2	阿塞拉利亚	西班牙	钢铁铸造	尤西诺尔有限公司	法国	钢厂、爆炸熔炉、轧钢机
33	2.2	诺曼地矿业	澳大利亚	金矿	纽蒙特矿业公司	美国	金矿
34	2.1	希博公司	英国	电气服务	LE 集团	英国	电气服务
35	2.0	IBM 硬盘驱动器部门	美国	计算机存储设备	日立	日本	电子计算机
36	2.0	维巴油气股份有限公司	英国	原油和天然气	加拿大石油	加拿大	原油和天然气
37	2.0	Shell & DEA 石油股份有限公司	德国	石油精炼	壳牌德国公司	德国	原油和天然气
38	2.0	DSM 石化公司	荷兰	工业无机化学	沙特基础产业公司	沙特阿拉伯	工业无机化学，nec
39	2.0	Ben（Belgacom SA，TeleDanmark）	荷兰	无线电话通讯	德国电信	德国	除无线电话之外的电话通讯
40	2.0	Avon Energy Partners Holdings	英国	电气服务	天鹰公司（联合公用事业公司）	美国	多种公用事业，nec
41	1.9	维埃斯哥	西班牙	电气服务	Ente Nazionale per lEnergia	意大利	电气服务
42	1.9	TXU-Eastern Electricity	英国	电气服务	伦敦电力	英国	电气服务

附录表 A.1.9 2002 年完成的超过 10 亿美元的跨国并购交易（续）

排名	金额（10 亿美元）	被收购公司	东道国家和地区	被收购公司所在行业	收购公司	来源国家和地区	收购公司所在行业
43	1.8	日产汽车	日本	汽车和客车部件	雷诺有限公司	法国	机动车辆和客车车体
44	1.8	Wessex Water PLC	英国	供水	YTL 公用事业（英国）有限公司	英国	供水
45	1.7	Interbrew SA-Carling Business	英国	麦芽酿造	阿道夫—库尔斯公司	美国	麦芽酿造
46	1.7	西门子工程（7）	德国	工程服务	Demag Holding SARL	卢森堡	控股公司办公室，nec
47	1.7	智利桑坦德银行	智利	银行	圣地亚哥银行	智利	与储蓄银行相关的职能，nec
48	1.7	Haarmann & Reimer GmbH（Bayer）	德国	化学和化学预备	EQT Northern Europe Fund	瑞典	投资者，nec
49	1.7	雷诺汽车	法国	汽车和客车部件	日产汽车	日本	机动车辆和客车车体
50	1.6	Berliner Kraft-und Licht	德国	电气和其他综合服务	汉堡电力股份公司	德国	电力和其他综合服务
51	1.6	Brauerei Beck GmbH & Co	德国	麦芽酿造	跨国酿造有限公司	比利时	麦芽酿造
52	1.6	Schmalbach-Lubeca-PET Assets	德国	塑料瓶	阿姆科尔	澳大利亚	纸箱
53	1.5	Cedel International SA	卢森堡	安全和日用品服务	德国交易所	德国	证券及商品交易
54	1.5	TRW 航空系统	英国	搜索、探测和导航设备	古德里奇公司	美国	制导导弹和共建飞行器
55	1.5	现代商用车	韩国	深海对外货物运输	投资者集团	挪威	投资者，nec
56	1.5	Telecom Italia-Real Estate	意大利	非住宅建筑经营者	摩根斯坦利，匹雷利房地产	美国	房地产中介和管理
57	1.5	房地产公司（RAS）	意大利	房地产代理和管理	Aida（Morgan Stanley，Pirelli）	意大利	投资者，nec
58	1.4	Disputada de Las Condes	智利	铜矿	英美矿业公司	英国	金矿
59	1.4	Vivendi Publish-Bis Publishing	法国	期刊：出版或出版与印刷	投资者集团	英国	投资者，nec
60	1.4	TrizecHahn Corp	加拿大	除墓地以外的土地细分与开发	特里兹哈恩公司	加拿大	除墓地以外的土地细分与开发
61	1.3	VEBA Oel AG（E. On AG）	德国	石油精炼	英国石油公司	英国	石油精炼
62	1.3	RTL Group	卢森堡	电视广播站	贝塔斯曼	德国	报纸：出版或出版兼印刷
63	1.3	Navision A/S	丹麦	计算机程序服务	微软	美国	预包装软件
64	1.3	Pegaso PCS SA de CV	墨西哥	无线电通讯	电话公司	西班牙	除无线电话之外的电话通讯
65	1.3	Enex Resources Ltd（Glencore）	澳大利亚	含沥青煤及褐煤表面开采	Xstrata AG	瑞士	铝产品粗加工
66	1.3	DiverseyLever Inc（Unilever）	荷兰	建筑物清洁与维护服务	Johnson Wax Professional	美国	专业清洗与打磨
67	1.2	Afore Banamex Aegon	墨西哥	养老、保健与福利基金	Grupo Financiero Banamex SA	墨西哥	银行
68	1.2	Cereol	法国	植物油炼制	Bunge Ltd	美国	谷物和豆类
69	1.2	Kruidvat Holding	荷兰	Drug stores and proprietary stores	AS Watson & Co Ltd	中国香港	食品杂货店
70	1.2	AurionGold Ltd	澳大利亚	金矿	普拉塞尔·多姆亚太公司	澳大利亚	金矿
71	1.2	Agora SpA（Montedison）	意大利	投资者，nec	索尔维有限公司	比利时	工业有机化学，nec
72	1.1	Schmalbach-Lubeca AG	德国	金属罐	鲍尔公司	美国	金属罐
73	1.1	Grupo Financiero Bital SA	墨西哥	银行	HSBC 控股公司	英国	银行
74	1.1	Nycomed Pharma AS	挪威	医药制备	投资者集团	美国	投资者，nec
75	1.1	Pannon GSM Rt	匈牙利	无线电话通讯	挪威电信移动通信公司	挪威	除无线电话之外的电话通讯
76	1.1	Duiker Mining Ltd	南非	含沥青煤及褐煤表面开采	Xstrata AG	瑞士	初加工铝
77	1.1	VHDB，DB Vida，DB Vita	德国	人寿保险	苏黎世金融服务集团	瑞士	人寿保险
78	1.0	Cerestar（Montedison）	法国	湿玉米研磨	Cargill Inc	美国	谷物和豆类
79	1.0	Royal Canin SA（Guyomarch SA）	法国	狗、猫和宠物食品	每富食控股有限公司	法国	狗、猫和宠物食品
80	1.0	Green Property PLC	爱尔兰	除墓地以外的土地细分与开发	投资者集团	英国	投资者，nec
81	1.0	安玛西亚生物科学公司	瑞典	除诊断产品之外的生物制品	安玛西亚公司	英国	除诊断产品之外的生物制品

资料来源：UNCTAD，跨国并购数据库。

注：东道国家和地区及来源国家和地区表示发生直接交易的经济体。因此，对于来源国家和地区与东道国国家和地区相同的并购交易来讲，最终的来源国家和地区是不同的。这些并购交易因而被认为是跨国并购交易。数据包括 10% 以上的股权收购。

附录表 A.1.10 1983—2002 年法国、德国、英国和美国总的 FDI 流出流量和撤资[a]

（100 万美元和百分比）

年份	法国			德国			英国			美国		
	FDI 总量[b]	撤资[b]	撤资占 FDI 总量的百分比	FDI 总量	撤资	撤资占 FDI 总量的百分比	FDI 总量	撤资	撤资占 FDI 总量的百分比	FDI 总量	撤资	撤资占 FDI 总量的百分比
1983	..	..	..	..	..	..	5 302	1 008	19	21 188	11 663	55
1984	..	..	..	..	..	..	7 733	1 631	21	31 536	18 491	59
1985	..	..	..	..	..	..	11 068	2 251	20	24 027	10 639	44
1986	..	..	..	..	..	..	17 294	2 140	12	27 229	7 588	28
1987	..	..	..	..	..	..	31 309	4 309	14	43 940	13 786	31
1988	..	..	..	..	..	..	37 206	5 911	16	34 994	16 395	47
1989	..	..	..	..	..	..	35 164	5 692	16	65 365	27 761	42
1990	..	..	..	..	..	..	17 948	5 647	31	52 310	21 328	41
1991	29 636	4 504	15	..	..	..	16 409	6 268	38	45 991	13 295	29
1992	36 364	5 958	16	26 971	8 372	31	17 739	6 576	37	54 554	11 907	22
1993	25 296	5 563	22	22 474	5 278	23	26 033	6 734	26	89 610	12 363	14
1994	32 616	8 243	25	26 006	7 146	27	32 199	8 514	26	98 555	25 304	26
1995	25 642	9 886	39	56 690	17 641	31	43 562	5 807	13	112 848	20 774	18
1996	39 382	8 961	23	53 939	3 135	6	34 047	14 007	41	107 635	23 208	22
1997	46 843	11 259	24	51 344	9 546	19	61 586	8 176	13	129 488	33 719	26
1998	62 818	14 207	23	104 702	15 877	15	122 816	24 868	20	172 629	41 625	24
1999	139 045	12 189	9	110 907	1 461	1	201 451	22 665	11	229 371	54 794	24
2000	189 961	14 457	8	114 964	65 171	57	233 371	52 724	23	194 619	29 650	15
2001	101 620	18 806	19	63 283	18 305	29	66 118	36 168	55	140 636	26 659	19
2002	..	..	..	25 372	837	3	..	..	..	147 729	35 064	24

资料来源：UNCTAD，FDI/TNC 数据库，根据法国经济、金融与产业部/法兰西银行，2001 年国际收支与对外状况，2002 年 5 月 15 日；德国联邦储备银行，Zahlungsbilanzstatistik，2003 年 2 月，Statistisches Beiheft zum Monatsbericht 3；英国国民统计局，商业监察 MA4，2001 年外国直接投资，2003 年 2 月；以及美国商务部经济分析局，美国国际交易账户数据，www. bea. doc. gov，2003 年 3 月 14 日。

a. FDI（净）流量加撤资。

b. 不包括短期的公司内部贷款。

附录表 A. 1. 11　1985—2001 年德国、日本和美国从各地区的外国子公司获得的专利与特许权费

（100 万美元）

年份	德国				日本				美国			
	公司内部				公司内部				公司内部			
	仅包括德国的母公司	在德国的外国子公司	跨国公司	整个国家	仅包括日本的母公司	在日本的外国子公司	跨国公司	整个国家	仅包括美国的母公司	在美国的外国子公司	跨国公司	整个国家
1985	464	83	..	617	..	..	..	723	..	..	..	6 680
1986	597	122	..	919	..	..	617	906	5 994	180	..	8 113
1987	698	146	..	1 165	..	..	..	1 293	7 668	220	..	10 174
1988	883	124	..	1 265	..	..	..	1 637	9 238	256	..	12 139
1989	1 122	106	..	1 341	..	..	1 034	2 016	10 612	349	12 800	13 818
1990	1 547	236	..	1 987	..	..	..	2 479	12 867	383	..	16 634
1991	1 515	345	..	1 888	..	..	..	2 866	13 523	583	..	17 819
1992	1 680	472	..	2 072	..	..	2 335	3 061	14 925	733	..	20 841
1993	1 629	501	..	2 058	..	..	..	3 861	14 936	752	..	21 695
1994	1 720	496	..	2 403	..	..	..	5 185	19 250	1 025	33 957	26 712
1995	2 231	617	..	3 134	..	..	3 919	6 005	21 399	1 460	..	30 289
1996	2 457	655	..	3 365	..	..	..	6 681	22 719	1 837	..	32 470
1997	2 321	518	..	3 222	..	..	..	7 303	23 091	1 374	..	33 228
1998	2 652	750	..	3 346	..	..	5 499	7 388	24 362	1 951	..	35 626
1999	2 321	629	..	3 108	..	..	..	8 190	24 807	1 700	..	36 902
2000	2 214	642	..	2 884	..	..	..	10 227	24 585	2 231	..	39 607
2001	2 404	745	..	3 149	..	..	..	10 462	23 502	2 371	..	38 668
2002	2 904	1 010	..	..	..	..	..	..	..	..	..	..

资料来源：UNCTAD，根据《1999 年世界投资报告》；国际货币基金组织《国际收支统计》光盘数据库（2003 年 1 月）；德国联邦储备银行（各种出版物）；日本 METI，2002 年；美国商务部，2002 年。

附录表 A.1.12 1998年，2000—2001年德国和美国的外国子公司及两国获得的专利与特许权费

（100万美元）

国家/地区	德国 公司内部 仅包括德国母公司	德国 公司内部 在德国的外国子公司	德国 整个国家	美国 公司内部 仅包括美国母公司	美国 公司内部 在美国的外国子公司	美国 整个国家
1998						
世界总计	1 707	748	3 346	24 362	1 951	35 626
发达国家	1 300	636	..	20 993	2 037	26 853
欧盟	482	267	..	13 192	1 108	17 525
北美	601	284	..	1 287	41	1 657
日本	137	22	..	3 200	220	5 776
发展中国家	353	51	..	3 601	279	6 535
非洲	24	4	..	185	25	311
拉丁美洲及加勒比地区	99	14	..	1 423	156	2 552
亚太地区	230	..	..	1 993	98	3 672
南亚、东亚和东南亚	..	..	..	1984	94	3 593
2000						
世界总计	2 194	640	2 884	24 585	2 231	39 607
发达国家	1 856	568	..	18 293	1 803	28 931
欧盟	597	201	..	11 942	964	17 080
北美	677	100	..	1 520	49	2 259
日本	212	20	..	3 416	331	7 120
发展中国家	224	36	..	4 818	239	8 188
非洲	37	3	..	190	–	393
拉丁美洲及加勒比地区	104	18	..	2 500	188	3 279
亚太地区	83	15	..	2 128	51	4 516
南亚、东亚和东南亚	..	..	..	2 113	51	4 374
2001						
世界总计	2 290	666	3 149	23 502	2 371	38 668
发达国家	1 900	555	..	17 318	1 872	28 214
欧盟	549	134	..	11 252	952	16 333
北美	803	116	..	1 503	58	2 255
日本	165	30	..	3 173	248	6 972
发展中国家	251	86	..	4 759	349	7 996
非洲	46	20	..	212	–	327
拉丁美洲及加勒比地区	98	21	..	2 483	266	3 368
亚太地区	108	45	..	2 064	83	4 301
南亚、东亚和东南亚	..	..	..	2 039	83	4 164

资料来源：UNCTAD，FDI/TNC 数据库。

附录表 A. 1. 13 1948—2003 年与 FDI 有关的主要国际文件[a]

年份[b]	主 题	背 景	层 次	形 式	状 况
1948	哈瓦那国际贸易组织宪章	国际贸易与就业会议	多边	约束性	未批准
1948	外国投资仲裁法庭及外国投资法庭条例草案	国际法协会	非政府	非约束性	未采纳
1949	给予外国投资公平待遇的国际准则	国际商会	非政府	非约束性	已采纳
1957	建立欧洲经济共同体条约	欧共体	地区性	约束性	已采纳
1957	阿拉伯经济共同体协定	阿拉伯经济共同体理事会	地区性	约束性	已采纳
1958	承认和执行外国仲裁裁决的公约	联合国	多边	约束性	已采纳
1959	海外投资协定草案	Abs-Shawcross Draft Convention	非政府	非约束性	未采纳
1961	资本流动自由化准则	OECD	地区性	约束性	已采纳
1961	经常无形业务自由化准则	OECD	地区性	约束性	已采纳
1962	联合国大会第 1803 号决议（XVII）：对自然资源的永久主权	联合国	多边	非约束性	已采纳
1963	收入和资本税收示范公约	OECD	地区性	示范性	已采纳
1965	中非关税与经济联盟有关投资问题共同协定	中非关税与经济联盟	地区性	约束性	已采纳
1965	关于解决国家与他国国民之间投资争端的公约	世界银行	多边	约束性	已采纳
1967	理事会关于成员国就影响国际贸易的反竞争做法进行合作的修正建议	OECD	地区性	非约束性	已采纳
1967	关于保护外国产权的条约草案	OECD	地区性	非约束性	未采纳
1969	安第斯次区域一体化协定	安第斯共同市场	地区性	约束性	已采纳
1969	建立欧洲经济共同体与马拉加什国家联盟的协定	欧共体—马拉加什国家	地区间	约束性	已采纳
1969	关于在欧洲经济共同体与坦桑尼亚、乌干达和肯尼亚之间建立联盟的协定	欧共体—坦桑尼亚、乌干达和肯尼亚	地区间	约束性	已采纳
1970	关于阿拉伯国家之间投资和资本自由流动的协定	阿拉伯经济共同体	地区性	约束性	已采纳
1970	喀他赫纳协定委员会第 24 号决议：管理外国资本流动、商标、专利、许可和版税的共同规章	安第斯共同市场	地区性	约束性	推迟
1971	建立阿拉伯国家间投资担保公司条约	阿拉伯国家间投资担保公司	地区性	约束性	已采纳
1972	中部非洲关于人员自由流动和开业权利的联合公约	中非关税与经济联盟	地区性	约束性	已采纳
1972	国际投资指南	国际商会	非政府	非约束性	已采纳
1973	公寓协调对工业的财政激励的协定	加勒比共同体	地区性	约束性	已采纳
1973	建立加勒比共同体条约	加勒比共同体	地区性	约束性	已采纳
1974	联合国大会第 3201 号决议（S-VI）：《关于建立国际经济新秩序的宣言》及联合国大会第 3202 号决议（S-VI）：《关于建立国际经济新秩序的行动计划》	联合国	多边	非约束性	已采纳
1974	联合国大会第 3281 号决议（XXIX）：各国经济权利和义务宪章	联合国	多边	非约束性	已采纳
1975	中非关税与经济联盟的跨国公司守则	中非关税与经济联盟	地区性	约束性	已采纳
1975	工会关于对跨国公司进行立法控制的宪章	自由贸易联盟国际联合会	非政府	非约束性	已采纳
1975	国际盛会安慰与仲裁规则	国际商会	非政府	非约束性	已采纳
1976	关于国际投资与多国企业的声明	OECD	地区性	约束性/非约束性[c]	已采纳
1976	联合国国际贸易法委员会仲裁规则	联合国	多边	示范性	已采纳
1976	美—德关于就限制性商业做法相互合作的协定	德国—美国	双边	约束性	已采纳
1977	国际劳工组织关于多国企业和社会政策的三方宣言	国际劳工组织	多边	非约束性	已采纳
1977	国际商会关于打击商业交易中的敲诈和行贿行为的建议	国际商会	非政府	非约束性	已采纳

附录表 A.1.13 1948—2003 年与 FDI 有关的主要国际文件[a]（续）

年份[b]	主题	背景	层次	形式	状况
1979	关于违法支付的国际协定草案	联合国	多边	约束性	未采纳
1979	联合国发达国家和发展中国家双重征税示范公约	联合国	多边	示范性	已采纳
1980	欧共体与印度尼西亚、马来西亚、菲律宾、新加坡及泰国等东盟成员国合作协定	东盟—欧共体	地区间	约束性	已采纳
1980	关于对限制性商业做法进行控制的多边同意的一系列公平原则	联合国	多边	非约束性	已采纳
1980	对保护个人隐私及个人资料跨国流动进行管理的指导方针	OECD	地区性	非约束性	已采纳
1980	阿拉伯国家关于阿拉伯资本投资的统一协定	阿拉伯国家联盟	地区性	约束性	已采纳
1980	建立拉丁美洲一体化联盟的条约	LAIA	地区性	约束性	已采纳
1981	母乳代用品营销国际守则	世界卫生组织	多边	非约束性	已采纳
1981	关于在自动处理个人资料的过程中保护个体的公约	欧洲理事会	地区性	约束性	已采纳
1981	伊斯兰会议组织成员国之间对投资进行促进、保护和担保的协定	伊斯兰会议	地区性	约束性	已采纳
1981	建立东南部非洲国家特惠贸易区条约	东南部非洲国家特惠贸易区	地区性	约束性	已采纳
1982	大湖区国家经济共同体投资守则（CEPGL）	大湖区国家经济共同体	地区性	约束性	已采纳
1983	联合国跨国公司行为守则草案	联合国	多边	非约束性	未采纳
1983	建立中部非洲经济共同体条约	中非国家经济共同体	地区性	约束性	已采纳
1985	技术转移国际行为守则草案	联合国	多边	非约束性	未采纳
1985	联合国大会第 39/248 号决议：消费者保护指南	联合国	多边	非约束性	已采纳
1985	建立多边投资担保机构公约	世界银行	多边	约束性	已采纳
1985	跨国数据流动宣言	OECD	地区性	非约束性	已采纳
1987	建立加勒比共同市场企业机制的协定	加勒比共同市场	地区性	约束性	已采纳
1987	东盟工业合资企业基础协定修正案	东盟	地区性	约束性	已采纳
1987	文莱、印度尼西亚、马来西亚、菲律宾、新加坡和泰国促进和保护投资协定	东盟	地区性	约束性	已采纳
1989	非加太—欧共体第四次洛美协定	非、加、太国家—欧共体	地区间	约束性	已采纳
1989	欧洲经济共同体—海湾阿拉伯国家合作理事会成员国（阿联酋、巴林、沙特阿拉伯、阿曼、卡塔尔及科威特）合作协定	海湾阿拉伯国家—欧共体	地区间	约束性	已采纳
1990	可持续发展管理准则：有利于环境的可持续发展	联合国	多边	非约束性	已采纳
1990	东南部非洲国家特惠贸易区多国工业企业体制宪章	东南部非洲国家特惠贸易区	地区性	约束性	已采纳
1984 1990	与共同体企业有关的第 A/P1/11/84 号议定书及有关人员自由流动、居留权及开业权议定书第三阶段实施（居留权）的第 A/Sp. 2/5/90 号补充协议	ECOWAS	地区性	约束性	已采纳
1991	建立欧洲经济共同体条约	非洲经济共同体	地区性	约束性	已采纳
1991	喀他赫纳协定委员会第 285 号决议：关于防止或纠正由限制自由贸易竞争的做法引起的对竞争的扭曲的规程	安第斯共同体	地区性	约束性	已采纳
1991	喀他赫纳协定委员会第 291 号决议：对外国资本、商标、专利、许可证及版权费待遇的共同守则	安第斯共同体	地区性	约束性	已采纳
1991	喀他赫纳协定委员会第292 号决议：《安第斯多国企业共同准则》	安第斯共同体	地区性	约束性	已采纳
1991	可持续发展经营宪章：环境管理原则	国际商会	非政府	非约束性	已采纳
1992	欧洲经济区协定	欧共体—欧洲自由贸易区	地区性	约束性	已采纳

附录表 A.1.13 1948—2003年与FDI有关的主要国际文件[a]（续）

年份[b]	主题	背景	层次	形式	状况
1992	外国直接投资待遇指南	世界银行	多边	非约束性	已采纳
1992	伊斯兰投资保险与出口信贷公司协定条款	伊斯兰会议	地区性	约束性	已采纳
1992	北美自由贸易协定	加拿大、墨西哥和美国	地区性	约束性	已采纳
1992	CERES 原则	CERES	非政府	非约束性	已采纳
1993	欧洲经济共同体与哥斯达黎加、萨尔瓦多、危地马拉、洪都拉斯及巴拿马之间的框架合作协定	欧共体—哥斯达黎加、萨尔瓦多、危地马拉、洪都拉斯、尼加拉瓜、巴拿马	地区间	约束性	已采纳
1993	对于仅有一方为国家的双方之间仲裁纠纷可选择仲裁规则常设法庭	永久性仲裁法庭	多边	约束性	已采纳
1993	西非国家经济共同体条约修正案	西非国家经济共同体	地区性	约束性	已采纳
1993	欧洲经济共同体与喀他赫纳协定及其成员国（即玻利维亚、哥伦比亚、厄瓜多尔、秘鲁和委内瑞拉）之间合作的框架协议	欧共体—安第斯共同体	地区间	约束性	已采纳
1993	关于建立东南部非洲共同市场的条约	东南部非洲共同市场	地区性	约束性	已采纳
1994	阿塞拜疆、亚美尼亚、白俄罗斯、格鲁吉亚、摩尔多瓦、哈萨克斯坦、俄罗斯、乌克兰、乌兹别克斯坦、塔吉克斯坦及吉尔吉斯共和国自由贸易协定	阿塞拜疆、亚美尼亚、白俄罗斯、格鲁吉亚、摩尔多瓦、哈萨克斯坦、俄罗斯、乌克兰、乌兹别克斯坦、塔吉克斯坦及吉尔吉斯共和国	地区性	约束性	已采纳
1994	墨西哥与玻利维亚自由贸易协定	墨西哥—玻利维亚	双边	约束性	已采纳
1994	墨西哥与哥斯达黎加自由贸易协定	墨西哥—哥斯达黎加	双边	约束性	已采纳
1994	哥伦比亚、委内瑞拉和墨西哥自由贸易协定	哥伦比亚、委内瑞拉、墨西哥	地区性	约束性	已采纳
1994	马拉喀什建立世界贸易组织协定。附录1A：与贸易有关的投资措施协定（1994）	世界贸易组织	多边	约束性	已采纳
1994	马拉喀什建立世界贸易组织协定。附录1B：服务贸易总协定	世界贸易组织	多边	约束性	已采纳
1994	马拉喀什建立世界贸易组织协定。附录1C：与贸易有关的知识产权协定（1994）	世界贸易组织	多边	约束性	已采纳
1994	关于在南方共同市场相互促进和保护投资的科洛尼亚议定书	南方共同市场	地区性	约束性	已采纳
1994	关于促进和保护来自非南方共同市场国家的投资的议定书	南方共同市场	地区性	约束性	已采纳
1994	加勒比共同体成员避免双重征税、防止收入与利润税及资本所得税的外逃并鼓励区域贸易和投资的协定	加勒比共同体	地区性	约束性	已采纳
1994	OECD 理事会关于在国际商业交易中行贿的建议案	OECD	地区性	非约束性	已采纳
1994	三国集团自由贸易协定	哥伦比亚、墨西哥和委内瑞拉	地区性	约束性	已采纳
1994	APEC 非约束性投资原则	APEC	地区性	非约束性	已采纳
1994	澳大利亚—墨西哥贸易与投资协定	澳大利亚—墨西哥	双边	约束性	已采纳
1994	能源宪章条约	欧洲能源宪章组织	地区性	约束性	已采纳
1995	欧洲共同体及其成员国与南方共同市场及其成员国的地区间框架合作协定	欧共体—南方共同市场	地区间	约束性	已采纳
1995	东盟关于服务的框架协定	东盟	地区性	约束性	已采纳
1995	全球经营消费者宪章	消费者国际	非政府	非约束性	已采纳
1995	太平洋盆地国际投资宪章	太平洋盆地经济理事会	非政府	非约束性	已采纳
1995	美国政府与加拿大政府之间关于应用竞争及欺骗性营销做法法律的协定	加拿大—美国	双边	约束性	已采纳

附录表 A.1.13 1948—2003 年与 FDI 有关的主要国际文件[a]（续）

年份[b]	主题	背景	层次	形式	状况
1995	关于实施茂物宣言的大阪行动议程	亚太经合组织	地区性	非约束性	已采纳
1996	对东盟成员国促进和保护投资的 1987 年协定进行修正的议定书	东盟	地区性	约束性	已采纳
1996	南方共同市场保护竞争议定书	南方共同市场	地区性	约束性	已采纳
1996	美洲国家间反腐败公约	美洲国家组织	地区性	约束性	已采纳
1996	南方共同市场—智利经济互补协定	智利—南方共同市场	地区性	约束性	已采纳
1996	第 51/191 号决议。反对在国际商业交易中实施腐败和行贿的联合国宣言	联合国全体会议	多边	非约束性	已采纳
1997	墨西哥—尼加拉瓜自由贸易协定	墨西哥—尼加拉瓜	双边	约束性	已采纳
1997	《服务贸易总协定》第四议定书（基础电信服务）	世界贸易组织	多边	约束性	已采纳
1997	《服务贸易总协定》第五议定书（金融服务）	世界贸易组织	多边	约束性	已采纳
1997	对建立加勒比共同体条约进行修正的决议。决议二：开业、服务、资本	加勒比共同体	地区性	约束性	已采纳
1997	NGO 跨国公司章程草案	监督日本跨国公司人民行动网络	非政府	非约束性	未采纳
1997	联合国大会关于反对国际商业交易中的腐败与行贿行为的第 52/87 号决议	联合国大会	多边	非约束性	已采纳
1997	关于反腐败的 20 条指导原则的第 24 号决议（97）	欧洲理事会	地区性	非约束性	已采纳
1997	OECD 打击国际商业交易中贿赂外国公务人员的行为的公约	OECD	地区性	约束性	已采纳
1991 1998	《美国政府与欧洲共同体委员会关于相互适用其竞争法律的协定》及《欧洲共同体委员会与美国政府关于在执行其竞争法律的过程中应用积极联合原则的协定》	欧共体—美国	双边	约束性	已采纳
1998	加勒比共同体与多米尼加共和国建立自由贸易区协定	加勒比共同体—多米尼加共和国	地区性	约束性	已采纳
1998	智利—墨西哥自由贸易区协定	智利—墨西哥	双边	约束性	已采纳
1998	安第斯共同体第 439 号决议：安第斯共同体服务贸易自由化原则与规则基本框架	安第斯共同体	地区性	约束性	已采纳
1998	安第斯共同体第 40 号决议：批准《成员国之间避免双重征税协定》及《执行避免在成员国和该次区域以外的其他国家之间双重征税的标准协定》	安第斯共同体	地区性	约束性	已采纳
1998	对建立加勒比共同体条约进行修正的决议。决议三：产业政策。	加勒比共同体	地区性	约束性	已采纳
1998	东盟投资区框架协定	东盟	地区性	约束性	已采纳
1998	加拿大与南方共同市场贸易与投资合作安排	加拿大和南方共同市场	地区性	约束性	已采纳
1998	加拿大、哥斯达黎加、萨尔瓦多、危地马拉、洪都拉斯及尼加拉瓜政府之间关于贸易和投资问题的谅解备忘录	加纳大和中美洲国家	地区性	非约束性	已采纳
1998	OECD 理事会关于抵消有害税收竞争的建议	OECD	地区性	非约束性	已采纳
1998	OECD 理事会关于有效制止恶性卡特尔的建议	OECD	地区性	非约束性	已采纳
1998	多边投资协定草案	OECD	地区性	约束性	未采纳
1998	国际劳工组织工作的基本原则与权利宣言	国际劳工署	多边	非约束性	已采纳
1998	国际投资协定草案	消费者团结与诚信社会	非政府	非约束性	未采纳
1998	面向公民的多边投资协定：发展基于公民权利和民主控制的全球投资条约的一种替代方法	加拿大人理事会	非政府	非约束性	已采纳
1999	欧洲议会关于在发展中国家经营的欧洲企业应遵循的欧盟标准的决议：面向欧洲行为守则	欧洲议会	地区性	非约束性	已采纳

附录表 A. 1. 13　1948—2003 年与 FDI 有关的主要国际文件[a]（续）

年份[b]	主　　题	背　　景	层　次	形　式	状　况
1999	反腐败刑法公约	欧洲理事会	地区性	约束性	已采纳
1999	OECD 公司治理原则	OECD	地区性	非约束性	已批准
1999	关于涉及跨国数据流动合同使用的示范条款	国际商会	Model	非约束性	已采纳
1999	核心标准	世界发展运动	非政府	非约束性	未采纳
1999	关于在国际商业交易中的敲诈与行贿的规则与建议(1999 年修正版本)	国际商会	非政府	非约束性	已采纳
1999	吉尔吉斯斯坦、俄罗斯、白俄罗斯、哈萨克斯坦及塔吉克斯坦关税同盟与单一经济区协定	吉尔吉斯斯坦、俄罗斯、白俄罗斯、哈萨克斯坦及塔吉克斯坦	地区性	约束性	已采纳
1999	反腐败民法公约	欧洲理事会	地区性	约束性	已采纳
1999	建立东非共同体条约	东非共同体	地区性	约束性	已采纳
1982 1999	美国—澳大利亚反垄断问题合作协定及美国—澳大利亚就反垄断执行问题提供相互援助协定	澳大利亚—美国	双边	约束性	已采纳
1999	美国—巴西就实施竞争法律在竞争当局之间进行合作的协定	巴西—美国	双边	约束性	已采纳
1999	关于欧洲共同体与加拿大之间互相适用竞争法律的协定	加拿大—欧盟	双边	约束性	已采纳
1999	美国—日本在反竞争行为方面进行合作的协定	日本—美国	双边	约束性	已采纳
1999	中美洲各国—智利自由贸易区协定	智利—中美洲国家	地区性	约束性	已采纳
1999	改善东盟投资环境的短期措施	东盟	地区性	约束性	已采纳
2000	墨西哥、萨尔瓦多、危地马拉、洪都拉斯自由贸易协定	北部三角	地区性	约束性	已采纳
2000	OECD 关于国际投资与多国企业的宣言修正案（包括多国企业指南修正案和解释）	OECD	地区性	约束性/非约束性[c]	已采纳
2000	联合国发达国家与发展中国家征税示范公约修正案	联合国	多边	示范性	已采纳
2000	新西兰—新加坡更紧密经济伙伴关系协定	新西兰—新加坡	双边	约束性	已采纳
2000	加勒比共同体第八议定书：关于竞争政策、消费者保护、倾销与补贴的查格拉玛条约修正案	加勒比共同体	地区性	约束性	已采纳
2000	非加太集团与欧洲共同体伙伴关系协定修正案	非、加、太—欧盟	地区性	约束性	已采纳
2001	关于对以有条件进入为基础或由有条件进入构成的服务进行法律保护的欧洲公约	欧洲理事会	地区性	约束性	已采纳
2001	关于在与管理当局和跨国数据移动有关的自动处理个人资料过程中对个人进行保护的条约的附加议定书	欧洲理事会	地区性	约束性	已采纳
2001	建立欧洲自由贸易协定条约（修正案）	欧洲自由贸易区	地区性	约束性	已采纳
2001	东盟投资区框架协议议定书修正案	东盟	地区性	约束性	已采纳
2001	建立包括加勒比共同体单一市场和经济体的加勒比共同体的查格拉玛条约修正案	加勒比共同体	地区性	约束性	已采纳
2001	加拿大—哥斯达黎加自由贸易协定	加拿大—哥斯达黎加	双边	约束性	已采纳
2002	《日本和新加坡新时代经济伙伴关系协定》（JSEPA）	日本—新加坡	双边	约束性	已采纳
2002	中美洲与巴拿马自由贸易协定	巴拿马—中美洲国家	地区性	约束性	已采纳
2002	哥斯达黎加、萨尔瓦多、危地马拉、洪都拉斯和尼加拉瓜五国服务业投资和贸易协定	哥斯达黎加、萨尔瓦多、危地马拉、洪都拉斯及尼加拉瓜	地区性	约束性	已采纳
2002	东盟—中国全面经济合作框架协定	东盟—中国	约束性	已采纳	约束性
2003	智利—韩国自由贸易协定	智利—韩国	约束性	已采纳	约束性
2003	新加坡—澳大利亚自由贸易协定（SAFTA）	新加坡—澳大利亚	约束性	已采纳	约束性

附录表 A. 1. 13 1948—2003 年与 FDI 有关的主要国际文件[a]（续）

年份[b]	主 题	背 景	层次 形式	状 况
	非、加、太—欧盟	非、加、太—欧盟	地区间	谈判中
	阿尔及利亚—美国	阿尔及利亚—美国	双边	谈判中
	安第斯共同体—加拿大	安第斯共同体—加拿大	双边	谈判中
	安第斯共同体—南方共同市场	安第斯共同体—南方共同市场	地区间	谈判中
	安第斯共同体—巴拿马自由贸易区	安第斯共同体—巴拿马	双边	谈判中
	东盟—印度	东盟—印度	双边	谈判中
	东盟—日本	东盟—日本	双边	谈判中
	巴西—俄罗斯	巴西—俄罗斯	双边	谈判中
	CACM —加拿大	中美洲国家—加拿大	双边	谈判中
	CACM —美国	中美洲国家—美国	双边	谈判中
	加拿大—加勒比共同市场	加拿大—加勒比共同市场	双边	谈判中
	加拿大—多米尼加共和国	加拿大—多米尼加共和国	双边	谈判中
	加拿大—新加坡自由贸易区	加拿大—新加坡	双边	谈判中
	加勒比共同市场—欧洲自由贸易协定	加勒比共同市场—欧洲自由贸易协定	地区间	谈判中
	加勒比共同市场—欧盟	加勒比共同市场—欧盟	地区间	谈判中
	智利—欧洲自由贸易协定自由贸易区	智利—欧洲自由贸易协定	双边	谈判中
	智利—日本自由贸易区	智利—日本	双边	谈判中
	智利—新西兰	智利—新西兰	双边	谈判中
	日本—中国	日本—中国	双边	谈判中
	哥斯达黎加—巴拿马	哥斯达黎加—巴拿马	双边	谈判中
	厄瓜多尔—墨西哥	厄瓜多尔—墨西哥	双边	谈判中
	欧盟—南方共同市场	欧盟—南方共同市场	地区间	谈判中
	美洲自由贸易区（FTAA）	美洲	地区性	谈判中
	印度—新加坡自由贸易区	印度—新加坡	双边	谈判中
	日本—韩国自由贸易区	日本—韩国自由贸易区	双边	谈判中
	日本—马来西亚	日本—马来西亚	双边	谈判中
	日本—墨西哥自由贸易区	日本—墨西哥	双边	谈判中
	日本—泰国	日本—泰国	双边	谈判中
	约旦—新加坡自由贸易区	约旦—新加坡	双边	谈判中
	墨西哥—巴拿马自由贸易区	墨西哥—巴拿马	双边	谈判中
	墨西哥—秘鲁自由贸易区	墨西哥—秘鲁	双边	谈判中
	墨西哥—新加坡自由贸易区	墨西哥—新加坡	双边	谈判中
	墨西哥—特立尼达和多巴哥自由贸易区	墨西哥—特立尼达和多巴哥	双边	谈判中
	新加坡—东盟—中国自由贸易区	新加坡—东盟—中国	简单多边	谈判中
	南部非洲关税同盟（SACU）—美国协定	南部非洲关税同盟—美国	双边	谈判中
	乌拉圭—美国自由贸易区	乌拉圭—美国	双边	谈判中

资料来源：UNCTAD。UNCTAD 的《国际投资文件：概要》第 1、2、3、4、5、6、7、8、9、10 及 11 卷全部或部分复制了此处所列的文件（联合国出版物，销售号 E. 96. II. A. 9. 10. 11、E. 00. II. D. 13. 14、E. 01. II. D. 34、E. 02. II. D. 14、E. 02. II. D. 15、E. 02. II. D. 16、E. 02. II. D. 21 及即将出版）。

a. 本表不包括促进和保护投资的双边协定（BITs）及避免双重征税协定（DTTs）。对于截止到 2000 年 1 月 1 日的《双边投资协定》，见《1959—1999 年双边投资协定》（UNCTAD/DITE/IIA/2），可以从互联网上获取：www. unctad. org/en/pub/poiteiiad2. en. htm。最近的《双边投资协定》和《避免双重征税协定》（截止到 2003 年 1 月 1 日）可以从互联网上获取：www. unctad. org。由欧共体和/或欧洲自由贸易联盟与第三方国家签订的、包含投资条款的双边联合、伙伴关系以及合作协定见单独的表格（附录表 A. 1. 14）。

b. 所列的时间与初始采用有关。除非有明确说明，不包括后来对文件的修正。

c. OECD 有关国际投资和多国企业的宣言是一项由有法律约束力的理事会决议所支持的政治承诺。《多国企业指南》是非约束性的标准。

附录表 A. 1. 14　截止 2003 年 7 月欧共体、欧洲自由贸易协定、美国及加拿大与第三方国家（地区）签署的含有与投资有关条款的双边联合、合作、框架及伙伴关系协定

国家/地区/国家集团	签署日期	生效日期
欧共体及其成员国		
马耳他	1970 年 12 月 5 日	1971 年 4 月 1 日
约旦	1977 年 1 月 18 日	1979 年 1 月 1 日
叙利亚	1977 年 1 月 18 日	1978 年 1 元 1 日
中国	1985 年 5 月 21 日	1985 年 10 月 1 日
巴基斯坦	1985 年 1 月 23 日	1986 年 5 月 1 日
阿根廷	1990 年 4 月 2 日	1990 年 11 月 1 日
乌拉圭	1991 年 11 月 4 日	1994 年 1 月 1 日
匈牙利	1991 年 12 月 16 日	1994 年 2 月 1 日
波兰	1989 年 9 月 19 日[a]	…
波兰	1991 年 12 月 16 日	1994 年 2 月 1 日
圣马力诺	1991 年 12 月 16 日	尚未生效
巴拉圭	1992 年 2 月 3 日	1992 年 3 月 1 日
阿尔巴尼亚	1992 年 5 月 11 日	1992 年 12 月 1 日
蒙古	1992 年 6 月 16 日	1993 年 3 月 1 日
巴西	1992 年 6 月 26 日	1995 年 11 月 1 日
澳门	1992 年 6 月 5 日	尚未生效
罗马尼亚	1990 年 10 月 22 日[a]	…
罗马尼亚	1993 年 2 月 1 日	1995 年 2 月 1 日
捷克斯洛伐克	1991 年 12 月 16 日[a]	…
捷克	1993 年 10 月 4 日	1995 年 2 月 1 日
保加利亚	1990 年 5 月 8 日[a]	…
保加利亚	1993 年 3 月 8 日	1995 年 2 月 1 日
斯洛伐克	1993 年 10 月 4 日	1993 年 2 月 1 日
印度	1981 年 6 月 23 日[a]	…
印度	1993 年 12 月 20 日	1994 8 月 1 日
乌克兰	1994 年 6 月 14 日	1998 年 2 月 1 日
苏联	1989 年 12 月 8 日[a]	
俄罗斯	1994 年 6 月 24 日	1997 年 12 月 1 日
斯里兰卡	1975 年 7 月 2 日[a]	
斯里兰卡	1994 年 7 月 18 日	1995 年第二季度
摩尔多瓦	1994 年 11 月 28 日	1998 年 7 月 1 日
哈萨克斯坦	1995 年 1 月 23 日	1999 年 7 月 1 日
吉尔吉斯斯坦	1995 年 2 月 9 日	1999 年 7 月 1 日
白俄罗斯	1995 年 3 月 6 日	尚未生效
土耳其	1963 年 12 月 12 日[a]	1964 年 12 月 1 日
拉脱维亚	1992 年 5 月 11 日[a]	1993 年 2 月 1 日
拉脱维亚	1995 年 6 月 12 日	1998 年 2 月 1 日
立陶宛	1992 年 5 月 11 日[a]	1993 年 2 月 1 日
立陶宛	1995 年 6 月 12 日	1998 年 2 月 1 日
爱沙尼亚	1992 年 5 月 11 日[a]	1993 年 3 月 1 日
爱沙尼亚	1995 年 6 月 12 日	1998 年 2 月 1 日
突尼斯	1976 年 4 月 25 日[a]	1978 年 11 月 1 日
突尼斯	1995 年 7 月 17 日	1998 年 3 月 1 日
越南	1995 年 7 月 17 日	1996 年 6 月 1 日
以色列	1975 年 5 月 11 日	1975 年 7 月 1 日
以色列	1995 年 11 月 20 日	2000 年 6 月 1 日
尼泊尔	1995 年 12 月 20 日	1996 年 6 月 1 日
摩洛哥	1976 年 4 月 27 日	1978 年 11 月 1 日

附录表 A.1.14　截止2003年7月欧共体、欧洲自由贸易协定、美国及加拿大与第三方国家（地区）签署的含有与投资有关条款的双边联合、合作、框架及伙伴关系协定（续）

国家/地区/国家集团	签署日期	生效日期
摩洛哥	1996年2月26日	…
亚美尼亚	1996年4月22日	1999年7月1日
阿塞拜疆	1996年4月22日	1999年7月1日
格鲁吉亚	1996年4月22日	1999年7月1日
斯洛文尼亚	1993年4月5日	1993年12月1日
斯洛文尼亚	1996年6月10日	1999年2月1日
乌兹别克斯坦	1996年6月21日	1999年7月1日
韩国	1996年10月28日	2000年3月1日
柬埔寨	1996年4月29日	1999年11月1日
巴勒斯坦权力机构	1997年2月24日	1999年7月1日
老挝	1997年4月29日	1997年12月1日
马其顿	1997年4月29日	1998年1月1日
马其顿	2001年4月9日	…
也门	1997年11月25日	…
土库曼斯坦	1998年5月25日	尚未生效
南非	1999年10月11日	尚未生效
孟加拉国	1978年10月19日	1976年12月1日
孟加拉国	2000年5月22日	…
墨西哥	1997年12月8日	2000年1月1日
墨西哥	2001年2月27日	2001年3月1日
埃及	1977年1月18日	1979年1月1日
埃及	2001年4月30日	尚未生效
克罗地亚	2001年10月29日	…
阿尔及利亚	1976年4月26日	1978年1月1日
阿尔及利亚	2002年4月22日	…
黎巴嫩	1977年5月3日	1978年11月1日
黎巴嫩	2002年6月17日	尚未生效
黎巴嫩[d]	2002年6月17日	尚未生效
智利	2002年11月18日	…
智利	1996年6月21日	1999年2月1日
欧洲自由贸易协定及其成员国		
土耳其	1991年12月10日	1992年4月1日
以色列	1992年9月17日	1992年1月1日
波兰	1992年12月10日	1993年9月1日
罗马尼亚	1992年12月10日	1993年5月1日
保加利亚	1993年3月29日	1993年7月1日
匈牙利	1993年3月29日	1993年10月1日
捷克	1992年3月20日	1992年7月1日[e]
斯洛伐克	1992年3月20日	1992年7月1日[e]
斯洛文尼亚	1995年6月13日	1998年9月1日
爱沙尼亚	1995年12月7日	1997年10月1日
拉托维亚	1995年12月7日	1996年6月1日
立陶宛	1995年12月7日	1997年1月1日
摩洛哥	1997年6月19日	1999年12月1日
巴勒斯坦权力机构	1998年11月30日	1999年7月1日
马其顿	2000年6月19日	2001年1月1日
墨西哥	2000年11月27日	…
克罗地亚	2001年6月21日	…

附录表 A.1.14 截止 2003 年 7 月欧共体、欧洲自由贸易协定、美国及加拿大与第三方国家（地区）签署的含有与投资有关条款的双边联合、合作、框架及伙伴关系协定（续）

国家/地区/国家集团	签署日期	生效日期
约旦	2001 年 6 月 21 日	...
新加坡	2002 年 6 月 26 日	…
智利	2003 年 6 月 26 日	...
美国		
菲律宾	1989 年 6 月 11 日	…
摩洛哥	1995 年 3 月 16 日	…
以色列	1985 年 4 月 22 日	1985 年 9 月 1 日
中国台湾	1994 年 12 月 19 日	…
印度尼西亚	1996 年 6 月 18 日	…
中美洲	1998 年 3 月 20 日	…
安第斯共同体	1998 年 10 月 30 日	…
埃及	1999 年 7 月 1 日	1999 年 7 月 1 日
埃及[b]	1999 年 7 月 1 日	1999 年 7 月 1 日
加纳	1999 年 2 月 26 日	1999 年 2 月 26 日
南非	1999 年 2 月 18 日	1999 年 2 月 18 日
土耳其	1999 年 9 月 29 日	2000 年 2 月 11 日
约旦	2000 年 10 月 24 日	2000 年 10 月 24 日
尼日利亚	2000 年 2 月 16 日	2000 年 2 月 16 日
越南	2000 年 7 月 13 日	…
阿尔及利亚	2001 年 7 月 13 日	…
东南部非洲共同市场	2001 年 10 月 1 日	…
西非经济与货币联盟	2002 年 4 月 24 日	…
巴林	2002 年 7 月 18 日	…
斯里兰卡	2002 年 7 月 25 日	…
文莱	200212 月 16 日	…
泰国	2002 年 10 月 23 日	…
突尼斯	2002 年 10 月 2 日	…
智利	1998 年 5 月 19 日	…
智利	2002 年 11 月 11 日	…
新加坡	2003 年 6 月 24 日	…
巴基斯坦	2003 年 6 月 25 日	...
加拿大		
东盟	1993 年 7 月 28 日	…
乌克兰	1994 年 10 月 24 日	…
澳大利亚	1995 年 11 月 15 日	…
智利	1996 年 12 月 5 日	1997 年 7 月 5 日
挪威	1997 年 12 月 3 日	…
瑞士	1997 年 12 月 9 日	…
冰岛	1998 年 3 月 24 日	…
南美洲共同市场	1998 年 6 月 16 日	…
南非	1998 年 12 月 24 日	…
安第斯共同体	1999 年 5 月 31 日	…
哥斯达黎加	2001 年 4 月 23 日	2002 年 11 月 1 日

资料来源：UNCTAD。

a. 不再生效。

b. 美国政府与埃及政府之间的投资激励协定。

c. 1992 年 3 月 20 日与前捷克斯洛伐克签署。捷克及斯洛伐克两国于 1993 年 4 月 19 日同时签署了延续协定并于当日同时生效。

d. 欧共体与黎巴嫩之间签署的贸易及与贸易有关事务的临时协定。

附录表 A. 1. 15 有可用数据的最近年份按地区和经济体统计的母公司和外国分支机构数

（数量）

地区/经济体	年份	该国的母公司[a]	在该国经营的外国子公司[a]
发达国家		**49 048[b]**	**105 830[b]**
西欧		**39 715**	**77 415**
欧盟		**34 291[b]**	**65 460[b]**
奥地利	2001	935	2 607[c]
比利时/卢森堡	1997	988[d]	1 504[d]
丹麦	1998	9 356	2 305[e]
芬兰	2001	900[f]	2 030[c, e]
法国	2000	1 922	9 473
德国	2000	8 522	13 826[g]
希腊	2001	155	697
爱尔兰	2001	39[h]	1 225[i]
意大利	1999	1 017[j]	1 843[j]
荷兰[k]	1998	1 608	3 132[c]
葡萄牙	2001	600	3 000[l]
西班牙	1998	857[m]	7 465
瑞典[n]	2002	4 260	4 656[c]
英国[o]	2002	3 132	13 828
其他西欧国家		**5 424[b]**	**11 955[b]**
直布罗陀	2002	..	21
冰岛	2000	18	55
马耳他	2002	..	1 000
挪威	1998	900	5 105[p]
瑞士	1995	4 506	5 774
北美		**4 674[b]**	**19 437[b]**
加拿大	1999	1 439	3 725[c]
美国	2000	3 235[q]	15 712[r]
其他发达国家		**4 659[b]**	**6 847[b]**
澳大利亚	2001	682	2 352
以色列	2002	..	30
日本	2002	3 760[s]	3 359[t]
新西兰	1998	217	1 106
发展中国家和地区		**13 936[b]**	**517 611[b]**
非洲		**1 202[b]**	**7 049[b]**
阿尔及利亚	2002	..	14
安哥拉	2002	2[u]	31
贝宁	2002	..	10
博茨瓦纳	2002	..	10
布基纳法索	2002	1[u]	14
布隆迪	2002	..	3
喀麦隆	2002	..	60
中非共和国	2002	..	5
乍得	2002	..	5
刚果	2002	..	25
科特迪瓦	2002	..	120
刚果（金）	2002	4[u]	6
吉布提	2002	1[u]	6
埃及	1999	..	99
赤道几内亚	2002	..	3
埃塞俄比亚	2002	4[u]	14
加蓬	2002	..	39
冈比亚	2002	..	5
加纳	2002	..	62
莫桑比克	2002	5[u]	27
纳米比亚	2002	..	7
尼日尔	2002	1[u]	5
尼日利亚	2002	48[f]	66
卢旺达	2002	..	2
塞内加尔	2002	6[u]	42
塞舌尔	1998	–	30
塞拉利昂	2002	1[u]	6
索马里	2002	1[u]	..
南非	1998	941	2 044
苏丹	2002	2[u]	4
斯威士兰	2002	12	61
多哥	2002	3[u]	9
突尼斯	2002	142[v]	2 503[w]
坦桑尼亚	2002	15[u]	38
乌干达	2002	..	34
赞比亚	1999	2[x]	1 179
津巴布韦	1998	8	36
拉丁美洲及加勒比地区		**2 022[b]**	**45 383[b]**
安提瓜和巴布达	2002	..	10
阿根廷	2002	..	1 123
阿鲁巴	2002	..	29
巴哈马	2002	..	117
巴巴多斯	2002	..	99
伯利兹	2002	..	7
百慕大	2002	..	240
玻利维亚	1996	..	257
巴西	1998	1 225	8 050
英属维尔京群岛	2002	..	129
开曼群岛	2002	..	283
智利	1998	478[y]	3 173[z]
哥伦比亚	1995	302	2 220
哥斯达黎加	2002	..	154
多米尼克	2002	..	5
多米尼加共和国	2002	..	113
厄瓜多尔	2002	..	165
萨尔瓦多	2002	..	310
格林纳达	2002	..	10
危地马拉	1985	..	287
圭亚那	2002	4[f]	56
海地	2002	3[u]	11
洪都拉斯	2002	..	49
牙买加	1998	..	177
墨西哥	2002	..	25 708
荷属安的列斯	2002	..	145
尼加拉瓜	2002	..	34
巴拿马	2002	..	384
巴拉圭	1995	..	109
秘鲁	1997	10[aa]	1 183[ab]
圣基茨和尼维斯	2002	..	5
圣卢西亚	2002	..	19
圣文森特和格林纳丁斯	2002	..	10
苏里南	2002	..	10
特立尼达和多巴哥	1999	..	65[ac]
乌拉圭	2002	..	164[ad]
委内瑞拉	2002	..	473
亚洲		**10 685[b]**	**464 631[b]**

附录表 A.1.15 有可用数据的最近年份按地区和经济体统计的母公司和外国分支机构数（续）

地区/经济体	年份	该国的母公司[a]	在该国经营的外国子公司[a]
几内亚	2002	..	15
几内亚比绍	2002	..	2
肯尼亚	2002	..	123
莱索托	2002	..	1
利比里亚	2002	..	11
马达加斯加	2002	..	28
马拉维	2002	..	6
马里	2002	1[u]	8
毛里塔尼亚	2002	2[u]	2
毛里求斯	2002	..	35
摩洛哥	2002	..	194
中国澳门	2001	..	560
马来西亚	1999	..	15 567[al]
马尔代夫	2002	..	1
蒙古	1998	..	1 400
缅甸	2002	..	6
尼泊尔	2002	1[u]	6
巴基斯坦	2001	59[am]	582
菲律宾	1995	..	14 802[an]
韩国	2002	7 460[ao]	12 909
新加坡	2002	..	14 052[ap]
斯里兰卡	1998	..	305[aq]
中国台湾	2001	606[ar]	2 841
泰国	1998	..	2 721[as]
越南	1996	..	1 544
西亚		**751[b]**	**11 672[b]**
巴林	2002	..	36
塞浦路斯	2002	..	3 185
伊朗	2002	..	28
约旦	2002	..	13
科威特	2002	..	16
黎巴嫩	2002	..	58
阿曼	1995	92[at]	351[at]
卡塔尔	2002	..	16
沙特阿拉伯	1989	..	1 461
叙利亚	2002	..	8
土耳其	2002	653	6 311
阿联酋	2002	..	185
也门	2002	6[u]	4
中亚		**–**	**7 687[b]**
亚美尼亚	1999	..	1 604[au]
阿塞拜疆	2002	..	12
格鲁吉亚	1998	..	190[av]
哈萨克斯坦	1999	..	1 865[aw]
南亚、东亚和东南亚	**2002**	**9 934[b]**	**445 272[b]**
阿富汗	2002	..	4
孟加拉国	1997	10[u]	13
不丹		..	2
文莱	2002	..	16
柬埔寨	1997	..	598[ae]
中国	2002	350[af]	363 885[ag]
中国香港	2001	948[ah]	9 132
印度	1995	187[ai]	1 416
印度尼西亚	1995	313	2 241[aj]
老挝	1997	..	669[ak]
吉尔吉斯斯坦	1998	..	4 004[ax]
乌兹别克斯坦	2002	..	12
太平洋地区		**27[b]**	**548[b]**
斐济	2002	2	151[x]
基里巴斯	2002	..	1
新喀里多尼亚	2002	..	3
巴布亚新几内亚	1998	..	345[ay]
萨摩亚	2002	7[u]	8
所罗门群岛	2002	7[u]	16
汤加	2002	..	5
瓦努阿图	2002	11[u]	19
中东欧		**850[b]**	**242 678[b]**
阿尔巴尼亚	1995	..	2 422[az]
白俄罗斯	1994	..	393
波黑	2002	..	16
保加利亚	2000	26[h]	7 153[ba]
克罗地亚	1997	70	353
捷克	1999	660[x]	71 385[bb]
爱沙尼亚	1999	..	3 066[bc]
匈牙利	2000	..	26 645[bd]
拉脱维亚	2002	..	210
立陶宛	1999	16[ag]	1 893
波兰	2001	58[h]	14 469[be]
摩尔多瓦	2002	..	2 402[bf]
罗马尼亚	2002	20[h]	89 911[bg]
俄罗斯	1994	..	7 793
塞尔维亚和黑山	2002	..	22
斯洛伐克	1997	..	5 560[bh]
斯洛文尼亚	2000	..	1 617[bi]
马其顿	1999	..	7 362
乌克兰	1999	..	7 362
世界		**63 834**	**866 119**

资料来源：UNCTAD，根据各国渠道。

a. 根据所定义的国家和地区，代表了所列的国家和地区中的母公司/子公司的数量。与《世界投资报告》中所采用的定义不同的经济体如下（见附录表 B 中有关定义和来源一节）。阿富汗、阿尔及利亚、安哥拉、安提瓜和巴布达、阿根廷、阿鲁巴、阿塞拜疆、巴哈马、巴林、孟加拉国、巴巴多斯、伯利兹、贝宁、百慕大、波黑、博茨瓦纳、英属维尔京群岛、文莱、布基纳法索、布隆迪、喀麦隆、开曼群岛、中非共和国、乍得、刚果、哥斯达黎加、科特迪瓦、刚果（金）、吉布提、多米尼克、多米尼加共和国、厄瓜多尔、赤道几内亚、埃塞俄比亚、加蓬、冈比亚、加纳、直布罗陀、格林纳达、几内亚比绍、海地、洪都拉斯、伊朗、以色列、约旦、肯尼亚、基里巴斯、科威特、拉脱维亚、黎巴嫩、莱索托、利比里亚、马达加斯加、马拉维、马尔代夫、马里、马耳他、毛里塔尼亚、毛里求斯、摩洛哥、莫桑比克、缅甸、纳米比亚、尼泊尔、荷属安第列斯、新喀里多尼亚、尼加拉瓜、尼日尔、尼日利亚、巴拿马、卡塔尔、卢旺达、塞内加尔、塞尔维亚和黑山、塞拉利昂、所罗门群岛、索马里、圣卢西亚、圣基茨和尼维斯、圣文森特和格林纳丁斯、苏丹、苏里南、叙利亚、马其顿、多哥、汤加、乌干达、阿联酋、坦桑尼亚、乌兹别克斯坦、瓦努阿图、委内瑞拉和西萨摩亚的数据取自"谁拥有谁"（Who Owns Whom）2003 年光盘数据库（London，Dun & Bradstreet）。叙利亚、多哥、汤加、乌干达、阿联酋、坦桑尼亚、乌兹别克斯坦、瓦努阿图、委内瑞拉和西萨摩亚的数据取自"谁拥有谁"2003 年光盘数据库（London，Dun & Bradstreet）。

b. 仅包括下述国家的数据。

c. 拥有多数股权的外国子公司。

d. 由比利时国立银行提供的临时数字。
e. 直接和间接拥有的外国分支机构（子公司和联合企业），不包括分公司。
f. 截止 1999 年。
g. 2001 年；不包括外资在德国拥有、反过来又在德国拥有参与利益（间接外国参与利益）控股公司的数量。
h. 截止 1994 年。
i. 指爱尔兰制造业和服务业中受投资开发署资助的外资子公司的数量。
j. 与母公司和外国子公司的工业活动有关（根据 Consiglio Nazionale dell'Economia e del Lavoro，"*Italia Multinazionale*, *2000*, *inward and outward FDI in the Italian industry in 1998 and 1999*"，2002 年 4 月）。
k. 截止 1993 年 10 月的母公司的数据。外国分支机构的数据是指拥有多数股权的外国分支机构，数据来自 OECD。
l. 2000 年。
m. 包括同时被一家直接投资者控制的西班牙母公司。
n. 数据由 Sveriges Riksbank 提供。包括同时被一家直接投资者控制的瑞典母公司。
o. 有关以英国为基地的母公司数及其在英国经营的外国子公司数的数据是根据由中央统计局对流出和流入英国的 FDI 所进行的调查中所登记的公司数统计的。基于此，因为在确定新建投资地点方面出现延迟，并且因为一些公司在英国和国外所进行的小额投资尚未得到确认，所报告的公司数量也就可能是打了折扣的。
p. 指 1998 年挪威与外国股东的合资公司，其中挪威占总股份的 10% 以上。
q. 代表 2000 年的 2466 家非银行母公司和 1994 年的 60 家银行业母公司，这些公司至少有一家资产、销售额或者净收入超过 300 万美元的外国子公司；还代表了 1994 年 709 家其子公司的资产、销售额和净收入少于 300 万美元的银行业和非银行业母公司。每一家母公司都代表了一个完全合并的商业企业，可能包括许多单个的公司。
r. 代表了 2000 年的 9368 家非银行业子公司和 1997 年的 438 家银行业子公司，这些子公司的资产、销售额或者净收入超过 300 万美元；还代表了 1996 年的资产、销售额或者净收入在 300 万美元以下的 5906 家银行业和非银行业子公司。每家子公司都代表了一个完全合并的美国商业企业，可能包括许多单个的公司。
s. 至少有两家外国子公司并且在子公司中的股权超过 20% 的日本企业。资料来源：Toyokeizai，*Kaigai Shinshutsu Kigyo Soran 2002*（Tokyo：Toyokeizai Shinposha，2002）.
t. 2000 年的外国子公司数。资料来源：*Toyokeizai*，*Gaishikei Kigyo Soran 2001*（Tokyo：*Toyokeizai Shimposha*，2001），《对海外商业活动的第 35 次调查》。
u. 2001 年。
v. 1999 年。
w. 临时。
x. 1997 年。
y. 由外国投资委员会估算。
z. 根据 DL600 注册登记的外国公司数。
aa. 少于 10。
ab. 除了这些数字，有 811 家是拥有多数股权的外国子公司，还有 159 家自贵似的股权低于 10%。
ac. 占普通股或者投票权的 25% 或者更多。
ad. 中央银行（对所有部门）的调查中所包括的企业数。
ae. 自 1994 年 8 月起批准的国内和外资项目数。
af. 2002 年有 350 家公司在海外投资。在海外投资的公司累计有 6960 家。
ag. 截止 2000 年有海外资本的工业企业的登记数。
ah. 到 2002 年 6 月 1 日为止地区总部的数量。
ai. 截止 1991 年。
aj. 截止 1996 年。
ak. 1988—1997 年未得到许可的项目数。
al. 1999 年 5 月。指外国股权在 51% 以上的公司数，其中有 3787 家是全资外国子公司。
am. 1998 年。
an. 该数字是指直接和间接拥有的外国子公司。
ao. 截止 1999 年。数据为海外投资项目数。
ap. 全资外国公司数。
aq. 得到提供激励的《外国投资促进法》第 17 条批准的项目数。
ar. 1998 年经过批准的新的海外投资项目数。
as. 数据指受投资促进委员会促进的公司数，这些公司在 1960—1998 年期间因为至少有 10% 的外资参股而得到了投资促进证书。
at. 截止 1995 年 5 月。
au. 截止 1999 年 11 月登记的合资企业和外资企业的累积数字。
av. 在 1996 年 1 月至 1998 年 3 月期间登记的金额在 10 万美元以上的批准投资项目数。
aw. 在该国经营的合资企业和外资企业。
ax. 在该经济体中建立的合资公司。
ay. 所应用的数字始于 1993 年。
az. 1 532 家合资企业和 890 家全资外国子公司。
ba. 这一数字是指 1992—2000 年期间进行了登记的投资项目，保加利亚外国投资署，2002 年 1 月。
bb. 在这一数字中有 53775 家是全资外国子公司。包括合资企业。
bc. 截止 1999 年 3 月 15 日。仅包括在爱沙尼亚商业登记局登记的子公司。
bd. 资料来源：匈牙利统计局。
be. 参与统计调查的有外国资本参与的公司的累积数字。
bf. 截止 2002 年 1 月 1 日在摩尔多瓦建立企业的外国公司的数字。
bg. 数据指的是截止 2002 年 12 月末进行 FDI 的公司的累积数字。
bh. 包括与当地企业合资。
bi. 资料来源：斯洛文尼亚银行。
注：由于以前没有涵盖的国家现在又有可用的数据、定义发生了变化或者旧数据得到了更新，这些数据因此可能与前几年存在很大的不同。

附录表 A. 2. 1 1999—2002 年亚太地区若干国家和地区 FDI 的资金来源

（100 万美元）

国家和地区	1999				2000			
	FDI 总流入流量	股权	其他资本[a]	利润再投资	FDI 总流入流量	股权	其他资本[a]	利润再投资
文莱	747	656	87	4	550	209	321	20
中国	38 753	16 772	9 783	12 198	38 399	20 841	1 536	16 022
印度尼西亚	-2 746	1 110	-3 856	..	-4 450	992	-5 442	..
中国香港	24 581	4 315	8 126	12 140	61 939	32 955	9 695	19 289
哈萨克斯坦	1 587	316	1 093	178	1 283	272	536	474
韩国	9 333	8 889	444	..	9 283	8 282	1 001	..
中国台湾	2 926	2 346	-69	649	4 928	4 493	-86	521
马来西亚	3 895	1 512	476	370	3 788	674	112	3 002
菲律宾	1 734	1 145	219	3 622	1 354	1 024	504	-174
新加坡	12 825	7 951	1 252	..	5 389	1 342	-19	4 066
泰国	6 149	6 139	10	1 907	3 366	3 402	-36	..
巴布亚新几内亚	297	274	-1	24	96	74.6	-0.4	21.7

国家和地区	2001				2002			
	FDI 总流入流量	股权	其他资本[a]	利润再投资	FDI 总流入流量	股权	其他资本[a]	利润再投资
文莱	527	218	287	22	684	351	332	..
中国	44 241	27 361	2 199	14 681	52 700	..	..	..
印度尼西亚	-3 278	688	-3 966	..	-1 522	1 817	-3 339	..
中国香港	23 776	7 717	3 705	12 354	13 718	..	..	..
哈萨克斯坦	2 763	539	1 775	449	2 561	..	..	..
韩国	3 528	3 189	339	..	1 972	1 686	286	..
中国台湾	4 109	3 737	10	362	1 455	1 121	82	242
马来西亚	554	-854	-1 083	2 491	3 203	-204	-5	3 413
菲律宾	1 537	628	421	488	494	945	-571	120
新加坡	10 916	9 800b	1 117	..	6 102	7 661b	-1 559	..
泰国	3 820	2 626	1 194	..	735	307	427	..
巴布亚新几内亚	63	45.3	-0.6	17.8		..	..	..

资料来源：UNCTAD，FDI/TNC 数据库。

a. 主要包含了公司内部贷款。

b. 包括利润再投资。

附录表 A. 2. 2 1999—2001 年亚太地区若干国家和地区 FDI 的回报率[a]

（百分比）

地区/国家和地区	1999	2000	2001
世界平均	7.1	6.8	5.5
发达国家平均	7.4	7.1	5.7
发展中国家平均	4.6	4.3	4.2
阿塞拜疆	0.1	9.3	8.6
中国	5.6	6.2	5.8
中国香港	13.6	12.5	11.5
印度尼西亚	5.5	5.7	5.4
哈萨克斯坦	3.2	9.6	9.0
韩国	3.0	3.1	3.3
马来西亚	11.5	14.1	11.2
巴基斯坦	3.4	6.1	7.0
巴布亚新几内亚	13.6	10.1	10.1
菲律宾	3.6	9.5	8.8

资料来源：UNCTAD。

a. 回报率是用直接投资收入除以特定年份开始和结束时的 FDI 存量的平均数来计算的。2002 年还没有数据。

附录表 A. 2. 3 亚太地区：若干地区性协定对 FDI 可能产生的影响

名称/日期	目标	主要因素	对地区内部和地区外部各种类型 FDI 的效应（地区协定可能会导致以下各种类型 FDI 的增加）	对公司战略的影响
		贸易措施		
东盟自由贸易区（AFTA）[a] 1992 年签署协定，2002 年 1 月 1 日建立	● 提高东盟作为生产基地的竞争力 ● 增加区域内部贸易 ● 促进 FDI ● 深化区域经济合作和区域经济一体化	● 消除关税和非关税壁垒 ● 贸易便利化措施 ——协调海关程序，迅速通关（东盟自由贸易区绿色通道） ——产品标准与一致——相互承认安排 ● 40% 当地含量要求的原产地规则	● 市场寻求型（贸易引致投资与区域市场导向） ● 效率寻求型（成本削减与出口导向） ● 资源寻求型（由于资源部门开放）	● 更好地利用地区区位互补优势，促进区域生产网络和劳动分工 ● 更大程度的市场准入及其市场的扩大带来了开发生产中的规模经济和协同优势的机会 ● 地区生产功能的合并与合理化 ● 提高公司竞争力 ● 由 40% 的原产地要求和更大程度参与区域一体化进程导致的生产的当地化
		投资措施		
东盟投资区（AIA）[b] 1998 年签署协定，2003 年 1 月 1 日建立（首先是制造业部门）	● 建立对 FDI 具有竞争力和吸引力的区域 ● 增加 FDI ● 支持区域一体化进程	● 给予国民待遇 ● 开放产业/自由化 ● 覆盖部门：制造业、农业、林业、渔业、矿业和附属于这 5 个部门的服务业 ● 透明度 ● 投资便利化并促进该区域的 FDI ● 投资保护 ● 减少或者消除投资障碍 ● 共同推动将东盟建成一个投资区 ● 到 2010 年建立一个自由贸易区	● 资源寻求型（通过对 FDI 开放资源部门） ● 市场寻求型（区域生产网络和投资） ● 效率寻求型	● 自由化计划及对各部门对外国投资的开放可能会使跨国公司在特定东道区位从事特定的生产活动 ● 可以预期公司会对附属于制造业、农业、林业、渔业和矿业部门的服务业进行更多的投资 ● 跨国公司可能会在当地有效率的区位对制造业进行投资，以服务于地区市场 ● 更低的交易成本可能会影响跨国公司有利于该地区的投资决策。更大的信息量、透明度和投资便利措施可能会对此有利 ● 由有约束力的自由化时间表和承诺带来的更大的确定性对跨国公司计划在该地区的投资可能会有帮助
东盟—中国全面经济合作[c] 2002 年签署协定，自由贸易区将在 10 年内实现。	● 加强经济、贸易与投资合作 ● 逐步自由化并促进贸易、服务和投资 ● 促进东盟新成员更有效的经济一体化，缩小发展差距	● 逐步消除关税和非关税壁垒 ● 逐步实现服务贸易自由化 ● 建立一个开放和竞争性的投资体制以便利和促进 FDI ● 制定有效的贸易和投资便利化措施，例如简化海关程序和相互承认安排 ● 其他投资措施（目前正在谈判）	● 市场寻求型 ● 效率寻求型 ● 资源寻求型 ● 生产网络	● 更好地利用地区区位互补优势，促进区域生产网络和劳动分工 ● 更大程度的市场准入及其市场的扩大带来了开发生产中的规模经济和协同优势的机会 ● 将生产功能合并与合理化，包括根据价值链的安排进行专业化生产 ● 提高公司竞争力

附录表 A.2.3　亚太地区：若干地区性协定对 FDI 可能产生的影响（续）

名称/日期	目标	主要因素	对地区内部和地区外部各种类型 FDI 的效应（地区协定可能导致以下各种类型 FDI 的增加）	对公司战略的影响
南亚区域合作联盟优惠贸易安排（SAPTA）[d] 2003 年 4 月 11 日签署协定，1995 年开始实施。目前正在研究向自由贸易区前进	● 作为向南亚自由贸易区（SAFTA）的过渡 ● 促进相互之间的贸易和经济合作	● 交换让步与优惠贸易安排 ● 以优惠为基础降低关税和非关税壁垒 ● 贸易便利化措施 ● 技术援助与合作安排 ● 原产地规则	● 躲避关税 ● 市场寻求 ● 资源寻求 ● 效率寻求	● 对区域市场导向战略的投资可能产生影响 ● 为与投资和贸易有关的活动带来了更大的机会 ● 生产当地化以满足当地含量要求。这样跨国公司可能会在更有效率的区位投资，也可能会在拥有巨大的国内市场及其丰富的劳动力供给的东道国投资
孟加拉国、印度、缅甸、斯里兰卡和泰国经济合作（BIMSTEC）[e] 于 1997 年 6 月开始。已建议由优惠贸易区转向自由贸易区	● 建立一个有利于经济发展的环境 ● 加速社会进步 ● 促进积极合作和相互援助	● 6 个优先领域，贸易和投资是其中之一 ● 通过协调海关程序和做法促进贸易 ● 根据标准交换信息 ● 加强银行安排以推动贸易与投资和旅游 ● 促进运输和通讯设施的发展 ● 通过简化签证促进商务人员流动	● 市场寻求 ● 资源寻求 ● 效率寻求	● 对于由贸易引致的投资的机会： －纺织品和服装 －麻醉品与医药 －珠宝饰品 －园艺与花卉产品 －加工食品 －汽车及其部件 －香蕉、茶叶和咖啡 －椰子和香料
南太平洋区域贸易与经济合作协定（SPARTECA）[f] 1980 年 7 月 14 日签署，于 1981 年 1 月 1 日开始对多数论坛岛国生效	● 经济、商业和技术合作 ● 澳大利亚和新西兰对来自发展中论坛岛国的产品给予关税减免和自由进入	● 对出口澳大利亚和新西兰的（几乎所有）产品减免关税并给予无限制的市场准入 ● 全面的经济、商业和技术合作 ● 原产地规则	● 市场寻求 ● 资源寻求 ● 效率寻求	● 必须遵守的 50% 的原产地要求所导致的生产的当地化 ● 提供了与贸易—投资有关的活动的机会以服务于更大的市场

资料来源：UNCTAD。

a. AFTA 的成员：文莱、柬埔寨、印度尼西亚、老挝、马来西亚、缅甸、菲律宾、新加坡、泰国和越南。该协定得到了诸如相互承认、标准及一致性等更进一步的贸易便利安排的支持。

b. AIA 的成员：文莱、柬埔寨、印度尼西亚、老挝、马来西亚、缅甸、菲律宾、新加坡、泰国和越南。

c. ACFTA 的成员：文莱、柬埔寨、中国、印度尼西亚、老挝、马来西亚、缅甸、菲律宾、新加坡、泰国和越南。

d. 南亚区域合作联盟（SAARC）及南亚优惠贸易区（SAPTA）的成员：孟加拉国、不丹、印度、马尔代夫、尼泊尔、巴基斯坦及斯里兰卡。SAARC 即 the South Asian Association for Regional Cooperation。

e. BIMSTEC 的成员：孟加拉国、印度、缅甸、斯里兰卡和泰国。

f. SPARTECA 的成员：澳大利亚、新西兰、库克群岛、密克罗尼西亚联邦、斐济、基里巴斯、马绍尔群岛、瑙鲁、纽埃岛、巴布亚新几内亚、所罗门群岛、汤加、图瓦卢、瓦努阿图及西萨摩亚。

附录表 A. 2. 4 生产能力扩张与缩小的若干案例

宣布时间	外国子公司	产业	在匈牙利的地点	行动方式	相关活动	所涉及的其他区位	估计对匈牙利的就业效应
2003 年 1 月	Alcoa - Köfém Kft.	铝业	Székesfehérvár	转移到匈牙利	欧洲地区计算机中心	其他 38 各欧洲国家	+150
2002 年 5 月	Artesyn Kft.	电子	Tatabánya	转移到匈牙利	电信及无线技术电源生产	奥地利	+50 - 100
2002 年 8 月	奥迪匈牙利汽车公司	汽车	Györ	生产能力扩张	8 缸引擎	..	+330
2002 年 11 月	罗伯特·博什公司	电子	Miskolc	转移到匈牙利	汽车电子	德国	+500
2003 年 2 月	罗伯特·博什电子公司	电子	Hatvan	转移到匈牙利	汽车电子	奥地利、德国	+250
2003 年 2 月	Bosch Rexroth Kft.	电子	Eger	新建生产能力	汽车电子	..	+400
2002 年 12 月	Elcoteq Magyarország Kft.	电子	Pécs	生产能力扩张	..	..	+250
2002 年 12 月	伊莱克斯莱海尔公司	白色家电	Jászberény	转移到匈牙利	电冰箱生产	西班牙	+400
2002 年 9 月	电子数据系统	电子	布达佩斯	新建生产能力	地区服务中心	..	+110
2002—2003 年[a]	弗莱克斯国际	电子	Sárvár/Zalaegerszeg	生产能力扩张	移动电话生产部分	..	+2 100
2002 年 5 月	弗莱克斯国际	电子	Sárvár	从匈牙利转移	X - box 生产	中国	-1 000
2002 年 7 月	Foxconn Hon Hai	电子	Komárom	新建生产能力	电子计算机、移动电话及其他电子产品配件	..	+1 600（by 2 006）
2002 年 10 月	GE Capital Kft.	金融服务	布达佩斯	转移到匈牙利	地区传呼中心	其他欧洲国家	+400 - 450
2003 年[a]	通用电气匈牙利公司	电子	Nagykanizsa	生产能力扩张	照明灯泡生产	..	+100
2002 年 2 月	通用电气匈牙利公司	电子	布达佩斯	..	通用电气照明地区总部	..	+500（2004）
2002 年 11 月	Opel Southeast Európa Kft. / GM Daewoo Central and Eastern Europe Kft.	汽车	Budaörs	地区总部	通用汽车/大宇中东欧地区总部	..	+60 - 80
2002 年 10 月	IBM 存储产品	电子	Székesfehérvár	从匈牙利转移	硬盘驱动器	中国	-3 700
2002—2003 年[a]	IBM Magyarországi Kft.	电子	Vác	..	..	..	+377
2003 年 1 月	Jabil Circuit Kft.	电子	Tiszaújváros	转移到匈牙利	..	英国	+600
2002 年 12 月	Kenwood Electronics Bretagne S. A.	电子	Székesfehérvár	全球生产网络合并（从 9 个并为 5 个）	车载无线电	..	-200
2002 年 5 月	Küpper Hungaria Ltd.	冶金	Tiszaújváros	新建生产能力	金属加工及铸造（汽车配件生产）	..	+80
2002 年 12 月	Magyar Suzuki Rt.	汽车	Esztergom	生产能力扩张	汽车装配	..	+150
2002 年 6 月	Ortech Europe Ltd.	汽车	Kisbér	新建生产能力	Opel Polska and Magyar Suzuki 供应商	..	..
2003 年 1 月	Philips Magyarország Kft.	电子	Székesfehérvár	转移到匈牙利	阴极射线管电视机	法国	330
2003 年 1 月	Philips Magyarország Kft.	电子	Szombathely	从匈牙利转移	阴极射线管监视器	中国	-500
2003 年 5 月	Philips Magyarország Kft.	电子	Györ	生产能力扩张	..	..	+1 170
2002—2003 年[a]	凤凰机械	精密工程	Kecskemét	新建生产能力	东欧产品装配和地区销售中心	..	+100

附录表 A. 2. 4　生产能力扩张与缩小的若干案例（续）

宣布时间	外国子公司	产业	在匈牙利的地点	行动方式	相关活动	所涉及的其他区位	估计对匈牙利的就业效应
2002 年 12 月	Salamander Hungaria Kft.	鞋类	Bonyhád	关闭工厂	鞋类	..	-560
2003 年 4 月	三星匈牙利电子机械公司	电子	Jászfényszaru	生产扩张	电视机生产	..	..
2003 年 2 月	三星匈牙利电子机械公司	电子	Göd	转移到匈牙利	阴极射线管生产	其他欧洲国家	+500 - 700
2003 年 5 月	Sara Lee Kávé és Tea Rt.	食品和饮料	布达佩斯	生产能力扩张	用于出口的袋装茶生产	..	..
2003 年 4 月	Saubermacher Pannónia Kft.	回收	Nagykanizsa	地区中心	生产与管理	..	..
2002 年 11 月	SEWS Magyarország Kft.（Sumitomo）	汽车供应	Mór	新建生产能力	汽车配件	..	+300
2002 年 7 月	阳光之箭匈牙利公司	电子	Komárom	新建生产能力	诺基亚供应商	..	+120（2004）
2002 年 10 月	TDK 电子公司	电子	Rétság	部分从匈牙利转移	..	乌克兰	-200
2002 年 5 月	Toyo Seat Europe Car Parts Producing and Trade Ltd.	汽车	Százhalombatta	新建生产能力	客车座椅供应商	..	+150
2002 年 1 月	威斯蒂安匈牙利公司	汽车供应	Székesfehérvár	..	产品开发中心	..	+30
2003 年 3 月	威斯蒂安匈牙利公司	汽车供应	Székesfehérvár	部分从匈牙利转移	起动器制造	印度（金奈）	..
2002—2003 年[a]	泽农系统制造与服务	水处理	Tatabánya	新建生产能力	研发中心	..	+32

资料来源：UNCTAD，根据 ITDH（2002）和其他报告。

a. 不知道具体日期。

附录表 A. 2. 5　2001—2002 年若干发达国家 FDI 流量的构成

（100 万美元）

国家	流出流量				流入流量			
	总　计	股　权	利润再投资	其他资本[a]	总　计	股　权	利润再投资	其他资本[a]
法国								
2001	**92 974**	54 472	6 604	31 899	**55 190**	20 659	2 180	32 351
2002	**62 544**	27 530	6 968	28 046	**51 503**	29 887	2 496	19 120
德国								
2001	**42 078**	55 139	-2 899	-10 161	**33 917**	26 925	-3 222	10 215
2002	**24 535**	44 065	—	-19 529	**38 035**	25 397	-3 388	16 026
日本								
2001	**38 333**	27 295	6 958	4 084	**6 243**	4 908	1 546	-215
2002	**31 482**	22 926	8 231	325	**9 326**	-5 830	1 505	13 651
卢森堡								
2002	**154 072**	116 627	408	37 036	**125 660**	111 218	2 403	12 038
挪威								
2001	**-1 272**	575	300	-2 148	**2 212**	1 314	-382	1 280
2002	**3 810**	5 202	338	-1 730	**615**	869	-430	176
瑞典								
2001	**6 594**	5 625	2 016	-1 046	**11 780**	9 168	-589	3 205
2002	**10 869**	10 475	5 690	-5 299	**11 081**	9 079	992	1 007
瑞士								
2001	**17 300**	13 500	2 700	1 100	**8 900**	9 000	900	-1 000
2002	**11 800**	8 800	4 200	-1 200	**9 300**	2 400	3 300	3 600
英国								
2001	**68 037**	25 949	35 482	6 606	**61 958**	29 158	6 973	25 827
2002	**39 703**	20 375	44 048	-24 720	**24 945**	14 724	15 405	-5 185
美国								
2001	**127 800**	49 800	-1 500	81 700	**130 800**	107 700	-19 700	42 800
2002	**123 500**	27 300	14 500	79 700	**30 100**	57 600	10 200	-37 700

资料来源：UNCTAD 根据各国渠道。

a. 主要是公司内部贷款。

注：截止到 2001 年，比利时—卢森堡经济联盟的数据由比利时国家银行提供。2002 年以前没有卢森堡单独的数据。

定义和来源

A. 一般定义

1. 跨国公司

跨国公司是由母公司及其国外分支机构组成的联合或者非联合企业。母公司被定义为通常以拥有股本金的方式来控制在其本国以外国家的其他实体资产的企业。拥有联合企业 10% 或者以上普通股或者表决权的股本金或者非联合企业的等量资本金，通常被认为是控制这些企业资产的门槛值。[1] 国外分支机构可以是联合企业，也可以是非联合企业，其中居住在另一个国家的投资者拥有允许其在企业管理中享有持久利益的股份（对联合公司来讲为 10% 的股份，对非联合公司来讲为等量资本金）。在《世界投资报告》中，子公司、附属企业和分公司统称为国外分支机构或者分支机构。

- 子公司指另一个实体直接拥有超过一半的股东表决权，有权指派或者撤换大多数行政、管理和监督人员的设在东道国的联合企业。
- 附属企业指投资者拥有总额最少 10%，但是不超过 50% 的股东表决权的设在东道国的联合企业。
- 分公司指投资者拥有或者部分拥有的设在东道国的非联合企业，有以下任一情形：（1）外国投资者的常设机构或者办事处；（2）外国直接投资者与一个或者一个以上第三方的非联合合作企业或者合资企业；（3）外国居民直接拥有的土地、建筑物（政府机构拥有的建筑物除外）、以及/或者不可移动的设备和物品；（4）外国投资者在其本国以外的国家经营了至少一年的可移动设备（例如船舶、飞机及其油气开采设备）。

2. 外国直接投资

外国直接投资（FDI）定义为一国（地区）的居民实体（对外直接投资者或者母公司）在其本国（地区）以外的另一国的企业（外国直接投资企业、分支机构或者国外分支机构）中建立长期关系，享有持久利益，并对之进行控制的投资。[2] 外国直接投资意味着投资者对其他国家的企业居民的管理可施加显著影响。这种投资既涉及两个实体之间最初的交易，也涉及二者之间以及不论是联合的还是非联合的国外分支机构之间的所有后续交易。进行外国直接投资的可以是商业实体，也可以是个人。

外国直接投资流量包括由外国直接投资者向外国直接投资企业（直接或者间接通过其他关联企业）提供的资金，或者外国直接投资者从外国直接投资企业所得到的资金。FDI 有三个分项，即股权资本、利润再投资和公司内部借贷。

- 股权资本是对外直接投资者购买的本国以外国家企业的股份。
- 利润再投资包括未被分支机构以股息形式分配掉的直接投资者的利润份额（与直接股权成比例），或者未汇回给直接投资者的利润，这些被分支机构留存的利润被用于再投资。
- 公司内部借贷或者公司内部债务交易指直接投资者（母公司）与附属企业之间的资金借入与贷出。

FDI 存量是属于母公司的资本和准备金（包括留存利润）份额的价值，加上分支机构对母公司的净负债。《世界投资报告》中使用的 FDI 流量和存量的数据并不是如以上所定义的，因为这些定义常常并不适用于 FDI 的非总量数据。例如，在分析 FDI 的地理和产业趋势与格局时，也许会使用基于业经批准的 FDI 数据，因为由这些数据可以得到国别或者产业层面的非总量数据。这些情况前面曾经介绍过。

3. 非股权形式的投资

除了收购股权以外，外国直接投资还可以通过其他方式对另一家商业实体的管理施加有效影响。这些方式就是非股权形式的 FDI，它们主要包括分包合同、管理合同、交钥匙安排、特许经营、许可证与产品分享等。有关以这些方式进行的跨国公司活动的数据在国际收支统计中通常不会分别列出。但是这些统计通常会提供有关特许和专利使用费的数据。特许和专利使用费被定义为“因（1）经授权使用无形的非生产性的、非金融的资产和诸如商标权、版权、专利权、工艺、技术、设计、制造权以及特许经营等专有权利，以及（2）通过许可协议使用例如原稿、胶片等原件或者原型而对居民和非居民的支付和从居民和非居民所得的收入”。[3]

B.《世界投资报告》中外国直接投资数据的收集、局限性和估算

1. 外国直接投资流量

附录表 B. 1 和 B. 2 中的 FDI 数据和正文中的大部分表格一样，都是建立在净值（直接投资者与其国外分支机构之间资本交易的贷方减去借方）基础之上的。资产的净减少或者债务的净增加被记为贷方（在国际收支平衡表上记为正号），而资产的净增加或者债务的净减少被记为借方（在国际收支平衡表上记为负号）。在附录表以及正文的表格中，为了方便而将负号除掉了。因此，在《世界投资报告》中 FDI 流量带有负号表示其三个分项（股权资本、利润再投资或者公司内部借贷）中至少有一个是负的，并且没能被其他分项的正值所抵消。这就是反向投资或者撤资的情况。

UNCTAD 在汇总与细分的基础上，定期直接从各国中央银行、统计局或者政府当局为其 FDI/TNC 数据库收集各国公布的或者没有公布的官方 FDI 数据。这些数据是有关 FDI 流量报告数据的主要来源，并得到以下来源的统计信息的进一步补充：（1）其他国际组织例如国际货币基金组织（IMF）、世界银行、经济合作与发展组织（OECD）；（2）区域性组织例如联合国拉丁美洲和加勒比地区经济委员会（ECLAC）、东盟（ASEAN）秘书处和欧洲复兴开发银行（EBRD）；以及（3）UNCTAD 自己估计数据。

对于那些无法从各国官方渠道获得数据的国家或者地区，或者所得数据没有涵盖《2003 年世界投资报告》中所使用的 1980—2002 年整个时期的国家或者地区，使用来自国际货币基金组织 2003 年 6 月份的《国际金融统计》和《国际收支》光盘数据库的数据。

对于那些无法从各国官方渠道或者国际货币基金组织渠道获得数据的国家或者地区，或者所得数据没有涵盖 1980—2002 年整个时期的国家和地区，使用来自世界银行《2003 年世界发展指标》光盘数据库的数据。该数据库的数据截止到 2002 年，它只报告 FDI 流量净值（FDI 流入流量减去 FDI 流出流量）和 FDI 流入流量。因此，FDI 流出流量的数据要通过从 FDI 流量净值中减去 FDI 流入流量进行估计。

对于无法从上述渠道获取数据的拉丁美洲和加勒比地区的国家或者地区，使用的是拉丁美洲及其加勒比地区经济委员会的数据。对于无法从上述渠道获取数据的中亚国家，使用的是欧洲复兴开发银行的报告数据。

此外，在 OECD 的出版物《流向发展中国家资金的地理分布》中公布的以及从 OECD 在线数据库中获得的 OECD 国家 FDI 流出流量的数据可以用来代替某些发展中国家和地区的 FDI 流入流量数据。由于这些数据依据的是 OECD 发展援助委员会成员国[4] 对发展中国家输出的 FDI 流量，因此发展中国家的 FDI 流入流量可能被低估了。在某些国家或者地区，来自受资大国和投资大国的 FDI 数据也被用作替代值。

最后，对那些从上述任一渠道都不能获得数据或者仅能获得部分（季度或月度）数据的国家或者地区，如果从国际货币基金组织或者各国政府渠道只能获得部分（月度或者季度）数据，则对这些数据进行年度化处理，或者使用跨国并购及其增长率的数据，或者使用 UNCTAD 自己的估计值。

以下部分详细说明了本报告所使用的各国 FDI 流量数据的获得方式。

a. FDI 流入流量

1980—2002 年期间或者在此期间某些年份使用官方数据的国家和地区。

时期	国家和地区
1980—2002 年	玻利维亚、巴西、加拿大、智利、芬兰、日本、韩国、秘鲁、中国台湾、突尼斯、土耳其、委内瑞拉
1980—1993 年和 1995—2002 年	刚果
1980—1985 年和 1995—2002 年	巴拉圭
1982—2002 年	瑞典
1985—2002 年	奥地利、布隆迪、丹麦、巴基斯坦、塞内加尔
1986—2002 年	厄瓜多尔、法国、瑞士
1987—2002 年	德国、荷兰
1988—2002 年	冰岛、莱索托、毛里求斯、英国
1988—1991 年和 1994—2002 年	斯洛文尼亚
1989—2002 年	澳大利亚
1989—1992 年和 2000—2002 年	亚美尼亚

续表

时期	国家和地区
1990—2002 年	阿尔及利亚、安哥拉、安圭拉、安提瓜和巴布达、阿鲁巴、巴哈马、贝宁、博茨瓦纳、保加利亚、哥伦比亚、哥斯达黎加、科特迪瓦、捷克、多米尼克、多米尼加共和国、埃及、斐济、冈比亚、加纳、希腊、格林纳达、危地马拉、洪都拉斯、爱尔兰、以色列、牙买加、肯尼亚、马达加斯加、墨西哥、蒙特塞拉特、摩洛哥、莫桑比克、纳米比亚、尼日利亚、挪威、葡萄牙、罗马尼亚、卢旺达、圣基茨和尼维斯、圣卢西亚、圣文森特和格林纳丁斯、塞舌尔、斯洛伐克、南非、斯里兰卡、苏里南、斯威士兰、坦桑尼亚、多哥、特立尼达和多巴哥、也门、津巴布韦
1990—1991 年和 1992—2002 年	赞比亚
1991—2002 年	吉布提、海地、印度、尼加拉瓜、乌干达
1992—2002 年	阿根廷、白俄罗斯、布基纳法索、爱沙尼亚、圭亚那、哈萨克斯坦、立陶宛、蒙古、尼日尔、塞尔维亚和黑山
1992—1993 年和 1996—2002 年	俄罗斯
1992—1993 年和 1999—2002 年	摩尔多瓦、乌克兰
1993—2002 年	克罗地亚、科威特、马里、乌拉圭
1994—2002 年	阿尔巴尼亚、阿塞拜疆、佛得角、西班牙、马其顿
1995—2002 年	中非共和国、乍得、赤道几内亚、加蓬
1996—2002 年	波黑、苏丹
1997—2002 年	巴林、几内亚比绍
1998—2002 年	萨尔瓦多、中国香港、拉脱维亚、新西兰
1999—2002 年	中国
2000—2002 年	意大利、荷属安第列斯
2001—2002 年	孟加拉国
2002 年	比利时、约旦、吉尔吉斯斯坦、卢森堡、波兰、瓦努阿图
1985—2001 年	巴巴多斯
1990—2001 年	伯利兹、马拉维
1991—2001 年	塞浦路斯
1992—2001 年	埃塞俄比亚
1993—2001 年	利比亚
1995—2001 年	阿曼
1996—2001 年	所罗门群岛
1999—2001 年	比利时和卢森堡
2001 年	中国澳门、塔吉克斯坦
1997—2000 年	巴勒斯坦被占领土
1985—1997 年	巴布亚新几内亚
1994—1996 年	格鲁吉亚
1990—1995 年	印度尼西亚
1980—1994 年	泰国
1990—1994 年	马来西亚、菲律宾、新加坡、越南
1986—1991 年	匈牙利

官方渠道提供初步数据或者估计数据的国家和地区如下：

时期	国家和地区
2002 年	贝宁、布基纳法索、中非共和国、乍得、刚果、科特迪瓦、吉布提、赤道几内亚、加蓬、几内亚比绍、海地、牙买加、马达加斯加、马里、摩洛哥、尼日尔、塞内加尔、苏里南、多哥、乌干达

正如上文所提到的，附录表B.1的主要来源之一是国际货币基金组织。1980—2002年期间或者在此期间某些年份使用国际货币基金组织数据的国家或者地区如下：

时期	国家和地区
1980—2002年	马耳他、巴拿马
1997—2002年	格鲁吉亚
1980—2001年	约旦、波兰、沙特阿拉伯
1980—1984年和1998—2001年	巴布亚新几内亚
1982—2001年	瓦努阿图
1984—1993年和2000—2001年	汤加
1986—2001年	几内亚、马尔代夫
1993—2001年	吉尔吉斯斯坦
2001年	圣多美和普林西比
1983—1984年和1986—2000年	孟加拉国
1994—2000年	伊朗
1996—2000年	厄立特里亚、尼泊尔
1980—1999年	荷属安第列斯
1993—1999年	亚美尼亚
1980—1998年	比利时和卢森堡、中国、意大利
1980—1995年和1998年	毛里塔尼亚
1994—1998年	摩尔多瓦、乌克兰
1980—1997年	新西兰
1980—1993年和1995—1997年	萨尔瓦多
1992—1997年	拉脱维亚
1996—1997年	土库曼斯坦
1980年和1982—1996年	巴林
1980—1995年	喀麦隆、塞拉利昂、所罗门群岛
1987—1995年	科摩罗
1994—1995年	俄罗斯
1980—1994年	中非共和国、加蓬、阿曼
1983年和1985—1994年	基里巴斯
1984—1989年和1991—1994年	乍得
1986—1994年	巴拉圭
1988—1994年	老挝
1989—1994年	赤道几内亚、缅甸
1992—1994年	柬埔寨
1994年	新喀里多尼亚
1980—1993年	西班牙
1986—1993年	佛得角
1990—1993年	文莱
1992—1993年	阿尔巴尼亚、斯洛文尼亚
1980—1992年	利比亚、马里
1980—1991年	阿根廷、尼日尔
1980—1990年	塞浦路斯
1980—1989年	阿尔及利亚、安提瓜和巴布达、巴哈马、博茨瓦纳、布基纳法索、哥伦比亚、哥斯达黎加、科特迪瓦、多米尼加共和国、埃及、斐济、加纳、希腊、危地马拉、海地、洪都拉斯、印度尼西亚、爱尔兰、以色列、牙买加、肯尼亚、马来西亚、墨西哥、摩洛哥、尼日利亚、挪威、菲律宾、葡萄牙、卢旺达、圣基茨和尼维斯、圣卢西亚、圣文森特和格林纳丁斯、塞舌尔、新加坡、南非、斯里兰卡、苏里南、斯威士兰、多哥、特立尼达和多巴哥、赞比亚、津巴布韦
1980—1984年和1988—1989年	贝宁
1981年和1987—1989年	冈比亚

续表

时期	国家和地区
1982—1989 年	多米尼克、格林纳达
1984—1989 年	伯利兹
1984—1985 年和 1989 年	苏丹
1985—1989 年	安哥拉
1986—1989 年	蒙特塞拉特、莫桑比克
1989 年	马达加斯加、尼加拉瓜
1980—1988 年	澳大利亚
1980—1981 年，1986—1988 年	乌拉圭
1980—1987 年	冰岛、莱索托、毛里求斯、英国、也门
1980—1981 年，1983 年，1985 年和 1987 年	马拉维
1982—1987 年	利比里亚
1980—1986 年	德国、荷兰
1980—1985 年	厄瓜多尔、法国、圭亚那
1982—1985 年	索马里
1983—1985 年	瑞士
1980—1984 年	奥地利、巴巴多斯、巴基斯坦、塞内加尔
1981—1984 年	丹麦
1981—1982 年	匈牙利
1980—1981 年	瑞典

1980—2002 年期间或者在此期间某些年份使用世界银行数据的国家或者地区如下。

时期	国家和地区
1995—2000 年	黎巴嫩
1996—2000 年	喀麦隆
1992—1994 年和 1998—1999 年	萨摩亚
1995—1999 年	汤加
1997 年	基里巴斯
1992—1995 年	尼泊尔
1993—1995 年	索马里
1992 年	赞比亚
1990—1991 年	埃塞俄比亚
1990 年	海地
1989 年	捷克

英属维尔京群岛在 1990—1997 年期间使用的是拉丁美洲及加勒比地区经济委员会的数据。

东南亚国家 1995—2002 年的数据来自东盟秘书处。该数据是以国际收支为基础的。马来西亚和新加坡的报告数据是以对公司的调查为基础的。

1980—2002 年期间或者在此期间的某些年份使用欧洲复兴开发银行《2002 年转轨报告》数据的国家和地区如下。

时期	国家
1992—2000 年及 2002 年	乌兹别克斯坦
1993—1995 年及 1998—2002 年	土库曼斯坦
1992—2000 年	塔吉克斯坦

对于无法从上述渠道获取FDI流入流量数据的国家和地区，则利用UNCTAD通过下列方法做出的估计：

- 净外国直接投资流量

通过使用来自各国官方渠道或者国际货币基金组织的净FDI流量数据进行估计的国家和地区及年份如下。

（a）　各国官方渠道

年份	国家
1995—2002年	特立尼达和多巴哥

（b）　国际货币基金组织

年份	国家
1995—2002年	叙利亚

- 年度化数据

将从各国官方渠道或者国际货币基金组织获取的季度数据进行年度化处理，从而做出估计的国家和地区以及年份如下。

（a）　各国官方渠道

年份	最近的季度/月份	国家
2002年	第三季度	塞浦路斯
	第一季度	塔吉克斯坦
2001年	8月	埃塞俄比亚

（b）　国际货币基金组织

年份	最近季度	国家
1994年	第二季度	汤加

- 代替

为估算那些数据不可获得的国家和地区的FDI流入流量，使用了OECD关于发展援助委员会成员国的流出流量来代替FDI流入流量。在1980—2002年期间或者在此期间的某些年份中使用上述方法的国家和地区如下（2001年以前的数据仅用于编辑流入流量数据）：

时期	国家和地区
1980—2001年	百慕大、开曼群岛、刚果（金）、直布罗陀、阿联酋
1980—1981年，1986—1992年和1998—2001年	索马里
1980年，1982—1989年和1998—2001年	英属维尔京群岛
1980—1981年和1988—2001年	利比里亚
1980年，1983年，1985—1986年，1988—1993年，1995—1996年和1998—2001年	新喀里多尼亚
1980—1993年和2001年	伊朗
1980—1991年和2001年	尼泊尔
1980年和1982—2001年	古巴
1980年和1983—2001年	卡塔尔
1980—1983年，1987年，1991—1994年和1996—2001年	阿富汗
1980—1995年和1997—2001年	伊拉克
1982年和1996—2001年	科摩罗
1987—2001年	朝鲜
1994年，1996年，1998—1999年和2001年	图瓦卢

续表

时期	国家和地区
1996—2001 年	塞拉利昂
1996—1997 年和 1999—2001 年	毛里塔尼亚
2001 年	厄立特里亚、喀麦隆、乌兹别克斯坦
1982—1983 年和 1985—2000 年	中国澳门
1983—1988 年，1990—1991 年，1995—1997 年和 2000 年	萨摩亚
1987—1989 年，1993 年和 1995—2000 年	圣多美和普林西比
1990—1991 年，1995—1997 年和 2000 年	不丹
1984—1992 年和 1994—1996 年	几内亚比绍
1980—1983 年，1986—1988 年和 1990—1995 年	苏丹
1995 年	波黑
1980—1994 年	黎巴嫩
1980 年，1982—1988 年和 1994 年	文莱
1994 年	刚果、萨尔瓦多
1980—1992 年	科威特
1980—1981 年和 1983—1992 年	叙利亚
1982—1985 年和 1989—1992 年	乌拉圭
1986—1991 年	圭亚那
1990—1991 年	布基纳法索
1986 和 1991 年	蒙古
1980—1990 年	印度
1980—1987 年和 1989—1990 年	吉布提
1980 年，1982 年，1985 年和 1988—1990 年	乌干达
1980—1989 年	坦桑尼亚
1981—1982 年，1985—1986 年和 1988—1989 年	越南
1982 年，1984 年，1986 年和 1988—1989 年	马拉维
1985 年和 1987—1989 年	纳米比亚
1988—1989 年	也门
1989 年	阿鲁巴
1980—1988 年	埃塞俄比亚、马达加斯加
1981—1988 年	赤道几内亚
1981 年，1985—1988 年和 1990 年	尼加拉瓜
1985—1987 年	贝宁
1980 年和 1982—1986 年	冈比亚
1980 年，1983—1984 年和 1986—1987 年	缅甸
1980—1981 年和 1983—1985 年	几内亚
1980—1982 年和 1985 年	孟加拉国
1980—1985 年	马尔代夫、莫桑比克
1985 年	老挝
1980—1984 年	安哥拉、布隆迪
1980—1981 年和 1983 年	乍得
1980—1981 年	瓦努阿图
1981 年	巴林、伯利兹、多米尼克
1980 年	柬埔寨、格林纳达

- UNCTAD 的估计

在从上述渠道无法获得 FDI 流入流量数据的情况下，使用 UNCTAD 根据各国政府和二手渠道和信息所作的其他估计：

时期	国家和地区	方法
1980—1982 年，1989 年和 2001—2002 年	萨摩亚	
1981—1982 年，1984 年，1987 年，1997 年和 2002 年	新喀里多尼亚	
1981—1982 年和 2002 年	卡塔尔	
1982 年和 2001—2002 年	叙利亚	
1983 年和 2002 年	几内亚	
1995—1996 年和 1998—2002 年	基里巴斯	
1995 年，1997 年，2000 年和 2002 年	图瓦卢	根据计划投资趋势估计
1995 年和 2002 年	阿富汗	
1996—1997 年和 2002 年	索马里	
1996 年和 2001—2002 年	巴勒斯坦被占领土	
1996 年和 2002 年	伊拉克	
1998—1999 年和 2001—2002 年	不丹	
2001—2002 年	黎巴嫩	
2002 年	巴巴多斯、伯利兹、百慕大、开曼群岛、古巴、直布罗陀、利比里亚、毛里塔尼亚、英属维尔京群岛	通过使用二手渠道的数据对投资形式进行监督而得到的估计值。对于巴巴多斯、百慕大、开曼群岛和维尔京群岛，还使用了主要投资来源国家和地区的报告数据。
	喀麦隆、科摩罗、刚果（金）、厄立特里亚、埃塞俄比亚、利比亚、马拉维、圣多美和普林西比、塞拉利昂	使用 FDI 对 GDP 的比重的 4 年的平均数进行估计（经常项目折旧周期），对 2002 年的 GDP 增长率进行了调整。利比亚的数据是通过从 FDI 净流量减去 UNCTAD 对 FDI 流出流量的估计值而得到的。
	伊朗、朝鲜、中国澳门、马尔代夫、尼泊尔、阿曼、巴布亚新几内亚、沙特阿拉伯、所罗门群岛、汤加、阿联酋	使用 FDI 对 GDP 的比重的 4 年的平均数进行估计（经常项目折旧周期），对 2002 年的 GDP 增长率进行了调整。沙特阿拉伯和阿曼的数据是在对国际收支部门的官员进行了咨询之后获得的。
1980—1997 年	中国香港	利用了主要投资来源国家和地区所报告的投资数据。
1993 年	几内亚比绍	根据计划投资趋势估计
1982 年，1990 年	乍得	
1981 年和 1989 年	文莱	
1989 年	埃塞俄比亚	
1988 年	吉布提	
1980 年，1983—1984 年和 1987 年	越南	
1986 年	纳米比亚	
1980 年	丹麦、赤道几内亚	

正如印度储备银行所报告的，附录表 B.1 中印度的数据仅为股权投资。在为本报告收集数据的工作结束之后，印度储备银行于 2003 年 6 月 30 日公布了经过修正的 FDI 数据。修正的数据包括了 FDI 的所有三个组成部分，其中 2000/01 财政年度为 41 亿美元，2001/02 财政年度为 61 亿美元。

b. FDI 流出流量

1980—2002 年期间或者在此期间某些年份使用官方数据的国家和地区：

时期	国家和地区
1980—2002 年	巴西、加拿大、智利、芬兰、日本、韩国、中国台湾、泰国、英国、美国
1981—2002 年	突尼斯
1982—2002 年	瑞典
1983—2002 年	津巴布韦
1985—2002 年	奥地利、丹麦、巴基斯坦
1986—2002 年	法国、瑞士
1986—1989 年和 1991—2002 年	波兰
1987—2002 年	德国、荷兰、土耳其
1998—2002 年	阿尔及利亚、冰岛、毛里求斯
1989—2002 年	澳大利亚、尼日利亚
1990—2002 年	巴哈马、博茨瓦纳、布隆迪、哥伦比亚、哥斯达黎加、科特迪瓦、埃及、斐济、冈比亚、爱尔兰、以色列、牙买加、肯尼亚、科威特、摩洛哥、纳米比亚、挪威、菲律宾、葡萄牙、罗马尼亚、塞内加尔、塞舌尔、新加坡、南非、斯里兰卡、斯威士兰、多哥、委内瑞拉
1990—1996 年和 2000—2002 年	孟加拉国
1992—2002 年	阿根廷、阿鲁巴、爱沙尼亚、拉脱维亚、尼日尔、斯洛伐克
1992—1998 年和 2001—2002 年	墨西哥
1993—2002 年	布基纳法索、克罗地亚、捷克、印度、马里、俄罗斯
1994—2002 年	佛得角、哈萨克斯坦、摩尔多瓦、斯洛文尼亚、西班牙、乌克兰
1995—2002 年	中非共和国、乍得、刚果、赤道几内亚、加蓬、立陶宛、巴拉圭
1996—2002 年	贝宁、马其顿
1997—2002 年	巴林、白俄罗斯、乌拉圭
1998—2002 年	萨尔瓦多、希腊、中国香港、新西兰
1999—2002 年	厄瓜多尔、意大利
2000—2002 年	几内亚比绍、荷属安第列斯
2002 年	比利时、中国、约旦、卢森堡
1980—2001 年	马来西亚
1985—2001 年	巴巴多斯
1990—2001 年	印度尼西亚
1991—2001 年	塞浦路斯
1992—2001 年	阿尔巴尼亚
1993—2001 年	利比亚
1999—2001 年	比利时和卢森堡、特立尼达和多巴哥
1995—2001 年	保加利亚
2001 年	中国澳门
1990—2000 年	伯利兹
2000 年	文莱、萨摩亚、所罗门群岛、汤加
1980—1999 年	玻利维亚
1998—1999 年	阿塞拜疆
1999 年	亚美尼亚
1992 年和 1995—1997 年	波黑
1991—1995 年	匈牙利
1988—1992 年	巴布亚新几内亚
1990—1991 年	海地

官方渠道提供初步数据或者估计数据的国家和地区如下：

时期	国家和地区
2002 年	贝宁、布基纳法索、中非共和国、乍得、刚果、科特迪瓦、赤道几内亚、加蓬、几内亚比绍、马达加斯加、马里、摩洛哥、尼日尔、塞内加尔、新加坡、多哥

正如上文所提到的，附录表 B.2 的主要来源之一是国际货币基金组织。1980—2002 年期间或者在此期间某些年份使用国际货币基金组织数据的国家或者地区如下：

时期	国家和地区
1993—2002 年	马耳他
1996—2002 年	匈牙利
1999—2002 年	格鲁吉亚
2000 和 2002 年	阿塞拜疆
1980—1996 年和 1999—2001 年	约旦
1982—2001 年	中国
1998—2001 年	吉尔吉斯斯坦
2000—2001 年	玻利维亚
1980—1999 年	荷属安第列斯
1995—1999 年	秘鲁
1997—1999 年	孟加拉国
1980—1998 年	比利时和卢森堡、意大利
1998 年	亚美尼亚
1980—1997 年	新西兰
1990—1996 年	巴林
1993—1996 年	多米尼加共和国
1996 年	萨尔瓦多、几内亚
1980—1995 年	喀麦隆
1981—1984 年和 1995 年	贝宁
1980—1983 年，1985—1989 年和 1991—1994 年	乍得
1982—1994 年	中非共和国
1990 年和 1993—1994 年	安哥拉
1994 年	基里巴斯
1980—1993 年	加蓬、西班牙
1988—1993 年	佛得角
1990—1993 年	汤加
1992—1993 年	斯洛文尼亚
1980—1982 年和 1987—1992 年	利比亚
1980—1991 年	阿尔及利亚、尼日尔
1989—1991 年	捷克斯洛伐克、赤道几内亚
1985 年和 1987—1990 年	塞浦路斯
1990 年	科摩罗
1980—1989 年	哥伦比亚、哥斯达黎加、埃及、斐济、以色列、肯尼亚、科威特、挪威、葡萄牙、塞内加尔、塞舌尔、新加坡、南非、斯威士兰
1982 年和 1984—1989 年	委内瑞拉
1985—1989 年	斯里兰卡
1989 年	巴哈马、布隆迪
1980—1988 年	澳大利亚
1982—1988 年	乌拉圭
1986—1988 年	毛里塔尼亚
1988 年	莱索托、圣多美和普林西比
1980—1987 年	巴布亚新几内亚
1983—1987 年	特立尼达和多巴哥
1986—1987 年	冰岛
1980—1986 年	布基纳法索、德国、荷兰
1982—1986 年	也门
1980—1985 年	法国、波兰
1980—1981 年和 1983—1985 年	博茨瓦纳
1983—1985 年	瑞士
1980—1984 年	奥地利、巴巴多斯
1981—1984 年	丹麦
1984 年	巴基斯坦
1980—1983 年	阿根廷
1980—1981 年	瑞典

对于无法从上述渠道获得数据的国家和地区，将从各国官方渠道获取的季度数据进行年度化处理，从而做出估计的国家和地区以及年份如下。

年份	最近季度	国家和地区
2002 年	第三季度	塞浦路斯

世界银行仅报告 FDI 净流量和流入流量数据。因此，对于若干国家和地区而言，FDI 流出流量是通过用 FDI 净流量数据减去 FDI 流入流量数据得到的。用该方法计算的国家和地区及年份如下。

时期	国家和地区
1985 年，1988—1989 年和 1992—2000 年	乌干达
1990—2000 年	圣基茨和尼维斯
1990—1991 年和 1995—2000 年	圣卢西亚
1990—1992 年和 1996—2000 年	莫桑比克
1990—1993 年和 1997—2000 年	格林纳达
1997—2000 年	埃塞俄比亚
1984 年，1987 年，1990—1991 年和 1999 年	洪都拉斯
1991 年，1995—1997 年和 1999 年	安哥拉
1991 年；1995 年和 1998—1999 年	老挝
1992—1993 年，1998 年	坦桑尼亚
1995 年和 1998 年	巴布亚新几内亚
1980—1984 年，1990—1991 年和 1993—1994 年	巴拉圭
1991 年和 1993—1994 年	塞拉利昂
1993—1994 年	乌拉圭
1989—1993 年	萨尔瓦多
1993 年	尼加拉瓜
1990—1992 年	危地马拉、所罗门群岛
1992 年	保加利亚、莱索托
1991 年	科摩罗
1986—1988 年和 1990 年	圣文森特和格林纳丁斯
1990 年	毛里塔尼亚
1984 年和 1986—1989 年	孟加拉国
1986—1989 年	汤加
1987 年和 1989 年	伯利兹
1980—1981 年，1983 年，1985 年和 1987 年	多哥
1984—1987 年	毛里求斯
1980—1983 年	巴基斯坦

对于无法从上述渠道获得 FDI 流出流量数据的国家和地区，使用了 3 种方法计算 UNCTAD 的估计值。

- 代替

用受资大国的 FDI 流入流量代替。对于 1980—2002 年所有年份或者部分年份的流出流量数据，使用了这种方法的国家和地区如下。

国家和地区	时期	替代国家和地区
阿尔及利亚	1992—1996 年	比利时和卢森堡、法国
	1997 年	比利时和卢森堡、法国、美国
安圭拉	1997—2000 年	美国
安提瓜和巴布达	1992—1996 年和 1998 年	比利时和卢森堡、美国
	1997 年和 1999—2000 年	美国
阿根廷	1984—1986 年	美国、委内瑞拉
	1987—1988 年	巴西、智利、法国、德国、美国、委内瑞拉
	1989—1991 年	比利时和卢森堡、玻利维亚、巴西、智利、哥伦比亚、厄瓜多尔、法国、德国、荷兰、美国、委内瑞拉
巴哈马	1980—1985 年	美国

续表

国家和地区	时期	替代国家和地区
	1986—1988 年	比利时和卢森堡、法国、美国
巴林	1982 年	美国
	1985—1989 年	比利时和卢森堡、法国、美国
百慕大	1980—1984 年	巴西、哥伦比亚、美国、委内瑞拉
	1985—1999 年	比利时和卢森堡、巴西、哥伦比亚、法国、美国、委内瑞拉
	2001—2002 年	比利时和卢森堡、法国、美国
波黑	1993—1994 年	美国
布基纳法索	1987—1990 年	比利时和卢森堡、法国
喀麦隆	1996—1999 年	比利时和卢森堡、法国、美国
开曼群岛	1980—1987 年	比利时和卢森堡、玻利维亚、巴西、智利、哥伦比亚、委内瑞拉
	1988—2002 年	比利时和卢森堡、巴西、智利、哥伦比亚、法国 墨西哥、瑞典、委内瑞拉
刚果	1988—1994 年	比利时和卢森堡、法国
科特迪瓦	1989 年	比利时和卢森堡、法国
多米尼加共和国	1992 年和 1997—2002 年	美国
厄瓜多尔	1980—1983 年	巴西、哥伦比亚、秘鲁、美国
	1984—1998 年	比利时和卢森堡、巴西、哥伦比亚、秘鲁、美国
赤道几内亚	1993 年	比利时和卢森堡、法国、美国
希腊	1987—1994 年	比利时和卢森堡、丹麦、法国、德国、荷兰、西班牙、美国
	1995—1997 年	比利时和卢森堡、丹麦、法国、德国、意大利、荷兰、葡萄牙、西班牙、美国
危地马拉	1995—2001 年	哥伦比亚、洪都拉斯、美国
几内亚	1997—1999 年	比利时和卢森堡、法国、美国
圭亚那	1992—1993 年，1996 年和 1999—2000 年	美国
海地	1993 年和 1995—2000 年	美国
中国香港	1980—1997 年	中国、欧盟、美国
印度	1980—1992 年	欧盟、美国
印度尼西亚	1980—1989 年	欧盟、美国
伊朗	1991—1994 年和 2000—2001 年	比利时和卢森堡、法国、德国
	1995—1999 年	比利时和卢森堡、法国、德国、美国
爱尔兰	1987—1989 年	比利时和卢森堡、法国、德国、荷兰、英国、美国
约旦	1997—1998 年	美国
老挝	2000—2001 年	泰国
黎巴嫩	1982—2000 年	比利时和卢森堡、法国、美国
	2000—2001 年	法国
利比里亚	1980—2001 年	比利时和卢森堡、法国、美国
马达加斯加	1986—1996 年	比利时和卢森堡、法国
	1997—2000 年	比利时和卢森堡、法国、美国
马里	1986—1992 年	比利时和卢森堡、法国
墨西哥	1980—1991 年和 1990—2000 年	比利时和卢森堡、哥伦比亚、厄瓜多尔、法国、美国、委内瑞拉
尼加拉瓜	1996—2001 年	比利时和卢森堡、哥斯达黎加、萨尔瓦多、美国
尼日利亚	1980—1982 年和 1986—1988 年	比利时和卢森堡、巴西、美国
阿曼	1985—1986 年和 1988—2000 年	比利时和卢森堡、美国
巴拿马	1980—2002 年	玻利维亚、巴西、智利、哥伦比亚、秘鲁、美国、委内瑞拉
秘鲁	1990—1994 年和 2002 年	比利时和卢森堡哥伦比亚、厄瓜多尔、法国
菲律宾	1980—1989 年	欧盟、美国
卡塔尔	2000—2001 年	法国、美国
卢旺达	1985—1998 年	比利时和卢森堡
沙特阿拉伯	1980—2001 年	比利时和卢森堡、法国、摩洛哥、美国
塞拉利昂	1985 年，1988—1990 年，1992 年，1995—1996 年和 1998 年	比利时和卢森堡
多哥	1986 年和 1988—1989 年	比利时和卢森堡、法国
特立尼达和多巴哥	1988—1990 年，1993—1994 年和 1997—1998 年	美国
阿联酋	1980—1984 年	美国
	1985—2002 年	比利时和卢森堡、法国、荷兰、美国
坦桑尼亚	2000 年	美国
英属维尔京群岛	1993—2002 年	美国

● 跨国并购

用跨国并购及其增长率的数据来估计 FDI 流出流量。这些国家和地区如下。

时期	国家和地区
1996 年和 1998 年	加纳
1995—1998 年	卡塔尔
1991 年；1993 年和 1995—1996 年	文莱
1993 年	喀麦隆

● UNCTAD 的估计

在从上述渠道无法获得 FDI 流出流量数据的情况下，使用 UNCTAD 根据各国政府和二手渠道和信息所做的其他估计：

时期	国家和地区	方法
1983—1986 年和 2002 年	利比亚	利用二手渠道和主要受资国所报告的投资，对投资形势进行监督所做的估计。
1985—1986 年，1988—1989 年，1992—1998 年和 2000—2002 年	洪都拉斯	
1986—1987 年，1997 年和 1999—2002 年	塞拉利昂	
1986—1987 年，1990—1991 年和 2001—2002 年	乌干达	
1987 年和 2001—2002 年	阿曼	
1988 年和 2001—2002 年	伯利兹	
1992—1994 年，1996—1997 年和 2002 年 1992—1994 年和 2001—2002 年 1992 年，1994 年和 2001—2002 年	老挝、圣卢西亚、海地	
1994—1995 年，1997—1998 年和 2001—2002 年	圭亚那	
1994—1997 年，1999 年和 2001—2002 年	坦桑尼亚	
1994—1996 年和 2001—2002 年	格林纳达	
1993—1994 年和 2002 年	危地马拉	
1993—1994 年，1996—1997 年，1999 和 2002 年	巴布亚新几内亚	
1995—1996 年和 2002 年	特立尼达和多巴哥	
1996—2002 年	马拉维	通过计算存量差异及计划投资趋势进行估计。
1997—1999 年和 2001—2002 年	文莱	利用二手渠道和主要受资国所报告的投资监督投资形式进行估计。
1997 年和 1999—2002 年	加纳	
1998 年和 2000—2002 年	安哥拉	
1999—2002 年	卢旺达	
1999 年和 2002 年	卡塔尔	
2000—2002 年	亚美尼亚、喀麦隆、几内亚、秘鲁	
2001—2002 年	安圭拉、安提瓜和巴布达、埃塞俄比亚、莫桑比克、圣基茨和尼维斯	
2002 年	阿尔巴尼亚、巴巴多斯、玻利维亚印度尼西亚、伊朗、吉尔吉斯斯坦、黎巴嫩、利比里亚、马来西亚、尼加拉瓜、沙特阿拉伯	
2001 年	阿塞拜疆	
1999 年	多米尼加共和国、英属维尔京群岛	
1997 年	萨尔瓦多	
1994 年	加蓬	
1985—1989 年和 1992 年	巴拉圭	
1991—1992 年	布基纳法索	
1992 年	捷克	通过计算存量差异进行估计

续表

时期	国家和地区	方法
1984 年和 1990 年	乍得	
1990 年	波兰	
1980—1989 年	摩洛哥	
1982 年和 1986—1989 年	博茨瓦纳	
1989 年	圣文森特和格林纳丁斯	
1989—1992 年，1995—1996 年	乌拉圭	利用二手渠道和主要受资国所报告的投资监督投资形式进行估计。
1986 年	塞浦路斯	
1983—1985 年	尼日利亚	
1985 年	孟加拉国	
1983 年	委内瑞拉	
1982 年和 1984 年	多哥	
1980—1981 年	中非共和国	
1980 年	丹麦	

到 2001 年为止，比利时国立银行报告比利时和卢森堡经济联盟的 FDI 数据。该经济联盟到 2002 年不再有效。因此，FDI 数据由各国政府当局分别报告。由于方法的不同，也就难以将 2002 年的数据与前几年加总的流量进行比较。

而莱索托高原用水项目被排除在 FDI 之外，因为该项目未被看作是外国投资。

2. FDI 存量

附录表 B. 3 和 B. 4 以及正文中的某些表格提供了按照账面价值或者历史成本计算的 FDI 存量数据，以反映投资时的价格水平。

UNCTAD 在汇总与细分的基础上，定期直接从各国中央银行、统计局或者政府当局为其 FDI/TNC 数据库收集各国公布的或者没有公布的官方 FDI 数据。这些数据是有关 FDI 流量报告数据的主要来源，并得到来自国际货币基金组织的统计数据的进一步补充。

对于那些无法从各国官方渠道获得数据的国家或者地区，或者所得数据没有涵盖 1980—2002 年整个时期的国家和地区，是通过使用国际货币基金组织 2003 年 6 月份的《国际金融统计》和《国际收支》光盘数据库来获取《国际投资态势》的资产和负债头寸。

许多国家和地区（例如附录表 B. 3 和 B. 4 的脚注所示）的 FDI 存量是将某个时期的 FDI 流量累计而得，或者是将流量与某个年份的 FDI 存量相加或者相减而得，该年份的存量数据来自各国官方渠道或者国际货币基金组织关于直接投资资产和负债的系列数据。

韩国 1994—2001 年期间的存量数据是用从韩国银行获得的对外投资存量来估算的。

1980—2002 年期间或者在此期间某些年份使用官方数据的国家和地区如下。

国家和地区	流入存量	流出存量
澳大利亚	1980—1985 年和 1989—2002 年	1980—2002 年
奥地利	1990—2002 年	1990—2002 年
阿根廷	1980—1989 年和 1991—2001 年	1991—1999 年
孟加拉国	1980—1988 年	无
比利时和卢森堡	1980 年	1980 年
玻利维亚	1980—1999 年	1986—1999 年
波黑	1998 年	无
博茨瓦纳	1990—2002 年	1990—2002 年
巴西	1980—1992 年和 1995—1999 年	无
柬埔寨	1994—1998 年	无
加拿大	1980—2002 年	1980—2002 年
智利	1980—2001 年	1980—1992 年和 1996—2001 年
中国	1997 年和 2000 年	1981—1989 年
哥伦比亚	1980—2002 年	1980—2002 年
哥斯达黎加	1980—1990 年	无
克罗地亚	1996—1997 年	1992—1997 年
捷克	1992—2002 年	1992—2002 年
丹麦	1980—2001 年	1980—2001 年
多米尼加共和国	1980—1990 年	无
厄瓜多尔	1980—1990 年和 1993—2002 年	无

续表

国家和地区	流入存量	流出存量
萨尔瓦多	1980—1990 年，1993—1995 年和 1998—2002 年	1998—2002 年
爱沙尼亚	1996—2002 年	1996—2002 年
斐济	1980—1989 年	无
芬兰	1980—2001 年	1980—2001 年
法国	1989—2002 年	1989—2002 年
冈比亚	1990—2001 年	1990—2001 年
格鲁吉亚	1995—1998 年	无
德国	1980—2001 年	1980—2001 年
希腊	1980—1989 年和 1999—2000 年	1999—2000 年
危地马拉	1990—2002 年	无
中国香港	1997—2001 年	1998—2001 年
匈牙利	1990—2001 年	1990—2001 年
冰岛	1988—2002 年	1988—2002 年
印度	1980—1988 年	1992 年
印度尼西亚	1980—1999 年	1993—1999 年
爱尔兰	1999—2001 年	1999—2001 年
以色列	1990—2002 年	1990—2002 年
意大利	1980—2002 年	1994—2002 年
日本	1996—2001 年	1996—2001 年
哈萨克斯坦	1993—2002 年	1995—2002 年
韩国	1980—2002 年	1980—2001 年
拉脱维亚	1995—2002 年	1991—2002 年
立陶宛	1991—2002 年	1994—2002 年
中国澳门	2001 年	2001 年
马拉维	无	1996—1998 年
马来西亚	无	1980—1998 年
墨西哥	1990—2001 年	2001—2002 年
摩尔多瓦	1992—2002 年	1994—2002 年
纳米比亚	1990—2001 年	1990—2001 年
尼泊尔	2001 年	None
荷兰	1980—2001 年	1980—2001 年
新西兰	1980—1988 年	无
挪威	1987—2001 年	1988—2000 年
巴基斯坦	1980—2001 年	1980—2001 年
巴布亚新几内亚	1980—1997 年	1980—1989 年
秘鲁	1980—1999 年和 2001—2002 年	1980—1990 年
菲律宾	1980—2001 年	1980—1988 年和 1990—2001 年
波兰	1990—1999 年	1990—2000 年
葡萄牙	1990—2002 年	1990—2002 年
罗马尼亚	1990—2002 年	1990—2002 年
俄罗斯	1993—1999 年	1992—1999 年
新加坡	1980—2000 年	1990—2000 年
斯洛伐克	1990—2000 年	1994—2000 年
斯洛文尼亚	1993—2000 年	1990—2000 年
南非	1980—2002 年	1980—2002 年
西班牙	1980—2001 年	1990—2002 年
斯里兰卡	1980—1988 年	无
斯威士兰	1990—2002 年	1990—2002 年
瑞典	1986—2002 年	1986—2002 年
瑞士	1980—2002 年	1980—1983 年和 1986—2002 年
中国台湾	1980—1988 年	1980—1988 年
泰国	1980—2000 年	1980—2000 年
特立尼达和多巴哥	1980—1990 年	无
突尼斯	1980—2002 年	1980—2002 年
土耳其	2000—2001 年	2000—2001 年
乌克兰	1991—2001 年	1993—2001 年
英国	1980—2002 年	1980—2002 年
美国	1980—2001 年	1980—2001 年
乌拉圭	1996—2002 年	1996—1999 年
委内瑞拉	1980—2002 年	1990—2002 年
也门	1990—2002 年	无

使用官方渠道提供的初步或者估计数据的国家和地区如下。

国家和地区	流入存量	流出存量
1990—2002 年	也门	无
2001—2002 年	哥伦比亚、葡萄牙	哥伦比亚、葡萄牙
2002 年	冰岛	冰岛
1990—1993 年	以色列	无

1980—2001 年期间或者在此期间的某些年份使用国际货币基金组织数据的国家和地区如下。

国家和地区	流入存量	流出存量
澳大利亚	1986—1988 年	无
奥地利	1980—1989 年	1980—1989 年
阿根廷	无	2000—2001 年
亚美尼亚	1997—2001 年	无
阿塞拜疆	1999—2002 年	无
巴林	1989—2001 年	1989—2001 年
白俄罗斯	1996—2001 年	无
比利时和卢森堡	1981—2001 年	1981—2001 年
玻利维亚	2000—2001 年	2000—2001 年
巴西	无	2001 年
保加利亚	1998—2001 年	1998—2001 年
柬埔寨	1999—2001 年	无
克罗地亚	1998—2001 年	1998—2001 年
萨尔瓦多	1996—1997 年	1996—1997 年
芬兰	2002 年	2002 年
法国	无	1987—1988 年
希腊	1998 年和 2001 年	2001 年
意大利	无	1980—1993 年
日本	1980—1995 年	1980—1995 年
吉尔吉斯斯坦	1993—2001 年	1998—2001 年
马来西亚	1980—1994 年	无
马耳他	无	1994—2000 年
缅甸	1999—2001 年	无
新西兰	1989—2002 年	1992—2002 年
挪威	无	1980—1987 年
巴拿马	1995—2002 年	无
巴拉圭	1995—2002 年	1995—2002 年
秘鲁	2000 年	1990—2002 年
波兰	2000—2001 年	2001 年
俄罗斯	2000—2001 年	2000—2001 年
新加坡	2001 年	2001 年
斯洛文尼亚	2001 年	2001 年
西班牙	无	1980—1989 年
斯威士兰	1981—1989 年	1981—1989 年
瑞典	1982—1985 年	1982—1985 年
瑞士	无	1984—1985 年
泰国	2001 年	无
委内瑞拉	无	1983—1989 年

C. 数据修订与更新

《世界投资报告》中所有 FDI 数据及其估计值都不断予以修订。由于这种修订，本报告中的 FDI 数据可能与本报告前几辑以及 UNCTAD 其他出版物中的数据不一致。特别是，许多国家和地区近期的 FDI 数据都正在根据国际货币基金组织《国际收支手册》第 5 版进行修订。由于这个原因，上一年度报告中的数据在本年度报告中可能会完全或者部分发生变化。

D. 数据修正

在编辑本年度报告数据的过程中，要求对几乎所有国家和地区的官方数据来源进行核实和确认，以反映经过最新修正的数据和准确性。此外还查询了某些国家和地区官方资料来源的网站。这个核实程序一直持续到 2003 年 6 月底，在此之后所作的修正没有反映在本报告中。

以下一些国家和地区的数据是通过上述某一种方式予以核实的。对于下面没有提到的国家和地区，UNCTAD 秘书处无法让各国政府予以核实或者确认。

公　报
阿尔及利亚、安哥拉、阿鲁巴、澳大利亚、奥地利、东盟秘书处、巴哈马、巴巴多斯、西非国家中央银行、中非国家银行、比利时、波黑、博茨瓦纳、布隆迪、加拿大、智利、哥伦比亚、哥斯达黎加、塞浦路斯、丹麦、吉布提、东加勒比中央银行、厄瓜多尔、埃及、萨尔瓦多、埃塞俄比亚、斐济、芬兰、法国、冈比亚、德国、加纳、希腊、危地马拉、圭亚那、海地、洪都拉斯、中国香港、冰岛、印度尼西亚、爱尔兰、以色列、意大利、牙买加、日本、约旦、哈萨克斯坦、肯尼亚、科威特、莱索托、利比亚、卢森堡、中国澳门、马拉维、马来西亚、马达加斯加、毛里求斯、墨西哥、摩洛哥、莫桑比克、纳米比亚、荷兰、新西兰、尼加拉瓜、尼日利亚、挪威、巴基斯坦、菲律宾、葡萄牙、罗马尼亚、卢旺达、塞舌尔、新加坡、南非、西班牙、斯里兰卡、苏丹、苏里南、斯威士兰、瑞典、瑞士、坦桑尼亚、中国台湾、泰国、突尼斯、土耳其、乌干达、乌拉圭、英国、美国、委内瑞拉、越南、也门、赞比亚、津巴布韦
站　点
阿尔巴尼亚、阿根廷、亚美尼亚、澳大利亚、奥地利、阿塞拜疆、巴林、孟加拉国、白俄罗斯、比利时、伯利兹、玻利维亚、巴西、保加利亚、加拿大、佛得角、中国、哥伦比亚、哥斯达黎加、克罗地亚、塞浦路斯、捷克、丹麦、多米尼加共和国、东加勒比中央银行、厄瓜多尔、埃及、萨尔瓦多、爱沙尼亚、斐济、芬兰、法国、德国、危地马拉、海地、洪都拉斯、中国香港、匈牙利、冰岛、印度、爱尔兰、以色列、意大利日本、哈萨克斯坦、科威特、韩国、拉脱维亚、立陶宛、卢森堡、马其顿、毛里求斯、摩尔多瓦、蒙古、摩洛哥、莫桑比克、纳米比亚、荷兰、新西兰、挪威、尼加拉瓜、巴勒斯坦被占领土、阿曼巴基斯坦、巴拉圭、秘鲁、菲律宾、波兰、葡萄牙、罗马尼亚、俄罗斯、卢旺达、塞尔维亚和黑山、斯洛伐克、斯洛文尼亚、所罗门群岛、南非、西班牙、苏丹、斯威士兰、瑞典、瑞士、塔吉克斯坦、坦桑尼亚、中国台湾、特立尼达和多巴哥、泰国、突尼斯、土耳其、乌克兰、乌拉圭、英国、美国、瓦努阿图、委内瑞拉、也门

E. 附录表 B.5 和 B.6 中数据的定义与来源

两个附表分别给出了 FDI 流入和流出流量与固定资产形成总额或者国内资本形成总额的比率（附录表 B.5）以及 FDI 流入和流出存量与 GDP 的比率（附录表 B.6）。表中所有数据都以当期价格表示的。

GDP 数据来自 UNCTAD 秘书处、国际货币基金组织 2003 年 6 月的《国际金融统计》光盘数据库及国际货币基金组织 2003 年 8 月的《世界经济展望》。某些国家或者地区例如中国台湾的数据由各个国家（或者地区）的官方渠道予以补充。

固定资本形成总额数据来自国际货币基金组织 2003 年 6 月的《国际金融统计》光盘数据库。对于 1980－2002 年期间或者在此期间的某些年份的数据不可获得的国家和地区，使用资本形成总额数据予以补充。这些数据由通过下列渠道获得的数据予以进一步补充：（1）各国官方渠道；（2）世界银行 2003 年《世界发展指标》光盘数据库中的固定资本形成总额或者资本形成总额数据。

在附录表 B.5 中，某些数字超过 100% 可能是由以下事实造成的，即某些国家或者地区所报告的固定资本形成总额数据不一定准确反映资本形成的价值，或者 FDI 流量不一定都转化为资本形成。

FDI 数据来自附录表 B.1 至 B.4。

F. 附录表 B.7—B.10 中跨国并购数据的定义与来源

FDI 是一个收支概念，因此它涉及到资金的跨国界转移。本报告中的跨国并购统计数据根据汤姆森金融证券数据公司所报告的资料。在有些情况下，这些数据包括外国分支机构和处于同一东道国家或者地区的企业之间的并购。就股权份额而言，这类并购符合 FDI 的定义。但是，数据中还包括通过国内资本市场和国际资本市场进行的收购，这种收购不能被视为 FDI 流动。尽管我们有可能区分出并购的融资类型（辛迪加贷款、公司债券或者风险资本等），但是却无法追溯所用资金的来源或者来源国家与地区。因此，本报告所使用的数据包含并不属于 FDI 的资金。

FDI 流量的记录基于某一特定年份的净流量（直接投资者及其国外分支机构之间资本账户借贷差额）。另一方面，并购数据表示的是特定交易的交易总额，而不是某一国家企业在国外收购总额和撤资总额之间的差额。UNCTAD 并购统计数据记录的是交易结束时的交易额，而不是宣布交易时的数额。并购价值不一定在一年内付清。

跨国并购在交易的两个方向上都予以记录，也就是讲，一项跨国并购交易发生时，它既被记为目标企业所在国家的出售（附录表 B.7），也被记为收购企业所在国家的购买（附录表 B.8）。按行业分类的跨国并购数据也同时在出售和购买项下予以记录（附录表 B.9—B.10）。因此，如果一家食品公司收购一家化学公司，这项交易既记录在按出售方所属行业统计的并购表中的（附录表 B.9）化工工业项下，也同时记录在按收购方所属行业统计的并购表中的（附录表 B.10）食品工业项下。

注　释

1. 一些国家使用的股份值仍然不是 10%。例如，到 1997 年为止，拥有 20% 或者 20% 以上的股份在英国才是门槛值。
2. FDI 的这个一般定义基于 OECD《外国直接投资定义的详细标准》第 3 版（巴黎，OECD，1996）和国际货币基金组织《国际收支手册》第 5 版（华盛顿特区，国际货币基金组织，1993 年）。
3. 前引国际货币基金组织，第 40 页。
4. 包括奥地利、比利时、加拿大、丹麦、芬兰、法国、德国、意大利、日本、荷兰、挪威、西班牙、瑞典、英国和美国。

附录表 B.1 1991—2002 年按东道地区和经济体统计的 FDI 流入流量

（100 万美元）

东道地区/经济体	1991—1996（年平均）	1997	1998	1999	2000	2001	2002
世界	**254 326**	**481 911**	**686 028**	**1 079 083**	**1 392 957**	**823 825**	**651 188**
发达国家	**154 641**	**269 654**	**472 265**	**824 642**	**1 120 528**	**589 379**	**460 334**
西欧	**91 030**	**139 274**	**263 025**	**496 205**	**709 877**	**400 813**	**384 391**
欧盟	**87 584**	**127 888**	**249 934**	**475 542**	**683 893**	**389 432**	**374 380**
奥地利	1 894	2 654	4 533	2 975	8 840	5 883	1 523
比利时和卢森堡	10 777	11 998	22 691	119 693	88 739	88 203	..
比利时	..	..	..	..	..	..	18 252
卢森堡	..	..	..	..	..	..	125 660
丹麦	2 374	2 801	7 730	16 700	32 772	11 486	5 953
芬兰	796	2 119	2 040	4 581	8 015	3 732	9 148
法国	18 444	23 174	30 984	46 545	43 250	55 190	51 505
德国	4 790	12 244	24 593	55 797	203 080	33 918	38 033
希腊	1 058	984	85	571	1 089	1 589	50
爱尔兰	1 469	2 712	8 579	18 500	26 447	15 681	19 033
意大利	3 307	3 700	2 635	6 911	13 375	14 871	14 545
荷兰	9 086	11 132	36 964	41 187	60 313	51 244	29 182
葡萄牙	1 550	2 477	3 144	1 234	6 787	5 892	4 276
西班牙	9 512	7 697	11 797	15 758	37 523	28 005	21 193
瑞典	6 066	10 968	19 836	60 853	23 239	11 780	11 081
英国	16 463	33 229	74 324	84 238	130 422	61 958	24 945
其他西欧国家	**3 446**	**11 386**	**13 091**	**20 662**	**25 984**	**11 381**	**10 011**
直布罗陀	25[a]	126[a]	-162[a]	17[a]	138[a]	21[a]	59[a]
冰岛	13	149	146	66	158	141	152
马耳他	122	81	273	815	604	294	-375
挪威	1 346	4 394	3 893	8 046	5 829	2 062	872
瑞士	1 940	6 636	8 940	11 719	19 255	8 864	9 303
北美	**53 406**	**114 925**	**197 243**	**308 118**	**380 764**	**172 787**	**50 625**
加拿大	6 571	11 527	22 809	24 742	66 757	28 809	20 595
美国	46 834	103 398	174 434	283 376	314 007	143 978	30 030
其他发达国家	**10 205**	**15 455**	**11 997**	**20 319**	**29 887**	**15 778**	**25 319**
澳大利亚	6 238	7 657	6 015	2 924	13 071	4 006	13 978
以色列	716	1 950	1 839	3 068	4 988	3 520	1 648
日本	890	3 225	3 192	12 742	8 323	6 243	9 326
新西兰	2 361	2 624	951	1 586	3 505	2 009	367
发展中国家和地区	**91 502**	**193 224**	**191 284**	**229 295**	**246 057**	**209 431**	**162 145**
非洲	**4 606**	**10 667**	**8 928**	**12 231**	**8 489**	**18 769**	**10 998**
北非	**1 615**	**2 716**	**2 882**	**3 569**	**3 125**	**5 474**	**3 546**
阿尔及利亚	63	260	501	507	438	1 196	1 065
埃及	714	887	1 076	1 065	1 235	510	647
利比亚	-12	-82	-150	-118	-142	-101	-96[a]
摩洛哥	406	1 188	417	1 376	423	2 808	428
苏丹	18	98	371	371	392	574	681
突尼斯	425	365	668	368	779	486	821
其他非洲国家	**2 992**	**7 951**	**6 046**	**8 663**	**5 364**	**13 295**	**7 452**
安哥拉	346	412	1 114	2 471	879	2 146	1 312
贝宁	41	26	35	61	60	44	41
博茨瓦纳	-28	100	90	37	54	26	37
布基纳法索	9	13	10	13	23	9	8
布隆迪	1	–	2	–	12	–	–
喀麦隆	9	45	50	40	31	67[a]	86[a]
佛得角	10	12	9	53	34	9	14
中非共和国	-1	–	–	3	1	5	4
乍得	20	44	21	27	115	–	901
科摩罗	–	–[a]	3[a]	–[a]	1[a]	–[a]	1[a]
刚果	86	79	33	521	166	77	247
刚果（金）	3	-44[a]	61[a]	11[a]	23[a]	1[a]	32[a]
科特迪瓦	158	450	416	381	235	44	223
吉布提	2	2	3	4	3	3	4
赤道几内亚	66	53	291	252	108	945	323
厄立特里亚	37[b]	41	149	83	28	1[a]	21[a]
埃塞俄比亚	10	288	261	70	135	20[a]	75[a]

附录表 B.1 1991—2002 年按东道地区和经济体统计的 FDI 流入流量（续）

东道地区/经济体	1991—1996（年平均）	1997	1998	1999	2000	2001	2002
加蓬	-243	-587	-200	-625	-43	169	123
冈比亚	12	21	24	49	44	35	43
加纳	105	82	56	267	115	89	50
几内亚	14	17	18	63	10	2	30[a]
几内亚—比绍	2	11	4	9	1	1	1
肯尼亚	13	40	42	42	127	50	50
来索托	21	32	27	33	31	28	24
利比里亚	-28	214[a]	190[a]	256[a]	-431[a]	-20[a]	-65[a]
马达加斯加	13	14	16	58	70	93	8
马拉维	-4	-1	-3	46	-33	-20	–[a]
马里	29	74	36	51	83	122	102
毛里塔尼亚	7	1[a]	–	1[a]	9[a]	-6[a]	12[a]
毛里求斯	21	55	12	49	277	32	28
莫桑比克	39	64	235	382	139	255	406
纳米比亚	112	84	77	111	153	275	181
尼日尔	16	25	9	–	9	23	8
尼日利亚	1 264	1 539	1 051	1 005	930	1 104	1 281
卢旺达	3	3	7	2	8	4	3
圣多美和普林西比	–[c]	–[a]	–[a]	1[a]	2[a]	6	2[a]
塞内加尔	20	176	71	136	63	32	93
塞舌尔	24	54	55	60	56	59	63
塞拉利昂	1	10[a]	-10[a]	6[a]	5[a]	3[a]	5[a]
索马里	1	1[a]	–[a]	-1[a]	–[a]	–[a]	–[a]
南非	450	3 817	561	1 502	888	6 789	754
斯威士兰	62	-15	152	100	39	78	107
多哥	11	23	42	70	42	63	75
乌干达	65	175	210	222	254	229	275
坦桑尼亚	63	158	172	517	463	327	240
赞比亚	108	207	198	163	122	72	197
津巴布韦	50	135	444	59	23	4	26
拉丁美洲及加勒比地区	**27 069**	**73 275**	**82 040**	**108 255**	**95 358**	**83 725**	**56 019**
南美	**14 982**	**48 228**	**52 424**	**70 346**	**57 248**	**39 693**	**25 836**
阿根廷	4 309	9 160	7 291	23 988	11 657	3 206	1 003
玻利维亚	212	879	1 023	1 008	723	660	553
巴西	3 633	18 993	28 856	28 578	32 779	22 457	16 566
智利	2 191	5 271	4 628	8 761	3 639	4 477	1 603
哥伦比亚	1 279	5 562	2 829	1 452	2 237	2 521	2 034
厄瓜多尔	392	724	870	648	720	1 330	1 275
圭亚那	84	53	47	48	67	56	44
巴拉圭	111	236	342	95	104	95	-22
秘鲁	1 538	1 697	1 842	2 263	681	1 151	1 462
苏里南	-16	-9	38	-24	-97	-27	-85
乌拉圭	99	126	164	238	274	318	85
委内瑞拉	1 150	5 536	4 495	3 290	4 465	3 448	1 318
拉丁美洲及加勒比地区其他国家	**12 087**	**25 047**	**29 616**	**37 910**	**38 110**	**44 032**	**30 183**
安圭拉	15	21	28	38	39	33	33
安提瓜和巴布达	28	23	23	31	33	39	36
阿鲁巴	26	196	84	392	-144	-319	241
巴哈马	41	210	147	149	250	101	200
巴巴多斯	12	15	16	17	19	19	11[a]
伯利兹	16	12	19	50	19	40	52[a]
百慕大	2 353[a]	2 928[a]	5 399[a]	9 470[a]	10 627[a]	12 584[a]	9 093[a]
开曼群岛	371[a]	3 151[a]	4 354[a]	6 569[a]	6 922[a]	1 382[a]	3 095[a]
哥斯达黎加	285	407	612	620	409	454	642
古巴	10[a]	1[a]	15[a]	9[a]	-10[a]	4[a]	4[a]
多米尼克	24	21	7	18	11	12	14
多米尼加共和国	205	421	700	1 338	953	1 079	961
萨尔瓦多	15	59	1 104	216	173	250	208
格林纳达	19	34	49	42	37	49	41
危地马拉	91	85	673	155	230	456	110
海地	1	4	11	30	13	4	6
洪都拉斯	60	128	99	237	282	195	143
牙买加	160	203	369	524	468	614	479
墨西哥	7 351	14 160	12 170	12 856	15 484	25 334	13 627
蒙特塞拉特	5	3	3	8	4	1	1
荷属安的列斯	-17	-88	-53	-22	-63	-1	-15
尼加拉瓜	56	173	195	300	267	150	174
巴拿马	244	1 299	1 296	652	603	513	57
圣基茨和尼维斯	20	20	32	58	96	88	81

附录表 B.1 1991—2002 年按东道地区和经济体统计的 FDI 流入流量（续）

东道地区/经济体	1991—1996（年平均）	1997	1998	1999	2000	2001	2002
圣卢西亚	36	48	83	83	55	22	22
圣文森特和格林纳丁斯	29	93	89	56	29	21	19
特立尼达和多巴哥	317	923	732	366	472	685	737
维尔京群岛	315	500	1 362[a]	3 648[a]	830[a]	222[a]	111[a]
亚太地区	**59 826**	**109 282**	**100 316**	**108 809**	**142 209**	**106 937**	**95 129**
亚洲	**59 411**	**109 092**	**99 983**	**108 529**	**142 091**	**106 778**	**94 989**
西亚	**2 228**	**5 918**	**6 893**	**754**	**1 523**	**5 211**	**2 341**
巴林	650	329	180	454	364	81	218
塞浦路斯	81	491	264	685	804	652	297
伊朗	47	53	24	35	39	50[a]	37[a]
伊拉克	2[a]	1[a]	7[a]	-7[a]	-3[a]	-6[a]	-9[a]
约旦	4	361	310	158	787	100	56
科威特	55	20	59	72	16	-147	7
黎巴嫩	28	150	200	250	298	249[a]	257[a]
阿曼	91	65	101	21	44	42	40[a]
巴勒斯坦被占领土	8[b]	7	58	19	62	11[a]	41[a]
卡塔尔	120[a]	418[a]	347[a]	113[a]	252[a]	296[a]	326[a]
沙特阿拉伯	-201	3 044	4 289	-780	-1 884	20	-350[a]
叙利亚	105	80	82	263	270	205[a]	225[a]
土耳其	751	805	940	783	982	3 266	1 037
阿联酋	220[a]	232[a]	258[a]	-985[a]	-515[a]	257[a]	95[a]
也门	274	-139	-226	-328	6	136	64
中亚	**1 035**	**3 107**	**2 997**	**2 462**	**1 871**	**3 963**	**4 035**
亚美尼亚	12	52	221	122	104	70	100
阿塞拜疆	326[d]	1 115	1 023	510	129	227	1 067
格鲁吉亚	19[d]	243	265	82	131	110	146
哈萨克斯坦	826[e]	1 321	1 152	1 472	1 283	2 823	2 561
吉尔吉斯斯坦	48[c]	84	109	44	-2	5	-12[a]
塔吉克斯坦	12[e]	18[a]	25[a]	21[a]	22[a]	9	9
土库曼斯坦	131[c]	108[a]	62[a]	89[a]	131[a]	150[a]	100[a]
乌兹别克斯坦	39[e]	167[a]	140[a]	121[a]	73[a]	570[a]	65[a]
南亚、东亚及东南亚	**56 147**	**100 067**	**90 093**	**105 313**	**138 698**	**97 604**	**88 613**
阿富汗	-[a]	-1[a]	-[a]	6[a]	-[a]	1[a]	-[a]
孟加拉国	8	139	190	180	280	79	45
不丹	1[a]	-1[a]	-[a]	-[a]	-[a]	-[a]	-[a]
文莱	210	702	573	748	549	526	1 035
柬埔寨	120[e]	168	243	230	149	148	54
中国	25 476	44 237	43 751	40 319	40 772	46 846	52 700
中国香港	6 057[a]	11 368[a]	14 766	24 580	61 939	23 775	13 718
印度	1 085	3 619	2 633	2 168	2 319	3 403	3 449
印度尼西亚	2 985	4 678	-356	-2 745	-4 550	-3 279	-1 523
朝鲜	24[a]	307[a]	31[a]	-15[a]	5[a]	-24[a]	12[a]
韩国[f]	1 234	2 844	5 412	9 333	9 283	3 528	1 972
老挝	53	86	45	52	34	24	25
中国澳门	-[a]	2[a]	-18[a]	9[a]	-1[a]	133	150[a]
马来西亚	5 436	6 323	2 714	3 895	3 788	554	3 203
马尔代夫	8	11	12	12	13	12	12[a]
蒙古	9	25	19	30	54	43	78
缅甸	256	879	684	304	208	192	129
尼泊尔	8	23	12	4	-	21[a]	10[a]
巴基斯坦	501	713	507	530	305	385	823
菲律宾	1 226	1 261	1 718	1 725	1 345	982	1 111
新加坡	6 856	13 533	7 594	13 245	12 464	10 949	7 655
斯里兰卡	125	433	150	201	175	82	242
中国台湾	1 311	2 248	222	2 926	4 928	4 109	1 445
泰国	1 964	3 882	7 491	6 091	3 350	3 813	1 068
越南	1 217	2 587	1 700	1 484	1 289	1 300	1 200
太平洋地区	**416**	**190**	**333**	**280**	**118**	**159**	**140**
斐济	71	29	196	-20	-25	90	77
基里巴斯	-	1	1[a]	1[a]	1[a]	1[a]	1[a]
新喀里多尼亚	5	10[a]	-[a]	4[a]	22[a]	-1[a]	-[a]
巴布亚新几内亚	295	88	110	296	96	63	50[a]
萨摩亚	3	20[a]	3	2	-2[a]	1[a]	1[a]
所罗门群岛	10	9	2	-19	1	-12	-7[a]
汤加	1	3	2	2	5	1	2[a]
图瓦卢	-[d]	-[a]	-[a]	-[a]	-[a]	-[a]	-[a]

附录表 B.1 1991—2002 年按东道地区和经济体统计的 FDI 流入流量（续）

东道地区/经济体	1991—1996（年平均）	1997	1998	1999	2000	2001	2002
瓦努阿图	29	30	20	13	20	18	15
中东欧	**8 183**	**19 033**	**22 479**	**25 145**	**26 373**	**25 015**	**28 709**
阿尔巴尼亚	58[e]	48	45	41	143	207	213
白俄罗斯	31[e]	352	203	444	119	96	227
波黑	-1[g]	1	56	154	147	130	321
保加利亚	74	505	537	819	1 002	813	479
克罗地亚	216[e]	533	932	1 467	1 089	1 561	981
捷克	1 177	1 286	3 700	6 310	4 984	5 639	9 319
爱沙尼亚	162[e]	267	581	305	387	542	307
匈牙利	2 205	2 167	2 037	1 977	1 646	2 440	854
拉脱维亚	170[e]	521	357	347	410	164	396
立陶宛	59[e]	355	926	486	379	446	732
摩尔多瓦	27[e]	79	76	38	129	156	111
波兰	2 119	4 908	6 365	7 270	9 341	5 713	4 119
罗马尼亚	206[e]	1 215	2 031	1 041	1 025	1 157	1 106
俄罗斯	1 449[e]	4 865	2 761	3 309	2 714	2 469	2 421
塞尔维亚和黑山	66	740	113	112	25	165	475
斯洛伐克	201	220	684	390	1 925	1 579	4 012
斯洛文尼亚	122	334	216	107	136	503	1 865
马其顿	15[d]	16	118	32	177	442	77
乌克兰	269	623	743	496	595	792	693
南斯拉夫（前）	119[h]	..	..	..	..	..	..
备忘录							
最不发达国家[i]	1 713	3 401	4 573	5 974	3 427	5 629	5 232
石油输出国[j]	7 647	18 427	14 010	5 254	2 468	8 099	7 364
除中国之外的所有发展中国家	66 061	148 987	147 533	188 976	205 285	162 585	109 445

资料来源：UNCTAD，FDI/TNC 数据库。

a. 估计值。详见附录 B 中的“定义与来源”。

b. 1996 年。

c. 1993—1996 年的年平均值。

d. 1994—1996 年的年平均值。

e. 1992—1996 年的年平均值。

f. 由韩国商业、工业和能源部根据韩国《外国投资促进法案》报告的数据。包括资本品和技术投资及利润再投资。具体数据如下：1991—1996 年年平均 10.45 亿美元；1997 年为 26.4 亿美元；1998 年为 50.29 亿美元；1999 年为 94.33 亿美元；2000 年为 85.62 亿美元；2001 年为 36.59 亿美元；2002 年为 29.35 亿美元。

g. 1995—1996 年的年平均值。

h. 1991 年。

i. 最不发达国家包括：阿富汗、安哥拉、孟加拉国、贝宁、不丹、布基纳法索、布隆迪、柬埔寨、佛得角、中非共和国、乍得、科摩罗、刚果（金）、吉布提、赤道几内亚、厄立特里亚、埃塞俄比亚、冈比亚、几内亚、几内亚比绍、海地、基里巴斯、老挝、莱索托、利比里亚、马达加斯加、马拉维、马尔代夫、马里、毛里塔尼亚、莫桑比克、缅甸、尼泊尔、尼日尔、卢旺达、萨摩亚、圣多美和普林西比、塞内加尔、塞拉利昂、所罗门群岛、索马里、苏丹、多哥、图瓦卢、乌干达、坦桑尼亚、瓦努阿图、也门和赞比亚。

j. 石油输出国包括：喀麦隆、阿尔及利亚、安哥拉、巴林、文莱、刚果、厄瓜多尔、加蓬、印度尼西亚、伊朗、伊拉克、科威特、利比亚、尼日利亚、阿曼、卡塔尔、沙特阿拉伯、叙利亚、特立尼达和多巴哥、阿联酋和委内瑞拉。

附录表 B.2 1991—2002 年按来源地区和经济体统计的 FDI 流出流量

（100 万美元）

来源地区/经济体	1991—1996（年平均）	1997	1998	1999	2000	2001	2002
世界	**280 550**	**476 934**	**683 211**	**1 096 554**	**1 200 783**	**711 445**	**647 363**
发达国家	**240 639**	**396 057**	**630 891**	**1 021 307**	**1 097 796**	**660 558**	**600 063**
西欧	**140 132**	**244 115**	**436 525**	**770 608**	**872 422**	**468 807**	**411 665**
欧盟	**127 762**	**220 953**	**415 367**	**731 068**	**819 169**	**451 911**	**394 146**
奥地利	1 417	1 987	2 745	3 301	5 740	3 137	5 670
比利时和卢森堡	7 264	7 252	28 845	122 304	86 362	100 646	..
比利时	..	..	..	..	..	..	13 288
卢森堡	..	..	..	..	..	..	154 073
丹麦	2 535	4 209	4 477	16 943	25 052	12 964	4 839
芬兰	1 654	5 278	18 647	6 605	22 572	8 367	9 891
法国	24 303	35 584	48 611	126 856	177 449	92 974	62 547
德国	27 908	41 797	88 823	109 648	56 846	42 079	24 534
希腊	5	156	262	539	2 102	607	655
爱尔兰	436	1 016	3 906	6 109	4 629	5 864	2 706
意大利	6 662	10 414	12 407	6 722	12 316	21 472	17 123
荷兰	17 573	24 494	36 669	57 627	73 540	48 514	26 270
葡萄牙	510	1 903	3 847	3 168	7 512	7 564	3 523
西班牙	3 871	12 626	18 936	42 084	54 675	33 093	18 456
瑞典	5 294	12 648	24 371	21 928	40 592	6 594	10 869
英国	28 331	61 590	122 820	207 235	249 783	68 037	39 703
其他西欧国家	**12 370**	**23 162**	**21 159**	**39 540**	**53 253**	**16 896**	**17 519**
直布罗陀	..	..	..	..	..	..	..
冰岛	25	55	71	106	362	323	195
马耳他	3[a]	16	14	45	26	6	–
挪威	2 257	5 359	2 306	6 113	8 193	–734	5 537
瑞士	10 086	17 732	18 767	33 276	44 673	17 300	11 787
北美	**75 220**	**118 838**	**165 362**	**226 638**	**189 251**	**140 406**	**148 534**
加拿大	8 163	23 069	34 358	17 247	46 625	36 642	28 793
美国	67 057	95 769	131 004	209 391	142 626	103 764	119 741
其他发达国家	**25 287**	**33 104**	**29 003**	**24 061**	**36 122**	**51 345**	**39 864**
澳大利亚	3 603	6 448	3 352	–688	561	11 014	6 828
以色列	573	708	1 124	932	3 440	805	1 232
日本	20 943	25 994	24 151	22 745	31 557	38 333	31 481
新西兰	169	–45	376	1 072	564	1 193	322
发展中国家和地区	**39 439**	**76 662**	**49 837**	**72 786**	**99 052**	**47 382**	**43 095**
非洲	**1 861**	**3 788**	**1 997**	**2 574**	**1 309**	**–2 522**	**173**
北非	**27**	**476**	**367**	**313**	**228**	**202**	**267**
阿尔及利亚	14	8	1	47	18	9	100
埃及	32	166	46	38	51	12	28
利比亚	–47	284	299	208	98	84	110[b]
摩洛哥	24	9	20	18	59	97	29
苏丹	..	..	..	..	..	..	..
突尼斯	4	9	2	3	2	–	–
其他非洲国家	**1 834**	**3 312**	**–1 630**	**–2 262**	**1 081**	**–2 725**	**–94**
安哥拉	–	–[b]	–[b]	–[b]	–[b]	–[b]	–[b]
贝宁	6[c]	12	2	23	4	2	–
博茨瓦纳	13	4	3	1	2	318	2
布基纳法索	2	1	5	5	–	–	1
布隆迪	–	–	–	–	–	–	–
喀麦隆	15	7[b]	–[b]	3[b]	4[b]	3[b]	3[b]
佛得角	–	–	–	–	–	–	–
中非共和国	4	–	–	–	–	–	–
乍得	5	–	–	2	–	–	–
科摩罗	–[d]	..	..	..	..	..	..
刚果	–	3	–8	2	4	6	8
刚果（金）	..	..	..	..	..	..	..
科特迪瓦	86	34	36	57	–	2	2
吉布提	..	..	..	..	..	..	..
赤道几内亚	–	–	–	2	–4	4	–
厄立特里亚	..	..	..	..	..	..	..
埃塞俄比亚	..	228[b]	254[b]	–46[b]	–1[b]	69[b]	7[b]

附录表 B.2 1991—2002 年按来源地区和经济体统计的 FDI 流出流量（续）

东道地区/经济体	1991—1996（年平均）	1997	1998	1999	2000	2001	2002
加蓬	16	–13	–14	14	25	2	–
冈比亚	5	5	6	4	5	5	5
加纳	150[e]	50[b]	30[b]	77[b]	52[b]	53[b]	61[b]
几内亚	–[e]	1[b]	–[b]	3[b]	2[b]	2[b]	2[b]
几内亚—比绍	..	..	..	..	–	–	–
肯尼亚	7	5	14	30	29	50	76
来索托	–[f]						
利比里亚	76	501[b]	–731[b]	310[b]	608[b]	–167[b]	–50[b]
马达加斯加	–	–2[b]	1[b]	–[b]	1[b]	–	–
马拉维	2[e]	–[b]	6[b]	3[b]	3[b]	4[b]	3[b]
马里	–	5	27	50	4	17	19
毛里塔尼亚	..	..	..	..	..	..	..
毛里求斯	16	3	14	6	13	2	1
莫桑比克	–[g]	–[b]	–[b]	–[b]	–[b]	–[b]	–[b]
纳米比亚	–3	–	–1	–	3	–13	–5
尼日尔	12	8	10	–	–	–4	–
尼日利亚	238	58	107	92	85	94	101
卢旺达	–	1[b]	–[b]	–[b]	–[b]	–[b]	–[b]
圣多美和普林西比	..	..	..	..	..	..	..
塞内加尔	8	–	10	6	–	–7	39
塞舌尔	8	10	3	9	7	11	14
塞拉利昂	–	–[b]	–[b]	–[b]	–[b]	–[b]	–[b]
索马里	..	..	..	..	..	..	..
南非	1 204	2 351	1 779	1 580	271	–3 180	–401
斯威士兰	27	–10	24	–13	–16	9	27
多哥	7	4	22	41	–	–7	–
乌干达	42	15[b]	20[b]	–8[b]	–28[b]	–5[b]	–14[b]
坦桑尼亚	–[h]	–[b]	–[b]	–[b]	1[b]	–[b]	–[b]
赞比亚	..	..	..	..	..	..	..
津巴布韦	17	28	9	9	8	4	3
拉丁美洲及加勒比地区	**5 953**	**23 666**	**19 057**	**30 845**	**13 534**	**7 961**	**5 770**
南美	**2 671**	**7 902**	**7 689**	**6 766**	**7 820**	**–758**	**3 726**
阿根廷	997	3 653	2 325	1 727	1 018	–200	–1 066
玻利维亚	2	2	3	3	2	2	2[b]
巴西	493	1 116	2 854	1 690	2 282	–2 258	2 482
智利	626	1 463	1 484	2 558	3 987	1 432	464
哥伦比亚	154	809	796	116	325	16	783
厄瓜多尔	25	257[b]	–84[b]	–	–	–	–
圭亚那	–[h]	–[b]	–[b]	–2[b]	2[b]	–[b]	–[b]
巴拉圭	8	6	6	6	6	6	–3[b]
秘鲁	1	84	64	128	92[b]	95[b]	156[b]
苏里南	..	..	..	..	..	..	..
乌拉圭	–	13	9	40	–	1	15
委内瑞拉	364	500	233	501	107	148	893
拉丁美洲及加勒比地区其他国家	**3 282**	**15 763**	**11 368**	**24 079**	**5 714**	**8 720**	**2 044**
安圭拉	..	1[b]	1[b]	1[b]	1[b]	1[b]	1[b]
安提瓜和巴布达	1[h]	–	3[b]	–1[b]	–[b]	1[b]	–[b]
阿鲁巴	2[h]	–	2	1	–8	12	13
巴哈马	–	–	1	–	–	–	–
巴巴多斯	2	1	1	1	1	1	1[b]
伯利兹	3	4	6	10	10	8[b]	9[b]
百慕大	183	4 220[b]	2 980[b]	18 137[b]	2 426[b]	–5 407[b]	–1 823[b]
开曼群岛	375	4 871[b]	4 452[b]	2 187[b]	1 795[b]	2 811[b]	967[b]
哥斯达黎加	5	4	5	5	9	9	57
古巴	..	..	..	..	..	..	..
多米尼克	..	..	..	..	..	..	..
多米尼加共和国	10[h]	2[b]	2[b]	6[b]	61[b]	–33[b]	–[b]
萨尔瓦多	–	–[b]	1	54	–5	–10	–26
格林纳达	–	–[b]	–[b]	–[b]	–[b]	–[b]	–[b]
危地马拉	–4	7[b]	8[b]	–3[b]	16[b]	1[b]	5[b]
海地	–5	1[b]	1[b]	–1[b]	1[b]	–[b]	–[b]
洪都拉斯	–	–[b]	–[b]	–[b]	–[b]	–[b]	–[b]
牙买加	60	57	82	95	74	89	74
墨西哥	257	1 108	1 363	1 475[b]	984[b]	846	969
蒙特塞拉特	..	..	..	..	..	..	..
荷属安的列斯	–	–7	–2	–1	–2	–	1
尼加拉瓜	–4[a]	2[b]	7[b]	3[b]	4[b]	5[b]	4[b]
巴拿马	672	2 068[b]	3 289[b]	356[b]	–839[b]	1 902[b]	1 861[b]
圣基茨和尼维斯	–	–[b]	–[b]	–[b]	–[b]	–[b]	–[b]

附录表 B.2 1991—2002 年按来源地区和经济体统计的 FDI 流出流量（续）

东道地区/经济体	1991—1996（年平均）	1997	1998	1999	2000	2001	2002
圣卢西亚	–	–[b]	–[b]	–[b]	–[b]	–[b]	–[b]
圣文森特和格林纳丁斯	..	..	..	..	..	..	..
特立尼达和多巴哥	–	–18[b]	1[b]	264	25	150	146[b]
维尔京群岛	2 586[a]	3 444[b]	–830[b]	1 500[b]	1 141[b]	8 333[b]	–209[b]
亚太地区	**31 624**	**49 209**	**28 783**	**39 367**	**84 208**	**41 943**	**37 151**
亚洲	**31 564**	**49 199**	**28 839**	**39 390**	**84 139**	**41 827**	**37 121**
西亚	**452**	**–99**	**–1 193**	**1 943**	**3 508**	**4 718**	**2 131**
巴林	105	48	181	163	10	216	178
塞浦路斯	17	27	57	166	166	220	–18
伊朗	9	78[b]	10[b]	738[b]	348[b]	2 812[b]	1 299[b]
伊拉克	..	..	..	..	..	..	..
约旦	–23	2[b]	2[b]	5	5	8	25
科威特	147	–969	–1 867	23	–303	365	–155
黎巴嫩	8	19[b]	–1[b]	5[b]	125[b]	92[b]	74[b]
阿曼	3	1[b]	–5[b]	3[b]	–2[b]	–1[b]	–[b]
巴勒斯坦被占领土	..	..	..	..	..	..	..
卡塔尔	35[c]	20[b]	20[b]	30[b]	41[b]	112[b]	61[b]
沙特阿拉伯	93	215[b]	74[b]	50[b]	155[b]	–44[b]	50[b]
叙利亚	..	..	..	..	..	..	..
土耳其	63	251	367	645	870	497	175
阿联酋	17	208[b]	–30[b]	115[b]	2 094[b]	441[b]	442[b]
也门	..	..	..	..	..	..	..
中亚	**–**	**1**	**179**	**360**	**17**	**201**	**765**
亚美尼亚	..	..	12	13	8[b]	11[b]	11[b]
阿塞拜疆	..	..	137	336	–	158[b]	326
格鲁吉亚	..	..	..	1	–	–	–
哈萨克斯坦	–[i]	1	8	4	4	27	423
吉尔吉斯斯坦	..	..	23	6	5	6	6[b]
塔吉克斯坦	..	..	..	..	..	..	..
土库曼斯坦	..	..	..	..	..	..	..
乌兹别克斯坦	..	..	..	..	..	..	..
南亚、东亚及东南亚	**31 113**	**49 297**	**29 852**	**37 087**	**80 614**	**36 907**	**34 225**
阿富汗	..	..	..	..	..	..	..
孟加拉国	3	3	3	–	2	21	4
不丹	..	..	..	..	..	..	..
文莱	28[j]	10[b]	10[b]	20[b]	–3	9[b]	8[b]
柬埔寨	2[k]	..	..	..	..	..	..
中国	2 571	2 563	2 634	1 775	916	6 884	2 850
中国香港	16 960	24 407[b]	16 985	19 358	59 375	11 345	17 694
印度	76	113	47	80	336	757	431
印度尼西亚	1 068	178	44	72	150	125	116[b]
朝鲜	..	..	..	..	..	..	..
韩国[f]	2 446	4 449	4 740	4 198	4 999	2 420	2 674
老挝	–	–[b]	–[b]	–[b]	168[b]	3[b]	57[b]
中国澳门	..	..	..	..	..	16	..
马来西亚	1 656	2 675	863	1 422	2 026	267	1238[b]
马尔代夫	–[i]	..	..	..	..	..	..
蒙古	..	..	..	..	..	..	..
缅甸	..	..	..	..	..	..	..
尼泊尔	..	..	..	..	..	..	..
巴基斯坦	–2	–25	5	1	11	31	–17
菲律宾	181	136	160	–29	–108	–160	85
新加坡	2 967	8 955	380	5 397	6 061	9 548	4 082
斯里兰卡	6	5	13	24	2	–	11
中国台湾	2 683	5 243	3 836	4 420	6 701	5 480	4 886
泰国	479	584	132	349	–22	162	106
越南	..	..	..	..	..	..	..
太平洋地区	**60**	**9**	**–56**	**–24**	**69**	**116**	**30**
斐济	–11	–40	–56	–58	69	7	–17
基里巴斯	–[l]	..	..	..	..	..	..
新喀里多尼亚	..	..	..	..	..	..	..
巴布亚新几内亚	70	49[b]	–[b]	35[b]	–2[b]	109[b]	47[b]
萨摩亚	..	..	..	..	–	..	..
所罗门群岛	–[g]	..	..	..	–	..	..
汤加	–[m]	..	..	..	1	..	..
图瓦卢	..	..	..	..	..	..	..

附录表 B.2　1991—2002 年按来源地区和经济体统计的 FDI 流出流量（续）

东道地区/经济体	1991—1996（年平均）	1997	1998	1999	2000	2001	2002
瓦努阿图	..	..	..	..	..	..	..
中东欧	**472**	**4 215**	**2 484**	**2 462**	**3 936**	**3 505**	**4 205**
阿尔巴尼亚	12[h]	10	1	7	6	–	4[b]
白俄罗斯	..	2	2	–	–	–	-206
波黑	8[h]	-2	..	..	..	..	..
保加利亚	-12[h]	-2	–	17	3	10	28
克罗地亚	14[a]	186	98	47	4	155	95
捷克	84[h]	28	125	90	43	165	281
捷克斯洛伐克（前）	14[d]	..	..	..	..	..	..
爱沙尼亚	11[h]	137	6	83	63	200	122
匈牙利	21	433	478	252	532	337	264
拉脱维亚	-26[h]	6	54	17	10	12	9
立陶宛	–[c]	27	4	9	4	7	18
摩尔多瓦	6[i]	–	–	–	–	–	–
波兰	25	45	316	31	17	-90	173
罗马尼亚	3	-9	-9	16	-11	-17	16
俄罗斯	488[a]	3 184	1 270	2 208	3 177	2 533	3 284
塞尔维亚和黑山	..	..	..	..	..	..	..
斯洛伐克	20[h]	95	147	-371	21	37	5
斯洛文尼亚	-3[h]	31	-5	48	65	133	117
马其顿	–[e]	1	1	1	–	1	–
乌克兰	4[i]	42	-4	7	1	23	-5
南斯拉夫（前）	..	..	..	..	..	..	..
备忘项目							
最不发达国家[n]	164	785	-362	395	768	-61	75
石油输出国[o]	2 084	869	-1 028	2 341	2 851	4 527	3 358
除中国之外的所有发展中国家	36 867	74 099	47 203	71 011	98 136	40 498	40 245

资料来源：UNCTAD，FDI/TNC 数据库。

a. 1993 至 1996 年的年平均值。

b. 估计值。详见附录 B 中的“定义与来源”。

c. 1995 至 1996 年的年平均值。

d. 1991 年。

e. 1996 年。

f. 1992 年。

g. 1991—1992 年的年平均值。

h. 1992—1996 年的年平均值。

i. 1994—1996 年的年平均值。

j. 1991—1996 年的年平均值。

k. 1993 年。

l. 1994 年。

m. 1991—1993 年的年平均值。

n. 最不发达国家包括：阿富汗、安哥拉、孟加拉国、贝宁、不丹、布基纳法索、布隆迪、柬埔寨、佛得角、中非共和国、乍得、科摩罗、刚果（金）、吉布提、赤道几内亚、厄立特里亚、埃塞俄比亚、冈比亚、几内亚、几内亚比绍、海地、基里巴斯、老挝、莱索托、利比里亚、马达加斯加、马拉维、马尔代夫、马里、毛里塔尼亚、莫桑比克、缅甸、尼泊尔、尼日尔、卢旺达、萨摩亚、圣多美和普林西比、塞内加尔、塞拉利昂、所罗门群岛、索马里、苏丹、多哥、图瓦卢、乌干达、坦桑尼亚、瓦努阿图、也门和赞比亚。

o. 石油输出国包括：喀麦隆、阿尔及利亚、安哥拉、巴林、文莱、刚果、厄瓜多尔、加蓬、印度尼西亚、伊朗、伊拉克、科威特、利比亚、尼日利亚、阿曼、卡塔尔、沙特阿拉伯、叙利亚、特立尼达和多巴哥、阿联酋和委内瑞拉。

附录表 B.3 1980 年、1985 年、1990 年、1995 年、2000 年、2001 年及其 2002 年[a] 按东道地区和经济体统计的 FDI 流入存量

（100 万美元）

东道地区/经济体	1980	1985	1990	1995	2000	2001	2002
世界	**699 415**	**977 755**	**1 954 152**	**3 002 152**	**6 146 812**	**6 606 855**	**7 122 506**[b]
发达国家	**391 946**	**570 901**	**1 399 880**	**2 041 408**	**3 988 075**	**4 277 195**	**4 594 850**[b]
西欧	**232 717**	**286 179**	**796 179**	**1 213 733**	**2 361 428**	**2 544 445**	**2 779 857**[b]
欧盟	**217 476**	**268 253**	**748 669**	**1 136 387**	**2 240 506**	**2 418 136**	**2 623 903**[b]
奥地利	3 163	3 762	9 884	17 532	30 431	34 328	42 539
比利时和卢森堡	7 306	18 447	58 388	112 960	195 219	203 580	..
比利时	..	..	..	..	..	..	..
卢森堡	..	..	..	..	..	..	..
丹麦	4 193	3 613	9 192	23 801	66 467	65 830	71 784[c]
芬兰	540	1 339	5 132	8 465	24 272	26 267	35 509
法国	25 927[d]	36 701[d]	86 845	191 434	259 775	289 015	401 305
德国	36 630	36 926	119 618	192 898	470 938	413 556	451 589[c]
希腊	4 524	8 309	5 667[e]	10 957[e]	12 499	12 006	12 056[c]
爱尔兰	32 461[f]	33 361[f]	34 208[f]	40 406[f]	118 550	138 266	157 298[c]
意大利	8 892	18 976	57 985	63 456	113 047	107 921	126 481
荷兰	19 167	24 921	68 731	116 049	246 643	285 387	314 569[c]
葡萄牙	3 665[g]	4 599[g]	10 571	18 381	28 469	32 921	43 962
西班牙	5 141	8 939	65 916	109 200	144 803	164 754	217 769[c]
瑞典	2 852[h]	4 333	12 636	31 089	93 970	92 243	110 482
英国	63 014	64 028	203 894	199 760	435 422	552 062	638 561
其他西欧国家	**15 241**	**17 926**	**47 511**	**77 346**	**120 923**	**126 309**	**155 954**
直布罗陀[i]	33	98	263	432	529	550	609
冰岛	..[j, k]	71	147	129	488	644	864
马耳他[i]	156	286	465	922	2 972	3 266	2 891
挪威	6 577[l]	7 412[l]	12 391	18 800	30 130	32 580	33 452[c]
瑞士	8 506	10 058	34 245	57 063	86 804	89 269	118 139
北美	**137 209**	**249 272**	**507 793**	**658 843**	**1 419 383**	**1 530 527**	**1 572 561**
加拿大	54 163	64 657	112 882	123 290	205 129	209 464	221 468
美国	83 046	184 615	394 911	535 553	1 214 254	1 321 063	1 351 093[c]
其他发达国家	**22 021**	**35 450**	**95 908**	**168 833**	**207 263**	**202 224**	**242 432**
澳大利亚	13 173	25 049	73 644	104 074	109 263	105 391	128 696
以色列	3 214[g]	3 619[g]	4 476	5 677	24 055	25 111	24 762
日本	3 270	4 740	9 850	33 508	50 323	50 319	59 646[c]
新西兰	2 363	2 043	7 938	25 574	23 623	21 402	29 328
发展中国家和地区	**307 469**	**406 805**	**551 481**	**920 400**	**2 029 412**	**2 173 769**	**2 339 632**
非洲	**32 162**	**33 844**	**50 775**	**77 400**	**144 503**	**157 823**	**170 876**
北非	**4 322**	**8 242**	**16 903**	**26 300**	**38 082**	**43 191**	**48 310**
阿尔及利亚[i]	1 320	1 281	1 355	1 465	3 441	4 637	5 702
埃及[i]	2 260	5 703	11 043	14 690	19 589	20 099	20 746
利比亚[i]	..[k]	..[k]	..[k]	..[k]	..[k]	..[k]	..[k]
摩洛哥[i]	189	440	917	3 032	6 758	9 566	9 994
苏丹[i]	28	76	54	164	1 396	1 970	2 651
突尼斯	3 341	4 917	7 615	10 967	11 545	11 667	14 061
其他非洲国家	**27 840**	**25 602**	**33 872**	**51 101**	**106 421**	**114 632**	**122 566**
安哥拉[i]	61	675	1 025	2 921	7 977	10 122	11 435
贝宁[i]	32	34	159	381	588	632	673
博茨瓦纳	698[g]	947[g]	1 309	1 126	1 821	1 494	1 946
布基纳法索[i]	18	24	39	74	149	158	166
布隆迪[i]	7	24	30	34	48	48	48
喀麦隆[i]	330	1 125	1 044	1 062	1 263	1 331	1 417
佛得角[m]	..	..	4	38	174	183	197
中非共和国[i]	50	77	95	80	95	101	105
乍得[i]	150	223	289	370	618	618	1 519
科摩罗[n]	2	2	17	19	24	24	26
刚果[i]	315	485	575	1 022	1 893	1 970	2 217
刚果（金）[i]	709	620	546	541	617	618	650
科特迪瓦[i]	530	699	975	1 624	3 407	3 451	3 674
吉布提[o]	4	4	6	17	34	37	40
赤道几内亚[p]	..	6	25	175	1 128	2 073	2 396

附录表 B.3　1980 年、1985 年、1990 年、1995 年、2000 年、2001 年及其 2002 年[a]按东道地区和经济体统计的 FDI 流入存量（续）

东道地区/经济体	1980	1985	1990	1995	2000	2001	2002
厄立特里亚[q]	..	..	..	..	301	301	322
埃塞俄比亚[i]	110	114	124	165	941	961	1 036
加蓬[i]	512	833	1 208	441	..[k]	..[k]	..[k]
冈比亚	127[g]	127[g]	157	185	216	221	264[c]
加纳[i]	229	272	315	822	1 462	1 551	1 601
几内亚[o]	1	2	69	131	263	265	295
几内亚—比绍[r]	–	4	8	20	46	47	48
肯尼亚[i]	386	476	668	732	996	1 047	1 097
莱索托[s]	5	25	83	179	330	358	382
利比里亚[i]	868	1 260	2 454	2 419	2 516	2 496	2 431
马达加斯加[i]	40	52	107	173	341	434	442
马拉维[i]	113	151	198	163	183	163	163
马里[t]	12	33	38	162	453	576	678
毛里塔尼亚[i]	..[k]	39	57	92	108	101	113
毛里求斯[i]	26	43	169	256	687	719	746
莫桑比克[i]	15	17	42	201	1 094	1 350	1 755
纳米比亚	1 994[g]	2 010[g]	2 047	1 708	1 230	797	978[c]
尼日尔[i]	190	206	286	363	426	449	457
尼日利亚[i]	2 405	4 417	8 072	14 065	20 184	21 289	22 570
卢旺达[i]	54	133	213	231	252	256	259
圣多美和普林西比[m]	..	..	–	–	4	9	11
塞内加尔[i]	150	188	258	374	827	859	952
塞舌尔[i]	54	105	204	321	577	636	699
塞拉利昂[i]	79	68	..[k]	..[k]	19	22	26
索马里[i]	34	10	..[k]	2	4	4	4
南非	16 519	9 024	9 121	15 099	47 418	50 246	50 998
斯威士兰	243[u]	104	336	535	432	479	656
多哥[i]	176	210	268	307	511	574	649
乌干达[i]	9	7	4	272	1 255	1 484	1 759
坦桑尼亚[i]	47	91	93	325	1 783	2 111	2 351
赞比亚[t]	355	450	1 012	1 543	2 350	2 422	2 619
津巴布韦[i]	186	187	124	342	1 085	1 088	1 114
拉丁美洲及加勒比地区	**50 404**	**80 129**	**116 963**	**201 755**	**608 924**	**705 746**	**762 229**
南美	**29 345**	**42 238**	**66 625**	**112 150**	**380 061**	**414 979**	**441 110**
阿根廷	5 344	6 563	8 778[v]	27 991	72 935	75 989	76 992[c]
玻利维亚	420	592	1 026	1 564	5 176	5 839	6 392[c]
巴西	17 480	25 664	37 143	42 530	196 884[w]	219 342[w]	235 908[w]
智利	886	2 321	10 067	15 547	44 955	44 693	46 296[c]
哥伦比亚	1 061	2 231	3 500	6 407	12 144	16 008	19 375
厄瓜多尔	719	982	1 626	3 619	7 081	8 410	9 686
圭亚那[i]	25	39	42	452	759	815	859
巴拉圭	212[x]	301[x]	405[x]	705	1 311	1 162	867
秘鲁	898	1 152	1 302	5 541	10 503	10 669	12 565
苏里南[i]	..[k]	52	..[k]	..[k]	..[k]	..[k]	..[k]
乌拉圭	727[y]	794[y]	1 007[y]	1 464[y]	2 088	2 406	1 291
委内瑞拉	1 604	1 548	2 260	6 975	26 944	30 392	31 710
拉丁美洲及加勒比地区其他国家	**21 059**	**37 890**	**50 337**	**89 605**	**228 863**	**290 767**	**321 119**
安圭拉[z]	..	..	11	68	227	260	293
安提瓜和巴布达[s]	23	94	292	438	566	606	642
阿鲁巴[aa]	..	..	132	204	816	497	738
巴哈马[i]	547	543	586	742	1 587	1 688	1 888
巴巴多斯[i]	102	125	171	227	308	326	338
伯利兹[i]	12	10	73	153	269	310	362
百慕大[i]	5 131	8 053	13 849	23 997	56 393	68 977	78 070
开曼群岛[ab]	222	1 479	1 749	2 745	24 973	26 356	29 451
哥斯达黎加	672	957	1 447	2 733[ac]	5 206[ac]	5 660[ac]	6 302[ac]
古巴[i]	–	–	2	40	74	78	82
多米尼克[s]	–	11	71	197	271	283	297
多米尼加共和国	239	265	572	1 707[ac]	5 214[ac]	6 293[ac]	7 254[ac]
萨尔瓦多	154	181	212	293	1 973	2 223	2 431
格林纳达[s]	1	13	70	168	346	395	436
危地马拉	701[ad]	1 050[ad]	1 734	2 202	3 420	3 876	4 155
海地[i]	79	112	149	153	215	220	226
洪都拉斯[i]	92	172	383	652	1 489	1 684	1 826
牙买加[i]	564	522	791	1 568	3 316	3 930	4 409
墨西哥	8 105[ad]	18 802[ad]	22 424	41 130	97 170	140 376	154 003[c]
蒙特塞拉特[ae]	..	..	40	68	84	85	86
荷属安的列斯[i]	770	257	408	364	78	77	61

附录表 B. 3 1980 年、1985 年、1990 年、1995 年、2000 年、2001 年及其 2002 年[a] 按东道地区和经济体统计的 FDI 流入存量（续）

东道地区/经济体	1980	1985	1990	1995	2000	2001	2002
尼加拉瓜[i]	109	109	115	354	1 386	1 536	1 710
巴拿马	2 461[af]	3 142[af]	2 198[af]	3 245	6 744	7 257	7 314
圣基茨和尼维斯[ag]	1	32	160	244	484	572	653
圣卢西亚[ah]	94	197	319	517	804	826	849
圣文森特和格林纳丁斯[n]	1	9	48	179	489	510	529
特立尼达和多巴哥	976	1 719	2 093	3 601[ac]	6 489[ac]	7 173[ac]	7 910[ac]
维尔京群岛[ah]	1	39	240	1 622	8 472	8 695	8 806
亚洲及太平洋地区	**224 904**	**292 832**	**383 743**	**641 245**	**1 275 985**	**1 310 200**	**1 406 527**
亚洲	**223 707**	**291 626**	**381 481**	**638 222**	**1 272 245**	**1 306 301**	**1 402 488**
西亚	**7 568**	**37 657**	**41 196**	**51 662**	**69 979**	**70 035**	**72 376**
巴林	61[d]	399[d]	552	2 403	5 906	5 986	6 205[c]
塞浦路斯[i]	460	789	1 146	1 579	3 878	4 530	4 827
伊朗[i]	2 962	2 780	2 039	2 297	2 474	2 524	2 561
伊拉克[i]	..[k]	..[k]	..[k]	..[k]	..[k]	..[k]	..[k]
约旦[ai]	155	493	615	627	2 258	2 358	2 414
科威特[i]	30	33	26	12	527	380	387
黎巴嫩[i]	20	34	53	138	1 116	1 365	1 622
阿曼[i]	483	1 201	1 723	2 210	2 501	2 543	2 583
巴勒斯坦被占领土[aj]	..	..	..	..	155	165	206
卡塔尔[i]	83	93	71	451	1 920	2 216	2 541
沙特阿拉伯[i]	..[k]	21 828	22 500	22 423	25 963	25 983	25 633
叙利亚[i]	–	37	374	915	1 699	1 904	2 129
土耳其	8 845[ak]	9 253[ak]	11 194[ak]	14 977[ak]	19 209	17 521	18 558[c]
阿联酋[i]	409	482	751	1 770	1 061	1 318	1 413
也门	195[g]	283[g]	180	1 882	1 336	1 271	1 336
中亚	**..**	**..**	**..**	**4 018**	**16 123**	**20 856**	**25 139**
亚美尼亚	..	..	..	34[al]	513	580	680[c]
阿塞拜疆	..	..	..	352[am]	3 735	3 962	5 354
格鲁吉亚	..	..	..	32	423[an]	533[an]	679[an]
哈萨克斯坦	..	..	..	2 895	9 259	12 871	15 354
吉尔吉斯斯坦	..	..	..	144	439	427	415[c]
塔吉克斯坦[ao]	..	..	..	40	144	153	162
土库曼斯坦[ap]	..	..	..	415	913	1 063	1 163
乌兹别克斯坦[ao]	..	..	..	106	697	1 267	1 332
南亚、东亚和东南亚	**216 139**	**253 969**	**340 285**	**582 542**	**1 186 143**	**1 215 410**	**1 304 973**
阿富汗[i]	11	11	12	12	17	18	18
孟加拉国	63	112	147[aq]	180[aq]	983[aq]	1 062[aq]	1 107[aq]
不丹[z]	..	..	2	2	3	4	4
文莱[i]	19	28	23	631	3 856	4 383	5 418
柬埔寨	38[ar]	38[ar]	38[ar]	356	1 336	1 449	1 503[c]
中国	6 251[al]	10 499[al]	24 762[al]	137 435[al]	348 346	395 192[as]	447 892[as]
中国香港	177 755[at]	183 219[at]	201 652[at]	227 532[at]	455 469	419 348	433 065[c]
印度	1 177	1 075	1 668[aq]	5 652[aq]	18 916[aq]	22 319[aq]	25 768[aq]
印度尼西亚	10 274	24 971	38 883	50 601	60 638[au]	57 359[au]	55 836[au]
朝鲜[m]	..	..	572	716	1 046	1 022	1 034
韩国	1 327	2 160	5 186	9 451	37 106	40 767	43 689
老挝[i]	2	1	13	205	550	574	599
中国澳门	2 725[av]	2 733[av]	2 733[av]	2 726[av]	2 725[av]	2 858	3 008[c]
马来西亚	5 169	7 388	10 318	28 731[aw]	52 747[aw]	53 301[aw]	56 505[aw]
马尔代夫[o]	5	3	25	61	118	130	142
蒙古[ae]	..	..	–	38	182	225	302
缅甸	..[k,ax]	..[k,ax]	..[k,ax]	649[ax]	3 178	3 266	3 395[c]
尼泊尔	1[az]	2[az]	12[az]	39[az]	97[az]	116	126[c]
巴基斯坦	691	1 079	1 928	5 552	6 912	5 536	6 359[c]
菲律宾	1 281	2 601	3 268	6 086	9 081	10 468	11 579[c]
新加坡	6 203	13 016	30 468	65 644	113 431	116 428	124 083[c]
斯里兰卡	231	517	681[aq]	1 297[aq]	2 389[aq]	2 471[aq]	2 713[aq]
中国台湾	2 405	2 930	9 735[aq]	15 736[aq]	27 924[aq]	32 033[aq]	33 478[aq]
泰国	981	1 999	8 209	17 452	24 468	29 158	30 226[c]
越南[i]	9	64	260	5 760	14 624	15 924	17 124
太平洋地区	**1 196**	**1 207**	**2 263**	**3 022**	**3 740**	**3 899**	**4 039**
斐济	358	393	414[ba]	834[ba]	1 017[ba]	1 106[ba]	1 183[ba]
基里巴斯[bb]	..	–1	–	1	5	5	6
新喀里多尼亚[ai]	28	35	76	110	146	144	144

附录表 B. 3　1980 年、1985 年、1990 年、1995 年、2000 年、2001 年及其 2002 年[a]
按东道地区和经济体统计的 FDI 流入存量（续）

东道地区/经济体	1980	1985	1990	1995	2000	2001	2002
巴布亚新几内亚	748	683	1 582	1 667	2 007[bc]	2 069[bc]	2 119[bc]
萨摩亚[i]	1	2	9	29	53	55	56
所罗门群岛[t]	28	32	70	126	126	114	107
汤加[s]	–	–	1	8	21	22	25
图瓦卢[bd]	..	..	..	–	1	1	1
瓦努阿图[t]	33	62	110	249	366	384	399
中东欧	**..**	**49**	**2 841**	**40 187**	**129 169**	**155 734**	**187 868**
阿尔巴尼亚[ao]	..	..	..	201	568	775	988
白俄罗斯	..	..	..	50[be]	1 306	1 374	1 602[c]
波黑	..	..	..	20[bf]	376[an]	506[an]	828[an]
保加利亚	..	..	112[bf]	446[bf]	2 716	3 410	3 889[c]
克罗地亚	..	..	..	478[bg]	3 560	5 049	6 029[c]
捷克	..	..	1 363[bh]	7 350	21 644	27 092	38 450
爱沙尼亚	..	..	..	688[bg]	2 645	3 160	4 226
匈牙利	..	49[g]	569	11 919	19 804	23 562	24 416[c]
拉脱维亚	..	..	..	615	2 084	2 332	2 723
立陶宛	..	..	..	352	2 334	2 666	3 981
摩尔多瓦	..	..	..	93	446	600	717
波兰	..	..	109	7 843	34 227	41 031	45 150[c]
罗马尼亚	..	..	–	821	6 480	7 638	8 786
俄罗斯	..	..	..	5 465	17 956	20 142	22 563[c]
塞尔维亚和黑山[ao]	..	..	..	329	1 319	1 484	1 959
斯洛伐克	..	..	81	810	4 634	6 213[as]	10 225[as]
斯洛文尼亚	..	..	607[bi]	1 763	2 809	3 209	5 074[c]
马其顿[bd]	..	..	..	33	387	829	907
乌克兰	..	..	..	910	3 875	4 662	5 355[c]
南斯拉夫（前）	..	..	..	..	..	..	..
备忘录							
最不发达国家[bj]	3 419	5 132	8 165	16 208	35 609	40 867	46 099
石油输出国[bk]	13 281	59 568	81 047	113 781	174 176	182 275	189 638
除中国之外的所有发展中国家	301 219	396 306	526 669	783 121	1 681 222	1 778 733	1 891 896

资料来源：UNCTAD，FDI/TNC 数据库

a. 估计值。详见附录 B 的"定义与来源"。对于那些通过累计 FDI 流量或者在某一特定年份的存量上加上流量来估计当年存量数据的国家，下面将给出说明。

b. 价值不包括比利时和卢森堡的数据。详见附录 B 的"定义与来源"。

c. 2001 年以后的存量数据是通过加上流量计算的。

d. 1989 年以前的存量数据是通过减去流量计算的。

e. 1990 至 1998 年的存量数据是通过减去 1999 年的流量计算的。

f. 1999 以前的存量数据是通过减去流量计算的。

g. 1990 年以前的存量数据是通过减去流量计算的。

h. 1982 年以前的存量数据是通过减去流量计算的。

i. 利用 1970 年以来的流量累计计算。

j. 1988 年以前的存量数据是通过减去流量计算的。

k. 存量为负。但是该数值包括在地区和全球总量中。

l. 1987 年以前的存量数据是通过减去流量计算的。

m. 利用 1987 年以来的流量累计计算。

n. 利用 1978 年以来的流量累计计算。

o. 利用 1973 年以来的流量累计计算。

p. 利用 1982 年以来的流量累计计算。

q. 利用 1997 年以来的流量累计计算。

r. 利用 1975 年以来的流量累计计算。

s. 利用 1977 年以来的流量累计计算。

t. 利用 1971 年以来的流量累计计算。

u. 1981 年以前的存量数据是通过减去流量计算的。

v. 1990 的存量数据是通过从 1991 年的存量中减去流量计算的。

w. 存量数据是通过用 1995 年的存量加上流量计算的。

x. 到 1993 年为止的存量数据是利用 1970 年以来的流量累计计算的。

y. 到 1996 为止的存量数据是利用 1970 年以来的流量累计计算的。

z. 利用 1990 年以来的流量累计计算。

aa. 利用 1989 年以来的流量累计计算。

ab. 利用 1974 年以来的流量累计计算。

ac. 1990 年以后的存量数据是通过加上流量计算的。
ad. 到 1989 年为止的存量数据是利用 1970 年以来的流量累计计算的。
ae. 利用 1986 年以来的流量累计计算。
af. 1995 年以前的存量数据是通过减去流量计算的。
ag. 利用 1980 年以来的流量累计计算。
ah. 利用 1976 年以来的流量累计计算。
ai. 利用 1972 年以来的流量累计计算。
aj. 利用 1996 年以来的流量累计计算。
ak. 2000 年以前的存量数据是通过减去流量计算的。
al. 1997 年以前的存量数据是通过减去流量计算的。
am. 到 1998 年为止的存量数据是利用 1994 年以来的流量累计计算的。
an. 1998 年以后的存量数据是通过加上流量计算的。
ao. 利用 1992 年以来的流量累计计算。
ap. 利用 1993 年以来的流量累计计算。
aq. 1988 年以后的存量数据是通过加上流量计算的。
ar. 1994 年以前的存量数据是通过减去流量计算的。
as. 2000 年以后的存量数据是通过加上流量计算的。
at. 1998 年以前的存量数据是通过减去流量计算的。
au. 1999 年以后的存量数据是通过加上流量计算的。
av. 2001 年以前的存量数据是通过减去流量计算的。
aw. 1994 年以后的存量数据是通过加上流量计算的。
ax. 1999 年以前的存量数据是通过减去流量计算的。
az. 到 2000 年为止的存量数据是利用 1972 年以来的流量累计计算的。
ba. 1989 年以后的存量数据是通过加上流量计算的。
bb. 利用 1983 年以来的流量累计计算。
bc. 1997 年以后的存量数据是通过加上流量计算的。
bd. 利用 1984 年以来的流量累计计算。
be. 到 1995 年为止的存量数据是利用 1992 年以来的流量累计计算的。
bf. 1998 年以前的存量数据是通过减去流量计算的。
bg. 1996 年以前的存量数据是通过减去流量计算的。
bh. 1992 年以前的存量数据是通过减去流量计算的。
bi. 1993 年以前的存量数据是通过减去流量计算的。
bj. 最不发达国家包括：阿富汗、安哥拉、孟加拉国、贝宁、不丹、布基纳法索、布隆迪、柬埔寨、佛得角、中非共和国、乍得、科摩罗、刚果（金）、吉布提、赤道几内亚、厄立特里亚、埃塞俄比亚、冈比亚、几内亚、几内亚比绍、海地、基里巴斯、老挝、莱索托、利比里亚、马达加斯加、马拉维、马尔代夫、马里、毛里塔尼亚、莫桑比克、缅甸、尼泊尔、尼日尔、卢旺达、萨摩亚、圣多美和普林西比、塞内加尔、塞拉利昂、所罗门群岛、索马里、苏丹、多哥、图瓦卢、乌干达、坦桑尼亚、瓦努阿图、也门和赞比亚。
bk. 石油输出国包括：喀麦隆、阿尔及利亚、安哥拉、巴林、文莱、刚果、厄瓜多尔、加蓬、印度尼西亚、伊朗、伊拉克、科威特、利比亚、尼日利亚、阿曼、卡塔尔、沙特阿拉伯、叙利亚、特立尼达和多巴哥、阿联酋和委内瑞拉。
注：对于根据流量累计计算的 FDI 存量，价格变化不予考虑。

附录表 B.4　1980 年，1985 年，1990 年，1995 年，2000 年，2001 年及 2002 年按来源地区和经济体统计的 FDI 流出存量[a]

(100 万美元)

来源地区/经济体	1980	1985	1990	1995	2000	2001	2002
世界	**563 997**	**743 267**	**1 762 963**	**2 901 059**	**5 991 756**	**6 318 861**	**6 866 362[b]**
发达国家	**499 391**	**665 090**	**1 629 259**	**2 583 824**	**5 154 968**	**5 487 592**	**5 987 746[b]**
西欧	**237 694**	**330 825**	**874 369**	**1 463 467**	**3 248 357**	**3 453 487**	**3 771 452[b]**
欧盟	**215 582**	**304 579**	**797 322**	**1 298 257**	**2 980 615**	**3 171 860**	**3 434 297[b]**
奥地利	530	1 343	4 273	11 702	24 820	28 511	40 220
比利时和卢森堡	6 037	9 551	40 636	80 690	179 773	181 460	. .
比利时	. .	. .	. .	. .	. .	. .	. .
卢森堡	. .	. .	. .	. .	. .	. .	. .
丹麦	2 065	1 801	7 342	24 703	65 881	69 766	74 605[c]
芬兰	737	1 829	11 227	14 993	52 109	56 055	69 468
法国	24 281[d]	37 753[d]	110 125	204 431	445 091	489 441	652 105
德国	43 127	59 909	148 456	258 142	483 946	553 315	577 849[c]
希腊	2 923[e]	2 923[e]	2 948[e]	3 004[e]	5 861	6 371	7 026[c]
爱尔兰	. .	8 852[e]	11 588[e]	13 473[e]	27 925	33 748	36 453[c]
意大利	7 319	16 600	57 261	97 042	180 275	182 375	194 498
荷兰	42 116	47 898	106 899	172 672	307 760	329 383	355 652[c]
葡萄牙	512[f]	583[f]	900	3 173	17 170	23 491	31 983
西班牙	1 931	4 455	15 652	36 243	164 791	189 418	216 051[c]
瑞典	3 572[g]	10 768	50 720	73 143	123 125	122 053	145 382
英国	80 434	100 313	229 294	304 847	902 087	906 474	1 033 003
其他西欧国家	**22 112**	**26 245**	**77 047**	**165 210**	**267 742**	**281 627**	**337 156**
直布罗陀	. .	. .	. .	. .	. .	. .	. .
冰岛	59[h]	59[h]	75	179	663	839	1 068
马耳他	. .	. .	. .	32	203	210[i]	210[i]
挪威	561	1 093	10 884	22 519	33 505	32 771[i]	38 308[i]
瑞士	21 491	25 093	66 087	142 479	233 371	247 807	297 570
北美	**239 158**	**281 512**	**515 358**	**817 224**	**1 528 943**	**1 626 312**	**1 775 134**
加拿大	23 783	43 143	84 837	118 209	235 512	244 638	273 719
美国	215 375	238 369	430 521	699 015	1 293 431	1 381 674	1 501 415[c]
其他发达国家	**22 539**	**52 754**	**239 533**	**303 132**	**377 667**	**407 792**	**441 160**
澳大利亚	2 260	6 653	30 507	53 009	83 232	91 343	91 249
以色列	141[f]	623[f]	1 188	4 041	9 361	9 607	10 783
日本	19 610	43 970	201 440	238 452	278 445	300 115	331 596[c]
新西兰	529[j]	1 508[j]	6 398[j]	7 630	6 629	6 728	7 532
发展中国家和地区	**64 606**	**78 176**	**133 088**	**310 864**	**817 450**	**806 524**	**849 464**
非洲	**6 871**	**10 960**	**20 777**	**33 004**	**48 591**	**43 066**	**43 574**
北非	**460**	**872**	**1 474**	**1 528**	**2 998**	**3 200**	**3 471**
阿尔及利亚[k]	98	156	183	266	343	352	452
埃及[l]	39	91	163	350	655	668	695
利比亚[m]	162	287	624	279	1 230	1 314	1 424
摩洛哥[l]	155	333	489	603	737	834	863
苏丹	. .	. .	. .	. .	. .	. .	. .
突尼斯	6	6	15	30	33	32	37
其他非洲国家	**6 412**	**10 088**	**19 303**	**31 475**	**45 592**	**39 866**	**40 103**
安哥拉	. .	. .	. .	. .	. .	. .	. .
贝宁[n]	–	2	2	2	55	58	58
博茨瓦纳	438[f]	439[f]	447	650	517	866	1 123
布基纳法索[o]	3	3	4	13	24	25	26
布隆迪[p]	. .	. .	–	1	2	2	2
喀麦隆[q]	23	53	150	227	255	257	261
佛得角[r]	. .	. .	1	5	5	5	5
中非共和国[s]	–	1	17	40	42	42	42
乍得[t]	1	1	48	81	79	79	79
科摩罗[u]	. .	. .	1	2	2	2	2
刚果	. .	. .	. .	. .	. .	. .	. .
刚果（金）	. .	. .	. .	. .	. .	. .	. .
科特迪瓦[u]	. .	. .	31	517	677	679	682
吉布提	. .	. .	. .	. .	. .	. .	. .
赤道几内亚[p]	. .	. .	–	–	. .[v]	3	3

附录表 B.4 1980 年，1985 年，1990 年，1995 年，2000 年，2001 年及 2002 年按来源地区和经济体统计的 FDI 流出存量[a]（续）

来源地区/经济体	1980	1985	1990	1995	2000	2001	2002
厄立特里亚	..	..	..	..	..	..	..
埃塞俄比亚[w]	..	..	..	..	435	504	511
加蓬[o]	78	103	164	257	271	273	273
冈比亚	..	..	22	36	44	42	46[e]
加纳[x]	..	..	..	..	359	412	472
几内亚[x]	..	..	..	..	8	9	12
几内亚—比绍	..	..	..	..	..	..	..
肯尼亚[s]	18	60	99	116	218	268	344
莱索托[r]	..	..	–	–	–	–	–
利比里亚[y]	48	361	453	1 113	1 524	1 357[i]	1 307[i]
马达加斯加[z]	..	..	1	5	4	4	4
马拉维	..	..	..	..	15[aa]	18[aa]	22[aa]
马里[s]	22	22	22	23	112	129	148
毛里塔尼亚[z]	..	..	3	3	3	3	3
毛里求斯[ab]	..	–	2	94	133	135	136
莫桑比克[ac]	..	..	..	–	1	1	1
纳米比亚	..	..	80	15	45	10	5[e]
尼日尔[o]	2	8	54	109	145	141	141
尼日利亚[t]	9	..[v]	2 586	3 975	4 358	4 452	4 553
卢旺达[u]	..	..	..	..[v]	3	4	5
圣多美和普林西比	..	..	..	..	..	..	..
塞内加尔[m]	7	43	49	96	116	109	148
塞舌尔[ad]	14	44	61	94	136	147	161
塞拉利昂	..	..	..	..	..	..	..
索马里	..	..	..	..	..	..	..
南非	5 722	8 963	14 864	23 433	35 277	29 155	28 755
斯威士兰	19[ae]	9	38	136	100	53	162
多哥[af]	10	10	16	44	125	118	118
乌干达[ag]	..	..	..	255	265	259	246
坦桑尼亚	..	..	..	..	..	..	..
赞比亚	..	..	..	..	..	..	..
津巴布韦[ah]	..	10	88	137	241	245	249
拉丁美洲及加勒比地区	**51 529**	**55 517**	**63 358**	**90 861**	**160 186**	**167 906**	**173 187**
南美	**46 085**	**47 356**	**51 476**	**64 620**	**95 458**	**94 459**	**98 185**
阿根廷	5 997[ai]	5 945[ai]	6 106[ai]	10 696	20 681	20 473	19 407[e]
玻利维亚	1[aj]	1[j]	9	18	29	32	34[e]
巴西	39 601[ak]	40 496[ak]	42 101[ak]	45 530[ak]	53 003[ak]	50 745	53 227[e]
智利	42	102	178	2 425[al]	11 793	12 976	13 439[e]
哥伦比亚	136	301	402	1 027	2 989	3 047	3 830
厄瓜多尔[am]	..	..	..	73	270	270	270
圭亚那[an]	..	..	..	2	–	–	–
巴拉圭	113[ao]	128[ao]	137[ao]	179	214	220	217
秘鲁	3	38	122	567	505	574	730
苏里南	..	..	..	..	..	..	..
乌拉圭	169[ap]	181[ap]	183[ap]	186[ap]	208[aq]	209[aq]	224[aq]
委内瑞拉	23	165	2 239	3 918	5 766	5 914	6 807
拉丁美洲及加勒比地区其他国家	**5 444**	**8 161**	**11 882**	**26 240**	**64 728**	**73 447**	**75 002**
安圭拉	..	..	..	..	..	..	..
安提瓜和巴布达	..	..	..	..	..	..	..
阿鲁巴[an]	..	..	..	10	14	27	32
巴哈马[y]	285	154	614	1 286	1 385	1 385[i]	1 385[i]
巴巴多斯[k]	5	13	23	33	41	42	43
伯利兹	..	..	..	12	47	55	64
百慕大[y]	727	1 691	1 550	2 626	14 942	9 535[i]	7 712[i]
开曼群岛[ar]	5	85	694	1 984	16 247	19 059	20 026
哥斯达黎加[t]	7	27	44	67	95	104	160
古巴	..	..	..	..	..	..	..
多米尼克[w]	..	..	..	..	–	–	–
多米尼加共和国[an]	..	..	..	38	122	89	89
萨尔瓦多	..	..	54[ap]	53[ap]	74	64	39
格林纳达[u]	..	..	–	–	1	1	1
危地马拉[x]	..	..	..	..	31	32	36
海地[am]	..	..	..	1	4	4	4
洪都拉斯	..	..	..	..	..	..	..
牙买加[k]	5	5	42	308	709	798	872
墨西哥	3 589[ak]	3 957[ak]	4 628[ak]	6 130[ak]	11 098[ak]	11 944	12 425
蒙特塞拉特	..	..	..	..	..	..	..
荷属安第列斯[ad]	9	10	21	24	11	11	12

附录表 B. 4 1980 年, 1985 年, 1990 年, 1995 年, 2000 年, 2001 年及 2002 年按来源地区和经济体统计的 FDI 流出存量[a] (续)

来源地区/经济体	1980	1985	1990	1995	2000	2001	2002
尼加拉瓜[an]	..	..	..	–	8	13	17
巴拿马[y]	811	2 204	4 188	4 939	4 004	5 906[i]	7 767[i]
圣基茨和尼维斯[u]	..	..	–	–	–	–	–
圣卢西亚[u]	..	..	–	1	1	–	–
圣文森特和格林纳丁斯[as]	..	..	1	1	1	1	1
特立尼达和多巴哥[ah]	..	15	22	24	297	447	594
维尔京群岛[ah]	..	..	..	8 704	15 598	23 930	23 722
亚太地区	**6 206**	**11 699**	**48 953**	**187 000**	**608 673**	**595 552**	**632 702**
亚洲	**6 193**	**11 662**	**48 868**	**186 574**	**608 232**	**594 994**	**632 114**
西亚	**1 447**	**2 143**	**7 609**	**7 112**	**13 318**	**17 646**	**19 777**
巴林	600[at]	599[at]	719	1 044	1 752	1 968	2 146[e]
塞浦路斯[ab]	..	–	9	78	529	749	731
伊朗[ag]	..	..	..	..[v]	1 207	4 019	5 318
伊拉克	..	..	..	..	..	..	..
约旦[m]	35	38	28	..[v]	..[v]	..[v]	..[v]
科威特[s]	568	930	3 662	2 804	1 427	1 793	1 638
黎巴嫩[au]	..	42	49	94	248	340	414
阿曼[ab]	..	2	7	23	23	22	22
巴勒斯坦被占领土	..	..	..	..	..	..	..
卡塔尔[am]	..	..	..	30	181	293	353
沙特阿拉伯[av]	239	508	1 873	1 621	2 120	2 076	2 126
叙利亚	..	..	..	..	..	..	..
土耳其	..	..	1 157[aw]	1 425[aw]	3 668	3 775	3 950[e]
阿联酋[y]	5	19	99	98	2 253	2 695[i]	3 136[i]
也门[au]	..	4	5	5	5	5	5
中亚	**..**	**..**	**..**	**–**	**558**	**758**	**1 521**
亚美尼亚[ax]	..	..	..	..	33	44	55
阿塞拜疆[ax]	..	..	..	..	474	632	957
格鲁吉亚	..	..	..	..	..	..	..
哈萨克斯坦	..	..	..	–	18	43	464
吉尔吉斯斯坦	..	..	..	..	33	39	45[e]
塔吉克斯坦	..	..	..	..	..	..	..
土库曼斯坦	..	..	..	..	..	..	..
乌兹别克斯坦	..	..	..	..	..	..	..
南亚、东亚及东南亚	**4 746**	**9 519**	**41 259**	**179 462**	**594 356**	**576 590**	**610 816**
阿富汗	..	..	..	..	..	..	..
孟加拉国[z]	..	..	6	9	29	50	54
不丹	..	..	..	..	..	..	..
文莱[ac]	..	..	..	71	148	156	165
柬埔寨[an]	..	..	..	2	2	2	2
中国	..	131	2 489[ay]	15 802[ay]	25 804[ay]	32 688[ay]	35 538[ay]
中国香港[az]	148	2 344	11 920	78 833	388 380	352 602	370 296
印度	235[j]	250[j]	281[j]	495[ba]	1 311[ba]	2 068[ba]	2 499[ba]
印度尼西亚	..	55[bb]	77[bb]	1 295	2 339[aq]	2 464[aq]	2 580[aq]
朝鲜	..	..	..	..	..	..	..
韩国	127	461	2 301	7 787	50 552	40 825	43 500[e]
老挝[ac]	..	..	..	1	169	172	229
中国澳门	..	..	..	..	..	137	137[e]
马来西亚	197	1 374	2 671	11 143	18 688[aa]	18 955[aa]	20 194[aa]
马尔代夫[u]	..	..	–	–	–	–	–
蒙古[am]	..	..	..	–	–	–	–
缅甸[bc]	..	..	..	–	–	–	–
尼泊尔	..	..	..	..	..	..	..
巴基斯坦	40	127	250	403	521	588	571[e]
菲律宾	171	171	155	1 220	1 597	1 273	1 358[e]
新加坡	3 718[f]	4 387[f]	7 808	35 050	53 104	67 255	71 336[e]
斯里兰卡[ab]	..	1	8	35	86	86	97
中国台湾	97	204	12 888[bd]	25 144[bd]	49 187[bd]	54 667[bd]	59 553[bd]
泰国	13	14	404	2 173	2 439	2 601[i]	2 707[i]
越南	..	..	..	..	..	..	..
太平洋地区	**13**	**37**	**85**	**426**	**442**	**558**	**588**
斐济[ar]	2	15	70	43	..[v]	..[v]	..[v]
基里巴斯[bc]	..	..	..	–	–	–	–
新喀里多尼亚	..	..	..	..	..	..	..

附录表 B.4 1980 年，1985 年，1990 年，1995 年，2000 年，2001 年及 2002 年按来源地区和经济体统计的 FDI 流出存量[a]（续）

来源地区/经济体	1980	1985	1990	1995	2000	2001	2002
巴布亚新几内亚	10	22	15[ay]	383[ay]	519[ay]	628[ay]	675[ay]
萨摩亚	..	..	..	..	..	..	..
所罗门群岛[u]	..	..	–	–	–	..	..
汤加[z]	..	..	–	–	1	1	1
图瓦卢	..	..	..	..	..	..	..
瓦努阿图	..	..	..	..	..	..	..
中东欧	**..**	**..**	**616**	**6 372**	**19 339**	**24 746**	**29 152**
阿尔巴尼亚[ag]	..	..	..	48	82	82	86
白俄罗斯[an]	..	..	..	–	5	6	[v]
波黑[an]	..	..	..	13	40	40	40
保加利亚	..	..	..	105[be]	87	97	125[e]
克罗地亚	..	..	..	703	875	969	1 064[e]
捷克	..	..	..	346	738	1 136	1 496
捷克斯洛伐克（前）	..	..	..	..	..	..	..
爱沙尼亚	..	..	..	70[be]	259	442	670
匈牙利	..	..	197	489	2 068	4 377	4 641[e]
拉脱维亚	..	..	..	231	241	47	67
立陶宛	..	..	..	1	29	48	60
摩尔多瓦	..	..	..	18	19	19	19
波兰	..	..	95	539	1 025	1 107	1 280[e]
罗马尼亚	..	..	66	121	142	127	155
俄罗斯	..	..	..	3 015	12 394	14 734	18 018[e]
塞尔维亚和黑山	..	..	..	..	..	..	..
斯洛伐克	..	..	..	87	367	404[i]	409[i]
斯洛文尼亚	..	..	258	490	794	950	1 066[e]
马其顿[x]	..	..	..	..	4	5	5
乌克兰	..	..	..	97	170	158	153[e]
南斯拉夫（前）	..	..	..	..	..	..	..
备忘录							
最不发达国家[bf]	92	456	704	1 843	3 216	3 147	3 223
石油输出国[bg]	1 782	2 794	12 256	15 733	23 985	28 506	31 856
除中国之外的所有发展中国家	64 606	78 046	130 600	295 062	791 646	773 837	813 926

资料来源：UNCTAD，FDI/TNC 数据库。

a. 估计值。详见附录 B 的“定义与来源”。对于那些通过累计 FDI 流量或者在某一特定年份的存量上加上流量来估计当年存量数据的国家，下面将给出说明。

b. 价值不包括比利时和卢森堡的数据。详见附录 B 的“定义与来源”。

c. 2001 年以后的存量数据是通过加上流量计算的。

d. 1987 年以前的存量数据是通过减去流量计算的。

e. 1999 年以前的存量数据是通过减去流量计算的。

f. 1990 年以前的存量数据是通过减去流量计算的。

g. 1982 年以前的存量数据是通过减去流量计算的。

h. 1988 年以前的存量数据是通过减去流量计算的。

i. 2000 年以后的存量数据是通过加上流量计算的。

j. 1992 年以前的存量数据是通过减去流量计算的。

k. 利用 1970 年以来的流量累计计算。

l. 利用 1977 年以来的流量累计计算。

m. 利用 1972 年以来的流量累计计算。

n. 利用 1979 年以来的流量累计计算。

o. 利用 1974 年以来的流量累计计算。

p. 利用 1989 年以来的流量累计计算。

q. 利用 1973 年以来的流量累计计算。

r. 利用 1988 年以来的流量累计计算。

s. 利用 1975 年以来的流量累计计算。

t. 利用 1978 年以来的流量累计计算。

u. 利用 1990 年以来的流量累计计算。

v. 存量为负。但该数值包括在地区和全球总量中。

w. 利用 1997 年以来的流量累计计算。

x. 利用 1996 年以来的流量累计计算。

y. 存量数据是通过利用美国 1980—2000 年的流入存量作为替代计算的。

z. 利用 1986 年以来的流量累计计算。

aa. 1998 年以后的存量数据是通过加上流量计算的。

ab. 利用 1985 年以来的流量累计计算。

ac. 利用 1991 年以来的流量累计计算。
ad. 利用 1976 年以来的流量累计计算。
ae. 1981 年以前的存量数据是通过减去流量计算的。
af. 利用 1971 年以来的流量累计计算。
ag. 利用 1992 年以来的流量累计计算。
ah. 利用 1983 年以来的流量累计计算。
ai. 1991 年以前的存量数据是通过减去流量计算的。
aj. 1980 至 1985 年的存量数据利用 1980 年以来的流量累计计算。
ak. 2001 年以前的存量数据是通过减去流量计算的。
al. 1993—1995 年的存量数据是通过用 1996 年的存量减去流量计算的。
am. 利用 1995 年以来的流量累计计算。
an. 利用 1993 年以来的流量累计计算。
ao. 1995 年以前的存量数据是通过减去流量计算的。
ap. 1996 年以前的存量数据是通过减去流量计算的。
aq. 1999 年以后的存量数据是通过加上流量计算的。
ar. 利用 1980 年以来的流量累计计算。
as. 利用 1987 年以来的流量累计计算。
at. 1989 年以前的存量数据是通过减去流量计算的。
au. 利用 1982 年以来的流量累计计算。
av. 存量数据是通过利用加拿大和美国 1980—1991 年、法国和荷兰 1995—1997 年的流入存量作为替代计算的。1997 年以后的存量数据是通过加上流量计算的。
aw. 2000 年以前的存量数据是通过减去流量计算的。
ax. 利用 1987 年以来的流量累计计算。
ay. 1989 年以后的存量数据是通过加上流量计算的。
az. 存量数据是通过利用美国 1980—1983 年的流入存量、中国 1984—1997 年的流入存量作为替代计算的。1997 年以后的存量数据是通过加上流量计算的。
ba. 1992 年以后的存量数据是通过加上流量计算的。
bb. 存量数据是通过利用德国和美国 1984—1992 年的流入存量作为替代计算的。
bc. 利用 1994 年以来的流量累计计算。
bd. 1988 年以后的存量数据是通过加上流量计算的。
be. 1996 年以前的存量数据是通过减去流量计算的。
bf. 最不发达国家包括：阿富汗、安哥拉、孟加拉国、贝宁、不丹、布基纳法索、布隆迪、柬埔寨、佛得角、中非共和国、乍得、科摩罗、刚果（金）、吉布提、赤道几内亚、厄立特里亚、埃塞俄比亚、冈比亚、几内亚、几内亚比绍、海地、基里巴斯、老挝、莱索托、利比里亚、马达加斯加、马拉维、马尔代夫、马里、毛里塔尼亚、莫桑比克、缅甸、尼泊尔、尼日尔、卢旺达、萨摩亚、圣多美和普林西比、塞内加尔、塞拉利昂、所罗门群岛、索马里、苏丹、多哥、图瓦卢、乌干达、坦桑尼亚、瓦努阿图、也门和赞比亚。
bg. 石油输出国包括：喀麦隆、阿尔及利亚、安哥拉、巴林、文莱、刚果、厄瓜多尔、加蓬、印度尼西亚、伊朗、伊拉克、科威特、利比亚、尼日利亚、阿曼、卡塔尔、沙特阿拉伯、叙利亚、特立尼达和多巴哥、阿联酋和委内瑞拉。

附录表 B.5 1991—2002 年按地区和经济体统计的 FDI 流入和流出流量占固定资本形成总额的百分比

（百分比）

地区/经济体	1991—1996（年平均）	1997	1998	1999	2000	2001	2002
世界							
流入	4.4	7.5	10.9	16.5	20.8	12.8	12.2
流出	5.0	7.4	11.0	16.9	18.3	11.3	13.6
发达国家							
流入	3.7	6.0	10.4	17.1	22.9	12.7	12.3
流出	5.7	8.8	13.9	21.1	22.4	14.3	15.6
西欧							
流入	5.5	8.3	14.8	27.3	41.6	24.0	22.0
流出	8.4	14.5	24.5	42.4	51.1	28.0	23.7
欧盟							
流入	5.5	8.0	14.8	27.5	42.2	24.5	22.5
流出	8.1	13.8	24.6	42.3	50.5	28.4	23.8
奥地利							
流入	4.0	5.5	9.1	6.0	19.4	13.4	..
流出	3.2	4.1	5.5	6.7	12.6	7.1	..
比利时和卢森堡							
流入	21.1	22.3	40.6	209.5	169.7	171.2	..
流出	14.0	13.5	51.6	214.1	165.2	195.4	..
比利时							
流入	..	..	..	..	..	..	..
流出	..	..	..	..	..	..	..
卢森堡							
流入	..	..	..	..	..	..	2 865.0
流出	..	..	..	..	..	..	3 512.8
丹麦							
流入	8.4	8.4	21.6	47.0	93.6	35.9	17.7
流出	8.9	12.6	12.5	47.6	71.6	40.5	14.4
芬兰							
流入	4.6	9.6	8.5	18.8	34.4	15.0	35.0
流出	9.6	24.0	77.3	27.2	96.9	33.7	37.8
法国							
流入	6.7	9.2	11.6	16.8	16.5	20.9	18.4
流出	8.9	14.1	18.2	45.8	67.6	35.1	22.4
德国							
流入	0.9	2.7	5.4	12.4	50.3	9.1	10.4
流出	5.6	9.2	19.4	24.3	14.1	11.3	6.7
希腊							
流入	5.2	4.1	0.3	2.1	4.2	6.0	0.2
流出	-	0.6	1.0	2.0	8.2	2.3	2.1
爱尔兰							
流入	14.7	16.8	45.4	81.4	115.9	65.7	70.9
流出	4.2	6.3	20.7	26.9	20.3	24.6	10.1
意大利							
流入	1.6	1.7	1.2	3.1	6.3	6.9	6.2
流出	3.2	4.9	5.6	3.0	5.8	10.0	7.3
荷兰							
流入	13.0	15.3	48.9	45.9	72.1	60.9	33.2
流出	25.4	33.6	48.5	64.3	88.0	57.6	29.9
葡萄牙							
流入	7.1	9.6	11.3	4.0	22.9	19.1	13.6
流出	2.2	7.4	13.9	10.2	25.4	24.5	11.2
西班牙							
流入	8.3	6.3	8.8	10.9	26.4	19.2	12.8
流出	3.3	10.3	14.1	29.0	38.5	22.7	11.1
瑞典							
流入	16.8	28.2	48.6	140.3	54.7	30.1	27.0
流出	14.2	32.6	59.7	50.6	95.5	16.9	26.5
英国							
流入	9.2	15.1	29.7	33.9	54.2	26.2	10.1
流出	16.1	28.0	49.0	83.3	103.9	28.8	16.1
其他西欧国家							
流入	3.8	12.9	14.2	22.9	30.2	14.1	12.0
流出	14.0	26.5	22.7	43.9	62.2	20.9	21.2
直布罗陀							
流入	..	..	..	..	..	..	..
流出	..	..	..	..	..	..	..
冰岛							

附录表 B.5 1991—2002 年按地区和经济体统计的 FDI 流入和流出流量占固定资本形成总额的百分比（续）

地区/经济体	1991—1996（年平均）	1997	1998	1999	2000	2001	2002
流入	0.9	10.2	7.5	3.5	7.9	8.2	..
流出	*2.0*	*3.8*	*3.6*	*5.7*	*18.2*	*19.0*	..
马耳他							
流入	14.0	9.6	31.8	95.6	64.7	34.9	-41.8
流出	*0.3*[a]	*1.9*	*1.7*	*5.2*	*2.8*	*0.8*	–
挪威							
流入	4.7	12.7	10.3	23.1	18.1	6.8	2.7
流出	*7.9*	*15.4*	*6.1*	*17.5*	*25.4*	*-2.4*	*17.1*
瑞士							
流入	3.2	13.2	17.1	22.3	38.2	18.5	19.2
流出	*17.2*	*35.3*	*35.8*	*63.4*	*88.5*	*36.0*	*24.3*
北美							
流入	**4.7**	**7.9**	**12.4**	**18.0**	**20.8**	**9.7**	**2.9**
流出	***6.7***	***8.2***	***10.4***	***13.3***	***10.3***	***7.9***	***8.6***
加拿大							
流入	6.1	9.1	18.6	19.0	47.2	20.6	14.3
流出	*7.6*	*18.3*	*28.1*	*13.2*	*33.0*	*26.2*	*19.9*
美国							
流入	4.5	7.8	11.9	18.0	18.6	8.7	1.9
流出	*6.6*	*7.2*	*8.9*	*13.3*	*8.4*	*6.3*	*7.5*
其他发达国家							
流入	**0.7**	**1.2**	**1.0**	**1.6**	**2.2**	**1.3**	**13.1**
流出	***1.8***	***2.5***	***2.5***	***1.8***	***2.7***	***4.4***	***6.8***
澳大利亚							
流入	8.4	8.3	7.1	3.2	15.4	5.2	15.0
流出	*4.8*	*7.0*	*4.0*	*-0.7*	*0.7*	*14.3*	*7.3*
以色列							
流入	3.5	8.0	8.2	13.8	21.9	16.9	9.0
流出	*3.2*	*2.9*	*5.0*	*4.2*	*15.1*	*3.9*	*6.7*
日本							
流入	0.1	0.3	0.3	1.1	0.7	0.6	..
流出	*1.7*	*2.1*	*2.3*	*1.9*	*2.6*	*3.6*	..
新西兰							
流入	24.4	19.2	8.9	14.4	36.4	21.1	3.3
流出	*2.8*	*-0.3*	*3.5*	*9.7*	*5.9*	*12.6*	*2.9*
发展中国家							
流入	**6.5**	**11.4**	**12.0**	**14.3**	**14.6**	**12.7**	**10.5**
流出	***2.9***	***4.1***	***3.1***	***3.7***	***6.2***	***2.9***	***4.6***
非洲							
流入	**5.3**	**9.7**	**8.0**	**11.8**	**8.8**	**19.4**	**8.9**
流出	***2.2***	***3.2***	***2.6***	***2.3***	***0.7***	***-2.6***	***0.1***
北部非洲							
流入	**4.3**	**5.9**	**5.8**	**7.1**	**6.0**	**11.5**	**7.1**
流出	***0.1***	***1.1***	***0.8***	***0.6***	***0.5***	***0.4***	***0.4***
阿尔及利亚							
流入	0.5	2.4	4.0	4.3	3.8	8.6	8.1
流出	*0.1*	*0.1*	–	*0.4*	*0.2*	*0.1*	*0.8*
埃及							
流入	8.3	5.2	5.5	5.2	5.9	3.4	4.6
流出	*0.4*	*1.0*	*0.2*	*0.2*	*0.2*	*0.1*	*0.2*
利比亚							
流入	-0.2	-1.9	-4.2	-3.8	-3.2	-2.7	..
流出	*-0.8*	*6.4*	*8.4*	*6.8*	*2.2*	*2.3*	..
摩洛哥							
流入	6.3	17.2	5.3	16.5	5.3	37.2	4.8
流出	*0.4*	*0.1*	*0.3*	*0.2*	*0.7*	*1.3*	*0.3*
苏丹							
流入	0.9	6.8	22.6	25.6	23.8	27.7	..
流出	..	..	..	..	..	..	..
突尼斯							
流入	10.3	7.8	13.6	7.0	15.2	9.3	15.0
流出	*0.1*	*0.2*	–	–	–	–	–
其他非洲国家							
流入	**6.1**	**12.5**	**9.8**	**16.4**	**11.7**	**27.0**	**10.7**
流出	***4.0***	***4.8***	***4.1***	***4.0***	***1.0***	***-5.5***	***-0.2***
安哥拉							

附录表 B.5 1991—2002 年按地区和经济体统计的 FDI 流入和流出流量占固定资本形成总额的百分比（续）

地区/经济体	1991—1996（年平均）	1997	1998	1999	2000	2001	2002
流入	45.3	21.1	48.6	86.8	28.0	66.7	..
流出	–	–	–	–	–	–	..
贝宁							
流入	14.5	6.8	8.5	13.9	13.8	9.6	..
流出	*1.6* [b]	*3.2*	*0.5*	*5.3*	*0.8*	*0.5*	..
博茨瓦纳							
流入	-2.7	8.6	7.4	2.7	4.2	2.2	3.0
流出	*1.1*	*0.4*	*0.2*	*0.1*	*0.2*	*26.9*	*0.2*
布基纳法索							
流入	1.7	1.9	1.3	2.0	3.9	1.4	1.1
流出	*0.4*	*0.2*	*0.7*	*0.7*	–	*0.1*	*0.2*
布隆迪							
流入	0.5	–	3.7	0.3	21.8	–	–
流出	*0.1*	*0.1*	*0.7*	*1.3*	–	–	–
喀麦隆							
流入	0.6	3.1	3.1	2.3	2.1	4.4	5.0
流出	*0.8*	*0.4*	*0.1*	*0.2*	*0.2*	*0.2*	*0.2*
佛得角							
流入	7.0	10.4	8.2	43.4	31.1	8.6	..
流出	*0.4*	–	–	*0.3*	–	–	..
中非共和国							
流入	2.4	0.3	0.3	2.1	0.9	3.8	..
流出	*3.5*	*0.2*	*0.2*	–	–	–	..
乍得							
流入	14.6	23.3	8.8	10.5	39.9	–	..
流出	*5.6*	*-0.4*	*-0.1*	*0.8*	–	–	..
科摩罗							
流入	1.3	0.1	10.0	1.3	5.9	0.1	..
流出	*1.1* [c]	..	..	..	..	..	..
刚果							
流入	15.1	15.7	6.9	111.4	17.9	8.3	27.4
流出	*0.1*	*0.7*	*-1.7*	*0.4*	*0.4*	*0.6*	*0.9*
刚果（金）							
流入	0.4	-8.7	13.5	1.2	1.8	0.1	..
流出	..	..	..	..	..	..	..
科特迪瓦							
流入	14.2	27.4	21.6	20.9	20.3	4.3	19.8
流出	*10.0*	*2.1*	*1.9*	*3.1*	–	*0.2*	*0.2*
吉布提							
流入	7.5 [b]	5.1	4.4	8.9	4.7	5.2	..
流出	..	..	..	..	..	..	..
赤道几内亚							
流入	53.4	15.8	69.8	52.8	21.4	202.9	..
流出	*0.1*	–	–	*0.3*	*-0.7*	*0.9*	..
厄立特里亚							
流入	19.9 [d]	15.3	46.2	26.1	11.8	0.3	..
流出	..	..	..	..	..	..	..
埃塞俄比亚							
流入	1.1	27.5	23.4	6.7	14.9	1.8	5.8
流出	..	*21.7*	*22.8*	*-4.4*	*-0.1*	*6.3*	*0.6*
加蓬							
流入	-20.9	-45.1	-14.0	-51.2	-3.3	12.8	7.4
流出	*1.4*	*-1.0*	*-1.0*	*1.1*	*2.0*	*0.1*	–
冈比亚							
流入	16.2	29.2	30.9	64.4	59.7	50.0	..
流出	*6.2*	*7.7*	*7.3*	*5.8*	*6.5*	*7.1*	..
加纳							
流入	8.1	5.0	3.3	16.1	9.6	7.1	4.0
流出	*10.5* [d]	*3.1*	*1.8*	*4.6*	*4.4*	*4.2*	*4.9*
几内亚							
流入	2.6	2.6	2.8	8.7	1.5	0.2	..
流出	*0.1* [d]	*0.2*	*0.2*	*0.4*	*0.3*	*0.3*	..
几内亚—比绍							
流入	2.3	31.5	16.6	22.8	1.8	2.1	..
流出	..	..	..	..	–	–	..
肯尼亚							
流入	0.8	2.1	2.2	2.6	8.3	3.2	2.9
流出	*0.4*	*0.2*	*0.8*	*1.9*	*1.9*	*3.2*	*4.4*
莱索托							
流入	11.4	5.6	6.1	7.5	8.2	8.7	11.2
流出	*0.1* [e]	..	..	..	..	..	..
利比里亚							

附录表 B.5　1991—2002 年按地区和经济体统计的 FDI 流入和流出流量占固定资本形成总额的百分比（续）

地区/经济体	1991—1996（年平均）	1997	1998	1999	2000	2001	2002
流入	..	..	..	..	..	..	..
流出	..	..	..	..	..	..	..
马达加斯加							
流入	3.9	3.3	3.3	10.9	11.1	11.4	1.2
流出	0.1	-0.4	0.2	–	0.2	–	–
马拉维							
流入	-1.3	-0.4	-1.4	20.7	-14.3	-10.5	..
流出	0.9[d]	0.4	2.9	1.3	1.4	2.1	..
马里							
流入	4.8	12.5	6.9	10.1	18.5	17.6	16.1
流出	0.1	0.8	5.2	9.8	0.9	2.5	2.9
毛里塔尼亚							
流入	4.1	0.5	0.1	0.5	3.3	-2.4	..
流出	..	..	..	..	..	..	..
毛里求斯							
流入	2.1	5.0	1.3	4.2	25.9	3.2	2.7
流出	1.8	0.3	1.4	0.5	1.2	0.2	0.1
莫桑比克							
流入	8.4	10.5	27.4	30.0	10.8	23.0	24.0
流出	–	-0.1	–	–	–	–	–
纳米比亚							
流入	18.3	11.7	9.9	14.3	23.8	39.9	..
流出	-0.2	0.1	-0.2	-0.1	0.4	-1.8	..
尼日尔							
流入	7.3	11.1	3.5	0.1	4.5	9.7	..
流出	5.1	3.6	4.0	0.1	-0.3	-1.5	..
尼日利亚							
流入	29.0	16.4	11.9	52.1	49.4	31.3	34.9
流出	6.3	0.6	1.2	4.7	4.5	2.6	2.8
卢旺达							
流入	1.2	1.0	2.4	0.5	2.6	1.3	..
流出	-0.1	0.5	0.1	0.3	0.2	0.2	..
圣多美和普林西比							
流入	-0.5	0.6	2.7	4.2	11.0	24.8	..
流出	..	..	..	..	..	..	..
塞内加尔							
流入	3.4	22.3	7.5	15.1	7.3	3.6	9.2
流出	1.1	0.1	1.1	0.6	0.1	-0.8	3.8
塞舌尔							
流入	19.4	31.7	26.3	26.4	31.3	28.9	..
流出	5.3	5.8	1.4	4.0	4.1	5.4	..
塞拉利昂							
流入	-0.2	22.6	-25.9	21.0	12.2	4.4	..
流出	0.4	–	-0.1	–	–	–	..
索马里							
流入	..	..	..	..	..	..	..
流出	..	..	..	..	..	..	..
南非							
流入	2.0	15.5	2.5	7.4	4.7	40.5	4.8
流出	5.5	9.6	7.8	7.8	1.4	-19.0	-2.5
斯威士兰							
流入	24.5	-3.5	34.6	20.5	10.4	34.0	..
流出	10.1	-2.3	5.5	-2.7	-4.4	3.7	..
多哥							
流入	6.5	11.3	19.3	34.9	20.9	30.5	..
流出	3.9	2.2	10.3	20.5	0.2	-3.5	..
乌干达							
流入	7.7	15.5	18.5	21.1	22.7	21.3	24.0
流出	5.2	1.3	1.8	-0.8	-2.5	-0.5	-1.2
坦桑尼亚							
流入	6.0	14.0	12.8	38.9	29.3	20.8	14.5
流出	–[f]	–	–	–	0.1	–	–
赞比亚							
流入	21.6	14.1	41.3	32.5	21.2	10.1	25.8
流出	..	..	..	..	..	..	..
津巴布韦							
流入	3.0	8.0	44.0	7.2	2.6	0.5	7.5
流出	1.0	1.7	0.9	1.1	0.8	0.6	0.9
拉丁美洲及加勒比地区							
流入	**8.1**	**16.6**	**17.3**	**25.8**	**20.7**	**20.0**	**14.6**
流出	**1.3**	**2.8**	**3.0**	**2.6**	**2.2**	**0.6**	**1.4**

附录表 B.5 1991—2002 年按地区和经济体统计的 FDI 流入和流出流量占固定资本形成总额的百分比（续）

地区/经济体	1991—1996（年平均）	1997	1998	1999	2000	2001	2002
南美							
流入	**6.9**	**15.9**	**17.6**	**32.6**	**25.5**	**19.7**	**17.3**
流出	***1.3***	***2.6***	***2.6***	***3.1***	***3.5***	***-0.4***	***2.1***
阿根廷							
流入	10.0	16.1	12.2	46.9	25.3	8.4	8.2
流出	*2.2*	*6.4*	*3.9*	*3.4*	*2.2*	*-0.5*	*-8.7*
玻利维亚							
流入	20.8	58.4	52.0	63.7	49.0	56.7	44.7
流出	*0.2*	*0.1*	*0.1*	*0.2*	*0.2*	*0.2*	*0.2*
巴西							
流入	3.0	11.8	18.6	28.2	28.4	22.7	19.6
流出	*0.5*	*0.7*	*1.8*	*1.7*	*2.0*	*-2.3*	*2.9*
智利							
流入	16.0	23.5	22.3	56.9	22.9	31.4	11.4
流出	*4.7*	*6.5*	*7.2*	*16.6*	*25.1*	*10.1*	*3.3*
哥伦比亚							
流入	9.3	25.8	15.2	12.7	21.1	21.8	17.0
流出	*1.0*	*3.8*	*4.3*	*1.0*	*3.1*	*0.1*	*6.5*
厄瓜多尔							
流入	13.0	19.2	21.0	31.9	32.7	45.2	..
流出	*0.8*	*6.8*	*-2.0*	–	–	–	..
圭亚那							
流入	35.2	15.9	22.5	29.7	41.6	36.7	..
流出	*-0.1* [f]	*-0.1*	*-0.2*	*-1.2*	*1.2*	*-0.1*	..
巴拉圭							
流入	6.4	10.8	18.0	5.5	6.4	7.4	..
流出	*0.4*	*0.3*	*0.3*	*0.3*	*0.4*	*0.4*	..
秘鲁							
流入	14.6	12.1	13.8	20.2	6.3	11.6	14.9
流出	–	*0.6*	*0.5*	*1.1*	*0.9*	*1.0*	*1.6*
苏里南							
流入	-2.3	-2.9	19.7	-17.8	-104.5	-19.1	..
流出	..	..	..	..	..	..	..
乌拉圭							
流入	4.0	4.0	4.8	7.9	10.3	14.0	..
流出	–	*0.4*	*0.3*	*1.3*	–	–	..
委内瑞拉							
流入	10.5	33.3	24.6	20.2	25.9	16.7	..
流出	*3.2*	*3.0*	*1.3*	*3.1*	*0.6*	*0.7*	..
拉丁美洲及加勒比地区其他国家							
流入	**11.6**	**18.6**	**16.6**	**14.1**	**13.5**	**20.4**	**11.8**
流出	***1.3***	***3.3***	***4.3***	***1.8***	***0.2***	***2.0***	***0.8***
安圭拉							
流入	93.9 [g]	95.3	101.6	109.3	113.5	100.7	..
流出	..	*4.5*	*3.6*	*2.9*	*2.9*	*3.1*	..
安提瓜和巴布达							
流入	16.8	10.1	8.5	10.4	10.4	21.8	..
流出	*0.8* [f]	*-1.3*	*-0.4*	*-0.3*	*0.3*	*-0.2*	..
阿鲁巴							
流入	..	..	..	..	..	..	..
流出	..	..	..	..	..	..	..
巴哈马							
流入	6.4	32.7	22.6	23.5	38.9	15.7	..
流出	–	*0.1*	*0.2*	–	–	–	..
巴巴多斯							
流入	5.3	4.4	3.6	3.6	4.1	4.0	..
流出	*0.9*	*0.4*	*0.2*	*0.3*	*0.2*	*0.2*	..
伯利兹							
流入	11.7	8.2	12.4	24.4	7.7	16.2	..
流出	*2.1*	*2.7*	*3.6*	*4.8*	*3.9*	*3.4*	..
百慕大							
流入	..	..	..	..	..	..	..
流出	..	..	..	..	..	..	..
开曼群岛							
流入	..	..	..	..	..	..	..
流出	..	..	..	..	..	..	..
哥斯达黎加							
流入	15.1	17.6	21.3	21.8	14.4	15.3	20.0
流出	*0.3*	*0.2*	*0.2*	*0.2*	*0.3*	*0.3*	*1.8*
古巴							
流入	..	..	..	..	..	..	..

附录表 B.5 1991—2002 年按地区和经济体统计的 FDI 流入和流出流量占固定资本形成总额的百分比（续）

地区/经济体	1991—1996（年平均）	1997	1998	1999	2000	2001	2002
流出	..	..	..	..	..	..	..
多米尼克							
流入	39.3	27.5	9.2	24.3	12.9	15.6	..
流出	..	..	..	..	..	..	..
多米尼加共和国							
流入	10.0	14.3	19.1	32.2	20.5	22.1	19.7
流出	0.4[f]	0.1	0.1	0.1	1.3	-0.7	–
萨尔瓦多							
流入	1.3	3.3	55.2	10.8	7.8	11.0	9.0
流出	–	–	0.1	2.7	-0.2	-0.4	-1.1
格林纳达							
流入	22.1	29.1	38.2	27.5	22.3	38.4	..
流出	–	0.4	0.2	0.3	-0.2	0.1	..
危地马拉							
流入	5.4	3.1	20.8	4.7	7.4	14.0	..
流出	-0.2	0.3	0.2	-0.1	0.5	–	..
海地							
流入	-0.3	0.5	1.1	2.6	1.3	0.5	0.7
流出	-2.5	0.1	0.1	-0.1	0.1	–	–
洪都拉斯							
流入	7.0	10.6	6.7	14.7	17.9	12.9	9.8
流出	–	–	–	–	–	–	–
牙买加							
流入	12.4	9.4	18.6	27.8	22.1	26.4	..
流出	4.3	2.6	4.1	5.0	3.5	3.8	..
墨西哥							
流入	11.9	18.1	13.8	12.6	12.6	20.7	11.3
流出	0.3	1.4	1.5	1.4	0.8	0.7	0.8
蒙特塞拉特							
流入	13.6[g]	12.8	10.4	37.7	19.9	4.7	..
流出	..	..	..	..	..	..	..
荷属安的列斯							
流入	..	..	..	..	..	..	..
流出	..	..	..	..	..	..	..
尼加拉瓜							
流入	13.5	28.3	28.2	31.5	32.0	17.9	19.4
流出	-0.8[a]	0.2	1.0	0.3	0.5	0.6	0.5
巴拿马							
流入	14.5	56.6	49.4	22.4	22.9	18.8	..
流出	44.0	90.1	125.3	12.2	-31.8	69.9	..
圣基茨和尼维斯							
流入	22.8	16.3	25.9	53.1	63.3	44.9	..
流出	-0.1	0.3	0.1	0.2	-0.1	–	..
圣卢西亚							
流入	28.1	30.9	52.0	44.7	31.2	13.5	..
流出	0.1	0.1	-0.2	–	–	-0.1	..
圣文森特和格林纳丁斯							
流入	41.6	106.2	88.4	52.4	33.1	20.5	..
流出	..	..	..	..	..	..	..
特立尼达和多巴哥							
流入	38.1	60.2	46.9	25.5	32.1	46.0	..
流出	0.1	-1.2	0.1	18.4	1.7	10.1	..
英属维尔京群岛（OECD 数据）							
流入	..	..	..	..	..	..	..
流出	..	..	..	..	..	..	..
亚洲及太平洋地区							
流入	**6.2**	**9.7**	**10.2**	**10.7**	**13.0**	**9.8**	**7.2**
流出	**3.5**	**4.6**	**3.2**	**4.2**	**8.2**	**4.1**	**8.9**
亚洲							
流入	**6.1**	**9.7**	**10.2**	**10.7**	**13.1**	**9.8**	**7.2**
流出	**3.5**	**4.6**	**3.2**	**4.2**	**8.2**	**4.1**	**8.9**
西亚							
流入	**1.1**	**3.9**	**4.5**	**0.6**	**1.1**	**4.0**	**0.2**
流出	**0.2**	**-0.1**	**-0.9**	**1.6**	**2.8**	**4.2**	**-4.8**
巴林							
流入	77.0	43.3	20.7	50.5	33.8	7.7	..
流出	11.8	6.3	20.8	18.2	0.9	20.4	..
塞浦路斯							
流入	5.1	32.0	16.9	46.1	52.6	42.7	..
流出	1.1	1.7	3.6	11.2	10.9	14.4	..

附录表 B.5 1991—2002 年按地区和经济体统计的 FDI 流入和流出流量占固定资本形成总额的百分比（续）

地区/经济体	1991—1996（年平均）	1997	1998	1999	2000	2001	2002
伊朗							
流入	0.3	0.2	0.1	0.2	0.2	0.2	..
流出	–	0.3	–	3.8	1.9	12.1	..
伊拉克							
流入	–[h]	..	..	..	..	..	..
流出	..	..	..	..	..	..	..
约旦							
流入	0.2	19.3	18.5	10.3	46.5	5.2	..
流出	-1.1	0.1	0.1	0.3	0.3	0.4	..
科威特							
流入	1.2	0.5	1.2	1.6	0.6	-4.9	0.2
流出	2.4	-23.7	-39.3	0.5	-10.7	12.3	-4.8
黎巴嫩							
流入	0.9	3.8	4.2	7.0	10.0	8.0	..
流出	0.4	0.5	–	0.1	4.2	2.9	..
阿曼							
流入	4.6	2.3	3.0	0.9	1.9	1.7	..
流出	0.1	–	-0.1	0.1	-0.1	–	..
巴勒斯坦被占领土							
流入	0.7[d]	0.4	3.9	1.1	4.3	0.7	..
流出	..	..	..	..	..	..	..
卡塔尔							
流入	5.6	12.1	11.5	3.5	7.8	9.4	..
流出	1.2[b]	0.6	0.7	0.9	1.3	3.5	..
沙特阿拉伯							
流入	-0.7	10.4	14.2	-2.5	-5.7	0.1	..
流出	0.4	0.7	0.2	0.2	0.5	-0.1	..
叙利亚							
流入	1.0	0.6	0.6	1.9	1.9	1.5	..
流出	..	..	..	..	..	..	..
土耳其							
流入	1.9	1.6	1.9	1.9	2.2	12.4	..
流出	0.2	0.5	0.7	1.6	2.0	1.9	..
阿联酋							
流入	2.2	1.8	1.9	-7.8	-3.9	2.0	..
流出	0.2	1.6	-0.2	0.9	16.0	3.4	..
也门							
流入	8.9	-12.0	-13.8	-24.3	0.4	8.7	..
流出	..	..	..	..	..	..	..
中亚							
流入	**10.3**	**30.2**	**30.1**	**25.3**	**20.5**	**37.1**	..
流出	**–**[g]	**–**	**3.2**	**7.1**	**0.3**	**2.6**	..
亚美尼亚							
流入	4.7	19.6	72.0	40.3	30.8	18.6	..
流出	..	..	3.8	4.3	2.4	2.9	..
阿塞拜疆							
流入	56.9	76.1	64.8	39.1	12.9	14.6	..
流出	..	..	8.7	25.7	0.1	10.2	..
格鲁吉亚							
流入	13.1	67.0	65.8	16.2	27.4	19.9	..
流出	..	..	..	0.2	-0.1	–	..
哈萨克斯坦							
流入	19.3	36.7	33.1	53.9	41.2	55.6	..
流出	–[g]	–	0.2	0.1	0.1	0.5	..
吉尔吉斯斯坦							
流入	21.4[a]	38.3	51.7	22.6	-1.0	2.3	..
流出	..	..	10.7	3.1	1.8	2.8	..
塔吉克斯坦							
流入	4.5	11.0	14.4	11.3	12.3	5.3	..
流出	..	..	..	..	..	..	..
土库曼斯坦							
流入	..	10.7	4.9	5.9	7.7	10.1	..
流出	..	..	..	..	..	..	..
乌兹别克斯坦							
流入	1.0[f]	5.2	5.6	4.0	3.5	45.7	..
流出	..	..	..	..	..	..	..
南亚、东亚和东南亚							
流入	**7.4**	**10.4**	**11.0**	**12.2**	**14.8**	**10.3**	**7.3**
流出	**4.2**	**5.4**	**3.9**	**4.6**	**9.1**	**4.1**	**9.1**
阿富汗							

附录表 B.5 1991—2002 年按地区和经济体统计的 FDI 流入和流出流量占固定资本形成总额的百分比（续）

地区/经济体	1991—1996（年平均）	1997	1998	1999	2000	2001	2002
流入	..	..	..	..	..	..	..
流出	..	..	..	..	..	..	..
孟加拉国							
流入	0.1	1.6	2.1	1.8	2.7	0.8	0.4
流出	–	–	–	–	–	0.2	–
不丹							
流入	0.6	-0.5	0.2	0.2	–	0.2	..
流出	..	..	..	..	..	..	..
文莱							
流入	..	..	..	..	..	..	..
流出	..	..	..	..	..	..	..
柬埔寨							
流入	22.2	28.6	56.4	48.2	31.1	32.1	..
流出	0.7[i]	..	..	..	..	..	..
中国							
流入	11.6	14.6	13.1	11.3	10.3	10.5	..
流出	1.3	0.8	0.8	0.5	0.2	1.5	..
中国香港							
流入	15.9	19.5	29.4	58.6	138.9	54.2	35.2
流出	43.8	41.8	33.8	46.2	133.2	25.9	45.4
印度							
流入	1.3	4.0	2.9	2.2	2.3	3.2	..
流出	0.1	0.1	0.1	0.1	0.3	0.7	..
印度尼西亚							
流入	5.8	7.7	-1.5	-9.7	-14.3	-10.8	..
流出	2.2	0.3	0.2	0.3	0.5	0.4	..
朝鲜							
流入	..	..	..	..	..	..	..
流出	..	..	..	..	..	..	..
韩国							
流入	0.8	1.7	5.7	8.3	7.1	3.1	1.5
流出	1.6	2.7	5.0	3.7	3.8	2.1	2.1
老挝							
流入	21.4[b]	18.2	14.4	15.7	9.8	7.2	..
流出	–[b]	–	–	–	48.2	0.9	..
中国澳门							
流入	0.1	0.2	-1.5	0.9	-0.1	20.8	21.5
流出	..	..	..	..	..	2.6	..
马来西亚							
流入	19.3	14.7	14.0	22.2	16.5	2.5	..
流出	4.8	6.2	4.4	8.1	8.8	1.2	..
马尔代夫							
流入	8.5	6.5	6.6	5.8	8.9	6.5	..
流出	..	..	..	..	..	..	..
蒙古							
流入	4.8[a]	10.3	7.3	12.0	18.7	13.9	..
流出	..	..	..	..	..	..	..
缅甸							
流入	2.8	3.7	2.1	0.8	0.7	0.6	..
流出	..	..	..	..	..	..	..
尼泊尔							
流入	0.9	2.2	1.2	0.5	–	2.0	0.9
流出	..	..	..	..	..	..	..
巴基斯坦							
流入	5.3	7.4	5.7	6.4	3.7	4.9	10.7
流出	–	-0.3	0.1	–	0.1	0.4	-0.2
菲律宾							
流入	8.5	6.3	12.5	11.9	9.7	8.0	8.6
流出	1.3	0.7	1.2	-0.2	-0.8	-1.3	0.7
新加坡							
流入	28.8	37.0	24.7	47.6	45.6	43.8	..
流出	11.6	24.5	1.2	19.4	22.2	38.2	..
斯里兰卡							
流入	4.6	11.8	3.8	4.7	3.8	2.4	6.6
流出	0.2	0.1	0.3	0.6	–	–	0.3
中国台湾							
流入	2.4	3.4	0.4	4.4	6.8	7.8	2.9
流出	4.8	7.9	6.1	6.7	9.2	10.4	9.8
泰国							
流入	3.7	7.6	29.9	23.8	12.4	14.4	3.7
流出	0.8	1.1	0.5	1.4	-0.1	0.6	0.4
越南							

附录表 B.5 1991—2002 年按地区和经济体统计的 FDI 流入和流出流量占固定资本形成总额的百分比（续）

地区/经济体	1991—1996（年平均）	1997	1998	1999	2000	2001	2002
流入	34.9	37.3	23.9	20.1	15.0	13.7	..
流出	..	..	..	..	..	..	..
太平洋地区							
流入	**31.0**	**14.1**	**35.1**	**35.0**	**10.3**	**17.9**	**..**
流出	**4.9**	**1.0**	**-7.2**	**-3.9**	**7.9**	**16.1**	**..**
斐济							
流入	33.0	13.6	80.2	-10.2	-11.5	40.6	..
流出	-5.0	-18.6	-22.9	-29.4	31.6	3.3	..
基里巴斯							
流入	1.2	4.8	2.4	2.4	3.2	2.6	..
流出	0.1[j]	..	..	..	..	..	..
新喀里多尼亚							
流入	..	..	..	..	..	..	..
流出	..	..	..	..	..	..	..
巴布亚新几内亚							
流入	32.2	11.7	20.9	71.7	17.0	12.5	..
流出	7.4	6.5	0.1	8.4	-0.4	21.8	..
萨摩亚							
流入	..	..	..	..	..	..	..
流出	..	..	..	..	..	..	..
所罗门群岛							
流入	15.8	14.0	2.8	-28.5	2.1	-18.5	..
流出	0.2[k]	..	..	..	0.3	..	..
汤加							
流入	6.8	14.0	9.3	9.3	21.8	4.7	..
流出	0.1[c]	..	..	..	5.3	..	..
图瓦卢							
流入	..	..	..	..	..	..	..
流出	..	..	..	..	..	..	..
瓦努阿图							
流入	51.5	48.0	31.3	21.4	31.9	28.2	..
流出	..	..	..	..	..	..	..
中东欧							
流入	**5.8**	**9.7**	**13.6**	**18.5**	**17.9**	**14.6**	**17.2**
流出	**0.3**	**2.2**	**1.5**	**1.8**	**2.7**	**2.1**	**2.7**
阿尔巴尼亚							
流入	28.5[f]	12.9	9.2	6.7	20.5	26.0	..
流出	13.2[f]	2.7	0.2	1.1	0.9	–	..
白俄罗斯							
流入	0.9[f]	9.9	5.1	13.9	4.5	3.4	5.8
流出	..	0.1	0.1	–	–	–	-5.3
波黑							
流入	-0.1[b]	0.1	4.2	16.5	16.4	12.3	33.3
流出	3.3[b]	-0.2	..	..	..	..	..
保加利亚							
流入	5.1	46.1	33.2	41.4	51.7	32.8	17.0
流出	-0.8[f]	-0.2	–	0.9	0.2	0.4	1.0
克罗地亚							
流入	7.3[a]	10.9	18.1	31.6	27.2	35.0	..
流出	0.6[a]	3.8	1.9	1.0	0.1	3.5	..
捷克							
流入	9.6	7.9	22.3	41.3	34.3	35.6	59.1
流出	0.6[f]	0.2	0.8	0.6	0.3	1.0	1.8
捷克斯洛伐克（前）							
流入	..	..	..	..	..	..	..
流出	..	..	..	..	..	..	..
爱沙尼亚							
流入	23.9[f]	20.6	37.6	23.5	32.9	37.8	16.8
流出	1.2[f]	10.6	0.4	6.4	5.4	13.9	6.7
匈牙利							
流入	26.8	21.3	18.3	17.2	14.6	20.1	..
流出	0.3	4.3	4.3	2.2	4.7	2.8	..
拉脱维亚							
流入	23.5[f]	49.3	21.5	20.7	21.6	7.9	18.0
流出	-4.3[f]	0.6	3.3	1.0	0.5	0.6	0.4
立陶宛							
流入	3.7[f]	15.2	35.4	20.7	18.0	18.2	24.7
流出	–[b]	1.2	0.2	0.4	0.2	0.3	0.6
摩尔多瓦							
流入	5.7[f]	20.5	20.2	17.5	64.9	77.9	..

附录表 B. 5　1991—2002 年按地区和经济体统计的 FDI 流入和流出流量占固定资本形成总额的百分比（续）

地区/经济体	1991—1996（年平均）	1997	1998	1999	2000	2001	2002
流出	1.2[g]	0.1	-0.2	-	-	-	..
波兰							
流入	10.1	14.5	15.9	18.4	23.4	14.9	11.4
流出	0.1	0.1	0.8	0.1	-	-0.2	0.5
罗马尼亚							
流入	3.2	16.3	26.5	16.5	14.7	14.1	..
流出	0.1	-0.1	-0.1	0.3	-0.2	-0.2	..
俄罗斯							
流入	1.8[f]	5.9	5.7	11.9	6.7	4.3	3.9
流出	0.6[a]	3.9	2.6	8.0	7.8	4.4	5.3
塞尔维亚和黑山							
流入	..	..	..	..	1.9	9.8	..
流出	..	..	..	..	..	..	..
斯洛伐克							
流入	4.4	3.0	8.6	6.4	33.1	24.7	56.9
流出	0.4[f]	1.3	1.8	-6.1	0.4	0.6	0.1
斯洛文尼亚							
流入	4.0	7.9	4.5	1.9	2.8	10.8	37.1
流出	-0.1[f]	0.7	-0.1	0.9	1.4	2.8	2.3
马其顿							
流入	2.5[g]	2.4	18.9	5.2	26.7	96.4	..
流出	0.1[d]	0.2	0.2	0.2	-	0.2	..
乌克兰							
流入	2.8[f]	6.2	9.0	8.1	9.9	10.7	..
流出	0.1[g]	0.4	-	0.1	-	0.3	..
南斯拉夫（前）							
流入	..	..	..	..	..	..	..
流出	..	..	..	..	..	..	..
备忘录							
最不发达国家[l]							
流入	5.2	6.0	7.0	8.1	5.9	8.2	6.6
流出	0.6	1.4	1.6	0.3	0.6	0.4	0.3
石油输出国[m]							
流入	3.4	8.7	7.9	2.9	1.2	4.3	12.1
流出	1.1	0.5	-0.7	1.6	1.9	2.8	0.2
除中国之外的所有发展中国家							
流入	5.5	10.6	11.7	15.3	16.0	13.6	..
流出	3.2	4.8	3.8	4.8	8.4	3.4	..

资料来源：UNCTAD，FDI/TNC 数据库。

a. 1993—1996 年的年平均数。

b. 1995—1996 年的年平均数。

c. 1991 年。

d. 1996 年。

e. 1992 年。

f. 1992—1996 年的年平均数。

g. 1994—1996 年的年平均数。

h. 1991—1993 年的年平均数。

i. 1993 年。

j. 1994 年。

k. 1991—1992 年的年平均数。

l. 最不发达国家包括：阿富汗、安哥拉、孟加拉国、贝宁、不丹、布基纳法索、布隆迪、柬埔寨、佛得角、中非共和国、乍得、科摩罗、刚果（金）、吉布提、赤道几内亚、厄立特里亚、埃塞俄比亚、冈比亚、几内亚、几内亚比绍、海地、基里巴斯、老挝、莱索托、利比里亚、马达加斯加、马拉维、马尔代夫、马里、毛里塔尼亚、莫桑比克、缅甸、尼泊尔、尼日尔、卢旺达、萨摩亚、圣多美和普林西比、塞内加尔、塞拉利昂、所罗门群岛、索马里、苏丹、多哥、图瓦卢、乌干达、坦桑尼亚、瓦努阿图、也门和赞比亚。

m. 石油输出国包括：喀麦隆、阿尔及利亚、安哥拉、巴林、文莱、刚果、厄瓜多尔、加蓬、印度尼西亚、伊朗、伊拉克、科威特、利比亚、尼日利亚、阿曼、卡塔尔、沙特阿拉伯、叙利亚、特立尼达和多巴哥、阿联酋和委内瑞拉。

附录表 B. 6 1980 年、1985 年、1990 年、1995 年、2000 年、2001 年和 2002 年按地区和经济体统计的 FDI 流入和流出存量占国内生产总值的百分比

（百分比）

地区/经济体	1980	1985	1990	1995	2000	2001	2002
世界							
流入	**6.7**	**8.4**	**9.3**	**10.3**	**19.6**	**21.2**	**22.3**
流出	***5.8***	***6.6***	***8.6***	***10.0***	***19.3***	***20.4***	***21.6***
发达国家							
流入	**4.9**	**6.2**	**8.2**	**8.9**	**16.5**	**17.9**	**18.7**
流出	***6.2***	***7.3***	***9.6***	***11.3***	***21.4***	***23.0***	***24.4***
西欧							
流入	**6.2**	**9.4**	**11.0**	**13.4**	**28.5**	**30.4**	**31.4**
流出	***6.4***	***10.8***	***12.1***	***16.1***	***39.3***	***41.3***	***42.7***
欧盟							
流入	**6.1**	**9.3**	**10.9**	**13.2**	**28.5**	**30.5**	**31.4**
流出	***6.1***	***10.5***	***11.6***	***15.1***	***37.9***	***40.0***	***41.0***
奥地利							
流入	4.0	5.6	6.1	7.5	16.1	18.1	20.6
流出	*0.7*	*2.0*	*2.6*	*5.0*	*13.2*	*15.0*	*19.5*
比利时和卢森堡							
流入	5.8	21.2	27.8	38.3	79.1	81.8	..
流出	*4.8*	*11.0*	*19.4*	*27.4*	*72.8*	*72.9*	..
比利时							
流入	..	..	..	..	..	..	..
流出	..	..	..	..	..	..	..
卢森堡							
流入	..	..	..	..	..	..	..
流出	..	..	..	..	..	..	..
丹麦							
流入	6.1	6.0	6.9	13.2	42.0	41.3	41.7
流出	*3.0*	*3.0*	*5.5*	*13.7*	*41.6*	*43.8*	*43.4*
芬兰							
流入	1.0	2.5	3.8	6.5	20.2	21.6	27.0
流出	*1.4*	*3.4*	*8.2*	*11.6*	*43.4*	*46.1*	*52.8*
法国							
流入	3.8	6.9	7.1	12.3	19.9	22.0	28.2
流出	*3.6*	*7.1*	*9.1*	*13.2*	*34.1*	*37.3*	*45.8*
德国							
流入	3.9	5.1	7.1	7.8	25.2	22.3	22.7
流出	*4.6*	*8.4*	*8.8*	*10.5*	*25.9*	*29.8*	*29.0*
希腊							
流入	9.3	20.2	6.7	9.3	11.2	10.2	9.0
流出	*6.0*	*7.1*	*3.5*	*2.6*	*5.2*	*5.4*	*5.3*
爱尔兰							
流入	155.6	163.5	72.3	60.7	124.4	133.9	129.1
流出	..	*43.4*	*24.5*	*20.2*	*29.3*	*32.7*	*29.9*
意大利							
流入	2.0	4.5	5.3	5.8	10.5	9.9	10.6
流出	*1.6*	*3.9*	*5.2*	*8.8*	*16.8*	*16.7*	*16.4*
荷兰							
流入	10.8	18.8	23.3	28.0	66.7	74.2	74.9
流出	*23.7*	*36.1*	*36.3*	*41.6*	*83.3*	*85.7*	*84.7*
葡萄牙							
流入	12.3	18.7	14.8	17.1	26.9	29.9	36.0
流出	*1.7*	*2.4*	*1.3*	*3.0*	*16.2*	*21.3*	*26.2*
西班牙							
流入	2.3	5.2	12.8	18.7	25.8	28.2	33.2
流出	*0.9*	*2.6*	*3.0*	*6.2*	*29.4*	*32.5*	*33.0*
瑞典							
流入	2.2	4.2	5.3	12.9	41.0	42.0	46.0
流出	*2.8*	*10.4*	*21.3*	*30.5*	*53.8*	*55.6*	*60.5*
英国							
流入	11.8	14.1	20.6	17.6	30.5	38.6	40.8
流出	*15.0*	*22.0*	*23.2*	*26.9*	*63.1*	*63.4*	*66.1*
其他西欧国家							
流入	**8.7**	**10.9**	**13.4**	**16.6**	**29.1**	**29.4**	**32.9**
流出	***12.7***	***16.1***	***22.0***	***35.6***	***64.8***	***65.8***	***71.5***
直布罗陀							
流入	..	..	..	..	..	..	..

附录表 B.6 1980 年、1985 年、1990 年、1995 年、2000 年、2001 年和 2002 年按地区和经济体统计的 FDI 流入和流出存量占国内生产总值的百分比（续）

地区/经济体	1980	1985	1990	1995	2000	2001	2002
流出	..	..	..	..	..	..	..
冰岛							
流入	.. [a]	2.4	2.3	1.8	5.8	8.4	10.0
流出	*1.7*	*2.0*	*1.2*	*2.6*	*7.9*	*11.0*	*12.3*
马耳他							
流入	13.8	28.1	20.1	28.4	83.4	90.0	73.8
流出	..	..	..	*1.0*	*5.7*	*5.8*	*5.4*
挪威							
流入	10.4	11.7	10.7	12.8	18.6	19.2	17.4
流出	*0.9*	*1.7*	*9.4*	*15.4*	*20.7*	*19.3*	*20.0*
瑞士							
流入	7.9	10.4	15.0	18.6	36.3	36.1	44.2
流出	*20.0*	*26.0*	*28.9*	*46.4*	*97.5*	*100.3*	*111.3*
北美							
流入	**4.5**	**5.5**	**8.0**	**8.3**	**13.5**	**14.2**	**14.1**
流出	***7.9***	***6.2***	***8.1***	***10.3***	***14.5***	***15.1***	***15.9***
加拿大							
流入	20.4	18.4	19.6	21.1	29.0	29.7	30.4
流出	*8.9*	*12.3*	*14.7*	*20.3*	*33.3*	*34.7*	*37.6*
美国							
流入	3.0	4.4	6.9	7.3	12.4	13.1	12.9
流出	*7.8*	*5.7*	*7.5*	*9.5*	*13.2*	*13.7*	*14.4*
其他发达国家							
流入	**1.7**	**2.2**	**2.8**	**2.9**	**3.9**	**4.3**	**5.3**
流出	***1.8***	***3.3***	***6.9***	***5.2***	***7.1***	***8.7***	***9.7***
澳大利亚							
流入	7.9	14.5	23.7	27.9	28.9	29.5	32.2
流出	*1.4*	*3.8*	*9.8*	*14.2*	*22.0*	*25.5*	*22.9*
以色列							
流入	14.8	15.0	8.5	6.4	21.8	22.5	24.1
流出	*0.6*	*2.6*	*2.3*	*4.6*	*8.5*	*8.6*	*10.5*
日本							
流入	0.3	0.3	0.3	0.6	1.1	1.2	1.5
流出	*1.8*	*3.2*	*6.6*	*4.5*	*5.8*	*7.2*	*8.3*
新西兰							
流入	10.3	8.9	18.2	42.1	47.0	42.3	50.3
流出	*2.3*	*6.6*	*14.7*	*12.5*	*13.2*	*13.3*	*12.9*
发展中国家							
流入	**12.6**	**16.4**	**14.8**	**16.6**	**31.1**	**33.4**	**36.0**
流出	***3.8***	***3.8***	***3.9***	***5.8***	***12.9***	***12.8***	***13.5***
非洲							
流入	**8.2**	**9.9**	**10.8**	**15.6**	**25.9**	**28.5**	**30.6**
流出	***2.2***	***4.1***	***5.2***	***7.3***	***9.4***	***8.5***	***8.6***
北部非洲							
流入	**3.2**	**5.3**	**9.1**	**13.9**	**15.3**	**17.4**	**20.9**
流出	***0.4***	***0.6***	***0.9***	***0.8***	***1.3***	***1.4***	***1.6***
阿尔及利亚							
流入	3.1	2.2	2.2	3.5	6.4	8.5	10.5
流出	*0.2*	*0.3*	*0.3*	*0.6*	*0.6*	*0.6*	*0.8*
埃及							
流入	9.9	16.4	25.6	24.4	20.1	20.4	24.3
流出	*0.2*	*0.3*	*0.4*	*0.6*	*0.7*	*0.7*	*0.8*
利比亚							
流入	.. [a]	.. [a]	.. [a]	.. [a]	.. [a]	.. [a]	.. [a]
流出	*0.4*	*1.0*	*2.2*	*0.9*	*3.6*	*4.6*	*7.2*
摩洛哥							
流入	1.0	3.4	3.5	9.2	20.3	28.0	26.9
流出	*0.8*	*2.6*	*1.9*	*1.8*	*2.2*	*2.4*	*2.3*
苏丹							
流入	0.4	0.6	0.4	2.3	12.4	15.7	19.4
流出	..	..	..	..	..	..	..
突尼斯							
流入	38.2	58.5	62.0	61.0	59.3	58.4	66.2
流出	*0.1*	*0.1*	*0.1*	*0.2*	*0.2*	*0.2*	*0.2*
其他非洲国家							
流入	**10.9**	**13.5**	**11.9**	**16.6**	**34.5**	**37.5**	**37.5**

附录表 B. 6 1980 年、1985 年、1990 年、1995 年、2000 年、2001 年和 2002 年按地区和经济体统计的 FDI 流入和流出存量占国内生产总值的百分比（续）

地区/经济体	1980	1985	1990	1995	2000	2001	2002
流出	***3.6***	***8.2***	***8.5***	***11.8***	***16.5***	***14.7***	***13.8***
安哥拉							
流入	1.8	9.9	10.0	58.0	90.0	106.9	98.3
流出	..	..	..	..	..	..	..
贝宁							
流入	2.2	3.2	8.6	18.9	26.1	26.5	25.0
流出	–	*0.2*	*0.1*	*0.1*	*2.5*	*2.4*	*2.1*
博茨瓦纳							
流入	61.8	79.5	34.8	23.0	37.2	28.5	38.6
流出	*38.7*	*36.8*	*11.9*	*13.3*	*10.6*	*16.5*	*22.3*
布基纳法索							
流入	1.0	1.7	1.4	3.4	6.7	6.3	5.9
流出	*0.2*	*0.2*	*0.1*	*0.6*	*1.1*	*1.0*	*0.9*
布隆迪							
流入	0.7	2.1	2.7	3.4	7.0	6.9	6.8
流出	..	..	–	*0.1*	*0.3*	*0.3*	*0.3*
喀麦隆							
流入	4.9	13.8	9.4	13.3	14.3	15.7	15.7
流出	*0.3*	*0.6*	*1.3*	*2.9*	*2.9*	*3.0*	*2.9*
佛得角							
流入	..	..	1.1	7.7	31.1	31.1	30.4
流出	..	..	*0.4*	*0.9*	*1.0*	*0.9*	*0.8*
中非共和国							
流入	6.2	8.9	6.4	7.1	10.0	10.4	9.9
流出	..[a]	*0.1*	*1.2*	*3.6*	*4.5*	*4.4*	*4.0*
乍得							
流入	14.6	21.6	16.6	25.7	47.4	38.6	78.4
流出	*0.1*	*0.1*	*2.7*	*5.6*	*6.0*	*4.9*	*4.1*
科摩罗							
流入	1.6	1.8	6.8	8.4	11.9	11.1	10.5
流出	..	..	*0.4*	*0.7*	*0.8*	*0.7*	*0.7*
刚果							
流入	18.5	22.4	20.6	40.7	58.8	65.9	69.5
流出	..	..	..	..	..	..	..
刚果（金）							
流入	4.9	8.6	5.8	9.6	14.3	11.6	11.8
流出	..	..	..	..	..	..	..
科特迪瓦							
流入	5.2	10.0	9.0	16.2	36.4	32.1	31.3
流出	..	..	*0.3*	*5.2*	*7.2*	*6.3*	*5.8*
吉布提							
流入	1.2	1.1	1.5	3.4	6.1	6.4	6.8
流出	..	..	..	..	..	..	..
赤道几内亚							
流入	..	7.0	19.2	106.9	90.0	115.0	92.8
流出	..	..	*0.2*	*0.2*	..[a]	*0.2*	*0.1*
厄立特里亚							
流入	..	..	..	..	48.0	42.3	49.1
流出	..	..	..	..	..	..	..
埃塞俄比亚							
流入	2.7	1.7	1.8	2.9	14.8	15.4	17.3
流出	..	..	..	..	*6.8*	*8.1*	*8.5*
加蓬							
流入	12.0	24.9	20.3	8.9	..[a]	..[a]	..[a]
流出	*1.8*	*3.1*	*2.7*	*5.2*	*6.7*	*5.8*	*5.5*
冈比亚							
流入	52.7	56.3	49.4	48.4	51.2	54.0	74.9
流出	..	..	*6.9*	*9.4*	*10.4*	*10.2*	*13.2*
加纳							
流入	5.2	6.0	5.4	12.7	29.4	29.3	26.4
流出	..	..	..	..	*7.2*	*7.8*	*7.8*
几内亚							
流入	0.1	0.1	2.4	3.5	8.6	8.9	9.4
流出	..	..	..	..	*0.2*	*0.3*	*0.4*
几内亚比绍							
流入	0.1	2.7	3.3	7.8	21.3	23.3	22.0
流出	..	..	..	..	..	..	..
肯尼亚							
流入	5.3	7.8	7.8	8.1	9.5	9.2	9.3
流出	*0.2*	*1.0*	*1.2*	*1.3*	*2.1*	*2.4*	*2.9*

附录表 B.6　1980 年、1985 年、1990 年、1995 年、2000 年、2001 年和 2002 年按地区和经济体统计的 FDI 流入和流出存量占国内生产总值的百分比（续）

地区/经济体	1980	1985	1990	1995	2000	2001	2002
莱索托							
流入	1.2	8.5	5.3	35.9	58.3	64.5	75.3
流出	..	..	–	–	–	–	0.1
利比里亚							
流入	77.7	115.1	194.9	379.3	478.7	477.4	455.8
流出	4.3	33.0	36.0	174.5	290.0	259.5	245.1
马达加斯加							
流入	1.0	1.8	3.5	5.5	8.8	9.4	9.9
流出	..	..	–	0.1	0.1	0.1	0.1
马拉维							
流入	9.2	13.3	10.5	11.4	11.2	9.3	8.4
流出	..	..	..	..	0.9	1.1	1.1
马里							
流入	0.7	2.5	1.6	6.6	18.5	20.3	21.9
流出	1.2	1.7	0.9	0.9	4.6	4.6	4.8
毛里塔尼亚							
流入	..[a]	5.7	5.6	8.6	11.3	10.2	11.3
流出	..	..	0.3	0.3	0.3	0.3	0.3
毛里求斯							
流入	2.3	4.0	6.4	6.5	15.6	15.9	15.6
流出	..	–	0.1	2.4	3.0	3.0	2.8
莫桑比克							
流入	0.4	0.4	1.7	8.7	29.1	37.4	44.8
流出	..	..	..	–	–	–	–
纳米比亚							
流入	86.4	134.2	80.9	48.7	36.7	25.2	34.1
流出	..	..	3.1	0.4	1.3	0.3	0.2
尼日尔							
流入	7.6	14.3	11.5	19.3	23.7	23.0	21.0
流出	0.1	0.6	2.2	5.8	8.1	7.2	6.5
尼日利亚							
流入	3.7	15.5	28.3	50.0	49.1	51.5	42.4
流出	–	..[a]	9.1	14.1	10.6	10.8	8.5
卢旺达							
流入	4.6	7.8	8.2	17.9	14.4	15.0	14.6
流出	..	..	–	..[a]	0.2	0.2	0.3
圣多美和普林西比							
流入	..	..	0.7	..[a]	8.1	19.0	20.2
流出	..	..	..	..	..	..	..
塞内加尔							
流入	5.0	7.3	4.5	8.3	18.9	18.5	18.6
流出	0.2	1.7	0.9	2.1	2.6	2.3	2.9
塞舌尔							
流入	36.8	62.1	55.4	63.3	97.0	111.7	115.0
流出	9.4	25.9	16.6	18.5	22.9	25.8	26.5
塞拉利昂							
流入	6.8	5.7	..[a]	..[a]	2.9	2.9	3.3
流出	..	..	..	..	..	..	..
索马里							
流入	5.6	1.1	..[a]	0.2	0.2	0.2	0.2
流出	..	..	..	..	..	..	..
南非							
流入	20.5	15.8	8.1	10.0	37.1	44.0	48.7
流出	7.1	15.7	13.3	15.5	27.6	25.5	27.4
斯威士兰							
流入	41.8	29.1	39.9	41.1	31.1	37.1	54.6
流出	3.3	2.4	4.5	10.4	7.2	4.1	13.5
多哥							
流入	15.5	27.5	16.5	23.4	42.1	45.6	47.0
流出	0.9	1.3	1.0	3.4	10.3	9.4	8.6
乌干达							
流入	0.7	0.2	0.1	4.7	21.3	26.1	30.0
流出	..	..	..	4.4	4.5	4.6	4.2
坦桑尼亚							
流入	0.9	1.4	2.2	6.2	19.6	22.6	25.0
流出	..	..	..	..	..	..	..
赞比亚							
流入	9.1	20.0	30.8	44.5	72.6	66.5	70.0
流出	..	..	..	..	..	..	..
津巴布韦							
流入	2.8	3.3	1.4	4.8	15.5	11.8	5.8

附录表 B.6 1980 年、1985 年、1990 年、1995 年、2000 年、2001 年和 2002 年按地区和经济体统计的 FDI 流入和流出存量占国内生产总值的百分比（续）

地区/经济体	1980	1985	1990	1995	2000	2001	2002
流出	..	0.2	1.0	1.9	3.4	2.7	1.3
拉丁美洲及加勒比地区							
流入	**6.5**	**11.0**	**10.4**	**11.8**	**30.6**	**36.2**	**44.7**
流出	**7.2**	**8.4**	**5.9**	**5.5**	**8.2**	**8.8**	**10.4**
南美							
流入	**5.9**	**9.0**	**8.5**	**8.6**	**30.2**	**35.6**	**48.7**
流出	**9.6**	**10.4**	**6.7**	**5.0**	**7.6**	**8.1**	**10.9**
阿根廷							
流入	6.9	7.4	6.2	10.8	25.7	28.3	74.7
流出	7.8	6.7	4.3	4.1	7.3	7.6	18.8
玻利维亚							
流入	15.1	19.0	21.1	23.4	62.2	72.8	79.2
流出	–	–	0.2	0.3	0.4	0.4	0.4
巴西							
流入	7.4	11.5	8.0	6.0	33.2	43.1	52.1
流出	16.8	18.2	9.1	6.5	8.9	10.0	11.8
智利							
流入	3.2	14.1	33.2	23.8	60.0	67.3	69.7
流出	0.2	0.6	0.6	3.7	15.7	19.5	20.2
哥伦比亚							
流入	3.2	6.4	8.7	6.9	15.6	19.4	24.0
流出	0.4	0.9	1.0	1.1	3.8	3.7	4.7
厄瓜多尔							
流入	6.1	6.2	15.2	20.2	50.8	40.0	39.5
流出	..	..	..	0.4	1.9	1.3	1.1
圭亚那							
流入	4.2	8.6	10.6	72.7	106.6	116.8	120.0
流出	..	..	..	0.3	–	–	–
巴拉圭							
流入	4.6	9.5	7.7	7.8	17.0	16.1	12.1
流出	2.5	4.0	2.6	2.0	2.8	3.0	3.0
秘鲁							
流入	4.3	6.1	5.0	10.3	19.9	19.7	22.1
流出	–	0.2	0.5	1.1	1.0	1.1	1.3
苏里南							
流入	..[a]	5.3	..[a]	..[a]	..[a]	..[a]	..[a]
流出	..	..	..	..	..	..	..
乌拉圭							
流入	7.2	16.8	10.8	8.0	10.4	12.9	13.1
流出	1.7	3.8	2.0	1.0	1.0	1.1	2.3
委内瑞拉							
流入	2.3	2.5	4.7	9.0	22.2	24.1	33.6
流出	–	0.3	4.6	5.1	4.8	4.7	7.2
拉丁美洲及加勒比地区其他国家							
流入	**7.4**	**14.7**	**14.7**	**22.5**	**31.3**	**37.1**	**40.1**
流出	**2.3**	**3.9**	**4.0**	**7.3**	**9.2**	**9.8**	**9.8**
安圭拉							
流入	..	..	19.8	90.0	227.4	254.9	281.8
流出	..	..	..	..	..	..	..
安提瓜和巴布达							
流入	21.3	46.5	74.5	88.6	85.9	88.8	99.7
流出	..	..	..	..	..	..	..
阿鲁巴							
流入	..	..	15.2	15.8	44.0	26.3	38.3
流出	..	..	..	0.8	0.7	1.4	1.6
巴哈马							
流入	41.0	23.4	18.9	21.5	32.9	34.0	37.6
流出	21.3	6.6	19.8	37.2	28.7	27.9	27.6
巴巴多斯							
流入	11.8	10.5	10.0	12.2	11.7	11.8	13.8
流出	0.6	1.1	1.4	1.8	1.5	1.5	1.8
伯利兹							
流入	6.4	5.0	18.2	25.8	34.8	38.4	43.2
流出	..	..	..	2.0	6.0	6.8	7.7
百慕大							
流入	836.7	774.7	869.7	1 181.7	2 265.8	2 717.1	3 015.0
流出	118.5	162.7	97.3	129.3	600.4	375.6	297.8
开曼群岛							

附录表 B.6 1980 年、1985 年、1990 年、1995 年、2000 年、2001 年和 2002 年按地区和经济体统计的 FDI 流入和流出存量占国内生产总值的百分比（续）

地区/经济体	1980	1985	1990	1995	2000	2001	2002
流入	242.8	680.1	353.3	357.5	2 398.5	2 481.7	2 718.8
流出	*5.6*	*39.0*	*140.3*	*258.4*	*1 560.5*	*1 794.6*	*1 848.7*
哥斯达黎加							
流入	13.9	24.4	25.3	23.3	32.7	34.5	37.2
流出	*0.1*	*0.7*	*0.8*	*0.6*	*0.6*	*0.6*	*0.9*
古巴							
流入	..[a]	–	–	0.2	0.3	0.3	0.3
流出	..	..	..	..	..	..	..
多米尼克							
流入	0.1	10.7	42.9	87.9	100.5	107.5	117.1
流出	..	..	..	..	–	–	–
多米尼加共和国							
流入	3.6	5.2	8.1	14.3	26.6	29.4	33.2
流出	..	..	..	*0.3*	*0.6*	*0.4*	*0.4*
萨尔瓦多							
流入	4.3	4.8	4.4	3.1	15.0	16.2	16.8
流出	..	..	*1.1*	*0.6*	*0.6*	*0.5*	*0.3*
格林纳达							
流入	1.5	9.8	31.7	60.6	85.0	90.9	100.2
流出	..	..	*0.1*	–	*0.2*	*0.2*	*0.2*
危地马拉							
流入	8.9	10.8	22.7	15.0	18.1	18.5	21.1
流出	..	..	..	..	*0.2*	*0.2*	*0.2*
海地							
流入	5.4	5.6	5.0	5.8	5.9	5.9	6.3
流出	..	..	..	–	*0.1*	*0.1*	*0.1*
洪都拉斯							
流入	3.6	4.7	12.6	16.5	25.1	26.4	27.8
流出	..	..	..	..	..	..	..
牙买加							
流入	21.3	25.0	18.7	32.3	45.0	50.5	56.7
流出	*0.2*	*0.2*	*1.0*	*6.3*	*9.6*	*10.3*	*11.2*
墨西哥							
流入	3.6	10.2	8.5	14.4	16.8	22.5	24.0
流出	*1.6*	*2.1*	*1.8*	*2.1*	*1.9*	*1.9*	*1.9*
蒙特塞拉特							
流入	..	..	55.7	105.2	359.6	356.7	353.8
流出	..	..	..	..	..	..	..
荷属安的列斯							
流入	88.9	24.1	22.4	14.5	3.1	3.1	2.4
流出	*1.1*	*0.9*	*1.2*	*0.9*	*0.4*	*0.5*	*0.5*
尼加拉瓜							
流入	5.1	4.1	11.4	19.2	57.0	60.1	66.5
流出	..	..	..	–	*0.3*	*0.5*	*0.7*
巴拿马							
流入	64.6	58.2	41.4	41.0	61.5	65.7	65.1
流出	*21.3*	*40.8*	*78.8*	*62.5*	*36.5*	*53.5*	*69.1*
圣基茨和尼维斯							
流入	2.1	40.5	100.6	105.7	147.5	166.6	192.1
流出	..	..	*0.1*	..[a]	..[a]	..[a]	–
圣卢西亚							
流入	70.1	104.2	80.2	92.1	117.0	114.1	119.4
流出	..	..	*0.1*	*0.2*	*0.1*	*0.1*	*0.1*
圣文森特和格林纳丁斯							
流入	2.0	7.5	24.3	67.9	144.9	144.3	146.4
流出	..	..	*0.3*	*0.2*	*0.2*	*0.2*	*0.2*
特立尼达和多巴哥							
流入	15.7	23.3	41.3	67.6	84.2	80.1	87.6
流出	..	*0.2*	*0.4*	*0.5*	*3.9*	*5.0*	*6.6*
英属维尔京群岛（OECD 数据）							
流入	0.2	3.9	15.3	87.2	454.5	457.3	454.0
流出	..	..	..	*468.0*	*836.7*	*1 258.6*	*1 223.2*
亚洲及太平洋地区							
流入	**17.9**	**20.9**	**17.9**	**19.1**	**32.1**	**32.7**	**33.3**
流出	***0.9***	***1.0***	***2.6***	***5.8***	***15.8***	***15.3***	***15.4***
亚洲							
流入	**17.9**	**20.9**	**17.9**	**19.1**	**32.1**	**32.7**	**33.3**
流出	***0.9***	***1.0***	***2.6***	***5.8***	***15.8***	***15.3***	***15.4***
西亚							

附录表 B.6 1980 年、1985 年、1990 年、1995 年、2000 年、2001 年和 2002 年按地区和经济体统计的 FDI 流入和流出存量占国内生产总值的百分比（续）

地区/经济体	1980	1985	1990	1995	2000	2001	2002
流入	**1.6**	**10.0**	**8.2**	**9.5**	**9.9**	**10.4**	**10.1**
流出	**0.7**	**1.3**	**2.2**	**1.4**	**2.0**	**2.8**	**2.9**
巴林							
流入	2.0	10.9	13.0	41.1	74.1	75.4	72.9
流出	19.5	16.4	17.0	17.8	22.0	24.8	25.2
塞浦路斯							
流入	21.4	32.6	20.5	17.8	44.2	49.5	47.7
流出	..	–	0.2	0.9	6.0	8.2	7.2
伊朗							
流入	3.2	3.7	2.2	2.6	2.6	2.2	2.4
流出	..	..	..	..[a]	1.3	3.6	5.0
伊拉克							
流入	..[a]	..[a]	..[a]	..[a]	..[a]	..[a]	..[a]
流出	..	..	..	..	..	..	..
约旦							
流入	3.9	9.6	15.3	9.2	26.7	26.7	26.0
流出	0.9	0.7	0.7	..[a]	..[a]	..[a]	..[a]
科威特							
流入	0.1	0.2	0.1	–	1.5	1.1	1.1
流出	2.0	4.3	19.9	10.6	4.0	5.2	4.6
黎巴嫩							
流入	0.5	1.5	1.9	1.2	6.8	8.2	9.4
流出	..	2.0	1.7	0.8	1.5	2.0	2.4
阿曼							
流入	8.1	12.0	16.4	18.3	13.2	12.7	12.6
流出	..	–	0.1	0.2	0.1	0.1	0.1
巴勒斯坦被占领土							
流入	..	..	..	..	4.6	4.2	5.3
流出	..	..	..	..	..	..	..
卡塔尔							
流入	1.1	1.5	1.0	5.5	11.7	13.4	14.7
流出	..	..	..	0.4	1.1	1.8	2.0
沙特阿拉伯							
流入	..[a]	25.2	21.5	17.5	13.8	13.9	13.4
流出	0.2	0.6	1.8	1.3	1.1	1.1	1.1
叙利亚							
流入	–	0.2	3.0	8.0	9.5	9.8	9.6
流出	..	..	..	..	..	..	..
土耳其							
流入	12.9	13.8	7.4	8.8	9.6	11.9	10.2
流出	..	..	0.8	0.8	1.8	2.6	2.2
阿联酋							
流入	1.4	1.8	2.2	4.1	1.5	1.9	2.0
流出	–	0.1	0.3	0.2	3.2	3.9	4.4
也门							
流入	3.7	4.5	3.7	44.8	14.6	13.7	13.3
流出	..	0.1	0.1	0.1	0.1	0.1	–
中亚							
流入	**..**	**..**	**..**	**8.8**	**32.9**	**38.9**	**45.8**
流出	**..**	**..**	**..**	**–**	**2.1**	**2.4**	**4.4**
亚美尼亚							
流入	..	..	..	1.2	26.8	26.4	28.7
流出	..	..	..	..	1.7	2.0	2.3
阿塞拜疆							
流入	..	..	..	12.2	70.8	69.4	86.4
流出	..	..	..	..	9.0	11.1	15.4
格鲁吉亚							
流入	..	..	..	1.7	14.0	16.7	19.9
流出	..	..	..	..	..	..	..
哈萨克斯坦							
流入	..	..	..	14.5	50.6	57.5	62.9
流出	..	..	..	–	0.1	0.2	1.9
吉尔吉斯斯坦							
流入	..	..	..	9.7	32.1	28.0	25.9
流出	..	..	..	..	2.4	2.6	2.8
塔吉克斯坦							
流入	..	..	..	7.0	14.5	14.5	14.8
流出	..	..	..	..	..	..	..
土库曼斯坦							

附录表 B.6　1980 年、1985 年、1990 年、1995 年、2000 年、2001 年和 2002 年按地区和经济体统计的 FDI 流入和流出存量占国内生产总值的百分比（续）

地区/经济体	1980	1985	1990	1995	2000	2001	2002
流入	..	..	..	7.1	20.7	17.8	19.1
流出	..	..	..	..	..	..	..
乌兹别克斯坦							
流入	..	..	..	1.0	5.1	10.9	13.8
流出	..	..	..	..	..	..	..
南亚、东亚和东南亚							
流入	**27.9**	**24.9**	**20.9**	**21.1**	**37.0**	**37.2**	**37.9**
流出	***1.1***	***1.0***	***2.6***	***6.7***	***18.9***	***18.0***	***18.1***
阿富汗							
流入	0.3	0.2	0.1	0.1	0.1	0.2	0.2
流出	..	..	..	..	..	..	..
孟加拉国							
流入	0.4	0.5	0.5	0.5	2.2	2.3	2.4
流出	..	..	–	–	*0.1*	*0.1*	*0.1*
不丹							
流入	..	..	0.6	0.7	0.8	0.7	0.7
流出	..	..	..	..	..	..	..
文莱							
流入	0.4	0.8	0.7	12.1	76.4	85.1	103.2
流出	..	..	..	*1.4*	*2.9*	*3.0*	*3.1*
柬埔寨							
流入	2.4	2.0	3.4	12.1	39.9	42.6	41.0
流出	..	..	..	*0.1*	*0.1*	*0.1*	*0.1*
中国							
流入	3.1	3.4	7.0	19.6	32.3	33.2	36.2
流出	..	–	*0.7*	*2.3*	*2.4*	*2.7*	*2.9*
中国香港							
流入	623.8	525.5	269.6	163.4	280.2	255.7	265.7
流出	*0.5*	*6.7*	*15.9*	*56.6*	*238.9*	*215.0*	*227.2*
印度							
流入	0.6	0.5	0.5	1.6	4.1	4.6	5.1
流出	*0.1*	*0.1*	*0.1*	*0.1*	*0.3*	*0.4*	*0.5*
印度尼西亚							
流入	13.2	28.2	34.0	25.0	40.4	39.5	32.2
流出	..	*0.1*	*0.1*	*0.6*	*1.6*	*1.7*	*1.5*
朝鲜							
流入	..	..	3.4	13.7	10.0	9.6	9.5
流出	..	..	..	..	..	..	..
韩国							
流入	2.1	2.3	2.1	1.9	8.0	9.5	9.2
流出	*0.2*	*0.5*	*0.9*	*1.6*	*11.0*	*9.6*	*9.1*
老挝							
流入	0.3	–	1.5	11.6	32.1	32.6	33.4
流出	..	..	..	–	*9.9*	*9.8*	*12.8*
中国澳门							
流入	..	198.2	84.1	39.3	44.0	46.0	44.7
流出	..	..	..	..	..	*2.2*	*2.0*
马来西亚							
流入	20.7	23.3	23.4	32.3	58.6	60.5	59.4
流出	*0.8*	*4.3*	*6.1*	*12.5*	*20.8*	*21.5*	*21.2*
马尔代夫							
流入	11.4	2.8	12.6	16.7	19.8	20.8	22.6
流出	..	..	–	–	–	–	–
蒙古							
流入	..	..	–	4.2	19.2	21.4	27.8
流出	..	..	..	–	–	–	–
缅甸							
流入	..[a]	..[a]	..[a]	6.1	30.1	39.4	37.2
流出	..	..	..	–	–	–	–
尼泊尔							
流入	0.1	0.1	0.3	0.9	1.8	2.0	2.1
流出	..	..	..	..	..	..	..
巴基斯坦							
流入	2.9	3.5	4.8	9.1	11.8	9.2	9.8
流出	*0.2*	*0.4*	*0.6*	*0.7*	*0.9*	*1.0*	*0.9*
菲律宾							
流入	3.9	8.5	7.4	8.2	12.2	14.7	15.0
流出	*0.5*	*0.6*	*0.3*	*1.6*	*2.1*	*1.8*	*1.8*
新加坡							
流入	52.9	73.6	83.1	78.7	124.0	132.2	137.5

附录表 B.6 1980 年、1985 年、1990 年、1995 年、2000 年、2001 年和 2002 年按地区和经济体统计的 FDI 流入和流出存量占国内生产总值的百分比（续）

地区/经济体	1980	1985	1990	1995	2000	2001	2002
流出	*31.7*	*24.8*	*21.3*	*42.0*	*58.1*	*76.4*	*79.1*
斯里兰卡							
流入	5.7	8.6	8.5	10.0	14.7	15.5	16.5
流出	..	–	*0.1*	*0.3*	*0.5*	*0.5*	*0.6*
中国台湾							
流入	5.8	4.7	6.1	5.9	9.0	11.4	11.9
流出	*0.2*	*0.3*	*8.0*	*9.5*	*15.9*	*19.4*	*21.2*
泰国							
流入	3.0	5.1	9.6	10.4	20.3	25.3	23.9
流出	–	–	*0.5*	*1.3*	*2.0*	*2.3*	*2.1*
越南							
流入	0.2	1.1	4.0	28.5	48.2	48.4	50.2
流出	..	..	..	..	..	..	..
太平洋地区							
流入	**22.5**	**24.8**	**29.2**	**27.1**	**41.2**	**44.5**	**44.5**
流出	***0.3***	***1.0***	***1.7***	***6.0***	***8.0***	***10.8***	***10.9***
斐济							
流入	29.7	34.4	30.0	42.7	61.7	65.7	64.7
流出	*0.2*	*1.3*	*5.1*	*2.2*	..[a]	..[a]	..[a]
基里巴斯							
流入	..	..[a]	1.2	2.6	10.6	11.9	12.5
流出	..	..	..	*0.1*	*0.1*	*0.1*	*0.1*
新喀里多尼亚							
流入	2.4	4.1	3.0	3.0	4.8	4.6	4.5
流出	..	..	..	..	..	..	..
巴布亚新几内亚							
流入	29.4	28.2	49.1	36.1	58.8	69.9	70.0
流出	*0.4*	*0.9*	*0.5*	*8.3*	*15.2*	*21.2*	*22.3*
萨摩亚							
流入	1.1	2.2	8.1	14.9	22.5	21.4	21.7
流出	..	..	..	..	..	..	..
所罗门群岛							
流入	24.2	20.3	33.0	38.5	45.3	37.0	32.0
流出	..	..	..[a]	..[a]	–	–	–
汤加							
流入	0.2	0.4	0.8	4.9	13.3	14.5	16.6
流出	..	..	*0.1*	*0.1*	*0.8*	*0.8*	*0.8*
图瓦卢							
流入	..	..	..	2.7	4.4	4.4	5.0
流出	..	..	..	..	..	..	..
瓦努阿图							
流入	29.0	52.3	71.8	114.4	161.9	174.3	170.3
流出	..	..	..	..	..	..	..
中东欧							
流入	**..**	**0.2**	**1.3**	**5.3**	**18.3**	**19.1**	**20.8**
流出	**..**	**..**	***0.4***	***0.9***	***2.8***	***3.1***	***3.3***
阿尔巴尼亚							
流入	..	..	..	8.3	15.2	18.8	21.0
流出	..	..	..	*2.0*	*2.2*	*2.0*	*1.8*
白俄罗斯							
流入	..	..	..	0.5	12.5	11.1	11.2
流出	..	..	..	–	*0.1*	–	..[a]
波黑							
流入	..	..	..	1.1	8.6	10.4	15.8
流出	..	..	..	*0.7*	*0.9*	*0.8*	*0.8*
保加利亚							
流入	..	..	0.5	3.4	21.6	25.2	24.0
流出	..	..	..	*0.8*	*0.7*	*0.7*	*0.8*
克罗地亚							
流入	..	..	..	2.5	19.3	24.9	28.4
流出	..	..	..	*3.7*	*4.7*	*4.8*	*5.0*
捷克							
流入	..	..	3.9	14.1	42.1	47.4	54.8
流出	..	..	..	*0.7*	*1.4*	*2.0*	*2.1*
捷克斯洛伐克（前）							
流入	..	..	..	..	..	..	..
流出	..	..	..	..	..	..	..
爱沙尼亚							

附录表 B. 6　1980 年、1985 年、1990 年、1995 年、2000 年、2001 年和 2002 年按地区和经济体统计的 FDI 流入和流出存量占国内生产总值的百分比（续）

地区/经济体	1980	1985	1990	1995	2000	2001	2002
流入	..	..	..	14.4	51.5	57.2	65.9
流出	..	..	..	1.5	5.0	8.0	10.5
匈牙利							
流入	..	0.2	1.7	26.7	42.5	45.4	38.2
流出	..	..	0.6	1.1	4.4	8.4	7.3
拉脱维亚							
流入	..	..	..	12.5	29.1	30.4	32.4
流出	..	..	..	4.7	3.4	0.6	0.8
立陶宛							
流入	..	..	..	5.8	20.9	22.2	31.4
流出	..	..	..	–	0.3	0.4	0.5
摩尔多瓦							
流入	..	..	..	6.5	34.6	40.5	45.0
流出	..	..	..	1.3	1.5	1.3	1.2
波兰							
流入	..	..	0.2	6.2	21.7	22.4	23.9
流出	..	..	0.2	0.4	0.7	0.6	0.7
罗马尼亚							
流入	..	..	–	2.3	17.5	19.0	20.5
流出	..	..	0.2	0.3	0.4	0.3	0.4
俄罗斯							
流入	..	..	..	1.6	6.9	6.5	6.5
流出	..	..	..	0.9	4.8	4.8	5.2
塞尔维亚和黑山							
流入	..	..	..	2.7	16.3	13.7	20.4
流出	..	..	..	..	..	..	..
斯洛伐克							
流入	..	..	0.5	4.4	23.6	30.4	43.2
流出	..	..	..	0.5	1.9	2.0	1.7
斯洛文尼亚							
流入	..	..	3.5	9.4	15.5	16.4	23.1
流出	..	..	1.5	2.6	4.4	4.9	4.8
马其顿							
流入	..	..	..	0.8	10.8	23.6	23.9
流出	..	..	..	..	0.1	0.1	0.1
乌克兰							
流入	..	..	..	2.5	12.4	12.3	12.9
流出	..	..	..	0.3	0.5	0.4	0.4
南斯拉夫（前）							
流入	..	..	..	..	..	..	..
流出	..	..	..	..	..	..	..
备忘录							
最不发达国家[b]							
流入	3.1	4.1	4.9	9.9	19.6	21.8	23.4
流出	0.6	2.6	1.1	1.9	2.6	2.5	2.5
石油输出国[c]							
流入	1.9	10.0	12.4	14.9	19.2	19.6	20.2
流出	0.4	0.7	2.6	2.2	2.8	3.2	3.6
除中国之外的所有发展中国家							
流入	13.5	18.3	15.6	16.1	30.9	33.4	36.0
流出	#VALUE	4.4	4.3	6.3	15.1	15.1	16.1

资料来源：UNCTAD，FDI/TNC 数据库。

a. 存量为负。存量数据是通过累加或者减去流量计算的。但是该数值包括在地区和全球总量中。

b. 最不发达国家包括：阿富汗、安哥拉、孟加拉国、贝宁、不丹、布基纳法索、布隆迪、柬埔寨、佛得角、中非共和国、乍得、科摩罗、刚果（金）、吉布提、赤道几内亚、厄立特里亚、埃塞俄比亚、冈比亚、几内亚、几内亚比绍、海地、基里巴斯、老挝、莱索托、利比里亚、马达加斯加、马拉维、马尔代夫、马里、毛里塔尼亚、莫桑比克、缅甸、尼泊尔、尼日尔、卢旺达、萨摩亚、圣多美和普林西比、塞内加尔、塞拉利昂、所罗门群岛、索马里、苏丹、多哥、图瓦卢、乌干达、坦桑尼亚、瓦努阿图、也门和赞比亚。

c. 石油输出国包括：喀麦隆、阿尔及利亚、安哥拉、巴林、文莱、刚果、厄瓜多尔、加蓬、印度尼西亚、伊朗、伊拉克、科威特、利比亚、尼日利亚、阿曼、卡塔尔、沙特阿拉伯、叙利亚、特立尼达和多巴哥、阿联酋和委内瑞拉。

附录表 B.7 1988—2002 年按出售方所属经济体与地区统计的跨国并购出售额

（100 万美元）

地区/经济体	1988	1989	1990	1991	1992	1993	1994	1995	1996	1997	1998	1999	2000	2001	2002
世界总计	**115 623**	**140 389**	**150 576**	**80 713**	**79 280**	**83 064**	**127 110**	**186 593**	**227 023**	**304 848**	**531 648**	**766 044**	**1 143 816**	**593 960**	**369 789**
发达国家	**112 749**	**135 305**	**134 239**	**74 048**	**68 349**	**67 622**	**110 632**	**163 950**	**187 616**	**232 085**	**443 200**	**679 481**	**1 056 059**	**496 159**	**307 793**
西欧	**34 274**	**48 949**	**67 370**	**38 520**	**45 831**	**40 598**	**57 262**	**79 114**	**88 512**	**121 548**	**194 391**	**370 718**	**610 647**	**228 995**	**200 745**
欧盟	**31 012**	**47 358**	**62 133**	**36 676**	**44 761**	**38 537**	**55 280**	**75 143**	**81 895**	**114 591**	**187 853**	**357 311**	**586 521**	**212 960**	**193 942**
奥地利	253	32	189	244	107	417	540	609	856	2 259	3 551	380	574	9 175	38
比利时	793	805	4 469	814	493	2 201	1 026	1 710	8 469	5 945	6 865	24 984	7 318	6 897	5 449
丹麦	218	225	496	272	99	590	570	199	459	566	3 802	4 615	9 122	2 461	2 014
芬兰	80	229	51	463	209	391	550	1 726	1 199	735	4 780	3 144	6 896	490	8 206
法国	3 018	3 338	8 183	2 623	9 150	8 497	16 290	7 533	13 575	17 751	16 885	23 834	35 018	14 424	30 122
德国	1 300	4 301	6 220	3 407	5 521	2 285	4 468	7 496	11 924	11 856	19 047	39 555	246 990	48 641	46 605
希腊	22	–	115	70	413	52	15	50	493	99	21	191	245	1 854	65
爱尔兰	205	735	595	282	81	1 453	242	587	724	2 282	729	4 739	5 246	6 151	5 241
意大利	3 095	3 003	2 165	3 865	3 672	3 754	6 909	4 102	2 764	3 362	4 480	11 237	18 877	9 104	11 608
卢森堡	5	–	531	82	–	254	380	280	506	3 492	35	7 360	4 210	2 681	2 952
荷兰	1 182	3 965	1 484	3 490	9 362	4 779	2 789	3 607	3 538	19 052	19 359	39 010	33 656	27 628	11 037
葡萄牙	11	768	213	194	668	356	63	144	793	86	427	211	2 980	409	1 132
西班牙	723	1 593	3 832	5 373	4 668	1 967	3 615	1 257	1 463	4 074	5 700	5 841	22 248	8 713	8 903
瑞典	192	1 849	4 489	2 478	2 455	1 844	6 016	9 451	3 863	3 327	11 093	59 676	13 112	5 774	7 614
英国	19 917	26 515	29 102	13 020	7 863	9 699	11 807	36 392	31 271	39 706	91 081	132 534	180 029	68 558	52 958
其他西欧国家	**3 262**	**1 591**	**5 237**	**1 844**	**1 070**	**2 061**	**1 982**	**3 971**	**6 617**	**6 958**	**6 538**	**13 407**	**24 126**	**16 035**	**6 802**
安道尔	–	–	–	–	–	–	–	–	–	–	–	–	6	–	–
直布罗陀	–	–	–	4	–	–	–	–	9	–	–	8	16	2	–
根西	–	–	–	–	–	–	–	–	–	–	–	26	88	157	136
冰岛	–	–	–	1	–	–	–	–	4	–	–	–	–	–	229
泽西	–	–	–	–	–	–	–	–	–	–	–	31	14	181	225
列支敦士登	–	–	–	–	–	–	–	–	–	–	9	–	–	–	–
马耳他	–	–	–	–	–	–	–	–	–	–	3	250	–	–	134
马恩岛	–	–	–	–	–	–	–	–	–	–	–	–	36	85	52
摩纳哥	669	21	–	–	–	–	–	8	–	752	–	276	19	22	8
挪威	239	601	668	843	487	1 887	397	271	2 198	2 660	1 182	8 703	10 613	3 080	2 162
瑞士	2 353	969	4 569	997	582	174	1 585	3 692	4 407	3 545	5 344	4 113	13 334	12 508	3 856
北美	**72 641**	**79 233**	**60 427**	**31 884**	**18 393**	**22 291**	**49 093**	**64 804**	**78 907**	**90 217**	**225 980**	**275 884**	**401 429**	**226 798**	**89 549**
加拿大	8 737	10 412	5 731	3 658	2 554	2 313	4 364	11 567	10 839	8 510	16 432	23 950	77 079	41 918	16 317
美国	63 904	68 821	54 697	28 226	15 839	19 978	44 730	53 237	68 069	81 707	209 548	251 934	324 350	184 880	73 233
其他发达国家	**5 834**	**7 123**	**6 442**	**3 644**	**4 125**	**4 732**	**4 277**	**20 032**	**20 197**	**20 320**	**22 829**	**32 879**	**43 983**	**40 365**	**17 499**
澳大利亚	4 380	4 704	2 545	2 592	2 446	3 191	2 975	17 360	13 099	14 794	14 737	11 996	21 699	16 879	10 653
以色列	106	134	44	58	293	18	235	303	541	1 097	1 754	2 854	2 346	4 452	466
日本	29	1 612	148	178	230	93	750	541	1 719	3 083	4 022	16 431	15 541	15 183	5 689
新西兰	1 320	674	3 704	815	1 157	1 430	317	1 828	4 839	1 346	2 316	1 598	4 397	3 851	692

附录表 B.7 1988—2002 年按出售方所属经济体与地区统计的跨国并购出售额（续）

地区/经济体	1988	1989	1990	1991	1992	1993	1994	1995	1996	1997	1998	1999	2000	2001	2002
发展中国家和地区	**2 875**	**5 057**	**16 052**	**5 786**	**8 198**	**14 265**	**15 030**	**16 493**	**35 727**	**66 999**	**82 668**	**74 030**	**70 610**	**85 813**	**44 532**
非洲	**–**	**1 039**	**485**	**47**	**388**	**1 806**	**342**	**840**	**1 805**	**4 346**	**2 607**	**3 117**	**3 199**	**15 524**	**4 684**
北非	**–**	**24**	**–**	**1**	**139**	**242**	**100**	**10**	**211**	**680**	**456**	**914**	**956**	**2 916**	**598**
阿尔及利亚	–	–	–	1	–	–	–	–	–	–	–	42	127	–	–
埃及	–	24	–	–	131	177	17	10	171	102	48	738	528	660	335
摩洛哥	–	–	–	–	–	64	83	–	40	578	5	123	–	2 211	47
苏丹	–	–	–	–	8	–	–	–	–	–	–	–	–	–	25
突尼斯	–	–	–	–	–	–	–	–	–	–	402	11	301	45	191
其他非洲国家	**–**	**1 015**	**485**	**46**	**249**	**1 565**	**241**	**830**	**1 595**	**3 666**	**2 151**	**2 203**	**2 243**	**12 608**	**4 086**
安哥拉	–	–	–	–	–	–	–	–	–	–	–	–	–	19	–
博茨瓦纳	–	–	–	–	–	–	–	4	11	4	–	–	–	–	78
喀麦隆	–	–	–	–	–	–	–	4	0	–	–	–	–	70	–
佛得角	–	–	–	–	–	–	–	–	–	–	–	83	–	–	–
中非共和国	–	–	–	–	–	4	–	2	1	–	–	1	–	–	–
乍得	–	–	–	–	–	–	–	–	–	–	–	–	21	–	–
刚果	–	–	–	–	–	–	–	61	14	–	–	–	–	–	–
科特迪瓦	–	–	–	–	–	–	–	23	15	194	–	–	8	–	–
刚果（金）	–	–	–	–	–	–	–	–	89	–	–	–	–	–	–
赤道几内亚	–	–	–	–	–	–	–	–	–	–	–	–	–	–	993
厄立特里亚	–	–	–	–	–	–	–	–	–	–	–	27	–	–	–
埃塞俄比亚	–	–	–	–	–	–	–	–	–	–	–	36	–	–	–
加蓬	–	–	448	–	–	–	–	–	–	39	–	–	22	–	–
加纳	–	–	–	–	–	–	1	4	48	52	–	38	4	1	50
几内亚	–	–	–	–	–	–	–	39	50	–	–	–	–	–	–
肯尼亚	–	15	–	–	–	–	–	–	25	–	–	–	18	300	–
马达加斯加	–	–	–	–	–	–	–	–	58	–	–	4	–	–	–
马拉维	–	–	–	–	–	–	–	–	60	–	10	–	–	14	6
马里	–	–	–	–	–	–	–	18	1	–	–	–	132	–	2
毛里塔尼亚	–	–	–	–	–	–	–	–	–	–	–	–	–	48	–
毛里求斯	–	–	–	–	–	–	–	–	–	10	–	–	261	30	–
莫桑比克	–	–	–	–	–	–	40	14	11	–	13	1	–	10	–
纳米比亚	–	–	–	36	–	–	–	–	–	3	–	–	–	8	–
尼日利亚	–	1 000	–	–	–	–	–	–	–	–	12	18	15	1	–
卢旺达	–	–	–	–	–	–	–	–	–	–	–	2	–	2	–
塞内加尔	–	–	–	–	–	–	–	–	–	107	–	66	6	–	–
塞拉利昂	–	–	–	–	–	34	–	–	–	–	–	–	–	13	–
南非	–	–	–	10	211	1 506	187	640	1 106	2 664	1 932	1 902	1 171	11 916	2 933
斯威士兰	–	–	37	–	–	–	–	–	–	387	–	–	–	4	–
乌干达	–	–	–	–	–	–	–	–	55	29	11	–	32	–	20
坦桑尼亚	–	–	–	–	–	21	12	2	17	1	23	–	415	120	1
赞比亚	–	–	–	–	–	–	–	18	27	173	150	1	133	53	–

附录表 B.7　1988—2002 年按出售方所属经济体与地区统计的跨国并购出售额（续）

地区/经济体	1988	1989	1990	1991	1992	1993	1994	1995	1996	1997	1998	1999	2000	2001	2002
津巴布韦	–	–	–	–	38	–	1	1	7	2	–	24	5	–	4
拉丁美洲及加勒比地区	**1 305**	**1 929**	**11 494**	**3 529**	**4 196**	**5 110**	**9 950**	**8 636**	**20 508**	**41 103**	**63 923**	**41 964**	**45 224**	**35 837**	**22 433**
南美	**1 148**	**322**	**7 319**	**2 901**	**2 109**	**2 840**	**7 324**	**6 509**	**16 910**	**25 439**	**46 834**	**39 033**	**35 584**	**16 174**	**12 395**
阿根廷	60	27	6 274	302	1 164	1 803	1 315	1 869	3 611	4 635	10 396	19 407	5 273	5 431	1 207
玻利维亚	–	15	26	–	–	–	–	821	273	911	180	232	19	–	80
巴西	287	2	217	158	174	624	367	1 761	6 536	12 064	29 376	9 357	23 013	7 003	5 897
智利	38	260	434	338	517	276	891	717	2 044	2 427	1 595	8 361	2 929	2 830	3 783
哥伦比亚	764	–	341	49	31	8	1 248	67	2 399	2 516	1 780	302	1 589	170	830
厄瓜多尔	–	–	–	–	49	–	44	35	105	27	79	214	153	6	70
圭亚那	–	–	17	7	–	–	–	–	–	1	–	23	–	–	–
巴拉圭	–	–	–	–	–	–	–	–	27	2	11	–	65	67	–
秘鲁	–	–	–	15	174	62	3 082	945	844	911	162	861	107	555	461
苏里南	–	–	–	–	–	–	–	–	–	–	–	–	–	3	–
乌拉圭	–	18	–	–	–	5	40	19	–	–	36	–	27	36	56
委内瑞拉	–	–	11	2 032	–	62	337	278	1 072	1 946	3 220	276	2 409	73	10
拉丁美洲及加勒比地区其他国家	**157**	**1 607**	**4 176**	**628**	**2 088**	**2 270**	**2 627**	**2 127**	**3 598**	**15 663**	**17 089**	**2 931**	**9 640**	**19 663**	**10 038**
安提瓜和巴布达	–	–	–	–	–	–	–	–	–	–	24	–	5	13	–
阿鲁巴	–	–	–	–	3	–	–	–	–	23	–	–	–	–	–
巴哈马	83	27	120	210	915	79	214	2	104	32	28	–	25	198	28
巴巴多斯	–	–	–	189	–	–	4	6	64	–	–	–	–	1	814
伯利兹	–	–	–	–	–	–	–	–	–	–	62	–	3	62	–
百慕大	–	214	1 296	50	4	52	50	251	1 277	5 601	11 635	924	3 596	683	241
英属维尔京群岛	–	–	143	6	–	–	89	412	254	19	4	13	284	34	230
开曼群岛	5	374	170	138	41	–	–	–	245	–	–	122	54	8	–
哥斯达黎加	–	64	3	–	–	1	17	96	27	28	2	71	21	–	229
古巴	–	–	–	–	–	–	–	299	–	300	38	–	477	8	–
多米尼加共和国	–	–	–	–	–	–	–	–	46	–	28	673	464	–	–
萨尔瓦多	–	–	–	–	–	–	–	40	–	41	978	–	–	168	–
格林纳达	–	–	–	–	–	–	–	–	–	5	–	–	–	–	–
危地马拉	–	–	3	3	–	29	–	–	26	30	582	101	13	121	–
海地	–	–	–	–	–	–	–	–	–	–	2	–	–	–	–
洪都拉斯	–	–	–	5	–	–	1	–	–	–	367	–	314	537	–
牙买加	–	–	108	–	–	62	262	–	12	–	34	–	–	525	214
墨西哥	54	395	2 326	10	961	1 864	1 913	719	1 428	7 927	3 001	859	3 965	17 017	7 137
荷属安的列斯	–	533	8	–	–	–	2	291	–	–	86	–	–	89	301
尼加拉瓜	–	–	–	–	–	–	–	–	23	42	–	11	115	83	53
巴拿马	15	–	–	–	–	6	73	9	14	652	216	151	130	8	499
圣基茨和尼维斯	–	–	–	–	–	–	–	–	78	–	–	–	–	–	–
波多黎各	–	–	–	–	142	–	–	–	–	–	–	6	174	108	250
特立尼达和多巴哥	–	–	–	17	22	177	2	–	–	205	–	–	–	–	40
西印度群岛	–	–	–	–	–	–	–	–	–	760	–	–	–	–	–

附录表 B.7 1988—2002 年按出售方所属经济体与地区统计的跨国并购出售额（续）

地区/经济体	1988	1989	1990	1991	1992	1993	1994	1995	1996	1997	1998	1999	2000	2001	2002
亚洲	**1 569**	**2 089**	**4 073**	**2 182**	**3 614**	**7 347**	**4 701**	**6 950**	**13 368**	**21 293**	**16 097**	**28 839**	**22 182**	**34 452**	**17 387**
西亚	**59**	**60**	**113**	**131**	**203**	**71**	**49**	**222**	**403**	**368**	**82**	**335**	**970**	**1 323**	**458**
阿布扎比	–	–	–	–	58	–	–	–	–	–	–	–	–	–	–
巴林	–	–	–	–	–	4	–	–	–	–	–	36	161	2	–
塞浦路斯	–	–	–	–	–	–	–	–	–	–	–	–	–	43	–
约旦	–	–	–	–	–	–	–	26	–	–	–	–	567	20	–
科威特	–	–	–	–	–	6	–	–	–	–	–	–	–	163	–
黎巴嫩	–	–	–	–	–	–	–	–	–	168	11	–	54	–	–
阿曼	–	–	–	78	–	15	–	–	7	–	–	28	–	–	4
卡塔尔	–	–	–	43	–	12	–	–	–	–	–	–	–	–	–
沙特阿拉伯	–	2	–	–	24	–	–	8	26	–	–	–	2	–	–
叙利亚	–	–	–	–	–	–	–	–	–	–	–	3	–	–	–
土耳其	59	58	113	9	116	35	49	188	370	144	71	68	182	1 019	427
阿联酋	–	–	–	–	–	–	–	–	–	56	–	200	4	76	9
也门	–	–	–	–	5	–	–	–	–	–	–	–	–	–	–
中亚	–	–	–	–	–	**9**	–	**450**	**3 221**	**2 340**	**174**	**73**	**107**	**15**	**122**
亚美尼亚	–	–	–	–	–	–	–	–	–	–	173	29	–	–	52
阿塞拜疆	–	–	–	–	–	–	–	–	1	–	–	–	36	–	52
格鲁吉亚	–	–	–	–	–	–	–	–	–	3	1	40	1	–	–
哈萨克斯坦	–	–	–	–	–	–	–	450	3 216	2 337	–	–	70	13	1
乌兹别克斯坦	–	–	–	–	–	9	–	–	4	–	–	4	–	2	11
南亚、东亚和东南亚	**1 510**	**2 029**	**3 960**	**2 051**	**3 411**	**7 267**	**4 652**	**6 278**	**9 745**	**18 586**	**15 842**	**28 431**	**21 105**	**33 114**	**16 807**
孟加拉国	–	–	–	–	–	–	–	–	–	–	33	–	–	–	–
文莱	–	–	–	–	–	2	–	–	–	–	–	–	–	–	–
柬埔寨	–	–	–	–	–	–	–	–	–	1	–	–	–	–	–
中国	–	–	8	125	221	561	715	403	1 906	1 856	798	2 395	2 247	2 325	2 072
中国香港	1 046	826	2 620	568	1 674	5 308	1 602	1 703	3 267	7 330	938	4 181	4 793	10 362	1 865
印度	–	–	5	–	35	96	385	276	206	1 520	361	1 044	1 219	1 037	1 698
印度尼西亚	100	150	–	149	233	169	206	809	530	332	683	1 164	819	3 529	2 790
朝鲜	–	–	–	–	–	–	–	–	–	–	–	2	–	–	90
韩国	–	68	–	673	–	2	1	192	564	836	3 973	10 062	6 448	3 648	5 375
老挝	–	–	–	–	–	10	–	–	–	–	–	–	–	269	266
中国澳门	–	–	–	29	–	–	–	–	–	–	–	–	–	–	109
马来西亚	20	701	86	128	46	518	443	98	768	351	1 096	1 166	441	1 449	485
蒙古	–	–	–	–	–	–	1	–	–	–	–	1	–	–	–
缅甸	–	–	–	–	–	10	–	9	–	260	–	–	–	–	–
尼泊尔	–	–	–	–	–	2	–	13	–	–	–	–	–	–	–
巴基斯坦	–	–	1	–	22	5	–	–	1 124	80	2 259	6	6	107	222
菲律宾	45	161	15	63	404	136	828	1 208	462	4 157	1 905	1 523	366	2 063	544
新加坡	262	114	1 143	237	276	362	355	1 238	593	294	468	2 958	1 532	4 871	556
斯里兰卡	–	–	1	–	–	30	10	126	35	275	96	22	2	–	3

附录表 B.7　1988—2002 年按出售方所属经济体与地区统计的跨国并购出售额（续）

地区/经济体	1988	1989	1990	1991	1992	1993	1994	1995	1996	1997	1998	1999	2000	2001	2002
中国台湾	38	9	11	–	3	16	16	42	50	601	24	1 837	644	2 493	480
泰国	–	–	70	79	498	42	89	161	234	633	3 209	2 011	2 569	957	247
越南	–	–	–	–	–	–	2	1	6	63	–	59	19	4	6
太平洋地区	–	–	–	**28**	–	**2**	**37**	**67**	**46**	**257**	**41**	**110**	**5**	–	**28**
库克群岛	–	–	–	–	–	–	–	–	–	–	–	–	1	–	–
斐济	–	–	–	–	–	–	–	–	5	–	–	4	–	–	–
法属波利尼西亚	–	–	–	–	–	–	–	–	2	–	–	–	–	–	–
马绍尔群岛	–	–	–	–	–	–	–	16	–	–	–	–	–	–	–
巴布亚新几内亚	–	–	–	28	–	2	36	51	39	257	41	106	–	–	28
所罗门群岛	–	–	–	–	–	–	1	–	–	–	–	–	–	–	–
瓦努阿图	–	–	–	–	–	–	–	–	–	–	–	–	4	–	–
中东欧	–	**27**	**285**	**880**	**2 733**	**1 178**	**1 419**	**6 050**	**3 679**	**5 764**	**5 116**	**10 371**	**17 147**	**11 988**	**17 463**
阿尔巴尼亚	–	–	–	–	–	–	–	1	–	–	–	4	16	–	–
波黑	–	–	–	–	–	–	–	–	–	–	–	–	45	25	19
保加利亚	–	–	–	–	–	20	90	32	71	497	61	1 133	582	11	138
克罗地亚	–	–	–	–	43	23	45	94	48	61	16	1 164	146	676	875
捷克	–	–	–	–	–	226	408	2 366	507	671	362	2 402	1 924	1 968	5 204
捷克斯洛伐克（前）	–	–	–	477	780	–	–	–	–	–	–	–	–	–	–
爱沙尼亚	–	–	–	–	–	–	–	28	23	64	149	114	131	88	15
匈牙利	–	24	226	267	392	382	139	2 106	1 594	298	612	537	1 117	1 370	1 278
拉脱维亚	–	–	–	–	–	–	3	23	57	63	11	20	342	39	4
立陶宛	–	–	–	–	–	–	9	–	–	12	632	427	173	193	225
马其顿	–	–	–	–	–	–	–	–	–	–	–	45	34	328	5
摩尔多瓦	–	–	–	–	–	–	–	–	–	2	–	–	27	–	–
波兰	–	4	–	74	1 396	197	357	983	993	808	1 789	3 707	9 316	3 493	3 131
罗马尼亚	–	–	–	–	–	–	181	229	94	391	1 284	447	536	66	124
俄罗斯	–	–	59	–	33	309	63	100	95	2 681	147	180	758	2 039	1 252
塞尔维亚和黑山	–	–	–	–	–	–	–	–	–	45	–	–	–	2	268
斯洛伐克	–	–	–	–	–	21	83	4	138	38	54	41	1 849	1 194	3 350
斯洛文尼亚	–	–	–	–	–	–	41	18	30	133	–	14	–	381	1 502
乌克兰	–	–	–	–	–	–	–	66	30	1	–	136	151	116	74
南斯拉夫（前）	–	–	–	62	88	–	–	–	–	–	–	–	–	–	–
多个国家[a]	–	–	–	–	–	–	**30**	**100**	–	–	**665**	**2 162**	–	–	–

资料来源：UNCTAD，跨国并购数据库。

a. 出售方涉及两个以上国家和地区。

注：数据包含超过 10% 股权的收购交易。

附录表 B.8 1988—2002 年按收购方所属经济体与地区统计的跨国并购收购额

（100 万美元）

地区/经济体	1988	1989	1990	1991	1992	1993	1994	1995	1996	1997	1998	1999	2000	2001	2002
世界总计	**115 623**	**140 389**	**150 576**	**80 713**	**79 280**	**83 064**	**127 110**	**186 593**	**227 023**	**304 848**	**531 648**	**766 044**	**1 143 816**	**593 960**	**369 789**
发达国家	**113 389**	**135 781**	**143 070**	**77 435**	**72 995**	**72 153**	**112 401**	**173 139**	**196 735**	**269 275**	**508 916**	**700 808**	**1 087 638**	**534 151**	**341 116**
西欧	**49 690**	**74 265**	**92 567**	**42 473**	**49 753**	**43 016**	**75 943**	**92 539**	**110 628**	**154 035**	**324 658**	**539 246**	**852 735**	**348 738**	**230 852**
欧盟	**40 141**	**71 365**	**86 525**	**39 676**	**44 391**	**40 531**	**63 857**	**81 417**	**96 674**	**142 108**	**284 373**	**517 155**	**801 746**	**327 252**	**213 860**
奥地利	–	21	236	208	62	169	23	157	4	242	302	1 771	2 254	1 171	1 848
比利时	188	309	813	222	625	181	3 107	4 611	3 029	2 053	2 225	13 357	16 334	16 951	5 474
丹麦	63	261	767	573	258	372	172	152	638	1 492	1 250	5 654	4 590	4 163	2 012
芬兰	172	979	1 136	568	8	98	417	471	1 464	1 847	7 333	2 236	20 192	7 573	5 304
法国	5 486	17 594	21 828	10 380	12 389	6 596	6 717	8 939	14 755	21 153	30 926	88 656	168 710	59 169	33 865
德国	1 857	3 468	6 795	6 894	4 409	4 412	7 608	18 509	17 984	13 190	66 728	85 530	58 671	57 011	45 110
希腊	–	100	3	16	19	127	21	–	2	2 018	1 439	287	3 937	1 267	139
爱尔兰	548	1 174	730	390	358	457	1 447	1 166	2 265	1 826	3 196	4 198	5 575	2 063	4 027
意大利	1 373	1 961	5 314	816	5 167	816	1 622	4 689	1 627	4 196	15 200	12 801	16 932	11 135	8 242
卢森堡	80	–	734	1 023	415	1 555	244	51	1 037	973	891	2 847	6 040	4 537	3 683
荷兰	2 350	3 292	5 619	4 251	5 304	2 848	8 714	6 811	12 148	18 472	24 280	48 909	52 430	31 160	14 947
葡萄牙	–	14	17	181	502	14	144	329	96	612	4 522	1 434	2 657	668	1 481
西班牙	582	1 318	4 087	2 773	983	1 053	3 828	460	3 458	8 038	15 031	25 452	39 443	11 253	6 276
瑞典	3 104	2 645	12 572	2 882	1 813	1 923	3 118	5 432	2 058	7 625	15 952	9 914	21 559	7 365	12 231
英国	24 339	38 229	25 873	8 501	12 080	19 911	26 675	29 641	36 109	58 371	95 099	214 109	382 422	111 764	69 220
其他西欧国家	**9 549**	**2 900**	**6 043**	**2 797**	**5 362**	**2 485**	**12 086**	**11 122**	**13 954**	**11 928**	**40 285**	**22 091**	**50 989**	**21 486**	**16 992**
直布罗陀	–	–	–	3	–	–	–	–	–	–	–	–	18	–	–
冰岛	–	–	–	–	7	–	–	–	–	–	–	–	49	160	358
泽西	–	–	–	–	–	–	–	–	–	–	–	6	–	730	236
列支敦士登	–	–	160	–	–	–	62	10	–	142	–	8	–	–	–
马耳他	–	–	–	–	–	7	–	–	–	–	–	4	–	43	–
马恩岛	–	–	–	–	–	–	–	–	–	–	–	–	–	50	–
摩纳哥	–	–	–	35	113	–	4	–	–	–	–	–	318	102	–
挪威	19	126	1 380	1 301	270	143	643	1 276	3 956	1 212	1 170	1 382	7 376	1 510	6 823
瑞士	9 530	2 774	4 503	1 458	4 973	2 336	11 378	9 836	9 998	10 574	39 115	20 691	43 228	18 892	9 575
北美	**38 577**	**47 862**	**30 766**	**20 702**	**17 190**	**25 534**	**33 610**	**69 833**	**69 501**	**99 709**	**173 039**	**138 881**	**198 915**	**135 019**	**91 419**
加拿大	14 397	9 002	3 139	4 106	2 155	4 129	5 079	12 491	8 757	18 840	35 618	18 571	39 646	38 980	12 990
美国	24 181	38 860	27 627	16 596	15 035	21 405	28 531	57 343	60 744	80 869	137 421	120 310	159 269	96 039	78 429
其他发达国家	**25 122**	**13 655**	**19 736**	**14 260**	**6 052**	**3 603**	**2 848**	**10 767**	**16 606**	**15 531**	**11 219**	**22 681**	**35 988**	**50 395**	**18 845**
澳大利亚	9 355	5 561	3 806	1 472	676	1 852	1 602	6 145	9 283	11 745	8 147	10 138	10 856	32 506	8 799
以色列	–	–	28	28	61	393	143	106	484	254	791	605	2 361	781	544
日本	13 514	7 525	14 048	11 877	4 392	1 106	1 058	3 943	5 660	2 747	1 284	10 517	20 858	16 131	8 661
新西兰	2 253	569	1 854	883	923	252	44	573	1 180	785	997	1 421	1 913	976	840

附录表 B. 8　1988—2002 年按收购方所属经济体与地区统计的跨国并购收购额（续）

地区/经济体	1988	1989	1990	1991	1992	1993	1994	1995	1996	1997	1998	1999	2000	2001	2002
发展中国家和地区	**2 204**	**3 995**	**7 181**	**3 258**	**6 264**	**10 784**	**14 360**	**13 372**	**29 646**	**35 210**	**21 717**	**63 406**	**48 496**	**55 719**	**27 585**
非洲	**24**	**5**	**146**	**430**	**1 746**	**406**	**4 221**	**645**	**2 148**	**2 800**	**2 678**	**5 762**	**6 659**	**3 041**	**1 999**
北非	–	–	–	–	**309**	**54**	**9**	**11**	**8**	–	**3**	**40**	**213**	**117**	**5**
埃及	–	–	–	–	–	18	–	–	–	–	–	7	213	–	–
利比亚	–	–	–	–	309	–	5	–	–	–	3	–	–	45	–
摩洛哥	–	–	–	–	–	36	4	–	8	–	–	10	–	72	–
突尼斯	–	–	–	–	–	–	–	11	–	–	–	23	–	–	5
其他非洲国家	**24**	**5**	**146**	**430**	**1 436**	**352**	**4 212**	**634**	**2 140**	**2 800**	**2 675**	**5 722**	**6 446**	**2 924**	**1 994**
博茨瓦纳	–	–	–	–	–	–	–	4	–	–	–	–	–	–	–
中非共和国	–	–	–	–	–	–	–	–	63	–	–	–	–	–	–
加蓬	–	–	–	229	–	–	–	–	–	–	–	–	–	–	–
加纳	–	–	–	–	–	–	–	35	506	–	137	–	4	–	–
肯尼亚	–	–	–	–	–	–	–	–	–	–	–	–	3	9	–
利比里亚	–	–	–	–	–	–	–	–	15	–	–	–	–	–	–
毛里求斯	–	–	–	–	–	–	–	–	4	34	7	7	–	4	40
纳米比亚	–	–	–	–	–	–	–	–	11	–	–	–	–	8	–
尼日利亚	–	–	–	–	–	–	–	2	–	–	–	–	–	6	–
南非	24	5	146	201	1 436	352	4 196	593	1 522	2 766	2 514	5 715	6 393	2 594	1 947
坦桑尼亚	–	–	–	–	–	–	–	–	–	–	–	–	3	–	–
乌干达	–	–	–	–	–	–	–	–	–	–	–	–	–	–	–
赞比亚	–	–	–	–	–	–	–	–	15	–	–	–	43	–	–
津巴布韦	–	–	–	–	–	–	16	–	4	–	16	–	–	304	7
拉丁美洲及加勒比地区	**100**	**992**	**1 597**	**387**	**1 895**	**2 507**	**3 653**	**3 951**	**8 354**	**10 720**	**12 640**	**44 767**	**18 614**	**27 380**	**11 701**
南美	**10**	**91**	**130**	**269**	**594**	**1 795**	**682**	**3 405**	**5 939**	**6 038**	**9 510**	**3 874**	**2 191**	**3 411**	**3 643**
阿根廷	–	–	10	181	–	71	62	1 984	321	1 170	3 545	1 313	675	343	4
玻利维亚	–	–	–	–	–	–	–	–	0	–	–	–	–	–	4
巴西	2	2	–	45	63	439	158	379	1 167	2 357	3 517	1 908	429	2 774	1 302
智利	–	–	–	–	443	828	293	794	3 827	1 497	591	322	507	133	1 744
哥伦比亚	–	–	–	–	–	11	10	91	272	157	436	102	203	19	530
厄瓜多尔	–	–	–	–	–	–	22	50	45	–	–	–	–	–	–
秘鲁	–	–	–	–	–	–	7	62	237	44	47	220	62	28	59
苏里南	–	–	–	2	–	–	–	–	–	–	–	–	–	–	–
乌拉圭	–	–	–	–	8	–	120	3	–	–	25	–	1	–	–
委内瑞拉	7	89	120	41	80	446	10	42	71	813	1 348	9	314	115	–
拉丁美洲及加勒比地区其他国家	**91**	**901**	**1 467**	**118**	**1 300**	**712**	**2 971**	**546**	**2 415**	**4 682**	**3 130**	**40 893**	**16 423**	**23 969**	**8 059**
巴哈马	83	–	1	–	17	–	9	142	344	23	51	459	–	748	44
巴巴多斯	–	–	–	–	–	–	–	–	–	15	2	–	49	–	671
伯利兹	–	–	–	–	–	55	1	25	–	–	63	318	–	13	–
百慕大	–	24	483	115	130	112	189	17	703	1 189	2 139	35 151	11 492	20 792	1 750
开曼群岛	–	–	–	–	–	24	530	–	207	99	99	77	24	1 539	83
哥斯达黎加	–	–	–	–	–	–	–	2	7	3	–	–	–	–	–

附录表 B. 8 1988—2002 年按收购方所属经济体与地区统计的跨国并购收购额（续）

地区/经济体	1988	1989	1990	1991	1992	1993	1994	1995	1996	1997	1998	1999	2000	2001	2002
古巴	–	–	–	–	–	–	8	–	–	–	–	–	–	–	–
多米尼加共和国	–	–	–	–	–	–	–	–	–	–	–	109	–	8	–
萨尔瓦多	–	–	–	–	–	–	–	–	–	–	–	–	1	–	–
危地马拉	–	–	–	–	–	–	–	–	–	48	–	–	–	–	–
牙买加	–	–	16	–	10	–	–	4	–	–	–	–	–	–	–
墨西哥	–	837	680	3	888	309	2 190	196	867	3 154	673	2 216	4 231	363	4 664
荷属安的列斯	8	16	288	–	11	33	–	99	7	7	–	308	2	–	–
巴拿马	–	–	–	–	–	–	–	–	17	89	100	2 215	5	33	249
波多黎各	–	–	–	–	–	–	–	–	–	–	–	–	125	–	133
特立尼达和多巴哥	–	24	–	–	245	175	–	–	–	–	5	–	5	–	–
英属维尔京群岛	–	–	–	–	–	4	44	62	260	56	–	40	489	473	464
亚洲	**2 080**	**2 998**	**5 438**	**2 441**	**2 624**	**7 843**	**6 486**	**8 755**	**19 136**	**21 690**	**6 399**	**12 873**	**22 895**	**25 298**	**13 852**
西亚	**124**	**253**	**2 112**	**113**	**105**	**1 013**	**1 199**	**1 697**	**1 589**	**3 797**	**399**	**1 538**	**1 750**	**454**	**3 074**
阿布扎比	–	–	528	–	–	–	–	–	–	–	–	–	–	–	201
巴林	–	168	1 537	–	–	811	300	–	–	1 472	45	563	79	274	646
塞浦路斯	–	–	–	–	–	–	–	–	41	1 881	–	73	15	32	36
伊朗	–	–	–	–	–	–	–	–	–	–	–	–	–	–	–
约旦	–	–	–	–	–	–	–	–	–	–	–	–	22	–	–
科威特	–	83	–	112	–	–	–	4	648	–	–	119	32	105	114
黎巴嫩	–	–	–	–	–	21	–	3	0	58	–	–	–	–	–
阿曼	–	–	–	–	–	–	–	–	–	8	55	–	–	–	9
卡塔尔	–	–	–	–	–	–	–	–	42	–	–	–	2	–	–
沙特阿拉伯	–	–	–	–	100	182	630	1 671	350	334	217	3	1 550	39	2 020
土耳其	–	2	–	–	–	–	11	19	356	43	4	88	48	–	38
阿联酋	124	–	48	1	–	–	257	–	153	2	77	655	2	4	10
也门	–	–	–	–	5	–	–	–	–	–	–	37	–	–	–
中亚	–	–	–	–	–	–	–	**450**	–	–	–	–	**6**	–	–
哈萨克斯坦	–	–	–	–	–	–	–	450	–	–	–	–	6	–	–
南亚、东亚和东南亚	**1 956**	**2 745**	**3 325**	**2 329**	**2 518**	**6 830**	**5 287**	**6 608**	**17 547**	**17 893**	**6 001**	**11 335**	**21 139**	**24 844**	**10 778**
阿富汗	–	–	–	–	13	–	–	–	–	–	–	–	–	–	–
孟加拉国	–	–	–	–	–	–	–	12	–	–	–	–	–	–	–
文莱	–	–	–	–	–	202	–	31	189	–	–	–	–	–	–
中国	17	202	60	3	573	485	307	249	451	799	1 276	101	470	452	1 047
中国香港	1 649	773	1 198	1 342	1 263	4 113	2 267	2 299	2 912	8 402	2 201	2 321	5 768	3 012	5 062
印度	22	11	–	1	3	219	109	29	80	1 287	11	126	910	2 195	270
印度尼西亚	260	–	49	3	16	50	32	163	218	676	39	243	1 445	–	197
朝鲜	–	–	–	–	–	–	–	–	–	–	–	–	2	–	–
韩国	–	235	33	187	72	74	500	1 392	1 659	2 379	187	1 097	1 712	175	98
马来西亚	–	27	144	149	148	774	812	1 122	9 635	894	1 059	1 377	761	1 375	930
中国澳门	–	–	–	–	–	–	–	–	–	–	–	450	–	–	–
菲律宾	–	–	–	14	–	25	42	153	190	54	1	330	75	254	2

附录表 B. 8　1988—2002 年按收购方所属经济体与地区统计的跨国并购收购额（续）

地区/经济体	1988	1989	1990	1991	1992	1993	1994	1995	1996	1997	1998	1999	2000	2001	2002
巴基斯坦	–	–	–	–	–	–	–	–	–	–	–	–	6	4	63
新加坡	8	764	438	570	294	849	1 174	892	2 018	2 888	530	4 720	8 847	16 516	2 946
斯里兰卡	–	–	–	–	–	–	2	–	–	–	26	8	–	–	3
中国台湾	–	464	1 385	–	131	–	30	122	4	433	628	408	1 138	161	74
泰国	–	269	18	59	1	38	12	144	180	55	43	154	5	699	87
越南	–	–	–	–	6	–	1	–	11	27	–	–	–	–	–
太平洋地区	–	–	–	–	–	**28**	–	**22**	**8**	–	–	**4**	**328**	–	**33**
斐济	–	–	–	–	–	–	–	–	–	–	–	4	–	–	–
瑙鲁	–	–	–	–	–	28	–	–	–	–	–	–	–	–	–
巴布亚新几内亚	–	–	–	–	–	–	–	13	8	–	–	–	328	–	28
瓦努阿图	–	–	–	–	–	–	–	9	–	–	–	–	–	–	–
中东欧	–	**6**	–	**14**	**22**	**113**	**329**	**59**	**504**	**275**	**1 008**	**1 549**	**1 694**	**2 225**	**1 087**
保加利亚	–	–	–	–	–	–	–	–	3	60	–	797	8	–	8
克罗地亚	–	–	–	–	–	–	–	–	1	100	1	3	22	43	42
捷克	–	6	–	–	–	19	51	48	176	60	142	13	775	–	30
捷克斯洛伐克（前）	–	–	–	–	4	–	–	–	–	–	–	–	–	–	–
爱沙尼亚	–	–	–	–	–	–	22	–	15	1	12	5	2	41	–
匈牙利	–	–	–	–	–	62	–	2	–	6	64	118	379	1 331	242
拉脱维亚	–	–	–	–	–	18	–	–	–	–	–	–	–	–	–
立陶宛	–	–	–	–	–	–	–	–	–	–	–	1	–	–	–
马其顿	–	–	–	–	–	–	–	–	2	–	–	–	–	–	16
波兰	–	–	–	14	–	8	11	8	23	45	465	132	118	324	58
罗马尼亚	–	–	–	–	–	–	–	–	–	0	–	–	–	10	19
俄罗斯	–	–	–	–	18	6	245	–	242	2	301	52	225	371	606
斯洛伐克	–	–	–	–	–	–	1	2	42	1	–	424	24	91	4
斯洛文尼亚	–	–	–	–	–	–	–	–	–	–	–	4	10	14	63
乌克兰	–	–	–	–	–	–	–	–	–	–	23	–	130	1	–
未具体说明	30	606	325	4	–	–	10	–	–	4	–	–	7	–	–
多个国家[a]	–	–	–	3	–	14	10	23	139	83	8	281	5 982	1 864	–

资料来源：UNCTAD，跨国并购数据库。

a. 涉及到两个以上国家和地区的购买者。

注：数据包含超过 10% 股权的收购交易。

附录表 B.9 1988—2002 年按出售方所属行业与部门统计的跨国并购出售额

（100 万美元）

部门/产业	1988	1989	1990	1991	1992	1993	1994	1995	1996	1997	1998	1999	2000	2001	2002
总计	**115 623**	**140 389**	**150 576**	**80 713**	**79 280**	**83 064**	**127 110**	**186 593**	**227 023**	**304 848**	**531 648**	**766 044**	**1 143 816**	**593 960**	**369 789**
初级产业	**3 911**	**1 941**	**5 170**	**1 164**	**3 637**	**4 201**	**5 517**	**8 499**	**7 935**	**8 725**	**10 599**	**10 000**	**9 815**	**28 280**	**12 751**
农林渔猎业	1 809	225	221	548	301	406	950	1 019	498	2 098	6 673	656	1 110	316	265
采矿、采石业和石油业	2 102	1 717	4 949	617	3 336	3 795	4 568	7 480	7 437	6 628	3 926	9 344	8 705	27 964	12 486
制造业	**73 727**	**89 596**	**75 495**	**36 176**	**43 222**	**43 204**	**69 321**	**84 462**	**88 522**	**121 379**	**263 206**	**288 090**	**291 654**	**197 174**	**137 414**
食品、饮料和烟草	14 462	8 719	12 676	5 127	9 398	7 751	13 528	18 108	6 558	22 053	17 001	28 242	50 247	34 628	32 072
纺织、服装和皮革	812	1 720	1 281	731	760	1 173	1 431	2 039	849	1 732	1 632	5 276	2 526	3 510	915
木材及其制品	1 793	9 176	7 765	2 714	1 588	2 031	4 262	4 855	5 725	6 854	7 237	9 456	23 562	13 878	7 325
出版、印刷和录制媒体复制	11 741	6 544	2 305	353	5 192	1 183	2 747	1 341	10 853	2 607	12 798	10 248	4 875	16 767	2 986
焦炭、石油和核燃料	17 868	9 151	6 480	5 676	1 596	1 479	4 216	5 644	13 965	11 315	67 280	22 637	45 015	31 167	33 018
化学和化学制品	5 008	18 368	12 275	5 773	5 581	11 393	20 061	26 984	15 430	35 395	31 806	86 389	30 446	26 462	20 370
橡胶和塑料制品	3 620	1 387	2 745	574	228	265	997	4 313	3 943	2 306	2 264	3 786	4 723	2 406	2 257
非金属矿产品	2 452	3 887	5 630	1 113	5 410	2 204	5 201	2 726	2 840	6 153	8 100	12 129	11 663	8 359	3 183
金属和金属产品	1 606	6 399	4 426	2 246	2 534	2 252	2 743	2 515	8 728	9 853	8 376	10 825	16 782	12 890	10 034
机械和设备	2 878	2 078	1 750	1 140	1 087	1 661	3 312	5 103	4 301	7 546	8 918	20 850	8 980	4 073	2 564
电气和电子设备	6 998	12 771	6 114	8 361	6 198	3 895	3 432	5 581	7 573	7 897	35 819	51 770	53 859	25 732	8 556
精密仪器	3 596	2 626	3 992	1 112	1 080	4 495	1 882	2 023	3 300	3 322	9 251	7 269	13 518	10 375	5 064
汽车及其他运输设备	889	5 215	7 390	995	2 211	2 743	4 988	2 657	4 150	4 189	50 767	18 517	25 272	5 662	8 590
其他制造业	4	1 556	666	261	360	680	522	575	308	158	1 958	696	186	1 266	479
第三产业	**37 986**	**48 851**	**69 911**	**43 297**	**32 384**	**35 649**	**52 270**	**93 632**	**130 232**	**174 744**	**257 843**	**467 853**	**842 342**	**368 506**	**219 623**
水、电和天然气	116	1 028	609	1 072	1 847	1 783	2 510	12 240	21 274	29 620	32 249	40 843	46 711	21 047	61 572
建筑	295	813	533	279	651	331	838	1 738	4 410	602	1 434	3 205	5 170	2 167	1 465
贸易	10 013	12 377	9 095	7 904	5 703	7 537	8 753	10 159	27 928	21 664	27 332	55 463	34 918	27 668	17 813
旅店和餐馆	6 829	3 316	7 263	1 293	1 408	1 412	2 335	3 247	2 416	4 445	10 332	4 836	2 883	6 169	2 758
运输、仓储和通讯	2 182	3 578	14 460	3 757	3 035	6 559	13 540	8 225	17 523	17 736	51 445	167 723	365 673	121 490	30 824
金融	14 471	14 616	21 722	14 188	13 178	12 168	10 568	31 059	36 693	50 836	83 432	126 710	183 665	122 005	41 903
商务服务	3 009	5 264	11 831	5 100	3 808	3 664	8 406	9 715	13 154	26 480	42 497	52 748	137 416	54 319	47 248
公共管理和国防	–	–	–	–	–	–	–	605	–	111	395	1 769	8	329	76
教育	–	7	5	33	–	421	18	–	4	179	42	66	219	438	7
健康与社会服务	86	460	469	84	237	261	2 463	946	336	3 396	641	724	751	1 875	781
社区、社会与个人服务活动	984	7 363	3 858	9 554	2 474	1 404	2 319	12 110	6 494	19 656	7 976	13 724	64 855	10 862	15 169
其他服务	3	30	66	33	44	110	520	3 588	–	19	69	42	73	136	7
未指名行业[a]	–	–	–	76	37	10	1	–	334	–	–	101	5	–	–

资料来源：UNCTAD，跨国并购数据库。

a. 包括未分类的企业。

注：数据包含超过 10% 股权的收购交易。

附录表 B. 10　1988—2002 年按收购方所属行业与部门统计的跨国并购收购额

（100 万美元）

部门/产业	1988	1989	1990	1991	1992	1993	1994	1995	1996	1997	1998	1999	2000	2001	2002
总计	**115 623**	**140 389**	**150 576**	**80 713**	**79 280**	**83 064**	**127 110**	**186 593**	**227 023**	**304 848**	**531 648**	**766 044**	**1 143 816**	**593 960**	**369 789**
初级产业	**4 398**	**2 976**	**2 131**	**1 556**	**2 978**	**4 155**	**5 032**	**7 951**	**5 684**	**7 150**	**5 455**	**7 397**	**8 968**	**6 537**	**9 309**
农林渔猎业	2 078	1 466	47	471	204	65	154	182	962	1 541	1 497	241	1 472	784	37
采矿、采石业和石油业	2 320	1 511	2 084	1 085	2 775	4 090	4 878	7 769	4 723	5 609	3 958	7 156	7 496	5 753	9 272
制造业	**71 747**	**95 149**	**79 908**	**44 985**	**35 287**	**36 837**	**72 549**	**93 784**	**88 821**	**133 202**	**257 220**	**287 126**	**302 507**	**199 887**	**115 460**
食品、饮料和烟草	19 774	15 484	13 523	5 212	6 383	7 668	7 872	22 546	9 684	21 439	16 922	33 014	60 189	23 238	20 996
纺织、服装和皮革	608	1 636	3 363	1 401	406	3 767	332	1 569	778	1 254	3 062	2 122	3 741	1 129	549
木材及其制品	3 115	5 637	6 717	2 244	1 743	2 933	2 483	6 466	3 143	6 157	13 131	7 138	18 342	12 498	5 258
出版、印刷和录制媒体复制	8 951	6 518	2 363	689	5 022	1 998	4 866	2 332	7 829	6 774	12 050	13 245	9 365	18 616	5 731
焦炭、石油和核燃料	15 360	9 384	7 051	6 199	1 442	2 243	3 499	6 679	12 994	11 860	67 665	36 939	40 701	30 971	28 201
化学和化学制品	4 332	19 335	15 260	4 043	5 142	4 605	31 473	28 186	18 555	38 664	34 822	80 865	24 085	22 935	20 958
橡胶和塑料制品	3 528	2 609	1 904	411	710	387	176	4 852	659	2 363	2 790	1 105	1 214	1 535	819
非金属矿产品	1 865	2 983	6 183	911	3 939	2 404	5 232	2 740	4 585	6 965	8 823	12 494	12 881	8 392	2 186
金属和金属产品	2 729	5 992	3 076	1 874	2 308	2 046	2 475	1 472	13 395	8 512	7 947	10 974	12 713	20 081	9 015
机械和设备	2 288	2 567	1 906	1 171	671	1 239	2 416	3 760	2 463	4 767	4 553	26 325	12 938	20 130	3 432
电气和电子设备	6 474	17 062	7 190	19 346	5 057	4 608	4 822	7 576	6 660	9 093	29 062	40 893	68 284	29 097	8 678
精密仪器	1 251	1 511	2 861	445	619	1 415	1 135	2 809	3 033	4 757	7 209	4 302	6 195	5 875	2 689
汽车及其他运输设备	1 470	4 357	8 369	928	1 633	1 437	5 271	2 267	4 411	5 072	48 904	17 038	30 852	5 127	6 516
其他制造业	3	74	143	113	214	88	497	528	633	5 527	280	672	1 007	263	432
第三产业	**39 221**	**42 264**	**68 423**	**33 985**	**40 965**	**42 028**	**49 519**	**84 824**	**132 414**	**164 457**	**268 486**	**471 497**	**832 303**	**387 425**	**243 771**
水、电和天然气	1 034	771	332	1 072	1 012	1 250	830	10 466	16 616	18 787	27 527	55 111	84 409	17 953	57 866
建筑	2 740	1 181	257	695	316	177	1 350	1 160	6 955	2 546	1 336	1 787	2 921	1 397	1 041
贸易	4 109	4 356	6 205	3 739	2 870	6 186	5 636	8 854	15 176	16 515	19 624	29 524	19 399	20 238	23 189
旅店和餐馆	3 561	1 534	3 066	340	323	569	997	3 402	1 713	2 482	2 799	3 593	2 120	2 895	1 130
运输、仓储和通讯	1 062	5 004	4 785	1 367	1 596	4 048	10 480	6 085	11 424	14 735	30 165	163 928	368 954	112 498	37 115
金融	13 218	23 402	43 671	22 395	30 406	24 589	24 268	45 368	61 304	82 616	142 066	174 238	241 282	181 234	90 787
商务服务	9 888	4 949	6 377	3 100	3 298	3 532	3 972	4 843	17 084	14 721	22 889	35 695	82 790	33 111	29 805
公共管理和国防	1 952	13	667	–	–	81	–	31	–	102	–	310	17	13	318
教育	–	216	–	4	–	420	–	–	1	98	30	54	107	110	–
健康与社会服务	14	155	530	41	221	203	154	263	265	321	738	35	513	1 472	710
社区、社会与个人服务活动	1 640	678	2 469	1 206	835	906	1 332	3 366	1 857	11 000	19 887	7 214	29 784	16 467	1 809
其他服务	3	5	66	27	88	69	500	986	20	534	1 426	8	7	37	–
未指名行业[a]	258	–	114	187	50	45	10	34	104	38	488	24	38	110	1 248

资料来源：UNCTAD，跨国并购数据库。

a. 包括未归类的企业。

注：数据包含超过 10% 股权的收购交易。